Humanismus: Grundbegriffe

Humanismus: Grundbegriffe

Herausgegeben von
Hubert Cancik, Horst Groschopp und Frieder Otto Wolf

In Zusammenarbeit mit
Hildegard Cancik-Lindemaier

Unterstützt durch
Gabriele Groschopp und Marie Schubenz

DE GRUYTER

ISBN 978-3-11-156432-6
e-ISBN (PDF) 978-3-11-047769-6
e-ISBN (EPUB) 978-3-11-047684-2

Library of Congress Cataloging-in-Publication Data
A CIP catalog record for this book has been applied for at the Library of Congress.

Bibliografische Information der Deutschen Nationalbibliothek
Die Deutsche Nationalbibliothek verzeichnet diese Publikation in der Deutschen Nationalbibliografie; detaillierte bibliografische Daten sind im Internet über http://dnb.dnb.de abrufbar.

© 2024 Walter de Gruyter GmbH, Berlin/Boston Einbandabbildung: flas100/iStock/Thinkstock
Dieser Band ist text- und seitenidentisch mit der 2016 erschienenen gebundenen Ausgabe

♾ Gedruckt auf säurefreiem Papier
Printed in Germany

www.degruyter.com

Vorwort

Die ‚Grundbegriffe', die in diesem Band vorgelegt werden, sind ein Ergebnis mehrjähriger Arbeit auf Tagungen und Colloquien in zwei Projekten: (a) ‚Humanismus im Zeitalter der Globalisierung. Ein interkultureller Dialog über Menschheit, Kultur und Werte' am Kulturwissenschaftlichen Institut (KWI) Essen und (b) einer ‚Enzyklopädie des Humanismus' an der Humanistischen Akademie Berlin-Brandenburg und an der Freien Universität Berlin. Das Projekt ‚Interkultureller Humanismus' wurde vom Kulturwissenschaftlichen Institut Essen (Prof. Dr. Dr. h. c. mult. Jörn Rüsen und Prof. Dr. Jürgen Straub) getragen und von der Stiftung Mercator und anderen Institutionen, insbesondere vom Institute for Advanced Study in Humanities der National Taiwan University (Prof. Dr. Huang Chun-chieh) unterstützt, das Projekt einer humanistischen Enzyklopädie auch von der Berendel-Stiftung.

Die Publikation ‚Humanismus: Grundbegriffe' wurde zunächst beim Akademie-Verlag, Berlin, von den Herren Dr. Mischka Dammaschke und Prof. Dr. Heiko Hartmann betreut, nach der Fusion dieses Verlags mit dem Verlag Walter de Gruyter, Berlin, von Frau Dr. Gertrud Grünkorn.

Den Genannten und vielen ungenannten Helfern und Kritikern danken wir für intellektuelle, organisatorische und finanzielle Unterstützung.

Berlin, im Oktober 2015   Die Herausgeber

Inhalt

Vorwort —— V

Einleitung —— 1

Systematischer Teil

Hubert Cancik
Humanismus —— 9

Frieder Otto Wolf
Humanität —— 17

Horst Groschopp
Humanismus als Kultur —— 23

Heinz-Bernhard Wohlfarth
Humanitarismus —— 31

Jörn Rüsen
Interkultureller Humanismus —— 39

Frieder Otto Wolf
Humanistik —— 49

Alphabetischer Teil

Nils Baratella
Anthropologie —— 55

Frieder Otto Wolf
Antihumanismus/Humanismuskritik —— 65

Hubert Cancik
Antike —— 77

Hubert Cancik
Antike-Rezeption —— 91

Helmut Martens
Arbeit —— 99

Ralf Schöppner
Argumentieren —— 109

Frieder Otto Wolf
Aufklärung —— 119

Frieder Otto Wolf
Befreiung/Herrschaft —— 131

Ulrich Herrmann
Bildung —— 141

Horst Groschopp
Feier/Fest —— 151

Horst Groschopp
Freidenkerbewegung —— 159

Hubert Cancik
Freundschaft —— 169

Thomas Heinrichs
Gerechtigkeit —— 179

Jörn Rüsen
Geschichte —— 187

Heinz-Bernhard Wohlfarth
Glück —— 195

Hubert Cancik
Humanisierung —— 205

Horst Groschopp
Humanismusunterricht/Lebenskunde —— 215

Horst Groschopp
Humanitäre Praxis —— 225

Horst Groschopp
Kulturpolitik —— 235

Gerlinde Irmscher
Lebenszyklen/Generationenfolge —— 243

Thomas Heinrichs
Liebe —— 253

Thomas Heinrichs
Mediation —— 259

Meinolfus Strätling
Medizin (Menschenheilkunde) —— 263

Eric Hilgendorf
Menschenrechte/Menschenwürde —— 275

Sven Rücker
Natur —— 289

Juliane Spitta
Persönlichkeit —— 297

Enno Rudolph
Politik —— 307

Eric Hilgendorf
Recht —— 313

Hubert Cancik
Religionsfreiheit/Toleranz —— 329

Hildegard Cancik-Lindemaier
Religionskritik —— 339

Hubert Cancik
Renaissance —— 347

Walter Jaeschke
Säkularisierung —— 359

Ralf Schöppner
Seelsorge —— 367

Marie Schubenz
Solidarität —— 377

Thomas Heinrichs
Sozialstaat —— 389

Frieder Otto Wolf
Wahrheit —— 397

Horst Groschopp
Weltanschauung/Weltanschauungsgemeinschaften —— 409

Frieder Otto Wolf
Zweifel —— 417

Siglen —— 425

Autoren und Autorinnen —— 427

Begriffe, Ausdrücke, Orte —— 433

Personen —— 435

Einleitung

1. ‚Humanismus' ist eine kulturelle Bewegung, ein Bildungsprogramm, eine Epoche (Renaissance), eine Tradition (‚klassisches Erbe'), eine Weltanschauung, eine Form von praktischer Philosophie, eine politische Grundhaltung, welche für die Durchsetzung der Menschenrechte, ein Konzept von Barmherzigkeit, das für humanitäre Praxis eintritt.

‚Grundbegriffe' sind die einfachen und allgemeinen Begriffe, welche diese verschiedenartigen Bestandteile erfassen, ihren Zusammenhang verdeutlichen (‚offenes System') und ihren Nutzen für die Erkenntnis gegenwärtiger Probleme in Medizin, Ethik, Recht, Politik und Ökonomie darstellen.

Der Band enthält einen systematischen Teil, die alphabetisch angeordneten Grundbegriffe von Anthropologie bis Zweifel, und bringt, soweit möglich, Hinweise auf Kunst und Literatur, Film und Architektur. Denn Bilder, Bauten, Räume sind Dokumente des Humanismus, gleichen Ranges mit Texten, Personen und Theorien. Die Fähigkeit der langsamen, intensiven ‚Wahrnehmung' (Aisthesis) und der Empathie (‚Einfühlung') kann durch die Pflege der entfalteten Sinnlichkeit (‚musische Bildung') gestärkt werden.

Hierbei werden die verschiedenen Richtungen und Institutionen der humanistischen Bewegung in Geschichte und Gegenwart im Umriss sichtbar gemacht und die neuen Felder und Aufgaben angedeutet, welche der Humanismusforschung durch die Entwicklung der modernen Medizin, der Menschenrechtspolitik und der Geschlechterstudien, der digitalen Revolution und der Globalisierung entstanden sind. Das humanistische Erbe aus Antike, Renaissance und Aufklärung ist kritisch mit diesen neuen Anforderungen zu vermitteln. Dabei werden die historischen Leistungen und die Katastrophen von Humanismus erinnert, seine Möglichkeiten und Defizite bedacht, seine Illusionen und Utopien.

Postkolonialismus, Kritik des Eurozentrismus und Ergebnisse der interkulturellen Humanismusforschung gehören in den Horizont dieses Versuchs. Humanismuskritik wird beachtet, praktischer Antihumanismus wird als solcher kenntlich gemacht.

2. Die wenigen systematischen Artikel und die achtunddreißig Stichworte, die in diesem Band zusammengestellt sind, ersetzen nicht ein ‚Lehrbuch' oder eine ‚Enzyklopädie des Humanismus'. Der Band bietet keine vollständige und widerspruchsfreie Theorie der humanistischen Bewegung oder der humanitären Praxis, keine Geschichte des europäischen, geschweige denn des außereuropäischen Humanismus, keine Wissenschaftsgeschichte der Humanismus-Forschung. Aber er bietet Hinweise und Beiträge zu den genannten Gebieten, macht im Kleinformat das Gerüst von ‚Lehrbuch' und ‚Enzyklopädie' sichtbar und zeigt die Notwen-

digkeit von Ergänzungen der Theorie und der Exempel und von Erweiterung nach Zeit und Räumen.

Der systematische Teil stellt mit unterschiedlichen Ansätzen und Perspektiven die zentralen Begriffe und Gebiete der Humanismusforschung zueinander. Die Artikel des alphabetischen Teils bieten eine Auswahl der Begriffe, die (a) den Gegenstand ‚Humanismus' und ‚Humanitarismus' konstituieren und (b) diesen Gegenstand mit den Human-, Kultur-, Gesellschafts- und, soweit möglich, Naturwissenschaften verbinden. Dies sind ‚Grundbegriffe' im engeren Sinne, z. B. Bildung bzw. Anthropologie. Die Artikel bieten (c) Skizzen wichtiger Epochen der humanistischen Bewegung – z. B. Antike, Renaissance, Aufklärung – und Felder humanitärer Praxis – z. B. Medizin/Menschenheilkunde, Seelsorge.

Bei allen Grundbegriffen und Gebieten, den klassischen wie den freidenkerischen Traditionen, die in diesem Band zusammengestellt werden konnten, handelt es sich um Auswahl, Exempel, Teilstücke eines unabgeschlossenen Systems. Ganz ausgeschlossen wurden Personenartikel. Zu gering gewichtet sind die Lebens-, Gender- und Naturwissenschaften, die Alltags- und die neue Medienwelt und die Bereiche des interkulturellen Humanismus – und dies in einer Zeit explodierender Zunahme des Wissens und der technischen Realisierungen in der digitalen Revolution der letzten Jahrzehnte.

Die Selbstdarstellung des zeitgenössischen Menschen europäisch-amerikanischer Prägung findet sich auf den Plaketten der Raumsonden *Pioneer 10* und *11* und den Datenplatten der Sonden *Voyager 1* und *2*.

Die Lebensdauer dieser Sonden wird auf 500 Millionen Jahre geschätzt. Die Botschaften haben inzwischen den interstellaren Raum erreicht. Ein Absender ist angegeben, man rechnet mit Antwort.[1] Ein kritischer, illusionsloser und zukunftsfähiger Humanismus muss sich in diesen Horizonten von Raum und Zeit einrichten.

Bei diesen grandiosen Aussichten dürfen die Katastrophen des Humanismus nicht vergessen werden – die unaufhörlichen Ausbrüche von Antihumanismus und Rassismus, die Genozide des 20. Jahrhunderts, die Shoa, der Kolonialismus und seine anhaltenden Folgen, das unerhörte Auseinanderklaffen von Armut und Reichtum, die Folgen von Kriegen und Vertreibungen.

3. Die Auswahl der Gebiete, Begriffe und systematischen Entwürfe, die in diesem Band vorgelegt werden, ist aus den jeweils besonderen Ansätzen und Perspektiven von Philosophie, Kulturwissenschaft und Zeitgeschichte, klassischer

---

1 Carl Sagan et al. (1980): Signale der Erde. Unser Planet stellt sich vor. München. Übersetzt von Willy Thaler aus dem Englischen: Murmurs of Earth. The Voyager Interstellar Record. New York 1978.

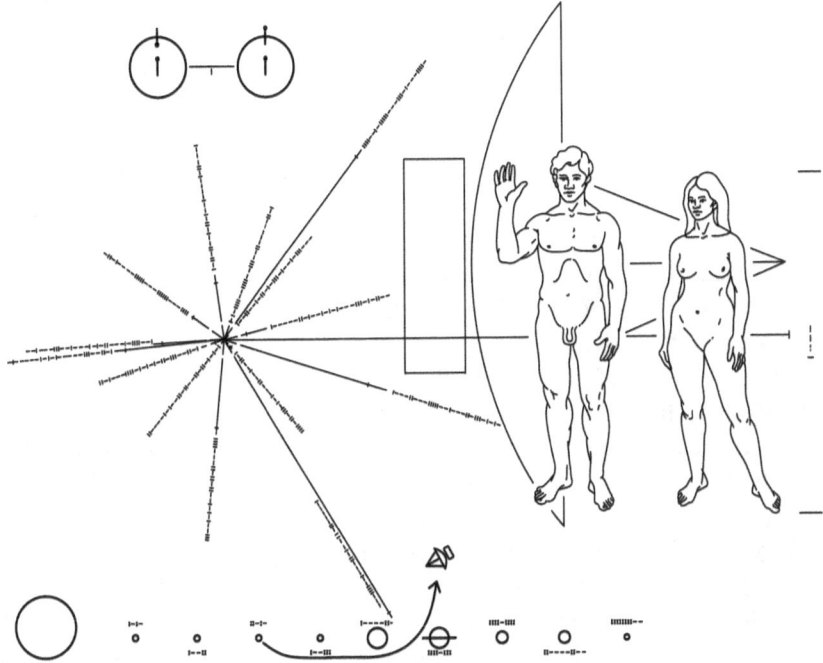

Plaketten der Raumsonden *Pioneer 10* (1971) und *11* (1972):
Unten unser Sonnensystem mit dem Weg der Sonde 10, darüber links der Ort unseres Sonnensystems in der Milchstraße, darüber die Struktur eines Wasserstoffatoms (Längen- und Zeitmaß). Rechts im Hintergrund die Sonde, davor im gleichen Maßstab ein männlicher und ein weiblicher Mensch, gezeichnet in Anlehnung an die griechische Plastik (Grußgeste, Kontrapost, Nacktheit). Am rechten Rand Angabe der Größe der Frau im Binärcode (1,68 m).
Quelle: https://commons.wikimedia.org/wiki/File%3APioneer_plaque.svg, By Vectors by Oona Räisänen (Mysid); designed by Carl Sagan & Frank Drake; artwork by Linda Salzman Sagan [Public domain], via Wikimedia Commons from Wikimedia Commons

Altertumswissenschaft und Religionswissenschaft gewonnen. Die lose Verbindung dieser verschiedenen Ansätze und Traditionen des ‚alten' klassischen mit den ‚neuen' Formen des organisierten Humanismus gibt der humanistischen Bewegung Gewicht und Energie.

Der klassische, bürgerliche Humanismus orientiert sich kritisch an den wissenschaftlichen, philosophischen, künstlerischen, rechtlichen Errungenschaften der griechischen und römischen Kultur. Die Schwerpunkte sind das Bildungswesen, Sprache, Literatur und Kunst, Religion und Recht und die Geschichte mit ihren langsamen Prozessen von Humanisierung. Für die deutschsprachigen Länder ist die Grundlage dieses pädagogischen, ‚idealen' Humanismus die aufgeklärte Philosophie, Pädagogik und Altertumswissenschaft des 18. und 19. Jahrhunderts; hier seien nur die Namen Johann Gottfried Herder, Friedrich Immanuel Niethammer, Friedrich August Wolf zu einer ersten Orientierung genannt.

Wie die Menschen in ihren Gesellschaften leben, mit ihren Gemeinschaftsbeziehungen, aber auch Arbeits- und Klassenteilungen, Erfahrungen, Hoffnungen, Wünschen, Nöten, Freuden und Leid, ihren Sexualitäten, ihren Ökonomien, Staaten, Verwaltungen und Nachbarschaften – all dies nennen wir Kultur. Hinzu kommen die Vorstellungen von all dem und die Theorien und Religionen und Weltanschauungen, die, darauf bezogen oder abgehoben davon, gebildet werden, in Freiheit oder unter Tyrannei. Menschen selbst formen Bilder von sich, ihrer Geschichte und ihren Utopien.

Kulturwissenschaft hat sich nach dem großen ‚cultural turn' in den 1970er Jahren vielen dieser Felder gewidmet, kleinteilig und großformatig. Inwiefern darin Humanismus vorkommt und was dies jeweils und für wen bedeutet – dazu steht die Forschung erst am Anfang, schon weil es nahezu keine akademische ‚Humanistik' gibt. So kann auch der ‚Kulturteil' in diesem Handbuch, der in allen Beiträgen zu finden ist, nur aufscheinen, aber andeuten, dass die Zukunft des Humanismus abhängt von den Menschen, die ihn wollen, ihn kultivieren und sich organisieren, um Teile davon zu ihrer Aufgabe zu machen. Die ‚Freidenkerei' z. B. war und ist eine dieser humanistischen Bewegungen. Über ihren Stellenwert in Geschichte und Gegenwart – ihren Humanismus – muss gestritten werden.

In der Philosophie gibt es seit der Mitte des 19. Jahrhunderts gute und schlechte Gründe dafür, sich *nicht* mit der Problematik des Humanismus zu befassen. Diese sind nicht einfach auseinander zu halten. Sie reichen von der Scheu vor ‚weltanschaulichen' oder ‚politischen' Stellungnahmen über die Tendenz zum Rückzug auf metatheoretische Reflexionen – in analytischer oder in historisierender Verfahrensweise – bis hin zu der These, dass Philosophieren keinen Grund dafür habe, sich angesichts der Alternative von Humanismus oder Zynismus zu entscheiden.

Und sie haben jedenfalls dazu geführt, dass es noch weniger als in anderen Feldern philosophischer Debatten ausgearbeitete Diskussionsstände gibt, auf die ein Wörterbuch zurückgreifen könnte. Hinzu kommt noch, dass es angesichts der offensichtlich heuchlerischen Hohlheit des bildungsbürgerlichen Elite-Humanismus, wie sie sich in der Nacht des 20. Jahrhunderts gezeigt hat, kritisch Philosophierende es mehrfach für nötig gehalten haben, unter dem Titel eines Anti-Humanismus für humane Positionen einzutreten. Dennoch hat sich bei der Arbeit an den ‚Grundbegriffen' gezeigt, dass ein moderner praktischer Humanismus auch in philosophischer Hinsicht auf eine reiche und substanzielle Geschichte zurückgreifen kann, deren weitere Aufarbeitung lohnend zu werden verspricht.

Die Herausgeber

Auf die Verfasser von Lexika

Wen strengen Richters Spruch zur langen Qual verteilt
sein Leben kümmerlich mit Ach und Weh zu rädern:
Dem darf kein Zuchthaus nicht der Kräfte Mark entädern;
nicht Schürfen, Steinschnitt nicht und wenn er Eisen feilt.
Man laß' ein Wörterbuch nur den Verdammten schreiben.
Dies' Angst wird wol der Kern von allen Martern bleiben.

Kaspar von Stieler: Der Deutschen Sprache Stammbaum und Fortwachs, oder Teutscher Sprachschatz. Nürnberg 1691 (am Ende der Vorrede) – poetische Übertragung der drei lateinischen Distichen, die Joseph Justus Scaliger (1549–1609) seinem Arabisch-Lexikon vorangestellt hatte.

Systematischer Teil

Hubert Cancik
Humanismus

1 Wort, Begriff, Epochen

1.1 Wort und Begriff ‚Humanismus' sind im frühen 19. Jahrhundert in Deutschland geschaffen worden. Das Wort bezeichnet zunächst das Fach Altertumswissenschaft, bezeugt im Jahre 1798 durch Johann Friedrich Abegg (Abegg 1987), sodann ein Reformprogramm für Höhere Schulen, publiziert 1808 durch Friedrich Immanuel Niethammer (vgl. Vöhler 2009), schließlich eine Epoche, die ↗ Renaissance, und ihr Welt- und Menschenbild.[1]

Der Begriff löste sich schnell von Antike-Rezeption und Pädagogik. Er wandelte sich von einem Bildungs- zu einem allgemeinen Gesellschafts- und Kulturbegriff. So kann schon Goethe die Reformen von Standesjustiz und Strafvollzug ‚Humanismus' nennen (Dichtung und Wahrheit, 13. Buch, 1813/14). Die Linkshegelianer entwickeln, ausdrücklich gegen Niethammers idealistischen, einen ‚vollendeten' und ‚realen' Humanismus (Arnold Ruge, Max Stirner, Karl Marx).

1.2 Zu den Bedingungen für diese Begriffsbildung und ihren weltweiten Erfolg gehören die ↗ Aufklärung des 17./18. Jahrhunderts, die Stärke ihres universalen Begriffes von *humanité*/Humanität und die Konkretisierung des alten philosophischen Naturrechts zu einer ‚Erklärung der natürlichen Rechte des Menschen und Bürgers' (1789/1791). Diese moderne Konstitution des Begriffs Humanismus beruht ihrerseits auf den sozialen und kulturellen Umbrüchen zur Neuzeit (seit etwa 1300), dem Ausbau der Universitäten, der Entdeckung zahlreicher antiker Texte und ihrer größeren Verbreitung durch Übersetzungen in die Nationalsprachen und durch den Buchdruck (seit etwa 1450).[2] *Umanista* ist im 14. Jahrhundert in Italien die Berufsbezeichnung für den Lehrer, der an der Artistenfakultät der Universitäten antike Geschichtsschreiber, Dichter, Moralisten liest und erklärt.

Auf diese Epoche hat die deutsche Geschichtswissenschaft im 19. Jahrhundert den Begriff ‚Humanismus' übertragen und sie als ‚ersten' oder ‚Althumanismus' bezeichnet. Der ‚Neuhumanismus' (ab 1740) ist der ‚Zweite Humanismus' (Winckelmann, Niethammer, Wilhelm von Humboldt). Eduard Spranger proklamierte 1921 einen ‚Dritten Humanismus' (Stiewe 2011), der mit seinem ‚Nähegefühl rassischer Verwandtschaft' von Deutschen und Griechen (Werner Jaeger, ‚Paideia',

---

[1] Wachler 1833; Hagen 1841; Voigt 1859.
[2] Die Zäsur wird in Italien markiert durch Künstler, Literaten und Politiker wie Niccola und Giovanni Pisano, Dante, Cola di Rienzo, Petrarca. – Universitäten: Prag 1348; Krakau 1364; Wien 1365.

1933/35), mit der Neigung zu Nietzsche, Dionysos und Antirationalität (Walter F. Otto) und einem elitären, heroischen Nationalismus von dem zeitgleichen Aufstieg des ‚Dritten Reiches' befördert wurde.

2 Offenes System

2.1 Humanismus ist ein pädagogisches Programm, eine kulturelle ‚Bewegung' (Kristeller 1964), ein Teil der antiken und modernen Aufklärung und Renaissancen, eine europäische Tradition (‚klassisches Erbe'), eine universale Weltanschauung, deren ‚Mitte' und ‚Maß' der Mensch (die ↗ Humanität) ist (Anthropozentrik), schließlich die Grundlage für die ↗ Menschenrechte/Menschenwürde und für ↗ Humanitäre Praxis.

Es ist offenkundig, dass diese Bestimmungsstücke sehr verschiedenartig sind und keine widerspruchsfreie, abgeschlossene Totalität bilden. Vielmehr sind Unvollendetheit und Offenheit notwendige Eigenschaften von Humanismus als System (Cancik/Cancik-Lindemaier 2014). Dieses System ist mehrdimensional. Keineswegs sind nur Texte und Ideen Elemente dieses Systems, sondern auch
- Mythen und Kunstwerke,
- symbolische Orte von Humanität, Kreativität, Toleranz (Athen, Florenz, Amsterdam) und ‚Un-Orte' von Inhumanität (↗ Antihumanismus/Humanismuskritik), Destruktivität, Fanatismus,
- historische Personen, die zu normativen Typen und Beispielen (Paradigmen) geformt werden (Sokrates, Ashoka, Albert Schweitzer).

2.2 Humanismus ist nicht einfach ↗ Antike-Rezeption, ist keine Religion, auch keine ‚Ersatzreligion'. Humanismus hat kein sakrales Lehramt, keinen inspirierten Kanon heiliger Schriften und entwickelt erst in der Neuzeit festere Formen der Vergemeinschaftung (Akademie, Literarische Gesellschaft, Freundschaftsbund, Verein, Lesegemeinde) und damit von Satzung und Programmatik (‚Humanist Manifesto').[3]

Humanismus ist auch keine kohärente Philosophie, obwohl Teile zumal der Anthropologie und Ethik aus den verschiedenen Philosophenschulen übernommen werden. Dabei verfahren die Humanisten durchaus ‚wählerisch' (eklektisch) und können so widersprüchliche Philosopheme in ihrem weniger strengen System vereinen. Jede Kritik am Humanismus, die eine zentralisierte, hierarchisch organisierte Offenbarungsreligion (Buchreligion) oder eine bestimmte vollkommene

---

[3] Humanist Manifesto I. In: New Humanist, 1933. – ‚Amsterdamer Erklärung' zur Gründung des IHEU (Internationale Humanistische und Ethische Union), 1952; Fortschreibung 2002.

Philosophie als einzigen Maßstab benutzt, um Lücken und Widersprüche in humanistischen Entwürfen aufzudecken, ist im Ansatz verfehlt (Baab 2013).

2.3 Die besondere Systemstruktur des Humanismus wird untersucht von einer sachspezifischen ↗ Humanistik, der Theorie des Humanismus und Methodologie der Humanismus-Forschung. Dabei wird insbesondere die Einheit von humanitärer Praxis und humanistischen Vorstellungen über Mensch, Menschlichkeit, Solidarität, Selbstbestimmung, Erziehung begründet. Humanistik bestimmt das Verhältnis von Humanismus zu den Natur- und Kulturwissenschaften, die Funktion von Humanismus im Prozess der ↗ Humanisierung und den Ort von Humanismus im Projekt der Moderne. Dabei werden die Tätigkeiten und Berufsfelder humanitärer Praxis dem System Humanismus zugeordnet. Humanistik sammelt und untersucht die Varianten, die sich ‚Humanismus' nennen, die Humanismuskritik und den Antihumanismus historisch und ideologiekritisch. Humanistik erforscht die Grundlagen der historischen, literarischen, kunstgeschichtlichen Humanismusforschung, die Grundlagen der west- und osteuropäischen und der globalen Antikerezeption. Sie reflektiert den Eurozentrismus und die postkoloniale Kritik an einem humanistisch verzierten Imperialismus.

2.4 Ein offenes System wie Humanismus ermöglicht zahlreiche Variationen und Verknüpfungen mit anderen Systemen und wirkt in zahlreichen Segmenten von ↗ Kultur und Gesellschaft (Pädagogik, Recht, Religion, Wissenschaft, Philosophie, Politik). So entstehen:
- abendländischer, atheistischer, christlicher, dialektischer, ethischer, evolutionärer, existenzialistischer, hebräischer, kritischer, weltlicher (säkularer) Humanismus;
- humanistische ↗ Medizin und Psychologie (Erich Fromm) (↗ Persönlichkeit), humanistischer Sozialismus und ‚Humanistische Union' (seit 1961).

Zahlreiche Manifeste, Gründungsaufrufe, Programmschriften bezeugen die Fruchtbarkeit des humanistischen Diskurses und die Gefährdungen eines offenen Systems: Beliebigkeit oder Missbrauch eines erfolgreichen Etiketts.[4]

3 Humanität

3.1 ‚Menschheit' (Humanität, *humanité*, *humanitas*) ist ein universaler Begriff. Er postuliert Gleichheit aller Menschen im Hinblick auf ihre Vernunft und Freiheit,

---

[4] Vgl. z. B. Heidegger: „Wir denken so einen ‚Humanismus' seltsamer Art. Das Wort ergibt einen Titel, der ein ‚lucus a non lucendo' ist." (Heidegger 1981, S. 35–36).

Würde und ihre unveräußerlichen ‚natürlichen' Rechte. Rassistisch, nationalistisch, religiös begründete Ungleichheit ist damit ausgeschlossen, also die Behauptung der Minderwertigkeit und die Benachteiligung' von Frauen, die Unterwerfung, Ausbeutung ‚Ausrottung' von ‚Untermenschen' oder die Vernichtung ‚lebensunwerten Lebens'. ‚Humanität' in der Bedeutung ‚Menschheit'/‚Menschlichkeit' ist die Mitte der humanistischen Bewegung: Ohne ↗ Humanität kein Humanismus. Das französische Fremdwort *humanité* hat Herder in seinen ‚Briefen zu Beförderung der Humanität' (verfasst 1793–1797; Herder 1991) durch das Begriffsfeld ‚Menschheit, Menschlichkeit, Menschenrechte, Menschenwürde, Menschenliebe' bestimmt und popularisiert. Ludwig Feuerbach hat in seiner Anthropologie Herders Vorstellungen verarbeitet.

Die europäische Geschichte der Worte und Begriffe ‚Humanität'/‚Inhumanität', ‚Humanismus', ↗ ‚Humanitarismus' hat in der gemeinsamen römischen Grundlage (Sprache, Literatur, Philosophie, Recht) ein gewisses Mindestmaß an innerem Zusammenhang. Marcus Tullius Cicero (gest. 43 v. u. Z.) bot rhetorische Definitionen, populärwissenschaftliche Argumente und römische Exempel für den herausgehobenen, emphatischen Gebrauch der Worte ‚Mensch, Menschheit, menschlich' (*homo, humanitas, humanus*). Er bestimmt die ‚Humanitätsstudien' (*studia humanitatis*), das Natur- und Vernunftrecht und die Humanität als ‚Entrohung' (*e-ruditio*), als Bildung und Barmherzigkeit. Er versteht den Menschen als Gemeinschaftswesen (*animal sociale*); er formuliert als erster die ‚Würde des Menschen' (*dignitas hominis*) und erkennt das Menschsein an sich als Grund für humanitäre Verpflichtung.[5]

3.2 ‚Humanität' (*humanitas*) wird seit der Antike bestimmt als ‚Entrohung' (Bildung; gr. *paideía*), ‚Barmherzigkeit' (*misericordia*) und ‚Menschenliebe' (gr. *philanthropía*). Diese Bestimmung beachtet die Ungesichertheit des Menschen, den Not, Gewalt, Gier, Luxus-Verwahrlosung zu Verrohung und Destruktivität (Grausamkeit, Brutalität, Bestialität) treiben können. Sie beachtet seine körperliche, geistige, voluntative Begrenztheit und Schwäche, die zu Fehlern, Vergehen, Unrecht führen, und begründet darin die notwendige wechselseitige Verpflichtung zu Erziehung und humanitärer Praxis (Soziabilität, Mutualität, ↗ Solidarität).

Das Ziel ist die ↗ Humanisierung des Einzelnen und die Zivilisierung der Gesellschaft. Die Gefährdung, Fragilität, Sterblichkeit des Menschen einerseits und sein Wille zur Selbstbestimmung (Autonomie), zur Überschreitung von Grenzen und zur Unsterblichkeit (Göttlichkeit; Seelenglaube) andererseits bilden die gegenstrebigen Richtungen humanistischer ↗ Anthropologie. Der ununterbrochene Diskurs ‚Über die

---

[5] Cicero: Rede für Archias (62 v. u. Z.) 2,3; Über Gesetze, Buch 1 (etwa 52 v. u. Z.); Über das naturgemäße Handeln (*de officiis*, 45/44 v. u. Z.) 1,105–107 und 3,5,25.

Natur des Menschen' oder ‚Über das Elend und die Würde des Menschen' dokumentiert diese gespannte Einheit: von Ciceros platonischer und stoischer Anthropologie über Nemesius von Emesa (um 400 u. Z.; gedruckt 1512) bis zu der weit verbreiteten Rede des Giovanni Pico della Mirandola, die nachträglich, aber treffend, den Titel ‚Über die Würde des Menschen' erhielt (1486).[6]

Die Vorstellung von dem Mängelwesen Mensch wird früh schon im Vergleich mit den besser ausgestatteten Tieren veranschaulicht: Statt Krallen und Stacheln hat der Mensch planende Vernunft, Sprache, Gesellschaft (*societas*), Kultur. Der Mangel treibt zur Überkompensation, zur Herrschaft des Menschen über die Natur, zur Produktion von Kultur, die Cicero als ‚zweite Natur' bezeichnet.[7] Die mythischen Zeichen dieses Menschenbildes sind Ikaros, der zu hoch flog und ins Meer stürzte, und der Titan Prometheus, der Frevler und erste ‚Menschenfreund' (Philanthrop, 5. Jh. v. u. Z.), der das Feuer den Göttern stahl und den Menschen brachte.

3.3 Die humanistischen Menschenbilder bewegen sich zwischen Utopie und Skepsis, sind aber überwiegend positiv. Sie setzen auf Vollkommenheit und ↗ Glück, auf Erziehung und Fortschritt, auf Personalität, Selbstbestimmung (Autarkie, Autonomie), Individualität. Das ‚gesellschaftliche und politische Lebewesen' (*animal sociale et civile*) soll ein ‚ganzer Mensch' (*totus homo*) werden. Die Reduktion dieser leib-seelisch-geistigen Einheit auf ‚Vernunftwesen' (*animal rationale*) verfehlt den humanistischen Ansatz.[8]

Weltzugewandtheit, Anthropozentrik, ein nicht-dualistisches, positives Menschenbild stehen in Spannung zu einer negativen Anthropologie, die eine vererbliche Urschuld lehrt (Adam-Mythus) und die Notwendigkeit der Erlösung durch Sakramente und Zugehörigkeit zu einer christlichen Kirche. Der Streit um diese Lehre führte 1525/1527 zum Bruch zwischen Erasmus, der die Freiheit des Willens betonte, und Luther, der im Anschluss an Augustin die Schwächung und Unfreiheit des Willens behauptete.[9]

Diese dogmatisch unlösbaren ‚Widersprüche' sind von Einzelnen und Gruppen immer wieder ignoriert oder durch Entmythologisierung, Humanisierung, Moderni-

---

[6] Vgl. Gianozzo Manetti: Über die Würde und Exzellenz des Menschen, 1452 (Buch 3: Über den ganzen Menschen); Juan Vives: *Fabula de homine* (Mythos vom Menschen), 1518.
[7] Stoische Anthropologie bei Cicero: Über die Natur der Götter, Buch II.
[8] So Heideggers Beschreibung des Humanismus (Heidegger 1981). – Anders (Groschopp 2013).
[9] Neben den Lehren von Urschuld, Erlösung, Gnade sind weitere Bruchstellen zwischen christlichen und humanistischen Konzepten von Welt, Mensch und Gottheit: die Schöpfung aus dem Nichts; die Lehre von der dreifachen Gottheit (Trinität); die Zweinaturenlehre (Jesus von Nazareth als Mensch und Gott); umstritten bleiben die Lehren von Vorsehung und Prädestination, die Wunder – vgl. Cancik 2011, S. 191–209; Cancik 2014, S. 153–176.

sierung des Christentums entschärft worden. Ihnen wird Jesus, der ‚Menschensohn', zum vollkommenen Menschen, sein Reich ist die ‚reine Humanität'.[10]

4 Ausblick

Diese begriffliche Bestimmung von Humanismus, die Skizze seiner Systemform und seiner geschichtlichen Entwicklung in den Bereichen ↗ Bildung, Erziehung, Kunst und Wissenschaft, Recht und Religion ist unvollständig. Die wechselnde soziologische und politische Verortung der Lehrer, Forscher, Ärzte, Richter, Literaten, Hofleute, die ‚Humanisten' hießen, ihre elitären oder volkserzieherischen, kosmopolitischen oder nationalen, konservativen oder herrschaftskritischen Vorstellungen sind hier nicht berücksichtigt.

Die Skizze muss ergänzt werden durch die kritische Entfaltung eines naturwissenschaftlich begründeten Humanismus, wie ihn der Zoologe und Philosoph Julian Huxley in die Grundsätze der UNESCO (1946/1948) eingebracht hat,[11] durch die dezidiert aufklärerischen und speziell religionskritischen Impulse der ↗ Freidenkerbewegung,[12] durch den ↗ interkulturellen Humanismus, der, anthropologisch (philosophisch und ethnologisch) fundiert, die Kritik an Eurozentrik und kolonialistischen Ideologien des klassischen Humanismus voranbringt; sie muss schließlich durch Programme und Erfahrungen ergänzt werden, die in den ‚Universitäten für Humanistik' (z. B. in Utrecht), in der Didaktik der Lebenskunde (↗ Humanismusunterricht), in den Berufsfeldern der ↗ Humanitären Praxis (Pflege, Beratung zur Patientenverfügung, Hospiz, Jugendarbeit) gewonnen werden.

5 Literatur

Abegg, Johann Friedrich (1987): Reisetagebuch von 1798. Hrsg. von Walter und Jolanda Abegg. Frankfurt am Main.
Baab, Florian (2013): Was ist Humanismus. Geschichte des Begriffs, Gegenkonzepte, säkulare Humanismen heute. Regensburg.

---

[10] Herder 1989, S. 708 f.: IV, Buch 17, Vorwort.
[11] Huxley wurde 1952 der erste Präsident der ‚Internationalen Humanistischen und Ethischen Union' (IHEU), 1963 Präsident der ‚British Humanist Society'. (Huxley 1946) – Huxley's ‚Evolutionärer Humanismus' enthält sehr anfechtbare Aussagen zur Eugenik.
[12] Vgl. Groschopp 2011, S. 152 ff. zur Gründung der ‚Deutschen Gesellschaft für Ethische Kultur' (1892) und zu Felix Adler, der bereits 1875 in New York eine ‚Gesellschaft für Ethische Kultur' gegründet hatte.

Cancik, Hubert (2011): Europa – Antike – Humanismus. Humanistische Versuche und Vorarbeiten. Hildegard Cancik-Lindemaier (Hrsg.). Bielefeld.

Cancik, Hubert/Cancik-Lindemaier, Hildegard (2014): Humanismus – ein offenes System. Beiträge zur Humanistik. Horst Groschopp (Hrsg.). Aschaffenburg.

Groschopp, Horst (2011): Dissidenten. Freidenker und Kultur in Deutschland. 2. Auflage. Marburg.

Groschopp, Horst (2013): „Der ganze Mensch". Die DDR und der Humanismus. Ein Beitrag zur deutschen Kulturgeschichte. Marburg.

Hagen, Karl (1841): Deutschlands literarische und religiöse Verhältnisse im Reformationszeitalter. Mit besonderer Rücksicht auf Wilibald Pirkheimer. Bd. 1. Erlangen.

Heidegger, Martin (1981): Über den Humanismus (1947). 8. Auflage. Frankfurt am Main.

Herder, Johann Gottfried (1989): „Ideen zur Philosophie der Geschichte der Menschheit" (1784–1791). Martin Bollacher (Hrsg.). In: Johann Gottfried Herder: Werke in 10 Bänden. Bd. 6. Frankfurt am Main.

Herder, Johann Gottfried (1991): „Briefe zu Beförderung der Humanität" (1793–1797). Hans Dietrich Irmscher (Hrsg.). In: Johann Gottfried Herder: Werke in 10 Bänden. Bd. 7. Frankfurt am Main.

Huxley, Julian (1946): *Unesco. Its Purpose and its Philosophy*. Paris.

Kristeller, Paul Oskar (1964): *Eight Philosophers of the Italian Renaissance*. Stanford Calif.

Niethammer, Friedrich Immanuel (1808): Der Streit des Philanthropinismus und Humanismus in der Theorie des Erziehungs-Unterrichts unsrer Zeit. Jena.

Stiewe, Barbara (2011): Der ‚Dritte Humanismus'. Aspekte deutscher Griechenrezeption vom George-Kreis bis zum Nationalsozialismus. Berlin.

Völher, Martin (2009): „Von der ‚Humanität' zum ‚Humanismus'. Zu den Konzeptionen von Herder, Abegg und Niethammer". In: Martin Völher/Hubert Cancik (Hrsg.): Humanismus und Antikerezeption im 18. Jahrhundert. Genese und Profil des europäischen Humanismus. Heidelberg, S. 127–144.

Voigt, Georg (1859): Die Wiederbelebung des classischen Alterthums oder das erste Jahrhundert des Humanismus. Berlin.

Wachler, Ludwig (1833): Handbuch der Geschichte der Litteratur. 3. Umarbeitung. Zweyter Theil. Leipzig.

Frieder Otto Wolf
Humanität

1. Die Bedeutung des Begriffs der Humanität lässt sich nicht primär in seiner klassifikatorischen Dimension erfassen – der Frage, aufgrund welcher Eigenschaften sich bestimmen lässt, ob jemand ein Mensch ist (wie dies in der ↗ Anthropologie erörtert wird) – sondern sie erschließt sich vor allem in seiner performativen Dimension: in dem erklärten Anspruch auf Achtung für ‚alles, was Menschenantlitz trägt' (Fichte, Levinas).

Insofern dem Begriff der Menschenwürde (↗ Menschenrechte/Menschenwürde) vergleichbar, erhebt der Begriff der Humanität einen praktischen Anspruch an andere, sowie auch an diejenigen selbst, die ihn verwenden. Dieser praktische Anspruch ist immer wieder dort am deutlichsten ausgeprägt, wo es um die Anklage gegen und die Bekämpfung von Inhumanität als Verletzung der Humanität geht.

Der ebenso selbstbewusste wie für andere offene positive Anspruch des *homo sum* – ‚ich bin ein Mensch', *nil humani a me alienum puto* – ‚nichts Menschliches ist mir fremd' (Terenz, Heautontimorumenos 77, zitiert bei Cicero, Seneca, Juvenal, Ambrosius und Augustinus) resümiert deutlich, was den Inhalt dieses Anspruchs ausmacht.

Herder hat den hier postulierten Zusammenhang von Humanität und Menschlichkeit eindeutig normativ bestimmt: In seinen ‚Briefen zu Beförderung der Humanität' nennt er zunächst besonders die „Menschlichkeit", als das „erbarmende Mitgefühl des Leidens seiner Nebenmenschen", das auf das menschliche „Gefühl der Hinfälligkeit, der Schwäche und Krankheit" (Herder 1991, S. 149: Brief 28) zurückgehe, betont dann aber als „Hauptgut" der Menschennatur die (gleiche) Freiheit, mit der sich jeder Mensch dem Gesetz seiner eigenen Vernunft unterordnet, da „der Geist, der die Natur beherrscht, [...] Theilweise in ihm" ist (Herder 1991, S. 153: Brief 29). Der Gegenbegriff der ‚Inhumanität' dient hier nicht der Abwertung anderer Menschen, sondern der Verteidigung eines gemeinsamen ‚Humanum'.

Dieser klassischen Bestimmung durch Herder haben antihumane politische Ideologen nach der Krise der bürgerlichen Kultur im *fin de siècle* (etwa in Kreisen der ‚Eugenik') und dann in der ‚Nacht des 20. Jahrhunderts', gezielte Abwertungen entgegengehalten – indem sie ‚Humanität' als zu überwindende Schwäche, und das Festhalten an ihr als „humane Gefühlsduseleien" (Ploetz 1895, S. 147) bzw. seine Vertreter als „Humanitätsdusel" (Adolf Hitler, Mein Kampf, S. 292[1]) diffamierten.

---

[1] Zit. nach http://www.kirchenlehre.com/kampf.htm, besucht am 6.9.2015.

2. Der Anspruch auf Humanität in der narrativen Selbstbestimmung von Menschen lässt sich bereits in den frühesten Hochkulturen nachweisen – sowohl als ein Anspruch an sich selbst, als auch als Anspruch an den eigenen Umgang mit anderen (↗ Solidarität). Der chinesische Begriff des *ren* gehört ebenso zu dieser Vorgeschichte, wie etwa die Auseinandersetzung mit der Sterblichkeit im sumerischen ‚Gilgamesch-Epos' oder das Thema des trotz aller Widrigkeiten zu suchenden Lebenssinns in den ägyptischen ‚Gesprächen einer Seele mit sich selbst'.

Auch der Gedanke des kosmischen Mitleids in der pantheistischen frühen indischen Tradition und das Bild des Lebens als Irrfahrt in der griechischen ‚Odyssee' lassen sich hier einbringen. Dieser Anspruch wird in der griechischen Tradition der Rhetorik und der Philosophie seit den Sophisten – mit dem Postulat der Gleichheit aller Menschen bei Antiphon und dem *Homo-mensura*-Satz des Protagoras – in der gedoppelten Form von ‚Menschlichkeit' (gr. *anthropismós*) und ‚Menschenfreundlichkeit' (gr. *philanthropía*) – begrifflich artikuliert. Cicero verknüpft dann die geistige Bildung, wie sie die Griechen vorbildlich ausgebildet hätten, unter der Vokabel *humanitas* mit dem Gedanken der Menschenfreundlichkeit: „Umgang mit den Musen zu pflegen, das heißt mit Menschenbildung und Gelehrsamkeit" (lat. *Cum musis, id est, cum humanitate et doctrina habere commercium*).[2]

Dieser Grundgedanke der Humanität – als Zusammengehörigkeit von performativ zuzuschreibender Menschenwürde und allgemein zu praktizierender Menschlichkeit – wird von Philosophen der römischen Kaiserzeit (Seneca, Epiktet, Mark Aurel) weiter ausgearbeitet und zu einem zentralen Motiv der philosophischen Tätigkeit gemacht, etwa in Senecas Konzeption einer praktischen ‚Seelenleitung' durch die Philosophie als Bedingung für ein auch unter widrigsten Umständen zu führendes „glückseliges Leben" (Seneca, *De vita beata*).

Der elitistische Kategorienfehler, Humanität etwa als eine durch Bildung erst zu erwerbende menschliche Eigenschaft – der gemäß sich dann der *homo humanus* vom bloßen Menschen unterscheiden würde – und nicht als einen normativ zu erhebenden und performativ zu vollziehenden Anspruch zu begreifen, ist in der antiken Philosophie vermieden worden: Senecas (Briefe, Nr. 95, Abschnitt 33) Sentenz „der Mensch ist für den Menschen eine heilige Sache" (*homo res sacra homini*), war etwa ausdrücklich in Bezug auf die von Sklaven, Kriegsgefangenen und Professionellen aufgeführten Gladiatorenkämpfe gemünzt – d.h.: Menschen sind aus dem Geschäftsverkehr ‚herausgenommen', kein Gegenstand einer Warenwelt.

Als ein solcher Grundgedanke bleibt die Humanität ein wichtiges, allerdings minoritäres Motiv auch innerhalb der sich seit der Spätantike erneuernden bzw. sich neu formierenden Religionsgemeinschaften christlicher, jüdischer und isla-

---

[2] Cicero, Gespräche in Tusculum/*Tusculanae disputationes*, 5,23,66.

mischer Prägung, zumeist in Gestalt der positiven Bezugnahme auf die allen drei Traditionen gemeinsamen Figuren von Adam und Eva im paradiesischen ‚Garten Eden', an die auch noch etwa die kabbalistisch geprägte Figur des Adam bei Pico della Mirandola anknüpfen sollte (Daxelmüller 2009, S. 239 f.).

Damit wird auch das Thema einer gemeinsamen Geschichte der Menschheit zum Gegenstand der Reflexion über Humanität. Positiv wird unter dem Stichwort der Humanität dabei immer wieder das Thema von Hinfälligkeit und Nächstenliebe bzw. Barmherzigkeit (↗ Liebe; ↗ Humanitarismus) angesprochen, während negativ eine Abgrenzung von den fanatischen Ausprägungen dieser Religionen und das Postulat der Toleranz (↗ Religionsfreiheit/Toleranz) im Vordergrund steht.

3. Mit der erneuten Bezugnahme auf die weltliche antike Tradition in der ↗ Renaissance und der damit verbundenen Erneuerung individueller Bildungsideale rückt der Gedanke der Humanität ins Zentrum der sich als Erneuerung begreifenden Kultur (↗ Humanismus als Kultur)– in der bildenden Kunst, in der Literatur, in der Politik, sowie in der Lebensführung und auch in der Philosophie. Die Begriffe der *humaniora* für die aufgewerteten, gelegentlich auch als *studia humanitatis* bezeichneten ‚freien Künste' der spätmittelalterlichen Lehranstalten und des *humanista* für diejenigen, welche ihnen nachgingen, stellen bereits eine allererste Form einer reflexiven Artikulation der Humanität dar. Vor allem die bildende Kunst der Renaissance entwirft ein neues Menschenbild, in dessen Zentrum seit den Sieneser Meistern des 13. Jahrhunderts die Erneuerung starker menschlicher Individualität (↗ Persönlichkeit) steht, wie sie dann etwa Leonardo und Dürer in Porträts reflexiv gestaltet haben (van Dülmen 2001).

Bei Marsilio Ficino wird Humanität (*humanitas*) – unter Bezugnahme auf das Konzept der Gottesebenbildlichkeit des Menschen – im Gegensatz zur Tierheit (*feritas*) gedacht (Ficino 1994, S. 438 f. zitiert nach Tonutti 2011, S. 186). Auch Petrarca, der *humanitas* vor allem bei Philosophen und Dichtern findet (Pomilia/Gibellini 2007), fordert dazu auf „die Humanität anzunehmen und sich von der Tierheit zu lösen" (*humanitatem induere, feritatemque deponere*, Petrarca 1955, S. 292f.) und radikalisiert auf dieser Grundlage die Ciceronianische Unterscheidung von *humanitas* und *divinitas* (Charlet-Mesdjian 2012).

Pico della Mirandola stellte dann einen auf die freie menschliche Schöpferkraft fokussierten Begriff der ‚Menschenwürde' ins Zentrum eines umfassenden Neuentwurfs der politischen Philosophie (Buck 1990), welche er in den Worten Gottes nach der Erschaffung des Menschen artikuliert: „Wir haben dir keinen festen Wohnsitz gegeben, Adam, kein eigenes Aussehen noch irgendeine besondere Gabe, damit den Wohnsitz, das Aussehen und die Gaben, die du selbst dir aussiehst, entsprechend deinem Wunsch und Entschluss hast und besitzest." (Mirandola 1990, S. 5)

Daran schließt die Diskursgattung der Abhandlungen *De homine* an, wie sie vom 14. bis zum 16. Jahrhundert die Bildungsprogrammatik (*de liberis educandis*) mit anthropologischen Fragestellungen verbunden haben und wie sie dann in der Aufklärungsphilosophie (Bacon, Hobbes, Bayle, Spinoza) in Richtung auf das Postulat der gleichen Freiheit aller Menschen (Balibar 2012) ausgeweitet worden ist.

4. Erst im späten 18. bzw. frühen 19. Jahrhundert wird im rückständigen Deutschland der Begriff des ↗Humanismus als eine umfassende, ‚weltanschauliche' Reflexionsform der Humanität programmatisch formuliert, während sich in Westeuropa, vor allem in Großbritannien als dem Mutterland der bürgerlichen Kultur der Neuzeit, *humane societies* (Jeremy Bentham) inmitten der ‚industriellen Revolution' primär um den Tierschutz kümmern. Vor allem Herder, Goethe und Schiller, aber auch etwa Alexander und Wilhelm von Humboldt arbeiten umfassende Konzeptionen der Humanität aus (Kost 2004). Niethammer prägt den Humanismusbegriff als ein zwar unmittelbar bildungspolitisches, aber doch mit umfassendem Anspruch auftretendes Konzept.

Im später einsetzenden ökonomischen Modernisierungsprozess Deutschlands in den 1830er Jahren haben Ludwig Feuerbach und insbesondere die (nach dem Scheitern der demokratischen Revolution von 1848 vergessenen) Junghegelianer ausdrücklich politische Humanitätskonzepte formuliert. Diese werden in der zweiten Hälfte des 19. Jahrhunderts in Deutschland durch einen historisierenden Rückblick auf den Renaissancehumanismus als ein goldenes Zeitalter (Voigt) bzw. durch einen ethnozentrisch argumentierenden Bildungshumanismus verdrängt, wirken aber in den Niederlanden und in Großbritannien in Verbindung mit einer evolutionistisch argumentierenden ↗Anthropologie weiter. Julian Huxley als erster Generalsekretär der UNESCO hat diese Traditionslinie in seinem naturwissenschaftlich gestützt argumentierenden Humanitätsdenken (Huxley 1957) exemplarisch fortgesetzt und verkörpert.

Erst im späten 20. Jahrhundert (zunächst in den Niederlanden und in Belgien) wird der Begriff der ↗Humanistik gebildet, der die Thematik der Humanitätsreflexion innerhalb der universitären Disziplinen verorten und etablieren soll.

5. Das Humanitätsdenken des 20. Jahrhunderts löst sich weitgehend von den in Deutschland noch weiterwirkenden Traditionen neuhumanistischer Bildungsprogramme (↗Bildung) – deren problematische Seite Martin Heidegger mit der eurozentrischen Entgegensetzung von ‚homo humanus' und ‚homo barbarus' durchaus treffend zum Ausdruck gebracht hat (Heidegger 1976, S. 319f.).

Stattdessen rücken Autoren wie Mahatma Gandhi, Simone de Beauvoir und Frantz Fanon ins Zentrum einer praktischen Reflexion der Humanität, die von der Kritik an bestehenden, als solchen inhumanen Herrschaftsverhältnissen ausgeht (↗Befreiung/Herrschaft). Begriffe wie ‚Humanisierung' und etwa ‚humanitäre Interventionen' (↗Humanitarismus) werden zu Schlüsselbegriffen wichtiger politischer Auseinandersetzungen über Reformpolitik oder über das Verhältnis von Krieg und Frieden.

6 Literatur

Balibar, Étienne (2012): Gleichfreiheit. Politische Essays. Frankfurt am Main. (Französische Ausgabe: *La proposition d'égaliberté*. Paris 2010).
Buck, August (1990): „Einleitung". In: Mirandola 1990, S. vii-xxvii.
Charlet-Mesdjian, Béatrice (2012): „*Feritas, humanitas et divinitas dans le Bucolicum carmen de Francesco Petrarca*". In: Luisa Sechi Tarugo (Hrsg): *Feritas, Humanitas, Divinitas come aspetti del vivere nel Rinascimento*. Firenze, S. 13–24.
Daxelmüller, Christoph (2009): „Zwischen Kabbala und Martin Luther. Elija Levita Bachur, ein Jude zwischen den Religionen". In: Ludger Grenzmann/Thomas Haye/Nikolaus Henkel/Thomas Kaufmann (Hrsg.): Wechselseitige Wahrnehmung der Religionen im Spätmittelalter und in der frühen Neuzeit. Heiden, Barbaren, Juden. Konzeptionelle Grundfragen und Fallstudien. Bd. 1. Berlin, S. 231–249.
Dülmen, Richard van (Hrsg.) (2001): Entdeckung des Ich. Die Geschichte der Individualisierung vom Mittelalter bis zur Gegenwart. Köln, Weimar, Wien.
Ficino, Marsilio (1994): „*L'uomo è senza dubbio dio degli animali*". In: Gino Ditadi (Hrsg.): *I filosofi e gli animali*. Este.
Heidegger, Martin (1976): „Brief über den Humanismus" (1946). In: Martin Heidegger: Wegmarken. Gesamtausgabe I. Bd. 9. Friedrich-Wilhelm von Herrmann (Hrsg.). Frankfurt am Main, S. 313–64.
Herder, Johann Gottfried (1991): „Briefe zu Beförderung der Humanität" (1793–1797). In: Johann Gottfried Herder: Werke in 10 Bänden. Hans Dietrich Irmscher (Hrsg.). Bd. 7. Frankfurt am Main.
Huxley, Julian (1957): *New Wine in New Bottles*. London.
Kost, Jürgen (2004): Wilhelm von Humboldt. Weimarer Klassik – bürgerliches Bewusstsein – kulturelle Entwürfe in Deutschland um 1800. Würzburg.
Mirandola, Giovanni Pico della (1990): *De hominis dignitate*/Über die Würde des Menschen. Lateinisch-deutsche Übersetzung von Norbert Baumgarten. Hrsg. und eingeleitet von August Buck. Hamburg.
Petrarca, Francesco (1955): „*De vita solitaria*". In: Francesco Petrarca: Prose. Guido Martelotti/Pier Giorgio Ricci/Enrico Carrara/Enrico Bianchi (Hrsg.). Milano, Napoli, S. 286–594.
Ploetz, Alfred (1895): Die Tüchtigkeit unsrer Rasse und der Schutz der Schwachen. Ein Versuch über Rassenhygiene und ihr Verhältnis zu den humanen Idealen, besonders zum Socialismus (1869). Berlin.
Pomilia, Mario/Gibellini, Cecilia (2007): „*Petrarca. La poesia come humanitas*" (1951). In: *Humanitas* (Brescia) 62. Nr. 3, S. 578–607.
Tonutti, Sabrina (2011): „*Anthropocentrism and the definition of ‚culture' as marker of the human/animal divide*". In: Rob Boddice (Hrsg.): *Anthropocentrism. Humans, Animals, Environments*. Leiden, S. 183–199.

Horst Groschopp
Humanismus als Kultur

1 Humanismus und Kulturbegriff

Als kulturelle Bewegung ist der ↗Humanismus Gegenstand einer modernen Kulturwissenschaft. Ihr Kulturbegriff knüpft an Vorbilder in der ↗Antike an. Deren Rezeption in der ↗Renaissance und spätere Aneignungen prägen ihn. Dabei ist das Kulturverständnis offener geworden, hat sich von normativen Vorgaben weitgehend entfernt (Moebius/Quadflieg 2011; Frietzsch/Rogge 2013).

Im Wesentlichen nach 1970 kam es im Zuge der ‚kulturellen Wende' in den Gesellschaftswissenschaften zur Ausbildung einer vielgestaltigen Kulturwissenschaft (Schiffauer 2004). Unter dem Einfluss der angloamerikanischen *cultural studies* (Hepp/Winter 2003), die keine Trennung von Kultur und Zivilisation (oder auch geistig und materiell) kennen, und durch die amerikanische ‚Populärkultur' weitete sich der deutsche Kulturbegriff, vor allem kultursoziologisch (Berking/Faber 1989).

‚Kultur' ist heute ein objektiver Analyse- und zugleich subjektiver Urteilsbegriff, der die „Summe der Selbstverständlichkeiten" (Hofstätter 1959, S. 92) hinsichtlich Ideen, Verhaltensweisen, Entwicklungsstand und Errungenschaften der die jeweilige Kultur konstituierenden Menschen (Gruppen, Ethnien, Klassen, Regionen, Nationen etc.) beschreibt und dabei das ‚Wir-und-die-anderen' bezeichnet. Kulturen des ↗Humanismus (Mout 1998) sind demnach jeweils raumzeitlich bestimmte Lebensweisen, Institutionen und Gedankenwelten, in denen Individualität, Selbstbestimmung, Barmherzigkeit, ↗Menschenrechte/Menschenwürde, ↗Humanität und ↗Solidarität einen hohen Stellenwert haben und entsprechend basierte Gemeinsamkeiten feststellbar und vergleichbar sind, in einzelnen Epochen, über diese hinaus, regional begrenzt und von kurzer Dauer, auch weltweit (↗Interkultureller Humanismus) und lang wirkend (↗Antike-Rezeption).

Im Deutschen bedeutet die neuere, weite Ansicht einen Wandel in den Auffassungen des Zusammenhangs von Humanismus und Kultur. Kultur wurde seit dem Ende des 17. Jahrhunderts im Zusammenhang mit der Bildung von Territorialstaaten zunächst ‚polizeiwissenschaftlich', etwa ‚Culturpolicey' (Medicus 1861) (↗Kulturpolitik) gebraucht, Sittlichkeit und öffentliche Religion einschließend. In der ↗Aufklärung wird der Begriff stark ästhetisch diskutiert, später weitgehend auf höhere ↗Bildung verengt (Bollenbeck 1994). Im 19. und 20. Jahrhundert gerinnt ‚Kultur' zu einer Kategorie mit „seelenhaftem Pathos" (Plessner 1982, S. 84). Sie wird lange – in Tradition von Immanuel Kant – getrennt von Zivilisation, die

„nur" das „Sittenähnliche" bezeichne, nicht aber das Geistige, die „Idee der Moralität" (Kant 1923, S. 26).

Den Menschen selbst und den Wissenschaften vom Menschen erscheinen in der aktuellen Auffassung von Kultur die sie prägenden Phänomene als lebensweltlich präsente und/oder historisch gewordene/gewesene „Mythen, Interaktionsrituale, vage Wertvorstellungen, Leerformeln, Attitüden und Prestigevermutungen", als Systeme „kollektiver Sinnkonstruktionen, mit denen Menschen die Wirklichkeit definieren" (Neidhardt 1986, S. 13, S. 11). Eine humanistische Kultur ist danach eine erkennbare Struktur, die entsprechenden Kriterien genügt sowohl hinsichtlich der objektiven (empirisch feststellbaren) Merkmale wie der subjektiven Auffassungen, Verhaltensformen und Zuschreibungen – in Differenz zu anderen Kulturen. Anderen ist anderes Kultur, denn die „Vorurteilsstruktur ist dem Identitätsprozeß eigen" (Ipsen 1994, S. 232).

Variationen des Humanismus stellen sich als kulturelle Eigenheiten dar. Das gilt auch umgekehrt: Je historische Kulturvorstellungen prägen die jeweiligen Begriffsbildungen von Humanismus. Bereits in der Wort- und Begriffsgeschichte von ‚Kultur' und der oft als Gegenbild gebrauchten Rede von der ‚Zivilisation' zeigen sich je verschiedene Blicke auf Humanistisches. Etymologisch ist ‚Kultur' abgeleitet von dem lat. Wortfeld *colere* – pflegen; die zugehörigen Substantive *cultura* und *cultus* bezeichnen ‚Pflege' in verschiedenen Bereichen, von Ackerbau (vgl. das Fremdwort Agrikultur – lat. *cultura, cultus agrorum*) bis Menschenbildung und Verehrung der Götter, auch gute Sitten, Lebensart, verfeinerte Manieren, meist als ‚geistige', ‚höhere', vom Volke geschiedene ‚Lebenskunst' interpretiert (Kultur als das ‚Verfeinerte', ‚Niveauvolle' gegenüber dem ‚Groben', ‚Gemeinen').

Das deutsche Lehnwort ‚Zivilisation' dagegen geht über franz. *civilisation* (2. Hälfte 18. Jahrhundert) auf lat. *civilis* (bürgerlich) und *civilitas* zurück. Es bedeutet ‚Höflichkeit', ‚Umgänglichkeit', ‚Gewandtheit', ‚Manieren' (vgl. Erasmus, ‚Über die civilitas der Sitten der Kinder', 1530), nur die ‚äußeren' nicht die ‚inneren', ‚höheren', ‚wirklichen' Werte (Moras 1930; Elias 1939).

2 Humanismusforschung als Kulturstudium

Jede Humanismusforschung ist zugleich Kulturstudium, sind doch sowohl alte als auch neue humanistische Bewegungen nur in ihrem kulturellen Kontext zu verstehen (↗ Interkultureller Humanismus; ↗ Freidenkerbewegung). Die wissenschaftliche Beschäftigung mit dem Humanistischen in der Kultur der Griechen oder Römer war immer auch zugleich ein Antwortgeben auf aktuelle Kulturprobleme, wie sie die Autoren sahen. Erst aus den Interpretationen der kultur- und zeitbedingten Ansichten sind adäquate Bilder des jeweiligen Humanismus zu gewinnen.

Kulturforschung ist auch Voraussetzung einer international vergleichenden Analyse des Humanismus, da dieser zwar selbst eine kulturelle Bewegung mit dem Anspruch auf universelle Geltung ist, dabei aber das historische Gewordensein aller Kulturen respektiert. Wie das geleistet werden kann ist selbst ein Forschungsproblem und ein praktischer Vorgang der Kulturbildung, da stets gesagt werden muss, was Humanisierung bedeuten soll. Die wachsende Zahl von ‚Humanismen' in den aktuellen Debatten verweist auf virulente Kulturfragen, in denen dem Humanismus zugetraut oder bestritten wird, Antworten geben zu können.

Wegen seiner universellen Untersuchungs- und Vergleichsmöglichkeiten hat der Kulturbegriff Eingang gefunden in die Religionswissenschaft, hat Kulturwissenschaft(en) hervorgebracht, die Kategorie ↗ Weltanschauung weitgehend abgelöst und aktuell die Forschung zurückgeführt zu einer umfassenden kulturgeschichtlichen Betrachtung des Humanismus.

Der Kulturbegriff beförderte im Prozess seiner historischen Ausbildung sowohl die Erkenntnis der Subjektabhängigkeit von Kulturen als auch damit verbunden die Relativierung von Wahrheitsansprüchen vor allem bezogen auf Religionen. Kulturfragen kommen in nahezu allen Begrifflichkeiten des Humanismus vor, auch wenn der Begriff selbst bei den Antworten oft nicht nötig ist.

Humanismusforschung (↗ Humanistik) als Kulturforschung fragt nach Daseinsformen und ‚Vererbungen' des Humanismus, nach humanistischen Geistesströmungen und ihren Manifestationen in Eliten oder als ‚Volkshumanismus'. Gegenstand sind die Wandlungen des Humanismus als ‚Menschheitserzählung'. Diese berichtet, wie konkrete Individuen und gesellschaftliche Gruppen in ihrer Zeit mit Traditionen ihres ‚klassischen Erbes' umgehen, Bildungsprogramme organisieren, soziale Bewegungen ‚durchführen', weltanschauliche Richtungen ausformen, religiöse Toleranz (↗ Religionsfreiheit/Toleranz) üben, menschenwürdige Gesetze veranlassen, praktische Philosophien entfalten, politische Grundhaltungen anwenden, barmherzige Hilfen leisten oder humanitäre Dienste betreiben (↗ Humanisierung; ↗ Humanitäre Praxis).

3 Kulturelle Wertungen

Kultur ist ein Kern- und zugleich Hilfs-, oft sogar Ausredebegriff und deshalb heute ein inflationär verwendetes Wort in der Spannweite von Kulturbeutel bis Kulturkreis. Der Begriff trennt das von Menschen Gemachte vom ‚Natürlichen' und ‚Göttlichen' und nennt in der höchsten wertenden Zuspitzung etwas ‚human' oder ‚inhuman'.

In diesen vielfältig determinierten Wertungsvorgängen betrachten die urteilenden Subjekte Kultur lediglich als „diejenigen Bestandteile der Wirklichkeit, welche durch jene [wertende, HG] Beziehung für uns bedeutsam werden, und nur diese." (Weber 1922, S. 175). ‚Unkulturen' sind in diesem Verständnis Kulturen, die von anderen nach je eigenen Maßstäben, als solche bezeichnet werden. Es ist dabei das Problem jeder kulturellen Erfahrung, dass „außerwissenschaftliche Ursachen für Unterschiede in der Kulturfassung viel gravierender sind" als wissenschaftliche Einflüsse auf sie (Mühlberg 1983, S. 8).

In der Moderne mutierte der Kulturbegriff zum einen immer mehr zu einem Gesellschaftsbegriff. Hier versuchte man, mit ihm die Gesamtheit der objektiven sozialen Voraussetzungen für Persönlichkeitsentwicklung (↗ Persönlichkeit) und den Aufbau von Gruppenkulturen ebenso zu erfassen wie die tatsächlich ausgebildeten subjektiven Qualitäten der Individuen und Personengruppen (Subkulturen, Kulturnation, europäische Kultur, Kulturstaat).

Zum anderen differenzierte sich Kultur pragmatisch und verwaltungspolitisch in gesonderte Kulturbereiche aus (Religion, Bildung, Künste, Wissenschaft; Kultusministerien nach 1817). Dies wurde – auch mit dem Nachteil des Verzichts auf eine ganzheitliche Sicht – in der Schaffung akademischer Disziplinen (Geistes-, Kultur- und Kunstwissenschaften) nachvollzogen.

So wurde auch Humanismus ein spezialisiertes Kulturgebiet (Gymnasien, Erbepflege). Da im 19. und 20. Jahrhundert zugleich in den Oberschichten Deutschlands besonders enge, teilweise elitär aufgeladene Kulturvorstellungen wirkten, kam es zu antihumanistischen Zuspitzungen, so bei Heinrich von Treitschke, der eine neue Sklaverei als Geburtshelferin und Retterin von Kultur erwartete: „Keine Kultur ohne Dienstboten" (Treitschke, S. 67).

Gegen diesen Ausschluss aus der Kultur wehrten sich aufstrebende Arbeiter sowohl durch politische Abwehr aller bürgerlichen Humanitätsbestrebungen als auch durch Gründung eigener sozialdemokratischer Kulturvereine (Groschopp 1985), die sich schließlich einem auf das ‚Volkswohl' zielenden liberalen praktischen Humanismus (‚Humanistengemeinden' in der ↗ Freidenkerbewegung) annäherten. Doch blieb in der Gesellschaft eine konservative Kulturauffassung vorherrschend und die Arbeiterbewegung übernahm weitgehend einen engen Kulturbegriff, in dem Humanismus nicht vorkam, bis die 1844er Frühschriften von Karl Marx 1932 in Moskau publiziert wurden (Groschopp 2013).

Erst mit dem Kampf gegen den Nationalsozialismus erhob sich ein neuer ‚kämpferischer Humanismus' mit einem breiteren Verständnis von Kultur, der aber weitgehend in den Politisierungen im Kalten Krieg unterging. Die von Thomas Mann eingeforderte gemeinsame Idee eines ‚sozialen Humanismus', der über die bürgerliche Demokratie hinaus reiche und um „den das große Ringen" gehe, zerfiel in der Ost-West-Blockpolitik (Mann 1968, S. 177).

4 Zwei Kulturbegriffe im deutschen Humanismus

Im deutschen Humanismus waren zwei unterschiedliche Verständnisse von Kultur wirksam. Beide lassen sich letztlich zurückführen auf den Ausdruck *cultura animi* bei Cicero.[1] In dieser Tradition verstanden – in je eigenen Sichtweisen – Thomas Morus, Samuel Pufendorf, Gotthold Ephraim Lessing und Christoph Martin Wieland Kultur als eine Ausprägung des Geistes, der Seele und des Verstandes.[2] Diese Lesart setzte sich im Menschenbild der deutschen Klassik als Ideal der allseitigen Ausbildung aller menschlichen Anlagen fort (Wundt 1920; Kopp 1974).

Eine andere Kultursicht, die als ein Ursprung eines modernen Humanismusbegriffs gesehen werden kann, geht auf Johann Gottfried Herder und sein Konzept der ‚Humanität' zurück. Er beginnt seine Gedanken zur Kulturphilosophie – ‚Ideen zur Philosophie der Geschichte der Menschheit' – mit einer naturgeschichtlichen Einordnung des Menschseins in den „Chor der Welten" (Herder 1989, S. 21: I,1,I). Kultur nimmt er als etwas, das Menschen selbst organisieren und das sich durch deren „Betriebsamkeit" konstituiert (Herder 1989, S. 898: IV,20,VI). Menschen sind arbeits-, sprech- und lernfähig, dadurch kulturbegabt. Aber: Auch der „fähigste Mensch muß lernen, wie er sie [die künstliche Maschine Mensch] spiele" (Herder 1989, S. 337: II,9,I). Herder entwickelt zudem aus Adaptionen der zeitgenössischen Klimatheorie Ansätze zu Kulturstudien sozialer Einheiten, die Kultur(en) räumlich und historisch verorten.[3]

Dieser Ansatz im Verständnis von Humanismus als Kultur wurde von Gustav Friedrich Klemm aufgegriffen (Klemm 1843–1852), der sowohl den Anthropologen Edward Burnett Tyler (Tyler 1873) als auch den Kunstwissenschaftler Jacob Burckhardt (Burckhardt 2004) beeinflusste. Dessen breit angelegte Analyse der italienischen ↗ Renaissance gilt weithin – aber nicht unbestritten – als beispielhaft für Arbeiten zu humanistischen Kulturen.

Beide Ansätze treffen sich in verschiedenen Ausprägungen der zum Teil inzwischen als Fachdisziplin etablierten Kulturgeschichte (Daniel 2001). Diese reicht zurück bis auf die mit dem Motiv der ↗ Aufklärung betriebenen historischen Studien von Johann Christoph Adelung (Adelung 1800). In der Kulturgeschichtsschreibung als wissenschaftlicher Disziplin (Hübinger 2000, Hübinger

---

[1] Cicero, *Tusculanae disputationes* (Gespräche in Tusculum) 2,4,13: „Die Pflege des Geistes aber ist die Philosophie" (lat. *cultura autem animi philosophia est*).
[2] Vgl. die Debatten in der neueren Literatur bei Döring (2012); Rohde (2013); Ferber (2013); Fritsche (2015).
[3] Zur ‚Klimatheorie' vgl. Herder 1989, S. 266 ff.: II,7,III.

2002) werden soziale und/oder geistige Veränderungen, Wandlungen in den Lebensweisen und materielle Zeugnisse auf verschiedene Weise abgebildet.

Versuchen zur Konzeption einer Kulturgeschichte der Menschheit stehen Studien von räumlich sehr beschränkten Regionen oder von zahlenmäßig nur ganz kleinen Gruppen gegenüber. Es werden Klassen, Epochen, Bau- und Kunstwerke, Maschinen („Industriekultur'), Kleidung und viele andere Äußerungsformen von Kultur untersucht. In diesen Beschreibungen sind auch viele noch nicht extra daraufhin untersuchte Ansätze zu einer Kulturgeschichte des Humanismus zu finden. Unter Voraussetzung eines wertenden Kulturbegriffs kann man zugespitzt sagen: Alle Kulturgeschichte ist auch als Geschichte des Humanismus zu interpretieren.

In jüngerer Zeit wurden verschiedene politische Konzepte vorgestellt, in denen Humanismus als ‚Leitkultur' definiert wird, zum einen als ganzheitliches Bildungsprogramm (Nida-Rümelin 2006), zum anderen als religionskritische Alternative einer neuen ↗ Freidenkerbewegung zugunsten weiterer Fortschritte auf dem Weg der ↗ Säkularisierung in Staat und Gesellschaft (Schmidt-Salomon 2005), teilweise fußend auf der ↗ Weltanschauung des ‚evolutionären Humanismus' (Huxley 1964).

5 Literatur

Adelung, Johann Christoph (1800): Versuch einer Geschichte der Cultur des menschlichen Geschlechts. Mit einem Anhang vermehrt. Leipzig.
Berking, Helmuth/Faber, Richard (Hrsg.) (1989): Kultursoziologie. Symptom des Zeitgeistes? Würzburg.
Bollenbeck, Georg (1994): Bildung und Kultur. Glanz und Elend eines deutschen Deutungsmusters. Frankfurt am Main, Leipzig.
Burckhardt, Jacob (2004): Die Kultur der Renaissance in Italien. Ein Versuch (1860). Walther Rehm (Hrsg.). Sonderausgabe. Hamburg.
Daniel, Ute (2001): Kompendium Kulturgeschichte. Frankfurt am Main.
Döring, Detlef (2012): Samuel Pufendorf in der Welt des 17. Jahrhunderts. Frankfurt am Main.
Elias, Norbert (1969): Über den Prozess der Zivilisation (1939). Berlin.
Ferber, Sascha (2013): Die Geschichte der Vorurteile. Wieland in der Literaturgeschichtsschreibung von 1893 bis 1911. Frankfurt am Main.
Frietzsch, Ute/Rogge, Jörg (Hrsg.) (2013): Über die Praxis des kulturwissenschaftlichen Arbeitens. Ein Handwörterbuch. Bielefeld.
Fritsche, Thomas (2015): Der Kulturbegriff im Religionsverfassungsrecht. Berlin.
Groschopp, Horst (1985): Zwischen Bierabend und Bildungsverein. Zur Kulturarbeit in der deutschen Arbeiterbewegung vor 1914. Berlin.
Groschopp, Horst (2013): Der ganze Mensch. Die DDR und der Humanismus. Ein Beitrag zur deutschen Kulturgeschichte. Marburg.
Hepp, Andreas/Winter, Carsten (Hrsg.) (2003): Die Cultural Studies Kontroverse. Lüneburg.

Herder, Johann Gottfried (1989): „Ideen zur Philosophie der Geschichte der Menschheit" (1784–1791). In: Johann Gottfried Herder: Werke in 10 Bänden. Bd. 6. Martin Bollacher (Hrsg.). Frankfurt am Main.

Hofstätter, Peter R. (1959): Einführung in die Sozialpsychologie (1954). Stuttgart.

Hübinger, Gangolf (2000): „Die ‚Rückkehr' der Kulturgeschichte". In: Christoph Cornelißen (Hrsg.): Geschichtswissenschaften. Eine Einführung. Frankfurt am Main, S. 162–177.

Hübinger, Gangolf (2002): „Kulturgeschichte". In: Stefan Jordan (Hrsg.): Lexikon Geschichtswissenschaft. Hundert Grundbegriffe. Stuttgart, S. 198–201.

Huxley, Julian (1964): „Die Grundgedanken des Evolutionären Humanismus". In: Julian Huxley: Der evolutionäre Humanismus. München, S. 13–69.

Ipsen, Detlev (1994): „Regionale Identität. Überlegungen zum politischen Charakter einer psychosozialen Raumkategorie". In: Rolf Lindner (Hrsg.): Die Wiederkehr des Regionalen. Über neue Formen kultureller Identität. Frankfurt am Main, New York, S. 232–254.

Kant, Immanuel (1923): „Idee zu einer allgemeinen Geschichte in weltbürgerlicher Absicht" (1784). In: Königlich Preussische Akademie der Wissenschaften (Hrsg.): Kant's Gesammelte Schriften. Bd. 8. Berlin, Leipzig, S. 15–31.

Klemm, Gustav Friedrich (1843–1852): Allgemeine Cultur-Geschichte der Menschheit. 10 Bände. Leipzig.

Kopp, Bernhard (1974): Beiträge zur Kulturphilosophie der deutschen Klassik. Meisenheim am Glan.

Mann, Thomas (1968): „Deutschland und die Deutschen" (1945). In: Thomas Mann: Politische Reden und Schriften. Bd. 3. Frankfurt am Main.

Medicus (1861): „Kulturpolizei". In: [Johann Caspar] Bluntschli/[Karl] Brater (Hrsg.): Deutsches Staats-Wörterbuch. In Verbindung mit deutschen Gelehrten. Bd. 6. Stuttgart, Leipzig, S. 149–162.

Moebius, Stephan/Quadflieg, Dirk (Hrsg.) (2011): Kultur. Theorien der Gegenwart. 2., erweiterte Auflage. Wiesbaden.

Moras, Joachim (1930): Ursprung und Entwicklung des Begriffes Zivilisation in Frankreich (1756–1783). Hamburg.

Mout, Nicolette (Hrsg.) (1998): Die Kultur des Humanismus. Reden, Briefe, Traktate, Gespräche von Petrarca bis Kepler. München.

Mühlberg, Dietrich (1983): Woher wir wissen, was Kultur ist. Gedanken zur geschichtlichen Ausbildung der aktuellen Kulturauffassung. Berlin.

Neidhardt, Friedhelm (1986): „Kultur und Gesellschaft. Einige Anmerkungen zum Sonderheft". In: Friedhelm Neidhardt/Rainer M. Lepsius/Johannes Weiss (Hrsg.): Kultur und Gesellschaft. Festschrift René König. Opladen, S. 10–18.

Nida-Rümelin, Julian (2006): Humanismus als Leitkultur – Ein Perspektivenwechsel. München.

Plessner, Helmuth (1982): „Die verspätete Nation" (1935). In: Helmuth Plessner: Gesammelte Schriften. Bd. 6. Frankfurt am Main.

Rohde, Carsten (2013): Doppelte Vernunft. Lessing und die reflexive Moderne. Hannover.

Schiffauer, Werner (2004): „Der cultural turn in der Ethnographie und der Kulturanthropologie". In: Friedrich Jaeger/Jürgen Straub (Hrsg.): Handbuch der Kulturwissenschaften. Bd. 2: Paradigmen und Disziplinen. Stuttgart, Weimar, S. 502–517.

Schmidt-Salomon, Michael (2005): Manifest des evolutionären Humanismus. Plädoyer für eine zeitgemäße Leitkultur. Aschaffenburg.

Treitschke, Heinrich von (1874): „Der Socialismus und seine Gönner". In: Preußische Jahrbücher 34, S. 67–110.
Tyler, Edward B. (1873): Die Anfänge der Cultur. Leipzig.
Weber, Max (1922): „Die ‚Objektivität' sozialwissenschaftlicher und sozialpolitischer Erkenntnis" (1904). In: Max Weber: Gesammelte Aufsätze zur Wissenschaftslehre. Tübingen, S. 146–214.
Wundt, Wilhelm (1920): Kultur und Geschichte. Leipzig.

Heinz-Bernhard Wohlfarth
Humanitarismus

1 Die universelle Verpflichtung zur Beseitigung schwerer moralischer Übel

Der Humanitarismus versucht, besonders schwere moralische Übel zu beseitigen oder wenigstens abzumildern. In der Sprache der Menschenrechte sind ‚besonders schwere moralische Übel' prinzipiell vermeidbare Leiden, die die physisch-seelische Grundlage von Menschen als Rechtspersonen zerstören. Unter humanitären Gründen können wir jene Gründe verstehen, die jeder Mensch jedem anderen Menschen aufgrund seines Menschseins schuldet. Sie beziehen sich auf die basalen menschlichen Rechte auf Sicherheit und Subsistenz, den beiden Garantien für die körperliche Unversehrtheit des Menschen in den Dimensionen des Schutzes vor Gewalt und Mangel.

Werden die beiden basalen Rechte verletzt, sind die betroffenen Personen weder in der Lage, ihrem Recht auf Menschenrechte (↗ Menschenrechte/Menschenwürde) selbst zum Nachdruck zu verhelfen, noch ihr Recht geltend zu machen, nach ↗ Glück zu streben. Sie erscheinen im passiven Status von ‚Opfern'. Beim Eintritt einer solchen humanitären Situation wird das eingreifende Handeln zu einer Pflicht, der prinzipiell alle Nicht-Betroffenen unterliegen. Ihr entspricht aufseiten der vom moralischen Übel Betroffenen ein Recht auf Hilfe. Die starken Machtasymmetrien zwischen den Helfenden und den Betroffenen versehen das eingreifende Handeln jedoch mit dem Dilemma zwischen ‚Helfen oder Verändern'.

2 Geschichte des Humanitarismus

Als historische Erscheinung konstituierte sich der Humanitarismus im Laufe der Neuzeit im Kampf gegen die Ausrottung von Eingeborenen, die Verfolgung religiöser Minderheiten oder die Verbrennung von Hexen. Er fand einen Kulminationspunkt Ende des 18. Jahrhunderts in der „Humanitären Revolution" (Pinker 2011, S. 210). Innerhalb eines kurzen historischen Zeitraums brachte sie politische Reformimpulse auf den Weg gegen Übel, die seit Menschengedenken als bedauernswerte und unvermeidliche Bestandteile menschlichen Lebens galten wie Leibeigenschaft, Hunger, Sklaverei, grausame Strafen, Folter, Todesstrafe oder der Umgang mit Geisteskranken.

Die ‚Humanitäre Revolution' war ein Produkt des klassischen europäischen Humanismus, mit seinen Grundelementen: Philosophie der ↗ Aufklärung, ↗ Menschenrechte, Demokratie, persönliche und politische Autonomie, Universalismus, Individualismus (↗ Persönlichkeit), Egalitarismus und Kosmopolitismus. Den politischen Rahmen der ‚Humanitären Revolution' bildete das Novum des modernen Nationalstaats. Im Inneren setzte er sich in die Lage, die persönlichen Beziehungen der traditionalen Gesellschaft in eine ↗ Solidarität zwischen Fremden zu überführen (↗ Humanisierung). Durch die Konkurrenz zwischen den Nationalstaaten, die koloniale Expansion und die Durchsetzung der kapitalistischen Wirtschaftsordnung standen von Anfang an auch die externen Geschehnisse in der Aufmerksamkeit des Humanitarismus. Mit der Ausbildung der nationalen Öffentlichkeiten formte sich eine transnationale Öffentlichkeit, die vom Bewusstsein einer zu schaffenden politischen Gemeinschaft der Menschheit getragen wurde.

Der eingeleitete Modernisierungsprozess entwickelte Kräfte der Zerstörung (Sklaverei, Kolonialismus, frühkapitalistisches Elend, Großmachtkriege, totaler Krieg oder Völkermord), die sich in neuen politischen Ideologien wie Nationalismus, Imperialismus, Rassismus oder Totalitarismus rechtfertigten – Epoche des ‚imperialistischen Humanitarismus', um 1800–1945 (Barnett 2011). Die Arbeiterbewegung konnte sich durch Selbstorganisation nach und nach gegenüber den philanthropischen Formen der sozialen Steuerung eine gewisse Selbständigkeit verschaffen. Mit der Gründung des ‚Internationalen Komitees des Roten Kreuzes' durch Henri Dunant (1863) kam es zu wichtigen Innovationen des humanitären Völkerrechts. In der ‚Genfer Konvention' von 1864 wurde der Schutz von Kriegsopfern geregelt; die beiden ‚Haager Konventionen' von 1899 und 1907 versuchten die Kriegsführung selbst zu humanisieren.

Die politischen Großkatastrophen der Weltkriege, des Totalitarismus und des Holocaust erzwangen um die Mitte des 20. Jahrhunderts einen zweiten historischen Kulminationspunkt der ↗ Menschenrechte, der zu einer Epoche des ‚Neo-Humanitarismus' 1945–1989 führte (Barnett 2011). Nach der Gründung der Vereinten Nationen (1945) und der Verabschiedung der Allgemeinen Erklärung der Menschenrechte (1948) wurden in den westlichen Ländern dichte, ineinander gedrängte „Revolutionen der Rechte" initiiert (Pinker 2011, S. 566). Der Kampf um Bürgerrechte, Frauenrechte, ökologische Rechte, Rechte sexueller Minderheiten oder Tierrechte wurde auch von einer neuen Sensibilität für die humanitäre Dimension getragen.

Das humanitäre Völkerrecht selbst erhielt durch die vier Genfer Abkommen von 1949 einen neuen Schub. Ihnen folgten 1977 zwei Zusatzprotokolle. Im Rahmen des UNO-Systems wurde eine Reihe humanitärer Hilfsorganisationen gestiftet. Bald jedoch fror der Elan der Menschenrechtsrevolution im Kalten Krieg zwischen dem Westen und dem Ostblock ein. Die Absteckung von geopolitischen Einfluss-Sphären bestimmte den Fahrplan der Dekolonisierung. Die Konferenz von Bretton Woods (1944) schuf die neuartigen ökonomischen Organisationen der ‚Weltbank' und des ‚Internationalen Währungsfonds' (IWF). Sie führten im globalen Norden zur Teilhabe weiter Bevölkerungskreise am schnell wachsenden Wohlstand, drängten aber den globalen Süden immer mehr ab.

Diese Tendenz verschärfte sich nach dem Ende des Kalten Krieges. Es begann eine Epoche des ‚Liberalen Humanitarismus' (Barnett 2011). Sie ging einher mit zunehmender wirtschaftlicher Globalisierung und einer wachsenden Ungleichheit zwischen den Staaten des Nordens als auch innerhalb dieser Staaten selbst. Statt durch eine gerechtfertigte Ungleichbehandlung den Entwicklungsländern eine faire Chance zu geben, die postkoloniale Abhängigkeit zu überwinden, wurde im Jahre 1994 die ‚Welthandelsorganisation' (WTO) gegründet. Ihre wirtschaftlichen Regeln sind (wie die seit den 1980er Jahren neoliberal ausgerichtete Strukturanpassungspolitik des IWF) *nicht* dem Regime der Menschenrechte unterworfen, insbesondere nicht dem Recht auf Subsistenz.

Politisch ist das aktuelle humanitäre Handeln bestimmt durch Bürgerkriege und scheiternde Staaten. Vier ambivalente Entwicklungen sind hervorzuheben: *Erstens* die Wiederbelebung der Humanitären Interventionen, die das rechtliche Paradigma der nationalstaatlichen Souveränität zunehmend bröckeln lässt. *Zweitens* das 2005 von der internationalen Gemeinschaft anerkannte Konzept ‚Responsibility to Protect' (R2P). Für den Fall, dass ein Einzelstaat nicht in der Lage oder nicht willens ist, seine Bürger vor schweren Menschenrechtsverletzungen zu schützen, formuliert es eine Schutzverantwortung der internationalen Staatengemeinschaft. *Drittens* der 2002 eingerichtete ‚Internationale Strafgerichtshof', der für die schwersten Verbrechen zuständig ist, die die internationale Gemeinschaft als Ganze betreffen. *Viertens* die wachsende Bedeutung der nicht-staatlichen Hilfsorganisationen für das Regieren jenseits des Nationalstaates, der sogenannten *global governance*.

3 Humanismus und Humanitarismus

Elf Jahre, nachdem Friedrich Immanuel Niethammer den Neologismus ↗ „Humanismus" (1808) in Umlauf gebracht hatte, tauchte im *Oxford English Dictionary* der lexikalische Erstbeleg des verwandten Neologismus *humanitarianism* auf.

Im Deutschen ist das sperrig wirkende Wort ‚Humanitarismus' lediglich in Expertenkreisen gebräuchlich. Eine erste Eingemeindung des Fremdworts erfolgte über den Umweg durch das Französische und ist geprägt durch einen pejorativ-sarkastischen Gebrauch. Die philosophische Traditionslinie reicht von Nietzsche und der frühen Essayistik Thomas Manns über Max Scheler bis zu Arnold Gehlen (Delikostantis 1982; Haffner 1988). Die Denkfiguren des Letzteren (Gehlen 1969) spielen eine wichtige Rolle in der neoliberal inspirierten Sozialstaatskritik von Peter Sloterdijk und besonders Norbert Bolz (Bolz 2009). Eine zweite Eingemeindung des Begriffs ‚Humanitarismus' ins Deutsche verdankt sich der jüngsten internationalen Globalisierungsdebatte. Immer öfter ziehen es deutsche Gelehrte vor, auf Englisch zu schreiben (Heerten 2015; Heins 2008). In dieser Sprache ist das Wort *humanitarianism* im Alltag geläufiger.

In beiden genannten Begriffstraditionen bleibt das Verhältnis zwischen Humanismus und Humanitarismus ungeklärt. Dagegen finden sich einige der seltenen Bemerkungen hierzu in der deutschen Übersetzung zweier französischer Schriften. In der einen schreibt der Direktor des Internationalen Roten Kreuzes Jean Pictet: „Der Humanismus ist eine philosophische Doktrin, deren Endzweck der Mensch ist [...]. Der Humanitarismus ist eine universelle Sozialdoktrin, die das Glück des ganzen Menschengeschlechts anstrebt." (Pictet 1967, S. 15) Pictet legt das offene Verhältnis in der Dimension der Gewalt durch die Entwicklung der Grundsätze des humanitären Völkerrechts fest. Eine zweite Ausnahme ist Wilfred L. David. Er verortet in der Dimension des Mangels das humanitäre Paradigma als Alternative des Humanismus zum ökonomischen Paradigma, das die Globalisierung und ihre scharfe Spaltung in Arm und Reich dominiere (David 2004).

Das vorliegende Schriftgut legt nahe, ↗ Humanität als das konstitutive Merkmal des Humanismus zu betrachten, das durch vier Elemente erläutert werden kann: ↗ Anthropologie, Modernität, Normativität, Kritik. Das auf diese Weise formal und normativ bestimmte *Konzept* des Humanismus kann inhaltlich durch verschiedene *Konzeptionen* gefüllt werden. Eine besonders wichtige Konzeption des Humanismus ist die des Humanitarismus. Das Element ‚Anthropologie' ist hier markiert durch die Ansicht des Menschen als Rechtsperson. In einer Situation der ↗ Aufklärung (als Element der ‚Modernität') kann das Element der ‚Normativität' nur in einer klaren Trennung zwischen den universalistischen Normen der Moral, des Rechts und der Politik einerseits von den partikularen Werten des guten Lebens andererseits bestehen.

Der Humanitarismus beginnt innerhalb des Bereichs der universalistischen Normen mit jenen Normen, die sich auf die Unversehrtheit des Körpers beziehen, in den Dimensionen der Sicherheit (Schutz vor Gewalt) und Subsistenz (Schutz vor Mangel). Da das Recht auf Sicherheit und das Recht auf Subsistenz basale Rechte für die Wahrnehmung aller anderen ↗ Menschenrechte sind, bedeutet ihre Verletzung nicht nur die jeweilige Verletzung eines Einzelrechts, sondern die Beschädigung der Betroffenen als gleiche Rechtspersonen.

Aus Normen und Werten zusammen kann der Pool möglicher humaner Gründe erzeugt werden (↗ Argumentieren). Humanitäre Gründe unterscheiden sich einerseits von humanen, auf Werte bezogenen Gründen darin, dass sie als universalistische gegenüber den partikularen Gründen Vorrang genießen. Sie begründen den Status von unbedingt verbindlichen moralischen Handlungspflichten gegenüber dem schwächeren Status von auf Werte bezogenen Empfehlungen.

Humanitäre Gründe als Grundlage moralischer Handlungspflichten stehen andererseits innerhalb der auf Normen bezogenen universalistischen humanen Gründen im dilemmatischen Konflikt mit Gründen der ↗ Gerechtigkeit. Zwar ist die Verletzung des Rechts auf Sicherheit und der Subsistenz eine besonders schwere Verletzung der Gerechtigkeit, sofern das erste Prinzip der Gerechtigkeit in der gleichen Freiheit aller besteht. Die humanitäre Pflicht zur Hilfe genießt aber gegenüber den anderen Pflichten der Gerechtigkeit Vorrang. Dieser Widerspruch erzwingt für das vierte Element der Humanität, der Kritik (↗ Zweifel), eine Ansicht der humanitären Situation als eines Vorgangs der Entrechtung in den Dimensionen von Herrschaft (oder Sicherheit) (↗ Befreiung/Herrschaft) und der Ausbeutung (oder Subsistenz), der aufgehoben werden muss.

Mit dieser Aktualisierung der basalen Rechte auf Sicherheit und Subsistenz stellt der Humanitarismus das Herzstück des politischen Humanismus dar, dessen normative Grundlage in den Menschenrechten und dem Recht auf Demokratie besteht. Dieses System der Rechte formuliert ein humanistisches Minimum, das die Bedingungen für das individuelle und das öffentliche Glück benennt. Der Humanitarismus betont dabei das Primat eines absoluten Minimums sowohl in der Theorie des politischen Humanismus selbst als auch auf der politischen Agenda der Tagespolitik.

Die basalen Rechte auf Sicherheit und Subsistenz tragen aus der Perspektive der Betroffenen den Charakter von ‚Push-Rechten', mit denen sie ihre Viktimisierung überwinden können. Sie ermitteln mithilfe der basalen Rechte, welche weiteren Rechte notwendig sind, um die Gesamtheit des jeweiligen humanistischen Minimums zu erschließen und demonstrieren so die Unteilbarkeit des Systems der Menschenrechte.

Zwar findet sich zu den Einzelthemen des Humanitarismus eine überbordende Fülle an Literatur. Demgegenüber hat die Erforschung der normativen und historischen Grundlagen des Humanitarismus sowie die Integration der einzelnen Elemente in eine systematische und kohärente Theorie noch nicht Schritt gehalten. Michael Barnett und Thomas G. Weiss haben eine Einführung in das Thema vorgestellt (Barnett/Weiss 2011), sofern man den Humanitarismus ausschließlich an den Entwicklungen der Hilfsorganisationen bemisst. Parallel dazu hat Barnett im gleichen Jahr die erste umfassende Geschichte des Humanitarismus veröffentlicht (Barnett 2011), die thematisch breiter angelegt ist.

Alle bisherigen Geschichten des Humanitarismus beschränken sich entweder auf die Darstellung bestimmter historischer Abschnitte (etwa die Epoche nach 1990) oder auf die Geschichte bestimmter Institutionen (etwa die des Roten Kreuzes) oder auf bestimmte Themen (so die Geschichte des Abolitionismus). Trotz ihrer Singularität macht das gleichwohl eingeschränkte thematische Feld von Barnetts Geschichte das Fehlen einer allgemeinen Theorie des Humanitarismus umso deutlicher. Erst durch eine solche würde die normative, die historische und systematische Einheit des Gegenstandes in der Vielfalt seiner Erscheinungsweisen gesichert.

4 Helfen oder Verändern – das Grunddilemma des Humanitarismus

Mit dem historischen Auftauchen des politischen Phänomens des Humanitarismus – der unabweisbaren Pflicht, schwere moralische Übel auch in Fernbeziehungen zu beseitigen, setzt sich das Grunddilemma ‚Helfen oder Verändern' fest. Wenn man das Grunddilemma als vier Aspekte einer humanitären Situation beschreibt, so kann man vier, miteinander zusammenhängende Einzeldilemmata unterscheiden, die sich an der paradigmatischen Hungerkatastrophe im Biafra-Konflikt (1968–1970) erläutern lassen:

- Die quälende Suche nach einem legitimen und effektiven Akteur für ein Eingreifen charakterisierte den Verlauf des Bürgerkriegs zwischen Nigeria und der abgespaltenen christlichen Provinz Biafra.
- In einer humanitären Situation bezieht sich das Universalismus-Dilemma auf die Handlungsmöglichkeiten der Akteure. Die universalistischen Pflichten ihres Handelns stehen hier im Gegensatz zu ihren historisch beschränkten Auffassungen des Universalismus bzw. zu der objektiven Beschränkung ihrer jeweiligen Handlungskapazitäten.
- Die Hilfsorganisationen bestimmten erstmals den Verlauf eines Konflikts aktiv mit, indem sie schließlich die eingeschlossene Provinz durch Hilfslieferungen unterstützten. Der Hunger der Zivilbevölkerung wurde aber, wie sich nachträglich herausstellte, von Rebellenführern bewusst als Propagandamittel eingesetzt.
- Das Gewalt-Dilemma bezieht sich auf die Handlungsweise der Akteure: Die humanitären Handlungsgründe, die für die Beseitigung des Leidens sprechen, kontrastieren mit der inhumanen Handlungsweise, mit der das Leiden beseitigt werden soll. Ein Unterlassen des Eingreifens würde aber ebenfalls kein Ende der Gewalt bedeuten.
- Während des ganzen Konflikts blieb die Stimme der hungernden Zivilbevölkerung ungehört.
- Das Paternalismus-Dilemma betrifft die Beziehung zwischen den Eingreifenden und den Betroffenen. Einerseits gebietet die Pflicht zur Hilfe die Achtung vor den Adressaten als Rechtspersonen, andererseits weist der Vorgang der Hilfe eine starke Asymmetrie zwischen den Helfern und den

Betroffenen aus, der für Paternalismus anfällig ist und den defizitären Rechtsstatus der Betroffenen perpetuiert.
- Der Einsatz der Hilfsorganisationen ist mit der moralischen Hypothek belastet, einen Krieg verlängert zu haben, der ungezählte Menschenleben kostete. – Das Hilfs-Dilemma bezieht sich auf das Handlungsziel: Sollen die Humanitaristen, um vermeidbares Leiden zu beseitigen, helfen oder verändern? Die bloße Hilfeleistung läuft Gefahr mittel- oder langfristig sich als vergeblich zu erweisen, weil sie die Ursachen des moralischen Übels nicht beseitigt. Wer jedoch den ungewissen Versuch unternimmt, auch die Ursachen des moralischen Übels zu beseitigen, sieht sich dem Problem gegenüber, die konkret Leidenden zu vernachlässigen.

Die dargestellte dilemmatische Struktur humanitären Handelns hätte für den Aufbau einer allgemeinen Theorie des Humanitarismus eine vierfache Konsequenz, eine definitorische, normative, historische und systematische:
- Definitorisch erzwänge der menschenrechtliche Ansatz eine Präzisierung des Gegenstandes und des Ziels des Humanitarismus. Seine alternativen Varianten als Universalisierung christlicher Nächstenliebe, als paternalistische Philanthropie privilegierter Gruppen oder als Politik des Mitleids neigen dazu, die dilemmatische Struktur zu umgehen, die Ursachen zu ignorieren und so vermeidbare Leiden wieder zu naturalisieren. Die Existenz globaler Probleme der Sicherheit und Subsistenz zwingt den menschenrechtlichen Ansatz, die Begründung einer ‚universellen Veränderungspflicht' zu leisten (Wohlfarth 2013).
- Normativ geht es dann darum, ein idealtypisches Verlaufsmodell der allmählichen Aufhebung der dilemmatischen Struktur zu entwerfen. In ihr könnten dann drei Grundschritte beschrieben werden:

Erstens, wie wäre es möglich, dauerhaft eine humanitäre Weltöffentlichkeit herzustellen, in der die Probleme der Sicherheit und Subsistenz auf dem oberen Platz der politischen Agenda stehen?

Zweitens, wie lassen sich im Diskurs dieser Weltöffentlichkeit wechselseitig die Rollen der Adressaten und der Akteure (Helfer, Advokaten, Verursacher) so bestimmen, dass eine legitime und effektive Koordination des globalen humanitären Handelns aus der Perspektive der Betroffenen möglich wird?

Drittens, wie gelingt es dadurch gleichzeitig institutionelle Lösungen für die Auflösung des viergliedrigen Grunddilemmas ‚Helfen oder Verändern' zu entwickeln? Gerechte und demokratische globale Institutionen der Politik und der Wirtschaft würden es ihren Mitgliedern ermöglichen, als anerkannte gleiche Rechtspersonen ein gutes Leben zu führen.

- Historisch wäre es die Aufgabe der allgemeinen Theorie, die Rekonstruktion der moralischen Quellen, die Bestimmung der Kräfte der Globalisierung, die Fragen der Vorgeschichte und Periodisierung der Geschichte des Humanitarismus unter dem Gesichtspunkt des moralischen Fortschritts und des normativen Lernens kritisch zu untersuchen und Vorschläge für die Reform der humanitären Ordnung zu machen, die die dilemmatischen Strukturen beseitigen könnten.
- So ergäbe sich systematisch die aktuelle Aufgabe, das Verhältnis des Humanitarismus zu den noch unaufgearbeiteten Formen des zeitgenössischen globalen Humanismus zu erschließen.

5 Literatur

Barnett, Michael (2011): *Empire of Humanity. A History of Humanitarianism.* Ithaka, London.
Barnett, Michael/Weiss, Thomas (2011): *Humanitarianism Contested.* Abingdon, New York.
Norbert Bolz (2009): Diskurs über die Ungleichheit. Ein Anti-Rousseau. München.
David, Wilfred L. (2004): *The Humanitarian Development Paradigm. Search for Global Justice.* Lanham et al.
Delikostantis, Konstantinos (1982): Der moderne Humanitarismus. Zur Bestimmung und Kritik einer zeitgenössischen Auslegung der Humanitätsidee. Mainz.
Gehlen, Arnold (1969): Moral und Hypermoral. Eine pluralistische Ethik. Frankfurt am Main.
Haffner, Egon (1988): Der ‚Humanitarismus' und die Versuche seiner Überwindung bei Nietzsche, Scheler und Gehlen. Würzburg.
Heerten, Lars (2015): *The Biafran War and Postcolonial Humanitarianism: Spectacles of Suffering.* Manuskript. (Das Buch erscheint voraussichtlich Cambridge 2016).
Heins, Volker (2008): *Nongovernmental Organizations in International Society. Struggles over Recognition.* New York et al.
Pictet, Jean (1956): Die Grundsätze des Roten Kreuzes. Genf.
Pictet, Jean (1967): Die Grundsätze des humanitären Völkerrechts. Genf.
Pinker, Steven (2011): Gewalt. Eine neue Geschichte der Menschheit. Bonn.
Wohlfarth, Heinz-Bernhard (2013): „Politischer Humanismus und universelle Veränderungspflicht". In: Horst Groschopp (Hrsg.): Humanismus – Laizismus – Geschichtskultur. Aschaffenburg, S. 203–220.

Jörn Rüsen
Interkultureller Humanismus

1 Die Weite des Blicks

Eines der dringendsten Probleme der kulturellen Orientierung heutzutage ist durch das Aufeinanderstoßen unterschiedlicher Traditionen entstanden. Sie münden in widersprüchlichen Verhaltensweisen und rufen Konflikte in zum Teil gravierenden Formen hervor. Das gilt für einzelne Gesellschaften hinsichtlich der Integration von Minderheiten ebenso wie für das Miteinander verschiedener Gesellschaften. Es gilt aber erst recht für das Verhältnis unterschiedlicher (Groß-)Kulturen zueinander wie beispielsweise der westlichen und der chinesischen oder indischen.

Diese kulturell aufgeladenen Konflikte lassen sich nur lösen, wenn sich die Beteiligten auf eine Deutung einigen können, die sie als lösbar erscheinen lässt. Unter der Voraussetzung eines gemeinsamen Interesses an einer Überwindung sich abzeichnender Konflikte können die daran Beteiligten je für sich und gemeinsam die Deutungspotenziale ihrer jeweiligen kulturellen Orientierungen daraufhin reflektieren und aktualisieren, ob und wie sie zu einer Verständigung beitragen können.

Interkultureller Humanismus wäre ein Deutungsmuster der Praxisorientierung, das die Möglichkeit solcher Gesichtspunkte identifiziert, begründet und systematisch entfaltet. Er hätte im Konfliktfeld kultureller Differenzen den Status einer Kultur (↗ Humanismus als Kultur) über oder unter der Kultur ('über' im Sinne einer regulativen Kraft, 'unter' im Sinne einer fundamentalen Begründung). Er gäbe ein Regelsystem für die Behandlung kultureller Gegensätze hinsichtlich ihrer Deutung her. Er wäre dem Pluralismus kultureller Vielfalt enthoben. Ihm käme ein logisch besonderer Status zu.

Interkultureller Humanismus wäre, wie man sagen könnte, eine ‚Meta-Kultur', auf die man sich berufen kann, wenn man aus kulturellen Differenzen hinausgelangen will, um die aus ihr entspringenden Probleme mit Zustimmung der Beteiligten lösen zu können. Er repräsentierte keine Kultur neben anderen Kulturen, sondern etwas Übergreifendes *in* ihnen. Insofern ist die Bezeichnung ‚Meta-Kultur' und erst recht diejenige einer ‚Leitkultur' irreführend (Nida-Rümelin 2006).

Ein interkultureller Humanismus entwickelt eine Auffassung vom Menschsein des Menschen, welche die Gemeinsamkeiten und die Unterschiede zugleich thematisiert, also das Gemeinsame im Differenten aufweist und das Differente im Gemeinsamen.

2 Westliche Grundlagen und Herausforderungen

Anknüpfen kann ein interkultureller Humanismus an den schon (im Westen) entwickelten ↗ Humanismus, weil dieser bereits wesentliche Elemente der gefragten kulturellen Orientierung enthält. In abstrakter und isolierender Zuspitzung lassen sich folgende Gesichtspunkte zur Charakterisierung dieses ‚westlichen' Humanismus auflisten:[1]

– Ein universelles Konzept von Menschheit in empirischer und normativer Hinsicht,
– eine zentrale Bedeutung des Menschseins des Menschen für die Deutung seiner Welt,
– Menschenwürde als Prinzip kultureller Praxisorientierung,
– Gleichheit aller Menschen aufgrund ihrer personalen und sozialen Würde,[2]
– Anerkennung der Selbstverantwortlichkeit des Menschen im Umgang mit kultureller Differenz,
– Kohärenz von individueller und sozialer Verantwortung,
– Menschlichkeit als Gesichtspunkt der Legitimation und Kritik religiöser Regulierung der menschlichen Lebenspraxis. (Kein Mensch darf aufgrund seiner Bestimmtheit durch eine transzendente Instanz unmenschlich behandelt werden.)
– Bildung als dynamische Form menschlicher Subjektivität.

Fügt man diese Gesichtspunkte in einen kohärenten inneren Zusammenhang, dann ergäbe sich ein Idealtypus des westlichen modernen Humanismus. Das ist nicht unproblematisch, da der westliche moderne Humanismus nicht umstandslos den Maßstab für den interkulturellen abgeben kann. Das verstieße gegen sein eigenes Prinzip der Anerkennung differenter kultureller Orientierungen. Wohl aber lassen sich die einzelnen Gesichtspunkte in isolierter (idealtypischer Form) als ‚Bausteine' unterschiedlicher Konzepte von Menschlichkeit oder als notwendige Bedingungen für einen humanistischen Charakter kultureller Orientierungen verstehen.

---

[1] Ich folge hier den Überlegungen von Reichmuth/Rüsen/Sarhan 2012, S. 11–26.
[2] Analog zur (Kantischen) Definition der personalen Würde, dass jeder Mensch mehr ist als nur Mittel zum Zweck anderer, sondern Zweck in sich selbst (Metaphysik der Sitten. Metaphysische Anfangsgründe der Tugendlehre [1797] § 11 = Kants Werke. Bd. 6, S. 434 f.), lässt sich soziale Würde als Selbstzweckhaftigkeit derjenigen sozialen Lebensgestaltungen verstehen, die von den Beteiligten als selbstbestimmt angesehen werden.

Im Rahmen eines solchen Referenzrahmens können unterschiedliche Kulturen in den Blick genommen und auf ihr humanistisches Potenzial hin durchsichtig gemacht werden. Das sei skizzenhaft an einigen Beispielen erläutert.

3 Nicht-westliche Traditionen und Ansätze

3.1 Afrika

Humanismus wurde zu einem Schlüsselbegriff afrikanischen Selbstverständnisses nach der Unabhängigkeit. Die afrikanischen Eliten, die im Westen ausgebildet worden waren und die neuen politischen Machtpositionen in den befreiten Kolonien besetzten, übernahmen den Humanismusbegriff des Westens und reklamierten ihn für die Kultur der Befreiten, während die Kolonialherrschaft natürlich für das Gegenteil humaner Weltgestaltung stand. So erschienen die neuen selbstständigen (schwarz-)afrikanischen Staaten als Einlösung des Versprechens der ↗Humanität, das der Westen formuliert, aber durch seinen Kolonialismus zugleich auch verraten hatte.

Wahre Menschlichkeit erwuchs dieser Auffassung zufolge aus der entmenschlichenden Unterdrückungserfahrung der Kolonialherrschaft. Dieser Anspruch wurde dann später durch die Vorstellung erhärtet, dass der präkolonialen afrikanischen Kultur ein autochthoner Humanismus zueigen ist, der postkolonial die historische Identitätsbildung der neuen politischen Gebilde begründet. Schlüsselbegriff dieses neuen Humanismus wurde (in der Republik Südafrika nach dem Ende der Apartheid mit einer besonders intensiven intellektuellen Debatte) der Terminus *Ubuntu*. Er bringt zum Ausdruck, dass die Menschlichkeit des Menschen durch Mitmenschlichkeit ausgeprägt wird: Der Mensch ist oder wird nur Mensch durch den (anderen) Menschen. Dies wird durch das verbreite Sprichwort ausgedrückt: *Umuntu ngumuntu ngabantu* (*A person is a person through other people*) (Eze 2010, Zitat S. 94).

Der ideologische Charakter dieses Humanismus liegt auf der Hand. Historisch lässt er sich schwerlich begründen, da die traditionelle Mitmenschlichkeit präkolonialer Lebensformen auf die eigene Ethnie beschränkt war und der Versuch, sie zum Verfassungsprinzip neuer demokratischer Herrschaftsformen zu machen, gescheitert ist, weil er sich gegen eine formale juristische Rationalisierung sperrt. Dennoch steckt im kontrafaktischen Charakter der *Ubuntu*-Vorstellung in ihrer aktuellen Fassung eine inspirierende Kraft zukunftsweisender kultureller Orientierung.

3.2 Indien

Ähnlich wie in Afrika gibt es auch in Indien erst unter dem Einfluss des Westens und in kritischer Auseinandersetzung mit ihm einen Humanismus als intellektuelle Bewegung, die sich ausdrücklich als solcher bezeichnet. Hinzukommt eine dezidiert politische Bewegung mit praktischen Absichten der sozialen Reform. Im Rückblick auf die indische Tradition wird eine Vorgeschichte ausgemacht, ein spezifisch indischer Humanismus in den klassischen Texten des Altertums. Analog zur Bedeutung der ↗Antike und der ↗Antike-Rezeption für den westlichen Humanismus (und ähnlich wie in China), spielt die Rückwendung zu dieser Klassik eine wichtige Rolle in der Ausprägung des modernen indischen Humanismus.

Elemente eines humanistischen Denkens lassen sich in der Tat in der geistigen Tradition Indiens finden: ein hoher Stellenwert des Menschen in der Weltordnung, eine universalistische Dimension der den Menschen auszeichnenden geistigen Qualitäten, ein dynamisch-teleologisch auf den Menschen bezogenes Weltbild und eine Hochschätzung von Bildung und Erziehung. Typisch ist der Mythos, dass der Gott Vishnu sich in einer Reihe von zehn Inkarnationen manifestiert hat, die über Tiere zum Menschen in verschiedenen Gestalten führt.

Von der Sache her humanistisch ist natürlich auch die Lehre Buddhas von der Erlösung des Menschen vom Leiden. In den klassischen religiösen Texten des Hinduismus wird die Einheit des Menschen in seiner innersten Subjektivität (*Atman*) mit dem göttlichen Weltgeist (*Brahman*) betont. Dieser Prämisse entsprechend wird das menschliche Subjekt in einer dynamischen Bewegung gesehen, in der diese Einheit bewusst gemacht und gelebt wird. Man könnte von einer spirituellen ↗Humanisierung sprechen.

Zu dieser Dynamik des Subjekts (gedacht als Kette von Wiederverkörperungen unter der Leitidee der moralischen Vervollkommnung) gehört die Erziehung als ein wichtiger bewegender Faktor hinzu. Wenn auch nicht ganz ohne ethnozentrische Züge wird diese Auszeichnung des Menschen prinzipiell allen Menschen, also nicht nur den Mitgliedern der eigenen Kultur, zugesprochen. Damit hat Indien auf seine Weise den welthistorischen epochemachenden Schritt der Achsenzeit vollzogen, der durch eine solche Universalisierung der ethischen Auszeichnung des Menschseins des Menschen bestimmt ist.

Die englische Kolonialherrschaft forderte zur kritischen Auseinandersetzung mit dem westlichen Humanismus auf. Dies geschah auf doppelte Weise. Einmal konnten westliche Gedanken von der Würde des Menschen (↗Menschenrechte/Menschenwürde) und einer ihr geschuldeten demokratischen Organisation politischer Herrschaft und sozialer Reform aufgegriffen werden. Sie dienten einer Kritik politischer und sozialer Missstände, insbesondere des Kastenwesens mit seiner Entmenschlichung der untersten Kasten und der Kastenlosen und der

Frauen (Witwenverbrennung). Diese Rezeption führte zur Aneignung des modernen westlichen Humanismus und seiner säkularen Ausprägung und politischen Stoßkraft. Dafür steht beispielhaft der ‚neue Humanismus' von Manabendra Nath Roy (Roy 1981).

Eine ganz andere Reaktion auf die Fremdherrschaft der Engländer war eine Rückbesinnung auf die humanistischen Elemente der eigenen, insbesondere der klassischen Tradition (Veden, Upanishaden, Bhagavad Gita). Sie führte zu einem neuen, stark spirituell ausgerichteten Humanismus.

Die Renaissance der traditionellen, ‚hinduistisch' genannten Religion verkörpert sich im 19. Jahrhundert am deutlichsten in der Person Ramakrishnas, dessen Charisma die traditionelle Religiosität Indiens in eine moderne Lebensform transformierte. Sein Schüler Vivekananda hat diese Transformation dann – im Westen aufmerksam verfolgt – intellektuell zum Ausdruck gebracht. Seine Botschaft vom spirituellen Kern menschlicher Subjektivität lässt sich in seiner Sentenz zusammenfassen: „Der Mensch steht höher als die Tiere, höher als die Engel, keines ist größer als der Mensch. Selbst die *Devas* (Götter) werden wieder- und wiederkommen müssen, um durch einen menschlichen Körper das Heil zu erlangen. Nicht einmal die *Devas*, sondern der Mensch alleine erreicht die Vollendung."[3]

Es ist eine offene Frage, ob und wie der säkulare Humanismus des modernen Indiens mit seiner inzwischen zu einer eigenen Tradition gewordenen politischen Wirkungskraft mit dem spirituellen vermittelt werden kann oder sollte. Gegenüber der enormen Beharrungskraft sozialer Ungleichheit durch das Kastenwesen kommt jedenfalls beiden Humanismen eine kritische Funktion zu, welche die Kultur Indiens auch zukünftig bestimmen wird.

3.3 China

Mit der chinesischen Kultur gewinnt der interkulturelle Humanismus ein besonderes Profil. Denn sie wird heutzutage von chinesischen (aber auch westlichen) Wissenschaftlern und Intellektuellen als Gegengewicht gegen die westliche Dominanz in der kulturellen Modernisierung und Globalisierung zur Geltung gebracht. Der chinesische Humanismus wird als älter, traditionskräftiger und in sich kohärenter als der westliche präsentiert. Ihm gegenüber kennt in der Tat der

---

[3] Vivekananda 2013, S. 128. Übersetzung von Henner Laass aus: Swami Vivekananda: „*Raja Yoga*" (1893). Chapter II: „*The first steps*". „*Man is higher than all animals, than all angels; none is greater than man. Even the Devas (gods) will have to come down again and attain to salvation through a human body. Man alone attains to perfection, not even the Devas.*" In: *The Complete Works*, Bd. 1; http://www.advaitaashrama.org/cw/content.php, besucht am 29.7.2015.

westliche Humanismus, der sich in einer Spannung zwischen Antike und Christentum entwickelt hat, keine bruchlose Kontinuität. Zwar kennt die chinesische Kultur durchaus spannungsreiche Beziehungen zwischen unterschiedlichen Weltdeutungen wie dem Konfuzianismus, Buddhismus und Taoismus, aber die (ungebrochene) konfuzianische Tradition hat sich als die wirkungsmächtigste erwiesen und gilt heute als entscheidende geschichtliche Bezugsgröße der chinesischen Identität.

Unbezweifelbar ist der Konfuzianismus eine durch und durch humanistische Bewegung. In ihrem Zentrum steht der Begriff ren, der sich am besten mit ‚Mitmenschlichkeit' übersetzen und deuten lässt. Und dennoch sind die chinesischen Ausdrücke für Humanismus (*renwenzhui, rendaohui, renbenzhui*) erst jüngeren Datums. Sie wurden in der Auseinandersetzung mit westlichem Denken gebildet, die zu den grundlegenden Erschütterungen gehört, in denen das alte Kaiserreich unterging und ein neues, modernes China sich bildete.

Typisch für diesen Kulturkonflikt ist die ‚4. Mai-Bewegung' (1919), in der eine junge geistige Elite die kulturelle Tradition des alten China radikal kritisierte und eine völlig neue Ausrichtung des Denkens an westlichen Vorbildern forderte. Im Hin und Wider dieser Orientierungskrise spielte der Humanismus eine wichtige Rolle. Er konnte als Ideal einer Menschheit der Zukunft gegen den Stillstand der Vergangenheit ausgespielt werden. Er konnte aber auch als Essenz eines zu rettenden kulturellen Erbes konzipiert und als kritische Instanz gegen den Anpassungsdruck des Westens ins Spiel gebracht werden.

In dieser komplexen Rolle wirkt die Idee des Humanismus in ihrer chinesischen Ausprägung bis heute: als kulturübergreifende Gemeinsamkeit zwischen China und dem Westen (seit der Antike in beiden Kulturen), als kultureller Motor der Modernisierung, aber auch als kritisches Potenzial gegen die Dehumanisierungstendenzen instrumenteller Rationalität in der Moderne (auch innerhalb des Marxismus als Staatsideologie der Volksrepublik). Schließlich wird der chinesische Humanismus als wahrhaft humanistisch gegen den westlichen ausgespielt, um dessen kulturelle Dominanz zurückzuweisen und chinesische Identität sinozentrisch aufzuladen (↗ Antihumanismus/Humanismuskritik).

Konfuzius' Denken ist durch eine Krisenerfahrung bestimmt. Die traditionell vorgegebene Weltordnung hatte in den politischen Wirren seiner Zeit ihre unbefragte Geltung eingebüßt; neue Ordnungsvorstellungen mussten entwickelt werden. Sie entstanden durch eine Rationalisierung der Tradition, nicht durch ihren Abbruch. Gesichtspunkt ihrer Weiterentwicklung und Ausgangspunkt aller normativen Regelungen von Politik und Gesellschaft musste eine Erfahrung von hoher Evidenz sein. Es war die Erfahrung von der Menschlichkeit des Menschen. Sie wurde als zeitunabhängig gedeutet, also universalistisch konzipiert. Ihre ethische Fassung erfuhr diese Menschlichkeitsvorstellung durch die Goldene

Regel, die diesseits aller sozialen Ungleichheit Selbst- und Anders-Sein in ein äquivalentes Verhältnis setzt. Hinzu kam ein Bildungskonzept der Selbstkultivierung (*hsiu shen*) nach Maßgabe dieser Vorstellung autonomer Sittlichkeit. Sie erfuhr bei Mencius eine gedankliche Ausprägung zur Würde eines jeglichen Menschen unangesehen seiner sozialen Stellung (Paul 2005).

An diesen Humanismus der chinesischen Achsenzeit (Roetz 1992) knüpft die gegenwärtige Humanismusdiskussion in China an. Sie wird als Äquivalent zum westlichen Humanismus in einer der ↗ Renaissance ähnlichen Rückwendung zum Altertum zur Geltung gebracht. Dies geschieht durchaus in kritischer Abkehr von den universalistischen normativen Ansprüchen des westlichen Humanismus. Dieser kann dann in seiner modernen Form der Aufklärung für die Modernisierungsschäden der Gegenwart verantwortlich gemacht werden (Tu 2003).

So wird vor allem der westliche Individualismus als sozial destruktiv gegen die ‚Harmonie' sozialer Ausgewogenheit der Mitmenschlichkeit in der chinesischen Tradition ausgespielt. So wirksam diese Entgegensetzung in der stolzen Selbstbehauptung chinesischer oder ostasiatischer Identität (Huang 2010) und als Legitimation weltpolitischer Herrschaftsansprüche auch ist, sie übersieht naheliegende Anknüpfungspunkte für einen kulturübergreifenden Humanismus im Ost-West-Dialog (Roetz 2013).

3.4 Die islamische Welt

In der islamischen Welt ist das Thema ‚Humanismus' gegenwärtig durch einen scharfen Gegensatz zur modernen westlichen humanistischen Tradition gekennzeichnet. Er entzündet sich am säkularen Charakter des modernen humanistischen Wertekanons. Dieser wird als Bedrohung aller theokratischen Herrschaftsformen und darüber hinaus der muslimischen Identität angesehen und mit Gegenvorstellungen religiös legitimierter und rechtlich sanktionierter Lebensordnungen (*scharia*) bekämpft.

Demgegenüber gibt es intellektuelle Gegenbewegungen, welche die moderne säkulare Zivilgesellschaft als Befreiung des religiösen Glaubens von politischen Herrschaftszumutungen ansehen. Sie verweisen auf humanistische Elemente und Bewegungen in der islamischen Tradition. In Anknüpfung daran kann ein hermeneutischer Umgang mit der religiösen Offenbarung entwickelt werden, in dem sich Menschlichkeit als Verstehensprinzip zur Geltung bringt (Abu Zaid 2008).

Das entscheidende Argument für eine neue Vermittlung von religiösem Glauben und humanistischer säkularer Wertordnung besteht in folgender Überlegung: Religion relativiert das menschliche Subjekt auf eine divine Welt hin und spricht ihm von ihr her seine humanen Qualitäten zu. Im Islam wird dem Menschen eine Statthalterschaft Gottes in der Welt zugesprochen und eine alle Menschen zu einer Solidaritätsgemeinschaft (↗ Solidarität) umfassende ↗ Humanität verkündet (Koran Sure 5, Vers 32). In dieser religiösen Bezüglichkeit des Menschen auf das Göttliche wird natürlich seine Menschlichkeit zu einer abhängigen Größe. Daher ist es immer möglich, im Namen der göttlichen Weltordnung Menschen unmenschlich zu behandeln und inhumane gesellschaftliche und politische Verhältnisse zu legitimieren.

Um diese Inhumanität identifizieren und kritisieren zu können, bedarf es außerreligiöser – also säkularer (↗ Säkularisierung) – Gesichtspunkte von Menschlichkeit – wie sie eben vom modernen Humanismus entwickelt und zur Geltung gebracht wurden. Wenn dieses Argument im Rahmen der islamischen Theologie akzeptiert wird, ist ein produktives Verhältnis zwischen Humanismus und Islam möglich.

4 Ausblick

Wie lassen sich diese verschiedenen humanistischen Traditionen und aktuelle Diskurse produktiv aufeinander beziehen? Kann ein interkultureller Diskurs ohne Dominanz einer Tradition über andere etabliert werden? Dazu bedarf es einmal einer kulturübergreifenden anthropologischen Basis von Grundüberzeugungen darüber, was es heißt, ein Mensch zu sein. Gegenüber einem in den Humanwissenschaften nach der so genannten ‚kulturellen Wende' weit verbreiteten relativistischem Vorurteil, dass es solche anthropologischen Universalien nicht gibt, lassen sie sich sehr wohl identifizieren und explizieren (Antweiler 2011).

Freilich geraten die zur Debatte stehenden kulturellen Differenzen dabei aus dem Blick. Sie müssen durch eine konkretisierende Historisierung eingeholt werden. Gelingt es nun, historische Deutungsmuster kultureller Vielfalt auszuarbeiten, die kulturübergreifende Entwicklungsrichtungen auf den gegenwärtigen Globalisierungstrend hin plausibel machen, ist die erforderliche interkulturelle Deutung unterschiedlicher Humanismen möglich. Die Anthropologie der Menschlichkeit würde dann in eine Geschichtsphilosophie der Humanisierung des Menschen transformiert.

Mit beidem müsste der historische Erfahrungsstand dessen, was Menschen in positiver und in negativer Hinsicht einander antun können, aufgearbeitet werden. Dabei können Chancen der Humanisierung sichtbar gemacht werden, so dass eine Praxis dieser Humanisierung nicht nur als geboten, sondern auch als machbar erscheint.

Den Humanwissenschaften würde damit eine Rolle in der kulturellen Orientierung der Gegenwart zugesprochen, der sie mit neuen theoretischen und methodischen Ansätzen zu genügen hätten. So müsste beispielsweise eine idealtypische Begrifflichkeit ausgearbeitet werden, welche die Differenz und den Wandel von Lebensordnungen als unterschiedliche und sich verändernde Konstellation transkulturell gültiger Bestimmungsfaktoren des Menschseins des Menschen verständlich macht. Eine solche Denkform könnte die Gefahr eines neuen Ethnozentrismus im Namen der Menschlichkeit bannen und wäre selbst ein Faktor im Prozess der Humanisierung des Menschen.

5 Literatur

Abu Zaid, Nasr Hamid (2008): Gottes Menschenwort. Für ein humanistisches Verständnis des Koran. Freiburg.
Antweiler, Christoph (2011): Mensch und Weltkultur. Für einen realistischen Kosmopolitismus im Zeitalter der Globalisierung. (Der Mensch im Netz der Kulturen – Humanismus in der Epoche der Globalisierung, Bd. 10) Bielefeld.
Chattopadhyaya, Umesh (2013): „Indian Humanism". In: Rüsen 2013, S. 139–160.
Eze, Michael Onyebuchi (2010): *Intellectual History in Contemporary South Africa*. New York.
Huang, Chun-Chieh (2010): *Humanism in East Asian Confucian Contexts*. Bielefeld.
Kant, Immanuel (1968): „Die Metaphysik der Sitten" (1797). In: Kants Werke. Bd. 6.
Laass, Henner/Prokasky, Herbert/Rüsen, Jörn/Wulff, Angelika (Hrsg.) (2013): Lesebuch interkultureller Humanismus. Texte aus drei Jahrtausenden. Schwalbach/Taunus 2013.
Lee, Thomas H. C. (2013): „Humanism in Modern Chinese Thought". In: Susanne Rode-Breymann/Achim Mittag (Hrsg.): Anvertraute Worte. Festschrift Helwig Schmidt-Glintzer zum 65. Geburtstag. Hannover, S. 115–137.
Meinert, Carmen (Hrsg.) (2010): *Traces of Humanism in China. Tradition and Modernity*. Bielefeld.
Nida-Rümelin, Julian (2006): Humanismus als Leitkultur. Ein Perspektivenwechsel. München.
Paul, Gregor (2005): „Konzepte der Menschenwürde in der klassischen chinesischen Philosophie". In: Anne Siegetsleitner/Nikolaus Knoeppfler (Hrsg.): Menschenwürde im interkulturellen Dialog. Freiburg, S. 67–89.
Reichmuth, Stefan/Rüsen, Jörn/Sarhan, Aladdin (Hrsg.) (2012): *Humanism and Muslim Culture. Historical Heritage and Contemporary Challenges*. Göttingen.
Roetz, Heiner (1992): Die chinesische Ethik der Achsenzeit. Eine Rekonstruktion unter dem Aspekt des Durchbruchs zu postkonventionellem Denken. Frankfurt am Main.
Roetz, Heiner (2013): „Konfuzianischer Humanismus". In: Rüsen 2013, S. 89–114.
Roy, Manabendra Nath (1981): *New Humanism. A Manifesto* (1947). New Delhi.
Rüsen, Jörn/Laass, Henner (Hrsg.) (2009): *Humanism in Intercultural Perspective. Experiences and Expectations*. Bielefeld.
Rüsen, Jörn (Hrsg.) (2013): *Approaching Humankind. Towards an Intercultural Humanism*. Göttingen, Taipei.
Tu, Weiming (2003): „Confucianism: Humanism and the Enlightenment." In: Antonio S. Cua (Hrsg.): *Encyclopedia of Chinese Philosophy*. New York, London, S. 89–96.
Vivekananda, Swami (2013): „Über die Göttlichkeit des Menschen" („Raja Yoga', 1893). In: Henner Laass/Herbert Prokasky/Jörn Rüsen/Angelika Wulff (Hrsg.): Lesebuch

Interkultureller Humanismus. Texte aus drei Jahrtausenden. (Auszug übersetzt von Henner Laass). Schwalbach/Taunus, S. 127–129.

Wang Hui (1995): „*Humanism as the Theme of Chinese Modernity*". In: *Surfaces*. Bd. 5, S. 5–22; http://www.pum.umontreal.ca/revues/surfaces{vol5/hui.html, besucht am 20.12.2013.

Frieder Otto Wolf
Humanistik

1 Begriffsbestimmung und Begründung

„,Humanistik' ist eine einzigartige, auf die Praxis ausgerichtete Humanwissenschaft, in der es auf Denken und Handeln [gleichermaßen] ankommt. Sie durchdenkt Lebensfragen in ihrem Verhältnis zu den gesellschaftlichen Problemen unserer Zeit und vertieft sie in einer multidisziplinären Wissenschaft mit Anteilen aus Philosophie, Geschichte, Psychologie, Pädagogik und Soziologie, sowie Religions- und Kulturwissenschaften bzw. Wissenschaftstheorie und Methodologie." Diese Selbstbeschreibung von Humanistik durch die ‚Universiteit voor Humanistiek' (UvH) in Utrecht (UvH 2015) setzt die Feststellung voraus, dass die akademische Institutionalisierung von Humanistik der Bewältigung der politischen und kulturellen Herausforderungen einer Gegenwart dient, welche von einer weltweiten Kulturentwicklung mit einer großen Spannweite an kultureller Pluralität in Verbindung mit einer stark ausgeprägten Entfernung von traditionellen religiösen Lebensorientierungen geprägt ist. In diesem Sinne ist eine institutionelle Verankerung der Humanistik im belgischen Flandern (an der ‚Freien Universität Brüssel' seit 2006) durchgesetzt und in Deutschland gefordert worden (vgl. Groschopp 2011; 2012).

1.1 Reflexionsform

Damit konstituiert sich die Humanistik als wissenschaftliche Reflexionsform zeitgenössischer praktischer Humanismen. Nachdem einmal die positivistische Vorstellung aufgegeben ist, dass die fortschreitende Erforschung der Wirklichkeit alle menschlichen Orientierungsfragen mit beantwortet, und dass sich auch jede konformistische Orientierung auf den *common sense* geschlossener Kulturtraditionen historisch erledigt hat, wird es einsichtig, dass eine kontinuierliche wissenschaftliche Beschäftigung mit den Wertvorstellungen, Verhaltensweisen, Erziehungsstrategien, kulturellen Institutionen und Praktiken, philosophischen Ausgangspunkten und materialisierten Geistesbeständen dieser nicht religiösen Bevölkerung erforderlich ist. Insofern entfaltet sich in der Humanistik eine Alternative zu den inzwischen etablierten Reflexionsformen der traditionellen Religionen, in Deutschland und Europa immer noch vor allem in Gestalt der christlichen Theologien (aber durchaus auch zu entsprechenden Reflexionsformen des Judentums und des Islam).

1.2 Zentralität des Praxisbezugs

„Humanistik hat zwei Schwerpunkte: Sinngebung und Humanisierung. Im Hinblick auf Sinngebung geht es um die Art und Weise, wie Menschen ihre Haltung gegenüber dem Leben und dem Zusammenleben bestimmen. Dabei stehen Fragen im Zentrum wie ‚Was ist der Sinn des Lebens?' oder ‚Kommt das Leben über mich oder kann ich ihm selbst eine Richtung geben?' Im Hinblick auf Humanisierung richtet sich ihr Studium darauf aus, wie humanere gesellschaftliche Verhältnisse und Umstände geschaffen werden können." (UvH 2015)

Den tragenden Bezug der Humanistik bildet die humanistische Praxis (↗ Humanitäre Praxis), die sich als solche daran orientiert, menschliche Selbstbestimmung umfassend zu entfalten; in der es aber immer auch um das geht, was hier und jetzt zu tun ist: Von dem Eintreten für eine Politik der ↗ Menschenrechte (inklusive der Rechte als Bürgerinnen und Bürger) und der humanitären Verteidigung humaner Minima über das Einfordern einer ↗ Humanisierung ganzer Lebensbereiche bis hin zu konkreten Forderungen nach ersten möglichen Schritten zu einer strukturellen Transformation, welche es möglich macht, die Ursachen für die Entfaltung und Ausbreitung inhumaner Verhältnisse zu beseitigen.

2 Epistemologische Abgrenzungen

Humanistik als eine frei forschende wissenschaftliche Untersuchung realer humanistischer Praxisfelder ist sowohl von einem Bereich weltanschaulich gebundener ‚humanistischer Studien' (etwa zur Qualifizierung von Lehrpersonal für ein weltanschaulich gebundenes Unterrichtsangebot; ↗ Humanismusunterricht) als auch von einer auf das Feld des ↗ Humanismus angewandten freien philosophischen Reflexion zu unterscheiden.

Humanistik kann daher (analog zur Judaistik) als eine inter- und transdisziplinär angelegte, auf humanistische Praxis bezogene, aber nicht weltanschaulich gebundene Wissenschaft konzipiert werden; d.h. als eine Wissenschaft, welche Beiträge aus mehreren Disziplinen (aus Einzelwissenschaften und aus der Philosophie) integriert und zugleich in einem ausdrücklichen Polylog Vertreter und Vertreterinnen humanistischer Praxis in den wissenschaftlichen Diskurs und philosophischen Reflexionsprozess mit einbezieht. Ihre Grundlage bildet eine thematisch spezialisierte, integrative Humanismusforschung als ein Feld wissenschaftlicher Forschung, in dem transdisziplinär untersucht wird, welche Formen humanistischer Praxis bisher aufgetreten sind und wie diese theoretisch (oder auch ästhetisch) reflektiert wurden und werden (Wolf 2012).

3 Literatur

Groschopp, Horst (Hrsg.) (2004): Humanistik. Humanismus als Studienfach. In: Ha 15; im Internet verfügbar: http://humanistische-akademie-berlin.de/sites/all/files/medien/pdfs/ha_heft_15_2004_final.pdf, besucht am 15.9.2015.

Groschopp, Horst (Hrsg.) (2012): Humanistik. Beiträge zum Humanismus. Aschaffenburg.

Universiteit van Humanistiek (UvH): Bachelor-Broschüre 2015/16. Vgl. http://www.uvh.nl/uvh.nl/up/ZczaoagJiM_UvH-brochure_bachelor_humanistiek_15-16.pdf, besucht am 6.9.2015. (Niederländisch, Übersetzungen FOW).

Wolf, Frieder Otto (2012): Humanismusforschung, humanistische Philosophie, Humanistik. In: Groschopp 2012, S. 75–99.

Alphabetischer Teil

Nils Baratella
Anthropologie

1 Begriffsbestimmung

Die Anthropologie erforscht den Menschen sowohl als gegenwärtiges, wie auch als prähistorisches Gattungswesen in seinen jeweils historisch und kulturell spezifischen Lebensweisen. Da dieses Forschungsgebiet zwangsläufig eine Vielzahl anderer Disziplinen berühren muss, kann man von verschiedenen, disziplinär unterschiedenen Anthropologien sprechen. Als philosophische lässt sich Anthropologie aber auch umfassend definieren: „Menschen werden mit ihrer spezifischen materiellen Beschaffenheit, in ihrer Lebenswelt, unter ihren Lebensbedingungen, gesehen mit den Augen ihrer Mitmenschen, zum Gegenstand philosophischer Untersuchungen gemacht." (Gebauer 1998, S. 7)

2 Verortung in der Humanismusforschung

Philosophische Anthropologie stellt zwischen den Selbstbildern, die Menschen von sich machen, und empirischen Erkenntnissen über das biologische Lebewesen Mensch Verbindungen her. Anthropologische Reflexionen sind zeitgebundene Reflexionen über das jeweilige Verständnis (dauerhafter) menschlicher ↗ Natur als Körper und den jeweiligen Entwicklungsstand menschlicher Kultur (↗ Humanismus als Kultur; ↗ Humanisierung).

Die philosophische Anthropologie besteht aus Reflexionen über zwei Pole des menschlichen Lebens: Sie betreibt auf der einen Seite in physiologischer Hinsicht „die Erforschung dessen, was die Natur aus dem Menschen macht", auf der anderen Seite in pragmatischer Hinsicht „das, was er als freihandelndes Wesen aus sich selber macht oder machen kann und soll." (Kant 1968, S. 119) Die Verständigung darüber, wer jeweils als Mensch verstanden wird, und was es ist, das ihn zu einem solchen macht, bildet somit ein Fundament humanistischen Handelns und Forschens (↗ Persönlichkeit).

3 Gemeinsame Wurzeln von Humanismus und Anthropologie

Am Beginn der humanistischen Absetzung von theologischen und religiösen Menschenbildern steht der Versuch, den Menschen und seine Welt vom Menschen selbst her zu bestimmen. Die Welt der Menschen und der Mensch selbst müssen als von den Menschen gemacht verstanden werden: „dass diese politische Welt sicherlich von den Menschen gemacht worden ist; deswegen können (denn sie müssen) ihre Prinzipien innerhalb der Modifikationen unseres eigenen menschlichen Geistes gefunden werden." (Vico 1990, S. 142f.)

Anthropologie und Humanismus haben gemeinsame Wurzeln in ↗ Aufklärung und ↗ Renaissance. In beiden drücken sich Reaktionen auf die Krisen umfassender religiöser Welterklärungsmuster aus (↗ Religionskritik). Trotzdem lässt sich eine bedeutende Abgrenzung zwischen Humanismus und Anthropologie identifizieren: Während die humanistische Tradition aufgrund ihres starken Glaubens an die Lern- und Bildungsfähigkeit des Menschen (↗ Bildung) einer gewissen, hoffnungsvollen Geschichtsperspektive verhaftet bleiben muss, ist die Anthropologie geradezu als Abwendung von jeder Geschichtsphilosophie zu verstehen (Marquard 1973).

4 Anthropologie in der europäischen Tradition

Menschenbilder, wie sie in anthropologisch fundierten Bestimmungen des Menschen formuliert wurden, haben stets biologische Eigenschaften des Menschen zum Ausgangspunkt: den aufrechten Gang (Ovid, Metamorphosen 1, Vers 76–88), die unbestimmte biologische Ausstattung des Menschen als „Chamäleon unter den Kreaturen" (Pico della Mirandola 1990, S. 5), seine Sprachfähigkeit (Herder 1960, S. 3–87) usw.

Die meisten dieser Bestimmungen tauchen bereits in der ↗ Antike auf. Klassischerweise gehen diese Definitionsversuche so vor, dass sie den Menschen als Gattungswesen in einen spezifischen natürlichen Wirksamkeitsbereich einordnen, z. B. Tier (gr. *zóon*), und ihm dann innerhalb dieses Wirksamkeitsbereichs ein Merkmal beiordnen, dass ihn von den anderen Angehörigen dieses Bereiches absetzt, z. B. (gr.) *politikón*.

Im religiösen Kontext wurden die biologischen Spezifika des Menschen zumeist als Nachweis einer besonderen, je positiv oder negativ bestimmten Nähe zu den Göttern gedacht. In aufgeklärtem Denken wird hingegen die Vernunftfähigkeit zum Grund absoluter Freiheit und biologischer Ungebundenheit des Menschen erklärt, die ihm wiederum eine Sonderstellung in der Welt verleiht. In traditionellen anthropologischen Entwürfen wird von einer relativ konstant bleibenden, physischen Konstitution des Menschen ausgegangen, um von hier aus Spezifika des Gattungswesens Mensch zu bestimmen. Erst im Zuge anthropologischer Erkenntnisse über die Wandlungsfähigkeit des Lebewesens Mensch werden diese Konstanten zunehmend durch die Betonung historischer und kultureller Diversität und des Entwurfscharakters menschlichen Daseins ersetzt (Wulf 2013).

5 Die unbestimmte Natur des Menschen

Der Mensch gilt schon in der griechischen Antike, etwa in der mythischen Kulturentstehungslehre des Sophisten Protagoras (Platon, Protagoras 321c-e), als Wesen, das biologisch nicht mit spezifischen Mitteln ausgestattet ist, um in einer spezifischen Natur überleben zu können. Darum gilt er aber zugleich als das Wesen, das dazu gezwungen ist, sich seine Umgebung zu unterwerfen. Demnach wird der Mensch häufig als Lebewesen bestimmt, das in besonderer Weise in seine Umwelt eingreift – nicht allein *homo faber*, sondern noch grundlegender *homo laborans* ist (Arendt 1967, S. 124 ff.) (↗ Arbeit).

Die angenommene biologische Mangelhaftigkeit des Menschen ist es, die seine besondere Dignität ausmacht (Blumenberg 2006, S. 593 ff.). Der Mangel des Nicht-Festgestelltseins kann so zu einem Vorzug umgedeutet werden. Denn gerade seine biologische Unbestimmtheit zwingt den Menschen zur Aufbietung aller geistigen Kräfte. Dignität besitzen daher nur letztere, und zwar gerade, weil sie die leibliche Nicht-Festgestelltheit auszugleichen und zu überwinden vermögen (Gehlen 1983, S. 50–63).

In der Reformulierung klassischer Menschenbilder findet ein Paradigmenwechsel hin zur naturwissenschaftlich-historischen Fundierung von Menschenbildern statt, die jedoch drohen, neue, aber ebenso normative Anforderungen implizit mit zu formulieren: In der Herausstellung der Besonderheit und der Selbstschöpfungs- und Bildungsfähigkeiten des Menschen ist immer schon eine Auffassung mitformuliert, die über das alltägliche, biologische Wesen Mensch hinausweist.

Diese normierenden Züge anthropologischen Denkens sind freilich immer wieder Ziel der Kritik. „Je konkreter Anthropologie auftritt, desto trügerischer wird sie, gleichgültig gegen das am Menschen, was gar nicht in ihm als dem Subjekt gründet, sondern in dem Prozeß der Entsubjektivierung, der seit unvordenklichen Zeiten parallel lief mit der geschichtlichen Formation des Subjektes. Die These arrivierter Anthropologie, der Mensch sei offen – selten fehlt hier der hämische Seitenblick aufs Tier –, ist leer; sie gaukelt ihre eigene Unbestimmtheit, ihr Fallissement, als Bestimmtes und Positives vor [...]. Daß sich nicht sagen läßt, was der Mensch sei, ist keine besonders erhabene Anthropologie, sondern ein Veto gegen jegliche." (Adorno 1966, S. 128)

6 Anthropologie und humanistisches Menschenbild

Die Geschichte des Humanismus ist eng mit der Auseinandersetzung um anthropologisch fundierte Menschenbilder verbunden. „Humanismus kommt von *humanitas*. Dieses Wort hatte spätestens seit Varros und Ciceros Tagen neben den hier nicht in Betracht kommenden älteren und vulgären Bedeutungen des Humanitären noch einen zweiten höheren und strengeren Sinn: es bezeichnet die Erziehung des Menschen zu seiner wahren Form, dem eigentlichen Menschsein. Das ist die echte griechische Paideia, so wie ein römischer Staatsmann sie als Vorbild empfand. Sie geht nicht von dem Einzelnen aus, sondern von der Idee." (Jaeger 1954, S. 13 f.)

Die Doppelheit von Faktizität und Normativität ist wiederum im Menschenbild selbst begründet. Denn weil dem Menschen kein rein instinktives und somit determiniertes Verhalten gegeben ist, gerade weil er keine festgeschriebene Identität besitzt, muss er sich selbst machen, sich selbst erschaffen. Die Vielgestaltigkeit, die Nicht-Festgestelltheit und die Notwendigkeit des Selbstentwurfs des Menschen sind ein konstantes Thema der Anthropologie.

Helmuth Plessner hat sie im Begriff der „exzentrischen Positionalität" zusammengefasst: „Der Mensch, in seine Grenze gesetzt, lebt über sie hinaus, die ihn, das lebendige Ding, begrenzt. Er lebt und erlebt nicht nur, sondern er erlebt sein Erleben. Ihm ist der Umschlag vom Sein innerhalb des eigenen Leibes zum Sein außerhalb des Leibes ein unaufhebbarer Doppelaspekt der Existenz, ein wirklicher Bruch seiner Natur. Er lebt diesseits und jenseits des Bruches, als Seele und als Körper *und* als die psychophysisch neutrale Einheit dieser Sphären. [...] *Sie* [die Einheit] ist der Bruch, der Hiatus, das leere Hindurch der Vermittlung, die für den Lebendigen selber dem absoluten Doppelaspekt und Doppelcharakter von Körperleib und Seele gleichkommt, in der er lebt." (Plessner 2000, S. 10 f.)

Aus diesem Doppelaspekt heraus ist das konkrete Leben des Menschen seiner bewussten Formbarkeit überlassen. Die Abständigkeit zwischen der Naturhaftigkeit des Lebewesens Mensch und seinem kulturellen Leben bewirkt, dass die ‚Lebenswelt' (Husserl 1996) des Menschen in ausgezeichneter Weise künstlich, d. h. menschengemacht ist. So ist auch in umgekehrter Richtung die kritische Konfrontation mit humanistischen Menschenbildern und den Normierungen, die sie enthalten, notwendig. Gerade die Idee der Erziehung und Bildung ‚aufgeklärter' Menschen beinhaltet eindeutige Normierungsvorstellungen (‚Domestikationsversuche' wie Sloterdijk dies polemisch nannte), die die ‚Vielgestaltigkeit' des Menschen mit Gründen einzugrenzen versuchen.

Anthropologisch fundierte Vorstellungen über ein ‚natürliches' Leben des Menschen, wie auch über die Besonderheit und Zentralität seiner eigenständigen Weltdeutung sind im humanistischen Denken zentral. Dabei variieren die Vorstellungen über die Vollzugspraktiken, die die Einzigartigkeit des Menschen ausmachen, von denen her aber gleichsam ein besseres, natürlicheres Leben des Menschen aufgebaut sein müsse: Die Vernunft, die Sprache, die Fähigkeit zur Theoriebildung, das ‚Gefühl' (*sentiment*), die Einbildungskraft, der aufrechte Gang, die Arbeit usw.

Diese Bevorzugung bestimmter, besonders herausgehobener Praktiken des Lebensvollzugs, die zum einen Grundlage natürlichen Lebens sein sollen, zum anderen aber auch in besonderer Weise gefördert oder organisiert werden müssen, um den Menschen ein menschenwürdiges Leben zu gewährleisten, impliziert immer auch die Abwertung anderer Praktiken. Darum befindet sich die Anthropologie, die eindeutige Bestimmungen wissenschaftlich zu fundieren sucht und eine humanistische Theoriebildung, welche die Lern- und Gestaltungsfähigkeiten der Menschen nicht nur ins Zentrum stellt, sondern auch befördern will, in einem permanenten – letztlich nicht aufhebbaren – Spannungsverhältnis.

7 Anthropologie als Krisenphänomen

Die beiden zentralen ‚Kränkungen' des Menschen in der Neuzeit – die Kopernikanische, die die Erde und den Menschen aus dem Zentrum der Welt verbannt, und die Darwinsche, die die Sonderstellung des Menschen im Verhältnis zu den Tieren zerstört – führen zu einer tiefen Verunsicherung über die „Stellung des Menschen im Kosmos" (Scheler 1972) und verlangen nach Neubegründungen und nach Selbstbildern, die die neuen Erkenntnisse weder ignorieren noch in ihrer demütigenden Negativität stehen lassen.

Mit der Projektion ihrer selbst ins metaphysische Jenseits hatten die Menschen die Verantwortung für ihr Handeln delegiert, was zu den zwischenmenschlichen Katastrophen geführt hat, die schon der Renaissance vor Augen stehen. Der Entfernung des Menschen von sich selbst, die sich in den Götter-Projektionen ausdrückt, steht die Hinwendung zum Menschen entgegen, die sich im Humanismus wie in der Anthropologie ausdrücken (Stapelfeld 2014).

Besonders deutlich wird diese Umwendung zunächst von Ludwig Feuerbach vollzogen, der die Theologie durch eine Anthropotheologie zu ersetzen sucht. Die humanistische Perspektivierung Feuerbachs greift dabei deutlich auf anthropologisches Wissen zurück. Entgegen religiöser wie idealistischer Darstellungen absoluter Subjekte, ist es für Feuerbach der Mensch selbst, der das Zentrum jeder Erkenntnis bildet: „Die neue Philosophie ist keine abstrakte Qualität mehr, keine besondere Fakultät – sie ist der denkende Mensch selbst – der Mensch, der ist und sich weiß als das selbstbewußte Wesen der Natur, als das Wesen der Geschichte, als das Wesen der Staaten, als das Wesen der Religion – der Mensch, der ist und sich weiß als die wirkliche (nicht imaginäre) absolute Identität aller Gegensätze und Widersprüche, aller aktiven und passiven, geistigen und sinnlichen, politischen und sozialen Qualitäten." (Feuerbach 1996, S. 19)

Für Feuerbach ist der Mensch freilich noch zugleich idealistisches wie materialistisches Wesen. Die Anthropologie nun hat die Aufgabe, zwischen beiden Bestimmungen zu vermitteln. Überwunden wird dieser Gegensatz erst von Karl Marx und Friedrich Engels in der Konzentration auf die konkrete Praxis des Lebenserhalts: „Ganz im Gegensatz zur deutschen Philosophie, welche vom Himmel auf die Erde herabsteigt, wird hier von der Erde zum Himmel gestiegen. D. h., es wird nicht ausgegangen von dem, was die Menschen sagen, sich einbilden, sich vorstellen, auch nicht von den gesagten, gedachten, eingebildeten, vorgestellten Menschen, um davon aus bei den leibhaftigen Menschen anzukommen; es wird von den wirklich tätigen Menschen ausgegangen und aus ihrem wirklichen Lebensprozeß auch die Entwicklung der ideologischen Reflexe und Echos dieses Lebensprozesses dargestellt." (Marx/Engels 1958, S. 26)

Die Reflexion über die Seinsbedingungen des Naturwesens Mensch führt in der Moderne zu einer breiten Klage über die ‚Entfremdung' des Menschen durch die Bedingungen seines kulturellen Lebens. Die Zeitdiagnosen humanistischer Denker betonen die Entfremdung und Zerstückelung der Menschen und setzen diesen ein umfassendes Bildungsideal entgegen, das meist den ‚ganzen' Menschen herzustellen sucht.

8 Humanistische Anthropologie?

In der humanistischen Tradition spielen anthropologische Annahmen in zweierlei Hinsicht eine bedeutsame Rolle: Schon der klassische, römische Humanismus speist sich aus der Idee der Formbarkeit bzw. der Lernfähigkeit des Menschen. Durch Bildung und Erziehung soll das menschliche Wesen, das aufgrund seiner spezifischen Unfertigkeit besonders zum Lernen prädestiniert ist, zur Herausbildung seiner ‚besten' Fähigkeiten gebracht werden. In der Antike wird dieses Ideal von den Göttern vorgelebt.

In der Neuzeit jedoch speist es sich allein aus der Orientierung an den Gestaltungs- und Schöpfungskräften des Menschen selbst, die gerade darin liegen, eine nahezu göttliche Welt hervorgebracht zu haben, die nun aus dem Jenseits ins Diesseits verlegt werden soll (↗ Säkularisierung). Statt Tempel baut der Mensch nun Museen und sakralisiert in ihnen seine eigene Schaffenskraft. Auch wenn es den Menschen nicht gegeben ist, Perfektion zu erreichen, so ist es ihnen doch gegeben, sich an ihren eigenen Ideen eines guten Lebens zu orientieren (↗ Glück), um ihr ganz alltägliches Leben und damit sich selbst so gut oder tugendhaft wie möglich zu ‚bilden'. Die Bedeutung, welche der subjektiven Fähigkeit der Vernunft in der aufgeklärten, idealistischen und humanistischen Philosophie zugeschrieben wird und das entsprechende Gewicht, das auf den Bildungsgedanken gelegt wird, bringen diese Hoffnungen zum Ausdruck.

Der jüngere, neuzeitliche Humanismus speist sich ebenso aus der Idee der Form- und Erziehbarkeit des Menschen, verbindet dies aber mit dem starken Freiheitspostulat einer idealistisch-revolutionären Hinwendung zum leiblich-sinnlichen Lebewesen Mensch. Damit sind anthropologische Annahmen zumeist grundlegend für die Optimierungsgedanken humanistischer Bildungsideale. Durch eine einheitliche, an der *areté* (Tugend, Tüchtigkeit) der Antike orientierte Erziehung soll der Einzelne dazu angeregt werden, in sich menschliche Potenziale zu erwecken, die in ihm naturgemäß schlummern.

Gesteigert wird dieses Denken noch einmal in den jüngeren Bewegungen des Transhumanismus. Hier geht es nicht mehr allein um die Verganzheitlichung des Menschen durch Arbeit mit und an seinem Geist, sondern es soll in die Biologie des Menschen selbst eingegriffen werden. Mit den Worten von Julian Huxley: „Mensch, der Mensch bleibt, aber sich selbst, durch Verwirklichung neuer Möglichkeiten von seiner und für seine menschliche Natur, überwindet." (Huxley 1957)

Optimierung soll nun nicht mehr durch Bildung und Erziehung erreicht werden. Phänotypisches Design, Pränataldiagnostik, Schönheitsoperationen, Gentechnik und Enhancement sind die neuen Mittel zur Herstellung eines menschlichen Ideals, das einerseits fälschlich die bloß naturale Bestimmtheit der bisherigen Menschen unterstellt, andererseits aber rücksichtslos an den technischen Möglichkeiten einer Optimierung (oder besser: Formbarkeit) des menschlichen Körpers ausgerichtet ist.[1]

Anthropologisches Denken ist aus der humanistischen Tradition nicht wegzudenken. Gleichwohl ist nicht jedes anthropologische Denken humanistisch. Im Gegenteil, gerade wenn mit der natürlichen Konstitution des Menschen argumentiert wird, gilt es auf die unabgeschlossene Vielgestaltigkeit des Menschen

---

[1] Unterschiedliche kritische Ansätze finden sich in Grunwald/Hartlieb 2012.

und den Entwurfscharakter seines Lebens zu verweisen. In den anthropologisierenden Theorien des Transhumanismus werden sämtliche Bestimmungen über das Leben des Menschen zu einem jeweiligen Ausdruck des gegenwärtigen Status evolutionärer Entwicklung. Freilich wird damit sämtliche Ethik, die humanistischem Denken inhärent ist, relativiert. Der Mensch wird – unter Absehung von der wirklichen Geschichte der Menschen – allein zu einem Ausdruck seiner Evolution.

In der Anthropologie als solcher findet eine doppelte Absetzbewegung statt: Zum einen die Distanzierung von der theologischen Perspektive auf den Menschen, zum anderen aber auch eine Absetzbewegung vom optimistischen, humanistischen Bildungsgedanken. So präsentiert sich Anthropologie nicht nur als Krisenphänomen, sondern vor allem als systematische Suchbewegung, die notwendig ergebnislos bleiben muss.

Doch genau in dieser Ergebnislosigkeit liegt ihre Stärke, da sie – quasi als dauerhafte Zwischenergebnisse – aufzuzeigen weiß, was Menschen suchen, wenn sie nach sich selbst fragen. In der Disponibilität dessen, was Mensch genannt wird, liegt zu guter Letzt die Stärke des Menschenbegriffs – Menschen machen Menschen, in und durch ihre Auseinandersetzungen miteinander. Dies ist die humanistische Rede, die in den andauernden Diskussionen über die Natur des Menschen nicht verklingen sollte.

9 Literatur

Adorno, Theodor W. (1966): Negative Dialektik. Frankfurt am Main.
Arendt, Hannah (1967): Vita Activa oder vom tätigen Leben. München.
Bayertz, Kurt (2012): Der aufrechte Gang. Eine Geschichte des anthropologischen Denkens. München.
Blumenberg, Hans (2006): Beschreibung des Menschen. Frankfurt am Main.
Feuerbach, Ludwig (1996): Entwürfe zu einer neuen Philosophie. Hamburg.
Gebauer, Gunter (1998): „Überlegungen zur Anthropologie. Eine Einführung". In: Gunter Gebauer (Hrsg.): Anthropologie. Leipzig.
Gehlen, Arnold (1983): „Ein Bild vom Menschen". In: Arnold Gehlen: Gesamtausgabe. Bd. 4. Frankfurt am Main.
Grunwald, Armin/Hartlieb, Justus von (Hrsg.) (2012): Ist Technik die Zukunft der menschlichen Natur? 36 Essays. Hannover.
Herder, Johann Gottfried (1960): Sprachphilosophie. Ausgewählte Schriften. Erich Heintel (Hrsg.). Hamburg.
Husserl, Edmund (1996): Die Krisis der europäischen Wissenschaften und die transzendentale Phänomenologie. Hamburg.
Huxley, Julian (1957): „*Transhumanism*". In: Julian Huxley: *New Wine in New Bottles*. London, S. 13–17.
Jaeger, Werner (1954): Paideia. Die Formung des griechischen Menschen. Bd. 1 (1936). 3. Auflage. Berlin.

Kant, Immanuel (1968): Anthropologie in pragmatischer Hinsicht (1798). In: Kants Werke. Bd. 7. Berlin.
Lenk, Hans (2010): Das flexible Vielfachwesen. Einführung in die moderne philosophische Anthropologie zwischen Bio-, Techno- und Kulturwissenschaften. Weilerswist.
Marquard, Odo (1973): Schwierigkeiten mit der Geschichtsphilosophie. Frankfurt am Main.
Marx, Karl/Engels, Friedrich (1958): Die deutsche Ideologie (1845/46; 1932). In: MEW 3.
Ovid (2004): Metamorphosen. Hrsg. und übersetzt von Gerhard Fink. Düsseldorf, Zürich.
Pico della Mirandola, Giovanni (1990): Über die Würde des Menschen/*Oratio de hominis dignitate* (1496). Übersetzt von Norbert Baumgarten. Hrsg. und eingeleitet von August Buck. Hamburg.
Plessner, Helmuth (2000): „Der Mensch als Lebewesen". In: Helmut Plessner: Mit anderen Augen. Aspekte einer philosophischen Anthropologie. Stuttgart.
Rölli, Marc (Hrsg.) (2015): *Fines Hominis?* Zur Geschichte der philosophischen Anthropologiekritik. Bielefeld
Scheler, Max (1972): „Vom Umsturz der Werte". In: Max Scheler: Gesammelte Werke. Bd. 3. Bern.
Schmidinger, Heinrich (Hrsg.) (2009): Der Mensch – ein Mängelwesen? Endlichkeit, Kompensation, Entwicklung. Darmstadt.
Sloterdijk, Peter (1999): Regeln für den Menschenpark. Ein Antwortschreiben zu Heideggers Brief über den Humanismus. Frankfurt am Main.
Stapelfeldt, Gerhard (2014): Aufstieg und Fall des Individuums. Kritik der bürgerlichen Anthropologie. Freiburg im Breisgau.
Tralau, Johan (2005): Menschendämmerung. Karl Marx, Ernst Jünger und der Untergang des Selbst. Freiburg, München.
Vaas, Rüdiger (2008): Schöne neue Neuro-Welt. Stuttgart.
Vico, Giambattista (1990): Prinzipien einer neuen Wissenschaft über die gemeinsame Natur der Völker. Übersetzt von Vittorio Hösle/Christoph Jermann. Hamburg.
Wulf, Christoph (2013): Das Rätsel des Humanen. Eine Einführung in die historische Anthropologie. München.

Frieder Otto Wolf
Antihumanismus/Humanismuskritik

1 Schwierige Begriffsbestimmung

Eine prinzipiengeleitete antihumane Praxis, wie sie in der ‚Nacht des 20. Jahrhunderts' mehrfach Gestalt angenommen hat,[1] artikuliert sich nicht als Antihumanismus im Sinne einer grundsätzlichen Ablehnung einer humanen Haltung (Junginger 2012). Eine derartige Praxis ist scharf auch von radikaler Humanismuskritik zu unterscheiden. Dem steht eine verbreitete Begriffsverwendung entgegen, in der – im Ausgang von französischen Debatten seit den 1950er Jahren[2] – der Begriff ‚Antihumanismus' im Sinne einer kritischen Gegenposition zum Humanismus bzw. zu bestimmten historischen Gestalten des Humanismus verwendet wird (Ebke/Zanfi 2015).

Antihumanismus sollte stattdessen als Bekenntnis zu einer Weltanschauung und Praxis begriffen (und entsprechend bekämpft) werden,[3] welche die Inhumanität (↗ Humanität) regelrecht zu einem ‚kategorischen Imperativ' erhebt (wie dies etwa von Adolf Eichmann formuliert worden ist) (Arendt 1964, S. 174). Ebenso treffend kann ‚Antihumanismus' als ein Inbegriff entsprechender rassistischer oder polizeistaatlicher Ideologien und Methoden verwendet werden, wie sie auch von einem in diesem Sinne durchaus ‚antihumanistischen' ‚deutschen Huma-

---

[1] Wie sie von den ‚Totalitarismus'- und ‚Genozid'-Debatten des ausgehenden 20. Jahrhunderts unter problematischen Gleichsetzungen thematisiert worden sind (Rabinbach 2009).

[2] In denen die Kritik am traditionellen offiziellen Humanismus mit der Absetzung von Sartres humanistischer Wendung des Existenzialismus zusammenfiel (Lucas 1990). – Kate Soper hat die davon ausgehende, weit über die Frankophonie hinausreichende Debatte umfassend aufgearbeitet (Soper 1986).

[3] Als dessen ‚Bibel' mit guten Gründen Hitlers ‚Mein Kampf' bezeichnet worden ist. Auch hier kann auf die von Hubert Cancik vorgeschlagene Arbeitsdefinition zurückgegriffen werden, die den allgemeinen Begriff des Antihumanismus an Nietzsche exemplifiziert: „Ein System von Argumenten, das den Wert von Humanisierung im Prozess der Zivilisation bestreitet und bekämpft. Es betont die wesentliche, unüberwindliche Ungleichheit der Menschen, bestimmt Untermenschen, Unmenschen (oft im Vergleich mit unedlen Tieren: Ratten, Ungeziefer, Gewürm), spricht ihnen die Würde und die Menschenrechte ab, legitimiert Gewalt und Herrschaft der ‚vornehmen Rasse', der Arier über die vorarische Bevölkerung." (Cancik 2012, S. 140)

nismus' (Faber 2003a, S. 197 f.) offen propagiert wurden,[4] also vor allem der Praxis der ‚Massenvernichtung' und des ‚Völkermords'.

In diesem Sinne ‚antihumanistisch' ist aber auch jede Praxis der Diskriminierung von Menschengruppen, der Herabsetzung von Menschen zu bloßen Objekten oder Mitteln zu einem höheren Zweck oder auch der pauschalen Entgegensetzung von Freund und Feind zu begreifen. Im Gegensatz zu diesem praktischen Antihumanismus stehen die zum Teil ebenfalls diesen Titel benutzenden Positionen einer radikalen ‚Humanismuskritik', die seit Nietzsche (Cancik 2012) den Verdacht artikulieren, Humanismus sei letztlich nur als transponierter Theismus zu begreifen, von dem sich eine wirkliche Erkenntnis der Lage der Menschen auch noch befreien müsse.

1.1 Der unumgängliche erste Schritt zur Konstituierung eines Humanismus auf der Höhe der Gegenwart bestand in der kritischen Absetzung von einem derartigen „alten Bildungsbegriff" (Horkheimer 1962), der auf ein deutsches Bildungsbürgertum verwies, das sich aktiv an der ‚Mobilmachung' der ‚nationalsozialistischen Bewegung' für Weltkrieg und Shoah beteiligt hat, um sich dann nach 1945 wiederum vom Zeitgeist des „moralischen Morasts" der Epoche des ‚Kalten Krieges' prägen zu lassen, in der „alle Welt [...] humanistisch [war]" – Camus, Sartre, Garaudy, Stalin und auch die „Anhänger Hitlers" (Foucault 2005, S. 821).

Ein wirklich zeitgenössischer Humanismus setzt demnach die kritische Einsicht in die spezifische Blindheit der historischen, bildungsbürgerlich entpolitisierten und euro-zentrisch bzw. androzentrisch bornierten Humanismen seit dem 19. Jahrhundert (nicht nur in Deutschland) voraus, denen gegenüber die strukturellen Prägungen der modernen Gesellschaften durch Kapitalherrschaft, modernes Patriarchat und (neo-)koloniale Abhängigkeitsverhältnisse immer noch aufzuarbeiten sind (Wolf 2014).[5]

1.2 Quer zu diesem Gegensatz steht die ebenfalls unter dem Titel eines Antihumanismus geführte Debatte um den Stellenwert der ↗ Anthropologie in der

---

4 Vgl. Hildebrandt 1934 und Spranger 1933, in regimekonformer Zuspitzung des von ihm seit 1921 vertretenen ‚Dritten Humanismus' (Stiewe 2011). Auch bei Ernst Robert Curtius ist ein „Prä-Nazismus" zu diagnostizieren (Faber 2003b, S. 190 ff.).
5 Während die stoische Philosophie als Gegensatz zur Humanität die ‚Bestialität' kennt (Cancik 2014, S. 203), spielt spätestens seit Erasmus (Erasmus 1998) auch die Alternative eine Rolle, dass Menschen sich frei für das Böse entscheiden können – was nicht nur unter christlichen Vorzeichen gilt (Tugendhat 2009; Wolf 2009, S. 24; vgl. Arendt 1964). Als Arbeitsdefinition von Humanismuskritik kann wiederum in diesem Sinne der Vorschlag von Hubert Cancik (Cancik 2012, S. 140) festgehalten werden: „Humanismuskritik ist [...] eine partielle oder grundsätzliche Kritik von Philosophen, Pädagogen, Theologen [...] an dem Konzept, der Idee, dem Projekt von Humanismus oder der Praxis von Humanisten."

Philosophie (Brague 2013),⁶ sowie insbesondere die neuere Ablehnung eines ‚humanwissenschaftlichen' Paradigmas für die Wissenschaften von Geschichte und Gesellschaft, die sich auch als „Kritik des modernen, emphatischen Subjekt-Begriffs (das Subjekt als Herr seines Willens und seiner Taten)" (Schulze 1991, S. 16) artikuliert hat.⁷ Auch eine ökologische Kritik an dem herrschenden Anthropozentrismus als ‚Speziesismus' wird mit dem Titel des ‚Antihumanismus' versehen (Larcher 2004).

1.3 Seit Julian Huxleys Einsicht in die Grenzen des von ihm zunächst vertretenen ‚evolutionären Humanismus' als eine naturalistische Reduktion politischer und kultureller Fragen auf die Biologie der Spezies *homo sapiens* (Huxley 1957) werden humanismuskritische Positionen auch in Gestalt eines ‚Transhumanismus' (prägend Max More 1990, Kluge et al. 2014)⁸ bzw. eines ‚Posthumanismus' (etwa Braidotti 2014) vertreten (vgl. den kritischen Überblick bei Fischer 2014).

2 Antihumanismus als Begriff

Die explizite Formulierung eines Begriffs des Antihumanismus ist vermutlich noch jünger als die des Humanismus. Im historischen Rückblick wird die Entgegensetzung von Humanismus und Antihumanismus jedoch geläufig bis zu Marsilio Ficino (Toussaint 2008) oder sogar bis in die Antike zurückverfolgt.⁹ Die Vorgeschichte seiner expliziten Formulierung reicht zum einen zurück bis in die Initiativen von Vertretern eines augustinistisch verstandenen Christentums gegen den etwa von Montesquieu aufgegriffenen Renaissancehumanismus und zum anderen in einen „Antihumanismus des 17. Jahrhunderts" (Gouhier 1987). Seine moderne Gestalt hat er dann im konterrevolutionären Denken (de Maistre, Bonald, Donoso Cortés) angenommen, wie es Spaemann als Ursprung der Soziologie identifiziert hat (Spaemann 1998).

Neben dieses Denken, das schon die Erklärung der Menschenrechte und dann besonders die Politik der ‚Gleichfreiheit' (Balibar 2012; Brückner 1966) im Gefolge der Französischen Revolution bekämpft hat, tritt eine Radikalisierung des neu-

---

6 Zu der unter dem Titel des Humanismus geführten Nachkriegsdebatte vgl. Seubold 2001.
7 „An den Menschen etwas erkennen kann man nur unter der absoluten Bedingung, daß der philosophische (theoretische) Mythos des Menschen zu Asche reduziert wird." (Althusser 2010, S. 179)
8 In einer anderen Interpretation hat Henk Oosterling Nietzsches Position als die eines ‚Transhumanismus' interpretiert (Oosterling 1991).
9 Bereits bei Herder wird der Rückgriff auf eine „Tradition des Antihumanismus" beschrieben (Hühn 2014).

zeitlichen, im Kern bürgerlichen Individualismus (Macpherson 1990) ein, der sich damit – in dem Antimoralismus des Marquis de Sade (Schuhmann 2012), in Arthur Schopenhauers privatistischer Weltflucht (Horkheimer 1962) oder in Max Stirners Ausarbeitung des Solipsismus (Stekeler-Weithofer 2014) – vom Projekt der ↗ Aufklärung verabschiedet.

2.1 Eine folgenreiche Verknüpfung dieser unterschiedlichen Motive hat in der Auseinandersetzung mit dem Scheitern der kontinentaleuropäischen demokratischen Revolution von 1848 und dem Trauma der Pariser *Commune* vor allem in der Philosophie Friedrich Nietzsches erste Konturen angenommen. Dort wird unter der Oberfläche eines aggressiv vertretenen Herrenmenschentums zugleich die Enttäuschung über das historische Versagen des modernen Humanismus im Scheitern der europäischen Revolutionen artikuliert und eine klarsichtige, wenn auch höchst einseitige Kritik der Schwächen des zeitgenössischen Humanismus ausgearbeitet.

2.2 Karl Marx, der in seiner Jugend zunächst den Feuerbachschen Humanismus radikalisierte, hat nach seinem Bruch mit Stirner und im Zuge der Abgrenzung vom Anarchismus in seiner reifen Theorie die Zielsetzung einer menschlichen Emanzipation unter der revolutionären Aufgabenstellung der Überwindung von Kapitalherrschaft und herrschaftlicher Staatlichkeit weitgehend unsichtbar werden lassen. In der sich an dem von Engels auf dieser Grundlage kodifizierten ‚Marxismus' orientierenden sozialistischen Arbeiterbewegung wurde demgemäß eine Ablehnung jeglicher ‚Humanitätsduselei' (August Bebel) dominant, auch wenn etwa in der proletarischen ↗ Freidenkerbewegung der Anspruch auf humanistisches Denken und Praxis lebendig blieb (Groschopp 2011).

Die Marxsche Humanismuskritik beruht in dieser Perspektive auf der Feststellung, dass gegen Ausbeutung und Kapitalherrschaft nicht „humanistische Bildung [hilft], sondern nur Umsturz" – „Marx' Antihumanismus ist also bloß radikalisierter Humanismus", mit dem „humanistischen Ideal" des „allseitig entwickelten Individuums" (Türcke 2003, S. 276, 277 f.) (↗ Persönlichkeit).

2.3 Eine explizite Ausarbeitung von politischen Positionen des Antihumanismus erfolgt im Kontext der Krise der europäischen Kultur im Übergang zum 20. Jahrhundert in Gestalt einer ‚Kulturkritik', die auf eine Heroisierung des Barbarischen zielte (Brock 2002, S. 371). Zudem zeigte sie sich innerhalb einer durchaus widersprüchlichen, zwischen emanzipatorischer Kritik an der modernen Lebensweise der ‚Massen' und reaktionärer Flucht aus der Modernität schwankenden Programmatik der ‚Lebensreform' (Repussard/Cluet 2013), besonders dort, wo sie auf unbestimmt ‚lebensphilosophischen' Grundlagen artikuliert wurde (exemplarisch Ludwig Curtius; Faber 2003b).

Die von führenden derartigen ‚Denkern' vertretenen imperialistisch-chauvinistischen ‚Ideen von 1914' haben in Deutschland den faschistischen Antihumanismus von Hitler und Goebbels vorbereitet. Allerdings wurde von der faschistischen ‚Bewegung' dann nicht nach dem Motto „Wenn ich ‚Kultur' höre, entsichere ich meinen Browning!" (Hanns Johst in seinem Drama ‚Schlageter') verfahren, sondern stattdessen ein offen antihumaner, „artgerechter und biologischer Humanismus" propagiert (Baeumler 1937). Den dieser heuchlerischen Attitüde entkleideten realen Geist dieses praktischen Antihumanismus, im Sinne einer bewussten Zerstörung jeglicher Menschlichkeit, hat der Regisseur Pier Paolo Pasolini in seinem Film ‚Die 120 Tage von Sodom' prägnant dargestellt (Theweleit 2015, S. 241).

2.4 Seit den 1920er Jahren wird als Antwort auf die mit dem Ersten Weltkrieg offen aufgebrochene Kulturkrise vor allem in Deutschland eine radikale Kritik des im 19. Jahrhundert artikulierten westeuropäischen Humanismus ausgearbeitet, die zum Teil ebenfalls unter dem Titel des Antihumanismus agiert. Diese spezifische Humanismuskritik ist allerdings nicht nur von Walter Benjamin in den von ihm 1936 herausgegebenen Briefen ‚Deutsche Menschen' (Benjamin 2008), sondern auch von Adorno (Schmidt 1981), Brecht (Brecht 2009; Lee 2007, S. 164) und Althusser (Althusser 2010; Schaper-Rinkel 2006, S. 43 f.) auf unterschiedliche, aber immer gewichtige Weise mit der Vertretung eines ‚praktischen Humanismus' verknüpft worden. Auch die Gleichsetzung der ‚Entfaltung der menschlichen Wesenskräfte' mit der fortschreitenden Entfaltung der Produktivkräfte hat Anlass dazu geliefert, Antihumanismus und Humanismuskritik fälschlich miteinander zu identifizieren (Türcke 2003, S. 281).

2.5 Martin Heidegger hat nach der Niederlage des von ihm aktiv mitgetragenen nationalsozialistischen Projekts eine Wiederaufnahme der ‚Humanismusfrage' durchaus im Sinne einer „feindlichen Übernahme" (Rudolph 2003, S. 233) betrieben, in der er gezielt, zum Teil im Rückgriff auf Nietzsche, wiederum eine ambivalente Verknüpfung zwischen einem erklärten praktischen Antihumanismus und der Enttäuschung über das historische Versagen des europäischen Humanismus in der großen Krise des 20. Jahrhunderts aufbaut.

Vor allem daran hat Michel Foucault mit der Forderung nach einer Abwendung vom Humanismus angeknüpft: „Unsere Aufgabe ist es, uns endgültig vom Humanismus zu befreien." Diesen verdächtigt er, „eine Art theologischen Humanismus" darzustellen. „Überall dort, wo sich in der Vergangenheit Wissenschaft herausgebildet hat, haben die Leute gesagt: Was Sie mit ihrer Wissenschaft vorschlagen, stellt die Existenz Gottes in Frage. Heute sagt man uns: Das stellt die Existenz des Menschen in Frage." (Foucault 1974, S. 93)

2.6 In der Auseinandersetzung um die Grundlagen und die arbeitsteilige Strukturierung der Wissenschaften von Geschichte und Gesellschaft wird Antihumanismus seit der Mitte des 20. Jahrhunderts als programmatisches Stichwort dafür verwendet, nicht länger das ‚Wesen' oder die ↗ Natur des/der Menschen als letzte Grundlage von Forschung und Theoriebildung in diesen Bereichen zu akzeptieren. Aufgrund einer Reihe von wissenschaftlichen Durchbrüchen in der Erforschung der historischen und individuellen Entwicklung menschlicher Praxis, welche – von Marx und de Saussure bis zu Pawlow und Freud[10] – die Annahme, ‚der Mensch' könne jemals ‚Herr im eigenen Hause' werden[11] problematisch hat werden lassen, kommt es seit den 1950er Jahren zu unterschiedlichen Versuchen einer Humanismuskritik als Verabschiedung der „Idee vom autonomen Menschen" (Skinner 1996) bzw. der „Ideologie der Autonomie des Subjekts" (Lacan 1973, S. 69), denen dann wiederum ein ‚kritischer Humanismus' (Rüsen 2014) entgegengetreten ist.

In diesem Sinne ist den in der französischen Wissenschaftstradition vorherrschenden *sciences humaines*, in denen die Anthropologie als Grundlagenwissenschaft fungierte, eine Kritik des ‚theoretischen' (Althusser) bzw. ‚epistemologischen' (Foucault) Humanismus entgegengesetzt worden. Im Ausgang vom ‚Strukturalismus' haben sich eine Reihe von Autoren auf die ‚Dezentrierung' des Konzepts ‚des Menschen' durch Marx, Nietzsche, Freud und de Saussure berufen (Althusser 2010; Foucault 1974; Deleuze 1969). Diese Abwendung vom Anthropozentrismus wurde unverzüglich als ein ‚Antihumanismus' im normativen Sinne denunziert (*Dufrenne* 1968, S. 795) und später als Kern des ‚gefährlichen Denkens von 1968' angegriffen (Ferry/Renaut 1987).

Das Beispiel Arnold Gehlens, der sich mit seinem anthropologischen Hauptwerk ‚Der Mensch' im Jahre 1940 um eine hegemoniale Position innerhalb der nationalsozialistischen Gesellschaftswissenschaften beworben hat (Klinger 1998), zeigt schlagend, dass auch eine theoretische anthropologische Fundierung durchaus mit einem praktischen Antihumanismus einhergehen kann. Umgekehrt erweisen etwa die ‚Negative Anthropologie' Ulrich Sonnemanns (Sonnemann 1969), wie produktiv die Aufhebung von anthropologischer Reflexion in kritische Gesellschaftstheorie sein kann (Schmied-Kowarzik 1992).

2.7 Im Zusammenhang mit der Kritik am modernen Imperialismus, zunächst der europäischen Großmächte und dann zunehmend auch der USA, entwickelt sich seit den 1950er Jahren eine Kritik am Eurozentrismus der herrschenden gesellschafts- und geschichtswissenschaftlichen Paradigmen, die zum Teil ebenfalls den Titel des Antihumanismus benutzt. In diesem Zusammenhang wird auch normativ die ‚dunkle Seite' bzw. die kolonialistische Naivität des in den ‚Metropolen' verbreiteten Humanismus kritisiert, der zur Legitimierung europäischer

---

[10] Freud hat 1917 seine Libidotheorie des Unbewussten in die großen ‚narzisstischen Kränkungen' der Menschheit eingereiht, nach der durch Kopernikus und der durch Darwin (Pauen 2007).

[11] Wie von Hegel noch ausdrücklich propagiert (Reijen 2006).

Vorstellungen einer *„mission civilisatrice"* (Albert Sarraut) als „Bürde des weißen Mannes" (Rudyard Kipling) gegenüber allen außereuropäischen Kulturen beigetragen und geradezu durch täuschende ‚Bildungsornamente' die kulturelle Blindheit gegenüber den inhumanen Gräueln des Imperialismus verstärkt habe (Stölting 2003).[12]

Die darauf gestützte Diagnose der Zeitgebundenheit des eurozentrischen Humanismus des 19. und 20. Jahrhunderts hat dann Sloterdijk (Sloterdijk 1999), zusätzlich gestützt auf antizipierte ‚transhumanistische' Möglichkeiten der Gentechnologie,[13] dafür ausgebeutet, auch noch den darin pervertierten „humanistischen Impuls" (Türcke 2003, S. 280f.) als solchen zugunsten neoimperialer Phantasien zu verabschieden (Nennen 2003).

2.8 Giorgio Agamben hat in der Diskussion über die Bedeutung von Auschwitz als Geschichtszeichen auf ein immer noch akutes Problem in der Auseinandersetzung mit dem praktischen Antihumanismus hingewiesen: Darauf nämlich, dass „die beiden konträren Thesen über Auschwitz unzulänglich sind – die humanistische ‚Alle Menschen sind menschlich' ebenso wie die antihumanistische ‚Nur einige Menschen sind menschlich'". Seine Gegenthese „Die Menschen sind Menschen, insofern sie nicht-menschlich sind" – genauer: „Die Menschen sind Menschen, insofern sie Zeugnis ablegen vom Nicht-Menschen" (Agamben 2003, S. 105) – markiert den Ausgangspunkt einer unvermeidlichen Debatte.

3 Bedeutung für den gegenwärtigen Humanismus

Ein zeitgenössischer praktischer Humanismus verhält sich zu den beiden gegensätzlichen Gestalten des praktischen Antihumanismus sowie der radikal auftretenden Humanismuskritik selbst gegensätzlich: Er unterscheidet deutlich zwischen der praktisch-normativen und der epistemologischen Problematik von Antihumanismus und Humanismuskritik. Er begreift den praktisch-normativ vertretenen Antihumanismus als etwas entschieden zu Bekämpfendes, während er von der (zum Teil impliziten) Humanismuskritik auch dort zu lernen bemüht ist, wo sie unter dem Titel des Antihumanismus auftritt.[14]

---

[12] Eine analog verfahrende feministische Kritik am Humanismus (vgl. rückblickend Angerer/Harasser 2011) liegt besonders in den Sprachen nahe, in denen nicht zwischen ‚Mensch' und ‚Mann' unterschieden wird. Sie hat sich aber nur ausnahmsweise explizit als Antihumanismus artikuliert (Meyer 2003, S. 131).

[13] Zu der von Sloterdijk 1999 ausgelösten Debatte vgl. Orlich 2004.

[14] In diesem Sinne ist überzeugend argumentiert worden, dass „sich Foucaults Philosophie nicht einfach in die Geschichte des antihumanistischen Denkens der Moderne einschreibt, sondern die

Er nimmt die Befunde über unaufhebbare Heteronomien in den Bedingungen einer menschlichen Autonomie ernst, ohne daraus den Fehlschluss des Determinismus bzw. Fatalismus zu ziehen und thematisiert die bedingte Autonomie und die mögliche ↗ Befreiung in der Praxis von wirklichen Menschen (Rorty 1984) zu einer „partiellen, limitierten und von Heteronomie durchkreuzten Autonomie der Person" (Straub 2010, S. 363) in Verbindung mit einer gesellschaftlich praktizierten ↗ Solidarität. Daneben nimmt er die gesamte Bandbreite des Grundlagenstreits um die wissenschaftliche Erforschung von Geschichte und Gesellschaft vorurteilslos zur Kenntnis, ohne seinerseits den Denkfehler zu begehen, aus seiner eigenen praktischen Orientierung auf Humanität bzw. Menschlichkeit bereits eine theoretische Position im Streit um das Verständnis und die Rolle der Anthropologie (vgl. Jünke 1915, bzw. der Psychologie/Humanethologie oder auch der Neurowissenschaften) in diesem Gegenstandsbereich für begründet zu halten.

4 Literatur

Agamben, Giorgio (2003): Was von Auschwitz bleibt. Das Archiv und der Zeuge (Homo sacer III). Frankfurt am Main.
Althusser, Louis (2010): „Ergänzende Bemerkung über den ‚realen Humanismus'". In: Louis Althusser: Für Marx. Frankfurt am Main, S. 310–318.
Angerer, Karin/Harasser, Marie-Luise (2011): „Menschen & Andere. Einleitung in den Schwerpunkt". In: Zeitschrift für Medienwissenschaften 4. Nr. 1, S. 10–14.
Arendt, Hannah (1964): Eichmann in Jerusalem. Ein Bericht von der Banalität des Bösen. München.
Baeumler, Alfred (1937): „Der Kampf um den Humanismus". In: Alfred Baeumler: Politik und Erziehung. Reden und Aufsätze. Berlin, S. 57–66.
Balibar, Étienne (2012): Gleichfreiheit. Politische Essays. Berlin.
Benjamin, Walter (2008): „Deutsche Menschen. Eine Folge von Briefen" (1936). In: Walter Benjamin: Werke und Nachlass. Kritische Gesamtausgabe. Bd. 10. Frankfurt am Main.
Brague, Rémi (2013): *Le Propre de l'homme. Sur une légitimité menacée.* Paris.
Braidotti, Rosi (2014): Posthumanismus. Leben jenseits des Menschen. Frankfurt am Main.
Brock, Bazon (2002): „Humanistischer Schadenzauber. Ein Gespräch mit S. D. Sauerbier". In: Bazon Brock: Der Barbar als Kulturheld. Bazon Brock III: Gesammelte Schriften 1991–2002. Ästhetik des Unterlassens, Kritik der Wahrheit – wie man wird, der man nicht ist. Köln.
Brückner, Peter (1966): Freiheit, Gleichheit, Sicherheit. Von den Widersprüchen des Wohlstands. Frankfurt am Main.
Cancik, Hubert (2011): Europa – Antike – Humanismus. Humanistische Versuche und Vorarbeiten. Hildegard Cancik-Lindemaier (Hrsg.). Bielefeld.

Krise des Humanismus in all ihren Widersprüchlichkeiten fortschreibt" (Geisenhanslüke 2013, S. 246) (↗ Argumentieren).

Cancik, Hubert (2012): „‚Humanismus', ‚Humanismuskritik' und ‚Antihumanismus' am Beispiel von Friedrich Nietzsche". In: Horst Groschopp (Hrsg.): Humanistik. Beiträge zum Humanismus. Aschaffenburg, S. 130–141.
Deleuze, Gilles (1969): *Différence et répétition*. Paris.
Dufrenne, Mikel (1968): *Pour l'homme*. Paris.
Ebke, Thomas/Zanfi, Caterina (Hrsg.) (2015): Das Leben im Menschen oder der Mensch im Leben? Deutsch-Französische Genealogien zwischen Anthropologie und Anti-Humanismus. München.
Erasmus, Desiderius von Rotterdam (1998): Vom freien Willen (*De libero arbitrio*. 1524). Mit einem Vorwort von Gunther Wenz. Übersetzt von Otto Schumacher. Göttingen.
Faber, Richard (Hrsg.) (2003a): Streit um den Humanismus. Würzburg.
Faber, Richard (2003b): „Humanistische und faschistische Welt. Über Ludwig Curtius". In: Faber 2003a, S. 157–222.
Ferry, Luc/Renaut, Alain (1987): Antihumanistisches Denken. Gegen die französischen Meisterphilosophen. München, Wien 1987.
Fischer, Joachim (2014): Zur Kritik des Transhumanismus (Beitrag zur Tagung der Humanistischen Akademie Berlin-Brandenburg vom 15. November 2014).
Foucault, Michel (1974): Die Ordnung der Dinge. Frankfurt am Main (Französische Ausgabe: *Les mots et les choses*. Paris 1966).
Foucault, Michel (2005): „Interview mit Michel Foucault" (1981). In: Michel Foucault: *Schriften*. Bd. 4. Frankfurt am Main, S. 807–823.
Gehlen, Arnold (2014): Der Mensch. Seine Natur und seine Stellung in der Welt (1940). 16. Auflage. Wiebelsheim.
Geisenhanslüke, Achim (2013): „Antihumanismus? Über Michel Foucault und die Folgen". In: Faber 2003a, S. 235–246.
Gouhier, Henri (1987): *L'Anti-Humanisme au XVIIe siècle*. Paris.
Groschopp, Horst (2011): Dissidenten. Freidenker und Kultur in Deutschland (1997). 2., erweiterte Auflage. Marburg.
Hildebrandt, Kurt (1939): Norm, Entartung, Verfall bezogen auf den Einzelnen, die Rasse, den Staat (1934). 2. Auflage. Berlin.
Horkheimer, Max (1962): „Die Aktualität Schopenhauers". In: Max Horkheimer/Theodor W. Adorno: Sociologica II. Reden und Vorträge. Frankfurt am Main, S. 124–141.
Hühn, Helmut (2014): „Herder und die Tradition des Anti-Humanismus". In: Michael Maurer (Hrsg.): Herder und seine Wirkung/*Herder and His Impact*. Heidelberg, S. 185–194.
Huxley, Julian (1957): *„Transhumanism"*. In: *New Bottles for New Wine*. London, S. 13–17.
Jünke, Christoph (2015): „Sozialistischer Humanismus, menschliche Natur und marxistische Anthropologie". In: Christoph Jünke: Leo Koflers Philosophie der Praxis. Eine Einführung. Hamburg, S. 81–111.
Junginger, Horst (2012): „Antihumanismus und Faschismus". In: Horst Groschopp (Hrsg.): Humanistik. Beiträge zum Humanismus. Aschaffenburg, S. 165–179.
Klinger, Gerwin (1998): „Arnold Gehlen. Theoretiker der Führung und Mitläufer". In: Der Fall Schwerte im Kontext. Helmut König (Hrsg.). Opladen, Wiesbaden, S. 126–137.
Kluge, Sven/Lohmann, Ingrid/Steffens, Gerd (Hrsg.) (2014): Jahrbuch für Pädagogik. Menschenverbesserung – Transhumanismus. Frankfurt am Main.
Lacan, Jacques (1973): „Das Spiegelstadium als Bildner der Ich-Funktion". In: Jacques Lacan: Schriften. Bd. 1. Freiburg, S. 63–70.

Larcher, Laurent (2004): *La face cachée de l'écologie. Un anti-humanisme contemporain.* Paris.
Lucas, Hans-Christian (1990): „Anti-Humanismus oder anderer Humanismus? Bemerkungen zu Sartre, Heidegger und Derrida". In: Henk Oosterling/Frans de Jong (Hrsg.): Denken Unterwegs. Philosophie im Kräftefeld sozialen und politischen Engagements. Kimmerle-Festschrift. Amsterdam, S. 265–286.
Macpherson, Crawford B. (1990): Die politische Theorie des Besitzindividualismus. Von Hobbes bis Locke (1967). 3. Auflage. Frankfurt am Main (Englische Ausgabe: *The Political Theory of Possessive Individualism. Hobbes to Locke.* Oxford 1962).
Meyer, Katrin (2003): „Feminismus zwischen Neo- und Posthumanismus". In: Faber 2003a, S. 121–135.
Nennen, Heinz-Ulrich (2003): Philosophie in Echtzeit. Die Sloterdijk-Debatte. Chronik einer Inszenierung. Würzburg.
Oosterling, Henk A. F./Prins, Awee W. (Hrsg.) (1991): *Humanisme of Antihumanisme? Een debat.* Rotterdamse Filosofische Studies XII. Rotterdam.
Oosterling, Henk A. F. (1991): „*Nietzscheaans transhumanisme. Van autonoom subject naar soevereine individuen*". In: Oosterling/Prins 1991, S. 23–36.
Orlich, Max (2004): Der Sturm im Reagenzglas oder die Sloterdijk-Debatte als ethisch-philosophischer Diskurs über die Genforschung. München.
Pauen, Michael (2007): Was ist der Mensch? Die Entdeckung der Natur des Geistes. München.
Rabinbach, Anson (2009): Begriffe aus dem Kalten Krieg. Totalitarismus, Antifaschismus, Genozid. Göttingen.
Raith, Werner (1985): Humanismus und Unterdrückung. Streitschrift gegen die Wiederkehr einer Gefahr. Frankfurt am Main.
Reijen, Willem van (2006): „Herr im eigenen Hause? Menschenbilder zwischen Moderne und Metaphysik". In: Jürgen Hardt/Uta Cramer-Düncher et al. (Hrsg.): Gesellschaftliche Verantwortung und Psychotherapie. Gießen, S. 47–64.
Repussard, Catherine/Cluet, Marc (Hrsg.) (2013): Lebensreform. Die soziale Dynamik der politischen Ohnmacht. Tübingen.
Rorty, Richard (1984): „*Solidarity or Objectivity*". In: *Nanzan Review of American Studies* 6, S. 1–19.
Rudolph, Enno (2003): „Humanismus und Antihumanismus im Streit. Cassirer und Heidegger in Davos". In: Faber 2003a, S. 223–234.
Rüsen, Jörn (Hrsg.) (2014): Perspektiven der Humanität. Menschsein im Diskurs der Disziplinen (2010). 2. Auflage. Bielefeld.
Schaper-Rinkel, Petra (2006): „Dekonstruktion und Herrschaft. Politische Implikationen antiessentialistischer Theorie". In: *Detlef Georgia Schulze*/Sabine Berghahn/Frieder Otto Wolf (Hrsg.): Politisierung und Ent-Politisierung als performative Praxis. Münster, S. 42–57.
Schmidt, Alfred (1981): „Adorno. Ein Philosoph des realen Humanismus". In: Alfred Schmidt: Kritische Theorie – Humanismus – Aufklärung. Stuttgart, S. 27–55.
Schmied-Kowarzik, Wolfdietrich (1992): „Zur Genealogie der Sittlichkeit. Entwurf einer Antwort auf Nietzsches ‚Streitschrift' von 1887". In: Wolfdietrich Schmied-Kowarzik (Hrsg.): Einsprüche kritischer Philosophie. Festschrift Ulrich Sonnemann. Kassel, S. 111–130.
Schuhmann, Maurice (2012): Radikale Individualität. Zur Aktualität der Konzepte von Marquis de Sade, Max Stirner und Friedrich Nietzsche. Bielefeld.

Schulze, Detlef Georgia (1991): „‚Sozialistischer Humanismus', autonomer Humanismus oder gar kein Humanismus? Kritische Anmerkungen zur Renaissance des Humanismus in der linken Debatte". In: PROWO. Linke Monatszeitung gegen die Verhältnisse 20, S. 6.

Seubold, Günter (2001): Die Freiheit vom Menschen. Die philosophische Humanismusdebatte der Nachkriegszeit. Bonn.

Skinner, Quentin (1996): „Moderne und Entzauberung. Einige historische Reflexionen". In: Deutsche Zeitschrift für Philosophie 44. Nr. 4, S. 609–619.

Sloterdijk, Peter (1999): Regeln für den Menschenpark. Ein Antwortschreiben zu Heideggers Brief über den Humanismus. Frankfurt am Main.

Sonnemann, Ulrich (1969): Negative Anthropologie. Vorstudien zur Sabotage des Schicksals. Reinbek.

Soper, Kate (1986): *Humanism and Antihumanism*. La Salle.

Spaemann, Robert (1998): Der Ursprung der *Soziologie aus dem Geist der* Restauration. Studien über L. G. A. de Bonald (1959). 2. Auflage. Stuttgart, München.

Spranger, Eduard (1933): „März 1933". In: Die Erziehung 8. Nr. 7, S. 401–408.

Stekeler-Weithofer, Pirmin (2014): „Ironische Polemik zwischen feindlichen Brüdern. Stirner und Marx zum Problem der Entfremdung in Rede und Handlung". Vgl. http://www.dienachtderphilosophie-berlin.de/_ressourcen/conferences/Ironische-Polemik-zwischen-feindlichen-Bruedern_-Stirner-und-Marx-zum-Problem-der-Entfremdung-in-Rede-und-Handlung.pdf, besucht am 28.7.2015.

Stiewe, Barbara (2011): Der ‚Dritte Humanismus'. Aspekte deutscher Griechenrezeption vom George-Kreis bis zum Nationalsozialismus. Berlin, Boston.

Stölting, Erhard (2003): „Humanismus und Eurozentrismus". In: Faber 2003a, S. 95–111.

Straub, Jürgen (2010): „Psychologische Anthropologie im Zeichen von Humanismus und Antihumanismus". In: Jörn Rüsen (Hrsg.): Perspektiven der Humanität. Menschsein im Diskurs der Disziplinen. Bielefeld, S. 317–372.

Theweleit, Klaus (2015): Das Lachen der Täter. Breivik u.a. – Psychogramm der Tötungslust. Wien.

Toussaint, Stéphane (2008): *Humanismes, antihumanismes de Ficin à Heidegger*. Bd. 1: *Humanitas et rentabilité*. Paris.

Türcke, Christoph (2003): „Die Falle der Selbstentfaltung. Humanismus und kritische Theorie". In: Faber 2003a, S. 275–283.

Tugendhat, Ernst (2009): „Der moralische Universalismus in der Konfrontation mit der Nazi-Ideologie". In: Werner Konitzer/Raphael Gross (Hrsg.): Moralität des Bösen. Frankfurt am Main, S. 61–75.

Wolf, Frieder Otto (2009): Radikale Philosophie. Aufklärung und Befreiung in der neuen Zeit (2002). 2. Auflage. Münster.

Wolf, Frieder Otto (2014): Humanismus für das 21. Jahrhundert (2008). 2. Auflage. Berlin.

Hubert Cancik
Antike

1 Namen, Räume, Epochen

1.1 Die griechische und römische Antike (etwa 800 v. u. Z. bis 800 u. Z.) ist die politische Frühgeschichte Europas, der Raum der ersten europäischen ↗ Aufklärung (Ionien und Attika, 6.–4. Jh. v. u. Z.; Nestle 1946) und des ersten ↗ Humanismus (Athen, 5.–4. Jh. v. u. Z. bzw. Rom, 2. Jh. v. u. Z. – 2. Jh. u. Z.). Sie schafft aus Empirie und Theorie, ↗ Zweifel, Kritik und Beweis das Prinzip einer rationalen, freien, der ↗ Wahrheit und dem menschlichen Nutzen und ↗ Glück verpflichteten Wissenschaft und Philosophie (Hippokrates und Euklid, Sokrates und Aristoteles). Die griechische Antike wird erst den Römern, sodann – durch ihre Vermittlung – dem ‚Abendland' (Okzident, Hesperien) ein moralisches und ästhetisches Muster, eine Ergänzung und Alternative zur dominanten Tradition des Christentums, wird ein Sehnsuchtsort im Süden: „dahin, dahin möchte ich" (Goethe, Mignon).

Der Name ‚Antike' für diese Epoche und sein normativer Anspruch als ‚klassisch' hat sich um 1900 durchgesetzt. Er enthält als dialektisches Gegenstück ‚die Moderne' (‚Jetzt-Zeit'; lat. *modo* – gerade eben, jetzt). Im ‚Streit der Alten und Modernen', der *Querelle* am Ende des 17. Jahrhunderts, definierte sich die ‚Jetztzeit' durch die Abgrenzung von den ‚Alten' – nicht vom ‚Mittelalter', das keinen fest umrissenen und würdigen Vergleichspunkt abgab (Perrault 1964; Krauss/Kortum 1966). Das lateinische Wortfeld *antiquus, antiquitas* bezieht sich auf die ‚Vorfahren', die ‚vor' uns her (lat. *ante*) den Weg in die Vergangenheit ziehen. Wissen, Erfahrung, Macht gibt den ‚Vorderen' Autorität. Sie werden ‚Vorbilder' (gr. *parádigma*, lat. *exemplum*), denen es nachzufolgen gilt, die aber auch zu beachten sind, wenn sie gemieden oder übertroffen werden sollen. Auf diesem sozio-psychologischen Gefüge beruht der normative Anspruch in dem Begriff ‚(klassische) Antike'.

1.2 Der Ort der griechisch-römischen Kultur ist der Mittelmeerraum, die *Méditerrannée*.[1] Dieser kulturelle Großraum umfasst Teile von Ägypten und Vorderasien, an deren Rändern sich die Migranten aus dem Norden festsetzten. Er erstreckt sich bis an die Atlantikküsten von Afrika und Spanien, wo Phönizier und Griechen seit dem 2. Jahrtausend ihre Handelsstützpunkte/Kolonien anlegten (Lixus, Tartessos). Er ist die Mitte der hellenistischen und römischen Reichsbildung (seit 3. Jh. v. u. Z.), die im Osten bis an den Indus (Kabul, Peshawar, Gandhara) und im Norden bis nach Schottland (Hadrianswall) ausgriff. In Italien etabliert sich in der archaischen Epoche

---

[1] Grundlegend: Braudel 1998; Faber/Lichtenberger 2015.

(ca. 700–500 v. u. Z.) eine ‚orientalische' Oberschicht. Sie bringt luwische Sprache (etruskisch), kleinasiatische Religion, Mythologie und Kunst in das Zentrum der klassischen Welt, nach Latium und Rom (Herodot 1,94). Die einfache, oft von ideologischen Interessen getriebene Entgegensetzung der Kulturen von Orient (‚Morgenland') und Okzident (Hesperien, ‚Abendland') scheitert schon an diesen geographischen und historischen Gegebenheiten.

Griechenland selbst ist ein kleines, armes Busen- und Küstenland, meerumgeben, ein Archipel, kleinteilige Landschaften, keine Flusskultur wie am Nil oder im Zweistromland (Herder 1989, III. Teil, 13. Buch, Kapitel 1). Es ist deshalb polyzentrisch (Athen, Sparta, Milet; im Westen Tarent, Syrakus, Neapel), hat viele Stämme, kleine Stadtstaaten (gr. *pólis*) und mehrere literaturfähige Dialekte.

So zerlegt sich der scheinbar monolithische Epochen- und Wertbegriff ‚Antike' in eine Mehrzahl von Räumen, Populationen, Epochen und in verschiedene Formen politischer Herrschaft, in Demokratien (Athen), Adelsrepublik (Rom), Königtum (Sparta), sakraler Bund (Delphische Amphiktyonie) und Großreiche (Seleukiden, Rom, Byzanz).

Es ist offensichtlich, dass jede Rezeption dieser Antike(n) immer selektiv ist und sehr verschiedenen Bedürfnissen dienen kann.

1.3 Die (klassische) Antike beginnt als eine spätaltorientalische Randkultur auf den altmediterranen Substraten und den Trümmern der minoisch-mykenischen Paläste. Die Phönizier aus Syrien vermitteln Metalltechnik, Schrift und Schreibkultur (9.–7. Jh. v. u. Z.), die Ägypter das spezifische Medium hellenischer Selbstdarstellung, die Großplastik, die (über)lebensgroße Statue des (nackten) Jünglings (Kouros; 7. Jh. v. u. Z.) und die Lyder im Brückenland Anatolien den großen Gleichmacher, das Münzgeld (Anfang 6. Jh. v. u. Z.). Griechische Erinnerungskultur hat diese Abkunft immer reflektiert. Ihr Schrifterfinder Kadmos, ein Sohn des Phoenix, kommt aus Tyros/Sidon; Telekles und Theodoros lernen in Ägypten die Proportionenskala des menschlichen Körpers und die Bildhauerei. Priamos, König von Troia, ist ein Vasall des Ninos von Assur, der ihm Memnon aus Äthiopien zu Hilfe schickt, den ersten Schwarzafrikaner in der europäischen Literatur und Kunst.[2]

Der Beginn der Epoche wird bestimmt durch die archaische Kolonisation (8.–6. Jh. v. u. Z.), die Ausbildung des Stadtstaates, die Ablösung des geometrischen Stils der Vasenmalerei (900–700 v. u. Z.) durch den orientalisierenden, die Übernahme der Schriftkultur und die kultische und künstlerische Rückbeziehung auf die mykenische Epoche (vor 1000 v. u. Z.) in den lokalen Kulten für die Heroen und in der Epik Homers.

---

2 Herodot 2,49,3; Diodor 1,98,5–9; Memnon im Epos Aithiopis.

Das Ende der Epoche ‚Antike' lässt sich bestimmen als Ausgliederung der byzantinischen, germanischen und islamischen Kulturen aus ihrem mediterranen Verbund, also durch die Entstehung des frühmittelalterlichen Europa (600–800 u. Z.). Um 800 u. Z. gibt es im Westen wieder einen *Imperator Augustus*, Karl I., den Franken, und eine erste, die sogenannte ‚karolingische' ↗ Renaissance. Sie sucht den Bruch zu überwinden durch forcierte Aneignung und Neuformung der Antike in Politik (Kaisertum), Architektur (Kaiser-Pfalz zu Aachen; Torhalle in Lorsch/ Hessen), Kunst (Großbronzen; Buchmalerei) und Literatur (Einhard, Alcuin, Paulus Diaconus; Hofbibliothek) (Patzelt 1965).

2 Aufbau der antiken Kultur

2.1 Allgemeine und griffige Aussagen über das ‚Wesen' der Antike, ihren ‚Geist', den ‚Typus' oder die ‚Struktur' einer kulturellen Bewegung, die sich in so verschiedenen Räumen, Epochen, Ethnien und sozialen Schichten realisiert, werden immer wieder versucht. Sie werden benötigt und immer wieder abgelehnt, weil apologetisch, einseitig oder ideologisch belastet.

Nur unfruchtbare Mystifikation erzeugt das Schlagwort vom ‚griechischen Wunder' (*le miracle grec*). Ernest Renan hat es bei einem Besuch der Akropolis in Athen erlebt, das marmorne Wunder ‚der ewigen Schönheit'. Er hat es mit dem ‚jüdischen Wunder' (*miracle juif*) kombiniert, das, wie er meint, im Christianismus gipfelt.[3] Das Wunder kann aber auch die ‚griechische Männerliebe' sein oder überhaupt entfallen (Papenfuß/Strocka 2001; Zaicev 1993). Fruchtbarer als Renans subjektive Ästhetisierung und Sakralisierung ist ‚das Agonale', der andauernde und allgegenwärtige, nicht selten destruktive Wettbewerb (gr. *agón*), eine „Triebkraft, die kein anderes Volk kennt".[4] Die Erziehungsmaxime heißt: „Immer der Beste sein und hervorragend vor den anderen."[5] Und so suchten die Griechen die beste Komödie, den besten Schauspieler, den schnellsten Läufer, den schönsten Kuss (Cancik 2003).

Die Zurückführung des ‚Hellenischen Denkens' auf das (eidetische) Sehen, das Sein, die zeitlose Gestalt und seine Kontrastierung mit dem ‚Hebräischen Denken', das auf das Hören, Werden, das Bilderverbot und die Rhythmik des Geschichtlichen zurückgeführt wird, schaffen eine suggestive Typologie (Bomann 1977). Freilich muss, wer diesen schlichten Dualismus durchhalten will, griechi-

---

3 Renan 1883, S. 60: „*C'était l'idéal cristallisé en marbre pentélique qui se montrait à moi.*"
4 Burckhardt 1957, S. 84–177: „Und nun das Agonale."
5 Homer, Ilias 6,208; vgl. Hesiod, Werke und Tage 11–16: der zerstörerische und der produktive „Streit" (gr. *Eris*). Die Stelle zitiert noch im 4. Jh. u. Z. Themistios (Rede V §10), um den freien Wettstreit zwischen der hellenischen und der christlichen Religion zu fordern.

sche Musik (vgl. die griechischen Termini Trag-ödie, Mel-odie, Rhythmos, Harmonie) und Musiktheorie (Aristoxenos von Tarent, 4. Jh. v. u. Z.), die Vorstellungen der Griechen und Römer von Fortschritt (seit Xenophanes, 6./5. Jh. v. u. Z.), ihre Geschichtsschreibung und andere notwendige Teile der antiken Kultur ignorieren.

Auch Stichworte wie ‚Anthropozentrik', ‚Anthropomorphismus', das ‚Dionysische' und ‚Apollinische' helfen nicht zu einer allgemeinen und griffigen Charakteristik, da sie nur Teilbereiche treffen und komplementäre Gegeninstanzen aussparen: zehn der großen Zwölfgötter; die infrasensuelle Konstruktion der Welt (Atomistik); die enormen Abstraktionsleistungen im Bereich Sprechen und Denken (Grammatik, Poetik, Rhetorik; Logik, Dialektik), die Entwicklung gesellschaftlicher und politischer Kategorien und Modelle jenseits von Person und Individualität: ‚der Staat' (gr. *polis*; lat. *res publica*), ‚die Sozietät' (gr. *koinón*; lat. *societas*), die ‚Ethnie', ‚die Menschheit' – (lat.) *humanitas*.

2.2 Der Kern der antiken Kulturen ist die Stadt und der Stadtstaat mit seinem Territorium (gr. *pólis*, *chóra*). Die Stadt soll ‚gut überschaubar' sein.[6] Die Zahl der Einwohner von Athen und Attika wird für die ‚klassische Epoche' (5.–4. Jh. v. u. Z.) auf etwa 300.000 geschätzt; davon sind etwa 100.000 Unfreie, etwa 40.000 freie Fremde ohne Bürgerrecht in Athen (Metöken), etwa 30.000/45.000 männliche freie Vollbürger, dazu ihre Familien. Das kaiserzeitliche Rom (1.–2. Jh. u. Z.) dagegen war eine Millionenstadt, ‚ein Verschnitt der ganzen Welt', gar nicht gut überschaubar.[7] Die Unmöglichkeit, griffige Allgemeinheiten über ‚die Antike' zu formulieren, zeigt sich bereits in den demographischen Grunddaten.

Der klassische Stadtstaat besteht nach den empirischen und theoretischen Untersuchungen, die Aristoteles über die Verfassungen und Staatsorganisation der vielen Hundert griechischen Kleinstaaten angestellt hat, aus folgenden Teilen:[8] (1) Bauern (selbstständig), (2) Handwerker (Techniker), (3) Klein- und Großhändler (Import), (4) Tagelöhner (freie Arbeiter), (5) Militär (defensiv), ferner die Gutbemittelten, öffentlich Angestellte (gr. *demi-ourgikón*), ehrenamtliche Magistrate (gr. *árchontes*), Politiker (gr. *bouleúontes* – ‚mit politischer Einsicht'), Richter.

Eine *pólis* mit diesen Teilen ist wirtschaftlich autark, politisch autonom, sie ist unabhängig und frei (gr. *eleútheros*), ein souveräner Staat. Sklaven sind nicht erwähnt, einen geistlichen Stand (Klerus) gibt es nicht. Der Agrarsektor, das zeigt auch die Anordnung bei Aristoteles, ist der wichtigste, aber es gibt Bergbau (Silber) und Steinbrüche (Marmor) in Attika mit überwiegend unfreier Arbeit, Schiffsbau, eine exportfreudige Keramikproduktion, eine erhebliche Geldwirtschaft, Manu-

---

[6] Aristoteles, Politik 7, Kap. 4–5, 1325b-1327a; gr. *eu-syn-optos* – gut zusammen-schaubar.
[7] Athenaios, *Deipnosophistai* 1,206: gr. *epitomé tes oikuménes*.
[8] Aristoteles, Politik 4, Kap. 4, 1291a.

fakturen im Rüstungssektor. Sklaven werden gebraucht im Dienstleistungsbereich (Ammen, Pädagogen, Köche), in Bergwerken, auf großen Landgütern, Staatssklaven in Verwaltung, Münzwesen, Straßenbau.

In Wirtschaft (Lohnarbeit), Handel (Kontoführung), Verwaltung (Bürgerlisten, Steuerlisten, Wehrlisten; Gesetzessammlungen), Wissenschaft und im privaten Verkehr sind die Konsonant-Vokal-Schrift (seit etwa 800 v. u. Z.) und das geprägte Münzgeld (seit etwa 650/600 v. u. Z.) in Gebrauch. Inschriften auch in entlegenen Regionen bezeugen den Grad der Alphabetisierung.

Die ‚Ethischen Charaktere' des Theophrast schildern den selbstverständlichen Umgang mit Geld im städtischen Alltagsleben des 4. Jahrhunderts v. u. Z.:[9] Eintrittsgeld für das Theater, Beiträge zu Festen, Pachtgeld, Miete, Schulgeld, Beiträge für Vereine, Spesen als Gesandter. Auch komplexere Finanzgeschäfte werden getätigt: Zinseszins (gr. *tókos tókou*), Währungsgeschäfte, Versicherungen, Hypotheken, Schiffsdarlehen. Der Zwang zu Formalisierung, Abstraktion, Rationalisierung wurde durch Schrift und Geld befördert. In Sparta, der Gegenmacht zu dem Handelsstaat Athen, war Geldgebrauch verboten. Damit sollte, so Rudolf Wolfgang Müller, „den Anfängen bürgerlicher Entwicklung begegnet werden" (Müller 1977, S. 7; Müller 1998).

Die private und öffentliche Religion ist reich entwickelt, die persönliche Frömmigkeit kaum zu fassen. Es gibt zahlreiche Kultanlagen und Kultfunktionäre, aber keine feste Ortsgemeinde und keine überregionale Priesterkaste.[10] Die Anzahl der Feste ist hoch, die Teilnahme daran aber nur in fest organisierten Kultvereinen kontrollierbar. Es gibt keine verbindliche Offenbarungsschrift, keine autorisierten Ausleger, keine systematische Theologie der Kultfunktionäre. Die Verbindung von Religion und Lebenszyklus bleibt privat und wenig geregelt (Namengebung, Eheschließung, Bestattungswesen).

Bedeutende Segmente der Kultur sind lose mit Religion verbunden, etwa Literatur, Kunst und Bildungswesen, andere weitgehend religionsfrei, so Recht, Wissenschaft, Philosophie. Religiöse Repression ist nicht häufig (Asebie-Prozesse in Athen, Bacchanalien-Skandal in Rom), fremde Kulte werden integriert (Isis, Kybele, Mithras) oder als ‚erlaubte Religion' (lat. *religio licita*) toleriert (Judaismus). Dieses Verhältnis von Religion und Gesellschaft erlaubt die Historisierung und die philosophische Kritik von Religion (↗ Religionskritik), sie ermöglicht den Christianern, gegen den römischen Staat die Forderung nach Religionsfreiheit (lat. *libertas religionis*) (↗ Religionsfreiheit/Toleranz)zu erheben.[11]

---

9 Theophrast 1970: (Ethische) Charaktere (verfasst nach 319 v. u. Z.).
10 Sonderfälle sind z.B. die stadtrömischen Priester-Collegien, die Heeresreligion und die Herrscherverehrung.
11 Tertullian, Apologeticum 24,5 (197 u. Z.); Tertullian, An Scapula 2 (um 214 u. Z.).

2.3 Die antike Polis ist arbeitsteilig und sozial differenziert. Das Bürgerrecht impliziert die Wehrpflicht, erlaubt Haus- und Landbesitz, gewährt stärkeren Rechtsschutz, weitgehende Steuerfreiheit, Zugang zu öffentlichen Ämtern, Fürsorge für Waisen und Kriegsversehrte, Anrecht auf Getreidespenden.

Die freien Bürgerinnen sind unterprivilegiert, z. B. nicht selbst geschäftsfähig. Die Metoeken zahlen Kopfsteuer und können keinen Grundbesitz erwerben. In demokratisch verfassten Gesellschaften bietet die Polis Raum für besonders viele unterschiedliche Lebensformen.[12] Die Experimente mit dieser Verfassung (seit 508 v. u. Z.), die Reflexion über ihre Voraussetzungen, Formen, Neuartigkeit sowie der Vergleich der ‚Volks-Herrschaft/Volks-Macht' (gr. *demo-kratía*) mit Monarchie – Königtum, Oligarchie – Adelsrepublik, den Mischverfassungen und der Tyrannei sind ‚wunderbare' Leistungen griechischer Staatsmänner, Rechtsgelehrter, Geschichtsschreiber und Philosophen; sie haben damit die Wissenschaft von der ‚Politik' begründet (↗ Befreiung/Herrschaft).[13]

Aristoteles bestimmt ‚Demokratie' folgendermaßen:[14] „Es besteht Demokratie, wenn [a] die Freien und [b] die Mittellosen [c] in der Mehrzahl und [d] an der Herrschaft sind." Hinzu kommen folgende Kriterien:[15] ‚Gleichheit' (gr. *isótes*), direkte oder durch Gesetz vermittelte Herrschaft, Wechsel der Herrschenden und Beherrschten. Wahrhaft demokratische Politik, schreibt Aristoteles, „muss darauf sehen, dass die Masse nicht allzu mittellos/arm (gr. *á-poros*) wird."[16] Dies nämlich sei ein Grund dafür, dass eine Demokratie verkommt; der Staat müsse den Mittellosen den Erwerb von Land ermöglichen oder einer Pacht oder eines Handels; wenn die Vermögen gleichmäßiger verteilt seien, nutze dies auch den Vermögenden.

Die demokratische Verfassung beförderte die militärische Stärke Athens (Flottenbau), den Aufbau eines Imperiums („Seebund', 478/77), eine kulturelle Blüte, die Athen zur ‚Schule von Hellas' machte, und schließlich auch den gewaltsamen Export von Demokratie und das selbstzerstörerische Streben nach Hegemonie in Griechenland.[17]

---

12 Thukydides 2,37: ein ‚Lobeshymnus' auf Athen (vgl. 2,36 und 2,42) im Angesicht der ersten Toten im Krieg gegen Sparta (431 v. u. Z.) und im Ausblick auf die drohende ‚Pest' (430 v. u. Z.).
13 Die literarischen Basistexte für die Geschichte und Reflexion der Demokratie in Athen stehen bei Solon, Herodot, Thukydides und in Aristoteles' ‚Politik'. Das Schlagwort *demo-kratía* ist seit 462/61 belegt; seitdem die Zahlung von Diäten und die Öffnung der hohen Ämter für die Mittellosen.
14 Aristoteles, Politik, Buch 4, Kap. 4, 1290b.
15 Aristoteles, Politik, 4, 5; 7, 14, 1332b.
16 Aristoteles, Politik, 6, 5, 1320a.
17 Thukydides 2, 40–41: Freiheit, Kosmopolitismus und Kultur in Athen.

3 Bildung, Künste, Wissenschaft, Philosophie

3.1 Der Austausch mit den alten Schriftkulturen in Kleinasien (Lyder), Phönizien, Ägypten, die Verwaltung des Stadt-Staates, zumal die aufwendige Organisation von Demokratien (Mitglieder- und Wahllisten von zahlreichen Einrichtungen mit häufigem personellen Wechsel; Protokolle, Archivierung) und die öffentliche, durch Reden in der Volksversammlung und deren schriftliche Verbreitung vermittelte Politik erfordern und erzeugen ein kommunales und privates Bildungswesen. Die Alphabetisierung war dementsprechend relativ hoch. Dies zeigt auch die Menge von Grab-, Weih-, und Stiftungsinschriften, von schriftlich festgelegten Gesetzen, Protokollen (lat. *acta*) und Abrechnungen für staatliche Ausgaben. Bei der Verurteilung zur Verbannung durch das Volksgericht mussten Namen auf eine Tonscherbe geschrieben werden („Scherbengericht' – gr. *ostrakismós*); allerdings war dies nicht einmal in Athen jedermann möglich. Der beklagte Aristides schreibt seinen eigenen Namen auf die Scherbe des schriftunkundigen Nachbarn.[18]

Die erste Theorie der Erziehung („Pädagogik') haben die Sophisten (5. Jh. v. u. Z.) geschaffen. Sie haben vorzugsweise den „Gutbemittelten' eine allgemeine, höhere Bildung vermittelt und dafür Honorar erhalten. Ihre Bildung war enzyklopädisch, praktisch und sollte vor allem zu politischem Handeln befähigen. Deshalb wurde die Technik der öffentlichen Rede (Rhetorik) besonders wichtig.

Die Sophistik wird aufgrund ihrer Ausrichtung auf Erziehung, Sprache, (politische) Praxis und „Allgemeinbildung' (*uomo universale*) zusammen mit ihren Kritikern – Sokrates und Plato – als „erster Humanismus' bezeichnet (Jaeger 1959, S. 378 – 387). Ihre Schriften eröffnen eine lange Reihe von Bildungsprogrammen und Bildungskritiken, die über Cicero („Über den Redner', 55 v. u. Z.) und Quintilian, Erasmus und Melanchthon, über Basedow und Niethammer in die moderne Pädagogik führen (↗ Bildung). „Bildung" (gr. *paideía*) wird in der Antike zum Ruhmestitel: Athen die „Schule von Hellas".[19] Das Ziel der Schule ist die „ganzheitliche' Bildung: dass der Körper behände werde (Gymnasium – Ringplatz), die Seelen zur Tugend geführt werden und „zur Menschlichkeit".[20]

3.2 Die wichtigsten Erziehungsmittel der privaten oder kommunal/privaten Lehranstalten (gr. *didaskaleíon*) sind die Literatur und das Gymnasium. Die

---

18 Ostrakismos des Aristides (482 v. u. Z.), überliefert bei Plutarch, Leben des Aristides 7. Der Ostrakismos wurde 508/07 v. u. Z. von Kleisthenes eingeführt; das Quorum sind 6.000 Stimmen; in Athen wurden bisher über 10.000 Ostraka gefunden.
19 Thukydides 2,41.
20 Schulinschrift aus Priene (Türkei), nr. 112 – 115 (84 v. u. Z.); vgl. Ziebarth 1914, S. 114 – 115; „Menschlichkeit': gr. *páthos anthrópinon*.

Ringschule ist das Symbol der hellenischen Stadt, Treffpunkt der freien und schönen Männer, die Institution für mehr oder weniger militärisch orientierte Leibesübungen, für Wettkampf und Erotik. Die Nacktheit der Epheben konnte schon in der Antike anstößig werden, besonders der römischen Sitte. Doch unterhielten die hellenisch gesonnenen Juden sogar in Jerusalem ein Gymnasium.[21]

Die antike Literatur zeichnet sich aus durch ihre enorme Menge, durch die Unterteilung in literaturfähige Dialekte (ionisch, attisch, dorisch, äolisch), die Gegliedertheit ihrer Texte (Gattungen; Kompositionstechnik), die Zweisprachigkeit der römischen Kultur (etruskisch/lat.; gr./lat.) sowie das hohe Alter, die Menge und die Qualität ihrer Theorien über Sprache und Texte (Grammatik, Metrik, Rhetorik, Poetik). Fiktionalität, Wahrheit und Verführungskraft von Texten werden bereits von Homer und Hesiod reflektiert:[22] Die Musen wissen Wahres, Lügen und viele Lügen, die dem Wahren ähnlich sind.

Auch die antike Kunst zeichnet sich aus durch die Fülle der Werke, Vielseitigkeit (Keramik, Skulptur, Architektur, Wandmalerei, Mosaik, Metallarbeiten, Münzen) und handwerkliche Qualität. Athen war, als Paulus dort missionierte, „eine bildervolle Stadt".[23] Fromme Juden vermieden es, die ‚Idole' (gr. *eídola* – Bilder) anzuschauen. Faszinierend und anstößig waren ihnen der Mensch als maßgeblicher Inhalt der Reflexionsform Kunst, die optische und haptische Schöpfung eines ‚Menschenbildes' in seiner idealisierten Natur, die reine, durch keinen Ornat oder Uniform verdeckte nackte Wahrheit der menschlichen Gestalt, die radikale Vermenschlichung (‚Anthropo-morphismus') der Götter und Heroen in Mythos und Kunst, auch in ihrem Schmerz, Leid, Trauer (der schreiende Philoktet, die klagende Niobe, die verwundeten Amazonen, der geschundene Marsyas, der sterbende Laokoon). In diesen Skulpturen fand Johann Gottfried Herder „einen Kodex der Humanität", „anschauliche Kategorien der Menschheit"; sie wirken durch Gesicht und Tastsinn unmittelbar auf die Seele.[24]

In der griechischen Kunst, wie in Literatur und Wissenschaft, wird der Produzent als Autor, Schöpfer, als Individuum mit Namen (Signatur) und, in Einzelfällen, mit einer Biographie sichtbar und in den Geschichten von Hephaistos, Prometheus, Daedalos oder Pygmalion mythisiert.[25]

3.3 Antike Wissenschaft wird für uns zum ersten Mal sichtbar in den aufgeklärten Dichtungen Homers (8. Jh. v. u. Z.): in der poetologischen Reflexion der

---

21 Makkabäer, 2. Buch, Kap. 4; vgl. Plato, *Lysis* – Über die Freundschaft; Plato, Das Gelage (Symposion), 182b.
22 Homer, Odyssee 12,154–200: Gesang der Sirenen; Hesiod, Theogonie, Proöm.
23 Lukas, Apostelgeschichte 17: *kat-eídolos pólis*.
24 Herder an Knebel, Rom, 13.12.1788, Cancik 2011a.
25 Pygmalion: Ovid, Metamorphosen 10,243–297.

homerischen Gedichte, in der Systematik der Heereskataloge, mit der Gestalt des Odysseus, des listenreichen Abenteurers und Entdeckers: „Vieler Menschen Städte sah er und erkannten ihren Sinn."[26] Deshalb gilt der Antike Homer als der Erfinder der Geographie.[27]

Über einen sehr langen Zeitraum, von Thales (ca. 625 – ca. 547 v. u. Z.) bis Galen (ca. 130 – 200 u. Z), und auf sehr vielen Gebieten – Mathematik, Geometrie, Astronomie, Medizin, Biologie, Physik, Historie (Geschichte), Geographie, Philologie, Pädagogik und Philosophie – haben exzellente Forscher, Gelehrte und Lehrer, Erfinder, Kritiker, Intellektuelle die Grundlagen der europäischen Wissenschaft als einer spezifischen Lebens- und Weltorientierung geschaffen (Mittelstraß 1974; Mittelstraß 1970). Sie haben eine Fülle empirischer Daten erarbeitet und überliefert, wie etwa den Abstand der Erde zur Sonne, die Positionen von über 1.000 Fixsternen und von 8.000 irdischen Orten nach Länge und Breite.

Sie haben vor allem die Methoden zur Gewinnung dieser Daten expliziert, die Beobachtung, Empirie mit Theorie verbunden, mit Beweisverfahren und oft sehr polemischer Kritik. Ihre Weltorientierung suchte das System und seine Teile, die Struktur des Ganzen und die Funktionen seiner Glieder. Ihr Ansatz ist ‚holistisch' (ganzheitlich) und naturalistisch: Die Welt ist ihnen Kosmos und Physis (lat. *mundus* und *natura*), ein gewordenes, bewegtes, geordnetes und deshalb berechenbares und schönes Ganzes.

Formalisierung und Quantifizierung, die Zerlegung eines Gegenstands in seine kleinsten Bestandteile (Analyse, Dihaerese), die Zurückführung (‚Re-duktion') auf einen Ursprung (gr. *arché*), die Freilegung und Untersuchung der Gründe und Anlässe (Aitiologie) sowie der weitgehende Ausschluss mythischer und magischer Motive sind die wichtigsten Verfahren. Dabei wird ihnen in den physikalischen und geschichtlichen Bewegungen die Verkettung von Zufall und Notwendigkeit sichtbar, die Experimente der Natur, die Bedingungen von ‚Entwicklung' (Evolution) und ‚Fortschritt' (lat. *progredi*).[28] Die kühnste Hypothese ist wohl die Annahme unendlich vieler kleinster, nicht wahrnehmbarer, ‚unteilbarer' Einheiten (gr. *á-tomoi*), aus deren regelmäßiger Fallbewegung durch den unendlichen leeren Raum und deren plötzliche,

---

26 (a) Gesang der Sirenen, die Sänger Demodokos und Phemios; Hephaist und der Prunkschild des Achill; (b) Schiffskatalog und Troerkatalog (Homer, Ilias, Buch 2); (c) Homer, Odyssee 1,3.
27 Strabo, *Geographica* 1,1 (1. Jh. v. u. Z.).
28 Anfänge der Entwicklungslehre bei Anaximander (ca. 611–547 v. u Z.): Aus dem Meeresschlamm entstehen Wassertiere, die später aufs Land gehen; der Mensch entsteht aus fischartigen Lebewesen. – Lukrez 5,837–877; 5,1448–1457.

sozusagen spontane ‚Abweichungen' (lat. *declinatio*), diese Welt und unendlich viele ähnliche Welten entstanden sein sollten.[29]

4 Philosophie

4.1 Antike Philosophie beginnt mit Thales (ca. 625 – 547 v. u. Z.) und endet mit der Schließung der platonischen Akademie in Athen durch den christlichen Kaiser Justinian im Jahre 529 u. Z. Sie ist ein ‚Streben nach Wissen und Weisheit' (gr. *philosophía*).[30] Sie gibt ein theoretisches Wissen, bleibt verbunden mit den Fachwissenschaften, besonders der Mathematik, und bezogen auf das Handeln der Menschen (gr. *práxis*). Im Hinblick auf die eingangs skizzierten Klischees und Missverständnisse über ‚Wesen' oder ‚Geist' der Antike seien einige Ansätze in Auswahl und in Stichworten zusammengestellt.

Philosophie ist eine ungewöhnliche Lebensform, der Philosoph eine Rolle. Thales fällt in einen Brunnen, weil er den Himmel studiert; Demokrit (2. Hälfte 5. Jh. v. u. Z.) zieht einen guten Beweis dem Reich der Perser vor; Diogenes, Kosmopolit und Kyniker, wohnt in einer Tonne und wünscht sich von dem großen Alexander: ‚Geh mir aus der Sonne'. Zu dieser Lebensform gehört, längere Zeit in einer Schule (gr. *diatribé*) mit Lehrern und Mitschülern zusammen zu leben (Cancik-Lindemaier 2012). Deshalb steht neben der Fachphilosophie eine umfangreiche Populärphilosophie, die Rat gibt für Ehe- und Erziehungsprobleme, Trost bei Krankheit und Todesfällen, ↗ Seelsorge.[31]

Diese pädagogischen, oft biographisch oder sentenziös geformten Schriften hatten eine große Wirkung auf die neuzeitliche Moralistik.[32] Für alle Richtungen der antiken Philosophie – die Vorsokratiker, Sophisten, Platoniker, Aristoteliker, Stoiker, Kyniker, Skeptiker, Epikureer – ist charakteristisch die methodische Reflektiertheit, die sich die eigenen Erkenntnismittel und die lebensweltlichen Selbstverständlichkeiten entfremdet, sie objektiviert und analysiert (Sprache, Sitte, Götter). Die Mahnung des delphischen Orakels: ‚Erkenne dich selbst', wird bis zur Selbstzerstörung befolgt.[33]

---

[29] Lukrez 2,216 – 250; 2,1064 – 1089. Aus der Abweichung der Atome schließt Lukrez auf die Freiheit des menschlichen Willens: 2,251 – 262; Schmidt 2007.
[30] Plato, Das Gelage 203e-204a; Plato, *Phaidros* 278d.
[31] ‚Seelsorge' – *epiméleia tes psychés*: Plato, Apologie 29e; 30b; vgl. *psychés therapeia*: Plato, Laches 185e. Vgl. Pseudo-Plato, Alkibiades I 129a-e.
[32] Wichtiger Vermittler ist Erasmus: ‚Sprichwörter' (*Adagia*, mehrere Auflagen seit Basel 1513).
[33] Der delphische Spruch bei Plato, Protagoras 343b 1. Die mythologisch-dichterischen Symbole sind Sophokles' ‚Oedipus' und von Ovid ‚Narziss'.

Der Bestimmung des eigenen Ortes unter den Völkern, Staaten, Generationen dient eine umfangreiche, in Gattungen gegliederte Geschichtsschreibung. Charakteristisch sind Erzählfreude, Neugier auf Fremdes noch an den Rändern der Welt, Methodenbewusstsein (Quellenfragen), Kritik an Handelnden und Historikern und die Forderung nach Unabhängigkeit des Geschichtsschreibers. Die antike Geschichtsschreibung entwickelt die ‚Universalgeschichte' (gr. *katholiké historía*) und dokumentiert die Verzeitlichung (Historisierung) aller Segmente ihrer Kultur. Sie schafft die Wissenschaftsgeschichte (Hippias von Elis, 5. Jh. v. u. Z.), die Geschichte der ↗ Medizin (Galen, 2. Jh. u. Z.) und die Religionsgeschichtsschreibung, die den Anfang der Religion unter den Menschen auf etwas mehr als 2000 Jahre v. u. Z. datiert (Zhmud 2006; Cancik 2008).

4.2 Die (antike) ‚Philosophie über das Menschliche'[34] entwickelt – in vielerlei Ansätzen und mit durchaus widersprüchlichen Ergebnissen – Lehren über Wahrnehmung und Erkenntnis, die Seele, den Geist und den Willen, den Affekt, über Lust und Unlust, über das Gute, das Schöne, das Schlechte und das Nützliche. Sie definiert das gute Leben, das ↗ Glück und die Vollkommenheit, die Tugenden – ↗ Gerechtigkeit, Tapferkeit, Besonnenheit (Klugheit), Frömmigkeit – und die Tugend an sich: „Tugend ist nichts anderes als die zur höchsten Vollkommenheit gebrachte Natur."[35]

Die Philosophie gründet das Recht, die Freiheit und Gleichheit der Menschen auf Vernunft und Natur; aber auch die Sklaverei, sagt Aristoteles – im Unterschied zur stoischen Philosophie –, sei von Natur aus. Die Philosophie begründet Personalität und Soziabilität und behauptet die Gültigkeit ihrer Aussagen für jeden – meist männlich vorgestellten – Menschen und für die ganze Menschheit (Universalismus). Die ‚Person' verbindet allgemeine Vernunft (lat. *ratio*) mit ihrer Besonderheit (lat. *proprietas*), sie ist selbstbestimmt (frei, autonom, autark), aber durch Zeit und Zufall ‚geschichtlich' bedingt.[36]

Die einzelne Person ist von Geburt an Teil verschiedener Gruppen. Denn der Mensch ist schwach, instinktarm und zerbrechlich.[37] Er muss und kann lernen, braucht Rat, Hilfe und Barmherzigkeit. Die Menschen sind, so die Anthropologie der Stoiker, miteinander ‚verwandt': Die ↗ Natur hat uns ‚gegenseitige Liebe' eingegeben und uns ‚gesellig' (lat. *sociabilis*) gemacht.[38] Der Mensch ist als In-

---

34 Aristoteles, Nikomachische Ethik 1181b.
35 Stoische Lehre bei Cicero, Über die Gesetze 1,6,16.
36 Stoische Lehre bei Cicero, Über die Pflichten 1,30–32; 1,107–115.
37 Cicero, Tusculanen 5,1,3: ‚des Menschengeschlechtes Schwäche und Zerbrechlichkeit' (*imbecillitas fragilitasque*); vgl. Lukrez 5,1023.
38 Seneca, Briefe an Lucilius 95,51–52; Seneca, Über Wohltaten 4,18,1–4.

dividuum ein ‚gesellschaftliches Lebewesen' (gr. *koinonikón zóon*) und als solches ein ‚staatsbildendes' (gr. *politikón zóon*).[39]

Auf dieser primären Soziabilität und einer positiven Anthropologie beruht die antike ‚Menschenliebe': ‚Phil-anthropie' oder (lat.) *caritas generis humani* (Cancik 2011b). Dementsprechend begründet eine allgemeine ‚Formel' die humanitäre Praxis in der Lehre der Stoiker: „Die Natur schreibt auch das vor, dass der Mensch dem Menschen, wer immer er sei, helfen wolle, aus eben dem Grund, dass der ein Mensch ist."[40]

5 Literatur

Becker, Oskar (Hrsg.) (1965): Zur Geschichte der griechischen Mathematik. Darmstadt.
Boman, Thorleif (1977): Das hebräische Denken im Vergleich mit dem griechischen (1957). 6. Auflage. Göttingen.
Braudel, Fernand (1998): Das Mittelmeer und die mediterrane Welt in der Epoche Philipps II. 3 Bde. (Französische Ausgabe 1949). Frankfurt am Main.
Burckhardt, Jacob (1957): Griechische Kulturgeschichte. Bd. 4 (= Gesammelte Werke. Bd. 8). Berlin.
Cancik, Hubert (1998): „Römische Rationalität. Religions- und kulturgeschichtliche Bemerkungen zu einer Frühform des technischen Bewusstseins". In: Hubert Cancik: Antik – Modern. Beiträge zur römischen und deutschen Kulturgeschichte. Richard Faber/Barbara von Reibnitz/Jörg Rüpke (Hrsg.). Stuttgart, Weimar, S. 55–79.
Cancik, Hubert (2003): „Standardization and Ranking of Texts in Greek and Roman Institutions". In: Margalit Finkelberg/Guy G. Stroumsa (Hrsg.): Homer, the Bible, and Beyond. Literary and Religious Canons in the Ancient World. Leiden, S. 117–130.
Cancik, Hubert (2008): „Historisierung von Religion. Religionsgeschichtsschreibung in der Antike (Varro – Tacitus – Walahfrid Strabo)". In: Hubert Cancik: Religionsgeschichten. Gesammelte Aufsätze II. Hildegard Cancik-Lindemaier (Hrsg.). Tübingen, S. 28–41.
Cancik, Hubert (2011a): „‚Schule der Humanität'. Johann Gottfried Herder über Ethik und Ästhetik der griechischen Plastik". In: Hubert Cancik: Europa – Antike – Humanismus. Humanistische Versuche und Vorarbeiten. Hildegard Cancik-Lindemaier (Hrsg.). Bielefeld, S. 211–233.
Cancik, Hubert (2011b): „Gleichheit und Menschenliebe. Humanistische Begründung humanitärer Praxis". In: Horst Groschopp (Hrsg.): Barmherzigkeit und Menschenwürde. Selbstbestimmung, Sterbekultur, Spiritualität. Aschaffenburg, S. 17–33.
Cancik-Lindemaier, Hildegard (2012): „*Contubernium*. Schüler und Lehrer der Philosophie in neronischer Zeit". In: Almut Barbara Renger (Hrsg.): Meister und Schüler in Geschichte

---

[39] (a) Seneca, Über Wohltaten 7,1,7: „(der Mensch) ein gesellschaftliches Lebewesen und zur Gemeinschaft geschaffen". – Julian, Brief 48 (Weis), 292D. – (b) Aristoteles, Politik 1, Kap. 2, 1253a.
[40] Cicero, Über die Pflichten (44 v. u. Z.) 3,6,27.

und Gegenwart. Von Religionen der Antike bis zur modernen Esoterik. Göttingen, S. 81–96.
Faber, Richard/Lichtenberger, Achim (Hrsg.) (2015): Ein pluriverses Universum. Zivilisationen und Religionen im antiken Mittelmeerraum. Paderborn.
Harder, Richard (1949): Eigenart der Griechen. Eine kulturphysiognomische Skizze. Freiburg.
Herder, Johann Gottfried (1989): Ideen zur Philosophie der Geschichte der Menschheit (1784–1791). In: Johann Gottfried Herder: Werke in 10 Bänden. Martin Bollacher (Hrsg.). Bd. 6. Frankfurt am Main.
Jaeger, Werner (1959): Paideia. Die Formung des griechischen Menschen (1933/34). Bd. 1. 4. Auflage. Berlin.
Krauss, Werner/Kortum. Hans (1966): Antike und Moderne in der Literaturdiskussion des 18. Jahrhunderts. Berlin.
Kuhn, Thomas S. (1970): The Structure of Scientific Revolution. 2. Auflage. Chicago.
Mittelstraß, Jürgen (1974): Die Möglichkeit von Wissenschaft. Frankfurt am Main.
Mittelstraß, Jürgen (1970): Neuzeit und Aufklärung. Studien zur Entstehung der neuzeitlichen Wissenschaft und Philosophie. Berlin, New York.
Müller, Rudolf Wolfgang (1977): Geld und Geist. Zur Entwicklungsgeschichte von Identitätsbewusstsein und Rationalität seit der Antike. Franfurt am Main.
Müller, Rudolf Wolfgang (1998): „Rationalisierung". In: HrwG Bd. 4. Stuttgart, S. 363–376.
Nestle, Wilhelm (1946): „Die Entwickelung der griechischen Aufklärung bis auf Sokrates" (1899). In: Griechische Weltanschauung in ihrer Bedeutung für die Gegenwart. Vorträge und Abhandlungen. Stuttgart, S. 13–46.
Papenfuß, Dietrich/Strocka, Volker Michael (Hrsg.) (2001): Gab es das griechische Wunder? Griechenland zwischen dem Ende des 6. und der Mitte des 5. Jahrhunderts v. Chr. Mainz.
Patzelt, Erna (1965): Die karolingische Renaissance (1924). 2. Auflage. Graz.
Perrault, Charles (1964): Parallèle des Anciens et Modernes en ce qui regarde les arts et les sciences (1688). Mit einer einleitenden Abhandlung von Heinz Robert Jauss und kunstgeschichtlichen Exkursen von Max Imdahl. München.
Renan, Ernest (1883): Souvenirs d'enfance et de jeunesse. Paris.
Schmidt, Ernst A. (2007): Clinamen. Eine Studie zum dynamischen Atomismus der Antike. Mit einem Beitrag „Spontaneität in der Atomphysik des 20. Jahrhunderts" von Hans Günter Dosch. Heidelberg.
Theophrast (1970): Charaktere. Griechisch und deutsch. Hrsg. von Dietrich Klose/Peter Steinmetz. Stuttgart.
Walter, Uwe (2013): „Die Archaische Zeit – noch immer eine Epoche der griechischen Geschichte?" In: Das Altertum 58, S. 99–114.
Wolf, Frieder Otto (2003): Humanismus und Philosophie vor der westeuropäischen Neuzeit. Elf Lektüren zu Vorgeschichte des modernen Humanismus. Berlin.
Zaicev, Aleksandr (1993): Das griechische Wunder. Die Entstehung der griechischen Zivilisation. Xenia Bd. 30. Konstanz.
Zhmud, Leonid (2006): The Origin of the History of Science in Classical Antiquity. Berlin.
Ziebarth, Erich (1914): Aus dem griechischen Schulwesen. Leipzig, Berlin.

Hubert Cancik
Antike-Rezeption

1 Begriff und Gegenstandsbereich

Antike-Rezeption ist die ‚An-nahme' (lat. *re-ceptio*) der antiken Kultur der Griechen und Römer (ca. 800 v. u. Z. bis 800 u. Z.; ↗ Antike). Rezeption ist modifizierende und aktualisierende Aneignung, ist immer Auswahl (selektiv), fordert Zustimmung oder Ablehnung. Der Begriff Rezeption enthält notwendig die Unterschiede in den Situationen derer, die ‚annehmen' (Rezipienten) und derer, die ‚übergeben' (Tradenten; lat. *tradere*). Als Angeeignetes ist das Überlieferte immer etwas Anderes, verändert, neu. Der Ausdruck Rezeption ist von Hans Robert Jauß als Begriff in einer Rezeptionsästhetik etabliert worden (Jauß 1967; Jauß 1998). Er hat ältere Ausdrücke verdrängt, die besondere Aspekte der Rezeption betonen, wie ‚Erbe', ‚Nachleben', ‚Wirkung'.

Rezeption/Tradition ist ein allgemeiner kultureller Prozess des Wahrnehmens, Lernens, Erinnerns/Vergessens, Anwendens/Abstoßens. Die Art und Weise der Rezeption, die Dauer, die Intensität, die Zwecke und die Umstände sind unterschiedlich. Eine durch Kolonisierung und Missionierung erzwungene Rezeption erzeugt andere Ergebnisse als eine gesuchte, unmittelbare Begegnung mit den antiken Gebilden in südlicher Landschaft, wie sie Ernest Renan vor der Akropolis, Goethe in Sizilien, Herder vor den Statuen im Belvedere/Rom erfahren haben.

Die weltweite Verbreitung von Errungenschaften der antiken Kultur wird ihren universalen, kosmopolitischen, welt- und theoriefreundlichen, anthropozentrischen Potenzialen und der handwerklichen Qualität ihrer Produkte verdankt. Da viele Bereiche der antiken Kultur wenig religionsbestimmt oder gänzlich religionsfrei sind, ist ihre Rezeption auch in Gesellschaften möglich, die von anderen Religionen geprägt sind (Judentum, Christentum, Islam, Buddhismus), so etwa Logik, Geometrie, Medizin und (Teile der) Ethik aus den oft übersetzten Schriften von Aristoteles, Euklid, Hippokrates.

Die antiken Kulturen sind lückenhaft überliefert, selektiert und fragmentiert. Von über 2.000 Dramen, die zwischen 500 und 400 v. u. Z. in Athen aufgeführt wurden, sind 32 Tragödien und elf Komödien vollständig erhalten. Das Gesamtwerk des Aristoteles hatte einen Umfang von etwa 150 Titeln in nahezu 45 Bänden zu 300 Seiten (ca. 500.000 Zeilen); erhalten ist weniger als ein Viertel. Im 6. Jahrhundert u. Z. gab es fast 2.000 Bücher Rechtsliteratur mit insgesamt drei

Millionen Zeilen.[1] Nur ein Bruchteil davon ist uns in den Gesetzessammlungen, die von Kaiser Justinian I. (527–565) in Konstantinopel veranlasst wurden, erhalten geblieben. Sie haben in der byzantinischen (9. Jh.) und später in den Rechtsschulen von Bologna und Pavia eine bedeutende Rolle gespielt.

Kunstwerke wurden von religiöser Intoleranz zerschlagen oder verstümmelt, die Nasen oder Genitalien abgeschlagen, Kreuze eingeritzt. Ignoranz und Bedarf haben sie noch im modernen Rom zu Mörtel verarbeitet. Die Ablehnung antiker Bildung, Kunst, Mythos, Religion (negative Rezeption) und ihre Verteidigung schufen eine eigene Literaturgattung: ‚Wider die Paganen' (Tertullian; Augustin) und ‚Wider die Christianer' (Celsus, Porphyrius, Julian). Aber auch die Ablehnung benutzt bis zum heutigen Tag die Formen antiker Rhetorik, Philosophie und Gelehrsamkeit (Philologie, Historie).

2 Vom Ersten zum Neuen und zum Dritten Rom

Die früheste und produktivste Rezeption von griechischer Kultur hat die römische Republik geleistet. In direktem Kontakt mit den großen griechischen Kolonien in Italien (Cumae, Tarent, Syrakus) hat sie Recht und Kulte, Schrift und Münze, Theater, Philosophie, Rhetorik und Literatur übernommen, angepasst, übersetzt (3.–2. Jh. v. u. Z.; Ennius, Plautus, Terenz), die Wissenschaften jedoch den Griechen überlassen.

So wird die römische Kultur zweisprachig. Sie reflektiert intensiv ihre Unterlegenheit und Abhängigkeit von der griechischen.[2] Sie übernimmt – gleichzeitig mit der gewaltsamen Ausdehnung des Imperiums über den gesamten Mittelmeerraum – den universalen Begriff von ‚Mensch' und ‚Menschheit' von den hellenistischen Philosophenschulen (2. Jh. v. u. Z). In Person und Werk des Anwalts, Redners und Politikers, Philosophen und Volkserziehers Marcus Tullius Cicero (106–43 v. u. Z) ist römische Humanität (lat. *humanitas*) konzentriert und in ihm eine weitere Quelle des ‚ersten' ↗ Humanismus. Diese graeco-römische Mischkultur schuf sich eine eigene Klassik (1. Jh. v. u. Z. – 1. Jh. u. Z.: Cicero, Lukrez, Livius, Vergil, Horaz, Ovid) und verbreitete Architektur, Kunst, Inschriftenstile durch Handel, Militär und Kolonien, jedoch nicht durch Mission oder Religionskriege.

---

1 Justinian, Constitutio *Tanta*, 1; Radding 1988.
2 Die Basistexte sind: Vergil, *Aeneis* 6,847–853 (verfasst 23 v. u. Z.): Andere mögen Kunst machen, Reden halten, in Astronomie forschen; du, Römer, regiere die Völker, das sind deine ‚Künste'. – Horaz, Briefe 2,1,156f. (verfasst 14 v. u. Z.): „Das gefangene Griechenland fing den wilden Sieger [die Römer] und importierte die Künste in das bäuerliche Latium." – Diese Argumentation hält sich bis zu der französischen *Querelle des anciens et modernes* (um 1690).

Für Kelten (Spanien, Frankreich) und Germanen (Mitteleuropa), Slawen (Balkan, Böhmen, Polen/Sarmatien) treten dadurch neben oder über die eigenen Sprachen und Traditionen fremde Sprachen (Latein, seltener Griechisch), Errungenschaften fortgeschrittener Technik und Zivilisation (Straßen, Bäder, städtische Verwaltung), unbekannte Mythen und Götter (Juppiter, Mithras, Christus). Die Antike-Rezeption ist je nach Substrat und Situation des Kontaktes (Handel, Beute, Migration) verschieden, trägt aber bei zu einer kulturellen Kohärenz der europäischen Regionen. Insofern ist die europäische, wie schon die römische, eine abgeleitete Kolonialkultur.

Der überwiegend griechisch geprägte Ostteil des römischen Imperiums bewahrt das hellenische Bildungssystem in den Zentren Byzanz/Konstantinopel, Antiochien/Syrien, Alexandrien/Ägypten und das römische Recht in lateinischer (Rechtsschule von Berytos/Beirut) und schließlich griechischer Sprache. In den sogenannten Renaissancen der Makedonen (9.–11. Jh.), der Komnenen (11.–13. Jh.) und der Palaiologen (13.–15. Jh.) werden die klassischen Texte in besonderer Intensität wissenschaftlich erforscht und kommentiert.

Das byzantinische Reich akkulturiert und christianisiert Bulgaren und Slawen und exportiert Gelehrte und Texte nach Italien. Die türkische Eroberung von Konstantinopel (1453), dem ‚Neuen‘ oder ‚Zweiten Rom‘ (gegründet von Konstantin, 324 u. Z.), gibt diesen Ehrentitel frei. Dementsprechend entwickelt der Starze Philotheos von Pleskau (Filofej von Pskow/Russland, 1. Hälfte 16. Jh.) die Lehre vom ‚Dritten Rom‘ – „das ist das Neue Große Rußland" (Schaeder 1957; Lettenbauer 1961).

Der russische Herrscher wird der ‚Neue Konstantin‘ und übernimmt den Titel ‚Caesar‘ (Zar). Iwan III., Großfürst von Moskau, heiratet 1472 die Prinzessin Sophie, eine Nichte des letzten byzantinischen Kaisers. Die geschichtstheologischen Konstrukte, die dynastische Heirat und die ausdrückliche Übernahme der Titulatur dokumentieren eine „Übertragung des Reiches" (*translatio imperii*). Damit stellt sich Russland (Kiew, Moskau) selbstbewusst in die Sukzession der europäischen Imperien.

3 Der arabisch-iranische Raum

Die Antike-Rezeption im arabisch-iranischen Raum bemüht sich nicht um diese geschichtliche und politische Tradition (Alexander, Caesar, Augustus; Rom-Mythos) zur Rechtfertigung der eigenen Herrschaft oder Usurpation. Die vergleichende Rezeptionsforschung beobachtet weitere Unterschiede. Die orientalische Antike-Rezeption konzentriert sich auf die Oberschichten, bürgerliche Schichten (Handwerker, Techniker, Artisten) werden nicht erreicht. Übernommen wird, im

Unterschied zur altrömischen und zur späteren italienischen Rezeption, die medizinische Literatur (Hippokrates, Galen) (↗ Medizin), die Philosophie (Plato, Aristoteles, insbesondere die Logik und Metaphysik), Geometrie/Mathematik (Euklid), Astronomie, Geographie (Ptolemaeus).

Nicht rezipiert werden die Mythen, weder Epos, Drama, Lyrik, noch die Geschichtsschreibung und ihre Prinzipien, auch nicht die üppige Bildersprache in Malerei, Plastik, Mosaik. Das heroische, tragische und komische Bild des Menschen wird nicht rezipiert, weder Anthropozentrik noch eine autonome Ethik der freien Person (↗ Persönlichkeit), die – oft genug vergebens – Vollkommenheit und ↗ Glück in dieser Welt sucht und dabei die Spannung zu der jeweils dominanten Religion (Christentum, Islam) bedenkt.

Von zahlreichen Ausnahmen seien nur wenige aufgeführt (Strohmaier 1996c): Hunain ibn Ishaq (808–873) rezitiert einem in Bagdad lebenden Griechen aus Homer, dem „Fürsten der Dichter" (Strohmaier 1996b). Rhazes (Rasis; ca. 854 in Rayy/Iran – 925/35), Arzt, Philosoph, Religionskritiker soll ein Gedicht in griechischer Sprache verfasst haben. Avicenna (970–1037) will vierzig Mal Aristoteles' Metaphysik gelesen und sie auswendig gelernt haben. Al-Jahiz (ca. 776–869), „ein Humanist für unsere Zeit", hat betont, dass die Griechen, welche die Bücher zu Logik, Rhetorik, Medizin, Biologie verfasst hätten, weder Byzantiner noch Christen gewesen seien; Letztere müsse man vielmehr von der Liste der Philosophen und Wissenschaftler streichen.[3]

4 Die Renaissancen im Westen

Die Antike-Rezeption im Westen verlief, im Unterschied zu der byzantinischen und orientalischen, über einen längeren Zeitraum und war weniger bedroht durch ethnisch, kulturell, sprachlich und religiös sehr fremde Völker (Bulgaren, Araber, Türken; Islam). Die Gallier, Franken, Goten, Langobarden waren, als sie in Italien und die westlichen Provinzen eindrangen, bereits akkulturiert, hatten eine ähnliche Religion (arianisches Christentum) und Sprache, fügten sich in das Provinzialsystem.

Als das byzantinische Reich zerstört wurde, im Orient die wissenschaftlichen und aufklärerischen Impulse aus der Antike erloschen, begann im Westen – nach der Karolingischen (8.–9. Jh.), der Ottonischen (10.–11. Jh.) und Staufischen (12.–13. Jh.) Renaissance – im Trecento (ab etwa 1300) in Italien eine lang anhaltende, tief und weithin wirksame Bewegung, eine zweite Aufklärung, die im 19. Jh. die Namen ‚Renaissance' und ‚Humanismus' erhielt. Die Trennung von religiöser und

---

[3] Heinemann 2009; Zitat bei Al-Azmeh 2008, S. 38.

politischer Gewalt im Westen ermöglicht eine breitere Antike-Rezeption, auch des Mythos und der Kunst, die Verselbstständigung des Bildungswesens und die Entstehung schwach-religiöser oder religionsfreier Räume, die der Aufnahme neuer Erkenntnisse und ‚fremder' Traditionen günstig waren (Cancik 2011b).

Neben der Umsetzung fremdsprachlicher Traditionen in die Volkssprachen – einem Anliegen der Humanisten seit Cicero – steht im Westen die Pflege der Mehrsprachigkeit und, im Unterschied zur orientalischen Rezeption, der Drang nach dem unvermittelten Zugang: „zu den Quellen" (*ad fontes*). So werden antike Mythen und Sagen volkstümlich, der Legionär zum Rittersmann, Ovid zum Minnesänger, Helena zu einem Burgfräulein (12. Jh.).[4] Auch Fachliteratur wird „verteutscht das yeder die mag lesen" (15./16. Jh.).[5] Terminologien, Erzählformen, Textsorten, Denkmuster, Sprichwörter werden so einverleibt, dass ihre antike Herkunft unkenntlich wird.

Die zunehmende Verwissenschaftlichung der Traditionsvermittlung erschließt Inschriften, Denkmäler, Münzen, später folgen Ausgrabungen (18. Jh.) und Papyri. Sie stellt gegen das mythische und idealisierende Bild der Antike die oft ernüchternde ökonomische, soziale, politische Realität (Sklaverei in Athen, Mietshäuser im alten Rom).[6] Die immer zahlreicheren Medizinschulen (Salerno 9. Jh.), Rechtsschulen (Bologna und Pavia, 11./12. Jh.) und Universitäten (Paris, Anfang 13. Jh.; Prag, 1348; Krakau, 1364) benutzen antike Grammatiken, Rechtsbücher, Handbücher der Rhetorik und Philosophie im Unterricht. Gelehrte Gesellschaften und Akademien versuchen humanistische Vergemeinschaftung nach dem Muster antiker Philosophenschulen (Garber/Wissmann 1996).

Die *Camerata Fiorentina* versammelt Musiker und Altertumswissenschaftler, erforscht das antike Theater und entwickelt daraus das *dramma per musica*, die ‚ernste' Oper (Jacopo Peri, *La Dafne*, 1598; Claudio Monteverdi, *L'Orfeo*, 1607). Der Buchdruck bewirkt durch mechanische Massenproduktion die schnellere und weitere Verbreitung auch billiger Bücher (‚Kleinformat'). Die ersten mit beweglichen Lettern gedruckten antiken Bücher sind die Bibel (Johannes Gutenberg, 1452/54) und fünf Bände Aristoteles (Aldus Manutius, 1495–98).

Buchdruck, Humanismus, ↗Renaissance sind eine Voraussetzung der Reformation des 16. Jahrhunderts, der Rückkehr zu ihren Quellen (*ad fontes*; Bibel/

---

4 Albéric de Pisançon: *Roman d'Alexandre*, 12. Jh.; Lamprecht: Alexanderlied, 12. Jh.; Romane über Troia, Aeneas, Theben; Faustsage.
5 Der richterlich Clagspiegel (Conrad Heyden, um 1436). Herausgegeben von Sebastian Brant. Straßburg, ab 1516; vgl. Thomas Murner: Instituten ein warer ursprung und fundament des Keyserlichen rechtens. Basel 1519.
6 Pioniere dieser Forschungsgeschichte sind Flavio Biondo (1392–1463; *Roma instaurata*, verfasst 1444–46, publiziert 1471) und Ciriacus von Ancona (ca. 1391-ca. 1455).

Kirchenväter) und der Bibelübersetzung Martin Luthers („Septemberbibel', 1522). Die Renaissance endet nicht in der Reformation. In Späthumanismus, Barock, Frühaufklärung werden, im Anschluss an die stoische Rechtsphilosophie (Cicero, Über die Gesetze), das Recht der Natur und der Vernunft (*ius naturale*) entwickelt (Hugo Grotius, Samuel Pufendorf). Hieraus geht schließlich, in einem revolutionären Sprung, die ‚Erklärung der natürlichen Rechte des Menschen und Bürgers' hervor (1789/91) (↗ Menschenrechte).[7]

5 Die globale Diffusion

Europa exportiert seine adaptierte Antike in die neuen Kolonien und in alle Kontinente. Mit Christentum und Technik, mit den Bildungssystemen für Unter- und Oberschichten (↗ Bildung; ↗ Humanismusunterricht), den Verwaltungsbeamten und Militärs, mit expandierenden, effektiven Geistes- und Naturwissenschaften kommen auch antike Traditionen: die klassizistische Architektur, politische und philosophische Systeme, die Begriffe von Menschenwürde und Menschenrechten, Freiheit, Gleichheit, Entfremdung und Revolution, Sport (Olympia) und Bildungseinrichtungen, der ideale und der reale Humanismus (Karl Marx).

Die Antike-Rezeption hatte immer auch eine politische Funktion. Sie formierte das Nationalbewusstsein der jungen Völker.[8] Sie legitimierte die neuen Kaiser und Zaren, das ‚Heilige Römische Reich (Deutscher Nation)' (lat. *sacrum imperium Romanum*, seit 10./13. Jh.), die neuen Stadt-Republiken in Italien. Die Antike lieferte dem Faschismus die Visionen imperialistischer Herrschaft („Reich ohne Grenzen", Vergil) und geopolitische Phantasien: das Mittelmeer als ‚unser Meer' (lat. *mare nostrum*). Adolf Hitler verstand Sparta als ‚Rassenstaat' (Rede am 4. 8. 1929) und die Herrschaft von 6.000 Spartiaten über 340.000 Heloten als ein Modell für seine Herrschaftsordnung in Osteuropa (Demandt 2001; Rebenich 2002).

Die Antike-Rezeption wird global, die Altertumswissenschaft international und modern. Aber die Wege der Vermittlung werden länger und die Konkurrenz neuer und fremder Traditionen stärker (europäische Klassik; Nationalismus; Exotismen). Die antike Naturwissenschaft, Medizin, Rechtswissenschaft wird als direktes Reservoir von Wissen durch die Ergebnisse neuzeitlicher Forschung überholt. Der moderne Diskurs über Menschenrechte und Menschenwürde, die humanistische Bewegung nach dem Zweiten Weltkrieg konstituieren sich philo-

---

7 Texte zu der *Déclaration des droits naturels de l'homme et du citoyen* bei Samwer 1970.
8 Rezeption von Tacitus' *Germania* (verfasst ca. 100 u. Z.) im deutschen Humanismus (Conrad Celtis, Johannes Aventinus, Heinrich Bebel, Ulrich von Hutten), vgl. Münkler/Grünberger/Mayer 1998.

sophisch, pädagogisch, politisch, sozial, ohne ausdrücklich und direkt die antiken Traditionen zu evozieren, die in dieser Konstitution indirekt, diffus, verborgen und wiederum neu vermittelt werden.

Der europäische Humanismus ist entstanden als Teil einer Antike-Rezeption, die alle Gebiete der Kultur durchdringt: die Schrift, die Sprache, das Bildungswesen, die Wissenschaften, die Religionen und die Philosophie. Antikes Wissen, Kunst, Techniken können aber durchaus zu inhumanen Zwecken, zur Beförderung von Gegenaufklärung, Lob der antiken Sklavenhaltung, astrologischem Aberglauben gebraucht werden (↗ Antihumanismus/Humanismuskritik). Nicht jede Form von Antike-Rezeption ist humanistisch – Säulen mit Giebel schmücken Museen und Banken; und nicht jede Form von Humanismus braucht die Impulse aus dem griechischen und römischen Altertum.

Analoge Voraussetzungen von Humanismus in außereuropäischen Kulturen, etwa im Konfuzianismus, kommen zunehmend in den Blick (↗ Interkultureller Humanismus). Es ist eine wichtige Aufgabe humanistischer Theorie, zu untersuchen (↗ Humanistik), ob und wie außereuropäische Humanismen mit dem westeuropäischen Typus zu vermitteln sind.

6 Literatur

Al-Azmeh, Aziz (2008): Rom, das Neue Rom, Bagdad. Pfade der Spätantike. Berlin.
Cancik, Hubert (2011a): Europa – Antike – Humanismus. Humanistische Versuche und Vorarbeiten. Hildegard Cancik-Lindemaier (Hrsg.). Bielefeld.
Cancik, Hubert (2011b): „Orte der Antike in einer europäischen Religionsgeschichte". In: Cancik 2011a, S. 43–81.
Cancik, Hubert (2011c): „Antikerezeption – Humanismus – humanitäre Praxis. Drei Texte zur Klärung humanistischer Grundbegriffe." In: Cancik 2011a, S. 117–134.
Cancik, Hubert/Mohr, Hubert (2002): „Rezeptionsformen". In: DNP. Bd. 15.2. Stuttgart, Sp. 759–770.
Demandt, Alexander (2001): „Hitler und die Antike". In: Bernd Seidensticker/Martin Vöhler (Hrsg.): Urgeschichte der Moderne. Die Antike im 20. Jahrhundert. Stuttgart, S. 136–157.
Döring, Klaus/Wöhrle, Georg (Hrsg.) (1992ff.): Antike Naturwissenschaft und ihre Rezeption. Bamberg, Trier.
Garber, Klaus/Wissmann, Heinz (Hrsg.) (1996): Europäische Sozietätsbewegung und demokratische Tradition. Tübingen.
Heinemann, Arnim (Hrsg.) (2009): *Al-Jahiz. A Muslim Humanist for Our Time*. (Beirut 2005). Würzburg.
Jauß, Hans Robert (1967): Literaturgeschichte als Provokation der Literaturwissenschaft. Konstanz.
Jauß, Hans Robert (1998): Die Theorie der Rezeption. Rückschau auf ihre unerkannte Vorgeschichte. Konstanz.

Lettenbauer, Wilhelm (1961): Moskau, das dritte Rom. Zur Geschichte einer politischen Theorie. München.
Münkler, Herfried/Grünberger, Hans/Mayer, Kathrin (1998): Nationenbildung. Die Nationalisierung Europas im Diskurs humanistischer Intellektueller: Italien und Deutschland. Berlin.
Radding, Charles M. (1988): *The Origins of Medieval Jurisprudence. Pavia and Bologna 850–1150.* New Haven.
Rebenich, Stefan (2002): „*From Thermopylae to Stalingrad: The Myth of Leonidas in German Historiography*". In: Anton Powell/Stephen Hodkinson (Hrsg.): *Sparta beyond the Mirage*. London, S. 323–349.
Samwer, Sigmar-Jürgen (1970): Die französische Erklärung der Menschen- und Bürgerrechte von 1789/91. Hamburg.
Schaeder, Hildegard (1957): Moskau, das dritte Rom. Studien zur Geschichte der politischen Theorien in der slawischen Welt. (Diss. Hamburg 1927). Darmstadt.
Strohmaier, Gotthard (1996a): Von Demokrit bis Dante. Die Bewahrung antiken Erbes in der arabischen Kultur. Hildesheim.
Strohmaier, Gotthard (1996b): „Homer in Bagdad" (1980). In: Strohmaier 1996a, S. 222–226.
Strohmaier, Gotthard (1996c): „*Réception, propagation et décadence du rationalisme grec en Islam. Essai d'une recherche des causes*" (1991). In: Strohmaier 1996a, S. 281–206.

Helmut Martens
Arbeit

1 Im besten Sinne ist Arbeit Tätigkeit

Arbeit ist zentral für die ↗ Bildung, Sozialisierung und Emanzipation von Menschen. Aber unter Bedingungen von Mangel oder Ausbeutung muss Arbeit als Fluch und Mühsal empfunden werden. Bestimmte Formen der Arbeitsteilung und der Entwicklung der Arbeitsproduktivität sind ebenso Voraussetzungen einer Befreiung von Arbeit wie einer ↗ Humanisierung der Arbeit. Eine Arbeit, die nicht auf Selbstbestimmung und Kooperation gerichtet ist, reproduziert Unterdrückung und Herrschaft (↗ Befreiung/Herrschaft). Ein humanistischer Arbeitsbegriff ist einerseits im Widerstand gegen Unterdrückungs- und Ausbeutungsverhältnisse begründet – andererseits ist humanistische Arbeit aber auch Tätigkeit, welche die Bedingungen für ein glückliches Leben (↗ Glück) für die Gesellschaft, Gemeinschaft und das Individuum (↗ Persönlichkeit) erweitert (Sennett 2014).

2 Diskurse der Arbeit

Arbeit ist nicht nur Gegenstand von philosophischen Diskursen – auch in der bildenden Kunst (Türk 1997) und in der Literatur (Grimm/Hermand 1979) sowie im Film (Farocki/Ehmann 2015) ist das Erfassen der ‚Geschichte und Zukunft von Arbeit' (Kocka et al. 2000) immer wieder ein wichtiges Thema. Historisch früh finden sich bereits Artikulationen einer bäuerlichen Tradition des Arbeitsstolzes (schon bei Hesiod und Vergil; Nelson/Grene 1998).[1] Bei den für die humanistische Tradition historisch prägenden Philosophen (Platon, Aristoteles, Cicero) steht allerdings ein Zugang zu Arbeit im Vordergrund, der aristokratisch alle Arbeit außerhalb der geistigen (die bis hin zur *theoria* reicht) als Mühsal problematisiert. Ein gegenwärtiger ↗ Humanismus wird dies überwinden müssen, ohne in die Paradoxien einer umstandslosen Legitimation des bestehenden Eigentums durch den Rückgriff auf die Kategorie der Aneignung durch Arbeit (Locke) oder auch in eine symbolische Überladung des Sinns von Arbeit (Hegel, Kojève) zu verfallen. Erst in der neueren Diskussion haben sich dafür tragfähige Grundlagen ergeben.

2.1 ‚Arbeiten' unterscheidet Hannah Arendt, angeregt durch Heideggers Aufnahme der aristotelischen Tradition, vom ‚Herstellen' ebenso wie vom ‚Han-

---

[1] Vgl. aus einer globalhistorischen Perspektive Komlosy 2014.

deln' (Arendt 1967). Daran wiederum knüpft Habermas mit seiner Unterscheidung von Arbeit und Kommunikation an (Habermas 1981). Verbunden damit ist eine deutliche Absetzung vom Marxschen Arbeitsbegriff (Bidet 1983; Haug 1994), der seinerseits an Locke und die klassische politische Ökonomie (Adam Smith, David Ricardo) sowie an Hegel anschließt (Wolf 2005) und in dem ‚Arbeit schlechthin' als solche gefasst wird – als zugleich ‚ewige Naturnotwendigkeit' und als ‚schöpferische Tat', als eine Aneignung und Umwandlung der ↗ Natur, durch welche die Menschen sich in ihrer Geschichte selbst zu Menschen machen (↗ Anthropologie).

Vor diesem Hintergrund gewinnt die Marxsche Unterscheidung zwischen vormodernen Verhältnissen, in denen freie Tätigkeit und notwendige Arbeit auf verschiedene Personengruppen verteilt waren,[2] und modernen Verhältnissen an Plausibilität, in welchen dieselben Personen als Lohnarbeiter Arbeit leisten, um sich dann in ihrer arbeitsfreien Zeit – ‚Freizeit' – selbst betätigen zu können (MEW 3, S. 67). Auf diese Unterscheidung baut wiederum sowohl Marxens Kritik der entfremdeten oder verdinglichten Arbeit auf (Jaeggi 2005) als auch seine Entgegensetzung des „Reichs der Freiheit" und des „Reichs der Notwendigkeit" (MEW 25, S. 828), wie sie Paul Lafargue 1880 zu einem ‚Lob der Faulheit' verdichtet und zugespitzt hat (Lafargue 2013).

2.2 Aus der Perspektive des modernen praktischen Humanismus stellt sich Arbeit zum einen als Kategorie für eine elementare, über alle Geschichtsperioden hinweg gültige Bestimmung der zur Reproduktion menschlicher Gesellschaften immer wieder erforderlichen Tätigkeiten in ihrem grundsätzlich veränderlichen Verhältnis zur Möglichkeit einer freien menschlichen Tätigkeit dar (in der Perspektive einer Befreiung von der Arbeit; Gorz 1980).[3] Zum anderen erscheint sie als eine Dimension humaner Bestimmungen (Menschwerdung durch Arbeit) und humanistischer Anforderungen (Rechte auf und in der Arbeit) bzw. humaner Gestaltungsansprüche (↗ Humanisierung).

Gesellschaftstheoretische Begriffe wie ‚Arbeiterklasse' (Lukács 1923) und ‚Arbeitsgesellschaft' (Offe 1983) rekurrieren auf Bestimmungen von Arbeit als

---

[2] Durchaus noch in diesem vormodernen Sinne beschreibt Martin Luther die Aufteilung in Arme und Reiche als notwendig und gottgewollt und damit die Arbeit als „Gottesdienst der Armen" (Hund 1990, S. 174). Damit fällt er deutlich hinter Renaissancehumanisten (Kristeller 1979, S. 367–370) wie Thomas Morus zurück, der in seiner Utopia (1516) bereits die modernen Gedanken der Erleichterung und der Verteilung der Arbeit für und an alle ganz ausdrücklich formuliert hatte (↗ Renaissance).

[3] Welche, wie die neuere feministische Kritik (Salleh 2006) hat deutlich machen können, keineswegs auf die ‚materielle Produktion' von Gütern in formellen Arbeitsverhältnissen beschränkt ist, sondern ein sehr viel breiter gespanntes und insgesamt gewichtigeres Spektrum an notwendigen Tätigkeiten umfasst, welche informell organisiert sind (Pietilä 2006).

grundlegende theoretische Kategorie. Die Vorgeschichte beider Aspekte geht einerseits auf Überlegungen von Platon und Aristoteles zu einer menschengemäßen Praxis jenseits der Anforderungen von Produktion und Erwerb zurück;[4] und andererseits etwa auf die traditionelle Bestimmung von Arbeit als Fluch, wie sie innerhalb der jüdischen und christlichen Tradition wirksam artikuliert wurde.[5]

Bei John Locke wird das spezifisch neuzeitliche Verständnis von Arbeit klassisch formuliert, nämlich als Form und Grundlage menschlicher Aneignungsprozesse und zugleich als konstitutiv für neue, ‚sachlich vermittelte' Abhängigkeitsverhältnisse auf der Grundlage einer ‚verallgemeinerten Warenproduktion', für die die klassische politische Ökonomie spezifische Begriffe wie Arbeitsteilung, Arbeitswert und Arbeitsproduktivität entwickelt, während sich historisch neue Problemfelder wie Arbeitslosigkeit und Arbeitszwang bzw. Zwangsarbeit sowie entsprechende neue Praxisfelder der Lohnarbeiter als Klasse entfalten, vom Arbeitsvertrag über den Arbeitskampf und die Arbeitsgestaltung bis zur Massenproduktion, der Fließbandarbeit und der Automatisierung der Arbeit.

Für die gegenwärtige, vor allem deutschsprachige Debatte ergibt sich aus diesen beiden Seiten der Diskussionen um Arbeit ein grundlegendes Spannungsverhältnis. Einerseits kann man heute, wie dies etwa Honneth formuliert hat, mit Marx „Weltgeschichte als einen Prozess der Selbsterzeugung, Selbsterhaltung und Emanzipation der Gesellschaft durch Arbeit" ansehen (Honneth 1980, S. 189). Andererseits wird man aber auch mit Arendt kritisieren, dass der Hegelschüler Marx den Zwangscharakter von Arbeit als solchen nicht ausreichend würdigte und insbesondere die davon abzugrenzende Freiheit des politischen Handelns (Camus 2011, S. 27) nicht hinreichend reflektierte; Freiheit, wie vor allem in den Popularisierungen bei Engels deutlich wird, wurde letztlich nur als ‚Einsicht in die Notwendigkeit' begriffen.

3 Arbeit in der Moderne

In der Geschichte der modernen Gesellschaften unter der Herrschaft der kapitalistischen Produktionsweise ist Arbeit zum Gegenstand verschiedener Arbeitswissenschaften geworden (Peter 2011) – von der Arbeitssoziologie über Arbeits-

---

[4] Die von Cicero (*De Oratore* 1, 1 f.) in seinem Konzept des tätigen *otium* als philosophischer Lebensweise, der das von den Zwängen des Erwerbs bestimmte *negotium* gegenübersteht, einflussreich weitergeführt worden sind (McConnell 2014, S. 33).
[5] Schon bei Aristoteles findet sich der Gedanke, dass der Zwang zur Arbeit durch technischen Fortschritt zurückgedrängt werden kann, was seit Bacon und Hobbes ins Zentrum der Diskussion gerückt ist (Hund 1990, S. 174 f.).

psychologie und Arbeitsmedizin bis hin zur Ergonomie. (Erwerbs-)Arbeit wird hier arbeitssoziologisch vielfach in Anknüpfung an das Marxsche Paradigma betrachtet: im Hinblick auf (1) ihren ‚Doppelcharakter' (als konkrete, nützliche Arbeit und als abstrakte Arbeit); (2) die grundlegende Strukturierung von Gesellschaft durch die Aufteilung von Arbeit, ihre allgemein-historische Bestimmung als „Prozeß, worin der Mensch seinen Stoffwechsel mit der Natur durch die eigne Tat vermittelt, regelt und kontrolliert" (Marx 1962, S. 192) und (3) ihre Formbestimmung als Lohnarbeit. Im Kontext anderer arbeitswissenschaftlicher Disziplinen interessiert sie vornehmlich im Hinblick auf (4) ihre Bestimmung als Fähigkeit zur Verausgabung von Kräften und Anwendung von Fähigkeiten energetischer, sensorischer und kognitiver Art sowie (5) ihrer unmittelbaren und untrennbaren Verbundenheit mit Technik.

Im Zuge der Entwicklung dieses modernen Kapitalismus sind mit der Herausbildung unterschiedlicher spezialwissenschaftlicher Zugriffe u. a. die Durchsetzung der ingenieurwissenschaftlichen Arbeitsorganisation (Taylor), die Human-Relations-Bewegung (Hawthorne-Studien in den USA) oder die Anstrengungen um eine ‚Humanisierung der Arbeitswelt' (HdA)[6] in Deutschland verbunden gewesen. Sie waren immer Antworten zugleich auf Herausforderungen zur Steigerung der Arbeitsproduktivität wie auch auf neue Arbeitskonflikte als Reaktion auf Zuspitzungen der damit vorangetriebenen reellen Subsumtion der Arbeit unter das Kapitalverhältnis.

Sie sind damit zunächst Teil der Herausbildung einer institutionell verfassten Arbeitsgesellschaft (Ferber 1961), also der Institutionalisierung von (Erwerbs-)Arbeit selbst, wie auch der Herausbildung von Institutionen der Arbeit, von den Gewerkschaften und ihrer Tarifpolitik bis hin zu den verschiedenen wohlfahrtsstaatlichen Sicherungssystemen.[7]

Die Arbeitswissenschaften haben jedoch überwiegend die Überformung von (Erwerbs-)Arbeit durch Wirtschaft unproblematisiert vorausgesetzt. Von philosophischer Seite werden gegen eine solche Sichtweise, die vornehmlich die jeweilige Anpassung von Arbeit an immer neue Verwertungserfordernisse ins Zentrum

---

6 Aktionsprogramm ‚Humanisierung des Arbeitslebens' der Bundesregierung (Pöhler 1981).

7 Die Kritik an dieser ‚modernen Arbeit' artikulierte sich auch als eine ‚Künstlerkritik', die von Fritz Langs ‚Metropolis' über Karel Capeks ‚Roboter' und Charlie Chaplins ‚Moderne Zeiten' bis hin zu Max Frischs ‚Homo Faber' reichte (Irrgang 2010). Ernst Jüngers ‚Der Arbeiter', den auch jüngst noch etwa Gianni Vattimo zu einer „radikale[n] Interpretation der Krise des Humanismus" (Vattimo 1990, S. 43) erklärt hat, konnte eine begriffslos bleibende Künstlerkritik anthropologisch interpretieren und zugleich politisch im Sinne einer ‚totalen Mobilmachung' zur Arbeit ausbeuten. Gegenläufig haben etwa Georg Büchner (Büchner 2003), Paul Lafargue (Lafargue 2013) und Peter-Paul Zahl (Zahl 1979) die Notwendigkeit einer Befreiung von der Arbeit betont.

rückt, kritisch die zerstörerischen Auswirkungen von Arbeitsteilung auf die menschliche Individualität betont („Die Verteilung von Arbeit auf mehrere zerteilt stets die so arbeitenden Individuen. Die ‚*division of Labour*' macht aus Individuen ‚Dividuen'"; Anders 1980, S. 177), bzw. positiv der Blick auf die lebendige Arbeit als zentrales Element einer Subjekt-Objekt-Konstitution (Negt/Kluge 1981) gerichtet.

Seit Mitte der 1970er Jahre findet die parallele Durchsetzung einer umfassenden Digitalisierung der Steuerungs- und Kontrollprozesse und einer neuen Stufe reeller Subsumtion der abhängigen Arbeit unter das Kapital statt, was in der Arbeitssoziologie als (teilweise) Entgrenzung, Flexibilisierung und ‚Subjektivierung von Arbeit' (Moldaschl/Voß 2002; Peters/Sauer 2006) interpretiert wird.

Mit kulturkritischer Stoßrichtung werden unter dem Titel einer ‚Anthropologie der Arbeit' Ansätze einer ‚Künstlerkritik' der Arbeit mit unterschiedlichen älteren Ansätzen zu einer Kritik der Moderne (von Jünger bis Anders) aufgegriffen und erneuert (Gauger 1998).

4 Humanistische Perspektiven

Heute käme es aus humanistischer Perspektive durchaus darauf an, in dem immer wieder prognostizierten umfassenden Arbeitsplatzabbau aufgrund der neuen digitalen Technologien und den Formen ‚Neuer Arbeit' nicht nur Gefährdungen alter kollektiver Sicherheiten zu sehen, sondern die in ihnen angelegten neuen Möglichkeiten einer Humanisierung der Arbeit aufzuspüren. Im deutschen Diskurs fordert eine mit den Veränderungen im Zeichen ‚Neue Arbeit' überwiegend verknüpfte autonomiekritische Position – die den ‚Abbau des Kommandosystems' als Abbau von Entlastung begreift (Glißmann/Peters 2001) – mit guten Gründen, den Begriff einer immer nur relativen Autonomie in der heteronomen Arbeitssphäre als kontrafaktischen Begriff einzuführen. Damit soll, kritisch zu den jeweils vorherrschenden realen Arbeits- und Lebensverhältnissen, Selbstbestimmung eingefordert werden.

Auch die Debatte um ein bedingungsloses globales Grundeinkommen (Neuendorff et al. 2009) liefert Argumente für eine Abkoppelung von Arbeit und Erwerbstätigkeit (etwa bei Reitter 2014). Die ‚Kritik der Lohnarbeit' (Gruppe Krisis 1999) und die darauf antwortende Propagierung des ‚Arbeitskraftunternehmertums', im Sinne eines von den Beschäftigten geforderten strategisch-unternehmerischen Mitdenkens, bietet den Beschäftigten zweifellos vielfältige Anknüpfungspunkte dafür, die strukturellen Rationalitäten kooperativer Arbeitszusammenhänge, bei denen es um den kooperativen Wert der Arbeit geht, gegen die strukturellen Rationalitäten ökonomischer Verwertungsbeziehungen ins Spiel zu bringen, bei denen es allein auf den ökonomischen Wert der Arbeit ankommt.[8] Es wird nötig sein, die Arbeitenden selbst als Subjekte ihrer Arbeit ernst zu nehmen (Pöhler 1991).

Zugleich wird auch im wissenschaftlichen Diskurs die Unsichtbarkeit der informellen, ganz überwiegend weiblichen Arbeit kritisiert (Werlhof 1978), sowie angesichts ökologischer Krisenentwicklungen im Ergebnis einer rücksichtslosen herrschaftlich strukturierten und Ressourcen vergeudenden Aneignung von Natur im Prozess der Entwicklung gesellschaftlicher Arbeit für eine Erweiterung des Arbeitsbegriffs hin zum ‚Ganzen der Arbeit' (Biesecker 2000, in anderer Weise Frigga Haug 2009) plädiert.

Care (Sorge) als neues übergeordnetes institutionelles Leitbild der Zukunft wird damit bedeutsam (DoFAPP-Projektgruppe Change 2014).[9] Von hier aus kann ↗ Humanistische Praxis, ganz unabhängig von ihrer etwaigen Erwerbsförmigkeit, als ‚Sozialisierungsarbeit' begriffen werden. In ähnlicher Weise ist auch die Forderung nach ökologischer Verantwortlichkeit, bis hin zur „Fehlerfreundlichkeit" (Weizsäcker/Weizsäcker 1984), in einen integrativen humanistischen Arbeitsbegriff aufzunehmen.

Der moderne praktische Humanismus kann hier auf eine Vorwegnahme durch Herbert Marcuse verweisen (Marcuse 1933): Die menschliche Praxis umfasst mit Notwendigkeit immer auch die Arbeit am und im Gegenwärtigen durch umgestaltende ‚Aufhebung' der Vergangenheit in vorgreifender Sorge für die Zukunft; und sie wirft immer wieder Probleme ihrer humanen Gestaltung auf. Gemessen am beklagenswerten Zustand der Arbeitswirklichkeit – statt *Hightech Involvement'* der sogenannten modernen Wissensarbeiter und -arbeiterinnen (Brödner 2012; Carl 2012), ‚Verwahrlosung' auf Seiten des Managements wie der Beschäftigten (Haubl/Voß 2009) – gewinnt daher gegenwärtig die Forderung, „den Utopiegehalt von Arbeit einzuklagen" (Negt 1984) eine wachsende Dringlichkeit.

5 Literatur

Anders, Günther (1980): Die Antiquiertheit des Menschen. Bd. 2: Über die Zerstörung des Lebens im Zeitalter der dritten industriellen Revolution. München.
Arendt, Hannah (1967): Vita activa, oder vom tätigen Leben. München.
Biesecker, Adelheid (2000): Kooperative Vielfalt und das Ganze der Arbeit. Überlegungen zu einem erweiterten Arbeitsbegriff. [Wissenschaftszentrum Berlin für Sozialforschung GmbH

---

8 Ein Beispiel für die Suche nach Antworten auf die Krise der Arbeitsgesellschaft, die zunehmend ‚Überflüssige', *‚Working poor'* und *‚Burn-outs'* produziert, findet sich auch in der Verweigerung des neoliberalen Karriereparadigmas (Haus Bartleby 2015).
9 DoFAPP = Dortmunder Forschungsbüro für Arbeit, Prävention und Politik.

(WZB). Paper 00504 der Querschnittsgruppe ‚Arbeit und Ökologie']. Vgl. http://hdl.handle.net/10419/50298, besucht am 7.6.2015.

Brödner, Peter (2012): Wissensarbeit zwischen Autonomie und Burn-out. [Thesenpapier zum FNPA-Workshop ‚Widersprüche von Wissensarbeit. Zwischen Autonomie & Burn-out']. Vgl. http://www.fnpa.de/content/Workshops/2012/FNPA2012_WS_Broedner_Wissensarbeit.pdf, besucht am 7.6.2015.

Büchner, Georg (2003): „Leonce und Lena" (1836). In: Georg Büchner: Historisch-kritische Ausgabe der Sämtlichen Werke und Schriften Georg Büchners. Bd. 6. Frankfurt am Main.

Camus, Albert (2011): Der Mythos des Sisyphos. Reinbek bei Hamburg.

Carl, Friedrich (2012): Führungskrise an den Arbeitsplätzen? [Thesenpapier zum FNPA-Workshop ‚Widersprüche von Wissensarbeit. Zwischen Autonomie & Burn-out']. Vgl. http://www.fnpa.de/content/Workshops/2012/FNPA2012_WS_Text_Carl_Fuehrungskrise.pdf, besucht am 7.6.2015.

DoFAPP-Projektgruppe Change (Hrsg.) (2014): Grundlagentheoretisches Szenario zum INQA-Projekt: ‚Psychosoziale Belastungen in Change-Management-Prozessen'. http://www.das-change-projekt.de/images/pdf/Szenario_Langfassung.pdf, besucht am 7.6.2015.

Farocki, Harun/Ehmann, Antje (2015): Eine Einstellung zur Arbeit. [HKW Haus der Kulturen der Welt]. Vgl. http://www.hkw.de/de/programm/projekte/2015/eine_einstellung_zur_arbeit/ausstellung_eine_einstellung_zur_arbeit/ausstellung.php, besucht am 17.6.2015.

Ferber, Christian von (1961): Die Institution der Arbeit in der industriellen Gesellschaft. Versuch einer theoretischen Grundlegung. Göttingen.

Frisch, Max (1957): Homo Faber. Ein Bericht. Frankfurt am Main.

Gauger, Klaus (1998): „Zur Modernedeutung in Ernst Jüngers ‚Der Arbeiter'". In: Sprachkunst. Beiträge zur Literaturwissenschaft 29. Nr. 2, S. 269–290.

Glißmann, Wilfried/Peters, Klaus (2001): Mehr Druck durch mehr Freiheit. Die neue Autonomie in der Arbeit und ihre paradoxen Folgen. Hamburg.

Gorz, André (1980): Abschied vom Proletariat. Frankfurt am Main.

Grimm, Reinhold/Hermand, Jost (Hrsg.) (1979): Arbeit als Thema in der Deutschen Literatur vom Mittelalter bis zur Gegenwart. Frankfurt am Main.

Gruppe Krisis (1999): Manifest gegen die Arbeit. [Krisis. Kritik der Warengesellschaft]. Vgl. http://www.krisis.org/1999/manifest-gegen-die-arbeit, besucht am 7.6.2015.

Habermas, Jürgen (1981): Theorie des kommunikativen Handelns. Frankfurt am Main.

Haubl, Rolf/Voß, G. Günter (2009): „Psychosoziale Kosten turbulenter Veränderungen. Arbeit und Leben in Organisationen". In: Positionen. Beiträge zur Beratung in der Arbeitswelt 1, S. 2–8.

Haug, Frigga (1994): „Arbeit". In: Wolfgang Fritz Haug (Hrsg.): Historisch-Kritisches Wörterbuch des Marxismus. Bd. 1. Hamburg, Berlin, Sp. 401–422.

Haug, Frigga (2009): Die Vier-in-einem-Perspektive. Eine Utopie von Frauen, die eine Utopie für alle ist. Vgl. http://www.vier-in-einem.de, besucht am 7.6.2015.

Honneth, Axel (1980): „Arbeit und instrumentelles Handeln. Kategoriale Probleme einer kritischen Gesellschaftstheorie". In: Axel Honneth/Urs Jaeggi (Hrsg.): Arbeit, Handlung, Normativität. Theorien des Historischen Materialismus. Frankfurt am Main, S. 185–233.

Haus Bartleby (Hrsg.) (2015): Sag alles ab! Plädoyers für den lebenslangen Generalstreik. Hamburg.

Hund, Wulf D. (1990): Arbeit. In: Europäische Enzyklopädie zu Philosophie und Wissenschaften. Hans Jörg Sandkühler (Hrsg.). Bd. 1. Hamburg, S. 163–190.

ING DiBa Economic Research (2015): Die Roboter kommen. Folgen der Automatisierung für den deutschen Arbeitsmarkt. Vgl. https://www.ing-diba.de/imperia/md/content/pw/content/ueber_uns/presse/pdf/ing_diba_economic_research_die_roboter_kommen.pdf, besucht am 7.6.2015.

Irrgang, Bernhard (2010): Homo Faber. Arbeit, technische Lebensform und menschlicher Leib. Würzburg.

Jaeggi, Rahel (2005): Entfremdung. Zur Aktualität eines sozialphilosophischen Problems. Frankfurt am Main, New York.

Kocka, Jürgen/Offe, Claus/Redslob, Beate (2000): Geschichte und Zukunft der Arbeit. Frankfurt am Main.

Komlosy, Andrea (2014): Arbeit. Eine globalhistorische Perspektive. 13.–21. Jahrhundert. Wien.

Kristeller, Paul Oskar (1979): Renaissance Thought and Its Sources. Michael Mooney (Hrsg.). New York.

Lafargue, Paul (2013): Das Recht auf Faulheit. Widerlegung des ‚Rechts auf Arbeit' von 1848 (1880). Berlin.

Marcuse, Herbert (1933): „Über die philosophischen Grundlagen des wirtschaftswissenschaftlichen Arbeitsbegriffs". In: Archiv für Sozialwissenschaften und Sozialpolitik 69, S. 257–292.

Marx, Karl (1962): Das Kapital. Kritik der politischen Ökonomie. Bd. 1. Buch 1: Der Produktionsprozeß des Kapitals (1867). In: MEW 23.

McConnell, Sean (2014): *Philosophical Life in Cicero's Letters*. Cambridge.

Moldaschl, Michael/Voß, G. Günter (Hrsg.) (2002): Subjektivierung von Arbeit. München, Mering.

Negt, Oskar/Kluge, Alexander (1981): Geschichte und Eigensinn. Frankfurt am Main.

Negt, Oskar (1984): Lebendige Arbeit, enteignete Zeit. Politische und kulturelle Dimensionen des Kampfes um die Arbeitszeit. Frankfurt am Main.

Nelson, Stephanie/Grene, David (1998): *God and the Land. The Metaphysics of Farming in Hesiod and Vergil*. Oxford, New York.

Neuendorff, Hartmut/Peter, Gerd/Wolf, Frieder Otto (2009): Arbeit und Freiheit im Widerspruch? Hamburg.

Offe, Claus (1983): „Arbeit als soziologische Schlüsselkategorie". In: Joachim Matthes (Hrsg.): Krise der Arbeitsgesellschaft? Verhandlungen des 21. Deutschen Soziologentages in Bamberg 1982. Frankfurt am Main, S. 38–65.

Peter, Gerd (2011): „Eine Interdisziplinarität der Arbeitswissenschaft(en) muss den Arbeitenden einen praktischen Nutzen bringen". In: Zeitschrift für Arbeitswissenschaft 4, S. 341–346.

Peter, Gerd/Wolf, Frieder Otto (Hrsg.) (2012): Welt ist Arbeit. Im Kampf um die neue Ordnung. Münster, S. 104–137.

Peters, Klaus/Sauer, Dieter (2006): „Epochenbruch und Herrschaft. Indirekte Steuerung und die Dialektik des Übergangs". In: Dieter Scholz/Heiko Glawe/Helmut Martens/Pia Paust-Lassen/Gerd Peter/Jörg Reitzig/Frieder Otto Wolf (Hrsg.): Turnaround? Strategien für eine neue Politik der Arbeit. Münster, S. 98–125.

Pietilä, Hilkka (2006): *The Constant Imperative: Provisioning by cultivation and households*. [Beitrag zu *‚Ecological Sustainability and Human Well-Being'*. The Ninth Biennial

Conference. International Society for Ecological Economics. The India Habitat Centre. New Delhi]. Vgl. http://www.hilkkapietila.net/en/, besucht am 7.6.2015.

Plessner, Helmuth (1981): „Macht und menschliche Natur. Ein Versuch zur Anthropologie der geschichtlichen Weltansicht". In: Macht und menschliche Natur. Gesammelte Schriften. Bd. 5. Günter Dux/Odo Marquard/Elisabeth Ströker (Hrsg.). Frankfurt am Main, S. 135–234.

Pöhler, Willi (1981): „Das Aktionsprogramm ‚Humanisierung des Arbeitslebens' eine neue Form staatlicher Forschungs- und Entwicklungspolitik". In: Gerhard Brandt/Gerhard Dörfer/Gerd Peters (Hrsg.): Technologieentwicklung, Rationalisierung und Humanisierung. IAB-Kontaktseminar 1979 am Institut für Sozialforschung. Frankfurt am Main, Nürnberg, S. 199–220.

Pöhler, Willi (1991): „Arbeit und Subjekt". In: Reinhard P. Nippert/Willi Pöhler/Wolfgang Slesina (Hrsg.): Kritik und Engagement. Soziologie als Anwendungswissenschaft. Festschrift für Christian von Ferber zum 65. Geburtstag. München, S. 75–85.

Reitter, Karl (2014): Von der 68er Bewegung zum Pyrrhussieg des Neoliberalismus. Sozialphilosophische Aufsätze zu 1968, Fordismus, Postfordismus und zum bedingungslosen Grundeinkommen. Wien.

Salleh, Ariel (2006): *„Edited Symposium: ‚Ecosocialist-Ecofeminist Dialogues'"*. In: *Capitalism Nature Socialism* 17. Nr. 4, S. 32–124.

Sennett, Richard (2014): Zusammenarbeit. Was unsere Gesellschaft zusammenhält. Aus dem Amerikanischen von Michael Bischoff. München.

Türk, Klaus (Hrsg.) (1997): Arbeit und Industrie in der bildenden Kunst. Beiträge eines interdisziplinären Symposiums. Stuttgart.

Vattimo, Gianni (1990): Das Ende der Moderne. Stuttgart.

Weizsäcker, Christine/Weizsäcker, Ernst Ulrich von (1984): „Fehlerfreundlichkeit". In: Klaus Kornwachs (Hrsg.): Offenheit – Zeitlichkeit – Komplexität. Zur Theorie der Offenen Systeme. Frankfurt am Main, New York, S. 167–201.

Werlhof, Claudia von (1978): „Frauenarbeit. Der blinde Fleck in der Kritik der politischen Ökonomie". In: Beiträge zur feministischen Theorie und Praxis 1. Nr. 1, S. 18–32.

Wolf, Frieder Otto (2005): Arbeitsglück: Untersuchungen zur Politik der Arbeit. Münster.

Zahl, Peter Paul (1979): Die Glücklichen. Schelmenroman. Berlin.

Ralf Schöppner
Argumentieren

1 Eine komplexe humanistische Kommunikationsform

Das deutsche Wort ‚Argumentieren' ist abgeleitet von (lat.) *argumentum*. Es bedeutet eigentlich Veranschaulichen und Darstellen; im engeren Sinn aber meint es die Verwendung von Beweismitteln und Gründen. Argumentieren kann zielen auf Überredung und Überzeugung (beides: lat. *persuadere*, gr. *peíthein*), sowie auf Unterredung und sachliche Richtigkeit (↗ Wahrheit). Im Griechischen sind die *písteis* die Überzeugungsmittel, neben *éthos* (Charakter, Integrität des Sprechers) und *páthos* (Affekte der Zuhörer) zählt dazu der *lógos*, der die sachlich-logische Dimension bezeichnet und unserem heutigen Alltagsverständnis von Argumentieren am nächsten kommt: *lógon didónai* – Gründe, Rechenschaft geben.

Argumentieren bedeutet, andere durch Angabe von Gründen zu einer Handlung (Zustimmung, Engagement) veranlassen zu wollen und dabei – im besten Fall – offen zu sein für Kritik und andere Argumente – d. h. sich nicht auf Macht- oder Herrschaftspositionen zu stützen, sondern auf freiwillige Einsicht zu setzen (↗ Befreiung/Herrschaft). Gründe anzugeben bedeutet, implizit oder explizit mindestens eine Prämisse dergestalt mit einer Konklusion zu verbinden, dass die Prämisse die Begründung für die Richtigkeit der Konklusion darstellt: „Menschen können ein gutes Leben führen, weil sie über die Richtung ihres Lebens mitbestimmen können."

Argumentieren ist ein offener und unabgeschlossener Prozess: Jede Prämisse kann selbst wiederum infrage gestellt und zur Konklusion werden, für die ein Grund anzugeben ist. Argumentieren unterscheidet sich von autoritären Sprechweisen, sofern diese auf Begründung und Prüfung verzichten (offenbaren, verkünden, predigen, behaupten, vorschreiben).

Argumentieren findet überall dort statt, wo Menschen sich über gemeinsame Angelegenheiten beraten, vom Alltagsgespräch bis hin zur wissenschaftlichen Debatte. Historisch hat der Vorgang in Europa immer dann eine bedeutende Rolle gespielt, wenn es zu einer Infragestellung traditioneller Lebensformen und zu öffentlichen Auseinandersetzungen über das Menschsein und dessen individuelle wie gemeinschaftliche Ausgestaltung gekommen ist: Griechische ↗ Aufklärung und Demokratie, Römische Republik, ↗ Renaissance, Europäische Aufklärung, Moderne.

Typische Orte des Argumentierens sind der Markt (gr. *agorá*, lat. *forum*), Volksversammlungen, Gerichte, Parlamente (↗ Politik), ‚Kreise' und Salons,

Hörsäle und Seminarräume, Medien. Typische Formen sind Rede und Vortrag, Dialog, Brief, journalistische und wissenschaftliche Texte. Argumentieren spielt eine wichtige Rolle in Pädagogik und Unterricht (↗ Humanismusunterricht/Lebenskunde). Es ist aber weder die einzige wichtige humanistische Kommunikationsform (mitteilen, erzählen, unterhalten; auch: Körpersprache; Seelsorge; ↗ Mediation), noch ist es per se humanistisch, auch der Antihumanist kann argumentieren (↗ Antihumanismus/Humanismuskritik).

Argumentieren ist eine komplexe Kommunikationsform, seine Überzeugungskraft abhängig von sachlich-logischen und rhetorischen Aspekten. Zu ersteren zählt zum einen die Qualität der verwendeten Erkenntnisse und Fakten – der in den eigenen Überzeugungen, kulturellen Traditionen, öffentlichen oder wissenschaftlichen Diskursen vorliegenden Gründe; zum anderen die Qualität der formulierten Fragen (Zetétik; vgl. Tammelo 1972), die gerade auch Infragestellungen des Vorliegenden sein können. Zu den rhetorischen Aspekten gehört sowohl die Art und Weise des Aufbaus, des Stils und des Vortrags als auch die persönliche Glaubwürdigkeit des Argumentierenden und die Berücksichtigung der jeweiligen konkreten Zuhörerschaft (Kenntnisse, Interessen, Affektlagen).[1]

Argumentieren vollzieht sich zwischen zwei möglichen Reduktionen seiner Komplexität: Dem „Überzeugen ohne Sachargumente" (Fey 2012) und dem sachlichen Argumentieren ohne Überzeugungskraft. Als öffentlicher Sprechakt steht es im Kontext von gesellschaftlichen Machtverhältnissen und politischen Interessenlagen (Bourdieu 1990), findet nicht im neutralen Raum reiner Logik oder wissenschaftlicher Erkenntnis statt und ist kein herrschaftsfreier Diskurs (Habermas 1981). Gute Gründe können überzeugend präsentiert und ‚wahre' Gründe bzw. Ziele dabei verschwiegen werden. Dennoch stellt die Geringschätzung öffentlicher Rede gegenüber Expertendiskursen eine elitäre Vereinseitigung des Argumentierens und einen anti-demokratischen, anti-humanistischen Gestus dar.

2 Historische Ausprägungen eines Gesamtzusammenhangs

2.1 Das *lógon didónai* – Gründe, Rechenschaft geben – spielt in der griechisch-römischen ↗ Antike eine entscheidende Rolle für das Anliegen, durch öffentliches Debattieren die Menschen und ihr Zusammenleben besser und zugleich glücklicher zu machen (*eudaimonía*) (↗ Glück). Die „Auseinandersetzungen über das

---

[1] Die Mehrzahl menschlicher Entscheidungen fällt auf der Beziehungs- und nicht auf der Sachebene. Humanistische Kommunikation ist stets auch beziehungsorientiert.

Begreifen des Menschlichen und das Denken der Menschheit" vollziehen sich als Prozesse des Argumentierens (Wolf 2003, S. 10 f.). „Denn wir sehen im Austausch von Argumenten keinen Schaden für unsere Handlungsfähigkeit, durchaus aber darin, dass jemand sich nicht zuerst besser mit Argumenten belehren lässt, bevor er dazu übergeht, zu tun, was zu tun ist."[2]

Das Argumentieren ist wichtiger Bestandteil des öffentlichen Lebens und des Bildungswesens der Antike und hat seinen Platz innerhalb der Theorie und Praxis der Beredsamkeit. Ein guter Rhetor verfügte nicht nur über Techniken des Argumentierens sowie stilistische und sprachliche Fähigkeiten, sondern vor allem auch über Sachkenntnisse in Bezug auf Staat, Gesellschaft, Geschichte und ↗ Recht. Der öffentliche Austausch von Argumenten, insbesondere auch das Üben des sachlichen Starkmachens von Gegenargumenten (Pro- und Contra-Technik), zielt – idealiter – auf die Erhöhung der Gesamtvernunft.

Die ersten beiden der fünf traditionellen Arbeitsschritte der Rhetorik (*officia oratoris*) – Stofffindung und Stoffgliederung – bringen das eigentliche Argument hervor. Die stilistische Ausschmückung, das Auswendiglernen und der Vortrag stehen im Dienste des Argumentes und stärken dessen Überzeugungskraft, d. h. sie gehören zum Prozess des Argumentierens dazu.

Diese spezielle Verbindung von formalen Anforderungen und Sachwissen in der Rhetorik entstand historisch aus den Bedürfnissen der griechischen Aufklärungs- und Demokratiebewegung (Fromberg 2007) und überdauerte nahezu ein Jahrtausend bis zum spätantiken Schulbetrieb als Teil der *artes liberales*, der ‚freien Künste' (Fuhrmann 1995). Sie war stets begleitet von dem kritischen Gefahrenhinweis seitens der Philosophie, dass die Sachinhalte zugunsten von Stil, Redeschmuck und geschickter Vortragstechnik in den Hintergrund treten können.[3] Dass demagogische Meinungsmache über wahre Beredsamkeit zu triumphieren vermag, gehörte schon zu den Erfahrungen der griechischen Polis.

2.2 In Aristoteles' ‚Rhetorik', der grundlegenden Abhandlung zur Rhetorik in der griechischen Antike, ist das Finden (*theoreín*) des eigentlichen Argumentes, des sachlich Überzeugenden (*pithanón*), der erste Schritt und das Gravitationszentrum, vor aller Darstellung oder Wirkung. Die Überzeugungskraft der Sachaspekte selbst, die sachlich-logische Richtigkeit (*lógos*) ist ihm das wichtigste Überzeugungsmittel. Entsprechend bestimmt er das Argumentieren logisch als ein Schlussverfahren, bei dem aus etwas Gesetztem mit Notwendigkeit oder Wahrscheinlichkeit etwas Anderes und Neues folgt.

---

[2] Thukydides: Peloponnesischer Krieg. Buch II. Abschnitt 40, Gefallenenrede des Perikles.
[3] Platon, Gorgias 453a ff., 462b ff.

Gleichzeitig liegt bei Aristoteles aber auch schon das heute gängige Kommunikationsmodell mit drei Instanzen vor: Der Redende, die Sachinformation, die Hörenden. Aristoteles erörtert ausführlich auch *éthos* und *páthos* als zwei weitere wichtige Überzeugungsmittel. Ihr Sinn und Zweck bleibt aber die Hinführung zum Wahren und Guten. Eine der Überzeugungskraft schöner Worte und falscher Schlussfolgerungen verfallende Zuhörerschaft gilt ihm als ‚verdorben'. Dabei ist er zurückhaltend in Bezug auf ‚substanzialistische' Wahrheiten und nimmt eine ‚pragmatistischere' Position als Platon ein (Knape 2000, S. 33). Er akzeptiert das Enthymem als unvollständigen Syllogismus, d. h. die Wirklichkeit des alltäglichen Sprechens, überhaupt die Anpassung an Zuhörerschaft und Situation, lässt Wahrscheinlichkeiten (Indizien) statt nur deduktive Notwendigkeiten zu und berücksichtigt, dass es anders sein könnte.

Wenn Aristoteles Logik und Rhetorik zusammendenkt, dann kann dies als eine „problematische Synthese" oder als Reflexion der „dilemmatische[n] Wahrheit" des Argumentierens betrachtet werden (Eggs 1992, S. 926), dass man sich stets zwischen sachlich-logischer Richtigkeit und Angewiesenheit auf Zustimmung bewegt. Aristoteles würdigt das Alltagswissen und die öffentliche Beredsamkeit, es herrscht hier kein Primat des Fachwissens und der Akademie.

2.3 Der Gebrauch des Wortes *humanitas* (Menschheit, Menschlichkeit) in der Rhetorik verweist auf den engen Zusammenhang des Menschlichen und des Argumentierens, und darauf, dass das Argumentieren potenziell eine öffentliche Angelegenheit aller Menschen ist. Bei Cicero ist die Verwirklichung der *humanitas* systematisch im Ideal des ‚gut leben und ausgezeichnet sprechen' (*vir bonus, dicendi peritus* – ein guter Mann, des Redens kundig) an den Redner gebunden. Dieser oftmals als rhetorisch bezeichnete ↗ Humanismus (Apel 1980) vereint Menschheit, Menschlichkeit, Bildung und Sprechen. Seine Überzeugung ist: Die Kunst der Beredsamkeit nutzt der Menschheit mehr als dass sie ihr schadet. Sie ermöglicht ein gutes menschliches Zusammenleben.

In Ciceros äußerst anspruchsvoller, universaler Konzeption des Redners ist ein ausgewogener Gesamtzusammenhang des Argumentierens gewahrt: Ein öffentliches Sprechen, das sowohl sachliche Richtigkeit als auch Zustimmung anstrebt, dabei Experten- und Alltagswissen sowie sprachliche Fähigkeiten und umfassendes Wissen (Philosophie, Geschichte, Staatskunde, Jurisprudenz, Künste) zusammenführend. Trotz dieser universalen Doppelkompetenz besteht bei Cicero ein Vorrang des Redners gegenüber dem Fachgelehrten, weil das Sprachhandeln nicht einfach nach Naturgesetzen funktioniert; Situativität, Einzelfälle und viele Variablen sind zu berücksichtigen (Knape 2000, S. 98 f). Dieser Vorrang findet auch Ausdruck in Ciceros Kritik der Schulrhetorik – wichtiger als deren Erkenntnisse ist ihm die spontane und situationsgerechte Performanz des Redners – sowie in seinem Grundprinzip der Angemessenheit: Rücksichtnahme auf Ort, Zeit und Personen.

2.4 In der römischen Kaiserzeit beginnt aufgrund des Rückgangs der öffentlichen Praxis der Beredsamkeit ein Bedeutungswandel des Argumentierens. Die Rhetorik zieht sich zunehmend vom Forum in die Rhetorikschulen zurück, wo nicht mehr so sehr der Sachgehalt der Argumentation als vielmehr die Technik des geschickten Argumentierens im Vordergrund steht (Eggs 1992, S. 961–963). Der Kanon der Bildungsstoffe im Ideal des guten Redners wird zunehmend reduziert, die ‚Güte' des Redners primär an seine menschlich-moralischen Qualitäten geknüpft (*éthos*): *Bene dicere non potest nisi bonus* – Nur ein guter Mensch kann wirklich gut reden.[4] Die Argumentation hingegen ist vornehmlich Gegenstand von Logik und Dialektik, sie wird verengt auf den *lógos* und von der Zustimmung einer Zuhörerschaft getrennt.

Diese Trennung verschärft sich im europäischen Mittelalter. Das Argumentieren verliert seine Bedeutung als Praxis öffentlicher Beredsamkeit. Schon in der frühen christlichen Rhetorik bei Augustinus stehen monologische Verkündigung, Belehrung und Bekehrung im Vordergrund. Die Rede soll belehren, erfreuen und bewegen, sie ist nicht auf sachlichen Dialog ausgerichtet. Öffentliche Beredsamkeit ist besonders in der Hoch- und Spätscholastik Kanzelrhetorik und Predigtlehre. Doch hat auch das Argumentieren in der Scholastik seinen Platz in den Klosterschulen, Domschulen und Universitäten, wo aber die sachliche Richtigkeit als unabhängig von der Zustimmung durch öffentliche Zuhörerschaften gedacht wird.

2.5 Auch in der ↗ Renaissance ist der humanistische Gesamtzusammenhang des Argumentierens in verschiedenen Ausprägungen zertrennt. In Lorenzo Vallas Dialog *De vero bono* – ‚Über das wahre Gut' – ist das Argumentieren ein untergeordneter Teil des öffentlichen Redens und der Rhetorik. Es ist strikt getrennt von der von ihm im Namen Gottes bekämpften heidnischen Philosophie, die er auf trockene Dialektik und Logik sowie dogmatische Schulgebundenheit (*secta*) reduziert, der es nur um das Beweisen (*probare*) und Belehren (*docere*) gehe.

In der von Valla vertretenen sachorientierten Rhetorik hat die sachlich-logische Dimension des Argumentierens durchaus ihren Platz. Die Gesprächspartner wägen ihre Pro- und Contra-Argumente sorgfältig ab, die demonstrierte Gesprächskultur italienischer Humanistenkreise des Quattrocento ist geprägt von agonaler Wahrheitssuche im Dialog. Aber Valla geht es letztlich um die Bestärkung von *fides* (Glaube, Vertrauen), *spes* (Hoffnung) und *caritas* (Nächstenliebe) durch die Schönheit der Sprache. Dabei weist er am Ende durchaus auf die Gefahr hin, dass der ‚schöne Gesang der Nachtigall' einen Mangel an argumentativem Gehalt und inadäquaten Sachbezug verdecken kann; etwa dann, wenn die Zuhörer

---

4 Stoische Lehre bei Quintilian 2,15,34.

beeindruckt sind vom ausgemalten Paradies, ohne dass doch starke Gründe für dessen Existenz angeführt worden sind (Westermann 2006).

Rudolf Agricola dagegen behandelt das Argumentieren ausführlich in einer dreibändigen Dialektik und ‚rhetorisiert' es (Agricola 1992). Er ist ein praktischer Denker und will der Menge verständlich sein. Seine Argumentationstheorie ist nicht auf Logik reduziert, sondern problemorientierte Topik (Aufwertung des Rhetorischen im Argumentieren); sie markiert die humanistische Hinwendung zur sozialen und geschichtlichen Realität (Bezug zur Öffentlichkeit); sie bedeutet eine Pragmatisierung des Argumentierens: Bindung der Argumentation an die Kommunikationssituation.

„Argumentation aber nenne ich eine Rede, mit der jemand für die Sache, von der er spricht, Vertrauen zu erwecken versucht." (Agricola 1992, S. 11) Letztendlich aber beharrt er doch darauf, dass nur der sachlich-logische Gehalt über Wahrheit entscheiden kann. Agricola will pädagogisch zur Zustimmung zu im Grunde feststehenden Urteilen hinführen (Belehrungsrhetorik). Diese Privilegierung der monologischen Urteilskraft zeigt sich u. a. in seiner Beschreibung der Analogie als eines rhetorischen Mittels, dessen das Volk bedürfe, um zur wahren, schon feststehenden Einsicht zu kommen.

Petrus Ramus (1515–1572) kritisiert Ciceros rhetorischen Humanismus und trennt zunächst das Argumentieren strikt von der öffentlichen Unterredung. Es gehört für ihn in den Bereich der Gesetzmäßigkeiten des Denkens und der echten Wissenschaften, er reduziert es auf Logik und Dialektik. Dort wird das wahre Wissen produziert und man muss erst durch diese Wissenschaften gegangen sein, um der öffentlichen Rede würdig zu sein. Der wissende Rhetor argumentiert nicht, sondern benutzt rhetorische Redetechniken, um die Unwissenden zum Wissen zu führen. Alltagswissen und Fachwissen sind auseinandergetreten.

Ramus ist die Öffentlichkeit nicht gleichgültig, er schreibt sogar auf Französisch und nicht mehr im Latein der Logiker, aber zum Wissen trägt sie nicht bei, sie ist nur Objekt von dessen Vermittlung. Dadurch entsteht auch bei ihm eine gewisse Geringschätzung des Dialogischen und der Zuhörerschaft, *ce fâcheux et rétif auditeur* – dieser ärgerliche und bockige Hörer (Eggs 1992, S. 959).

2.6 Im Zeitalter der europäischen ↗ Aufklärung bleibt der humanistische Gesamtzusammenhang des Argumentierens zerrissen. In der Theoriebildung spielt es keine große Rolle mehr (Eggs 1992). Die Kunst der öffentlichen Beredsamkeit hat ihr wissenschaftliches Renommee verloren, sie ist Überredungskunst, das sich woanders konstituierende Wissen lediglich ausschmückend und primär Gemüter und Gefühle ansprechend. Im szientistischen Wissenschaftsmodell der Neuzeit wird Argumentieren nur in seiner auf Logik reduzierten Form benötigt. Es ist ein Monolog des Geistes, seine Wahrheit unabhängig von Zustimmung; es kommt ohne das Miteinander Sprechen mit seinen Wahrscheinlichkeitsannahmen aus (Descartes 1997).

Allerdings lässt sich, ausgehend von Montaigne, auch eine zweite, skeptischere Linie ausmachen (↗ Zweifel), die implizit eine theoretische Beschäftigung mit dem Argumentieren einfordert. Montaigne kritisiert die häufig mangelnde Überzeugungskraft der Gelehrten, die Autoritätshörigkeit gegenüber den Wissenschaften und ihren fehlenden Lebensbezug. Seiner Ansicht nach bildet sich ↗ Wahrheit durch Rede und Widerrede im Gespräch, nur im Dialog könne man von den eigenen ‚Dummheiten' befreit werden: „Jedem duftet sein eigener Mist köstlich." (Montaigne 1996, S. 733)

Diese theoretische Enthaltsamkeit der Neuzeit in Sachen Argumentieren ist freilich schon seit der Renaissance begleitet von einer sich immer weiter verbreitenden Praxis des öffentlichen Argumentierens in Parlamenten und Ausschüssen, bei Volksversammlungen oder Gericht, in Hörsälen und Salons, in Medien und Wirtshäusern.

2.7 Die zweite theoretische Linie kulminiert seit Ende des 19. und dann im 20. Jahrhundert in Theoriebildungen (Phänomenologie, Pragmatismus, Hermeneutik, Dialogphilosophie), die das seit Mitte des 20. Jahrhunderts erwachende theoretische Interesse am Argumentieren (Perelman 1958; Toulmin 1958) vorbereiten.

Perelman wendet sich explizit gegen einen neuzeitlichen Szientismus bzw. einen kritischen Rationalismus im Gefolge von Descartes, wo Argumentieren nur eine untergeordnete Rolle spielt, weil wissenschaftliche oder philosophische Erkenntnisse unabhängig von irgendeiner Zustimmung für wahr gehalten werden. „Richtige Entscheidungen und Kon-Sens können nicht durch Szientismus hergestellt werden, sie verlangen Argumentation." (Perelman 1958, S. 975)

Er nennt zwei historische Gründe für die notwendige theoretische Rehabilitierung des Argumentierens: Szientismus kann zur Zerstörung von *humanitas* führen und ist in sachlicher wie demokratischer Hinsicht ungenügend. Es ergibt sich eine gewisse Eigenständigkeit des Argumentierens gegenüber jedem wissenschaftlichen Diskurs. Im Argumentieren geht es nicht um die Erhebung eines unpersönlichen Objektivitätsanspruchs, hinter dem sich der alte Topos verbirgt, dass Autoritäten zuzustimmen sei,[5] sondern um Überzeugungen von Personen, die um die Zustimmung anderer Personen werben. In kritischer Reaktion auf Perelman hat sich die Argumentationsregeln begründende Pragma-Dialektik entwickelt (Eemeren/Grootendorst 1992).

Die Renaissance der Argumentationstheorie lässt sich verstehen als eine Reaktion auf den Erfolg einer historisch belehrten Vernunftkritik, die nicht mehr

---

5 Vgl. Aristoteles, Rhetorik 1398b 22.

weiter von einer ‚objektiven' Vernunft (Horkheimer 1997) (↗ Aufklärung), sondern nun von einer intersubjektiv zu vermittelnden – prozeduralen – Vernunft ausgeht (Habermas 1985), einer Verfahrens- oder eben ‚Argumentationsrationalität' (Kopperschmidt 2000), die darin besteht, die eigenen Aussagen zu begründen und für Kritik zugänglich zu sein. Das Argumentieren rückt wieder stärker in den Mittelpunkt, weil gesellschaftlich als vernünftig gilt, „was sich mit guten Gründen oder überzeugungskräftigen Argumenten hat behaupten können, sodass es intersubjektiv konsensfähig wird" (Kopperschmidt 2000, S. 18).

Argumentieren wird in der gesellschaftlichen Praxis vor allem gebraucht, um in schwierigen, analytisch und wissenschaftlich eben nicht zu entscheidenden Fragestellungen „die Ungewissheit durch methodisches Anschließen an geteilte Gewissheiten so weit zu reduzieren [...], dass sie ein auf bewährte Plausibilitätsannahmen gestütztes (!) und deshalb verantwortliches Reden und Handeln zulassen" (Kopperschmidt 2000, S. 21). Je mehr Optionen es in einer demokratischen ‚Multioptionsgesellschaft' gibt, desto größer ist der Deliberations- und Argumentationsbedarf bei schwierigen Entscheidungen (z. B. Lebenswissenschaften, Selbstbestimmung am Lebensende).

3 Die bleibende Herausforderung

Die verbreitete Annahme eines humanistischen Dilemmas des Argumentierens (Eggs 1992) zwischen entweder sachlich-logischer Richtigkeit (dem ‚zwanglosen Zwang des besseren Arguments') oder selbstbestimmter individueller, respektive demokratischer Zustimmung (z. B. im Ernstfall auch Ablehnung dieses ‚zwanglosen Zwangs') beruht zum einen auf einer Fehlinterpretation von Humanismus. Dieser ist weder der Ansicht, dass wissenschaftliche Erkenntnisse ohne auf Zustimmung zielendes Argumentieren auskommen (Szientismus), noch der Ansicht, dass eine von Menschen getroffene Entscheidung gut und richtig ist, nur weil sie von Menschen getroffen worden ist (Egozentrismus/Anthropozentrismus).

Bei der argumentativen Einbindung wissenschaftlicher Erkenntnisse in Deliberationsprozesse ist nach ihrer Verlässlichkeit (Geschichtlichkeit, Fehlbarkeit, wissenschaftsinterner Widerstreit) und ihrer ethischen Bedeutung zu fragen. Bei kollektiven Entscheidungen bzw. individuellen Urteilsbildungen ist die Qualität ihres Zustandekommens kritisch zu prüfen, insbesondere, ob humanistische Überzeugungen – Selbstbestimmung, Verantwortung – und Bezugspunkte – Menschenrechte (↗ Menschenrechte/Menschenwürde) – berücksichtigt worden sind. Argumentieren ist als humanistische Kommunikationsform nicht allein eine prozedurale Ethik des Argumentierens, sondern bringt auch Inhalte ein.

Zum anderen verkennt die Konstatierung eines humanistischen Dilemmas, dass es in den menschlichen Angelegenheiten und der gesellschaftlichen Praxis zumeist gar nicht um Entscheidungen zwischen sachlich-logischer Richtigkeit oder Falschheit, sondern um das gemeinsame Abwägen konkurrierender Wahrscheinlichkeiten und Interessen geht. Die humanistische Herausforderung besteht darin, den komplexen Gesamtzusammenhang des Argumentierens stets so weit wie möglich zu wahren: kommunikative Kompetenzen, logische und politische Urteilsfähigkeit, humanistische Überzeugungen sowie Sachkenntnisse, die heute stark abhängig sind von Medienkompetenz – wissen, wie und wo man zu diesen kommt.

Bei all dem gibt es keine Garantie, dass dieses ‚Zusammenhalten' von sachlicher Richtigkeit und Respektierung konkreter demokratischer und individueller Urteilsbildung, Entscheidungs- und Handlungsfähigkeit gelingt. Argumentieren ist als Gesamtzusammenhang einer humanistischen Kommunikationsform immer auch der menschlichen Endlichkeit ausgesetzt: Unentscheidbarkeit, Dissens, Irrtum, Scheitern.

4 Literatur

Agricola, Rudolf (1992): *De inventione dialectica libri tres*. Drei Bücher über die *Inventio dialectica* (1539). Kritisch hrsg., übersetzt und kommentiert von Lothar Mundt. Tübingen.

Apel, Karl-Otto (1980): Die Idee der Sprache in der Tradition des Humanismus von Dante bis Vico. Bonn.

Bourdieu, Pierre (1990): Was heißt Sprechen? Die Ökonomie des sprachlichen Tauschs. Wien.

Descartes, René (1997): *Discours de la méthode* (1637). Französisch-deutsche Ausgabe. Übersetzt und hrsg. von Lüder Gäbe. Hamburg.

Eggs, Ekkehard (1992): „Argumentation". In: HWR. Bd. 1. Tübingen, S. 914–986.

Eemeren, Frans H. van/Grootendorst, Rob (1992): *Argumentation, Communication and Fallacies. A Pragma-Dialectical Perspective*. Hillsdale.

Fey, Gudrun (2012): Überzeugen ohne Sachargumente. So gewinnen Sie andere für Ihre Meinung. Regensburg.

Fromberg, Daniel von (2007): Demokratische Philosophen. Der Sophismus als Traditionslinie kritischer Wissensproduktion im Kontext seiner Entstehung. Münster.

Fuhrmann, Manfred (1995): Die antike Rhetorik. Zürich.

Habermas, Jürgen (1981): Theorie des kommunikativen Handelns. Bd. 1: Handlungsrationalität und gesellschaftliche Rationalisierung. Bd. 2: Zur Kritik der funktionalistischen Vernunft. Frankfurt am Main.

Horkheimer, Max (1997): Zur Kritik der instrumentellen Vernunft. Frankfurt am Main.

Knape, Joachim (2000): Allgemeine Rhetorik. Stuttgart.

Kopperschmidt, Josef (2000): Argumentationstheorie. Hamburg.

Montaigne, Michel de (1996): Essais (1580). Zürich.

Perelman, Chaim/Olbrechts-Tyteca, Lucie (2004): Die neue Rhetorik (1958). Stuttgart-Bad Cannstatt.

Tammelo, Ilmar (1972): Rechtslogik und materiale Gerechtigkeit. Mit einem Geleitwort von F. O. Wolf. Frankfurt am Main.
Toulmin, Stephen (1975): Der Gebrauch von Argumenten (1958). Kronberg im Taunus.
Westermann, Hartmut (2006): „Wie disputiert man über das Gute?" In: Rhetorik. Ein internationales Jahrbuch. Bd. 25. Olaf Kramer (Hrsg.). Tübingen.
Wolf, Frieder Otto (2003): Humanismus und Philosophie vor der westeuropäischen Neuzeit. Berlin.

Frieder Otto Wolf
Aufklärung

1. Der für den modernen Humanismus zentrale Grundgedanke der Aufklärung besteht darin, durch aktive Tätigkeit eben dasjenige Wissen zu entwickeln bzw. sich anzueignen, das gebraucht wird, um zu einem eigenen Urteil zu kommen, das einem bisher fehlte bzw. vorenthalten wurde. In diesem Sinne bezieht sich Aufklärung grundsätzlich kritisch auf traditionelle Selbstverständlichkeiten, auf religiöse Dogmen und auf vorgebliche *arcana imperii* (als Herrschaftsgeheimnisse). In eben diesem Sinne wird der Begriff der Aufklärung auch für so unterschiedliche Anliegen wie pädagogische Sexualaufklärung oder militärische Feindausspähung gebraucht.

Mit dem Bezug auf die Aufdeckung eines illegitimen Geheimnisses steht der Begriff Aufklärung von vorneherein in Gegensatz zu allen theozentrischen oder mystischen Vorstellungen von Erleuchtung (Koslowski 1996), aber auch zu allen Ansprüchen auf ein nur Eliten vorbehaltenes tieferes Wissen (Luhmann 1970). Träger und Adressaten von Aufklärung sind grundsätzlich alle Menschen in einem Prozess der Erschließung und Gewinnung relevanten Wissens zur Entfaltung eines öffentlichen Diskurses über gemeinsame Probleme und Fragen.[1] Zugleich beginnt mit der Aufklärung ein im spezifischen Sinne historisches Denken (Cassirer 1973, S. 263 ff.; Blanke/Rüsen 1984) (↗ Geschichte), das nicht „zögert, die Geschichte als einen Prozess des Fortschritts im Wissen wie im Selbstbewusstsein der Menschen zu verstehen" (Dux 2009, S. 221).

Der gegenwärtige Humanismus begreift sich als Träger einer Erneuerung der Aufklärung, welche deren unvermeidliche plurale ‚Provinzialisierung' (Chakrabarty 2000) in Richtung auf einen globalen Dialog mitvollziehen und dabei zugleich die aufgrund ihrer grundsätzlichen Verstrickung in Herrschaftswissen eingetretene ‚Dialektik der Aufklärung' (Horkheimer/Adorno 1969) kritisch überwinden soll. Dabei greift er auf die voll ausgebildeten Epochen der europäischen Aufklärung – die ionisch-attische, die der westeuropäischen ↗ Renaissance und die der westeuropäischen Moderne – zurück, ohne die historisch gescheiterten bzw. verdrängten Ansätze einer ägyptischen, einer mesopotamischen, einer islamischen, einer karolingischen, afrikanischen oder indischen, sowie die Anläufe einer chinesischen Aufklärung zu vergessen.

---

[1] Insofern Max Webers Begriff der „Entzauberung der Welt" (Weber 2002, S. 488) betont, was die Menschen durch Aufklärung an Gewissheit und an Orientierung verlieren, knüpft er an das anti-aufklärerische Denken des 19. Jahrhunderts an. Vor allem in den USA hat dies zu Debatten über eine „rationale Wiederverzauberung [*rational reenchantment*]" der Welt geführt (Gumbrecht o. J., S. 2 f.).

Bertrand Russell hat Aufklärung als unerledigte Aufgabe und als unabgeschlossenen, in die Zukunft offenen Prozess klassisch formuliert: *„a phase in a progressive development, which began in antiquity […] reason and challenges to the established order"* (Russell 1946, S. 492f.).

2. Gemäß ihrem neuzeitlichen Selbstverständnis, geht es in der Aufklärung, gestützt auf ‚Vernunft und Wissenschaft' – wie Goethe es prägnant zusammengefasst und Hegel dies bekräftigt hat (Agnoli 2001c, S. 103f.), um „die Selbsterkenntnis und Selbstbefreiung der Menschheit" (MEW 2, S. 132). Allerdings bedarf es dazu nicht mehr einer selbst noch theologisch artikulierten Absage an den ‚Teufel', wie sie Goethe und Hegel angeführt haben, noch lässt sich Aufklärung heute als ‚ein vorletzter Schritt' zu einem Zustand der vollendeten Aufklärung begreifen, wie dies Engels damals – in Erwartung des ‚letzten Schritts' der proletarischen Revolution – hinzugefügt hatte.

2.1 Der Sache nach reicht die Aufklärung zu den allerersten neolithischen Emanzipationsversuchen zurück, in denen Menschengruppen sich durch von ihnen geschaffene Mythen und Riten aus undurchschauten Abhängigkeiten und naturwüchsigen Hierarchien zu befreien versuchten (↗ Natur). In den Hochkulturen werden derartige Versuche auch literarisch greifbar. Hierher gehört etwa in Indien der Geist einer radikalen Hinterfragung aller Selbstverständlichkeiten bei Uddalaki Aruni, Charvaka und Lokayata, sowie in China der Gedanke einer erst solcherart zu begründenden Ordnung bei Konfuzius und Mo-zi.

Weiter zählen dazu in Mesopotamien die Betonung von Welterkundung und Auflehnung gegen die Autorität der Götter im Gilgamesch-Epos und in Ägypten die in frühen literarischen Dokumenten propagierte, sich durch das Schreiben vollziehende Reflexion (wie etwa in dem ‚Nachruhm des Schreibers') bzw. die Macht der freien Rede (etwa in ‚Der redekundige Oasenmann'). In Griechenland ist dieses Anliegen schon bei Homer zu finden – etwa in der von Odysseus in der Ilias vollzogenen Entsakralisierung des Zepters des Agamemnon zu einem gewöhnlichen Prügelstock, mithilfe dessen er die ins Wanken geratene militärische Disziplin im griechischen Heer wiederherstellt (Ilias II, 197 ff.).

2.2 Eine ausdrücklich als solche begreifbare Aufklärung wird historisch dadurch ausgelöst, dass sich in den griechischen Stadtstaaten (gr. *poleis*) öffentliche Deliberationsprozesse institutionell durchsetzen und parallel erste Formen von Wissenschaft der menschlichen Praxis neue Möglichkeiten der Kritik und der eigenständigen Wahrheitsfindung eröffnen (↗ Wahrheit) – von den seit Thales ausgearbeiteten rationalen Weltmodellen (bzw. ihrer Rückanwendung auf menschliche Lebensweisen bei Heraklit und Demokrit) bis zu den Aufklärungsinitiativen der sophistischen Bewegung und ihrer Reflexion innerhalb der Sokratik.

In diesem Sinne hat Enno Rudolph in einem zusammenfassenden Rückblick – der im 5. Jahrhundert v. u. Z. seinen Anfang setzt – innerhalb der im weitesten

Sinne europäischen Entwicklung eine erste, zweite und dritte Aufklärung unterschieden. Eine erste, welche schon im archaischen Griechenland einsetzt – zu der etwa die grundsätzliche ↗ Religionskritik des Xenophanes, aber auch die Ansprüche einer rationalen Erneuerung der menschlichen Gemeinwesen in der (seit Kleisthenes demokratisch verfassten) Polis gehören; eine zweite, deren Anfänge in der italienischen Renaissance liegen, die gleichsam von Petrarca über Pico della Mirandola und Machiavelli bis zu Galilei die intellektuelle Seite des Renaissance-Humanismus gebildet hat und eben eine dritte, wie sie sich in Westeuropa seit dem 17. Jahrhundert entfaltet hat (Rudolph 1988).

Diesem Rückblick gegenüber ist im okzidental-orientalischen Zusammenhang, in dem die europäische Kultur bis zur westeuropäischen Neuzeit steht, vor allem der historische Anlauf zu einer islamischen Aufklärung zu ergänzen, die historisch ausdrücklich Bagdad als den Ort der freien Vernunft gegen das autoritär und irrational geprägte Byzanz stellte, sowie ein früher jüdischer Aufklärungsimpuls, der als eigenständiger Mittler zwischen den Aufklärungstendenzen im islamisch gewordenen ‚Orient' und dem noch lange Zeit ‚finsteren' ‚Okzident' fungiert hat.

Auch die durchaus realen Aufklärungstendenzen im antiken China – vor allem in der Zeit der ‚streitenden Reiche', d. h. nach dem Zerfall der traditionellen Gemeinwesen und bevor das chinesische Geistes- und Kulturleben durchgängig imperial kontrolliert wurde –, sowie im antiken Indien vor der Konsolidierung der brahminischen Religionen – sind in einem interkulturellen historischen Rückblick auf ‚Aufklärungsbewegungen' in ihrer Eigenständigkeit zu würdigen.

2.3 Spätestens seit Lukrez beruft sich die europäische Aufklärung, die sich gegen traditionelle Weltvorstellungen auf die Wissenschaften und auf geographische Entdeckungen stützt, auf einen Kampf des Lichtes gegen die Finsternis. Die Gegner der Aufklärung werden als Obskuranten angegriffen – vermutlich im Rückgriff bis auf die von Echnaton initiierte Tradition der Verehrung eines universalen Sonnengotts (gegen die Vielzahl der noch aus der Frühzeit von Hoch- und Stammeskulturen überkommenen Gottheiten mit partikularen Hintergründen). Diese Berufung auf das ‚Licht der Vernunft' ist immer auch verbunden mit einem Programm der Umgestaltung des menschlichen Gemeinwesens nach Maßgabe der ‚vernünftigen Deliberation'.

Erst seit dem Neuplatonismus wird dem eine zum Teil aus denselben Traditionen schöpfende Lichtmetaphorik im Dienste der programmatischen Festigung der bestehenden, als unveränderlich betrachteten (Herrschafts-)Verhältnisse entgegengestellt, welche das reine Licht der Gottheit zum letzten, unerreichbaren und unbegreiflichen Grund aller Wirklichkeit und besonders auch der gegebenen menschlichen Hierarchien erklärt und es zum aktiven Prinzip einer passiven menschlichen Erleuchtung erklärt.

Diese Vorstellung einer ‚von oben' vollzogenen Erleuchtung von Auserwählten wird im Christentum zu einer vorherrschenden Gegenposition zu allen Gedanken von Aufklärung durch Selber-Denken und Wissenschaft. In der europäischen Neuzeit wird eine klandestin unter den Eliten verbreitete „radikale Aufklärung" (Israel 2001) zur gemeinsamen Orientierungs- und Handlungsgrundlage einer europäischen Adelselite (Christine von Schweden, Prinz Eugen) und ihrer aus oft kleinbürgerlichen Verhältnissen oder der offenen Armut aufsteigenden Funktionsträger.

2.4 Der moderne Begriff der Aufklärung als ausdrücklicher Reflexionsbegriff mit politisch-programmatischem Anspruch ist seit 1700 spezifisch in der Rezeption der – von deutschen bürgerlichen Intellektuellen als vorbildlich empfundenen – Neuerungen in der Philosophie, Wissenschaft, Technologie und Kultur (↗ Humanismus als Kultur) vor allem Englands und Frankreichs (Heine 1834) ausgearbeitet worden[2] – als programmatischer Begriff für einen Prozess des Selberdenkens und der Selbstbefreiung (Kant) und zugleich als Epochenbegriff zur Charakterisierung der zentralen Leistung der eigenen ‚neuen Zeit'. Ihnen ging es ausdrücklich darum, eine umfassende kritische Überwindung traditioneller, insbesondere religiöser Auffassungen und der damit zu verknüpfenden individuellen ‚Emanzipation' in einer Perspektive des historischen Fortschreitens durchzusetzen und dabei ihren Kampf als eine gegenwärtige reale Bewegung zu begreifen. Deswegen stand hier immer wieder besonders der Prozess der ↗ Bildung – individuell und generationenübergreifend – im Vordergrund.[3]

2.5 Der programmatische Reflexionsbegriff der Aufklärung, welcher dieser neuen Art von ‚Philosophen' ihre Aufgabe zuweist, scheint die Begriffsentwicklung auch in Westeuropa beeinflusst zu haben: Im Englischen setzt sich – als Lehnübersetzung – der Begriff ‚enlightenment' durch, im Französischen entspricht ihm der anscheinend erst im 19. Jahrhundert gebildete, historisch rückblickende Begriff der ‚lumières', auch die russischen (*prosvescenie*), italienischen (*illuminismo*) und spanischen (*ilustración*) Begriffe scheinen auf die deutsche Begriffsbildung zu reagieren bzw. sogar Lehnübersetzungen zu sein.

---

[2] Unter intensiver Rezeption der Schriften des erst rückblickend als solches begriffenen *Scottish Enlightenment*, in dem sich eine ähnliche Rezeptionsleistung gegenüber der englischen und französischen Aufklärung in einem sich rasch modernisierenden rückständigen Land mit eigenen theoretischen Höhepunkten der Moderne (David Hume, Adam Smith, Adam Ferguson) verbunden hatte (Israel 2011).

[3] Darin berührt sich der Begriff der Aufklärung mit dem wenig später neu gebildeten Begriff des ↗ Humanismus, nämlich als Ausdruck von Lebenserfahrung und -perspektiven eines zunächst im Dienste der absolutistischen Modernisierung sozioökonomisch aufsteigenden, allerdings kleinstaatlerisch fragmentierten ‚Mandarinats' (z. B. Winckelmann, Herder, Schiller, Goethe).

Dass der gemeinsame Bezugspunkt dieser europäischen Aufklärung immer wieder das Aufklärungsmoment der westeuropäischen Renaissance, d.h. ihre Bezugnahme auf antike Modelle (↗Antike) und zugleich sowohl auf die ‚Neue Wissenschaft' als auch auf neue Möglichkeiten freier politischer Deliberation (und sei es auch nur in Gestalt der Fiktion eines ‚Gesellschaftsvertrages') gewesen ist – und nicht etwa eine Fortsetzung der innerchristlichen Reformations-Prozesse – ist dabei unübersehbar.

2.5.1 Während vor allem in Frankreich und den USA sich mit den Revolutionen des 18. Jahrhunderts eine politische Dialektik von Menschen- und Bürgerrechten (Balibar 2010) zu entfalten beginnt, tritt in Deutschland zunächst die philosophische Grundsatzdebatte über das Verhältnis von menschlicher Vernunft zur beginnenden Modernisierung von Gemeinwesen und Kultur in den Vordergrund.

In der in Preußen in den 1780er Jahren von Moses Mendelssohn – selbst ein Vertreter der späten *Haskala*, der jüdischen Aufklärung – ausgelösten Debatte zum Thema ‚Was ist Aufklärung?' (Hinske 1981; Schmidt 1996), ist ein programmatischer Begriff für einen weiterhin voranzutreibenden geistigen und politischen Prozess zur Erlangung von Mündigkeit und Selbstbestimmung artikuliert worden. Kant hat dazu 1784 einen klassischen Beitrag geleistet (Foucault 2005), in welchem er Aufklärung „als den Ausgang aus selbstverschuldeter Unmündigkeit" bestimmte – was er weiter zuspitzte, indem er Aufklärung als „die Maxime, jederzeit selbst zu denken" definierte (Kant 1977, S. 283).

Kant, der an diesem Thema kontinuierlich weiter gearbeitet hat (Agnoli 2001c), bezieht in seinen Begriff auch die Dimension einer Kritik an irrationaler „Schwärmerei" (Kant, Anthropologie, § 38) und der Bindung an die Öffentlichkeit, der als frei eingeforderten argumentativen Auseinandersetzung (‚Der Streit der Fakultäten') mit ein. Er engt letztlich aber die Gründe, aus denen Aufklärung unterbleibt, auf die scheinbar individualpsychologischen Aspekte der ‚Feigheit' und der ‚Faulheit' ein – was in seiner universalistischen Pointe deutlich wird, wenn wir es mit den traditionell in der Philosophie seit Platon an diesem Punkt der Argumentation angeführten Gründen der ‚Dummheit' und der ‚Schlechtigkeit' vergleichen.

2.5.2 Analoge Prozesse der Verknüpfung von Aufklärung und Befreiung (↗Befreiung/Herrschaft) haben sich in den Anfängen der modernen von Europa ausgehenden Frauenbewegung (Olympe de Gouges und Mary Wollstonecraft) vollzogen. In der Sklaven-Revolution von Haiti hat der Universalitätsanspruch dieser Verknüpfung greifbar Gestalt angenommen. Damit wird der bei vielen europäischen und nordamerikanischen Vertretern und vor allem Erben der Aufklärung zu konstatierende Androzentrismus und Eurozentrismus als ein Mangel an Aufklärung erkennbar (Chakrabarty 2000).

Analog hat das rebellische Auftreten des modernen Proletariats – gerade aus alten, persönlichen Abhängigkeitsverhältnissen befreit, nun sachlich vermittelten

Formen der Herrschaft unterworfen, wie es sich seit Babeuf merkbar macht[4] – die Frage nach einer gesellschaftstheoretischen Aufklärung auf die historische Tagesordnung gesetzt.

3. Schon Hegel hatte sich gegenüber dem historischen Prozess der Aufklärung (Gay 1977; Faber/Wehinger 2010) differenzierend verhalten. Einerseits erklärt er ihn im Kern zur Grundlage seines eigenen Philosophierens, andererseits wirft er in seiner ‚Phänomenologie des Geistes' (1806) die Frage auf: „was nun weiter? Welches ist die Wahrheit, welche die Aufklärung statt jener [d. h. Vorurteil und Aberglauben] verbreitet hat?" (Hegel 1970, Bd. 3, S. 400–424: „Der Kampf der Aufklärung mit dem Aberglauben"; Zitat S. 413).

3.1 Seit dem 19. Jahrhundert – im Zusammenhang mit dem Schwinden der bürgerlichen, demokratischen Revolutionshoffnungen – wird der Übergang von vormodernen, auf persönlicher Autorität und Macht beruhenden Gesellschafts-, Staats- und Kulturformen, zu modernen, unpersönlich begründeten Formen, als Kennzeichnung einer historischen Epoche verwendet, in welcher „Religion, Naturanschauung, Gesellschaft, Staatsordnung, alles [...] der schonungslosesten Kritik unterworfen [wurde]; alles sollte seine Existenz vor dem Richterstuhl der Vernunft rechtfertigen oder auf die Existenz verzichten", wie Friedrich Engels (MEW 20, S. 16) diese rückblickende Epochenbeschreibung prägnant zusammengefasst hat.

Dass dabei zugleich der nicht als solcher reflektierte ‚possessive Individualismus' des modernen Bürgertums prägend gewesen war,[5] wurde zu einer wichtigen Rezeptionsbarriere: Nachdem Klassen oder auch andere – vor allem nationale – Gemeinschaften als kollektive Subjekte auftraten, schien der Gedanke der Aufklärung als ein individualistischer Rückfall. Marx formuliert zwar eine grundsätzliche Kritik am ‚Edukationismus' der bürgerlichen Eliten, in der es auch um die Emanzipation der Einzelnen geht (Thesen ad Feuerbach, MEW 3, S. 6) – aber die Dimension der individuellen Emanzipation gerät über die Fixierung auf die Realitäten des Klassenkampfs außer Blick – und das „Reich der Vernunft" wird fälschlich allein auf den „idealisierten Verstand des eben damals zum Bourgeois sich fortentwickelnden französischen Mittelbürgers" (Engels, MEW 19, S. 190, 192) reduziert.

3.2 Nietzsche, der die „Feindschaft der Deutschen gegen die Aufklärung" feststellt, wollte in seiner ‚Morgenröte' durchaus noch an die Aufklärung anknüpfen: „Diese Aufklärung haben wir jetzt weiterzuführen" (Nietzsche 1980, S. 171 f.). Diese ‚neue Aufklärung' sollte sich allerdings auf die Überwindung des Christentums (mit seiner von Nietzsche diagnostizierten ‚Sklavenmoral') und

---

[4] Vgl. die Analysen und programmatischen Perspektiven von Proudhon und Marx.
[5] Wie ihn prägnant C. B. Macpherson herausgearbeitet hat (Macpherson 1967).

damit auf die Überwindung des ‚Nihilismus' in Richtung auf das Projekt einer ‚Erziehung des höheren Menschen' beziehen.

3.3 *Ex oriente lux* (Ernst Bloch): Angesichts der großen Hoffnungen, welche die russische Oktoberrevolution gerade unter kritischen Intellektuellen ausgelöst hat – durchaus bestärkt von aktualisierten Aufklärungs-Programmen etwa bei Lunatscharski oder Bogdanow (Grille 1966) – brauchte die von ihr ausgelöste Hoffnung auf eine Erneuerung der Aufklärung lange Zeit zum Sterben. Die Stalinsche Wendung zum ‚Aufbau des Sozialismus in einem Land', zur sogenannten Bolschewisierung der kommunistischen Parteien, zur polizeistaatlichen Repression, sowie zum ‚Personenkult', kann aber zunehmend weniger propagandistisch mit diesen Hoffnungen verbunden werden. Spätestens mit dem Ribbentrop-Pakt ist die UdSSR als ein Hort der Aufklärung in der Weltöffentlichkeit desavouiert – was aber erst von vielen linken Intellektuellen verdrängt wird, denen sie noch lange – trotz allem – zumindest als antifaschistisches Bollwerk erscheint.

3.4 In den heftigen Abwehrreaktionen auf die russische Oktoberrevolution kommt es in den 1920er Jahren weltweit zu einer erneuten Frontbildung gegen die Aufklärung als ‚Mutter der Revolution'. Daran knüpft in der zunehmenden Konfrontation der Krisenperiode der ‚Zwischenkriegszeit' gerade im Verliererstaat Deutschland eine gegen-revolutionär auftretende Linie in einer sich ausdrücklich – auch mit antisemitischen Untertönen – als deutsch verstehenden Philosophie an, welche sich im folgenden als Philosophie des neuen Deutschland unter Hitler begreift.

In ihr wird gegen ‚Intellektuelle oder Aufklärer' Front gemacht (Arnold Gehlen 1936), jegliches Anknüpfen an die Aufklärung auch später noch weit von sich gewiesen (Rothacker 1966, S. 178) und sogar der Aufklärung – in polemischer Umkehrung ihres eigenen Anspruchs – vorgeworfen, sie „verfinster[e] die Wesensherkunft" (Heidegger 1954, S. 127), sowie ausdrücklich gegen die Aufklärung mit einer Erleuchtungsmetaphorik operiert, welche die „Lichtung des Seins" für die eigene, antimodern konzipierte Fundamentalontologie reklamiert (‚Humanismusbrief').

3.5 Adorno und Horkheimer haben ihre ‚Dialektik der Aufklärung' 1943–1944, am Tiefpunkt der ‚Nacht des 20. Jahrhunderts', ausgearbeitet und formuliert, als ein zumindest europäischer und temporärer Sieg des deutschen Nazi-Reiches möglich oder sogar wahrscheinlich zu sein schien. Dennoch wäre es ein gravierendes Missverständnis, wenn ihnen eine Verabschiedung von der elementaren Radikalität der kantischen Postulate von Selber-Denken und Selbstbestimmung unterstellt würde. Worum es ihnen geht, ist vielmehr, zum einen, dass die Verwirklichung dieser Postulate auf die konkrete wissenschaftliche Untersuchung und die politische Veränderung der Umstände angewiesen ist, um nicht bloß frommer Wunsch zu bleiben. Zum anderen, dass immer auch die Gefahr der Pervertierung individueller Befreiungsbemühungen unter dem Gewicht der bestehenden Herrschaftsverhältnisse besteht, so lange diesen kein aus ihrer Erkenntnis begründeter wirksamer Widerstand entgegengebracht werden kann. „Seit je hat Aufklärung im umfassendsten Sinn [...] das Ziel verfolgt, von den Menschen die Furcht zu nehmen und sie als Herren einzusetzen. Aber die vollends aufgeklärte Erde strahlt im Zeichen triumphalen Unheils." (Horkheimer/Adorno 1969, S. 13) Damit geben sie jedoch keineswegs der seit den 1920er Jahren nicht nur in Deutschland immer dominanter werdenden anti-aufklärerischen Traditionslinie nach, sondern betonen nur – in vermutlich unübertroffen realistischer Weise –, wie schwer es nicht nur in Deutschland sein wird, wirkliche Aufklärung und Befreiung zu erringen (Habermas 1983; van Reijen/Schmid Noerr 1987).[6]

3.6 Mit der deutschen Teilung entsteht eine gewisse – im offiziellen Marxismus, ebenso wie in den dominanten Philosophenschulen des Westens immer wieder vorbereitete Versuchung – die Postulate von Aufklärung und Gegen-Aufklärung in den Ost-West-Konflikt einzuschreiben, verkörpert von Autoren wie Ley und Buhr auf der einen, sowie Heidegger, Vögelin und Strauss auf der anderen Seite. Offenbar überwältigt von der Vorherrschaft der anti-aufklärerischen Traditionslinie in Deutschland, stellte Alexander Mitscherlich rückblickend fest: „Aufklärung ist bei uns neben den in Deutschland heimischen philosophischen Systemen nie so recht anerkannt worden." (Mitscherlich 1977)

4. Der Kampf um die Aufklärung hat sich in der jüngeren Vergangenheit erneuert. Kurz nach Beginn des 21. Jahrhunderts häufen sich die Aufrufe für eine ‚neue Aufklärung', zur Gestaltung einer immer wieder als Transformationsperiode antizipierten Gegenwart (etwa versammelt in Schmidt-Glintzer 2004).

4.1 Die trotz Niederlage in Deutschland zunächst nachhaltiger und umfassender wirkende Jugendrevolte der 1960er, hat (nach Vorläufern in den deutschsprachigen 1920er Jahren) zum ersten Mal den Aspekt der ‚sexuellen Aufklärung' der jungen Generation als eine politische Frage thematisiert und damit die Problematik der Aufklärung auf die zuvor meist theoretisch und politisch ‚unsichtbar' gebliebenen Geschlechter- und Generationenverhältnisse gerichtet (Heider 2014).

Diesen Impuls zu einer Erneuerung der Aufklärung hatte Klaus Heinrich schon vorab auf den Punkt gebracht: „Angesichts des verhängnisvollen Zuges der deutschen Entwicklung" gehe es darum, der „bis heute nicht verstummenden Verdächtigung der europäischen Aufklärungsphilosophie als oberflächlich und flach" entgegenzutreten (Heinrich 1982, S. 30 f.). In diesem Sinne ist es – trotz

---

6 Auch sie vermeiden es allerdings immer noch, auf den real anti-aufklärerischen Charakter des Stalinismus zu sprechen zu kommen – auch wenn dieses Schweigen ihrer Argumentation nicht in demselben Maße die Glaubwürdigkeit entzieht, wie dies mit Lukács' Versuch geschehen ist, die historische „Zerstörung der Vernunft" aufzuzeigen und zu kritisieren (Lukács 1954), ohne ein einziges Wort zu der Stalinisierung der UdSSR und der kommunistischen Weltbewegung zu sagen (Adorno 1961, S. 153).

einiger Konflikte mit der historischen Studentenbewegung – vor allem Jürgen Habermas gelungen, Aufklärung als ein zentrales politisch-philosophisches Projekt nach der ‚Dialektik der Aufklärung' zu reaktivieren.

Ausgehend vom Scheitern dieses historischen Aufbruchs, der allerdings die Verhältnisse doch weitgehend verändert hat, wird von einigen deutschen Intellektuellen wiederum die Aufklärung zum Problem erklärt, das endlich zu verabschieden wäre. Sie reden vom „Elend der Aufklärung" (Kiwus/Binder), von der „Wiedergeburt der Aufklärung als Fehlgeburt" oder erklären die „Versprechen der Aufklärung" zu einer bloßen Illusion (Gumbrecht), wenn sie auch nicht – wie die nur wenig früher auftretenden *nouveaux philosophes* – so weit gehen, die Aufklärung zum Ursprung der Menschheitsverbrechen des ‚Totalitarismus' des 20. Jahrhunderts zu erklären.

4.2 Dagegen wird inzwischen erneut vermehrt versucht, mit Foucaults Kommentar zum Kant-Text (Foucault 2005) als einem der markanten Ausgangspunkte, eine substanzielle Erneuerung und zugleich Universalisierung von Aufklärung zu betreiben. Einschlägige Absichtserklärungen deutscher Politiker und Politikerinnen in diesem Jahrzehnt reichen über das gesamte demokratische Spektrum. Popularisierte programmatische Vorschläge für eine neue Welle der Aufklärung (seit Postman 1999) werden inzwischen breit angelegt durch entsprechende historische und philosophische Untersuchungen ergänzt (Bohmann et al. 2012). Angesichts dieser Konjunktur der Propagierung einer neuen Aufklärung wird es umso wichtiger,[7] „die Erfahrungen der Geschichte mit der Aufklärung für ein zeitgemäßes historisches (nicht posthistorisches) Selbstverständnis produktiv zu machen" (Schröder 2011, S. 230).

5. Es spricht vieles dafür, nach den geistigen Verwirrungen und Antagonismen des 20. Jahrhunderts geradezu eine neue, über sich selbst aufgeklärte Aufklärung (Rüsen et al. 1988; Fetscher 1989) zu propagieren, welche sich sowohl von dem affirmativen Positivismus und Szientismus, als auch von der Tendenz zu einer selbstzufriedenen ‚*Juste-Milieu*'-Gesinnung frei macht, deren oft überwältigende Prägekraft im 20. Jahrhundert viele Versuche beeinträchtigt hat, an die radikalen und immer noch uneingelösten Befreiungsimpulse der historischen Aufklärung anzuknüpfen.

Im Rückgriff auf die Konzeption einer ‚radikalen Philosophie', welche die historischen Projekte von ‚Aufklärung und Befreiung' zu erneuern und neu miteinander zu verknüpfen beansprucht (Wolf 2009), lässt sich die von vielen Seiten gegen die einflussreiche These von André Malraux – „Das 21. Jahrhundert wird ein

---

[7] Die einschlägigen Internet-Publikationen und Plattformen, die eine ‚n-te' bzw. ‚neue' Aufklärung propagieren, multiplizieren sich seit dem Beginn des 21. Jahrhunderts.

Jahrhundert der Religion sein, oder es wird nicht sein" – erhobene Forderung nach einer Aufklärung für das 21. Jahrhundert aufgreifen.

Dabei wird es darauf ankommen, eine reflektierte und ihrer potenziellen dialektischen Verstrickungen bewusste Praxis der Aufklärung zu entfalten und zur Wirkung zu bringen, die weder ökologisch bzw. in Genderfragen blind ist oder die eurozentrischen Momente ihrer Vergangenheit unangetastet belässt, noch auch die modernen Formen der Klassenherrschaft verdrängt, deren theoretisches Begreifen und deren praktische Kritik zur zentralen Herausforderung für einen erneuten, globalen historischen Prozess der Aufklärung geworden sind (Honneth et al. 1989; Bohmann et al. 2012).

Für einen wirklich zeitgenössischen Humanismus wird es dabei immer auch darum gehen müssen, tragfähige Verbindungen zwischen dem Fortschritt der wissenschaftlichen Erkenntnis, humanistischer theoretischer Artikulation und einer in einem erneuerten Sinne humanistischen Praxis zu entwickeln, die über humanitäre Minima in Richtung von Befreiung hinausgeht.

6 Literatur

Adorno, Theodor W. (1961): Noten zur Literatur II. Frankfurt am Main.
Agnoli, Johannes (2001a): Politik und Geschichte. Schriften zur Theorie. Freiburg im Breisgau.
Agnoli, Johannes (2001b): „Die Französische Revolution und das philosophische Deutschland. Einleitung". In: Agnoli 2001a, S. 100–105.
Agnoli, Johannes (2001c): „Vernunft und Praxis. Die Aufklärung bei Kant". In: Agnoli 2001a, S. 121–139.
Balibar, Étienne (2012): „Die Proposition der Gleichfreiheit" (1989). In: Étienne Balibar: Gleichfreiheit. Politische Essays. Frankfurt am Main, S. 72–120. (Französische Ausgabe Paris 2010, S. 55–89).
Blanke, Horst Walter/Rüsen, Jörn (Hrsg.) (1984): Von der Aufklärung zum Historismus. Zum Strukturwandel des historischen Denkens. Paderborn, München, Wien, Zürich.
Bohmann, Ulf/Bunk, Benjamin/Koehn, Elisabeth Johanna/Wegner, Sascha/Wojcik, Paula (Hrsg.) (2012): Das Versprechen der Rationalität. Visionen und Revisionen der Aufklärung. Paderborn.
Cassirer, Ernst (1973): Die Philosophie der Aufklärung (1932). 3. Auflage. Tübingen.
Chakrabarty, Dipesh (2010): Europa als Provinz. Perspektiven postkolonialer Geschichtsschreibung. Frankfurt am Main, New York. (Englische Ausgabe: *Provincializing Europe. Postcolonial Thought and Historical Difference*. Princeton, N.J. 2000).
Dux, Günter (2009): Von allem Anfang an: Macht, nicht Gerechtigkeit. Studien zur Genese und historischen Entwicklung des Postulats der Gerechtigkeit. Weilerswist.
Faber, Richard/Wehinger, Brunhilde (2010): Aufklärung in Geschichte und Gegenwart. Würzburg.
Fetscher, Iring (1989): „Aufklärung über Aufklärung". In: Honneth 1989, S. 657–689.

Foucault, Michel (2005): „Was ist Aufklärung?" (1984). In: Michel Foucault: *Dits et Écrits*. Schriften. Bd. 4. Frankfurt am Main, S. 687–707.
Gay, Peter (1977): *The Enlightenment. An Interpretation*. 2 Bde. (Bd. 1: *The Rise of Modern Paganism*. Bd. 2: *The Science of Freedom*). New York, London.
Grille, Dietrich (1966): Lenins Rivale. Bogdanov und seine Philosophie. Köln.
Gumbrecht, Hans Ulrich (o. J.): „Explosionen der Aufklärung. Diderot, Goya, Lichtenberg, Mozart". Vgl. http://www.aitk.hu/downloadfile/173/, besucht am 31.7.2015.
Habermas, Jürgen (1983): „Die Verschlingung von Mythos und Aufklärung. Bemerkungen zur ‚Dialektik der Aufklärung' nach einer erneuten Lektüre". In: Karl-Heinz Bohrer (Hrsg.): Mythos und Moderne. Frankfurt am Main.
Hegel, Georg Wilhelm Friedrich (1970): Werke in zwanzig Bänden. Bd. 3: Phänomenologie des Geistes. Frankfurt am Main.
Heidegger, Martin (1954): Was heißt denken? Frankfurt am Main.
Heider, Ulrike (2014): Vögeln ist schön. Die Sexrevolte von 1968 und was von ihr bleibt. Berlin.
Heine, Heinrich (1834): Zur Geschichte von Religion und Philosophie in Deutschland. In: Heinrich Heine: Der Salon. Bd. 2. Hamburg, S. 1–284.
Heinrich, Klaus (1982): Parmenides und Jona. Vier Studien über das Verhältnis von Philosophie und Mythologie. Frankfurt am Main.
Hinske, Norbert (Hrsg.) (1981): Was ist Aufklärung? Beiträge aus der Berlinischen Monatsschrift. Stuttgart.
Honneth, Axel/McCarthy, Thomas/Offe, Claus/Wellmer, Albrecht (Hrsg.) (1989): Zwischenbetrachtungen. Im Prozess der Aufklärung. Festschrift Habermas. Frankfurt am Main.
Horkheimer, Max/Adorno, Theodor W. (1969): Dialektik der Aufklärung (1944/47). Frankfurt am Main.
Israel, Jonathan (2001): *Radical Enlightenment. Philosophy and the Making of Modernity, 1650–1750*. Oxford.
Israel, Jonathan (2011): *„Scottish Enlightenment and ‚Man's Progress'"*. In: *Democratic Enlightenment. Philosophy, Revolution, and Human Rights 1750–1790*. Oxford, S. 233–269.
Kant, Immanuel (1974): „Was ist Aufklärung?" (1784). In: Ehrhard Bahr (Hrsg.): Was ist Aufklärung? Thesen und Definitionen. Stuttgart, S. 9–17.
Kant, Immanuel (1977): „Was heißt: sich im Denken orientieren?" (1786). In: Kant. Werke in zwölf Bänden. Wilhelm Weischedel (Hrsg.). Bd. 5. Frankfurt am Main, S. 267–283.
Kiwus, Karin/Binder, Klaus (Hrsg.) (1985–1986): Der Traum der Vernunft. *Vom Elend der Aufklärung*. 2 Bde. Darmstadt.
Koslowski, Peter (1996): „Imperative bewussten Seins. Gnosis und Mystik als andere Aufklärung". In: Hans-Joachim Höhn (Hrsg.): Krise der Immanenz. Religion an den Grenzen der Moderne. Frankfurt am Main, S. 174–205.
Luhmann, Niklas (1970): „Soziologische Aufklärung". In: Niklas Luhmann: Soziologische Aufklärung 1. Wiesbaden, S. 66–91.
Lukács, Georg (1954): Die Zerstörung der Vernunft. Berlin.
Macpherson, Crawford B. (1967): Die politische Theorie des Besitzindividualismus. Frankfurt am Main. (Englische Ausgabe: *The Political Theory of Possessive Individualism. Hobbes to Locke*. Oxford 1962).
Mitscherlich, Alexander (1977): „Neuerliches Nachdenken über die Aufklärung". In: Merkur. Deutsche Zeitschrift für Europäisches Denken 31. Nr. 345, S. 101–113.

Nietzsche, Friedrich (1980): Morgenröthe (1881). In: Friedrich Nietzsche: Sämtliche Werke. Kritische Studienausgabe in 15 Bänden. Giorgio Colli/Mazzino Montinari (Hrsg.). Bd. 3. München, Berlin, S. 9–331.

Postman, Neil (1999): *Building a Bridge to the Eighteenth Century. How the Past can Improve Our Future.* New York.

Rothacker, Erich (1966): Zur Genealogie des menschlichen Bewußtseins. Bonn.

Rudolph, Enno (Hrsg.) (1998): Die Renaissance und ihre Antike. Die Renaissance als erste Aufklärung I. Tübingen.

Russell, Bertrand (1946): *A History of Western Philosophy.* London.

Rüsen, Jörn/Lämmert, Eberhard/Glotz, Peter (Hrsg.) (1988): Die Zukunft der Aufklärung. Frankfurt am Main.

Schmidt, James (1996): *What is Enlightenment? Eighteenth Century Answers and Twentieth Century Questions.* Berkeley.

Schmidt-Glintzer, Helwig (Hrsg.) (2004): Aufklärung im 21. Jahrhundert. Vorträge. Wiesbaden.

Schröder, Winfried (2011): Athen und Jerusalem. Die philosophische Kritik am Christentum in Spätantike und Neuzeit. Stuttgart-Bad Cannstatt.

Van Reijen, Willem/Schmid Noerr, Gunzelin (Hrsg.) (1987): Vierzig Jahre Flaschenpost. ‚Dialektik der Aufklärung' 1947 bis 1987. Frankfurt am Main.

Weber, Max (2002): „Wissenschaft als Beruf" (1919). In: Max Weber. Schriften 1894–1922. Dirk Kaesler (Hrsg.). Stuttgart, S. 474–511.

Wolf, Frieder Otto (2009): Radikale Philosophie. Aufklärung und Befreiung in der neuen Zeit (2002). 2. Auflage. Münster.

Frieder Otto Wolf
Befreiung/Herrschaft

1 Vielfalt von Befreiung – humanistischer Befreiungsbegriff

Die Kategorie der Befreiung kann sich auf vielerlei beziehen, von Abhängigkeiten, schlechten Gewohnheiten und Krankheiten bis zu Routinen und Moden. Für den zeitgenössischen Humanismus ist Befreiung durchaus derart umfassend als eine notwendige Voraussetzung für ein gelingendes Leben zu denken (↗ Glück). Den Kernbereich seiner Befreiungsperspektive bildet jedoch die Befreiung von Herrschaft.[1]

Befreiung als moderner politischer Begriff bezieht sich spezifisch auf relativ verselbstständigte Herrschaftsverhältnisse, also immer auch auf den Staat (Goldschmidt 1999). Besonders der moderne Staat (Gerstenberger 1991) mit seiner systematischen Bezugnahme auf sachlich vermittelte (und nicht mehr personal definierte) Herrschaftsverhältnisse hat seinem ,liberal' definierten Anspruch gemäß die Befreiung von persönlichen Abhängigkeitsverhältnissen (Knecht, Untertan) und ihre Ersetzung durch sachlich vermittelte Verhältnisse (Lohnarbeit, Staatsbürgerschaft) mit sich gebracht, die in kritischen Theorien der Moderne, etwa bei Marx (Marx/Engels 1958, S. 65 ff.), bei de Beauvoir (de Beauvoir 1949) oder bei Frantz Fanon (Fanon 1971) wiederum als neuartige Herrschaftsverhältnisse begriffen werden.

Mit dieser Versachlichung, in der sich auch für Max Weber ein neues „stahlhartes Gehäuse der Hörigkeit" (Weber 1988, S. 332) ankündigte,[2] ging historisch die Entsakralisierung der Herrscherpersonen und die ↗ Säkularisierung der staatlichen politischen Verhältnisse Hand in Hand, um sich in unterschiedlichen Formen (,Staatsfeiern' in Monarchien und in Republiken) und unterschiedlich vollständig (,hinkende Trennung' von Staat und Kirche in Deutschland, formeller ,Exklusions-Laizismus' in Frankreich, Gleichbehandlungs-Laizismus in Belgien und den Niederlanden, zivilreligiöse Privatisierung der Konfessionen in den USA) global in der Staatenwelt durchzusetzen.

---

[1] Wie sie etwa in Max Webers Typologie der Herrschaftsformen (Weber 1922, S. 475–481) als selbstverständliche Ausgangsgegebenheit unterstellt wird.
[2] Weber ging, wie Georg Simmel (Simmel 1922, S. 109), von der Omnihistorizität von Herrschaft und Führung aus und ignorierte etwa die Marxschen und Engelsschen Versuche, zu einer Differenzierung zwischen Herrschaft, Verwaltung und ,Leitung der Produktion' zu gelangen (Goldschmidt 2004, Sp. 93–95).

1.1 Ein gegenwärtiger Humanismus kann sich nicht damit begnügen, Befreiung ganz abstrakt zu postulieren bzw. Herrschaft nur als ein allgemeines Verhältnis in seinen unterschiedlichen Gestalten und Formen zu beschreiben bzw. historisch zu erklären.Seit dem 18. Jahrhundert mit den Revolutionen in Frankreich und in Haiti ist die Selbstverständlichkeit der Herrschaft von Menschen über Menschen verschwunden. Auch das Verständnis eigener Freiheit als ‚Herrschaft über sich selbst' bzw. von menschlicher Freiheit als ‚Herrschaft über die ↗ Natur' sind problematisch geworden.

Damit steht der Humanismus nicht mehr vor der Frage, welche Herrschaft legitim ist, sondern vor der, wie eine Herrschaft überwunden werden kann, die es einzelnen Menschen oder Gruppen von Menschen verwehrt, den „Spielraum eines gelingenden Lebens" (Seel 1996, S. 255) für sich selbst zu bestimmen und zu gewinnen. Daraus ergibt sich ein zugespitzter Begriff der spezifischen Formen von Herrschaft, welche spezifischen Formen einer möglichen Befreiung entsprechen.

Dieser Begriff von Herrschaft lässt sich als solcher von allen anderen Formen von Hierarchie, Autorität, Ordnung oder Macht übereinzelsprachlich unterscheiden. Denn auf der Grundlage von überlegener Macht – in den beiden Formen, der „Macht, etwas zu tun" und der „Macht über jemanden" (Lukes 1974) – erzwingt Herrschaft als besondere, ‚verselbstständigte' Form der „Macht über jemanden" als solche Unterwerfung bzw. Konformität (Wartenberg 1990).[3]

Damit kann auch die problematische Entgegensetzung von bloß formellen und realen Freiheiten überwunden werden, wie sie in den Hauptlinien der marxistischen Tradition zu einer Marginalisierung der Perspektive der Befreiung geführt hat (Rancière 2002, S. 98 f.). Aufgrund einer genauer bestimmten Kategorie der Herrschaft, die sich nicht in den Machtbegriff auflösen lässt (Lindner 2006), werden demgegenüber Prozesse einer Institutionalisierung von Befreiung denkbar – um im Kampf auch gegen sachlich vermittelte Herrschaftsverhältnisse dauerhaft konkrete Möglichkeiten von Selbstbestimmung zu schaffen und zu erweitern.

1.2 Damit ergibt sich für den Humanismus die Möglichkeit, auch von der ‚Theologie der Befreiung' zu lernen – nicht von den von ihr immer noch für erforderlich gehaltenen ‚höheren Garantien', sondern zum einen von ihrer ↗ Solidarität gegenüber wirklichen Befreiungskämpfen der Gegenwart (etwa bei Ernesto Cardenal), zum anderen aber auch von ihrer Arbeit an der Freilegung der denkerischen Spuren von Befreiungskämpfen der Vergangenheit (Veerkamp 1993).

---

3 Vgl. auch Plessners Postulat einer ‚Emanzipation der Macht', die einerseits im Sinne einer Verankerung von ‚Machtfragen' in Fragen der Ordnung, welche „sich nur als Über- und Unterordnung her[stelle]", aber auch abschließend in eine Perspektive eines „Für-Sich-Seins der Macht" als Befreiungsperspektive einmündet (Plessner 1962, S. 261).

1.3 Aus der Perspektive eines gegenwärtigen Humanismus der Befreiung (Wolf 2014) lässt sich auch im historischen Rückblick das Verhältnis von ‚Freiheit und ↗ Gerechtigkeit' (Heinrichs 2002) als ein Problem der Überwindung bestehender Formen der Herrschaft begreifen. In der Debatte über ‚legitime Herrschaft', nicht anders als in der Debatte über einen ‚gerechten Krieg', sind demgemäß viele Gesichtspunkte und Kriterien entfaltet worden, die zwar unter bestimmten Voraussetzungen die Unvermeidlichkeit und sogar Produktivität bestimmter Formen von Hierarchie, Autorität, Ordnung oder auch Macht begründen können, nicht aber deren Zuspitzung zu einer verselbstständigten Form der Herrschaft.

An dieser Stelle hat sich im 20. Jahrhundert eine Debatte über ‚herrschaftsfreie Gesellschaften' entwickelt (Haude/Wagner 2004), die sich einerseits auf die historische Existenz von menschlichen Gesellschaften bezieht, in denen sich keine Herrschaftsverhältnisse durchgesetzt haben (Sigrist 1994) bzw. auf herrschaftskritische Linien in der gesamten Breite der antiken Tradition. Andererseits geht es hier um die gegenwärtigen und künftigen Möglichkeiten der Durchsetzung befreiter Verhältnisse in menschlichen Gemeinwesen (Spehr 1999).

Auf gleicher Freiheit aller beruhende Produktionsverhältnisse, ein sich durch die Teilnahme aller reproduzierendes politisches Gemeinwesen oder auch eine sich frei und zugleich inklusiv entwickelnde Kultur (↗ Humanismus als Kultur) setzen ihrerseits durchaus Differenzierungen, Kommunikationsformen und Regeln voraus, die immer auch Machteffekte auslösen werden, um deren weitere Bearbeitung sich eine adäquate politische Praxis in demokratischen Gemeinwesen wird kümmern müssen. Das ist aber nicht gleichzusetzen mit der Forderung nach der Schaffung und Reproduktion von Herrschaftsverhältnissen bzw. der These, dass solche Herrschaftsverhältnisse unvermeidlich entstehen, wo immer und wann immer menschliche Gesellschaften existieren.

2 Gleiche Freiheit, Befreiung und Herrschaft

Die von dem Postulat der gleichen Freiheit ausgehende politische Philosophie der Neuzeit hat ihre praktische Zuspitzung in den Revolutionen in Nordamerika, Frankreich und Haiti erfahren (Buck-Morss 2009), was bereits Robespierre (Labica 1990) und Jefferson (Heun 1994) artikuliert haben. In Hegels Dialektik von Herrschaft und Knechtschaft (Kojève 1958, S. 11–32) wird eine philosophische Quintessenz dieser Position gezogen, in der sowohl der Gedanke der ‚gleichen Freiheit aller' (Balibar 2010) als auch der Gedanke der prinzipiell ungebundenen Staatsgewalt als Träger von Politik (Reitz 2016) in ihrem inneren Zusammenhang zu denken waren.

Dieses neuzeitliche Herangehen vollzieht einen historischen Bruch mit älteren Formen personal konstituierter Herrschaftsverhältnisse (Feudalität, Sklaverei) theoretisch nach, bleibt allerdings noch in den Gedankenformen einer personalen Repräsentation institutionell begründeter Macht befangen, wie sie sich in der europäischen Neuzeit im Ausgang von dem Theorem der ‚*king's two bodies*' (Kantorowicz) entwickelt hatte (Manow 2008). Sie dringt daher nicht konsequent bis zu den Formen moderner, rein ‚sachlich vermittelter Herrschaft' vor, wie sie dann etwa von Saint-Simon, Marx und Comte untersucht worden sind.

Gegenüber der Konzentration von Marx (und auch Engels) auf die gesellschaftliche Herrschaft der kapitalistischen Produktionsweise hat vor allem Bakunin versucht, den Staat als künstlichen Apparat zur Unterdrückung der individuellen Menschen zu kritisieren und anzugreifen (Bakunin 1999), aber nicht näher untersucht, wie eine Befreiung von diesem Staat angesichts des Fortbestehens eigenständiger gesellschaftlicher Herrschaftsverhältnisse möglich wäre.[4] Marx/Engels und Bakunin waren sich darin einig, das Nachdenken über die geeigneten Formen einer Politik der Befreiung der Zukunft zu überlassen.

Die eigentümliche Befangenheit angesichts der realen Gestalten der Revolution, die seit dem 18. Jahrhundert moderne liberal-konservative Positionen prägt, hat zur Folge, dass die spezifische Herrschaftskritik, wie sie seit dem späten 18. Jahrhundert von unterschiedlichen sozialen Emanzipationsbewegungen (etwa der Arbeiter, der Frauen, der in koloniale Abhängigkeit gebrachten Menschengruppen) kämpferisch geltend gemacht worden ist, als solche unverständlich bleibt und als ‚Undankbarkeit' gegenüber den modernen ‚bürgerlichen Freiheiten' erscheint. Umgekehrt hat die Wahrnehmung dieser realen Befangenheit wiederum dazu geführt, dass in diesen Emanzipationsbewegungen immer wieder fälschlich unterstellt worden ist, die ‚Politik der Menschen- und Bürgerrechte' habe sich bereits erledigt.

In der deutschen juristischen Staatstheorie ist seit Georg Jellineks 1900 veröffentlichter ‚Allgemeiner Staatslehre' die Auffassung von der staatlichen Herrschaft als Souveränitätslehre ausgebildet (Paulson/Schulte 2000). Die historisch vom Modell der angelsächsischen *political science* geprägte politische Wissenschaft verzichtet durchweg auf den Begriff der Herrschaft zugunsten der Untersuchung von Prozessen der Machtakkumulation und der Machtdurchsetzung. Das Spannungsverhältnis von Herrschaft und Selbstbestimmung sowie die Problematik von Befreiungsprozessen als Vorgängen konkreter Herrschaftskritik und -überwindung wird dabei nicht thematisiert.

---

[4] Zu den anarchistischen Weiterführungen der Debatte um Befreiung vgl. Kellermann 2011; 2012; 2014, sowie Narr/von Winterfeld 2014.

Dies kann auch als historische Reaktion auf ungelöste Probleme in den oft emphatisch überschießenden Vorstellungen einer generellen Herrschaftsüberwindung[5] in Anarchismus,[6] Marxismus, Antikolonialismus und Feminismus gelten, in deren Kontext sich aber zugleich die ersten Ansätze einer kritischen Theorie von Macht und Herrschaft entfaltet haben.

Ausgehend von der Erfahrung der Krise der Weimarer Republik wurden in Debatten über die Probleme einer „Fundamentaldemokratisierung" (Mannheim 1958; Kilminster 1996) bzw. einer „radikalen Demokratie" (Plessner 1962, S. 275) Perspektiven einer Reduzierung bzw. Überwindung oder aber des dauerhaften Umganges mit dieser Spannung erarbeitet (Martens 2014), deren Fragestellungen nach den gebrochenen Emanzipationsversprechen der Sowjetunion heute wieder aufzunehmen sind.

Der praktische Humanismus hat hier die besondere Aufgabe, Verständnis für die grundsätzliche Problematik dieses Spannungsverhältnisses von Staatlichkeit und demokratischer Politik zu erzeugen und damit überhaupt einen Raum für die Entwicklung theoretischer und praktischer Lösungsperspektiven für ein gewöhnlich verdrängtes Problem offen zu halten.

Ein gegenwärtiger Humanismus der Befreiung kann in der humanistischen und humanitären Tradition an wichtige Gedanken anknüpfen – an das Postulat der gleichen Freiheit aller Menschen bei dem Sophisten Antiphon (Paulsen 2011) über die durchaus explizite Herrschaftskritik einiger antiker Staatsutopien (Bloch 1987) bis hin zu der Ausweitung der Befreiungsproblematik in das individuelle Selbstverhältnis hinein, wie es den hellenistischen Philosophien gemeinsam ist.

Auch die von Aristoteles in seinen Untersuchungen über die „spezifisch politische *arché*" einer wechselseitigen Herrschaft (Kamp 1993, S. 43) artikulierte und dann von Cicero (*De re publica*/Vom Gemeinwesen; Strasburger 1990) humanistisch konnotierte Unterscheidung von guter und schlechter Herrschaft, mit der Konsequenz des ausdrücklichen Lobes des Tyrannenmordes (so schon Aristoteles, *Politica* V, 5–6 sowie Cicero, *De Officiis*/Von den Pflichten, III, 4, 19; 6, 32) bietet hierfür Anhaltspunkte.

Diese Unterscheidung ist dann spätestens seit Augustinus (*De civitate dei*; Hippel 1972, S. 423) auf eine personenbezogene Rechtmäßigkeit von Herrschern verengt worden, wie klassisch in Thomas von Aquins „Systematisierung des Widerstandsrechts" (Höntzsch 2013, S. 78 f.).

---

5 Auch etwa die Tierrechtsbewegungen vollziehen eine derartige Verallgemeinerung von Herrschaftskritik nach (Donaldson/Kymlicka 2011).
6 Der vom Libertarismus im Sinne von Nozick 1974 zu unterscheiden ist.

Der ebenfalls bis auf die klassische Antike zurückgehende Gedanke einer ↗ Humanisierung bestehender, auch herrschaftlich geprägter Verhältnisse durch ↗ Bildung ist in der Perspektive einer konkreten Befreiung wieder aufzugreifen und zu erneuern. Dabei kann als erster Schritt auf die Dimension der Befreiung durch Volksbildung im Renaissancehumanismus – von Pico della Mirandola bis zu Thomas Morus und Erasmus sowie Rabelais (Bachtin 1995) – zurückgegriffen werden. In einem zweiten Schritt können die radikaler und auch umfassender angelegten Konzeptionen einer Herrschaftsüberwindung durch eine historische Umgestaltung der menschlichen Lebensweise und -verhältnisse etwa bei Rousseau, Herder oder auch bei Fichte, Schelling und Hegel genutzt werden.

Diese sind ihrerseits der Ausgangspunkt für die von Feuerbach und den Junghegelianern vollzogene Explikation von Herrschaftskritik als Problem der Durchsetzung einer freien menschlichen Entwicklung (Weckwerth 2002). Die von den Junghegelianern geleistete Explikation einer radikalen Herrschaftskritik als Voraussetzung einer konkreten Befreiung der Menschen hat sich zum Teil ausdrücklich als humanistisch artikuliert (etwa beim jungen Marx). Aber auch im ursprünglichen Impuls des neu formulierten Bildungshumanismus (Wilhelm von Humboldt, Niethammer) war die Befreiung von Zwängen zur Nützlichkeit ein zentrales Moment.

Olympe de Gouges (Mousse 2003) und Toussaint Louverture (James 1963) haben zur gleichen Zeit die Beschränkung dieser Befreiungskonzepte auf weiße Männer praktisch kritisiert, was dann schon 1790/1791 Mary Wollstonecraft und Abraham Bishop theoretisch zu artikulieren begonnen haben. In der Entwicklung von Anarchismus – mit dem Grundgedanken eines historischen Umschlags in Herrschaftslosigkeit – und Marxismus – mit dem Grundgedanken des revolutionären Überganges in eine klassenlose Gesellschaft – speziell und in ihrer historischen Konfrontation im ausgehenden 19. Jahrhundert waren dann die Themen von Autorität und Herrschaft wichtige Gegenstände von Theoriebildung und Debatten (Kellermann 2011–14).

3 Moderne Herrschaftsverhältnisse

Von zentraler historischer Bedeutung ist in dieser Hinsicht die Unterscheidung zwischen den, in vormodernen Gemeinwesen vorherrschenden, personalen Formen von Herrschaft und den, in der Moderne in den Vordergrund tretenden, Formen einer sachlich vermittelten Herrschaft. Die Erfahrung der historischen Totalisierungsprozesse, die gerade auch moderne Herrschaftsformen im 20. Jahrhundert durchlaufen haben (und vermutlich noch immer durchlaufen), hat nicht nur den Optimismus erschüttert, eine herrschaftliche Strukturierung gesellschaftlicher Verhältnisse würde sich mit deren Modernisierung gleichsam von selbst erledigen. Sie hat vielmehr das historisch geradezu unerhörte Erfassungs-, Unterdrückungs-, und Zerstörungspotenzial besonders der modernen, ‚unpersönlichen' Gestalten der Herrschaftsverhältnisse als solches hervortreten lassen – was allerdings nicht begründet, deswegen an den alten, ‚persönlichen' Herrschaftsverhältnissen festzuhalten.

In der großen europäisch produzierten und global wirksamen Krise des 20. Jahrhunderts ist darüber hinaus deutlich geworden,[7] dass die eurozentrische Perspektive eines linearen Befreiungsfortschritts durch Modernisierung nicht nur in globaler Betrachtung (Bayly 2006) überwunden werden muss. Ebenso muss auch die Vorstellung modifiziert werden, dass sich alle modernen Herrschaftsverhältnisse in ihrer sachlichen Vermittlung auf Kapitalherrschaft und Technokratie zurückführen lassen. Die herrschaftliche Strukturierung von Geschlechterverhältnissen, von kolonialen und postkolonialen Verhältnissen, der Ökologie der Menschheit (Lipietz 2000) sowie die herrschaftliche Prägung politischer Prozesse haben nicht nur ihre eigene Materialität und Logik, welche sich in historischen Auseinandersetzungen jeweils mit eigenem Gewicht durchgesetzt hat. Sie haben auch eigenständige Formen einer von persönlichen Abhängigkeitsverhältnissen gelösten Modernität entfaltet, deren kritische Durchdringung erst begonnen hat.

Ein wirklich zeitgenössischer praktischer Humanismus hat auf dem Felde von Herrschaftskritik und Befreiungspolitik noch immer sehr viel von den unterschiedlichen Linien einer derartigen Kritik und Politik zu lernen. Sein Beitrag wird zunächst vor allem darin liegen müssen, die fragmentarischen Perspektiven dieser Linien zusammen zu denken und für eine humanistische Praxis der Befreiung (nicht nur in der individuellen Lebensführung, sondern auch in strukturellen politischen und gesellschaftlichen Veränderungen) produktiv zu machen. Dabei kann und darf die Praxis der Befreiung nicht auf einen fernen ‚großen Tag' verschoben werden: Sie kann und muss ganz spezifisch, überall dort, wo sie sich entfalten lässt, im hier und jetzt beginnen.

4 Literatur

Arendt, Hannah (1993): „Was ist Politik?" In: Hannah Arendt: Was ist Politik? Fragmente aus dem Nachlass. Ursula Ludz (Hrsg.). München, Zürich, S. 9–12.

---

[7] Exemplarisch zum Thema ‚die dritte Welt im Zweiten Weltkrieg': Rheinisches JournalistInnenbüro 2005.

Bachtin, Michail (1995): Rabelais und seine Welt. Volkskultur als Gegenkultur. Frankfurt am Main.
Bakunin, Michael (1999): Staatlichkeit und Anarchie (1873). Wolfgang Eckhardt (Hrsg.). Berlin.
Balibar, Étienne (2010): Gleichfreiheit. Politische Essays. Frankfurt am Main. (Französische Ausgabe: *La proposition d'égaliberté*. Paris 2008).
Bayly, Christopher A. (2006): Die Geburt der modernen Welt. Eine Globalgeschichte 1780–1944. Frankfurt am Main, New York.
Bloch, Ernst (1987): Freiheit und Ordnung. Abriß der Sozial-Utopien (1947). Stuttgart.
Buck-Morss, Susan (2009): *Hegel, Haiti and Universal History*. Pittsburgh.
De Beauvoir, Simone (1949): *Le deuxième sexe*. Paris.
Donaldson, Sue/Kymlicka, Will (2011): *Zoopolis. A Political Theory of Animal Rights*. Oxford.
Fanon, Frantz (1971): Die Verdammten dieser Erde. Frankfurt am Main. (Französische Ausgabe Paris 1961).
Gerstenberger, Heide (2006): Die subjektlose Gewalt. Theorie der Entstehung bürgerlicher Staatsgewalt (1991). 2., erweiterte und überarbeitete Auflage. Münster.
Goldschmidt, Werner (1999): „Staat, Staatsformen". In: Jörg Sandkühler (Hrsg.): Enzyklopädie der Philosophie. Hamburg, S. 1270–1289.
Goldschmidt, Werner (2004): „Herrschaft". In: HKWM. Bd. 6/1, Sp. 82–127.
Haude, Rüdiger/Wagner, Thomas (2004): „Herrschaftsfreie Gesellschaft". In: HKWM. Bd 6/1, Sp.135–161.
Heinrichs, Thomas (2002): Freiheit und Gerechtigkeit. Philosophieren für eine neue linke Politik. Münster.
Heun, Werner (1994): „Die politische Vorstellungswelt Thomas Jeffersons". In: Historische Zeitschrift 258. Nr. 2, S. 359–396.
Hippel, Ernst von (1972): „Zum Problem des Widerstandes gegen rechtswidrige Machtausübung". In: Arthur Kaufmann/Leonhard E. Backmann (Hrsg.): Widerstandsrecht. Darmstadt, S. 417–431.
Höntzsch, Frauke (2013): „Die klassische Lehre vom Widerstandsrecht". In: Birgit Entzmann (Hrsg.): Handbuch Politische Gewalt: Formen – Ursachen – Legitimation – Begrenzung. Berlin, S. 75–95.
James, Cyril L. R. (1963): *The Black Jacobins: Toussaint L'Ouverture and the San Domingo Revolution*. New York.
Kamp, Andreas (1993): „Zur Begrifflichkeit von ‚Macht/Herrschaft/Regierung' zwischen Thukydides und Machiavelli". In: Jürgen Gebhardt/Herfried Münkler (Hrsg.): Bürgerschaft und Herrschaft. Zum Verhältnis von Macht und Demokratie im antiken und neuzeitlichen politischen Denken. Baden-Baden.
Kellermann, Philippe (2011; 2012; 2014): Begegnungen feindlicher Brüder. Bd. 1–3. Münster.
Kilminster, Richard (1996): „Norbert Elias und Karl Mannheim. Nähe und Distanz". *In:* Karl-Siegbert Rehberg (Hrsg.): Norbert Elias und die Menschenwissenschaften. Studien zur Entstehung und Entwicklungsgeschichte seines Werkes. Frankfurt am Main, S. 352–392.
Kojève, Alexandre (1958): Hegel – Eine Vergegenwärtigung seines Denkens. Kommentar zur Phänomenologie des Geistes. Iring Fetscher (Hrsg.). Stuttgart.
Labica, Georges (1990): *Robespierre. Une politique de la philosophie*. Paris.
Lindner, Urs (2006): „Alles Macht, oder was? Foucault, Althusser und kritische Gesellschaftstheorie". In: PROKLA 36, Nr. 145, S. 583–609.

Lipietz, Alain (2000): Die große Transformation des 21. Jahrhunderts. Münster. (Französische Ausgabe: *Qu'est-ce que l'écologie politique*. Paris 1999).
Lukes, Steven (1974): *Power. A Radical View*. London, New York.
Mannheim, Karl (1958): Mensch und Gesellschaft im Zeitalter des Umbaus (1935). Darmstadt.
Manow, Phillip (2008): Im Schatten des Königs. Die politische Anatomie demokratischer Repräsentation. Frankfurt am Main.
Martens, Helmut (2014): Politische Subjektivierung und neues zivilisatorisches Modell. Plessner, Elias, Arendt, Foucault und Rancière zusammen- und weiterdenken. Münster.
Marx, Karl/Engels, Friedrich (1958): Die deutsche Ideologie (1845/46; 1932). In: MEW 3.
Mousset, Sophie (2003): *Olympe de Gouges et les droits de la femme*. Paris.
Narr, Wolf-Dieter/von Winterfeld, Uta (2014): Niemands-Herrschaft. Hamburg.
Nozick, Robert (1974): *Anarchy, State, and Utopia*. New York.
Paulsen, Thomas (2011): „Antiphon der Sophist". In: Bernhard Zimmermann (Hrsg.): Handbuch der griechischen Literatur der Antike. Bd. 1: Die Literatur der archaischen und klassischen Zeit. München, S. 435–436.
Paulson, Stanley L./ Schulte, Martin (Hrsg.) (2000): Georg Jellinek. Beiträge zu Leben und Werk. Tübingen.
Plessner, Helmuth (1962): „Die Emanzipation der Macht". In: Helmut Plessner: Gesammelte Schriften. Bd. 5. Frankfurt am Main, S. 295–282.
Rancière, Jacques (2002): Das Unvernehmen. Politik und Philosophie. Frankfurt am Main. (Französische Ausgabe: *La mésentente*. Paris 1995).
Reitz, Tilman (2016): Das zerstreute Gemeinwesen. Politische Semantik im Zeitalter der Gesellschaft. Wiesbaden.
Rheinisches JournalistInnenbüro (2005): Unsere Opfer zählen nicht. Die Dritte Welt im 2. Weltkrieg. Berlin.
Sigrist, Christian (1994): Regulierte Anarchie. Untersuchungen zum Fehlen und zum Entstehen politischer Herrschaft in segmentären Gesellschaften (1971). 3. Auflage. Hamburg.
Simmel, Georg (1922): Zur Philosophie der Kunst. Potsdam.
Spehr, Christoph (1999): Die Aliens sind unter uns. Herrschaft und Befreiung im demokratischen Zeitalter. München.
Strasburger, Hermann (1990): Ciceros philosophisches Spätwerk als Aufruf gegen die Herrschaft Caesars. Gisela Strasburger (Hrsg.). Hildesheim.
Veerkamp, Ton (1993): Autonomie und Egalität – Ökonomie, Politik und Ideologie in der Schrift. Berlin.
Walzer, Michael (1983): *Spheres of Justice. A Defense of Pluralism and Equality*. New York.
Wartenberg, Thomas E. (1990): *The Forms of Power. From Domination to Transformation*. Philadelphia.
Weber, Max (1922): Wirtschaft und Gesellschaft. Tübingen.
Weber, Max (1988): Gesammelte politische Schriften (1921). Johannes Winckelmann (Hrsg.). 5. Auflage. Tübingen.
Weckwerth, Christine (2002): Feuerbach zur Einführung. Hamburg.
Wolf, Frieder Otto (1994): „Autorität". In: HKWM. Bd. 1, Sp. 784–800.
Wolf, Frieder Otto (2009): Radikale Philosophie. Aufklärung und Befreiung in der neuen Zeit (2002). 2. Auflage. Münster.
Wolf, Frieder Otto (2014): Humanismus für das 21. Jahrhundert (2008). 2. Auflage. Berlin.

Ulrich Herrmann
Bildung

1 Aufstieg und Niedergang eines Leitbegriffs

„Die Worte *Aufklärung, Kultur, Bildung* sind in unsrer Sprache noch neue Ankömmlinge." Mit diesen Worten eröffnete im Jahre 1784 Moses Mendelssohn seinen Beitrag zur Erörterung der Frage ‚Was ist Aufklärung?' – „Bildung, Kultur und Aufklärung sind Modifikationen des geselligen Lebens; Wirkungen des Fleißes und der Bemühungen der Menschen, ihren geselligen Zustand zu verbessern. Je mehr der gesellige Zustand eines Volkes durch Kunst und Fleiß mit der Bestimmung des Menschen in Harmonie gebracht worden, desto mehr *Bildung* hat dieses Volk. Bildung zerfällt in Kultur und Aufklärung." (Mendelssohn 1974, S. 3, 4)

Die Bestimmung des Menschen (Macor 2013) – als Mensch und als Bürger, so seit Rousseau – verlangt, so die zeitgenössischen Formulierungen, Aufklärung seines Verstandes (‚vernünftige Erkenntnis' und ‚Fertigkeit zum vernünftigen Nachdenken') sowie subjektive Kultur seiner ‚Neigungen, Triebe und Gewohnheiten' und objektive Kultur in seinen ‚Handwerken, Künsten und Geselligkeitssitten'. Bildung war nicht länger – wie in ↗ Renaissance und Humanismus – das Kennzeichen des *uomo universale*, orientiert an Menschenbild und Kultur der klassischen ↗ Antike. Bildung sollte auch nicht nur im landläufigen Sinne Form- und Gestaltgebung bedeuten. Sie wurde außerdem aus dem religiösen Kontext gelöst (Macor 2013, S. 111 ff.).

Bildung wurde mit neuer Bedeutung – insoweit ein ‚Neuankömmling' – ein Leitbegriff eines neuen Menschenbildes, des von Friedrich Paulsen – im Unterschied zum ‚alten' Humanismus der Renaissance und Frühen Neuzeit – so genannten Neuhumanismus (Menze 1974, Sp. 1218 f.) (↗ Humanismus; ↗ Humanismusunterricht). Der Begriff erhielt neue Bedeutungshorizonte, zum einen in der philosophischen ↗ Anthropologie (‚Individualität', ↗ Persönlichkeit, ‚Menschheit', ↗ Humanität) und zum andern in der Geschichtsphilosophie der deutschen Spätaufklärung. Er formulierte ein brisantes Emanzipations- und Fortschrittspotenzial als Weg und Ziel der Vervollkommnung der Gattung Menschheit in dem Transformationsprozess des ständischen Untertanenverbandes zur egalitären Bürgerlichen Gesellschaft.[1]

---

[1] Vgl. das Vorwort von Heydorn in: Archiv deutscher Nationalbildung 1969; Bödeker 1982; Herrmann 1981; 1982; 1993.

Dies begründete auch das Ansehen der Pädagogen aufgrund ihrer sich formierenden modernen Erziehungs- und Bildungstheorie („Das Ziel der Erziehung ist die Bildung des Menschen') und durch ihre Funktion in neuen *Bildungs*anstalten (besonders den Gymnasien).[2]

Hundert Jahre später beginnt der Berliner Philosoph und Bildungshistoriker Friedrich Paulsen seinen Artikel ‚Bildung' mit den Worten: „Es gibt wenig Wörter, die dem gegenwärtig lebenden Geschlecht so geläufig wären, wie das Wort Bildung. [...] Gebildete und Ungebildete, das sind die beiden Hälften, in die gegenwärtig die Gesellschaft geteilt wird." (Paulsen 1912, S. 127)

Der Begriff Bildung erfuhr binnen hundert Jahren eine erstaunliche Veränderung. Bildung galt als konstitutiv für die ‚Bestimmung des Menschen'. Mit ethischem Pathos und geradezu religiöser Überhöhung hatte sie in der Epoche von Klassik und Romantik („Goethe-Zeit') – vorbereitet nicht zum Geringsten durch den Pietismus als Bildungsbewegung (Sparn 2005) – im Zuge von Deutschlands kultureller Entfaltung ihren Siegeszug angetreten (Vierhaus 1972; Jeismann 1987, S. 20 f.). Sie war nun aber im Wilhelminischen Zeitalter vielfach zur ‚Halbbildung' verkommen: als nicht assimilierter schulischer ‚Bildungsstoff', ‚innerlich unvollendete Bildung', ‚Bildungsflitter' (Paulsen 1912, S. 149 f.; Lichtenstein 1971, Sp. 927).

Der unmittelbare Zusammenhang von Bildung mit Kultur (↗ Humanismus als Kultur) und ↗ Aufklärung in der Bewegung des Neuhumanismus war in Vergessenheit geraten (Fuhrmann 2002, S. 47 ff.). ‚Höhere' Bildung war mithilfe des Gymnasiums als ‚höherer *Bildungs*anstalt' zu einem Oberschichtenprivileg geworden und markierte eine sozial-kulturelle Grenzziehung: Bildung in Form von exklusiven ‚Bildungs*gütern*', statt Bildung als einem individuellen selbstreflexiven Prozess; Bildung als ‚Besitz' in einem exklusiven sozial-kulturellen Kollektiv, dem ‚Bildungsbürgertum'.

Noch einmal hundert Jahre später hat die akademische Pädagogik Bildung als Grundbegriff weitgehend aufgegeben, durch ‚Kompetenz' ersetzt und sich im Bereich der Lehrerausbildung in ‚Bildungswissen*schaften*' umbenannt, um über ihre Sinn- und Funktionskrise hinwegzutäuschen.

Im Folgenden soll an diejenigen bildungsphilosophischen Konzepte erinnert werden (Mendelssohn berührt Bildung ja nur am Rande seines Interesses für ‚Aufklärung'), die sie pädagogisch und politisch um 1800 im Neuhumanismus wirkmächtig gemacht haben.[3]

---

[2] Sie verstanden sich nicht länger als ‚Schulmeister', sondern als ‚gelehrte Schulmänner', die in den Philosophischen Fakultäten der seit 1810 reformierten Universitäten ein Studium absolviert hatten. Die Philosophische Fakultät wurde die ‚Berufsfakultät' der Gymnasiallehrer.

[3] Aus der Vorgeschichte sei hier nur an die Shaftesbury-Rezeption erinnert, dessen Konzept der ‚inneren Form' (*inward form*), aus selbstreflexivem Gespräch hervorgegangen, für den Bildungs-

2 ‚Kraft' und ‚Bildung' – Grundlagen der Selbst- und Weltveränderung

„Der wahre Zweck des Menschen – nicht der, welchen die wechselnde Neigung, sondern welchen die ewig unveränderliche Vernunft ihm vorschreibt – ist die höchste und proportionierlichste Bildung seiner Kräfte zu einem Ganzen." Mit diesem Satz eröffnete Wilhelm von Humboldt das zweite Kapitel (‚Der Endzweck des Menschen') seiner ‚Ideen' (Humboldt 1960, S. 64), seiner Auseinandersetzung mit der Französischen Revolution.

Offensichtlich muss den individuellen und individuell eigentümlichen Kräften des Menschen, die zu seiner Lebensbewältigung unerlässlich sind, eine ‚Grundkraft' zugrunde liegen.[4] Diese Grundkraft ist die „Selbständigkeit [...], um das Aufgefasste gleichsam in das eigne Wesen zu verwandeln." (Humboldt 1960, S. 65). Das Ergebnis dieses Anverwandlungs- als Selbstgestaltungsprozesses ist individuelle ‚Originalität', ein Akt der Selbsthervorbringung: die „ganze Größe des Menschen" beruht auf dieser „Eigenthümlichkeit der Kraft und der Bildung." (Humboldt 1960, S. 65; Herrmann 1997).

Schulbildung, die keine spezielle Standes- oder Berufsbildung sein soll, bezweckt „allgemeine Menschenbildung", „vollständige Menschen" (Humboldt 1964, S. 188) durch Stärkung, Regelung und Läuterung seiner Kräfte. „Es ist das fruchtbarste und schlechterdings reizendste Feld des Nachdenkens, den Menschen in dem ganzen Umfang seiner genießenden und wirkenden Kräfte erst empirisch-philosophisch [zu] betrachten, [zu] untersuchen, was eigentlich (welcher Grad der Kräfte in welchem Verhältniß?) Ideal der Menschheit genannt zu werden verdient? und welche Übung der Kräfte diesem Ideale nähert?" (Humboldt 1979, S. 127: Brief an Körner, 19. November 1793).

Diesem Ideal nähern wir Menschen uns durch die „Verknüpfung unsres Ich mit der Welt" (Humboldt 1960b, S. 236), durch „Leben und Umgang" (Humboldt 1979, S. 127). „Die letzte Aufgabe unseres Daseyns: dem Begriff der Menschheit in unsrer Person, sowohl während der Zeit unsres Lebens, als auch noch über dasselbe hinaus, durch die Spuren des lebendigen Wirkens, die wir zurücklassen, einen so großen Inhalt, als möglich, zu verschaffen, diese Aufgabe löst sich allein durch die Verknüpfung unsres Ichs mit der Welt zu der allgemeinsten, regesten und freiesten Wechselwirkung." (Humboldt 1960b, S. 235f.).

---

begriff maßgeblich wurde (Horlacher 2004; 2011, S. 28ff.; Macor 2013), sowie an die anthropologische Neuformulierung des ‚Wesens', der ‚Substanz' des Menschen als *(bildender) Kraft* (Bödeker 1982, S. 1079; Menze 1965, S. 96ff.; Kaulbach 1976).
4 Die philosophische Thematik einer ‚Lebensphilosophie' wird hier nicht weiter verfolgt.

3 Bildung durch Erziehung, ‚Zucht' (Disziplin) und Unterweisung

Der Mensch gewinnt seine Menschlichkeit durch den Weg von der Vernunftfähigkeit zum vernünftigen Handeln, „die Perfektionierung des Menschen durch fortschreitende Kultur". Diesen Weg kann und muss der Mensch beschreiten, er ist dazu „fähig und bedürftig" (Kant 1964a, S. 673 f., 676, 678; Kant 1964b, S. 699). Aber er muss zu Aufklärung und Kultur, d. h. zum Selbstdenken und zur Selbstentfaltung angeleitet werden durch eine „allgemeine Menschenbildung" auf Schulen, deren Unterricht Kräfte stärkt und nicht nur Fertigkeiten einübt:

„Der allgemeine Schulunterricht geht auf den Menschen überhaupt, und zwar als gymnastischer ästhetischer didaktischer und in dieser letzteren Hinsicht wieder als mathematischer philosophischer, der in dem Schulunterricht nur durch die Form der Sprache rein, sonst immer historisch-philosophisch ist, und historischer auf die Hauptfunktionen seines Wesens." (Humboldt 1964, S. 188 f.). Diese ‚Hauptfunktionen' sind jene grundlegenden Kräfte, durch die ein Mensch sich Welt und Weltverständnis aneignet, seinen Geist entfaltet und sein Urteilsvermögen schärft: „Denk- und Einbildungskraft". Der „Gegenstand" der allgemeinen Bildung, der imstande ist, „sein [des Menschen] ganzes Wesen in seiner vollen Stärke und seiner Einheit zu beschäftigen" (Humboldt 1964, S. 188), muss die Vorstellung der Welt als ein sinnvolles Ganzes sein; denn nur so behält Bildung einen Bezugspunkt, der sowohl Einheit als auch Mannigfaltigkeit von Bildung als Kraftentfaltung erlaubt und herbeiführt.

Die Wechselwirkung von ‚Welt' (Unendlichkeit) und ‚Ich' mit dem Ziel von ‚Universalität' (Vielseitigkeit) und ‚Totalität' (Ganzheit) als ein realer Bildungsprozess kann jedoch nicht nur misslingen, er kann immer auch nur fragmentarisch verwirklicht werden,[5] weshalb die Idee einer vielseitigen, harmonischen und ganzheitlichen individuellen Bildung nur als regulatives Prinzip gelten kann.

Unausweichlich wurde das Misslingen durch die Ersetzung der Dimensionen von ‚Kräften' durch schulische Unterrichts-‚Fächer': Aus Altertumskunde wurde Klassische Philologie, die gymnastische Erfahrung der Leiblichkeit wurde Turnunterricht, die Differenzierung der Mehrsprachigkeit mutierte zu Fremdsprachengrammatik und Übersetzungsübung, *aisthesis* verkam zu Kunsterziehung usw. Ein ‚Bildungskanon' von Weltverhältnissen und -zugängen, wie Humboldt ihn angedeutet hatte, ging im Laufe des 19. Jahrhunderts (und bis heute) in einer überbordenden ‚Stoff'-Fülle unter (Menze 1975, S. 475 ff.).

---

5 Dies ist das Konzept der romantischen Bildungstheorie, vgl. Korte 1995.

4 Die Entwicklung von ‚Menschheit' durch Bildung

Das neuhumanistische Verständnis von Bildung entfaltete ‚die Bestimmung des Menschen' als Aufforderung, der Mensch möge anstreben, als Mensch sich seinem Gattungscharakter mit seiner individuellen ‚Menschheit' – im Unterschied zu seiner ‚Tierheit' (exemplarisch Niethammer 1968) – nicht nur „würdig zu machen" (Kant 1964a, S. 678), sondern dadurch auch einen Beitrag zu leisten zu dessen Weiterentwicklung und der ‚Perfektibilität' der Menschengattung im Ganzen.

Daraus erwuchs der Bildungs- als Humanitätsphilosophie zum einen ihr geschichtsphilosophisches Pathos. Humboldt (1960a, S. 58 f.) hatte erwogen, wie es in einem Zeitalter fortschreitender Aufklärung und Kultur zu dieser Revolution – der Proklamation der Menschen- und Bürgerrechte *und* zugleich zu Exzessen der Barbarei – hatte kommen können, und festgestellt, dass es einen Wechselwirkungszusammenhang von Bildung und Freiheit gebe – Zunahme des einen bedinge und bewirke Zunahme des anderen – und die Störung dieses Verhältnisses zu Revolution statt Reform führen müsse. Daher: „Zu dieser Bildung ist Freiheit die erste, und unerlassliche Bedingung." (Humboldt 1960a, S. 59, 64).

Zum anderen entstand daraus ein gesellschaftspolitischer Auftrag: Bildung des Menschen und Bürgers in Freiheit als Anleitung zur Charakterbildung, d. h. zur Sittlichkeit (Kant 1964a, S. 676 f. und Anmerkung dort). Kant (1964b, S. 706 f.) hatte diese Aufgabe des Menschen erläutert als Disziplinierung, Zivilisierung und Moralisierung (Kant 1964a, S. 678), Letztere als die „Gesinnung [...], dass er nur lauter gute Zwecke erwähle", als die den Menschen als sittliches Subjekt kennzeichnende ‚Denkungsart', letztlich sein ‚Gewissen'.

Ob dieses Ziel erreicht wird – individuell und gattungsgeschichtlich –, muss offenbleiben, kann aber als Anspruch (regulatives Prinzip) nicht aufgegeben werden. „Es ist entzückend, sich vorzustellen, dass die menschliche Natur immer besser durch Erziehung werde entwickelt werden, und dass man diese in eine Form bringen kann, die der Menschheit angemessen ist. Dies eröffnet uns den Prospekt zu einem künftigen glücklichern Menschengeschlechte." (Kant 1964a, S. 689, 681, 700).[6]

---

6 Vorläufergedanken finden sich bei Herder seit 1774 (Lichtenstein 1971, Sp. 923 f.; Bödeker 1982, S. 1090 ff.), der auch die Formel prägte „Erziehung zur Humanität" (Paulsen 1960, Bd. 2, S. 195).

5 ‚Thätige Humanität' durch ‚Nationalbildung'

Eine Bestätigung dieses ‚Prospekts' konnte in der Französischen Revolution gesehen werden und in der Zustimmung vieler führender intellektueller Köpfe in Europa (Herrmann/Oelkers 1990); Kant sprach von einem ‚Enthusiasm', der das moralische Recht zum Aufstand signalisiere. Zugleich aber zeitigte die Revolution Gewaltexzesse, die ihre Anhänger in tiefe Zweifel stürzen konnten: „Eine große Epoche hat das Jahrhundert geboren, aber der große Moment findet ein kleines Geschlecht" (Schiller: Der Zeitpunkt. Xenien 1797), denn es war zum rechten Gebrauch der Freiheit nicht ‚emporgebildet' worden.[7]

Diese Erfahrung konnte aber auch zu der Schlussfolgerung führen, dass die ‚Menschenbildung' durch eine ‚Nationalbildung' zu ergänzen sei, und zwar aus dem Geiste des Neuhumanismus, jetzt in übersteigerter Form eines ‚Bildungsidealismus', der – zusammen mit Fichtes ‚Reden an die deutsche Nation' von 1808 – den Übergang vom Patriotismus zum Nationalismus (Herrmann 1997; Dierse/Rath, Sp. 409 f.) darstellt (mit den bekannten Folgen für die antirevolutionären und antidemokratischen Optionen weiter Kreise des deutschen Bildungsbürgertums im 19. und in der ersten Hälfte des 20. Jahrhunderts).

Die Argumentation ist denkbar einfach (Jachmann 1969a, S. 10): die Bildung des Menschen zu seiner ‚Menschheit' und Individualität vollzieht sich wesentlich „durch das geistige Band der Sprache" (und nicht nur „durch sinnliche Bande des Bluts" (Jachmann 1969b, S. 449), d. h. in seiner Mutter- als Nationalsprache, womit zugleich gesagt ist, dass der ‚Menschenverein', in dem sich die mannigfaltigen Erscheinungsformen von Bildung und Kultur ausprägen, die Nation ist: „Die Begriffe von Menschheit, Nation und Individuum, denen die Begriffe von Humanität, Nationalität und Individualität entsprechen, sind also einander subordinirte Begriffe" (Jachmann 1969a, S. 10), jeder ist im anderen mitenthalten.

„Nationalität ist der vermittelnde Begriff zwischen Individualität und Humanität: daher auch Nationalbildung die Vermittlerin zwischen der Bildung eines Individuums und der Erziehung des Menschengeschlechts ist." (Jachmann 1969b, S. 439). Da „die höchste Verstandescultur sich mit moralischer Kraftlosigkeit verträgt", muss die Kultur (Bildung) des Individuums an sein ‚Vaterland' geknüpft werden: Nationalbildung führt die Kräfte des Individuums zum „Ideal vollkommener Individualität [...]: wenn sie durch Erweckung von Theilnahme und sittlicher Thätigkeit für Familien-, National- und Menschenwohl wahre thätige Humanität erzeugt" (Jachmann 1969b, S. 448, 449).

---

[7] Hierher gehören auch Schillers ‚Ästhetische Briefe' (1793/94), Herders ‚Briefe zu Beförderung der Humanität' (1794) und Pestalozzis ‚Nachforschungen' (1797).

6 Bildung und Humanismus

Paulsen hatte um 1900 das bildungsbürgerliche Selbstmissverständnis von Bildung als ‚Halbbildung' gekennzeichnet (Paulsen 1912, S. 149f.). Hundert Jahre später wurde der Bildungsbegriff in der Pädagogik durch ‚Sozialisation' ersetzt,[8] dann durch ‚Qualifikation' und ‚Kompetenz' (Gruschka 2011, S. 29 ff.), zunächst im Zuge erst der so genannten sozialwissenschaftlichen Wendung der Erziehungswissenschaft, dann durch die neoliberale Ökonomisierung des Bildungswesens (Krautz 2007). In den testbasierten Lern(hoch)schulen der ‚Wissensgesellschaft' wird Halb- und Unbildung nicht in Kauf genommen, sondern Prinzip; residuale schulische und akademische Bildung ist das genaue Gegenteil dessen, was zu sein sie vorgibt (Liessmann 2006).

Die Bedrohlichkeit in Friedrich Schlegels Diktum (Athenäums-Fragmente Nr. 63) „Jeder ungebildete Mensch ist die Karikatur seiner selbst" wird nicht einmal mehr erahnt, denn ‚Wissensmanagement' ist angesagt. Die zu entwickelnden Kräfte und Talente der jugendlichen Persönlichkeit – das Credo der internationalen Reformpädagogik im ersten Drittel des 20. Jahrhunderts und seither – ist in den ‚höheren' Schulen zur Nebensache und *teaching to the test* zur Hauptsache geworden.

Jedoch: Die menschliche ‚Grundkraft' der Selbstreflexivität lässt sich nicht umstandslos ‚entsorgen', weil die Orientierungsprobleme der Gegenwart in dem Maße ihrer Steigerung und Globalisierung in eben diesem Ausmaß bei der Sorge um ihre Bearbeitung auf Aufklärung und Urteilsfähigkeit angewiesen bleiben und damit Bildung und Humanismus als neue Leitkulturen einfordern (Nida-Rümelin 2006). Vor 200 Jahren wurde vor den Gefahren der „Entgeistung" gewarnt (Niethammer 1968, S. 18), heute wird die Wiedergewinnung einer „normativen Idee von Bildung" eingefordert (Krautz 2007, S. 10; Gruschka/Nabuco Lastória 2015), an der sich die ‚menschheitlichen' Gefahren der Halb- und Unbildung ablesen lassen.

7 Literatur

Archiv deutscher Nationalbildung (1969). Reinhold Bernhard Jachmann/Franz Passow (Hrsg.). 1. Jahrgang. Berlin 1812 (mehr nicht erschienen). Digitalisat im Internet. Nachdruck mit einem Vorwort von Heinz-Joachim Heydorn. Frankfurt am Main.
Bödeker, Hans Erich (1982): „Menschheit, Humanität, Humanismus". In: GGB. Bd. 3., S. 1063–1128.

---

[8] Dagegen in seiner Außenseiter-Position Heinz-Joachim Heydorn; seine Schriften jetzt als Studienausgabe Wetzlar 2004 ff.

Dierse, Ulrich/Rath, Helmut (1984): „Nation, Nationalismus, Nationalität". In: HWP. Bd. 6, Sp. 406–414.
Fuhrmann, Manfred (2002): Bildung. Europas kulturelle Identität. Stuttgart.
Gruschka, Andreas (2011): Verstehen lehren. Stuttgart.
Gruschka, Andreas/Nabuco Lastória, Luiz (Hrsg.) (2015): Zur Lage der Bildung. Opladen.
Herrmann, Ulrich (Hrsg.) (1981): ‚Das pädagogische Jahrhundert'. Volksaufklärung und Erziehung zur Armut im 18. Jahrhundert in Deutschland. Weinheim, Basel.
Herrmann, Ulrich (Hrsg.) (1982): ‚Die Bildung des Bürgers'. Die Formierung der bürgerlichen Gesellschaft und die Gebildeten im 18. Jahrhundert. Weinheim, Basel.
Herrmann, Ulrich (1993): Aufklärung und Erziehung. Studien zur Funktion der Erziehung im Konstitutionsprozess der bürgerlichen Gesellschaft im 18. und frühen 19. Jahrhundert in Deutschland. Weinheim.
Herrmann, Ulrich (Hrsg.) (1996): Volk – Nation – Vaterland. Hamburg.
Herrmann, Ulrich (1997): „Zum Verhältnis von Allgemeiner und Spezieller Bildung". In: Max Liedtke (Hrsg.): Berufliche Bildung – Geschichte, Gegenwart, Zukunft. Bad Heilbrunn, S. 335–349.
Herrmann, Ulrich/Oelkers, Jürgen (Hrsg.) (1990): Französische Revolution und Pädagogik der Moderne. Aufklärung, Revolution und Menschenbildung im Übergang vom Ancien Régime zur Bürgerlichen Gesellschaft. Weinheim, Basel.
Heydorn, Heinz-Joachim (1969): „Vorwort". In: Archiv deutscher Nationalbildung. Frankfurt am Main, S. V-LIX.
Horlacher, Rebekka (2004): Bildungstheorie vor der Bildungstheorie. Die Shaftesbury-Rezeption in Deutschland und der Schweiz im 18. Jahrhundert. Würzburg.
Horlacher, Rebekka (2011): Bildung. Bern.
Humboldt, Wilhelm von (1960 ff.): Werke in fünf Bänden. Andreas Flitner/Klaus Giel (Hrsg.). Darmstadt.
Humboldt, Wilhelm von (1960a): „Ideen zu einem Versuch, die Gränzen der Wirksamkeit des Staats zu bestimmen" (1792). In: Humboldt. Werke. Bd. 1, S. 56–233.
Humboldt, Wilhelm von (1960b): „Theorie der Bildung des Menschen" (1793). In: Humboldt. Werke. Bd. 1, S. 234–240.
Humboldt, Wilhelm von (1964): „Der Litauische Schulplan" (1809). In: Humboldt. Werke. Bd. 4, S. 187–195.
Humboldt, Wilhelm von (1979): Bildung und Sprache. Clemens Menze (Hrsg.). 3. Auflage. Paderborn, S. 126–129.
Jachmann, Reinhold Bernhard (1969a): „Ideen zur National-Bildungslehre" (1812). In: Archiv deutscher Nationalbildung, S. 1–45.
Jachmann, Reinhold Bernhard (1969b): „Das Wesen der Nationalbildung" (1812). In: Archiv deutscher Nationalbildung, S. 405–463.
Jeismann, Karl-Ernst (1987): „Zur Bedeutung der ‚Bildung' im 19. Jahrhundert". In: Karl-Ernst Jeismann (Hrsg.): Handbuch der deutschen Bildungsgeschichte. Bd. 3. München, S. 1–21.
Kant, Immanuel (1964a): „Anthropologie in pragmatischer Hinsicht" (1798/1800). In: Werke in sechs Bänden. Wilhelm Weischedel (Hrsg.). Bd. 6. Darmstadt, S. 397–690.
Kant, Immanuel (1964b): „Über Pädagogik" (1803). In: Werke in sechs Bänden. Bd. 6, S. 693–761.
Kaulbach, Friedrich (1976): „Kraft". In: HWP. Bd. 4, Sp. 1180–1184.

Korte, Petra (1995): Projekt Mensch – ‚Ein Fragment aus der Zukunft'. Friedrich Schlegels Bildungstheorie. Münster.
Krautz, Jochen (2007): Ware Bildung. Schule und Universität unter dem Diktat der Ökonomie. Kreuzlingen, München.
Lichtenstein, Ernst (1971): „Bildung". In: HWP. Bd.1, Sp. 921–937.
Liessmann, Konrad Paul (2006): Theorie der Unbildung. Die Irrtümer der Wissensgesellschaft. Wien.
Macor, Laura Anna (2013): Die Bestimmung des Menschen (1748–1800). Eine Begriffsgeschichte. Stuttgart.
Mendelssohn, Moses (1974): „Über die Frage: was heißt aufklären?" (1784). In: Ehrhard Bahr (Hrsg.): Was ist Aufklärung? Thesen und Definitionen. Stuttgart, S. 3–8.
Menze, Clemens (1965): Wilhelm von Humboldts Lehre und Bild vom Menschen. Ratingen.
Menze, Clemens (1974): „Humanismus, Humanität I". In: HWP. Bd. 3, Sp. 1217–1219.
Menze, Clemens (1975): Die Bildungsreform Wilhelm von Humboldts (Das Bildungsproblem in der Geschichte des europäischen Erziehungsdenkens. Bd. 13). Hannover.
Nida-Rümelin, Julian (2006): Humanismus als Leitkultur. Ein Perspektivenwechsel. München.
Niethammer, Friedrich Immanuel (1968): Der Streit des Philanthropinismus und Humanismus in der Theorie des Erziehungs-Unterrichts unsrer Zeit (1808). Nachdruck Weinheim. Digitalisat im Internet.
Paulsen, Friedrich (1912): „Bildung" (1895). In: Friedrich Paulsen: Gesammelte pädagogische Abhandlungen. Stuttgart, Berlin, S. 127–150.
Paulsen, Friedrich (1960): Geschichte des gelehrten Unterrichts auf den deutschen Schulen und Universitäten vom Ausgang des Mittelalters bis zur Gegenwart. 2 Bde. (3. Auflage. Leipzig 1919/1921). Nachdruck. Berlin.
Sparn, Walter (2005): „Religiöse und theologische Aspekte der Bildungsgeschichte im Zeitalter der Aufklärung." In: Notker Hammerstein (Hrsg.): Handbuch der deutschen Bildungsgeschichte. Bd. 2. München, S. 134–168.
Vierhaus, Rudolf (1972): „Bildung". In: GGB. Bd. 1, S. 508–551.
Villaume, Peter (1979): „Ob und in wie fern bei der Erziehung die Vollkommenheit des einzelnen Menschen seiner Brauchbarkeit aufzuopfern sey". In: Joachim Heinrich Campe (Hrsg.): Allgemeine Revision des gesammten Schul- und Erziehungswesens (1785). Bd. 3. Nachdruck. Vaduz, S. 435–616.

Horst Groschopp
Feier/Fest

1 Beschreibung

Die Worte Feier und Fest werden meist synonym verwendet. Sie bezeichnen eine aus dem Alltag sich abhebende, zeitlich begrenzte soziale Aktivität, in der Individuen, Gemeinschaften und Gesellschaften aus diversen Anlässen heraus und mit Absichten versehen, ein mehr oder minder detailliert inszeniertes Ereignis begehen im Spektrum von Feierabend bis Festtag (Schultz 1988).

Wenn man den Begriff Ritual aus seiner tradierten religiösen Verankerung (Riten) und Forschungstradition löst, wie es in den modernen Wissenschaften zur Kultur (↗ Humanismus als Kultur) und Religion derzeit geschieht (Dücker 2007), können Feiern als komplexe Rituale verstanden werden, die, beschlossen und gerahmt, regelhaft ablaufen, wiederholbar sind und vor allem ‚Publikum' verlangen, um eingespielte Routinen für einen signifikanten Zeitraum in der feiernden Gemeinschaft zu unterbrechen.

Die Bedingung, ein Auditorium haben zu müssen, das zuschaut oder selbst mit agiert – die dafür nötige Personenzahl richtet sich nach den Erwartungen und Funktionen des Festes –, lässt den Plan, den Wunsch nach Teilhabenden zu erfüllen, zwischen absoluter Freiwilligkeit der Teilnahme (Kauf einer Eintrittskarte) und zwangsweiser gesellschaftlicher Aufmerksamkeit (Anwesenheitspflicht) variieren.

Inwiefern und mit welchen Mitteln die Sphäre der ↗ Arbeit, des Zufalls, des Mangels, der Ruhe, der Gewohnheit ersetzt wird durch die der Muße, der Inszenierung, der Fülle, des Exzesses, der Emotionalität, hängt wesentlich von den Formen und Räumen (Kneipe, Kirche, Kulturhaus) ab, in denen Rituale durchgeführt, selbst ‚gemacht' und erfahren werden als einfache Ritualisierungen durch stilisierte Gebärden und Körperhaltungen, als eine wirkliche oder symbolische Mahlgemeinschaft, als Anstands- und Verhaltensregeln allgemein und konkret während der Feier, als vorgeschriebene Zeremonien (oder gar Liturgien), als möglicherweise darin eingewobene Magien oder als den üblichen Verlauf einer Party oder Fete. Immer spielen Kleidung (Priestergewand, Fanbekleidung), Handlungen (Singen, Klatschen, Niederknien) und dabei benutzte Gegenstände (Trinkbecher, Fahnen) eine wichtige Rolle.

Für den ↗ Humanismus sind Rituale Erscheinungen in Kulturen. Er steht Feiern kritisch gegenüber, in denen Menschen ihrer Selbstbestimmung (↗ Zweifel) beraubt oder/und religiös (↗ Religionskritik), rassistisch (↗ Antihumanismus) oder sexistisch vereinnahmt werden. Er hat eigene Feiern und Feste. Vom eher exklusiven jährlichen ‚Welthumanistentag' (‚*World Humanist Day*') am 21. Juni abgesehen, 1986 von der Internationalen Humanistischen und Ethischen Union (IHEU ↗ Freidenkerbewegung) ins Leben gerufen und gebunden an das astronomische Ereignis der Sommersonnenwende, sind damit besonders all diejenigen Veranstaltungen gemeint, in denen Versammlungen an die ↗ Menschenrechte appellieren und/oder deren Entstehung und Existenz würdigen.

Darüber hinaus steht der Humanismus all denjenigen Ritualen offen gegenüber, die zur Gemeinschaftsbildung beitragen, ↗ Persönlichkeit fördern und den Zweifel zulassen, die sich der ↗ Freundschaft oder ↗ Liebe vergewissern, ↗ Glück zum Ausdruck bringen oder in dem sie die ↗ Humanisierung zwischenmenschlicher Beziehungen einfach schon dadurch voranbringen, dass sie Kommunikation organisieren.

Hinzu kommt, dass humanistische Gemeinschaften und Verbände eine eigene Festkultur entwickelt haben, in denen vor allem Übergangsrituale favorisiert und ins Erhabene überhöht werden (van Gennep 1999). Sie bieten Namensgebungen, Jugendweihen (Isemeyer 2014), Hochzeiten und Bestattungsfeiern an, und dies aus Zwecken der Lebenshilfe (↗ Humanitäre Praxis) oder einfach um dem Bedürfnis nachzugeben, anderen Menschen als Mensch nahe zu sein, um Gemeinsames zu fühlen, unabhängig von Beruf, Rang, Besitz, Privileg: „Gemeinschaft ist, wo Gemeinschaft geschieht." (Buber 1992, S. 185)

2 Ritualforschung

Die Literatur über Rituale ist nahezu unübersehbar. Es herrscht eine „Inflation des Wortgebrauchs" (Cancik 1998, S. 443). So gibt es eine breite Palette an publizierten Ratschlägen mit zum Teil kruden Herleitungen konkreter Ritualvorschläge, die den Eindruck erzeugen, Rituale seien beliebig „machbar". Dann zeigt sich ein starker Trend, mit Ritualen pädagogische Probleme in den Schulen lösen zu wollen bzw. das Soziale, in das Kinder eingebunden sind und das sie (in Gemeinschaften) sozialisiert, als „performative Bildung" durch Rituale zu begreifen und zu steuern. Schließlich finden sich verschiedene oberflächliche Studien zur einseitigen Deutung, es gäbe auf Rituale bezogen heute eine weitgehende Wahlfreiheit, die Individualisierung der Rituale sei erfolgt.

Auch die wissenschaftliche Beschäftigung mit Ritualen hat Konjunktur (Caduff/Pfaff-Czarnecka 1999). So wird versucht, mithilfe des Ritualbegriffs den strukturierten Alltag zu entschlüsseln. Neue Forschungsrichtungen – wie Ritualdesign (Karolewski/Miczek/Zotter 2012) – werden dabei etabliert. Das bedeutet „keine Rückkehr zum Ritus". Die neuen Analysen stehen keineswegs im Verdacht, „vom Geschmack am Irrationalen motiviert zu sein". Im Gegenteil schwindet „die

Tabuisierung des Rituals als bloß vormoderner kultureller Erscheinungsform der Unfreiheit". (Schäfer/Wimmer 1998, S. 10)

Ins Politische gewendet gestattete eine Kritik alles Ritualhaften die Antizipation, künstliche, zwanghafte, starre und erdrückende Formen des gesellschaftlichen Zusammenlebens zu überwinden durch ‚freie' Rituale. Innerhalb des Humanismus hatten besonders die Interpretation der Evolutionstheorie durch Julian Huxley (Huxley 1964) und die vergleichende Verhaltensforschung von Konrad Lorenz (Lorenz 1978) den Erkenntnisgewinn, dass Rituale der Aggressionskompensation dienen können, nicht vor allem inhaltsleere Zwangshandlungen sind, wie Sigmund Freud meinte (Freud 1941).

Rituale waren bei Émile Durkheim noch per Definition religiöse Riten, „Verhaltensregeln, die dem Menschen vorschreiben, wie er sich den heiligen Dingen gegenüber zu benehmen hat" (Durkheim 1981, S. 67). Die in den 1970er Jahren beginnende ‚Übersetzung' von Religion in Kultur ermöglichte in weiter führender Interpretation das rein Funktionelle des Rituals zu betonen und es von den transportierten Inhalten (etwa den religiösen Überzeugungen) gedanklich zu lösen.

„Vergleicht man heutige Ritualtheorien mit jenen an den Anfängen der Ritualforschung vor nicht mehr als hundert Jahren, fällt auf, wie wenig gegenwärtige Theorien über das Ritual mit Religion zu tun haben." (Krieger/Belliger 1998, S. 7)

So versuchte Ulrich Steuten (Steuten 1998), im Anklang an Edmund Leach (Leach 1978) – der Ritual als ein kulturell definiertes symbolisches Verhalten beschrieb –, dem Ritual eine konstitutive Funktion für den Alltag zu geben. Rituale werden bei Steuten zu festen Bestandteilen eines spezifischen sozialen Verfahrens innerhalb der Interaktionssysteme einer modernen Gesellschaft. Damit der Alltag den Menschen gelingen kann, müsse das Zusammenleben durch Rituale immer wieder in einen „Zustand der Fraglosigkeit" zurückversetzt werden.

Die größte Öffnung des Ritualbegriffs nahm Victor Turner vor (Turner 1995). Er verlängerte die Grenzen des Rituellen in den Alltag hinein, um dort nach kreativem Potenzial für die Bewältigung von menschlichen Krisen („soziale Dramen") in Schwellensituationen zu fragen. Rituale sind ihm Kulturformen der Dilemma-Klärung (Turner 1989). Er wandte seine Thesen auf die Untersuchung von Jugendkulturen der 1960er Jahre an.

Paul Stefanek wiederum nahm Rituale als „dramatische Aufführungen", sah in ihnen den gestaltbaren Umgang mit Abfolgen und Handlungen in Raum und Zeit bei Trennung von Darstellern (Priestern) und Zuschauern (Gläubigen) in komplizierten Kulten und besonders in Ritualen der Ekstase (Stefanek 1992, S. 218, 221). Ähnliches findet sich in Schriften zur ‚cultural performance' in den Medienwissenschaften und der Ethnologie.

In Anlehnung an die Forschungspraxis der ‚cultural studies' (↗ Kultur) entstanden die ‚ritual studies', vorangetrieben von Ronald L. Grimes. Schon bei Tieren gäbe es die „stilisierte, wiederholte Gebärde und Körperhaltung". Und dort, „wo die Bedeutung, die Kommunikation oder die Performance wichtiger wird als der funktionale und praktische Zweck, beginnt die Ritualisierung." (Grimes 1998, S. 120) In diesem Sinn werden bei Grimes rituelle Aspekte des Sports (Fußball), der Politik, der Massenmedien, der Kunst, des Theaters, der Rechtsprechung, der Werbung und der Wissenschaft untersucht. Im Mittelpunkt steht nun nicht mehr das Ritual, sondern die ‚ritualisierte Handlung' im Sinn einer ‚Performance'.

Die Teilnehmer der ‚Aufführung' sind sich nach dieser Auffassung zwar bewusst, dass sie ein Ritual ausführen. Sie zeigen deshalb ‚rituelles Engagement'. Aber sie verzichten (zeitweilig, in diesem Vorgang) auf eigene Handlungsbestimmungen, damit die Kommunikation und damit die Feier gelingt. Am weitesten ging dabei Roy A. Rappaport (Rappaport 1998), der die ‚rituelle Akzeptanz' der Menschen als kulturelles Muster definierte und dem genetischen Code gleichsetzte, der den Tieren bestimmtes Verhalten diktiert: Konvention wird etabliert und erzeugt Ordnung.

Die Suche nach Ordnung im zwischenmenschlichen Handeln wurde nun zu einem Rituale konstituierenden Prinzip und meinte die Systematisierung der ungeordneten Erfahrung (Soeffner 1995). „Das Ritual ist ein kulturell konstruiertes System symbolischer Kommunikation. Es besteht aus strukturierten und geordneten Sequenzen von Worten und Handlungen, die oft multi-medial ausgedrückt werden und deren Inhalt und Zusammenstellung mehr oder weniger charakterisiert sind durch: Formalität (Konventionalität), Stereotypie (Rigidität), Verdichtung (Verschmelzung) und Redundanz (Wiederholung)." (Tambiah 1998, S. 230)

Speisevorschriften oder Reinigungsgebote wurden nun als ‚unreligiös' erklärt. „In einem Chaos sich ständig verändernder Eindrücke konstruiert jeder von uns eine stabile Welt, in der die Gegenstände erkennbare Umrisse, einen festen Ort und Bestand haben." (Douglas 1998, S. 81) Schließlich formulierte Axel Michaels auf einer Tagung der Humanistischen Akademie, dass es in der Ritualforschung weniger darauf ankomme, wie man Ritual definiere, sondern warum jemand etwas als ein Ritual ansehe (Michaels 2003, S. 34).

3 Feste feiern/Kalenderkampf

Das moderne Dasein ist auf besondere Weise durch zeitliche Reglementierungen geprägt (Rüpke 2006). Für alles – Arbeit, ↗ Bildung, Freizeit, Genüsse, Gesellungen, Jahresabläufe, Versammlungen – gibt es Strukturen der Zeit, entsprechende Räume und, falls angebracht, dazu passende Rituale. Wohl deshalb haben alle Formen von ↗ Befreiung/Herrschaft, hat auch die ↗ Freidenkerbewegung, einen ‚Kampf um den Kalender' geführt.

Der ‚Kalenderkampf' um Einträge in Almanache, Adressbücher und Chroniken, um Termine für familiäre Höhepunkte wie die öffentliche Deutung von Feiertagen und Aufmärschen bewegt alle Kulturen, auch den Humanismus. Nur wer die Krisen- und Wendepunkte im individuellen Lebenslauf von Geburt über Hochzeit bis zum Tod und neuerdings die Eckpunkte im Berufsleben und die Karrierestufen ebenso zu gestalten und zu erklären vermag wie dies früher mit dem Kreislauf der Natur, dem Erwachen und Sterben im Jahreslauf, gemäß dem bäuerlichen Arbeitsrhythmus und den Sonnenwenden der Fall war, dessen Sinnangebote könnten als akzeptabel gelten, weil sie ins Leben der Menschen eingehen.

Den Religionen gelang es in der Geschichte der Menschheit – je nach Region verschieden – Monopolisten zu werden und die Verknüpfungen des individuellen und natürlichen Kalenders als religiöse Höhepunkte ihrer wahren Religion erscheinen zu lassen. Zeichen dafür sind in unserer Kultur Taufe, Firmung, Konfirmation und Hochzeit bzw. Ostern, Pfingsten, Weihnachten, besonders aber der Sonntag.

Während bis ins 19. Jahrhundert hinein zunächst alles nach kirchlichem Kalender ablief, also christliche Interpretationen dominierten, kam es mit der Emanzipation der Nationalstaaten und der ↗ Aufklärung zu kulturellen Zwängen, auch den staatlichen Gemeinschaften Sinn zu geben. So entstand seit der ↗ Renaissance ein eigener Kalender der staatlichen Weihe-, Erinnerungs- und Gedenkfeiern, zunächst noch mit kirchlicher Hilfe und christlicher Sinnstiftung. Bis in die Gegenwart sind Reste davon in den ‚Gedenkgottesdiensten', dem ‚Helm ab zum Gebet' beim Großen Zapfenstreich oder beim Opfergedenken bei Katastrophen üblich (Groschopp 2013; Hartmann 2007).

Heute kann nahezu jedes Ereignis Anlass für ein Fest sein, ein Fest im Prinzip überall stattfinden. Die Begriffe ‚Feierabend', ‚Eventkultur' und ‚Erlebnisgesellschaft' bezeichnen das Neue. Es gibt das Finanz-, Wirtschafts- oder Vereinsjahr mit jeweils dazugehörigen Traditionen. Es gibt den Volkstrauer- und den Weltspartag sowie viele weitere Widmungen von Zeit – und entsprechende Feiern.

Dem Humanismus kommt diese Freigabe der Erinnerungskultur entgegen, die weitgehend eine ↗ Säkularisierung durch Kommerzialisierung ist und Ausdruck von Pluralismus und Individualisierung. Menschen geben Ostern oder Weihnachten einen eigenen Sinn – und manche lässt die ganze Feierei auch kalt. Besonders das Internet bietet Hilfen für den eigenen Festkalender, vom Kindergeburtstag bis zum Veranstaltungswesen. Sakrale Objekte werden zu käuflichen Dingen und verlieren ihre Geheimnisse (Kohl 2003; Panati 1996).

In der gesamten Festkultur vollzieht sich ein Übergang vom kirchlich-heiligen Fest zum kommerziell-kulturellen Event, das medial inzwischen weltweit ‚erlebbar' wird. Das zeigt sich an Erntedank- und Schützenfesten oder diversen ehemals rein regionalen Höhepunkten, seien sie religiös motiviert (Fronleichnam), bäuerlich-handwerklichen Ursprungs (Brauchtumsmessen als Angebote im Massentourismus) oder Ergebnisse professioneller Sportvermarktung (Fußballweltmeisterschaft als mediales Menschheitsereignis).

Besonders plastisch zeugen von diesem Wandel die vom Fernsehen übertragenen ‚Festsitzungen' der Karnevalsvereine. Hier ist der Übergang von organisierten zu kommerzialisierten Formen sichtbar, in denen Höhepunkte käuflich sind und den Wechsel von der Direktteilnahme zum Medienerlebnis zeigen. Fastnacht vor der ‚Röhre' ersetzt die wirkliche Teilnahme an der Feier und das abendliche Fernsehen, irgendein Grand Prix, wird zum Ritual von Gemeinschaften, die sich nur noch ‚ätherisch' begegnen und wo die Größe des Publikums an den Einschaltquoten gemessen wird.

4 Humanistische Bestattungskultur

Immer weniger Menschen in Deutschland gehören den christlichen Kirchen an. Das zeigt sich augenfällig im Bereich der Bestattungen. Auch nehmen muslimische Riten und die Zahl islamischer Friedhöfe zu. Die Entfaltung von Feuer-, Wald- und Seebestattungen deutet auf einen Wandel in Richtung Offenheit und Entscheidungsfreiheit hin. Man kann auf *Heavy Metal*-Art bestattet werden oder als Fan z. B. auf dem HSV-Friedhof. Das Bestattungswesen ist multireligiöser und multikultureller geworden, ein Zeichen von ↗ Humanisierung.

Zwar dominieren weiterhin die traditionellen Formen der Erd- und Feuerbestattung, mit starkem Nordost-/Südwestgefälle. Aber man kann davon ausgehen, dass das, was machbar ist, auch durchgeführt wird bis hin zum Pressen von Diamanten aus einem Teil der Asche. Auch die ‚anonymen Bestattungen' sind zuerst kein Ausdruck von Armut, sondern von Individualisierung und Säkularisierung. Auch zeigt sich, dass Grundsätze ‚weltlicher' Trauerreden der 1920er Jahre, in der ↗ Freidenkerbewegung entwickelt, heute zu den Standards im Bestattungsgeschäft gehören (Groschopp 2010). Auffällig ist zudem, dass der Modernisierungsvorsprung der DDR auf diesem Gebiet (Redlin 2009), nicht zuletzt durch Wanderungsbewegungen von Ost nach West, eine gesamtdeutsche Wirkung zeigt.

Humanistisch sind Bestattungskulturen, in denen der Umgang mit dem Tod und mit Toten nach den Prinzipien der Individualität, Selbstbestimmung, Toleranz, ↗ Solidarität und Barmherzigkeit (↗ Seelsorge) erfolgt und zwei Grundannahmen humanistischer ↗ Weltanschauung beachtet werden: erstens, dass alle Menschen als Menschen gleich sind im Tod und als Tote; und zweitens, dass die Erklärung des Todes und der Trauer keiner Berufung auf religiöse Axiome bedarf.

5 Literatur

Buber, Martin (1992): Das dialogische Prinzip (1973). Gerlingen.
Caduff, Corina/Pfaff-Czarnecka, Joanna (1999): Rituale heute. Theorien, Kontroversen, Entwürfe. Berlin.
Cancik, Hubert (1998): „Ritual/Ritus." In: Hubert Cancik/Burkhard Gladigow/Karl-Heinz Kohl (Hrsg.): Handbuch religionswissenschaftlicher Grundbegriffe. Band IV. Stuttgart, S. 442–444.
Douglas, Mary (1998): „Ritual, Reinheit und Gefährdung." In: David J. Krieger/Andrèa Belliger (Hrsg.): Ritualtheorien. Ein einführendes Handbuch. Opladen.
Dücker, Burckhard (2007): Rituale. Formen, Funktionen, Geschichte. Stuttgart.
Durkheim, Émile (1981): Die elementaren Formen des religiösen Lebens. Frankfurt am Main.
Freud, Sigmund (1941): Neue Folge der Vorlesungen zur Einführung in die Psychoanalyse. Gesammelte Werke, Bd. XV, London.
Grimes, Ronald (1998): „Typen ritueller Erfahrung." In: Krieger/Belliger, S. 177–132.
Groschopp, Horst (Hrsg.) (2010): Humanistische Bestattungskultur. Aschaffenburg.
Groschopp, Horst (Hrsg.) (2013): Humanismus – Laizismus – Geschichtskultur. Aschaffenburg.
Hartmann, Jürgen (2007): Staatszeremoniell. 4. Auflage. München.
Huxley, Julian (1964): „Die Grundgedanken des Evolutionären Humanismus." In: Julian Huxley (Hrsg.): Der evolutionäre Humanismus. München, S. 13–69.
Isemeyer, Manfred (Hrsg.) (2014): Jugendweihe und Jugendfeier in Deutschland. Geschichte, Bedeutung, Aktualität. Marburg.
Karolewski, Janina/Miczek, Nadja/Zotter, Christof (Hrsg.) (2012): Ritualdesign. Zur kultur- und ritualwissenschaftlichen Analyse ‚neuer' Rituale. Bielefeld.
Kohl, Karl-Heinz (2003): Die Macht der Dinge. Geschichte und Theorie sakraler Objekte. München.
Krieger, David J./Belliger, Andrèa (1998): „Einführung." In: Krieger/Belliger, S. 7–36.
Leach, Edmund (1978): Kultur und Kommunikation. Zur Logik symbolischer Zusammenhänge. Frankfurt am Main.
Lorenz, Konrad (1978): Vergleichende Verhaltensforschung oder Grundlagen der Ethologie. Wien, New York.
Michaels, Axel (2003): „Inflation der Rituale? Grenzen eines vieldeutigen Begriffs." In: Ha 13, S. 25–36.
Panati, Charles (1996): Universalgeschichte der ganz gewöhnlichen Dinge. Deutsche Fassung von Udo Rennert/Doris Mendlewitsch. Frankfurt am Main.
Rappaport, Roy A. (1998): „Ritual und performative Sprache." In: Krieger/Belliger, S. 191–212.
Redlin, Jane (2009): Säkulare Totenrituale. Totenehrung, Staatsbegräbnis und private Bestattung in der DDR. Münster, Berlin.
Rüpke, Jörg (2006): Zeit und Fest. Kulturgeschichte des Kalenders. München.
Schäfer, Alfred/Wimmer, Michael (1998): „Einleitung. Zur Aktualität des Ritualbegriffs." In: Alfred Schäfer/Michael Wimmer (Hrsg.): Rituale und Ritualisierungen. Opladen.
Schultz, Uwe (1988) (Hrsg.): Das Fest. Eine Kulturgeschichte von der Antike bis zur Gegenwart. München.
Soeffner, Hans-Georg (1995): Die Ordnung der Rituale. Frankfurt am Main.
Stefanek, Paul (1992): „Vom Ritual zum Theater." In: Paul Stefanek (Hrsg.): Vom Ritual zum Theater. Gesammelte Aufsätze und Rezensionen. Wien, S. 191–237.

Steuten, Ulrich (1998): Das Ritual in der Lebenswelt des Alltags. Gießen.
Tambiah, Stanley J. (1998): Eine performative Theorie des Rituals. In: Krieger/Belliger, S. 227–212.
Turner, Victor (1989): Das Ritual. Struktur und Anti-Struktur. Frankfurt am Main, New York.
Turner, Victor (1995): Vom Ritual zum Theater. Der Ernst des menschlichen Spiels (1989). Frankfurt am Main.
Van Gennep, Arnold (1999): Übergangsriten (*Les rites de passage*, 1909). Frankfurt am Main, New York, Paris 1999.

Horst Groschopp
Freidenkerbewegung

1 Dissidenten

Wer im Mittelalter außerhalb der Kirche stand, wurde zu einem Aussätzigen, denn Exkommunikation bedeutete die Reichsacht. Abweichler von den katholischen Dogmen galten als Häretiker. Diese brachten, freiere Religiosität erstrebend, in der ↗ Renaissance die Reformation in Gang. Der Augsburger Religionsfrieden von 1555 gestand Religionsfreiheit zu (↗ Religionsfreiheit/Toleranz), aber nur den Landesherren und deren Familien.

Christliche Sondergruppen bezeichnete man seit dem Frieden von Warschau (*pax dissidentium*) 1573 als ‚Dissidenten' (Groschopp 2011), mit Anklang an die englischen ‚Dissenters', abgeleitet von *dissidio* (getrennt sein). Darunter fielen zunächst alle anerkannten polnischen Nichtkatholiken – Lutheraner, Reformierte, (orthodoxe) Griechen, Armenier –, aber nicht die Wiedertäufer, Sozinianer und Quäker.

Der Begriff ging mit dem Westfälischen Frieden von 1648 in die Amtssprache ein. ‚Dissidenten' hießen nun die nächsten fast 300 Jahre alle tolerierten Religionsgemeinschaften außerhalb der Konfessionalität (Katholiken, Protestanten) und des Judentums (Synagogengemeinschaften). Die Fürsten behielten das Recht, ‚abgespaltene' Gemeinschaften zu akzeptieren oder zu verbieten.

Erlaubt wurden in der folgenden Zeit die Herrnhuter, die Altlutheraner, die Mennoniten und Baptisten, denen nach Brauch und Gesetz im 19. Jahrhundert gewisse Korporationsrechte zustanden. Weiter zählten darunter zu Beginn des 20. Jahrhunderts Methodisten, Irvingianer (Apostolische Gemeinden), Quäker, Deutschkatholiken, Freireligiöse Gemeinden, die Hermannsburger Freikirche und die renitente Kirche Niederhessens. Diese hatten sich auf Basis der Vereinsgesetze gebildet, entbehrten aber der Rechtsfähigkeit. Alle mussten registriert sein und durften keine staatsfeindlichen Interessen verfolgen.

Eine Abkehr von jeder kirchlichen oder kirchenähnlichen Organisation war bis zur Weimarer Verfassung 1919 nie vorgesehen – auch nicht im Austrittsgesetz von 1873, in dem erstmals juristisch nicht nur ‚abgetrennte' religiöse Gemeinschaften als Dissidenten eingestuft wurden, sondern auch diejenigen (§ 16), die „noch [sic!] keiner vom Staate genehmigten Religionsgesellschaft angehören" (Pfender 1930, S. 31). Man ging davon aus, dass weiterhin alle Menschen religiös organisiert sind. Massenhafte persönliche Religionslosigkeit ist im Wesentlichen ein Produkt der zweiten Hälfte des 20. Jahrhunderts.

Zunächst wurde das Christentum im ‚Kulturkampf' (1872–1887) formal Freiwilligkeitskirche, „denn weder Kirche noch Staat konnten den Einzelnen zum Bleiben in der Kirche zwingen." (Pfender 1930, S. 32) Damit wurde die Gruppe der ‚Dissidenten' größer, der Begriff rechtsüblich und auf Freidenker übertragen. Diese übernahmen den Begriff als Selbstbezeichnung, so auch religionslose Atheisten und ethische Humanisten, was freie Religiöse veranlasste, sich davon zu distanzieren und Körperschaftsrechte anzustreben, wie sie die Kirchen besaßen, was ihnen weitgehend nach 1919 gelang.[1]

In Deutschland gab es 1914 bei einer Einwohnerzahl von 65 Millionen etwa 250.000 rechtlich definierte ‚Dissidenten', darunter etwa 80–100.000 ‚Konfessionslose'. Annähernd 20–25.000 von ihnen waren in freidenkerischen Vereinen organisiert. Die größten Gruppen stellten die Monisten (6.750), die Freidenker (6.000), die proletarischen Freidenker (5.000) und die ‚Mutterschützer' (3.500). Aus den Selbstauskünften dieser Organisationen errechnen sich zwar 32.000 Mitglieder, doch ist von etwa 10–20% Doppel- bzw. Mehrfachmitgliedschaften auszugehen. Sie wirkten vor allem im Rheinland und in Westfalen, in Hessen-Nassau, im Großherzogtum Hessen, in Baden, Württemberg, Hannover, in der preußischen Provinz Sachsen (heute Sachsen-Anhalt) und im Land Sachsen, in den thüringischen Staaten und in Schlesien – und vor allem in den großen Städten Berlin, Bremen, Frankfurt am Main, Hamburg, Jena, München und Nürnberg sowie mit Abstrichen Breslau, Dresden, Düsseldorf, Leipzig und Stuttgart als Zentren.

Am 30. November 1920 erging ein neues Gesetz über den Austritt aus Religionsgesellschaften und am 15. Juli 1921 erfolgte die Festlegung der Religionsmündigkeit im Reich einheitlich auf das vollendete 14. Lebensjahr. Damit wurde der Begriff des Dissidenten endgültig fraglich. Er blieb aber gültig, bis ihn die Nationalsozialisten abschafften, auch um Freidenker, deren Organisationen schon verboten waren, als Personen verwaltungsrechtlich zu befragen, zu kennzeichnen und zu denunzieren. Eingeführt wurde die Allgemeinformel von der ‚Gottgläubigkeit'. Ein Erlass des Reichsinnenministeriums bestimmte am 26. November 1936, dass „zukünftig in ‚öffentlichen Listen, Vordrucken und Urkunden auf Grund ihrer Erklärung zu unterscheiden sind: 1. Angehörige einer Religionsgemeinschaft oder einer Weltanschauungsgemeinschaft; 2. Gottgläubige; 3. Gottlose" (NS-Monatshefte 8, 1937, S. 61f., zitiert nach Schmitz-Berning 2000, S. 282). ‚Gottgläubig' ersetzte bis 1945 die Worte ‚konfessionslos' und ‚Dissident'.

---

[1] Insofern sich diese Verbände ab 1993 dem ‚Humanistischen Verband Deutschlands' (HVD) anschlossen, sind auch in dessen Reihen ‚Körperschaften des Öffentlichen Rechts' (KdÖR), teilweise sogar ausgestattet mit (im Verhältnis zu den Kirchen bescheiden dotierten) Staatsverträgen (Württemberg, Niedersachsen).

2 Freidenker

Erst durch die Freigabe des ↗Zweifels verschwand die allgemeinste Ursache der Freidenkerei. Sie hat Friedrich Nietzsche 1880/81 so benannt, zeitgleich zur Gründung der ‚Brüsseler-Freidenker-Internationale' und des ‚Deutschen Freidenkerbundes', was ihm wohl unbekannt blieb: Es würden diejenigen zu Freidenkern, denen „schon ein Ausdenken und Aussprechen von verbotenen Dingen [...] Befriedigung gibt" (Nietzsche 1971, S. 29). Deshalb sind es zunächst „immer wieder Einzelpersonen, die als Freidenker auftreten" (Wild 1979, S. 262).

Das Spektrum ihrer Ideen ist breit gefächert. Bereits das 1759 erschienene ‚Freydenker-Lexicon' von Johann Anton Trinius nennt „Atheisten, Naturalisten, Deisten, grobe Indifferentisten, Sceptiker und dergleichen Leute".[2] An Leib und Leben bedroht, äußerten sich Freidenker stets grundsätzlich, lebensweltlich und umfassend. Hinsichtlich der Beziehungen zum ↗Humanismus sind diese frühen Zeugnisse nicht untersucht.

Das Wort ‚Freidenker' kommt aus dem Englischen. „William Molyneux [...] bezeichnete in einem Brief an J[ohn] Locke am 6. April 1697 den Verfasser des um eine vernunftgemäße, widerspruchsfreie Erklärung des Christentums bemühten Buches ‚Christianity not mysterious', John Toland [...], als einen ‚candid freethinker' [...]. Es kam zur Gründung einer kurzlebigen Wochenschrift ‚The Free-Thinker' ([...] um 1711), die das Ziel verfolgte, den Unterschied zwischen Religion und Aberglauben in das Bewußtsein der Öffentlichkeit zu rücken." (Mehlhausen 1983, S. 489) Toland übernahm die Bezeichnung als Ehrentitel (Algermissen 1960, S. 318).

John Anthony Collins, ein Schüler von Locke, führte schließlich 1713 in seinem Werk *A Discourse of Freethinking, occasioned by the Rise and Growth of a Sect call'd Freethinkers* den Begriff ein und brachte ihn mit einer sektenhaften Gemeinschaft in Verbindung, die Verstandesübungen pflegte. Freies Denken zeichnet sich seitdem dadurch aus, dass es „sich durch die Evidenz der Sache und nicht durch eine Autorität bestimmen läßt" (Gawlik 1972, Spalte 1062).

1715 fand die erste wörtliche Übertragung ins Deutsche durch Gottfried Wilhelm Leibniz (Mehlhausen 1983, S. 490) statt. 1734 versuchte dann Johann Ernst Philippi in Göttingen eine Zeitschrift unter dem Titel ‚Der Freidenker' herauszugeben. Ebenso wenig erfolgreich war der gleichnamige Versuch von Johann Anton Janson von Waasberghe 1741/42 in Danzig. Gotthold Ephraim Lessing nannte ein frühes Lustspiel 1749 ‚Der Freygeist' – bis zum Anfang des 20. Jahrhunderts eine synonyme Selbstbezeichnung der Freidenker.

---

2 Trinius zitiert bei Wild 1979, S. 254f.

Wahrscheinlich setzte sich die Bezeichnung ‚Freidenker' durch, weil der Begriff eine gewisse Distanz ausdrückte zu den bis auf die frühchristlich-antike Gnosis zurückreichenden Frei-Geist-Sekten-Bewegungen. Die modernen Freidenker wollten sich sogar von jeder religiösen Tradition lösen, auch von den Freireligiösen Gemeinden. Wörtliche Übersetzungen aus dem Englischen (‚freethinker') bestärkten diese Richtung. Zudem waren viele amerikanische Freidenker deutsche Emigranten. Ihre Texte wurden oft rückübersetzt.

Andere sahen sich als Monisten. Der Begriff des Monismus, ‚Einheitslehre', geht auf Christian Wolff zurück, der ihn 1721 in der zweiten Auflage seines Buches ‚Vernünftige Gedanken von den Kräften des menschlichen Verstandes und ihrem richtigen Gebrauche in Erkenntnis der Wahrheit' einführte. ‚Monismus' bezeichnet seitdem ↗ Weltanschauungen und philosophische Systeme, die sich von dualistischen bzw. pluralistischen unterscheiden.

Seitdem Ernst Haeckel und Wilhelm Ostwald 1906 den ‚Deutschen Monistenbund' schufen, wird Monismus in der Freidenkerei weitgehend mit naturwissenschaftlichen Denkrichtungen gleichgesetzt (↗ Natur), welche die Totalität auf ein einziges Erklärungsprinzip zurückzuführen versuchen, bei Haeckel die ‚kosmische Einheit', bei Ostwald die ‚Energie', neuerdings die ‚Evolution'. Moderne Naturalisten berufen sich heute ausdrücklich auf den ‚evolutionären Humanismus' (Huxley 1964; Schmidt-Salomon 2005).

3 Freidenkerbewegung

Die deutsche freidenkerische Bewegung entstand aus zwei gesellschaftlichen Bedürfnissen, die sich bündelten und zu unterschiedlichen Organisationsformen führten – bis heute im Spektrum von atheistisch, freigeistig, freireligiös, agnostisch oder humanistisch. Da ist zum einen der Wunsch nach Freiheit des öffentlichen Nachdenkens (↗ Aufklärung); zum anderen gibt es immer wieder diverse Interessen von Dissidenten hinsichtlich ↗ Bildung, Ritualen (↗ Feier/Fest), ↗ Humanismusunterricht und ↗ Humanitärer Praxis. Unter feudalen, vordemokratischen Herrschaftsformen war die Freidenkerbewegung vor allem kirchenkritisch, oft kirchenfeindlich. Es entwickelte sich daraus eine bis heute anhaltende Tendenz der ↗ Religionskritik, sodass im öffentlichen Leben diese mit ‚Freidenkerei' identifiziert wird, was innerreligiösen ↗ Zweifel weitgehend in den Bereich der Häresie verweist

Aus der ursprünglichen Forderung nach Freiheit *in* der Religion wurde besonders nach Erscheinen Werkes von Charles Darwin ‚Über die Entstehung der Arten' 1859 ein Abschied *von* der Religion. Alle nun entstehenden Organisationen haben Nachfolger bis in die Gegenwart – und sei es als Restbestände. Parallel wurde aus libertärer freier Religiosität um 1900 ein kämpferisches sozialistisches Freidenkertum. Der politische und soziale Druck, unter dem die Dissidenten standen, beförderte 1906 die Gründung des ‚Weimarer Kartells' als ‚Zusammenschluß selbständiger Gesellschaften', die der (heute würde man ihn so nennen) Islamwissenschaftler Max Henning (1861–1927) kurz vor Kriegsausbruch dokumentierte (Henning 1914; Groschopp 2011, S. 48 ff.). In der Novemberrevolution kamen Freidenker, so der Berliner Sozialdemokrat Adolph Hoffmann (1858–1930), kurzzeitig in Ministerverantwortung und unternahmen radikale Schritte, das Staat-Kirche-Verhältnis zu reformieren und im Bildungswesen (↗ Humanismusunterricht/Lebenskunde) Schule und Religion zu trennen (Groschopp 2009a).

Die Freidenkergeschichte bis zum Ersten Weltkrieg ist gut erforscht (Wunderer 1980a; Kaiser 1981; Simon-Ritz 1997; Groschopp 2011), weniger die Weimarer Republik (Kaiser 1981; Heimann/Walter 1993), fast gar nicht Entwicklungen in beiden Teilen Deutschlands ab dem Kalten Krieg 1948 (Groschopp/Müller 2013).

Die ‚klassische' Freidenkerbewegung kam mit Beginn des 21. Jahrhunderts und der Entstehung des ‚neuen Atheismus' – weitgehend ein Medienereignis – an ihr Ende (Groschopp 2009b). Die sie ursprünglich produzierenden Umstände (mangelhafte Trennung von Gesellschaft und Religion bzw. Kirche und Staat) wandelten sich radikal. Die sie stützenden politischen Sondermilieus lösten sich auf (im 19. Jahrhundert der Liberalismus; im 20. Jahrhundert der Sozialismus). Die ihre Organisationen befördernden sozialen Kräfte, die Bevölkerungsgruppe der ‚Konfessionsfreien', die nicht den wenigstens formal verbindenden Rechtsstatus der ‚Dissidenten' hat, vergrößerte sich zwar auf derzeit 36 %, aber ein gemeinsames Subjekt bildet sie nicht.

Durch ↗ Humanisierung, Religionsfreiheit und ↗ Religionskritik bekam die Autonomie der persönlichen Wahl einer ↗ Weltanschauung gesellschaftliche und staatliche Anerkennung und Weltanschauungsparteien wurden Vergangenheit. Auf dem Feld der ↗ Kulturpolitik ist der Staat-Kirche-Konflikt nicht mehr der bestimmende. Es scheint, dass sich der Bereich ‚Religion' immer mehr unter den einer weit gefassten Kultur (↗ Humanismus als Kultur) subsumiert (Fritsche 2015; Groschopp 2013). Es stellen sich darin die Ziele der vollständigen Trennung von Kirche und Staat sowie Religion und ↗ Bildung auf neue Weise, vor allem sind die Wege dahin weiter umstritten. Sie reichen von einem strengen Laizismus bis zum Prinzip der Gleichbehandlung von Religionsgesellschaften und Weltanschauungsgemeinschaften (Hummitzsch 2013).

4 Annäherungen an Humanismus

Die deutsche Freidenkerbewegung, wie sie sich zwischen 1881 und 1933 in ihren wesentlichen Zügen und in der Weimarer Republik sogar als Massenorganisation mit mehr als einer halben Million Mitgliedern präsentierte (im Nationalsozialismus verboten), stand dem Humanismus umso ferner (↗ Antihumanismus/Humanismuskritik), je mehr sie sich zur Arbeiterbewegung rechnete, wo Karl Marx 1844 den Kommunismus als wahren Humanismus postuliert hatte (Engels/Marx 1958, S. 7; Groschopp 2013a, S. 61–65) und Sozialismus als ↗ Weltanschauung galt, die Religion durch Sozialismus ersetzt (Prüfer 2002). In dem Maße, wie sich die Arbeiterbewegung in den 1920er Jahren spaltete, zerfaserten sich auch die Freidenker.

Humanismus im Namen einer Organisation ist, abgesehen von der Selbstbezeichnung von Ortsverbänden der ethischen Kulturgesellschaft um 1900 als ‚Humanistengemeinden', neueren Datums. Nach dem Zweiten Weltkrieg kam es international zu einer Öffnung des Freidenkertums zum Humanismus (‚Internationale Humanistische und Ethische Union', IHEU 1952). Dieser wurde noch vorrangig als ein Instrument der ↗ Säkularisierung verstanden. Erst zum Ende des 20. Jahrhunderts, parallel zur neu einsetzenden Humanismusforschung und dazu teilweise Verbindung suchend, öffnete sich das Verständnis von Humanismus. Organisationen nahmen diesen Namen an (‚Humanistische Union' 1961, ‚Humanistischer Verband' 1993, ‚Humanistische Akademie' 1997; seitdem zahlreiche Vereine und Stiftungen).

Die ‚Humanistengemeinden' der ‚Deutschen Gesellschaft für Ethische Kultur' stellen in dieser Geschichte nicht nur eine Ausnahme dar (Schramm 2012; Groschopp 2014), sondern markieren einen Neubeginn. Felix Adler (Adler 1892) gründete 1876 in New York die ‚Society of Ethical Culture' und brachte die Idee einer liberalen Sozialreform, getragen von humanistischer Ethik, die über den Klassen, Rassen, Religionen und Parteien steht, an der wissenschaftlich gearbeitet wird und die in Schulen gelehrt werden soll, Anfang der 1892 Jahre nach Deutschland und beeinflusste hier Wilhelm Foerster und Ferdinand Tönnies und in Österreich Friedrich Jodl. Dieser liberale und ethische Humanismus wurde in den USA auch ‚Humanismus der Juden' genannt (Hiorth 1996, S. 21–25). Die von Adler initiierte ethische Kulturbewegung (Groschopp 2011, S. 149–169, 243–278) war zunächst praktisch orientiert (↗ Humanitäre Praxis; ↗ Humanismusunterricht; ↗ Seelsorge).

Noch in den 1920er Jahren gab es in den USA ein auf John Mackinnon Robertson und auf das Jahr 1891 zurückgehendes, philosophisch begründetes Konzept, das Humanismus als eine zivile Religion sah. Es findet sich auch bei Arthur Hazard Dakin und Curtis W. Reese (Robertson 1891; Dakin 2010). Doch der Ende der 1940er Jahre in den USA aufkommende, weitgehend atheistisch sich darstellende ‚säkulare Humanismus' bekämpfte diese Richtung erfolgreich wegen ihrer Religionsnähe.

Die positive Hinwendung zum Humanismus ab Mitte der 1930er Jahre war Folge des Antifaschismus, die eine politische Front gegen den praktischen wie geistigen ↗ Antihumanismus schaffen wollte (Berendsohn 1946; Groschopp 2013a, S. 81–158). Der ‚säkulare Humanismus' griff in Zeiten des Kalten Krieges nicht auf diese Tradition zurück. Er wurde antikommunistisch, gerade weil sich im Antikolonialismus in den frühen 1950ern Tendenzen zu einem ‚säkularen Humanismus' verstärkt hatten (Macamo 2009). Rezipiert wurde in der Folge ein ‚radikaler Humanismus', der auf Manabendra Nath Roy zurückgeht (Chattopadhyaya 2009). Dieser hatte Anfang der 1930er Jahre die antifaschistischen Wochenschriften ‚*Radical Humanist*' und ‚*Humanist Way*' gegründet, weshalb auch Vertreter der antistalinistischen Linken die humanistische Idee aufgriffen, etwa Erich Fromm (Funk 1984).

In den 1950er Jahren kam es in der westdeutschen Freidenkerei zu einigen Vorschlägen, Humanismus als Begriff und Programm einzuführen, so erfolglos 1956 beim ‚Deutschen Monistenbund'. Im August 1961 entstand die ‚Humanistische Union' als kulturpolitische Vereinigung und heutige Bürgerrechtsorganisation mit dem Schwerpunkt des Einsatzes für die ↗ Menschenrechte. Im Juli 1973 bis Ende 1991 gab der 1859 gegründete ‚Bund Freireligiöser Gemeinden Deutschlands' seiner Verbandszeitschrift den Namen ‚Der Humanist' (ab 1992: ‚Wege ohne Dogma'). 1988 erfolgte die Umbenennung der ‚Freireligiösen Landesgemeinschaft Niedersachsen' in ‚Freie Humanisten Niedersachsen', weitgehend ein Ergebnis der engen Bindung an die IHEU.

Ab 1990 wandten sich Freidenker verstärkt dem Humanismus zu, durchaus in Kontakt mit einigen reformbereiten Neugründungen aus dem 1989 in der DDR entstandenen kurzlebigen ‚Verband der Freidenker' (Groschopp/Müller 2013). In den Bezirken Berlin, Halle und Potsdam wandten sich diese während der ‚Wendezeit' der konzeptionellen Anwendung eines praktischen Humanismus zu. Sie wurden Anfang 1993 zu Mitbegründern des ‚Humanistischen Verbandes Deutschlands'.

Auch hier dominierte noch der ‚säkulare Humanismus'. Er erreichte die sich neu orientierenden deutschen Freidenker 1990 in der Interpretation von Finngeir Hiorth, der in einem Vortrag im November 1989 auf dem Kongress der ‚Weltunion der Freidenker' in Belgien die in der IHEU vorfindliche säkularistische Tendenz verstärken wollte und dessen Grundsatztext die Berliner Freidenkerzeitschrift ‚diesseits' veröffentlichte (Hiorth 1990). Debatten in der ‚Humanistischen Akademie' stellten im ersten Jahrzehnt des 21. Jahrhunderts den Begriff des ‚säkularen Humanismus' in seiner Geschichte vor (Junginger 2013) und zugleich zunehmend in Frage (mit Begründungen, die der Argumentation im Lemma ↗ Säkularisation ähnlich sind).

Parallel dazu entfaltete sich im Umfeld der ‚Giordano Bruno Stiftung' eine neue, moderne Freidenkerbewegung. ‚Humanismus' wurde hier weitgehend identisch mit einem rationalistischen Naturalismus (↗ Natur), dem auf der politischen Ebene nicht nur die Trennung von Kirche und Staat entsprach, sondern in einer radikalen Konsequenz auch die Separation von Gesellschaft und Religion. Der eigene Humanismus wird als wissenschaftlich begründet angesehen und vom religiösen Humanismus streng unterschieden (Schmidt-Salomon 2005; Kurtz 1998).

Seitdem gibt es verschiedene Versuche, Humanismus in dieser Tradition fortzuschreiben, ihn zu erneuern oder zu verwerfen. Die Diskussionen sind in den Publikationen der drei Publikationsreihen der ‚Humanistischen Akademien' nachvollziehbar. Die Debatten haben inzwischen zu kritischen Reaktionen aus kirchlicher (Fincke 2004; Hempelmann 2011; Baab 2013), neuerdings auch muslimischer Sicht (Korchide 2015) geführt, die erfreulicherweise zum Dialog ermuntern.

5 Literatur

Adler, Felix (1892): Rede, gehalten in einer Versammlung im Victoria-Lyceum zu Berlin am 7. Mai 1892. In: Die ethische Bewegung in Deutschland. Vorbereitende Mitteilungen eines Kreises gleichgesinnter Männer und Frauen zu Berlin. 2., vermehrte Auflage. Berlin.

Algermissen, Konrad (1960): Freidenker. In: Josef Höfer/Karl Rahner (Hrsg.): Lexikon für Theologie und Kirche. 2. Auflage. Bd. 4. Freiburg.

Baab, Florian (2013): Was ist Humanismus? Geschichte des Begriffes, Gegenkonzepte, säkulare Humanismen heute. Regensburg.

Berendsohn, Walter A. (1946): Die humanistische Front. Einführung in die deutsche Emigranten-Literatur. Erster Teil. Von 1933 bis zum Kriegsausbruch 1939. Nachwort. Zürich.

Chattopadhyaya, Umesh (2009): Indischer Humanismus. In: Rüsen/Laas 2009, S. 134–144.

Dakin, Arthur R. (2010): *Man the Measure. An Essay on Humanism as Religion* (1939). Whitefish, Montana.

Engels, Friedrich/Marx, Karl (1958): Die heilige Familie oder Kritik der kritischen Kritik. Gegen Bruno Bauer & Consorten. Vorrede (1844). In: MEW Bd. 2, S. 3–224.

Fincke, Andreas (Hrsg.) (2004): Woran glaubt, wer nicht glaubt? Lebens- und Weltbilder von Freidenkern, Konfessionslosen und Atheisten in Selbstaussagen. Berlin.

Fritsche, Thomas (2015): Der Kulturbegriff im Religionsverfassungsrecht. Berlin.Funk, Rainer (1984): Erich Fromm. Radikaler Humanismus – humanistische Radikalität. In: Josef Speck (Hrsg.): Grundprobleme der großen Philosophen. Philosophie der Gegenwart. Bd. 6. Göttingen, S. 78–112.

Gawlick, Günter (1972): Freidenker. In: Joachim Ritter (Hrsg.): Historisches Wörterbuch der Philosophie. Bd. 2. Darmstadt.

Groschopp, Horst (2011): Dissidenten. Freidenker und Kultur in Deutschland (1997). Marburg.

Groschopp, Horst (2009a) (Hrsg.): „Los von der Kirche!" Adolph Hoffmann und die Staat-Kirche-Trennung in Deutschland. Berlin.

Groschopp, Horst (2009b) (Hrsg.): Humanismus und ‚neuer Atheismus'. In: Ha 23.

Groschopp, Horst/Müller, Eckhard (2013): Letzter Versuch einer Offensive. Der Verband der Freidenker der DDR (1988–1990). Ein dokumentarisches Lesebuch. Aschaffenburg.
Groschopp, Horst (2013a): Der ganze Mensch. Die DDR und der Humanismus. Ein Beitrag zur deutschen Kulturgeschichte. Marburg.
Groschopp, Horst (Hrsg.) (2013b): Humanismus – Laizismus – Geschichtskultur. Berlin.
Groschopp, Horst (2013c): „Laizismus und Kultur". In: Groschopp 2013b, S. 18–33.
Groschopp, Horst (2014): Die drei berühmten Foersters und die ethische Kultur. Humanismus in Berlin um 1900. In: Horst Groschopp (Hrsg.): Humanismus und Humanisierung. Aschaffenburg, S. 157–173.
Heimann, Siegfried/Walter, Franz (1993): Religiöse Sozialisten und Freidenker in der Weimarer Republik. Bonn.
Hempelmann, Reinhard (2011) (Hrsg.): Dialog und Auseinandersetzung mit Atheisten und Humanisten. Berlin.
Henning, Max (Hrsg.) (1914): Handbuch der freigeistigen Bewegung Deutschlands, Österreichs und der Schweiz. Jahrbuch des Weimarer Kartells 1914. Frankfurt am Main.
Hiorth, Finngeir (1990): Freidenkertum und säkularer Humanismus. In: diesseits, H. 10, S. 9–11; H. 12, S. 13 f.
Hiorth, Finngeir (1996): Humanismus – genau betrachtet. Eine Einführung. Neustadt am Rübenberge.
Hummitzsch, Thomas (2013): „Der Scheideweg des Laizismus. Die säkulare Szene zwischen positiver und negativer Gleichbehandlung". In: Groschopp 2013b, S. 7–17.
Huxley, Julian (1964): Die Grundgedanken des Evolutionären Humanismus. In: Julian Huxley (Hrsg.): Der evolutionäre Humanismus. München, S. 13–69.
Junginger, Horst (2013): Religiöser Humanismus. In: Groschopp 2013b, S. 183–202.
Kaiser, Christoph (1981): Arbeiterbewegung und organisierte Religionskritik. Proletarische Freidenkerverbände in Kaiserreich und Weimarer Republik. Stuttgart.
Khorchide, Mouhanad (2015): Gott glaubt an den Menschen. Mit dem Islam zu einem neuen Humanismus. Freiburg.
Kurtz, Paul (1998): Verbotene Früchte. Ethik des Humanismus (1988). Aus dem Amerikanischen übersetzt von Arnher E. Lenz. Neustadt am Rübenberge.
Macamo, Elisio (2009): Der Humanismus in Afrika. In: Rüsen/Laas 2009, S. 70–88.
Mehlhausen, Joachim (1983): Freidenker. In: Gerhard Krause/Gerhard Müller (Hrsg.): Theologische Realenzyklopädie. Bd. 11. Berlin, New York.
Nietzsche, Friedrich (1971): „Gedanken über die moralischen Vorurtheile" (1881). In: Giorgio Colli/Mazzino Montinari (Hrsg.): Nietzsche Werke. Kritische Gesamtausgabe. Fünfte Abteilung. Erster Bd. Berlin, New York.
Pfender, Gottfried-Martin (1930): Kirchenaustritt und Kirchenaustrittsbewegung in Preußen. Juristische Dissertation. Breslau.
Prüfer, Sebastian (2002): Sozialismus statt Religion. Die deutsche Sozialdemokratie vor der religiösen Frage 1863–1890.
Robertson, John Mackinnon (1891): *Modern Humanists. Sociological Studies of Carlyle, Mill, Emerson, Arnold, Ruskin and Spencer*. London.
Rüsen, Jörn/Laas, Henner (Hrsg.) (2009): Interkultureller Humanismus. Menschlichkeit in der Vielfalt der Kulturen. Schwalbach im Taunus.
Schmitz-Berning, Cornelia (2000): Vokabular des Nationalsozialismus. Berlin.

Schmidt-Salomon, Michael (2005): Manifest des evolutionären Humanismus. Plädoyer für eine zeitgemäße Leitkultur. Aschaffenburg.

Schramm, Hilde (2012): Meine Lehrerin Dr. Dora Lux. 1882–1959. Nachforschungen. Reinbek bei Hamburg.

Simon-Ritz, Frank (1997): Die Organisation einer Weltanschauung. Die freigeistige Bewegung im Wilhelminischen Deutschland. Gütersloh.

Wild, Reiner (1979): Freidenker in Deutschland. In: Zeitschrift für Historische Forschung, 6. Jahrgang.

Wunderer, Hartmann (1980a): Freidenkertum und Arbeiterbewegung. In: Internationale Wissenschaftliche Korrespondenz zur Geschichte der deutschen Arbeiterbewegung. 16. Jahrgang. H. 1, S. 1–33.

Wunderer, Hartmann (1980b): Arbeitervereine und Arbeiterparteien. Kultur- und Massenorganisationen in der Arbeiterbewegung (1890–1933). Frankfurt am Main, New York.

Hubert Cancik
Freundschaft

1 Theorie persönlicher Beziehungen – Formen humanistischer Vergemeinschaftung

Freundschaft ist eine freiwillige, meist informelle persönliche Beziehung. Sie ist universal – wie Verwandtschaft, Nachbarschaft, Kameradschaft, Hospitalität (Gastfreundschaft). Sie wird jedoch in der humanistischen Bewegung zu einer Form der Gemeinschaftsbildung, die besonders gepflegt, theoretisch begründet und in Kunst und Literatur vielfältig dargestellt wird. Der Grad von *commitment* und Emotionalität reicht von loser Brieffreundschaft zu Blutsbrüderschaft, von nüchterner Zweckgemeinschaft zu starker Gefühlsbindung, wie sie besonders im modernen Deutschland gelebt und bedichtet wurde.

Die Freunde können einen ‚Kreis' bilden oder einen ‚Bund', der stärkere Organisation, Ritualisierung (regelmäßige Feiern) und äußere Symbolik entwickelt (Faber/Holste 2000). Die enge, intime personale Verbindung in Kleingruppen kann zu einem allerdings eher utopischen Modell für gesellschaftliche Reform ausgeweitet werden wie etwa in der stoischen Staatslehre, Lessings ‚Nathan' oder in Herders ‚Bund der Freunde der Humanität'.[1]

Freundschaft ist eine für Humanisten besonders häufig bezeugte Art der persönlichen Beziehung. Sie ist eine Nahbeziehung, die sich durch längere räumliche Entfernung auflöst.[2] Sie bietet eine unmittelbare Verbindung durch Zusammenleben, Feste und Reisen, gemeinsames Essen und Trinken (Symposion, Gelage). Freundschaft hat sichtbare, materielle Symbole und Gesten der Zuneigung: Umarmung und Bruderkuss, der Freundschaftsring als ‚Unterpfand der Freundschaft', das Bundesbuch (Stammbuch, Poesiealbum) und für gehobene Ansprüche der Freundschaftstempel im Park.[3]

Alles bietet Gelegenheit zu geistreichem Gespräch und glanzvoller Rede; Dichtung soll die jeweilige Gelegenheit schmücken, idealisieren, verewigen. Das Zwiegespräch und ersatzweise der Brief sind deshalb bevorzugte Formen huma-

---

1 Zu Zenos Idealverfassung siehe unten 2; Lessing, Nathan der Weise: Uraufführung in Berlin 1783; vgl. Lu 2014; zu Herder siehe unten 3.
2 Aristoteles, Nikomachische Ethik 8,6: „zusammen leben"; „zusammen den Tag verbringen"; körperliche Nähe ist notwendig; der Freund soll gesellig sein.
3 Stowe/Buckinghamshire 1739: ‚Tempel der Freundschaft'; Freundschaftstempel im Park von Schloss Rheinsberg/Brandenburg, 17. Jh.; Pavlovsk/Russland, 1781: ‚Freundschaftstempel'.

nistischer Literatur. Demgegenüber gelten das formale Recht, die Waren-, Geld- und Wirtschaftsbeziehungen zwischen Menschen als leer, kalt, nüchtern, ‚unpersönlich' (↗ Liebe).

2 Epochen europäischer Freundschaftsgeschichte

2.1 Die ↗ Antike schuf mythische und geschichtliche Exempel von Freundschaft und genaue Analysen der persönlichen Beziehung in großen Texten der Ethik, Rhetorik, Dichtung. Sie prägte Redewendungen wie ‚der Freund, mein zweites Ich' (lat. *alter ego*), ‚die Hälfte meiner Seele' und ‚Freunden ist alles gemeinsam'. Die Namen der mythischen Freundespaare, der Dios-kuren (‚Zeus-Söhne') Kastor und Pollux, von Pylades und Orest, Theseus und Peirithoos, Achill und Patroklos, die Namen von historischen Freundespaaren wie Chariton und Melanippos, Harmodios und Aristogeiton stehen in Antike und Nachantike für gegenseitige Hilfe, Befreiung aus der Unterwelt, gemeinsamen Kampf gegen den Tyrannen.[4]

In allen Schulen der Philosophen wurde Freundschaft gelehrt und zu leben versucht. Die früheste theoretische Abhandlung über Schönheit, Freundschaft, Liebe (gr. *éros*) hat Plato gedichtet (Lysis, um 400 v. u. Z.). Das ‚Freundschaftsbuch' des Aristoteles lehrt, dass niemand ohne Freunde leben möchte, selbst wenn er alle anderen Glücksgüter besäße, und dass man Freunde des Nutzens wegen habe, für Freude und Lust oder wegen der Person des Freundes als solchen.[5]

Den Anhängern der Stoa verdichtet sich in der Freundschaft das natürliche Streben des Menschen nach ‚Gesellschaft' (lat. *societas*); Eros ist ihnen ‚der Gott der Freundschaft und Freiheit';[6] für einen anderen muss leben, wer für sich leben will. Die Freundschaft wird ausgeweitet auf die ‚Gemeinschaft der Menschen'; dementsprechend gibt es für Seneca „ein gemeinsames Recht des Menschengeschlechtes" (lat. *commune ius generis humani*) (↗ Menschenrechte/Menschenwürde).[7]

Marcus Tullius Cicero sammelt die Lehren der Philosophenschulen in dem Gespräch „Über Freundschaft" (*de amicitia*, 44 v. u. Z.). Cicero wirkt mit dieser sehr erfolgreichen Schrift, mit seiner umfangreichen Briefstellerei, mit seinen myth-historischen Freundeskreisen (‚Scipionenkreis') und Gesprächsinszenierungen stark auf die nachantike Freundschaftskultur. Pythagoreische Freundschaft fand

---

[4] Lukian (Syrien, 2. Jh. u. Z.) erzählt in seinem Dialog ‚Toxaris oder die Freundschaft' Geschichten von außergewöhnlichen Freundespaaren.
[5] Aristoteles, Nikomachische Ethik Buch 8 (um 330 v. u. Z.).
[6] Zeno von Kition (333/332 – 262 v. u. Z.), Verfassung (gr. *Politeia*), in: Hans von Arnim (Hrsg.) (1978): *Stoicorum Veterum Fragmenta*. Bd. 1, Nr. 263.
[7] Seneca, *Epistulae morales* 48 (um 64/65 u. Z.).

durch Schillers Ballade ‚Die Bürgschaft' (1798/1799) einen festen Platz in der deutschen Bildungswelt: „ich sei", sagt der durch die Treue der beiden Freunde überwundene Tyrann, „in eurem Bunde der Dritte".[8]

2.2 Die genannten antiken Theorien und Modelle, Texte und Exempel prägen die Freundschaftskultur der ↗ Renaissance. Sie hat ihre besonderen Regeln (Treml 1989, S. 81–98). So gibt es etwa eine ‚Liste der Freunde'; wer in dieses *album amicorum* aufgenommen werden will, muss sich bewerben, Empfehlungsbriefe anderer Freunde vorlegen, den umworbenen Freund öffentlich durch Widmung von Büchern, durch Briefe und Preisgedichte loben. Dabei wird gelegentlich sehr hoch gegriffen: „Ich will den Göttern und euch Weihrauch opfern, wenn ihr mich in das Verzeichnis eurer Freunde aufnehmt."[9]

Die Freunde haben Pflichten, leisten ‚Freundschaftsdienste' bei der Suche nach Stellen und Pfründen, tauschen Bücher. Die Freunde treffen sich in den neuen ‚Akademien', bilden ‚Kreise' (z. B. ‚Erfurter Dichterkreis', um 1510), erträumen oder gründen eine ‚Gesellschaft' (lat. *societas, sodalitas*), die ‚Rheinische' mit dem Zentrum in Heidelberg, die ‚Donauländische', die Olmützer (Garber/ Wismann 1996). Die Gesellschaften, das Netz der Korrespondenten, die hohe Mobilität der Humanisten und das Konsolidierungselement der Freundschaft schaffen eine ‚humanistische Öffentlichkeit'. Die Annahme, der individuelle, vereinzelte Künstler, das einsame Genie, der Gelehrte in seinem Gehäuse seien der spezifische Typus des Renaissance-Humanismus ist zu berichten.

Die Freundschaft des Erasmus von Rotterdam mit dem jüngeren Thomas Morus veranschaulicht im wissenschaftlichen Werk, in zahlreichen Briefen und wenigen Bildern, wie Freundschaft unter den Bedingungen des 16. Jahrhunderts gelebt wird. Erasmus übersetzt griechische Klassiker über Freundschaft ins Lateinische, die damals internationale Wissenschaftssprache: Lukians ‚Toxaris oder die Freundschaft' und Plutarchs Anleitung, ‚wie man den wahren Freund vom Schmeichler unterscheiden könne'.[10]

Seine umfangreiche Sammlung, Erklärung und Aktualisierung antiker Sprichwörter (lat. *adagia*) hat Erasmus mit zwei knappen Sprüchen über Freundschaft begonnen (Cancik-Lindemaier 2014): ‚Freunde haben alles gemeinsam' und

---

[8] Schillers Quellen sind Diodor, Historiae 10,4,2–6 und Hygin, Fabulae Nr. 257; vgl. 2.3.
[9] Crotus Rubeanus an Johannes Reuchlin, 26.1.1514 (Brief Nr. 233). In: Johannes Reuchlin: Briefwechsel. Leseausgabe in deutscher Übersetzung von Georg Burkhard (2007). Bd. 3, S. 18–23. – Vgl. Erasmus an Thomas Morus, 28.10.1499. In: Morus 1985 S. 71 f.: „Sofern es bei euch Liebhaber der guten Literatur (lat. *bonarum literarum cultores*) gibt, so musst du sie ermutigen, mir zu schreiben, sodass ich den Kreis meiner Freunde vollends abrunden kann." – Worstbrock 1983, S. 25–59.
[10] Erasmus von Rotterdam 1969, S. 422–448; Erasmus von Rotterdam 1977, S. 117–163. – Vgl. Rummel 1985.

‚Freundschaft Gleichheit. Ein Freund ein anderes Selbst'. Diese Sentenzen und Beispiele sollen, so ein Zweck der Sammlung, in Reden und Briefen benutzt werden. Sie finden sich denn auch in der Korrespondenz des Erasmus und in den 49 erhaltenen Briefen der Freunde aus dem Zeitraum 1499 bis 1533.[11] Erasmus und Pieter Gilles (Petrus Aegidius) lassen sich von Quentin Metsys malen und schicken das Doppelbild als Freundesgabe an Morus. Dessen Dank wird zu einer Lobrede auf die Freundschaft.[12]

Durch den Gelehrten und Missionar Matteo Ricci wurden die antiken Lehren der Freundschaft in ihrer Formung durch die Renaissance nach China vermittelt.[13] Riccis chinesische ‚Hundert Maximen' (verfasst 1595) beruhen auf Ciceros Gespräch ‚Über Freundschaft'. Sie überliefern Motive aus dem Freundschaftsbuch des Aristoteles und aus Plutarchs Unterscheidung des wahren vom falschen Freund (Ricci 2009). Die antiken Autoren sind teils direkt benutzt, teils durch die erasmianische Sprichwörtersammlung (1508/1536) und die ‚Spruchsammlung' des Andreas Eborensis (1557) vermittelt. Riccis Maximen enthielten sich christlicher Missionstopik, harmonierten mit chinesischer Ethik und fanden in China eine breite und lang anhaltende Resonanz.[14]

2.3 Intimität und Sentimentalität bestimmen um 1750/1850 die Vorstellungen von ‚wahrer Freundschaft' in Deutschland wie nie zuvor und wie in keinem anderen europäischen Land. Freundschaft habe, so sagen die Soziologen, Mängel der sozialen Struktur kompensiert.[15] Die persönlichen Freundschaften, die Männerbünde und noch die bürgerliche Jugendbewegung um 1900 haben integrative Funktion jenseits von Familie, Stand, Beruf. Eine vielfältige, auch materielle Freundschaftssymbolik, die Feste mit ihren Ritualen, die Gestik (Umarmung, Bruderkuss) verdichten sich zu einem ‚Freundschaftskult'.

Auf dem bunten Freundschaftsband stehen die Namen der Freunde. Der ‚Freundschaftsring' zeigt die verschlungenen Hände. Im schönsten Zimmer des Hauses hängen die Porträts der Freunde. Das Stammbuch heißt ‚Denkmal' oder ‚Heiligtum der Freundschaft'.[16] Die Intensität freundschaftlicher Emotion und

---

[11] Morus 1985, bes. S. 18–29: „Bedeutung der Freundschaft zwischen Morus und Erasmus". – Vgl. Morford 1991, Kapitel 3: *„Self-Portrait with Friends"*.
[12] Morus 1985, S. 143–147: Morus an Erasmus, 7.10.1517.
[13] Matteo Ricci (geb. 1552 in Macerata/Italien), Universalgelehrter, Jesuit, kommt 1583 als Missionar nach China, gelangt zu hohem Ansehen und stirbt 1610 in Peking.
[14] Chinesische Drucke: 1596, 1599, 1601 und öfter. – Zum weiteren Kontext vgl. Lee 2013.
[15] Zu politischen Gründen für diese Sonderentwicklung vgl. Rasch 1936 und Tenbruck 1964, besonders S. 448, 452; Mosse 1985, besonders Kapitel 4: „Freundschaft und Nationalismus".
[16] Titel der Stammbücher von Julie Briegleb (ca. 1770–1827, Weimar) und M.E. Eltzner (ca. 1780/1785-ca. 1830, Weimar), bei Henning 1988. Weitere Belege bei Cancik 1990.

Imagination drängt zur Mythisierung und Verehrung. Hölderlin dichtet eine ‚Hymne' an die Göttin ‚Freundschaft' (1792), die ‚Gottheit zwischen mir und dir'.[17]

In Frankreich wird zu derselben Zeit, was in Deutschland privat, intim, imaginiert bleibt, als öffentlicher, allgemeiner, staatlicher Kult konstruiert. In seinen ‚Republikanischen Institutionen' (1793/1794) hat Saint-Just bestimmt: Im Alter von 21 Jahren erklärt jeder Mann im Tempel, wer seine Freunde sind; die Erklärung wird jedes Jahr wiederholt; lebenslängliche Freunde werden in demselben Grabe beigesetzt; schließlich: „Wer erklärt, er glaube nicht an Freundschaft, oder keinen Freund hat, ist gebannt." (Saint-Just 1976, S. 268)

3 Freundschaft und Humanität

In den Jahren 1792–1797 hat Johann Gottfried Herder 124 ‚Humanistische Briefe' geschrieben (Herder BBH). Sie gelten, wie die etwa gleichzeitig verkündeten Menschenrechte und Lessings programmatisches Drama von Toleranz und Fanatismus (1779/1783) als ein Basistext des modernen Humanismus. Die Briefe richten sich an ‚Freunde', sie sollen zirkulieren, die Korrespondenten in einem Netzwerk verbinden.[18]

Mit der Wahl der Gattung ‚Brief', dem ‚Gespräch zwischen Abwesenden', und mit dem Freundschaftsmotiv stellt Herder sich in die skizzierte humanistische Tradition aus Antike und Renaissance. Sein Ziel, so der Titel des ersten Briefs, ist ‚ein Bund der Humanität zwischen Freunden'. Was ihm das Wort ‚Humanität' bedeutet, umschreibt Herder mit den Begriffen „Menschheit, Menschlichkeit, Menschenrechte, Menschenpflichten, Menschenwürde, Menschenliebe" (BBH Nr. 27). Der Freundschaftsbund ist der soziale Raum, in dem Herder seine Ideen zur Beförderung der Humanität entwickeln kann, in dem aber auch Humanität zwischen Freunden praktiziert werden soll.

Bereits im ersten Brief verweist Herder auf ein weiteres Modell der Vergemeinschaftung: „die wahre, unsichtbare Kirche", dann auf Benjamin Franklins ‚Gesellschaft der Humanität' in Philadelphia und schließlich auf eine „unsichtbarsichtbare Gesellschaft", die Freimaurer (BBH Nr. 1; Nr. 2 – Nr. 4; Nr. 26). Die „Alten Pflichten" der Freimaurer (1723) bestimmen die Freimaurerei als ein „Mittel, treue Freundschaft unter Personen zu stiften, welche sonst in beständiger Entfernung

---

[17] Hölderlin schrieb ein ‚Lied der Freundschaft' (1790) und ‚Freundschaft' am 27.5.1843, wenige Tage vor seinem Tod.
[18] Herder BBH Nr. 1; vgl. Nr. 96: „Ich komme zurück auf meinen Bund der Freunde". Die Anrede in den Briefen ist häufig ‚mein Freund'.

geblieben wären" (Fischer 1876). Einige Logen nennen sich deshalb *De l'amitié* (Zur Freundschaft).[19]

Freundschaft, eine auf Wohlwollen, Zuneigung, Gleichheit und besonderem Austausch und Hilfe beruhende persönliche Beziehung in kleinen Gruppen eignet sich offenbar als Modell für die Vergemeinschaftung von größeren Gruppen. Sie wird ausgeweitet auf Korrespondentennetz und Bünde, auf Staaten und sogar die ganze Menschheit – Philanthropie und Kosmopolitismus.[20] Der ‚Bund der Freunde der Humanität' kann sich so als eine Vorwegnahme einer befriedeten, natürlichen, harmonischen Gesellschaft verstehen, in der Freiheit, Gleichheit und einig Vaterland vorgreifend verwirklicht werden. Doch die erträumte Geburt eines neuen Staates aus dem Geiste der Freundschaft überfordert die Möglichkeiten einer personalen Beziehung.[21] Und das schöne Wort ‚Menschenliebe' war schon für Herder „so trivial geworden, dass man meistens die Menschen liebt, um keinen unter den Menschen wirksam zu lieben" (BBH Nr. 27).

4 Literatur

Cancik, Hubert (1990): „Freundschaftskult – Religionsgeschichtliche Bemerkungen zu Mythos, Kult und Theologie der Freundschaft bei Friedrich Hölderlin". In: Loyalitätskonflikte in der Religionsgeschichte. Festschrift für Carsten Colpe. Christoph Elsas/Hans Gerhard Kippenberg et al. (Hrsg.). Würzburg, S. 12–34.

Cancik-Lindemaier, Hildegard (2014): „Humanität und Freundschaft in der Sprichwörtersammlung des Erasmus". In: Hubert Cancik/Hildegard Cancik-Lindemaier: Humanismus – ein offenes System. Horst Groschopp (Hrsg.). Aschaffenburg, S. 88–109.

Erasmus von Rotterdam (1969): *„Luciani compluria opuscula"* (1516). In: *Opera omnia Desiderii Erasmi Roterodami.* Bd. 1,1, Amsterdam, S. 422–448.

Erasmus von Rotterdam (1977): *„Opuscula Plutarchi nuper traducta. Erasmo Roterodamo Interprete"* (1514). In: *Opera omnia Desiderii Erasmi Roterodami.* Bd. 4,2, Amsterdam, S. 117–163.

Faber, Richard/Holste, Christine (Hrsg.) (2000): Kreise, Gruppen, Bünde. Zur Soziologie moderner Intellektuellenassoziation. Würzburg.

Fischer, Robert (1876): Die alten Pflichten. Leipzig.

Garber, Klaus/Wismann, Heinz (Hrsg.) (1996): Europäische Sozietätsbewegung. Die europäischen Akademien zwischen Frührenaissance und Spätaufklärung. Bd. 1. Tübingen.

---

19 So etwa die Große Loge ‚(Royal York) Zur Freundschaft' in Berlin, gegründet ca. 1752, neu gegründet 1946. – Nach ihren Statuten (1813) verfolgt die ‚Gesellschaft der Freunde der Humanität' (Berlin, 1797–1861) den Zweck, „unter ihren Mitgliedern eine wissenschaftlich begründete Freundschaft zu stiften".

20 Vgl. Zeno, Verfassung und Seneca, epistulae morales 48, siehe hier 2.1.

21 Friedrich Schiller: Don Carlos (1783/1787), 4. Akt, 21. Auftritt, Marquis Posa: „das kühne Traumbild eines neuen Staates,/ Der Freundschaft göttliche Geburt."

Henning, Hans (Hrsg.) (1988): Blätter der Erinnerung. Aus Stammbüchern von Frauen des 18. und 19. Jahrhunderts. Eine Auswahl. Leipzig.
Herder, Johann Gottfried (1991): „Briefe zu Beförderung der Humanität" (1793–1797). Hans Dietrich Irmscher (Hrsg.). In: Johann Gottfried Herder: Werke in 10 Bänden. Bd. 7. Frankfurt am Main (hier abgekürzt: BBH).
Herman, Gabriel (1987): *Ritualised friendship and the Greek city*. Cambridge.
Lee, Ming-Huei (2013): Konfuzianischer Humanismus. Transkulturelle Kontexte. Bielefeld.
Lu, Baiyu (2014): Lessings Freundschaftsbegriff in seinen dramatischen und dialogischen Werken.
Morford, Mark (1991): *Stoics and Neostoics. Rubens and the circle of Lipsius*. Princeton, NJ.
Morus, Thomas (1985): Briefe der Freundschaft mit Erasmus. Übersetzt, eingeleitet und kommentiert von Hubertus Schulte Herbrüggen. München.
Mosse, George L. (1985): Nationalismus und Sexualität. Bürgerliche Moral und sexuelle Normen. München, Wien.
Rasch, Wolfdietrich (1936): Freundschaftskult und Freundschaftsdichtung im deutschen Schrifttum des 18. Jahrhunderts. Halle.
Ricci, Matteo (2009): *Jiao you lun. On Friendship. One Hundred Maxims for a Chinese Prince*. Übersetzt von Timothy Billings. New York.
Ritter, Raimund (1963): Die aristotelische Freundschaftsphilosophie nach der nikomachischen Ethik. München.
Rummel, Erika (1985): *Erasmus as a translator of the classics*. Toronto.
Saint-Just, Antoine Louis Léon de (1976): „*Fragments d'institutions républicaines*". In: Alain Liénard (Hrsg.): *Saint-Just – Théorie politique*. Paris.
Tenbruck, Friedrich H. (1964): „Freundschaft. Ein Beitrag zur Soziologie der persönlichen Beziehungen". In: Kölner Zeitschrift für Soziologie und Sozialpsychologie 16, S. 431–456.
Treml, Christine (1989): Humanistische Gemeinschaftsbildung. Soziokulturelle Untersuchung zur Entstehung eines neuen Gelehrtenstandes in der frühen Neuzeit. Hildesheim.
Die Verfassung der Frei-Maurer (1972). Geschichte, Pflichten, Anordnungen usw. dieser sehr alten und höchst ehrwürdigen Bruderschaft. Für den Gebrauch der Logen. (London 1723). 5. Auflage. Hamburg.
Worstbrock, Franz Josef (1983): Der Brief im Zeitalter der Renaissance. Weinheim.

Generationenfolge,
s. Lebenszyklen/Generationenfolge

Thomas Heinrichs
Gerechtigkeit

1. Gerechtigkeit ist eine Verhältniskategorie, die eine Forderung zum Ausdruck bringen kann. Individuell wird der Zustand der Gerechtigkeit dann als gegeben empfunden, wenn der Einzelne der Auffassung ist, dass er im Verhältnis zu den anderen den ihm angemessenen Anteil an den verfügbaren Gütern und Ressourcen erhalten hat. Eine Gesellschaft kann als gerecht bezeichnet werden, wenn die in ihr verfügbaren materiellen und ideellen Güter und Ressourcen nur nach Kriterien verteilt werden, die in einem demokratischen, herrschaftsfreien Verfahren bestimmt worden sind. Die Auffassungen von Gerechtigkeit und deren politische (und dann auch philosophische) Erörterung haben sich historisch entwickelt (Dux 2009, S. 24 ff.).

2. Gerechtigkeit ist, wie bereits Aristoteles (384–322 v. u. Z.) feststellt, eine zwischenmenschliche Kategorie. Sie betrifft das Verhältnis der Bürger untereinander (Aristoteles, Nikomachische Ethik, 1129b, 25–28). Sie ist die „Eigenschaft einer gesellschaftlichen Ordnung" (Kelsen 2000, S. 11). Für die Stabilität einer jeden Gesellschaft und für den Grad ihrer ↗ Humanität ist es entscheidend, dass eine ungleiche Verteilung von Gütern/Ressourcen gerecht, also nur nach anerkannten Kriterien erfolgt.

Die Philosophie hat sich von Anfang an mit der Gerechtigkeitsproblematik beschäftigt (Münkler/Llanque 1999). In den Debatten ständisch organisierter Gesellschaften über die Gerechtigkeit geht es darum, eine hierarchische Ordnung, die sich als stabil bewährt hat und einen angemessenen Ausgleich zwischen den Klassen gewährt, durch das der Sitte gemäße Verhalten zu bewahren. Gerechtigkeit ist daher in diesen Gesellschaften ein Synonym für das Handeln gemäß den überlieferten sozialen Normen (Höffe 2010, S. 9 ff.).

Durch Gerechtigkeit wird „die Zusammengehörigkeit der Menschen untereinander und gleichsam ihre Lebensgemeinschaft bewahrt" (Cicero, *De Officiis*/ Über die Pflichten, I, 5, 17). Die Gerechtigkeit wird auch als Tugend des Herrschers charakterisiert (Menu 2013, S. 209 ff.). In den *Indischen Sprüchen* (Böhtlingk 1966, Spruch 3100, 3101) erscheint die Gerechtigkeit als Voraussetzung für ein stabiles und funktionierendes Gemeinwesen. Auch in religiösen Systemen, z. B. dem Christentum, steht die Gerechtigkeit für die Einhaltung der sozialen Ordnung (Hein 1965, S. 1403). Daneben beschreibt sie das Verhältnis des Menschen zu Gott, der letztlich Gerechtigkeit gewährt (Kertelge 2009, S. 501 ff.).

In den Gerechtigkeitsdiskursen ständischer Gesellschaften stellt sich die Frage, ob die soziale Ordnung gerecht ist, nicht. Schon sehr früh wird darauf reflektiert, dass unterschiedliche Gesellschaften unterschiedliche Regelsysteme haben, sodass die spontane Vorstellung, die eigene Ordnung sei ‚naturgegeben' und damit vom Menschen nicht hinterfragbar, problematisch wird. Philosophen reagieren darauf, indem sie ein grundlegendes Naturrecht postulieren, das im Wesentlichen überall gleich sein soll. Die auffindbaren Unterschiede gelten dagegen als nebensächlich. Gerechtigkeit ist dann das der ↗Natur gemäße Verhalten. Während Aristoteles in der Begründung eines solchen Naturrechtes noch keine großen Probleme sieht (Nikomachische Ethik, 1134b, 17 ff.), gelingt es Cicero nicht mehr, die von ihm selber dagegen vorgebrachten Argumente (Philus-Rede, *De re publica*/Vom Gemeinwesen, III, 13–30) überzeugend zu widerlegen (Laelius-Rede, *De re publica*/Vom Gemeinwesen, III, besonders 33).

Der Gerechtigkeitsdiskurs ständischer Gesellschaften ist nicht dazu geeignet, die sozialen Verhältnisse selbst in Frage zu stellen. Was Gerechtigkeit außer der Befolgung der Normen inhaltlich sein soll, wird nicht diskutiert. Schon früh hat Platon die These formuliert, dass der Zustand der Gerechtigkeit dann vorliege, wenn jeder das Seine erhalte – „einem jedem das Schuldige zu leisten" (*Politeia*, 331e3) –, die Frage ist jedoch, was dieses Schuldige ist.[1] In den ständisch organisierten, patriarchalischen Sklavenhaltergesellschaften der ↗Antike bis in die Neuzeit, ist die Gerechtigkeit für den Adeligen eine andere als für das Volk, für den Mann eine andere als für die Frau, für den Freien eine andere als für den Sklaven und für den Bürger eine andere als für den Migranten.

Die bei uns heute unter dem Gerechtigkeitsbegriff diskutierte Verteilungsproblematik findet sich zum ersten Mal bei Aristoteles. Erst die Voraussetzung der grundsätzlichen Gleichheit der Menschen macht es möglich, sich die Frage nach einer gerechten Verteilung von Gütern zu stellen. Gerechtigkeit betrifft bei Aristoteles zum einen ebenfalls die Einhaltung der Sitten, zum anderen aber die Bewahrung der Gleichheit der Bürger (Nikomachische Ethik, 1131a 10–13). Zwar unterscheidet auch Aristoteles das Recht des Bürgers vom Recht des Sklaven und das des Mannes von dem der Frau (Nikomachische Ethik, 1134b 8–17), jedoch werden die männlichen Bürger untereinander als Gleiche angesehen.

Bei Aristoteles findet sich daher eine Ausdifferenzierung von Gerechtigkeitssphären und -kriterien. Zentrale Problemfelder der Gerechtigkeit sind das Verhältnis der Gruppe zum Einzelnen und das der Einzelnen untereinander. Zentrales Kriterium der Gerechtigkeit ist die Proportion. Es geht zum einen um eine nach Kriterien erfolgende Zuteilung von Gütern an die einzelnen Mitglieder der Gruppe (lat. *iustitia distributiva*) – wobei die Kriterien strittig sind: Aristoteles erwähnt den Bürgerstatus,

---

[1] Der heute noch in Gerichtssälen verbreitete herrschaftsaffirmative Gebrauch dieser Gerechtigkeitsformel – wie er im KZ Buchenwald zugespitzt worden ist, über dessen Eingang ‚Jedem das Seine' stand – verdeutlicht das Problem dieses platonischen Ansatzes.

den Reichtum, den Geburtsadel und besondere Auszeichnungen (Nikomachische Ethik, 1131a 25–29) – und zum anderen um die Bewahrung der Gleichheit im Verhältnis der Bürger untereinander (lat. *iustitia commutativa*).

In diesem Verhältnis kann die Gleichheit z. B. durch unerlaubte Handlungen wie Diebstahl, Ehebruch, aber auch durch Tauschgeschäfte wie Kauf, Miete usw. verletzt werden (Nikomachische Ethik, 1130a 2–10). Hintergrund dieser Diskussion ist dabei vor allem die Bewahrung der politischen Gleichheit der Bürger, die in der attischen Polis im Vordergrund stand (Bleicken 1988, S. 243 ff.) und nicht die Herstellung einer ökonomischen Gleichheit. Dies weist Aristoteles an anderer Stelle zurück (Politika, 1281a, 14–21).

Erstmals bei Thomas Morus (1478–1535) findet sich eine auf dem Begriff der Gerechtigkeit aufbauende Kritik an den bestehenden Verhältnissen. Voraussetzung dafür ist die Vorstellung eines auf dem Grundsatz der Gleichheit aufbauenden, alternativen Gesellschaftssystems. Aus dieser Perspektive ist Ungerechtigkeit nicht länger nur ein Fehlverhalten innerhalb der sozialen Ordnung, sondern: Der sozialen Ordnung selbst kann nun vorgeworfen werden, ungerecht zu sein: „*Nam quae haec iustitia est*" (Morus 2012, S. 322), „was ist das für eine Gerechtigkeit und Billigkeit, dass jeder beliebige Edelmann [...] oder sonst irgendeiner von der Menschenklasse, die überhaupt nichts leistet oder wenigstens eine Beschäftigung treibt, die für den Staat nicht dringend nötig ist, dass der ein üppiges und glänzendes Leben führen darf aus einem Erwerb, den ihm sein Nichtstun oder sein überflüssiges Geschäft einbringt, während gleichzeitig der Tagelöhner, der Fuhrmann, der Schmied, der Bauer mit aller seiner harten und beständigen Arbeit [...], die so dringend nötig ist, dass ohne sie die Gesellschaft nicht ein Jahr auskommen könnte, sich doch nur ein so knappes Auskommen verdient, ein so erbärmliches Leben führen muss" (Morus 2012, S. 323 f.). Es ist kein Zufall, dass der moderne Gerechtigkeitsbegriff erstmals in der Utopie formuliert wird, denn er setzt notwendig voraus, dass eine andere Gesellschaft als die bestehende gedacht werden kann.

In der klassisch bürgerlichen Philosophie wird die Auseinandersetzung mit der feudalen Ordnung in den Begriffen der politischen Gleichheit und Freiheit geführt (Rousseau 1981, S. 311). Nicht die Forderung nach Gerechtigkeit, sondern nach Gleichheit vor dem Gesetz steht im Vordergrund. Mit der Entstehung des Staates in Europa ab dem 15. Jahrhundert bildet sich ein staatliches Rechtssystem heraus, welches das eher informelle System der Sitten und Normen, auf die sich der alte Gerechtigkeitsdiskurs bezog, ersetzt – so Rousseau (1712–1778) im Rückblick vor allem auf Hobbes und Locke (Rousseau 1981, S. 297 f.). An die Stelle des Appells an die Gerechtigkeit des Königs tritt die Forderung, dass auch er unter dem Gesetz zu stehen habe.

Eine mit dem Konzept der Gerechtigkeit durchgeführte Kritik der sozialen Verhältnisse findet sich erst wieder bei den Frühsozialisten. Im 19. Jahrhundert zeigt sich, dass das bürgerliche Programm der formalen Gleichheit und Freiheit aufgrund des Privateigentums an Produktionsmitteln eine Gesellschaft mit einer extrem ungleichen Eigentumsverteilung hervorbringt (Saint-Simon 1968, S. 131 ff.). Zunächst noch mit dem Konzept einer radikalisierten Gleichheit, aber zunehmend auch unter dem Begriff der Gerechtigkeit werden diese Zustände kritisiert. So fordert Proudhon (1809–1865), dass das Eigentum durch eine nachträgliche Korrektur am Maßstab der Gerechtigkeit legitimiert wird (Proudhon 2010, S. 50 f.), indem durch staatliche Maßnahmen die prinzipielle Gleichheit der Eigentumsverhältnisse bewahrt wird (Proudhon 2010, S. 174 ff.). Als Gegenentwurf zur bürgerlichen Gesellschaft entsteht bei den Frühsozialisten die Utopie des Kommunismus, als einer Gesellschaft der Gleichen, in der „bloß die Gerechtigkeit und die Vernunft" alles regeln (Blanqui 1968, S. 126).

Auch die Kritik von Marx und Engels an den sozialen und politischen Verhältnissen ihrer Zeit ist moralisch motiviert (Manifest der Kommunistischen Partei, MEW 4, S. 459–493). Der Ausgangspunkt der Kritik am Kapitalismus ist beim frühen Marx die Entfremdung der Menschen (Heinrichs 1999, S. 80 ff.). Die kapitalistisch-bürgerliche Gesellschaft stellt für ihn nicht die Endstufe der Entwicklung menschlicher Gesellschaften dar. Die Entfremdung kann daher erst im Kommunismus überwunden werden (Marx 1968, S. 536). Im Gegensatz zu den Frühsozialisten, denen allen der Sozialismus „der Ausdruck der absoluten Wahrheit, Vernunft und Gerechtigkeit" ist, der „nur entdeckt zu werden [braucht, Th. H.], um durch eigene Kraft die Welt zu erobern" (Engels 1962, S. 200), sind Marx und Engels jedoch der Auffassung, dass moralische Appelle keine Änderung der sozialen Verhältnisse bewirken können.

Diese sind nicht das Ergebnis des persönlichen Fehlverhaltens Einzelner, sondern das Ergebnis ökonomischer Gesetzmäßigkeiten der jeweiligen Produktionsweise. „Nach *gleicher oder gar gerechter Entlohnung* auf Basis des Lohnsystems zu rufen, ist dasselbe, wie auf Basis des Systems der Sklaverei nach *Freiheit* zu rufen. Was ihr für recht oder gerecht erachtet, steht nicht in Frage. Die Frage ist: Was ist bei einem gegebnen [sic] Produktionssystem notwendig und unvermeidlich?" (Marx 1962, S. 132).

Einen moralischen Begriff von Gerechtigkeit haben Marx und Engels daher nicht: „die Gerechtigkeit der Transaktionen, die zwischen den Produktionsagenten vorgehen, beruht darauf, dass diese Transaktionen aus den Produktionsverhältnissen als natürliche Konsequenz entspringen". Der Inhalt der Transaktionen „ist gerecht, sobald er der Produktionsweise entspricht, ihr adäquat ist. Er ist ungerecht, sobald er ihr widerspricht. Sklaverei, auf Basis der kapitalistischen

Produktionsweise, ist ungerecht" (Marx 1964, S. 351 f., 352). Die Marxsche Kritik betrifft daher die kapitalistisch-bürgerliche Gesellschaft immer als ganze.

Moderne Gerechtigkeitsdebatten beschäftigen sich dagegen wieder mit den Voraussetzungen der Gerechtigkeit innerhalb eines Gesellschaftssystems. Die bestehenden Macht- und Reichtumsdifferenzen bedürfen einer Rechtfertigung. Rawls rechtfertigt dies, indem er Gerechtigkeit als ‚Fairness' definiert und diese zur Grundregel des demokratischen Verfassungsstaates erklärt. Diese Regel soll Entwicklungen ausschließen, die „zu antisozialen Einstellungen führen" (Rawls 1993, S. 168). Damit nähert sich der Rawlssche Gerechtigkeitsbegriff wieder dem Gerechtigkeitsbegriff ständischer Gesellschaften an, in denen Gerechtigkeit der Zustand war, der garantierte, dass eine sozial bewährte Ordnung erhalten blieb.

3. Ein humanistischer Gerechtigkeitsbegriff muss es ermöglichen, sowohl die Gerechtigkeit innerhalb eines bestehenden Gesellschaftssystems zu bewerten als auch aus der Perspektive eines anderen Gesellschaftssystems das bestehende als ungerecht zu kritisieren.

Grundkriterium für die soziale Zuteilung und den sozialen Entzug von Gütern ist die Gleichheit. Wenn es keine Gründe gibt, Menschen ungleich zu behandeln, kann nur ihre Gleichbehandlung gerecht sein. Eine ungleiche Behandlung von Menschen ist nie biologisch begründbar, da es keine sozial relevanten biologischen Unterschiede gibt (Heinrichs 2002, S. 211 ff.). Gründe für eine ungleiche Behandlung bei der Zuteilung und dem Entzug von Gütern können immer nur die Erfüllung von oder der Verstoß gegen soziale Normen und Werte durch den Einzelnen sein.

Gerechtigkeit ist die zweite Ebene der Moral (Tugendhat 1997, S. 50). Von Gerechtigkeit kann man erst reden, wenn man sich auf ein moralisches System geeinigt hat. Von Moralen als Systemen von Normen und Werten redet man, wenn man über die Regeln einer Gruppe spricht, die ihre Mitglieder befolgen sollen/ müssen, damit die Gruppe möglichst gut funktioniert, damit sie ihre selbst gesetzten Ziele erreicht. Über Gerechtigkeit spricht man, wenn man darüber spricht, ob in einer Gruppe eine an der Erfüllung der Normen und Werte orientierte und in diesem Sinne angemessene Wertschätzung ihrer Mitglieder stattfindet, die in einer angemessenen Verteilung – Zuteilung oder Entziehung – von Gütern ihren Ausdruck findet (Heinrichs 2002, S. 207 ff.).

Voraussetzung für eine gerechte Verteilung von Gütern ist daher, dass man die Normen und Regeln und die Frage klärt, was in Bezug auf ein entsprechendes nützliches oder schädliches Verhalten des Einzelnen eine angemessene Zuteilung oder Entziehung von Gütern ist. Entscheidend ist dabei das Verfahren zur Festlegung der Verteilungskriterien, also der Moralregeln, und zur Bestimmung des Grades der Angemessenheit.

Beides muss in einem demokratischen, herrschaftsfreien Verfahren erfolgen. Alle Mitglieder einer sozialen Gruppe müssen dabei die gleiche Möglichkeit haben, auf den Prozess der sozialen Entscheidungsfindung Einfluss zu nehmen und das Ergebnis mitzubestimmen. Waren diese Möglichkeiten gegeben, so haben sich alle mit den Kriterien einer ungleichen Verteilung einverstanden erklärt (Heinrichs 2002, S. 240 ff.). Nur wenn die Kriterien einer ungleichen Verteilung von Gütern/Ressourcen an die einzelnen Mitglieder einer Gruppe in einem solchen Verfahren bestimmt wurden, ist eine entsprechende Verteilung begründet und damit gerecht.

Eine Gesellschaft kann aus mehreren Perspektiven als ungerecht kritisiert werden. Zum Ersten mit dem Argument, dass ein solches Verfahren nicht durchgeführt wurde und damit eine ungleiche Verteilung in einem moralischen Sinne nicht begründet ist. Zum Zweiten kann kritisiert werden, dass ein grundsätzlich akzeptiertes System von Kriterien ungleicher Verteilung nicht richtig angewendet wird. Akzeptiere ich etwa die moralische Wertung, dass eine bestimmte Abstammung (Adel) einen sozialen Wert darstellt, dann ist es gerecht, wenn Adelige einen größeren Anteil an den sozialen Gütern erhalten. Hier kann man darüber streiten, ob dies im Einzelnen richtig durchgeführt wird.

Zum Dritten kann man einzelne Normen des Systems oder das ganze einer ungleichen Güterverteilung zugrunde liegende Moralsystem in Frage stellen und aus der Perspektive eines veränderten oder anderen Systems sozialer Regeln und Normen eine Gesellschaft teilweise oder als ganze als ungerecht bewerten. Wenn man etwa der Auffassung ist, dass Abstammung in einer Gesellschaft kein sozialer Wert sein soll, dann ist aus dieser Perspektive eine auf diesem Kriterium beruhende ungleiche Güterverteilung und eine Gesellschaft, in der dies so gehandhabt wird, ungerecht.

Ein solcher Begriff von Gerechtigkeit ermöglicht es, aus der humanistischen Perspektive der grundsätzlichen Gleichheit der Menschen die ungleiche Verteilung von Gütern/Ressourcen in Gesellschaften sowohl immanent als auch aus der Perspektive einer anderen Gesellschaft kritisch zu bewerten.

Gerechtigkeit ist im Wesentlichen eine Kategorie, die die Verteilung von Gütern/Ressourcen am Maßstab einer Leistung, nämlich der Erfüllung von Normen und Werten bewertet. In einer humanen Gesellschaft können Güter und Ressourcen jedoch nicht nur nach Leistungskriterien verteilt werden (Nussbaum 2010). Gerechtigkeit muss daher durch ↗Solidarität und ↗Humanität ergänzt werden (Heinrichs 2012; Heinrichs 2002, S. 250 ff.).

4 Literatur

Blanqui, Auguste (1968): „Der Kommunismus, die Zukunft der Gesellschaft" (1869). In: Frank Deppe (Hrsg.): Instruktionen für den Aufstand. Frankfurt am Main, S. 125–156.
Bleicken, Jochen (1988): Die athenische Demokratie. Paderborn, München, Wien, Zürich.

Böhtlingk, Otto (Hrsg.) (1966): Indische Sprüche, Sanskrit und Deutsch. Osnabrück.
Dux, Günter (2009): Von allem Anfang an. Macht, nicht Gerechtigkeit. Studien zur Genese und historischen Entwicklung des Postulats der Gerechtigkeit. Weilerswist.
Engels, Friedrich (1962): Friedrich Engels: Die Entwicklung des Sozialismus von der Utopie zur Wissenschaft (1880). In: MEW Bd. 19, S. 189–201.
Hein, N. J. (1965): „Gerechtigkeit Gottes I. Religionsgeschichtlich". In: Kurt Galling (Hrsg.): Die Religion in Geschichte und Gegenwart. Bd. 2. 3. Auflage. Tübingen, Sp. 1402–1403.
Heinrichs, Thomas (1999): Zeit der Uneigentlichkeit. Münster.
Heinrichs, Thomas (2002): Freiheit und Gerechtigkeit. Münster.
Heinrichs, Thomas (2012): „Prinzipien sozialer Güterverteilung. Gleichheit, Gerechtigkeit, Solidarität und Humanität". In: Horst Groschopp (Hrsg.): Humanistik. Aschaffenburg, S. 197–222.
Höffe, Otfried (2010): Gerechtigkeit. München.
Kelsen, Hans (2000): Was ist Gerechtigkeit? Stuttgart.
Kertelge, Karl (2009): „Gerechtigkeit III. Neues Testament". In: Walter Kasper (Hrsg.): Lexikon für Theologie und Kirche. Bd. 4. Freiburg. S. 501–503.
Marx, Karl (1962): Lohn, Preis und Profit (1898). In: MEW Bd. 16, S. 101–151.
Marx, Karl (1964): Das Kapital. Kritik der politischen Ökonomie. 3. Bd. Buch 3 (1894). In: MEW Bd. 25.
Marx, Karl (1968): Ökonomisch-philosophische Manuskripte aus dem Jahre 1844. In: MEW Bd. 40, S. 465–590.
Menu (2013): Die Gesetze des Menu, Sohns des Brahma. Indische Philosophie. Bd. 13. Berlin.
Morus, Thomas (2012): Utopia. Lateinisch/Deutsch. Übersetzt von Gerhard Ritter. Stuttgart.
Münkler, Herfried/Llanque, Marcus (Hrsg.) (1999): Konzeptionen der Gerechtigkeit. Berlin.
Nussbaum, Martha C. (2010): Die Grenzen der Gerechtigkeit. Frankfurt am Main.
Proudhon, Pierre-Joseph (2010): Theorie des Eigentums. Kiel.
Rawls, John (1993): „Gerechtigkeit als Fairness – politisch und nicht metaphysisch". In: Axel Honneth (Hrsg.): Kommunitarismus. Eine Debatte über die moralischen Grundlagen moderner Gesellschaften. Frankfurt am Main, New York, S. 36–67.
Rousseau, Jean-Jacques (1981): „Vom Gesellschaftsvertrag". In: Jean-Jacques Rousseau: Sozialphilosophische und Politische Schriften. München, S. 269–392.
Saint-Simon, Henri de (1968): „Darstellung der Saint-Simonistischen Lehre". In: Thilo Ramm (Hrsg.): Der Frühsozialismus. Stuttgart, S. 126–155.
Tugendhat, Ernst (1997): Dialog in Leticia. Frankfurt am Main.

Jörn Rüsen
Geschichte

1 Was macht Geschichtsdenken humanistisch?

Auf diese Frage gibt es unterschiedliche Antworten. Die einfachste bezieht sich auf den frühneuzeitlichen ↗ Humanismus, der im 14. Jahrhundert in Italien entstand und das geistige Leben Europas über Jahrhunderte bestimmte. Humanismus ist aber mehr als nur eine historische Epoche. Als moderne Denkweise tritt er uns im späten 18. und frühen 19. Jahrhundert mit einer besonderen Ausprägung in Deutschland entgegen. Hier taucht im Jahre 1808 auch der Begriff zum ersten Mal als Buchtitel auf (Niethammer 1968). Von da an bleibt er Thema von Geisteswissenschaften und politischen Bewegungen und erfährt bis heute Erneuerungen und Kritik.

Beide Ausprägungen sind durch einen starken Bezug auf die ↗ Antike und natürlich durch eine Zentrierung des Denkens auf den Menschen als Gestalter seiner kulturellen Lebensformen und ein entsprechendes Bildungsprogramm bestimmt. Zwischen ihnen liegt die Epochenscheide zur Modernität. Im Bereich des historischen Denkens äußert sie sich als Wandel in der Logik des historischen Denkens – von der exemplarischen zur genetischen Sinnbildung. Dieser Wandel bedeutet eine grundsätzliche Neuausrichtung des historischen Denkens. Es unterzieht die Weltdeutung einer grundsätzlichen Verzeitlichung und verfasst sich zugleich mit neuen Erkenntnisansprüchen als (Geistes-)Wissenschaft.

Diese Neuausrichtung tritt vor allem, aber nicht ausschließlich in Deutschland in einer humanistischen Ausprägung auf. Gegenstand des historischen Denkens ist die Menschheit in ihrer zeitlichen Verfassung. Der maßgebliche Gesichtspunkt zum Verständnis des historischen Wandels ist eine normative Bestimmtheit des Menschen als Kulturwesen (↗ Anthropologie; ↗ Humanismus als Kultur): In ihm selbst, in seiner Bildungsfähigkeit zu selbst gesetzten Normen liegt die Sinnquelle seiner Geschichte.

So kann man beide, das humanistische Geschichtsdenken der frühen Neuzeit und dasjenige der beginnenden Moderne, in einer übergreifenden Perspektive verbinden. Diese Perspektive lässt sich durch folgende (idealtypisch verfasste) Bestimmungen charakterisieren:
- eine Historisierung der Deutung der menschlichen Welt,
- eine Verweltlichung grundlegender Sinnkriterien (↗ Säkularisierung),
- eine Anthropologisierung der historischen Interpretation,
- eine Individualisierung geschichtlicher Vorgänge (↗ Persönlichkeit),

– eine Dynamisierung des Menschen durch die Konzeption seiner Subjektivität als Bildungsprozess.

2 Humanistisches Geschichtsdenken in der frühen Neuzeit

Der Humanismus der frühen Neuzeit trat mit einem historischen Selbstverständnis auf, das einen Bruch und Neuanfang signalisiert. Indem er die Zeit zwischen der Antike und seiner Gegenwart als ‚Mittelalter' charakterisierte, führte er eine Verzeitlichungsvorstellung in das historische Denken ein, die eine verschärfte Wahrnehmung historischer Differenzen in der langfristigen Entwicklungsperspektive der (westlich gedachten) Menschheit zur Folge hatte.

Die traditionelle heilsgeschichtliche Deutung der menschlichen Welt wurde nicht grundsätzlich infrage gestellt, aber in ihrer Geltungskraft für die Geschichtskultur erheblich geschwächt: Zeitlicher Wandel als Sinnträger der Praxisorientierung wurde nicht mehr an religiösen Ereignissen festgemacht, die in der Bibel beschrieben wurden, sondern an säkularen kulturellen Leistungen vornehmlich literarischer Art, wie sie die Antike aufwies (↗ Freidenkerbewegung). Im Rückgriff auf diese Leistungen wurden Deutungsmuster der Geschichte erarbeitet, die auf den Menschen als Schöpfer seiner Kultur und auf normativ unterschiedlich aufgeladene Manifestationen der Kultur rekurrierte.

Maßstab dieser wertenden Deutung war die klassische Antike. Damit gewann eine säkulare Denkform zunehmenden Einfluss auf das Geschichtsdenken der Eliten. Sie bildete sich in einer deutenden Aneignung der antiken Literatur aus (↗ Antike-Rezeption) und errang dabei neben einer hohen literarischen Qualität der Historiographie auch Ansätze einer methodischen Erfahrungskontrolle der historischen Interpretation durch Quellenkritik. Das Christentum wurde als Deutungsmacht der Geschichtskultur nicht infrage gestellt, sondern mit den Mitteln säkularer Philologie theologisch rationalisiert.

Zugleich nahm sich dieses säkulare Geschichtsdenken des Humanismus des Legitimationsbedarfs der politischen Gebilde an (↗ Politik), die sich als neue Ausprägungen politischer Macht und gesellschaftlicher Beziehungen herausgebildet hatten (z.B. die italienischen Stadtstaaten). Erste Formen nationaler Identitätsbildung im Konkurrenzkampf um kulturelles Prestige wurden durch die humanistische Geschichtsschreibung politisch wirksam geprägt. Nation als politische Differenzbestimmung wurde genealogisch begründet. Sie wurde als kulturelle Leistung herrschender Eliten repräsentiert. Damit wurde kulturelle Differenz als Bestimmungsgröße historischer Deutungen gegenwärtiger politischer Verhältnisse zur Geltung gebracht. Im Rückblick nimmt sich das als Schritt zur

Individualisierung menschlicher Lebensverhältnisse durch historische Deutungen aus, wie sie im modernen Humanismus besonders ausgeprägt wurde.

Dieser Aufschwung säkularer Geschichtsschreibung, verbunden mit einer quellenkritischen Einstellung und einem neuen Blick auf nationale Eigentümlichkeiten der politischen Systeme, ging mit einer vertieften Reflexion auf die Eigenart des historischen Denkens einher. Die exemplarische Denkform wurde nicht grundsätzlich infrage gestellt. Ihr gemäß wurden historischen Ereignissen allgemeine Verhaltensregeln abgewonnen, die sich auf gegenwärtige Ereignisse beziehen lassen und die mit ihnen verstanden und bewältigt werden konnten. Diese Denkform wurde subtil analysiert und dabei die rhetorischen Leistungen der Historiographie differenziert herausgearbeitet. Damit bekam diese einen wichtigen Platz in der praktischen (politischen) Handlungsorientierung angewiesen (Kessler 1971).

Zugleich stand die an der Antike geschulte sprachliche Form für den Bildungswert der Historie (↗ Bildung). Durch die Deutungsarbeit der Historiographie gewann das in neuen bürgerlichen Lebensformen tätige Subjekt das Selbstbewusstsein seiner kulturellen Autonomie. Dieses Selbstbewusstsein institutionalisierte und stabilisierte sich in eigenen Kommunikationsformen der kulturellen Elite.

3 Humanismus in der Geschichtskultur der Moderne

Seine spezifisch moderne Form nahm das humanistische Geschichtsdenken in der ‚Sattelzeit' der Moderne an, in ihrer formativen Phase am Ende des 18. und Beginn des 19. Jahrhunderts. In dieser Zeit verdichtete sich die Ausrichtung der kulturellen Weltdeutung auf den Menschen. Menschheit wurde zur bestimmenden Bezugsgröße des historischen Denkens. Dies geschah in doppelter Hinsicht: durch die Ausweitung des empirischen Blicks auf die Fülle verschiedener menschlicher Lebensformen in Raum und Zeit und ihrer Veränderungen, vor allem aber durch die normative Bestimmung des Menschseins als Wert in sich. Seinen prägnantesten Ausdruck fand dieser empirische und normative Menschheitsbezug in der frühen Geschichtsphilosophie. Hier wurde Geschichte als einheitliche zeitliche Größe („die' Geschichte), als Kollektivsingular gedacht (Koselleck 1979).

Fundamentale Bezugsgröße dieser Vergangenheit, Gegenwart und Zukunft zu einer einheitlichen Zeitvorstellung zusammenschließenden Konzeption war die Menschheit. Ihre spezifisch modernen Züge gewann diese menschheitliche Dimension des historischen Denkens durch eine grundsätzliche Verzeitlichung. Geschichte wurde inhaltlich als verzeitlichte Menschheit gedacht. Dieses Geschichtsverständnis folgt gegenüber dem bis dahin dominierenden Denkmuster (des exemplarischen Erzählens) einer neuen Logik der historischen Sinnbildung, nämlich der genetischen. Geschichte lehrt nicht mehr Klugheitsregeln der Lebenspraxis, sondern orientiert über die Zeitrichtung der durch die Lebenspraxis getätigten Veränderungen.

Die Geschichtsphilosophie attestierte dieser so als Zeiteinheit konzipierten Geschichte eine grundsätzliche Erkennbarkeit. Menschheit als anthropologische Bezugsgröße des modernen Geschichtsdenkens erstreckte sich damit in die erkennende Subjektivität des historischen Denkens selbst hinein. Im historischen Denken reflektierte sich der kulturschöpferische Geist, der die Gattung Menschheit als Referenzobjekt der Historie auszeichnet.

Diese Erkennbarkeit tritt in einer gegenüber dem bisherigen historischen Denken neuen Weise auf. Geschichte wird zur Wissenschaft und erhebt neue kognitive Geltungsansprüche. Diese Ansprüche hat Leopold von Ranke (1795–1886) in die klassisch gewordene Formel gebracht: „Man hat der Historie das Amt, die Vergangenheit zu richten, die Mitwelt zum Nutzen zukünftiger Jahre zu belehren, beigemessen: So hoher Ämter unterwindet sich gegenwärtiger Versuch nicht: er will bloß zeigen, wie es eigentlich gewesen." (Ranke 1855, S. VIII)

Modernes Geschichtsdenken ist mit der Vorstellung einer geschichtsphilosophisch explizierten, verzeitlichten Menschheit also anthropologisch konzipiert. Dies hat Johann Gustav Droysen (1808–1884) mit der griffigen Formel, Geschichte sei das ‚Erkenne Dich selbst' der Menschheit zum Ausdruck gebracht (Droysen 1977, S. 442). Damit ist freilich das moderne Geschichtsdenken noch nicht humanistisch. Es ist mit seiner menschheitlichen Orientierung auf Humanismus angelegt, aber erst dann, wenn seine Idee der Menschheit spezifische Züge annimmt, tritt es in humanistischer Ausprägung auf. Paradigmatisch dafür ist die Geschichtsphilosophie Herders. Er organisiert das historische Denken, das sich der Vielfalt menschlicher Lebensformen zuwendet, mit einer Idee der ↗ Humanität, die zweierlei in sich vereinigt:

Zum einen die methodische Weisung, die Erkenntnis konkreter menschlicher Lebensformen an deren Selbstverständnis auszurichten. Damit wird ihnen die Würde einer kulturellen Autonomie hermeneutisch zugebilligt. Humanistisch ist historisches Denken, wenn es die Vielfalt und Unterschiedlichkeit menschlicher Lebensformen nach Maßgabe ihrer inneren Autonomie kultureller Selbsthervorbringung anerkennt.

Zum anderen schließt die Idee der Humanität diese Vielfalt zu einer Einheit zusammen, die alle Unterschiedlichkeit als Manifestation eines umfassenden Geistes der kulturellen Menschennatur erkennen lässt. Er realisiert sich als „Sinn und Mitgefühl für die gesamte Menschheit" in den jeweils konkreten Lebensformen, also als ein kommunikativer Zusammenhang, der vom „Gesetz der Billigkeit" beseelt ist (Herder 1991, S. 742; S. 740).

Herder bringt die Einheit der Menschheit in der räumlichen und zeitlichen Fülle ihrer kulturellen Lebensformen dadurch zum Ausdruck, dass er diese Fülle als Manifestation von Menschlichkeit (Humanität) präsentiert. In synchroner Hinsicht legt sich diese Einheit in die Vielfalt von Unterschieden in der Realisation anthropologischer Grundbestimmungen des Menschseins aus. In diachroner Hinsicht lässt sich die Vielfalt in eine übergreifende Entwicklungsrichtung der ↗ Humanisierung zusammenfassen.

Der Bezug zur Antike ist auch für dieses moderne humanistische Geschichtsdenken in seiner Formationsperiode maßgebend: Sie gilt im Blick auf ihre Literatur und Kunst und ihre politische Form menschlicher Freiheit als realgeschichtlichen Erweis von Menschlichkeit (↗ Menschenrechte/Menschenwürde), an den sich anknüpfen lässt – kulturell in der Formierung historischer Identität und politisch in der Forderung der bürgerlichen Teilhabe an staatlicher Macht (↗ Befreiung/Herrschaft).

An Herders Geschichtsphilosophie lassen sich die Gesichtspunkte ablesen, die (in unterschiedlichen Ausprägungen und Konstellationen) ein spezifisch humanistisches Geschichtsdenken im Rahmen des modernen Geschichtsverständnisses ausmachen:
– Universalität (Menschheitlichkeit) in empirischer und normativer Hinsicht,
– Verzeitlichung als Entwicklung von Menschlichkeit,
– Individualität divergenter Lebensformen,
– Bildung zu einer individualisierten Menschlichkeit durch historische Erkenntnis.

Dieses Geschichtsdenken ist säkular, hat aber einen offenen Transzendenzbezug. Ferner trennt es die ↗ Natur nicht von der Kultur ab, sondern lässt Letztere aus Ersterer hervorgehen und Erstere in Letzterer ‚aufgehen'. Schließlich adressiert es seine menschheitliche Dimension an die Subjektivität der menschlichen Person, sodass jeder Einzelne sich als individualisierte Repräsentation dieser Menschheit verstehen kann. Dieser individualisierende Humanismus hat seine entschiedenste Ausprägung bei Wilhelm von Humboldt gefunden.

Die genannten humanistischen Gesichtspunkte der frühen Geschichtsphilosophie haben sich als Denkform nicht institutionalisiert. Die Geschichtswissenschaft hat sie nicht systematisch rezipiert, wohl aber gehören sie zu den Voraussetzungen des sich fachlich-disziplinär organisierenden historischen Denkens. Seine Rezeptionsschranke war das kulturelle Übergewicht der nationalen Dimension historischer Identität, an deren Ausbildung die Geschichtswissenschaft des 19. Jahrhunderts maßgeblich beteiligt war. In dieser Dimension partikularisierte sich die Menschheit zur Nation. In dieser Form konnte sie politische Konflikte zum Kampf um die Menschheitsqualität der Nation stilisieren (und damit ideologisch verschärfen). Die Menschheitsidee konnte zur ethnozentrischen Abgrenzung der eigenen von anderen Kulturen dienen. Sie konnte auch ganz aufgegeben und durch sozialdarwinistische Deutungsmuster ersetzt werden.

Der Marxismus beanspruchte das Erbe des Humanismus für sich, setzte aber seine Verwirklichung unter die Bedingung sozialer Veränderungen, zu deren revolutionärer Verwirklichung inhumane Mittel bis zur Liquidierung ganzer sozialer Gruppierungen legitimiert (und auch grenzenlos angewendet) wurden.

4 Gegenwärtige Tendenzen

Die jüngste intellektuelle Entwicklung ist – von Ausnahmen wie etwa der von Emmanuel Levinas abgesehen (Levinas 1989) – durch starke humanismuskritische Tendenzen charakterisiert. Dafür stehen die Namen Heidegger (Heidegger 1947) und Foucault (Foucault 1974, S. 456–462). Die Termini ‚Posthumanismus' und ‚Transhumanismus' signalisieren Strömungen in den Kulturwissenschaften, in denen das ‚Ende des Menschen' verkündet und gedanklich vollzogen wird. Hinzukommt die Kritik des Postkolonialismus, der im Humanismus in verengender und stark ausblendender Interpretation nur ein ideologisches Mittel zur Unterwerfung nichtwestlicher Kulturen sieht (↗ Antihumanismus/Humanismuskritik).

Dennoch lässt sich nicht von einem Ende des humanistischen Geschichtsdenkens reden. In unterschiedlicher Weise ist es in der Geschichtswissenschaft und Geschichtskultur wirksam geblieben. Zunächst einmal gibt es eine Geschichtsschreibung, die sich dem Erbe des Humanismus verpflichtet weiß und die es durch die Art seiner historiographischen Repräsentation wirksam halten will (z. B. Cancik 2011). Dann gibt es historische Forschungen und Darstellungen, die das Menschheitstheorem sinnbildend (kritisch und fordernd) zur Geltung bringen (de Baets 2009). Schließlich sind einige konstitutive Elemente des Idealtyps modernen humanistischen Denkens wirksam geblieben oder als Gesichtspunkte historischer Interpretation erneuert worden. So ist beispielsweise der hermeneutische Grundsatz, man müsse vergangene Kulturen und Lebensformen im Horizont ihres Selbstverständnisses interpretieren, gültig geblieben (dazu Fuglestadt 2005 und die Kritik von Rüsen 2008.).

Schließlich bietet sich der empirische und normative Universalismus des modernen Humanismus als Modell zur Lösung der Probleme an, die die Globalisierung für das historische Denken aufwirft (↗ Humanitarismus). Ein Rekurs auf das Menschsein des Menschen in humanistischer Hinsicht auf Einheit in und durch Vielfalt bietet sich an. So z. B. wenn es darum geht, relativistische Konsequenzen aus der Kritik an westlicher Dominanz zu vermeiden und den Eigensinn nicht-westlicher Kulturen in ein genetisches Geschichtskonzept zu integrieren. Im Bezugsrahmen einer Idee verzeitlichter Menschheit bekommt die Fülle der Erscheinungen der Vergangenheit Sinn und Bedeutung für die Gegenwart und ihre Zukunftsperspektive. Enthält diese Idee schließlich eine übergreifende zeitliche Richtung historischer Veränderungen, die auf Vermenschlichung des Menschen zielt, dann kann man ihr einen humanistischen Grundzug nicht absprechen.

5 Literatur

de Baets, Antoon (2009): *Responsible History. With a Foreword by Jürgen Kocka.* Oxford.
Cancik, Hubert (2011): Europa – Antike – Humanismus. Humanistische Versuche und Vorarbeiten. Hildegard Cancik-Lindemaier (Hrsg.). Bielefeld.
Droysen, Johann Gustav (1977): Historik. Historisch-kritische Ausgabe. Peter Leyh (Hrsg.). Bd. 1. Stuttgart-Bad Cannstatt.
Foucault, Michel (1974): Die Ordnung der Dinge. Eine Archäologie der Humanwissenschaften. Frankfurt am Main.
Fuglestadt, Finn (2005): *The Ambiguities of History. The Problem of Ethnocentrism in Historical Writing.* Oslo.
Heidegger, Martin (1947): Platons Lehre von der Wahrheit. Mit einem Brief über den Humanismus (1946). Bern.
Helmrath, Johannes/Muhlack, Ulrich/Walther, Gerrit (Hrsg.) (2002): Diffusion des Humanismus. Studien zur nationalen Geschichtsschreibung europäischer Humanisten. Göttingen.
Helmrath, Johannes/Schirrmeister, Albert/Schlelein, Stefan (Hrsg.) (2009): Medien und Sprachen humanistischer Geschichtsschreibung. Berlin, New York.
Helmrath, Johannes/Schirrmeister, Albert/ Schlelein, Stefan (Hrsg.) (2013): Historiographie des Humanismus. Literarische Verfahren, soziale Praxis, geschichtliche Räume. Berlin, New York.
Herder, Johann Gottfried (1991): Briefe zu Beförderung der Humanität. Hans Dietrich Irmscher (Hrsg.). In: Werke in zehn Bänden. Martin Bollacher et al. (Hrsg.). Bd. 7, 122. Brief. Frankfurt am Main, S. 737–746.
Humanism and History. [Themenheft des] *Taiwan Journal for East Asian Studies* 8, no. 2, issue 16, Dec. 2011.
Kessler, Eckhard (1971): Theoretiker humanistischer Geschichtsschreibung. München.
Koselleck, Reinhart (1979): „*Historia magistra vitae.* Über die Auflösung des Topos im Horizont neuzeitlich bewegter Geschichte." In: Reinhart Koselleck: Vergangene Zukunft. Zur Semantik geschichtlicher Zeiten. Frankfurt am Main, S. 38–66.
Landfester, Rüdiger (1972): *Historia magistra vitae.* Untersuchungen zur humanistischen Geschichtstheorie des 14. bis 16. Jahrhunderts. Genf.
Leiner, Yann-Philipp (2011): Schöpferische Geschichte. Geschichtsphilosophie, Ästhetik und Kultur bei Johann Gottfried Herder. Würzburg.
Levinas, Emmanuel (1989): Humanismus des anderen Menschen. Hamburg.
Muhlack, Ulrich (1991): Geschichtswissenschaft im Humanismus und in der Aufklärung. Die Vorgeschichte des Historismus.
Niethammer, Friedrich-Immanuel (1968): Der Streit des Philantropinismus und Humanismus in der Theorie des Erziehungsunterrichts unserer Zeit (1808). Nachdruck. Weinheim.

Ranke, Leopold von (1855): Geschichten der romanischen und germanischen Völker von 1494–1514. In: Leopold von Ranke: Sämtliche Werke. Bd. 33. Leipzig.

Rüsen, Jörn (2008): „*The Horror of Ethnocentrism: Westernization, Cultural Difference, and Strife in Understanding non-Western pasts in Historical Studies*". In: *History and Theory* 47, S. 261–269.

Rüsen, Jörn (2009): „*Intercultural Humanism: How to Do the Humanities in the Age of Globalization*". In: *Taiwan Journal of East Asian Studies*. Bd. 6, 2, S. 1–24.

Rüsen, Jörn (2011): „*Forming Historical Consciousness – Towards a Humanistic History Didactics*". In: Kenneth Nordgren/Per Eliasson/Carina Rönnqvist (Hrsg.): *The Process of History Teaching. An international symposion held at Malmö University*, Sweden, March 5th-7th 2009. Karlstad, S. 13–34.

Heinz-Bernhard Wohlfarth
Glück

1 Gleicher und umfassender Anspruch auf Glück

1.1. Das Nachdenken über den humanistischen Glücksbegriff trifft auf eine janusköpfige historische Konstellation: Während in der ↗ Antike bis in das klassische römische Reich hinein und dann wieder in der europäischen Renaissance bis etwa zu Montaigne Glück (gr. *eudaimonía*) zu den ethisch relevanten Zielen des Lebens gehörte, hat sich in der Philosophie der Neuzeit (später oft in einer verkürzten Sichtweise auf Kant) eine Haltung verbreitet, welche die Frage des Glücks ethisch-moralisch indifferent betrachtet.

Gegenläufig zu dieser Entwicklung erfährt das individuelle und öffentliche Glück im Denken der Aufklärung eine emphatische Aufwertung und wird zur Parole im Zeitalter der Revolutionen. Einer zeitgenössischen humanistischen Theorie des Glücks bietet sich so ein reichhaltiges philosophisches, politisches, literarisches Material (Cancik 2008), das aber noch kaum als humanistisches reflektiert und auf die Vorgänge der Globalisierung bezogen wurde.

1.2. Die Grundidee einer humanistischen Theorie des Glücks lautet: Alle Menschen haben den gleichen und umfassenden Anspruch auf Glück. Anthropologisch gesehen (↗ Anthropologie), stellt sich die Frage nach dem guten Leben unausweichlich jeder menschlichen Gemeinschaft; explizit stellt sich diese Frage erst unter den Bedingungen der Entstehung einer ↗ Aufklärung. In diesem Fall muss ihre Beantwortung bestimmten normativen Anforderungen der Gleichheit genügen. Trifft dies nicht zu, müssen gesellschaftliche Ordnungen so umgestaltet werden, dass der Anspruch auf Glück von jedem gleichermaßen und umfassend geltend gemacht werden kann.

2 Das Glück als Sinn der Menschenrechte

2.1 Zwei deutschsprachige Autoren, die unter der Selbstbezeichnung ↗ Humanismus den skizzierten humanistischen Glücks-Begriff erfüllen, sind Ludwig Marcuse ‚Philosophie des Glücks' (1949/1972) und Wilhelm Schmid ‚Philosophie der Lebenskunst' (1998). Ihren Konzeptionen eines „skeptischen" (Hense 2000, besonders S. 156–160) oder „ernüchterten Humanismus" (Schmid 1999, S. 41f.) sind die Erfahrungen der beiden Weltkriege und des Totalitarismus gemeinsam. Von der Forderung der „Idee künftiger idealer Verhältnisse" müsse man sich verabschieden (Schmid 1999, S. 45). Eine langfristige Erneuerung des Humanismus bleibe indessen eine Aufgabe auch des 21. Jahrhunderts. Schmids spezifischer Glücksbegriff besteht in der „kunstvolle[n] Verwirklichung der Existenz, und zwar auf der Basis der Reflexion jener Bedingungen und Möglichkeiten, die für die Verwirklichung Bedeutung haben" (Schmid 1999, S. 42). Die zentrale „Idee der Humanität" werde von der „reflektierten Lebenskunst und Ästhetik der Existenz von Individuen getragen" (Schmid 1999, S. 42–45). Dabei geht Schmid von einem Gleichklang der Selbstsorge und der Sorge für Andere aus. *Humanitas* als ein „Verhältnis zu sich selbst und zu Anderen" sei ein *gestaltendes* Verhältnis, das eine Organisation der inneren und der äußeren Gesellschaft erfordere.

2.2. Der aufklärerische Diskurs des 18. Jahrhunderts über Würde und Glück erhält mit der Deklarierung der ↗ Menschenrechte weltgeschichtliche Bedeutung. Deren *Funktion* ist es, jedes Individuum (↗ Persönlichkeit) als Rechtsperson auszuzeichnen; der *Sinn* dieses Vorgangs ist es, das Glück der Individuen als eine Angelegenheit ihrer Autonomie zu ermöglichen und zu schützen. Das Streben nach Glück wird dabei zu einem eigenen Menschenrecht erhoben: Die *Virginia Bill of Rights* (12. Juni 1776) postuliert einen rechtlichen Vierklang von ‚Leben, Freiheit, Eigentum und Streben nach Glück'; die amerikanische Unabhängigkeitserklärung (4. Juli 1776) einen Dreiklang von ‚Leben, Freiheit und Streben nach Glück'.

Darüber hinaus fungiert das Glück als „normative Klammer" für die historischen Imperative der neuen Epoche (Henning 2011, S. 97–99). Das deklarierte Recht auf ‚Leben' umfasst das Recht auf Sicherheit vor Gewalt und das Recht auf Subsistenz. Letzteres wird vor allem mit dem Recht auf Eigentum verknüpft. Das Recht auf ‚Freiheit' steht im Zusammenhang mit dem historischen Pathos einer Neugründung der Freiheit als ↗ Befreiung: „daß alle diejenigen, die *nicht nur als Einzelne,* sondern als Glieder der überwältigenden Mehrheit des Menschengeschlechts im Stande der Armut und Unterdrückung gelebt hatten, nun plötzlich aus der Finsternis und der Untertänigkeit aufsteigen und selbst die Macht ergreifen sollen".

Erst so komme es nach Hannah Arendt zur neuen Idee der Gleichheit: „Gleichheit, wie wir sie verstehen, wonach jeder Mensch als Gleicher geboren ist, also Geburt bereits die Gleichheit schafft und garantiert, war allen Jahrhunderten vor dem Anbruch der Neuzeit schlechthin unbekannt." (Hannah Arendt 1994, S. 47 f.; S. 48). Diese Aussage ist zwar sachlich gesehen falsch – auch diese Vorstellung der Gleichheit fand in der Antike ihre Vorläufer (z. B. den Sophisten Antiphon, 5. Jh. v. u. Z.); sie zeigt jedoch, wie sehr nicht nur die historischen Akteure, sondern noch eine der wichtigsten politischen Denkerinnen des 20. Jahrhunderts die Idee der Gleichheit mit der Signatur der neuen Epoche verbanden. Schließlich wurde das Recht auf das ‚Streben nach Glück' durch neuartige Auffassungen des Perfektionismus im Sinne der Authentizität des eigenen Seins oder auch der Selbstverwirklichung begründet (so bei Jean-Jacques Rousseau, Benjamin Franklin oder Johann Gottfried Herder).[1]

3 Vier konstitutive Elemente des humanistischen Glücksbegriffs

Die hier zugrunde gelegte Arbeitsdefinition des humanistischen Glücksbegriffs enthält vier konstitutive Elemente:

(1) ↗ Anthropologie. Der menschliche Daseinsvollzug hat die Struktur einer „immanenten Transzendenz" (Tugendhat 2010, S. 15).[2] Das Glück kann dann als eine unausweichliche Frage menschlicher Existenz behandelt werden und somit als eine echte philosophische Frage. Das bedeutet, das Glück ist aus prinzipiellen Gründen, trotz aller Kenntnisse der ↗ Natur und der menschlichen Natur, nicht in eine definitive Glückstechnik überführbar (Wolf 1999).

(2) Modernität. Die unausweichliche Frage nach dem Glück stellt sich *explizit* erst unter den historischen Bedingungen eines posttraditionalen Bewusstseins der Aktualität. Kennzeichen dafür sind: die nichtzyklische, lineare Vorstellung der Zeit, die sich, dreifach dimensioniert, auf eine offene Zukunft hin öffnet; die Trennung zwischen universalistischen moralischen Normen und partikularen Werten des guten Lebens; die Auffassungen von der Machbarkeit des Glücks und dem Spielraum des Handelns sowie das Vorhandensein einer Kultur der Selbstreflexion.

(3) Historizität. Normativ gesehen, erscheint die Person im Humanismus in der Doppelstellung als unvertretbar Einzelner und als Mitglied der moralischen Gemeinschaft (Wingert 1993).

Folglich bedingen sich im humanistischen Begriff des Glücks – aufgrund des Postulats der Gleichheit – Individualisierung („Jeder') und Universalisierung („Alle') wechselseitig. ‚Umfassend' kommt das Glück damit auf zweierlei Weise in den Blick: *Erstens* in Bezug auf die Kultur, als die ‚zweite Natur' des Menschen meint ‚umfassendes Glück' seine mögliche Gestalt als individuelles *und* gemeinsames Glück; *zweitens* in Bezug auf die ‚erste' Natur meint ‚umfassendes Glück' die Möglichkeit eines freien Umgangs mit den wechselnden Erscheinungen der Natur und ihre Anerkennung als nichtverfügbares Gegenüber des Menschen.

Der humanistische Begriff des Glücks hat einen selbstreflexiven Charakter. Er fördert die (Re-)Konstruktion der politischen Gemeinschaft auf eine Weise, dass

---

1 Dabei werden in unterschiedlichen Konstellationen immer wieder ↗ Freundschaft und ↗ Liebe als wichtige Elemente von Glück begriffen.
2 Ausführlich beschrieben von Plessner 1975.

das Glück (was immer es auch sei) ermöglicht und geschützt wird. ‚Glück' in einem umfassenden Sinn bezieht sich – die Ebene der menschlichen Gesellschaft betreffend – auf zwei Grunddimensionen: das individuelle Glück und das gemeinsame Glück. Sie stehen nicht in einem Verhältnis der Über- oder Unterordnung und können durchaus miteinander in Konflikt geraten.

In der ersten Dimension tritt das Individuum auf als unvertretbar Einzelner, der *zählt*. Sein Streben nach Glück wird liberal gesichert durch unveräußerliche und individuelle Menschenrechte. Der Schutz der ‚*private happiness*' jedes Einzelnen fördert seine Selbstverwirklichung sowie den Pluralismus der Glücksvorstellungen. Diese historisch neue Glücksbedingung individuellen Wohlergehens wird wiederum auf neue – republikanische – Art verknüpft mit der weiteren Glücksbedingung der allgemeinen Wohlfahrt. Das Individuum ist als unvertretbar Einzelner nämlich zugleich ein Mitglied der (politischen) Gemeinschaft, das *gleich* zählt. In diesem republikanischen Geflecht zeigt das Glück des Individuums gleichsam eine dreifach gefächerte soziale Rückseite in Form des additiven, holistischen und kooperativen Glücks.

Der historische Diskurs der Menschenrechte und der Demokratie im sich entfaltenden Rahmen des Nationalstaates versetzt dem normativen Anspruch nach alle Staatsbürger in die Rolle von Mitautoren der Gesetze, denen sie sich als Rechtspersonen unterwerfen. So entsteht ein interner, sich wechselseitig bedingender Zusammenhang zwischen persönlicher und politischer Autonomie. In Bezug auf die Sicherung und den Schutz des öffentlichen Glücksstrebens erscheint dieser Zusammenhang zunächst als Glück jedes Einzelnen für sich, das zu einer mehr oder weniger großen Summe addiert werden kann (‚additives Glück'). Bezogen auf das Ganze der politischen Ordnung selbst, in der das gemeinsame Streben sich vollzieht, erscheint das Glück auf identitätsstiftende Weise als ‚holistisches Glück'. In Bezug auf die Bürger, die als Gleiche zusammen handeln, um sich auf das Glück anderer zu richten, erscheint das öffentliche Glück als ‚kooperatives Glück' – „*unser* Streben nach *ihrem* Glück", sagt Francis Hutcheson (Hutcheson 1986, S. 42).

Vom Glück als Sinn der Menschenrechte her betrachtet, ergeben sich somit neue Begründungsweisen der Menschenrechte selbst. Zu den vertragstheoretisch-naturrechtlichen Begründungen, die von der Seite des ‚additiven Glücks' (re-)formuliert werden könnten, gesellen sich in Bezug auf das ‚holistische' und ‚kooperative Glück' „republikanische Begründungen" (Thomä 2012; ähnlich Forst 2011, S. 60ff.).

(4) Kritik. Bei aller Anerkennung der unableitbaren Rolle der Subjektivität in der Glückserfahrung selbst legt der humanistische Glückbegriff das Augenmerk auf die Bedingungen des Glücks und schlägt vor, wie sich problematische gesellschaftliche Institutionen und politische Ordnungen in dieser Hinsicht verändern lassen.

4 Glück der Konsumenten oder ‚*global luck*'?

Der historischen Verdichtung des Sinns der Menschenrechte auf das ‚*pursuit of happiness*' antwortet die programmatische Parole der ‚*liberté, egalité, fraternité*'. Sie erweitert den nationalstaatlichen Rahmen des humanistischen Glücks in Richtung des Glücks der Menschheit (Bloch 1961). In der liberalen Tradition steht die Machbarkeit dieser Form des Glücks von Anfang an im Zeichen des additiven Glücks, von dem man glaubt, dass es sich durch das individuelle Streben nach Glück von selbst einstellen werde. „Das Prinzip, daß die Regierung für das Glück und Wohl [...] der Nation sorgen muß" gilt in dieser Tradition als der „ärgste und drückendste Despotismus" (Humboldt 1985, S. 50); das Streben nach Glück verengt sich schnell auf das Streben nach Besitz; das Wirken der ‚unsichtbaren Hand' (Adam Smith) soll die in der Konkurrenz-Wirtschaft wirkenden Egoismen in den Nutzen letztlich der ganzen Weltgemeinschaft verwandeln. Dergestalt erweisen sich die Wege zum holistischen und kooperativen Glück jedoch als schwierig. Die Bürger müssten sich wirklich schon als Gleiche ansehen können.

Wie aber fände der Republikanismus seine Grundlage, wenn die nationale Gesellschaft durch ↗ Herrschaft und Ausbeutung in Klassen geschichtet ist? Der in den Nachkriegsgesellschaften des Westens dem Anspruch nach etablierte ‚Wohlfahrtsstaat' (Lipietz 2000) (↗ Sozialstaat) schwankte noch in seiner Funktionsbestimmung, ob er lediglich die Funktionsfähigkeit der kapitalistischen Wirtschaftsordnung erhalten solle oder ob sein eigentliches Anliegen in der Etablierung egalitärer Verhältnisse zu sehen sei. Immerhin verursachte die in der Zeit des Frühindustrialismus und des Kolonialismus entstandene ‚soziale Frage' die politischen Großkatastrophen der ersten Hälfte des 20. Jahrhunderts entscheidend mit. Das mögliche emanzipatorische Ziel des ‚Wohlfahrtsstaats' wurde mit der schrittweisen ökonomischen und rechtlichen Institutionalisierung des neoliberalen Glücksmodells der Konsumenten seit den siebziger Jahren verabschiedet. Das Glück geht in die ausschließliche Verantwortung des Einzelnen über. Auf autonome Weise soll er als Ausdruck der „neoliberalen Regierungstechnologie" (Duttweiler 2007) sein Leben den Wachstumsimperativen unterwerfen.

Trotz der Menschenrechtsrevolution des Jahres 1948, dem zweiten historischen Wendepunkt auch des humanistischen Glücksdenkens, steht die neoliberal bestimmte Gegenwart der Globalisierung im Zeichen einer seit dem 18. Jahrhundert andauernden tendenziellen Zunahme der absoluten Armut und Ungleichheit. Die überwiegende Mehrheit der Weltbevölkerung hat in der verschärften Konkurrenz keinen Zugang zu den basalen Rechten der Sicherheit und der Subsistenz.

Das – additive, holistische oder kooperative – ‚Glück der Menschheit',[3] statt bestimmt zu sein von einem Pluralismus der Glücksformen, ist ausgerichtet auf das Glück des Konsumenten[4], das für die meisten unerreichbar bleibt. Für die Mehrheit gibt es keine Möglichkeit, die nationalen und globalen Rahmenbedingungen der ↗ Politik und der Wirtschaft mitzubestimmen.[5]

Von exemplarischer Bedeutung für die innere Konfliktualität dieser Entwicklung sind die jüngeren Auseinandersetzungen in China: Vor dem Hintergrund einer tausendjährigen Entwicklung eines eigenständigen Glücksdenkens (Bauer 1974), das sich bereits den Herausforderungen des externen Buddhismus stellen musste, treffen dort aktuell zwei gegensätzliche Ideologien des Westens mit unvermittelter Wucht aufeinander: ein auf die Homogenisierung des Gemeinwesens abstellender Egalitarismus der Staatspartei und ein hedonistisch-utilitaristisches Glücks-Modell der einzelnen Konsumenten. Dabei wird der Gegenpol des sozialen Glücks, die unverfügbare Natur, als Ort der freien Weltbegegnung (Seel 1991), zunehmend prekär durch die Vorgänge ihrer forcierten Instrumentalisierung und Ausbeutung.

Auf diese neuartigen Kontexte des Glücks wurde inzwischen mit konkreten Ausarbeitungen geantwortet (Rüsen 2009; Wolf 2014). Von der Humanismus-Forschung begrifflich noch zu bearbeiten sind die zahlreichen Ansätze, die den Begriff des Humanismus zwar nicht verwenden, die sich aber unter dem Begriff des globalen Humanismus systematisieren lassen. Unter dem Aspekt globaler ↗ Gerechtigkeit ist ein *„global luck egalitarianism"* zu nennen (Tan 2012, S. 151f.). Durch ein egalitäres Verteilungsprinzip und institutionelle Reformen auf globaler Ebene sollen, unabhängig etwa von der jeweiligen Staatsbürgerschaft, der Verteilung des Wohlstands oder der Ressourcen, der Einfluss des (Zufall-)Glücks auf die Lebensaussichten eines beliebigen Weltbürgers verringert werden.

Das wären entscheidende Schritte zur Lösung der Aufgabe des zeitgenössischen Humanismus, Glück im Sinne eines ‚gelingenden Lebens' als eine gesellschaftliche Aufgabe zu begreifen (Jaeggi 2014). Hierfür gilt es die ökonomischen,

---

[3] Ausdruck einer neuen ‚Hochkonjunktur' des Glücksbegriffs und der Glücksforschung im 21. Jahrhundert ist der seit 2012 vom *United Nations Sustainable Development Solutions Network* herausgegebene ‚*World Happiness Report*'. Vgl. http://worldhappiness.report, besucht am 21.10. 2015 – Exemplarisch ist die Einführung der Kategorie des Bruttonationalglücks statt des Bruttonationalprodukts als neues Politik leitendes Paradigma in Bhutan.
[4] Auf dieser Grundlage hat sich in den führenden westlichen Ländern eine gigantische Lebens(glück)ratgeberindustrie verbreitet: Individualisierte Suche nach dem richtigen Leben, Wellness, Yoga, Lifestyle-Techniken zur Komplexitätsreduktion, Stressabbau usw. vgl. Illouz 2006.
[5] Hiergegen richten sich diverse Bewegungen von unten, wie die der Weltsozialforen, die u. a. indigene Konzepte des ‚guten Lebens' (*buen vivir*) für eine auf ↗ Solidarität basierende Gesellschaftsordnung proklamieren.

sozialen sowie ökologischen Bedingungen einzufordern und neue Formen der Kontemplation zu entwickeln (↗ Humanitäre Praxis).

5 Literatur

Arendt, Hannah (1994): Über die Revolution. 4. Auflage. München, Zürich.
Bauer, Wolfgang (1974): China und die Hoffnung auf Glück. München.
Bloch, Ernst (1961): Naturrecht und menschliche Würde. Frankfurt am Main.
Cancik, Hubert (2008): „Versuche zum Glück". In: Gesammelte Aufsätze. Bd. 2. Religionsgeschichten: Römer, Juden und Christen im römischen Reich. Hildegard Cancik-Lindemaier (Hrsg.). Tübingen, S. 328–343.
Duttweiler, Stefanie (2007). Sein Glück machen. Konstanz.
Forst, Rainer (2011): „Die Rechtfertigung der Menschenrechte und das grundlegende Recht auf Rechtfertigung". In: Rainer Forst: Kritik der Rechtfertigungsverhältnisse. Frankfurt am Main, S. 53–92.
Henning, Christoph (2011): „Glück in der Gesellschaft und in der Politik". In: Dieter Thomä/Christoph Henning/Olivia Mitscherlich-Schönherr (Hrsg.): Glück. Stuttgart, Weimar, S. 93–103.
Hense, Karl-Heinz (2000): Glück und Skepsis. Ludwig Marcuses Philosophie des Humanismus. Würzburg.
Humboldt, Wilhelm von (1985): Individuum und Staatsgewalt (1792). Heinrich Klenner (Hrsg.). Leipzig.
Hutcheson, Francis (1986): Eine Untersuchung über den Ursprung unserer Ideen von Schönheit und Tugend (1726). Hamburg.
Illouz, Eva (2006): Gefühle in Zeiten des Kapitalismus. Adorno-Vorlesungen 2004. Frankfurt am Main.
Jaeggi, Rahel (2014): Kritik von Lebensformen. Berlin.
Lipietz, Alain (2000): Die große Transformation des 21. Jahrhunderts. Münster.
Marcuse, Ludwig (1972): Philosophie des Glücks (1949). Zürich.
Plessner, Helmuth (1975): Die Stufen des Organischen und der Mensch. Einführung in die philosophische Anthropologie (1928). Berlin, New York.
Rüsen, Jörn/Laass, Henner (Hrsg.) (2009): Interkultureller Humanismus. Schwalbach/Taunus.
Schmid, Wilhelm (1998): Philosophie der Lebenskunst. Frankfurt am Main.
Schmid, Wilhelm (1999): „Sich ein schönes Leben machen". In: Ruthard Stäblein (Hrsg.): Glück und Gerechtigkeit. Frankfurt am Main, Leipzig, S. 41–58.
Seel, Martin (1991): Eine Ästhetik der Natur. Frankfurt am Main.
Tan, Kok-Chor (2012): *Justice, Institutions and Luck*. Oxford.
Thomä, Dieter (2012): „Glück, 1776. Die drei Wege des ‚*pursuit of happiness*'. Liberalismus, Republikanismus, Sympathie". In: Konrad Paul Liessmann (Hrsg.): Die Jagd nach dem Glück. Wien, S. 66–98.
Tugendhat, Ernst: (2010). „Nietzsche und die philosophische Anthropologie. Das Problem der immanenten Transzendenz". In: Ernst Tugendhat: Anthropologie statt Metaphysik. München, S. 13–33.
Wingert, Lutz (1993): Gemeinsinn und Moral. Grundzüge einer intersubjektivistischen Moralkonzeption. Frankfurt am Main.
Wolf, Frieder Otto (2014): Humanismus für das 21. Jahrhundert (2008). 2. Auflage. Berlin.
Wolf, Ursula (1999): Die Philosophie und die Frage nach dem guten Leben. Reinbek.

Herrschaft, s. Befreiung/Herrschaft

Hubert Cancik
Humanisierung

1 Begriff und Gegenstandsbereich

1.1 Humanisierung (Vermenschlichung) ist eine Tendenz der biologischen Entwicklung zum Menschen in seiner modernen Form (*homo sapiens sapiens*) und in der Gestaltung seiner natürlichen, sozialen, kulturellen Welt. Diese Tendenz wirkt neben anderen, ist anfangs nicht zielgerichtet (nicht teleologisch) und schließt Tendenzen zur Dehumanisierung (Entmenschlichung) nicht aus. Humanisierung und Dehumanisierung sind Prozesse, die in vielen Bereichen (Biologie; ↗ Medizin; ↗ Recht) und über lange Zeiträume hin beobachtet werden können, von den Anfängen der Menschwerdung (Hominisation) bis in die Gegenwart. Humanisierung als Formung von Verhalten, Mentalität, Charakter ist Teil von allgemeinen soziologischen, technischen, später auch politischen Veränderungen, die in verschiedener Zeit, Form und Intensität die gesamte Menschheit erfasst haben.

Humanisierung ist Teil der allgemeinen Evolutionstheorie. Sie umfasst die Soziobiologie und die soziokulturelle Evolution. Für die frühstaatlichen Gesellschaften (*early states*; sogenannte Hochkulturen) verbindet sich Humanisierung mit Theorien von Modernisierung und Rationalisierung (Zentralisierung, soziale Differenzierung/Ungleichheit, Verwaltung, Urbanität, Schrift, Zahl, Langzeitplanung, Selbstreflexion: seit 6./5. Jahrtausend v. u. Z.).[1] Der jeweilige Optimierungspunkt wird mit ‚Menschwerdung', ↗ ‚Humanität', ‚Zivilisiertheit' umschrieben.

1.2 Für die ‚Menschwerdung' im Sinne der biologischen und sozialen ↗ Anthropologie (Hominisation) seien im Hinblick auf die späteren Phasen der Humanisierung folgende Faktoren bzw. Kriterien genannt: Reduktion der Instinkte, besonders des Geruchssinnes; Zunahme von Gehirnvolumen und -fläche (Zerebralisation); verlängerte Sexualitätsphase; normalisierte Frühgeburt, dementsprechend eine lange Versorgungsphase mit Möglichkeit für den Nachwuchs zu lernen und Zwang zur Arbeitsteilung für die Eltern; vorsprachliche Mitteilung durch Zeigen.

Die Ausweitung der Kommunikation in der Gruppe durch Sprache ermöglicht u. a. die Umleitung von Aggression in verbale Ersatzhandlungen. Der Gebrauch und später die Herstellung von Werkzeugen datieren seit nahezu 2,4 Millionen Jahren. Das Feuer wird Werkzeug und Schutz, schafft überdies einen neuen Raum befriedeter Kommunikation (seit etwa 2–1 Million Jahren). Die Bestattung von Gruppenmitgliedern (seit etwa 120.000 v. u. Z.), die Herstellung von Schmuck (seit

---

[1] Alle Datierungen in diesem Teil sind Näherungswerte.

etwa 100.000 v. u. Z.) und die Ausbildung von ‚Kunst' (seit etwa 40.000 – 35.000 v. u. Z., Indonesien und Westeuropa) dokumentieren einen kulturellen Überschuss.

Die Benutzung von Werkzeug und Waffen zur Organverstärkung und -vergrößerung, von Behausung und Bekleidung, die Züchtung von Pflanzen (Getreide) und Tieren (Hund) befördert die Sesshaftigkeit und beschleunigt die Differenzierung in der Gruppe und die Selbstdomestikation eines vergleichsweise schwachen, langsamen, instinktreduzierten Lebewesens, das, wie es später heißt, durch Vernunft, Sprache, Soziabilität (lat. *animal rationale* und *sociale*) Herrschaft über die anderen, besser ausgestatteten Lebewesen erringt und schließlich diese Erde tief greifend und dauerhaft umgestaltet (Anthropozän).

2 Felder der Humanisierung

2.1 Die Verringerung von unmittelbarer, ‚roher' Gewalt, ihre Kanalisierung und Kontrolle ist ein fester Faktor in den Prozessen der Humanisierung und Zivilisierung. Um die innere Pazifizierung zu erreichen, werden Lynchjustiz und Blutrache unterdrückt, das Waffentragen beschränkt, Kampfspiele, Jagd und ‚Sport' gefördert. Die Delegation von Gewaltanwendung schafft Gewaltmonopole (Militär, Rechtswesen, Staat), die der Befriedung dienen, aber auch eine gesteigerte und permanente Bedrohung sind und neue Möglichkeiten von – nunmehr legaler – Gewalt schaffen. So entsteht Kultur (↗ Humanismus als Kultur) als „die ganze Summe der Leistungen und Einrichtungen […], in denen sich unser Leben von dem unserer tierischen Ahnen entfernt und die zwei Zwecken dienen: dem Schutz des Menschen gegen die ↗ Natur und der Regelung der Beziehungen der Menschen untereinander."[2]

Die Erfindungen von Kulturtechniken (Grabstock, Rad, Säge), die Nutzung von tierischer (Esel, Maultier) und nicht organischer Energie (Mühlen für Wind und Wasser), neue Anbautechniken, die Domestikation von Tieren (Rind, Pferd) und die Medizin entlasten von zermürbender Arbeit, der steten Furcht vor Hunger und von unnötigen Schmerzen (Anästhesie). So wird eine Verdichtung der Population ermöglicht, Sesshaftigkeit und Mobilität. Die Stadt bietet neue Lebensformen, Institutionen (Schule, Theater, Selbstverwaltung), Vielfalt der Bevölkerung, Differenzierung der Arbeit, der Schichten und Klassen. Die Stadt wird das Zentrum der Kultivierung und verstärkt entscheidend die angedeuteten Tendenzen der

---

[2] Freud 1974a, S. 220; vgl. Freud 1974b, S. 139 f.: „ich verschmähe es, Kultur und Zivilisation zu trennen." – Vgl. die Wortgeschichte und die Begriffsbestimmung von Zivilisation bei Elias 1969. Bd. 1, S. 47; Elias stützt sich auf Moras 1930.

Humanisierung. Deshalb wird die ‚Städtischkeit' (lat. *urbanitas*) festes Element der römischen ‚Humanität' (lat. *humanitas*) und neuzeitlicher ‚Zivilisiertheit' (lat. *civilitas*; von *civis* – Bürger).³

2.2 Einige der modernen Lebensbereiche, in denen Humanisierung als normative Vorgabe erkannt wird, seien kurz skizziert. Die nordamerikanischen Verfassungen (Virginia, *Declaration of Rights*, 1776; Pennsylvania, Massachusetts und andere), die siebzehn Artikel der französischen ‚Erklärung der Menschen- und Bürgerrechte' (1789/91) und deren jeweilige Fortschreibungen (UN-Konventionen) bieten einen deutlichen Ziel- und Ausgangspunkt für Prozesse der Humanisierung in Recht, Staat und Gesellschaft.

Die französische Formel ‚Freiheit, Gleichheit, Brüderlichkeit' beruht auf dem alten Naturrecht und der modernen Aufklärungsphilosophie. Sie ist universal, umfasst die ↗ Menschenwürde und wird die Grundlage der Verfassung des französischen Staates.⁴ Gewaltenteilung, Gleichheit vor dem Gesetz, Aufhebung der Standesunterschiede werden garantiert. „Die freie Kommunikation der Gedanken und Meinungen" wird als „eines der kostbarsten Menschenrechte" festgeschrieben (Art. 11). Darin sind die „religiösen Meinungen" enthalten, deren Bekundung die rechtmäßige öffentliche Ordnung nicht stören dürfe (Art. 10; ↗ Religionsfreiheit/Toleranz). Im Gefolge dieser Humanisierung des Rechts und der Humanisierung durch das Recht stehen die Versuche, Todesstrafe – bahnbrechend die Schrift von Cesare Beccaria ‚Über Verbrechen und Strafen' von 1764 – und Folter (‚verschärfte Verhörmethoden') abzuschaffen, die entehrenden und Verstümmelungsstrafen zu ächten (↗ Recht).⁵

Ein Versuch, gewaltsame Konflikte zu vermeiden oder zu begrenzen, war die Verrechtlichung des Krieges, die Hugo Grotius (1583–1645), Jurist und Humanist, mit seinem Entwurf des Völkerrechts auf der Grundlage des Naturrechts unternahm.⁶ Das „humanitäre Völkerrecht" betrifft besonders die Versorgung der Verwundeten durch neutrales Personal, die Sorge um die Hinterbliebenen, die Rechte der Kriegsgefangenen und den Schutz von Zivilisten (‚Nicht-Kombattanten'). Diese Humanisierung der Kriegsfolgen wird vor allem Henry Dunant verdankt. Durch christliche und bürgerliche Armenfürsorge in Genf geprägt, hat er

---

3 Zu ‚urban' im Sinne von ‚kultiviert, höflich, umgänglich, witzig' vgl. Cicero: Briefe an Bekannte (*epistulae ad familiares*) 3,7,5; 3,8,3; Quintilian: Einführung in die Rhetorik 8,3,34; 8,6,74. – Erasmus: ‚Über die Zivilisierung der Sitten (Manieren) der Knaben' (*de civilitate morum puerilium*)1530.
4 Charles-Louis de Montesquieu: *De l'Esprit des Lois*, 1748; dazu Samwer 1970, S. 282–287.
5 Beccaria 1965. – Die UNO-Konvention gegen Folter, 1984, gehört zum zwingenden Völkerrecht, wird aber in einigen Ländern gewohnheitsmäßig oder situativ verletzt.
6 Grotius 1950. Grotius ist Vertreter des Neu-Stoizismus, des holländischen Späthumanismus und der Frühaufklärung; er gilt als ‚Vater des Völkerrechts'.

mit seinem Buch über die Folgen der Schlacht von Solferino die Gründung des ‚Internationalen Komitees vom Roten Kreuz' (1863) und die ‚Genfer Konvention' (1864) veranlasst (Dunant 1942). Zahlreiche Nachfolgeregelungen und Zusatzprotokolle haben diese Vereinbarungen verbreitert und aktualisiert.[7] Die Humanisierung einer destruktiven Gewalt kann sie erträglicher machen und eben dadurch akzeptiert und dauerhaft. Aber es gibt keinen sauberen Krieg.

Das Rechts- und Bildungswesen, die Arbeitsorganisation (und Technik) und die ↗ Medizin sind Segmente der Kultur, die den Prozess der Zivilisierung und Humanisierung stark beeinflussen. Der kranke Mensch, die Arbeit und das Ethos des Arztes als Praktiker, Forscher und Lehrer schaffen ein besonderes Wissen vom Menschen, seiner Schwachheit, Hilfsbedürftigkeit.[8] Die Erkenntnisse der Lebenswissenschaften und ihre pharmazeutische, medizintechnische und sozialmedizinische Umsetzung haben, trotz vieler Irrtümer und auch ideologisch begründeter Fehlentwicklungen (Rassenhygiene, Eugenik, Euthanasie, Menschenversuche) zu einer allgemeinen Verbesserung der Gesundheit, der Krankenversorgung und der Vorsorge und zu einer Verlängerung der Lebenszeit geführt.

Psychisch Behinderte oder Erkrankte werden nicht mehr als ‚Besessene' mit Beschwörungen (Exorzismen) behandelt. Die medikamentöse Steuerung der Fruchtbarkeit (Geburtenplanung) erleichtert Frauen die eigene Lebensplanung. Die Palliativmedizin sucht Schmerzfreiheit für Sterbende und eine Kultur des möglichst selbstbestimmten Sterbens. Dabei wird die Grenze zwischen Leben und Tod undeutlich (Herztod, Hirntod, Organtransplantation): der Arzt jedoch „muß erkennen, was unheilbar ist, damit er nicht nutzlos quäle."[9]

Jeder medizinische Fortschritt birgt Risiken: Das durch Anti-Aging-Medizin verlangsamte Altern und der Rückgang der Geburtenrate verändern die demographische Struktur der Bevölkerung (↗ Lebenszyklen/Generationenfolge). Die Reproduktionsmedizin und Biotechnik suchen die biologische Perfektion des Menschen, die Verbesserung von einzelnen Eigenschaften und die Steigerung seiner Möglichkeiten insgesamt, auch der psychischen und mentalen. Ob hierbei die Teleologie der Evolution erkannt und bewusst von Menschen fortgesetzt oder gerade der Natursinn verkannt und die Kohärenz mit einer nicht-metaphysischen Naturteleologie verfehlt wird, ist umstritten (↗ Humanistik).

---

[7] Nur zwei Stationen seien genannt: die Haager Landkriegsordnung (1899/1907) und die Einrichtung des Internationalen Strafgerichtshofes in den Haag (1998/2002), zuständig für Verstöße gegen das humanitäre Völkerrecht und Verbrechen gegen die Menschlichkeit.
[8] Vgl. den ‚Hippokratischen Eid' (um 400 v. u. Z). Text in Müri 1979. Die Genfer Deklaration des Weltärztebundes (1948) bietet eine moderne Fassung des Eides; der Arzt gelobt „ein Leben im Dienste der Menschlichkeit". – Zur Anthropologie vgl. Hartmann 1973.
[9] Hippokrates: Über die Einrenkung der Gelenke (*de reponendis articulis*) 58, Müri 1979, S. 12.

3 ‚Unbehagen'

3.1 Humanisierungsprozesse, wie sie mit ihren Risiken, Gegen- und Fehlentwicklungen in den drei Beispielen skizziert wurden, gibt es in zahlreichen anderen Bereichen der Kultur. Nur wenige seien genannt:[10] die Humanisierung der Arbeitswelt (Arbeitsschutz, Beschränkung der Arbeitszeit; Verbot von Kinderarbeit); menschengerechtes und sicheres Wohnen (‚die Humanisierung des Großstadtlebens'); Humanisierung des Erziehungswesens (öffentliches, allgemeines Schulwesen; Lehrer als eigener Beruf; Verbot der Körperstrafen);[11] Humanisierung von Religion (Religionsfreiheit als Menschenrecht); Straflosigkeit des Religionswechsels (↗ Freidenkerbewegung); Gleichstellung religiöser und nichtreligiöser Weltanschauungsgemeinschaften (↗ Weltanschauung/Weltanschauungsgemeinschaften); Trennung von staatlicher und religiöser Macht; Humanisierung der Sexualität (Selbstbestimmung der Frau; Verbot von Zwangsheirat; Schutz sexueller Minderheiten) (↗ Humanitäre Praxis; ↗ Sozialstaat).

3.2 In den verschiedenen Phasen und Bereichen, in denen Humanisierungsprozesse beobachtet werden können, sind ähnliche Tendenzen wirksam: Reduktion von (‚roher') Gewalt, Steigerung von Selbstkontrolle, Affektbeherrschung, Disziplinierung, Rationalisierung, Verinnerlichung von Normen, Triebverzicht, Verdrängung und Sublimierung, Erhöhung des Wissensniveaus, der Bildung und der psychischen Komplexität (Freud 1974a; Freud 1974b; Freud 2010; Foucault 1976; Treiber/Steinert; 1980; Faber 2013).

Diese Prozesse bedeuten erheblichen Gewinn an Sicherheit, Zuverlässigkeit, Freiheit, sie schaffen aber auch ein ‚Unbehagen in der Kultur': „Es scheint festzustehen, dass wir uns in unserer heutigen Kultur nicht wohlfühlen." (Freud 1974a, S. 219 f.). Die Rückkehr zum angeblich einfachen, wilden, glühenden Leben, frei von gesellschaftlichen Zwängen scheint einen Ausweg zu bieten aus dem ‚stählernen Gehäuse' der Institutionen. Irrationalismus, Exotismus, infantile Regression, Sehnsucht nach autoritärer Ordnung und andere ‚postsäkulare' und theokratische Versuchungen treiben eine gelegentlich geistreiche, oft rabiate Kulturkritik. Die Selbstzähmung des Menschen, so wird vermutet, schwäche den Menschen, mache ihn zum ‚Hausthier'. Zu seiner Stärkung müsse er deshalb gelegentlich „in die Unschuld des Raubthieres" zurücktreten: „das Thier muß wieder heraus".[12] (↗ Antihumanismus/Humanismuskritik)

---

10 Die Bereiche und die charakterisierenden Stichworte sind nicht vollständig (↗ Arbeit; ↗ Bildung; ↗ Liebe; ↗ Religionsfreiheit/Toleranz).
11 UNO 1990: ‚Konvention für die Rechte von Kindern'.
12 Nietzsche 1980, I,11 = S. 274–277; das „Raubthier" heißt „blonde Bestie". – Vgl. Fromm 1974.

3.3 Die Zurichtung der Welt auf die Bedürfnisse der modernen, urbanen, kapitalistischen Industriekultur hat gravierende Folgen (↗ Arbeit). Sie sind nicht notwendige Folgen der Humanisierungsprozesse als solcher oder einer Anthropozentrik der ‚westlichen' Welt. Ein geplünderter, unbefriedeter Planet mit immer noch wachsender Bevölkerung stößt an die Grenzen von Ressourcen (Wasserreserven) und Wachstum.[13] Die global wirksamen Eingriffe des Menschen in die ↗ Natur sind in der Moderne so tief greifend und langfristig, dass mit dieser Epoche ein neues Erdzeitalter, das Anthropozän, angesetzt werden konnte (Crutzen 2011).

Zu derselben Zeit treibt der prometheische Impuls, der mit anderen die Humanisierungsprozesse befeuert, den ‚Prothesengott' namens Mensch über die Grenzen seiner Welt (Freud 1974a, S. 222). Wahrscheinlich befinden sich seit etwa 2012 die Raumsonden Voyager 1 und 2, gestartet 1977, außerhalb des Schwerefeldes der Sonne. Sie sind – oder werden – das erste humane Produkt im interstellaren Raum, befördern auf kompakten Datenträgern eine naturwissenschaftliche Selbstdarstellung des Menschen und seiner Welt (u. a. Sprachen, Musik) an unbekannte Empfänger; der Absender ist astronomisch genau angegeben. Der humane Drang zu Mitteilung, Austausch, Gesellschaft (Soziabilität) wird auch von der hohen Unwahrscheinlichkeit nicht entmutigt, jemals eine Antwort auf diese interstellare Flaschenpost zu erhalten.

4 Literatur

Antweiler, Christoph (2011): Mensch und Weltkultur. Für einen realistischen Kosmopolitismus im Zeitalter der Globalisierung. Bielefeld.
Bardi, Ugo (2013): Der geplünderte Planet. Die Zukunft des Menschen im Zeitalter schwindender Ressourcen. München.
Beccaria, Cesare (1965): *Dei delitti e delle pene*. Franco Venturi (Hrsg.). Turin.
Crutzen, Paul (2011): Das Raumschiff Erde hat keinen Notausgang. Energie und Politik im Anthropozän. Berlin.
Dunant, Henry (1942): Eine Erinnerung an Solferino und andere Dokumente zur Gründung des Roten Kreuzes. Ins Deutsche übertragen von Richard Tüngel. Zürich.
Elias, Norbert (1969): Über den Prozess der Zivilisation. Soziogenetische und psychogenetische Untersuchungen. Bd. 1: Wandlungen des Verhaltens in den weltlichen Oberschichten des Abendlandes. Bd. 2: Wandlungen der Gesellschaft. Entwurf zu einer Theorie der Zivilisation (1939). Frankfurt am Main.
Faber, Richard (Hrsg.) (2013): Totale Institutionen? Kadettenanstalten, Klosterschulen und Landerziehungsheime in Schöner Literatur. Würzburg.
Foucault, Michel (1976): Überwachen und Strafen. Die Geburt des Gefängnisses. Frankfurt am Main.

---

13 Meadows 1972 (Club of Rome); Bardi 2013 (Club of Rome).

Freud, Sigmund (1974a): „Das Unbehagen in der Kultur" (1930). In: Sigmund Freud: Kulturtheoretische Schriften. Studienausgabe. Bd. 9. Frankfurt am Main, S. 191–270.
Freud, Sigmund (1974b): „Die Zukunft einer Illusion" (1927). In: Sigmund Freud: Kulturtheoretische Schriften. Studienausgabe. Bd. 9. Frankfurt am Main, S. 135–189.
Freud, Sigmund (2010): Abriss der Psychoanalyse (1938). Stuttgart.
Fromm, Erich (1974): Anatomie der menschlichen Destruktivität. Stuttgart.
Grotius, Hugo (1950): *De jure belli ac pacis libri tres*. Drei Bücher vom Recht des Krieges und des Friedens. Paris 1625. Neuer deutscher Text und Einleitung von Walter Schätzel. Nebst einer Vorrede von Christian Thomasius zur 1. deutschen Ausgabe des Grotius vom Jahre 1707. Tübingen.
Hartmann, Fritz (1973): Ärztliche Anthropologie. Das Problem des Menschen in der Medizin der Neuzeit. Bremen.
Hartmann, Fritz (2003): „Das Wohlergehen des Kranken ... oberster Grundsatz? Über Menschlichkeit und Menschen-Heilkunde". In: Richard Faber (Hrsg.): Streit um den Humanismus. Würzburg, S. 43–70.
Joerden, Jan C./Hilgendorf, Eric/Thiele, Felix (Hrsg.) (2013): Menschenwürde und Medizin. Ein interdisziplinäres Handbuch. Berlin.
Meadows, Dennis L. (Hrsg.) (1972): Die Grenzen des Wachstums. Bericht des Club of Rome zur Lage der Menschheit. Stuttgart.
Mitscherlich, Alexander/Mielke, Fred (1960): Medizin ohne Menschlichkeit. Dokumente des Nürnberger Ärzteprozesses. Frankfurt am Main.
Moras, Joachim (1930): Ursprung und Entwicklung des Begriffs der Zivilisation in Frankreich (1756–1830). Hamburg.
Müri, Walter (Hrsg.) (1979): Der Arzt im Altertum. Griechische und lateinische Quellenstücke von Hippokrates bis Galen mit der Übertragung ins Deutsche. 4. Auflage. München.
Nietzsche, Friedrich (1980): „Zur Genealogie der Moral" (1887). In: Friedrich Nietzsche. Sämtliche Werke. Kritische Studienausgabe. Giorgio Colli/Mazzino Montinari (Hrsg.). Bd. 5. München.
Ridder, Michael de (2010): Wie wollen wir sterben? Ein ärztliches Plädoyer für eine neue Sterbekultur in Zeiten der Hochleistungsmedizin. München.
Parzinger, Hermann (2014): Die Kinder des Prometheus. Eine Geschichte der Menschheit vor der Erfindung der Schrift. München.
Samwer, Sigmar-Jürgen (1970): Die französische Erklärung der Menschen- und Bürgerrechte von 1789/91. Hamburg.
Schmidt-Salomon, Michael (2006): Manifest des evolutionären Humanismus. Plädoyer für eine zeitgenössische Leitkultur. 2. Auflage. Aschaffenburg.
Sieben, Anna/Sabich-Fechtelpeter, Katja/Straub, Jürgen (Hrsg.) (2011): Menschen machen. Die hellen und die dunklen Seiten humanwissenschaftlicher Optimierungsprogramme. Bielefeld.
Treiber, Hubert/Steinert, Heinz (1980): Die Fabrikation des zuverlässigen Menschen. München.
Wilson, Edward O. (1975): *Sociobiology. The New Synthesis*. Cambridge Mass.

Humanismus, s. Systematischer Teil
Humanismuskritik,
s. Antihumanismus/Humanismuskritik
Humanistik, s. Systematischer Teil

Horst Groschopp
Humanismusunterricht/Lebenskunde

1 Definition und Umfangsbestimmung

Humanismusunterricht ist die Information und Unterweisung von Kindern und Erwachsenen in Prinzipien und Wissensbeständen, Theorie und Geschichte des ↗ Humanismus. Dabei sind verschiedene Diskussions-, Handlungs- und Ergebnisebenen zu unterscheiden. Besonders das persönliche Erleben (↗ Persönlichkeit) gesellschaftlicher und staatlicher Institutionen wirkt unterrichtend. Folgen die Wertgefüge, Normen, Gesetze, Einrichtungen, Regeln, Rituale (↗ Feier/Fest) humanistischen Standards, können sie eine sozialisierende Funktion in Richtung ↗ Humanisierung haben.

Menschen werden in erster Linie durch ihre Lebensbedingungen ‚geschult' (↗ Humanismus als Kultur). Befördern diese Umstände Verfahrensweisen des ↗ Argumentierens und der ↗ Mediation, das Vertrauen in ↗ Freundschaft, ↗ Liebe oder ↗ Zweifel, bewusstes Gesundheitsverhalten (↗ Medizin) sowie die Anerkennung der ↗ Menschenrechte/Menschenwürde, inklusive der unterschiedlichen ethnischen oder sexuellen Prägungen, können solche Lernvorgänge als humanistische Bildung wirken.

Humanismusunterricht ist Kernbestand des Bildungswesens. So hat Humanismus als Leitidee vom ‚ganzen Menschen' im 19. Jahrhundert zur Entstehung eines Schulwesens (Humboldt 1948) beigetragen (↗ Bildung). Dieses erstreckte sich schließlich auch auf Kinder in den Unterschichten und führte zur weitgehenden Alphabetisierung der Bevölkerung. Humanismus (↗ Antike-Rezeption) hat zudem viele Einrichtungen initiiert (Museen, Bibliotheken, Volkshochschulen), die direkt oder indirekt humanistische Unterweisungen betreiben durch Ausstellungen, Bücher oder Kurse. ‚Humanistische Gymnasien' hatten und haben in diesem Kontext eine herausgehobene, aber historisch abnehmende Stellung. Auch die modernen Medien wie Radio, Film, Fernsehen, Telefonie und Internet können humanisierend wirken.

Ideen und Zeugnisse des Humanismus sind zudem Gegenstände bestimmter Schulfächer (etwa im Geschichts-, Musik- und Literaturunterricht). Reformen des Religionsunterrichts, Einführung von Moral- und (später) Ethikunterricht, Reformpädagogik (Keim/Schwerdt 2013) und moderne Methoden der Bildung (Koedukation und altersgemäße Didaktik oder neue Fächer wie Sexualkunde) haben den Humanismus befördert und die Vorstellungen von dem, was er ist, erweitert.

Es hat im 20. Jahrhundert diverse Ansätze gegeben, einen ‚Humanistischen Unterricht' als besonderes Fach, als Orientierung für andere Fächer und als diskursive Methode an Schulen einzuführen. Teils gingen diese Pläne aus pädagogischen Bestrebungen hervor, Menschen zur ↗ Humanität zu erziehen und sie von früh auf mit humanistischem Bildungsgut auszustatten, vor allem, um eine humanistische Ethik zu entfalten.

Resultat einer darauf gerichteten ↗ Kulturpolitik war in den 1920er Jahren das Schulfach ‚Lebenskunde'. 1957 kam es in Westberlin zur Wiederzulassung (Groschopp/Schmidt 1995; Warnke 1997). Träger wurde der dortige Freidenkerverband (↗ Freidenkerbewegung). Die grundsätzliche staatliche Entscheidung bestand darin, dass ‚Lebenskunde' kein neutraler Sachunterricht sein durfte im Sinne einer religionskundlichen bzw. ethischen Unterweisung, sondern eine Weltanschauung zu vermitteln hatte, vergleichbar dem Religionsunterricht.[1] Das Fach blieb jedoch im Kalten Krieg bis zu seiner Wiedereinführung 1984 erfolglos.

Heute ist ‚Humanistische Lebenskunde' in den Bundesländern Berlin und Brandenburg eine Alternative zum Religionsunterricht. Das Fach wird von der Weltanschauungsgemeinschaft (↗ Weltanschauung/Weltanschauungsgemeinschaften) ‚Humanistischer Verband Deutschlands' (HVD), der 1993 aus der ↗ Freidenkerbewegung hervorging, in allen Schulstufen angeboten. Oft gibt es Verwechslungen mit dem ‚Ersatzfach' Ethik, das in anderen Bundesländern gelehrt wird und in Berlin ein pflichtiges Fach für Schülerinnen und Schüler ab der 6. Klasse ist. In Nürnberg (Bayern) wird dieses Fach an einer dortigen humanistischen Privatschule vom HVD unterrichtet.

Ein anderer historischer Strang führte 1996 zum Brandenburger Schulfach ‚Lebensgestaltung/Ethik/Religionskunde'. Dieses hat den Status, der in den 1950er Jahren für Berlin abgelehnt wurde – allerdings nur ‚halb', weil eine Abwahlmöglichkeit für Kinder besteht, die den Religionsunterricht besuchen. Zudem ist der Anteil von Humanismus an den Lehrstoffen nicht besonders groß.

Generell besteht im deutschen Schulsystem das Problem, welcher Unterricht als Ersatz für oder Alternative zu Religion für ‚Konfessionsfreie' staatlicherseits angeboten bzw. ‚freien Trägern' an öffentlichen Schulen erlaubt wird (Fauth 1999; Mueller 2002).[2]

---

[1] Zu diesem Zeitpunkt hatten die deutschen Freidenker den Humanismus noch nicht ‚entdeckt', es ging vielmehr noch um eine ‚freidenkerische ↗ Weltanschauung', die sich als wissenschaftlich fundiert verstand in starker Anlehnung an die verbandstradierte ↗ Religionskritik und die dabei gewonnenen Positionen seit den 1920er Jahren.
[2] Ein kurzer Überblick hinsichtlich der ‚Ersatzfächer' in Deutschland für Anfang der 1990er Jahre, bisher wenig verändert, findet sich bei Bode 1993, S. 11–13.

Von den soeben beschriebenen Angeboten gänzlich unterschieden ist der ‚Lebenskundliche Unterricht' in der Bundeswehr. Unter dem Begriff ‚Lebenskunde' finden sich darüber hinaus Gesundheitslehren, Volkskundestudien und Ratschlagliteratur.

2 Elementare Voraussetzungen

Im 18. Jahrhundert gab es in einigen deutschen Ländern Verpflichtungen zum Besuch der Volksschule, die gegen Ende des 18. Jahrhunderts ausgeweitet wurden. Mit einem enormen Anschub während der Preußischen Reformen zu Beginn des 19. Jahrhunderts wurde die Schulpflicht üblich und verlängert. Nachdem 1871 die allgemeine Schulpflicht für ganz Deutschland eingeführt war, entstand ein staatlicher Sektor zur Unterrichtung und Erziehung der nachwachsenden Generation (Hubatsch 1977).

Im staatlichen Bildungssystem vermittelte die Volksschule ein Minimum an intellektueller Bildung für alle. Ihr Betrieb wurde zwischen Staat, Städten und Gemeinden aufgeteilt. Die Volksschullehrer galten als ‚Gemeindediener'. Ihre Ausbildung wie die Schulaufsicht war noch bis zum Ersten Weltkrieg wesentlich eine Aufgabe der christlichen Kirchen. Die Sicherung des Schulzwangs oblag dem Gendarmen. Staatssache wiederum war es, die inhaltliche und politische Ausrichtung des Schulwesens vorzugeben und den Teil der Finanzen zu begleichen, der die Kraft der Gemeinden überstieg (Lundgreen 1980).

Das Bildungswesen emanzipierte sich seit Anfang des 19. Jahrhunderts schrittweise von der Kirche, nachdem in einigen bürgerlichen Oberschichtengruppen die Pflicht zur christlichen Erziehung zweifelhaft und ↗ Religionsfreiheit/Toleranz eingefordert wurde. Das Verbreiten nützlicher Kenntnisse im Schreiben, Lesen, Rechnen und Zeichnen überflügelte mit der Zeit das Angebot zur Glaubensvermittlung. Neue Schulformen und Fächer widmeten sich den ‚Realien'. Resultat war die allmähliche Professionalisierung und ↗ Säkularisierung des Lehrerberufs (Bölling 1983). Religionsunterricht wurde ein Fach neben anderen.

Die weitere staatliche Anbindung der Bildung wurde seitens der Schulreformer unterstützt und mit der Forderung verknüpft, die Pädagogik freizugeben. Begründet wurde dies vor allem mit den Ideen Pestalozzis, die das Primat von Bildung und Erziehung nicht in der Nützlichkeit der Untertanen für den Staat sahen, sondern in der Entfaltung des Menschen in der bürgerlichen Gesellschaft. Die Pädagogik konnte sich in der Folge tatsächlich relativ unbehindert entfalten – in ihrer Methodik und Systematik, nicht in ihrem Auftrag und ihren Inhalten.

Nach weitgehender Sicherung einer Elementarbildung, die vor allem der Industrialisierung (↗ Arbeit) diente, kam es Ende des 19. Jahrhunderts in einigen bürgerlichen Gruppen zu einer Rückbesinnung auf den Humanismus und den Wahlspruch der Aufklärung – ‚Habe Mut, dich deines eigenen Verstandes zu bedienen.' Er steht in der 1783 erschienenen Schrift von Immanuel Kant ‚Beantwortung der Frage: Was ist Aufklärung?'

Als Startsignal für alle künftigen Bemühungen, einen Humanismusunterricht zu etablieren, kann eine Schrift des Philanthropen Johann Bernhard Basedow gesehen werden, der 1770 ein Buch veröffentlichte ‚Methodischer Unterricht der Jugend in der Religion und Sittenlehre der Vernunft nach dem in der Philalethie angegebenen Plane'. Unter dem Titel ist eine Zeichnung zu sehen, auf der eine die Vernunft darstellende Frau mit erhobenem Arm zwei Kinder belehrt. Unter der Zeichnung ist das Motto platziert: „Denket selbst." Damit wurde ein jahrtausendealtes Leitmotiv sokratischen Denkens einem Bildungsplan (↗ Argumentieren) und seitdem verschiedenen Schulinitiativen zugrunde gelegt.

Das geistige Bindeglied zwischen den ‚Klassikern' der Aufklärung und den Ansätzen zu einer humanistischen Pädagogik findet sich in den Werken des Bildungsreformers und -historikers Friedrich Paulsen (Paulsen 1885; Paulsen 1906; Stüttgen 1993). Er beriet die ethische Kulturbewegung unmittelbar, in der die Ideen zu einem Ethik- und Humanismusunterricht und einem Fach ‚Lebenskunde' nach 1892 entstanden. Der Begriff ‚Neuhumanismus' war Paulsens Kreation. Der erste Band seiner ‚Geschichte des gelehrten Unterrichts' trägt den Untertitel ‚Der gelehrte Unterricht im Zeichen des alten Humanismus 1450–1740'.

Die Debatte über einen Humanismusunterricht bekam mit der Gründung des der ↗ Freidenkerbewegung nahestehenden und aus der ‚Deutschen Gesellschaft für ethische Kultur' (1892) hervorgegangenen ‚Deutschen Bundes für weltliche Schule und Moralunterricht' 1906 eine neue Dimension (Groschopp 2011, S. 149–165, 243–264). Sie verband sich mit Fragen nach der Zukunft des Faches Religion und dessen möglicher Ersetzung durch einen lebenskundlich orientierten Unterricht. Diese Debatten sind wesentlich verbunden mit dem politischen und theoretischen Wirken des in mehreren freidenkerischen und humanistischen Organisationen führend tätigen Pädagogen für ‚Schwererziehbare' Rudolph Penzig (1855–1931) (Groschopp 2001).

Die Diskussion erstreckte sich nach 1890 über verschiedene Gegenstände (Eggers 2001). Es äußerten sich Lehrer, Philosophen und Theologen (Wermke 2010), etwa zur Reform des Religionsunterrichts. Darunter finden sich Absichten einiger christlich-reformerischer Minderheitsgruppen, dieses Fach zu entstaatlichen und außerhalb der staatlichen Schulen auf freiwilliger Basis anzubieten bis hin zu einer ‚Evangelischen Lebenskunde' (Religions- als Lebensunterweisungsunterricht auf der Basis eines erneuerten Christentums). ‚Lebenskunde' als Schulfach wie als Lehrmethode wurde um 1900, besonders aber in der Weimarer Republik, Teil des reformpädagogischen Erneuerungsdiskurses über das Schulwesen und die Schaffung reformpädagogischer Sonderschulen (Gemeinschafts-, aber auch Lebensgemeinschaftsschulen).

3 Lebenskunde

3.1 Definition, Begriffsherkunft, Unterscheidungen

Lebenskunde ist Humanismusunterricht, seit 1984 freiwilliges Schulfach in Berlin (2014: 55.664 Schüler/-innen; 344 Lehrkräfte, davon 224 HVD-Verbandsangestellte) und seit 2007 in Brandenburg (2014: 1.990 Schüler/-innen; 33 Lehrkräfte, davon drei staatlich angestellt). Das Fach wird in Berlin zu 90 % der Personalkosten öffentlich bezuschusst. Das waren 2014 etwa 15 Millionen Euro.[3]

Zugleich ist Lebenskunde eine Streitkategorie in Bezug auf Moral-, Weltanschauungs- und Religionsunterricht und ein schillernder Begriff mit unterschiedlichen Verwendungen. Parallelen finden sich vor allem in Belgien und den Niederlanden.

Der Begriff geht zurück auf den Reformpädagogen Friedrich Wilhelm Foerster (Foerster 1904) und die Bestrebungen der ethischen Kulturgesellschaften ('Humanistengemeinden') um staatliche Akzeptanz einer konfessionsfreien Jugenderziehung (Groschopp 2014). In diesem historischen Kontext wurde Lebenskunde nach 1892 (Adler 1892), besonders nach 1901 ('Liga für Moralunterricht') zum Leitwort im Streit für ethische Erziehung, humanistische Bildung und ‚weltliche' Wertevermittlung in der Schule. Sie wurde zuerst 1920 in Berlin ein Schulfach, dann in anderen preußischen Städten in ‚Sammelschulen', in denen Kinder unterrichtet wurden, deren Eltern Religionsunterricht ablehnten. Diese im Volksmund ‚weltlichen Schulen' standen im ständigen Konflikt mit den Behörden und den christlichen Simultan- bzw. den katholischen und evangelischen Bekenntnisschulen.

3.2 Diskursgeschichte

Zwischen 1890 und 1919 wurden mit dem Begriff Lebenskunde im Umfeld des ‚Deutschen Bundes für weltliche Schule und Moralunterricht' (Börner 1909) mehrere Schulprobleme diskutiert: Befreiung der ‚Dissidentenkinder' vom Religionsunterricht (Voelkel 1894); Vorbereitungsunterricht auf die Jugendweihe (Krapp 1977); Ersatzfach

---

[3] Ab Herbst 2015 ist der Zuschuss für alle Anbieter aufgestockt worden. Damit sandte der Berliner Senat ein politisches Signal der Gleichbehandlung von Religion und Weltanschauung in den Schulen.

‚Lebens- und Religionskunde' anstelle Religionsunterricht (Penzig 1917) sowie sittliche und staatsbürgerliche Unterweisungen (Unold 1912). Praktische Bestrebungen gab es in der Weimarer Republik in nahezu allen Ländern, stark entwickelt in Preußen und Sachsen. Auch ging es um ein Fach ‚Bürgerkunde', sei es als Staatsbürger- oder als Sozialkunde (seit den 1960er Jahren: Sozialkunde, Politische Bildung oder Gemeinschaftskunde in der Bundesrepublik).

Mit der Freidenkerbewegung und deren Rezeption der Natur-, Sozial- und Kulturwissenschaften sowie des Marxismus kamen zu Beginn des 20. Jahrhunderts Forderungen nach einem wissenschaftlichen Weltanschauungsunterricht auf, die auch die 1920er Jahre prägten und in den 1950er Jahren in Teile des Konzepts der DDR-Staatsbürgerkunde eingingen. Eine Verankerung von Lebenskunde in der Weimarer Reichsverfassung misslang. Da auch das versprochene ‚Reichsschulgesetz' ausblieb (Groschopp 2006; Schmidt 2009), wandte sich Lebenskunde kämpferisch gegen Religionsunterricht.

Als reformpädagogisches Prinzip sollte Lebenskunde auch anderen Unterricht an den ‚weltlichen Schulen' leiten und wurde nun oft gedacht als kulturkundliche Bildung und ‚Lebensanschauungsunterricht' (Piltz 1923), der weltanschauliches Nachdenken anregen und die Selbstentscheidung der Kinder fördern (Hädicke 1929), aber bei vielen Linken als ‚praktisch angewandte Soziologie' auch Sozialismus voranbringen sollte (Siemsen 1932, S. 238).

Teil der Bemühungen um die Staat-Kirche-Trennung im Bildungswesen in der Weimarer Republik war die Einrichtung ‚weltlicher Schulen'.[4] Das war der umgangssprachliche Ausdruck für ‚Sammelschulen', an denen diejenigen ‚Dissidentenkinder' konzentriert unterrichtet wurden, deren Eltern Religionsunterricht ablehnten. Die deutschlandweite Geschichte dieses Schultyps ist, wie der gesamte Humanismusunterricht, wenig erforscht. Die erste dieser Schulen entstand 1920 in Berlin-Adlershof. Lebenskunde als Fach ist im gleichen Jahr für Berlin-Lichtenberg erstmals belegt. Beide Neuerungen kamen erst nach harten politischen Kämpfen (z. B. Streikaktionen) zustande (Groschopp 2006). Organisator war im Wesentlichen die freidenkerische ‚Freireligiöse Gemeinde Berlin' um Adolph Hoffmann (Schmidt 1998; Schmidt 2009).

Ende der 1920er Jahre gab es in Preußen etwa 240 weltliche Schulen mit 96.000 Schülern (das war 1 % aller im Reichsgebiet), in wenigen Großstädten konzentriert. Berlin zählte allein 52 Schulen. 1933 wurden diese sofort geschlossen, die Lehrer vor den Schülern gedemütigt und in der Regel entlassen. Der ‚Bund Deutscher Evange-

---

[4] Wahrscheinlich waren sie die Vorbilder für die im Grundgesetz der Bundesrepublik Artikel 7,3 von den Verfassern vorgesehenen ‚bekenntnisfreien Schulen' ohne Religionsunterricht, für die es in der Realität aber keine Entsprechungen gibt.

lischer Lehrer und Lehrerinnen' begrüßte am 13. März 1933 in einem Brief an das Preußische Kultusministerium diese Maßnahme, und jubelte: „Das Ende des Humanismus ist da! Schluss mit dem Individualismus!" (Schmidt 2001, S. 47)

Ab Juni 1933 wurde Lebenskunde im Sinne des Antihumanismus (↗ Antihumanismus/Humanismuskritik) rassistisch definiert (Müller 2001) und zum weltanschaulichen Teil des Faches Biologie, vor allem in der Mittelstufe (Herrmann/Köhn 1940). Es geschah dies in Anlehnung an völkische Vorstellungen (Unold 1924; Lehrplan 1932) und solche der ‚Ludendorff-Bewegung', ‚Bund für Deutsche Gotterkenntnis', vormals ‚Deutschvolk' und ‚Tannenbergbund' (1933–1937 verboten). Bis Ende der 1990er Jahre unterhielt dieser rechtsextreme Verein einen ‚Arbeitskreis für Lebenskunde' und organisierte einen ‚Lebenskunde-Unterricht', Jugendveranstaltungen, Ferienlager und Wanderungen.

Größere akademische Forschungen zur Lebenskunde fehlen nahezu gänzlich, und zwar hinsichtlich möglicher Traditionen im ↗ Humanismus, zur schulischen Praxis, zu wichtigen Personen, zur Geschichte in den deutschen Ländern und zum Vergleich mit verwandten Fächern: Ethik, Praktische Philosophie, Normen und Werte.

3.3 Humanismusverständnis in der Lebenskunde

Das Humanismusverständnis in der Lebenskunde geht davon aus, dass es keinen vorgegebenen Sinn des Lebens gibt, aber Menschen ihrem Leben einen Sinn zu geben vermögen (Schulz-Hageleit 1999; Osuch 2012). Dabei sind die Wissenschaften Hilfsmittel, moralisches Handeln zu verstehen und eigene Positionen im Alltag wie in existenziellen Situationen auszubilden. Im Mittelpunkt des Humanismusunterrichts stehen die Würde jedes einzelnen Menschen und ihre Wünsche, gut zu leben (↗ Menschenrechte/Menschenwürde; ↗ Glück). Lebenskunde versucht, bei den Kindern Kraft für Toleranz und ↗ Solidarität auszuprägen und ihnen zu helfen, jedem Dogmatismus und religiösem Fanatismus zu widerstehen.

3.4 Didaktik der Humanistischen Lebenskunde

Die Didaktik der Lebenskunde ist in einem öffentlich verfügbaren ‚Rahmenlehrplan' fixiert. Sie soll helfen, altersgerecht den Glauben Anderer verstehen und verstandesmäßig erfassen zu lernen sowie eigene Haltungen auszubilden. Sie orientiert sich (Schulz-Hageleit 1995; Adloff 2010) an Traditionen der Reformpädagogik: sinnliches Begreifen, Projektarbeit, offener Unterricht, Dialektik von Ergebnis und Prozess, Wechsel der Aktions- und Erarbeitungsformen, das Anerkennen ‚unbewusster' Dimensionen in der Lehr-Lern-Dynamik sowie sensibler Umgang mit Ängsten, Gefühlen, Wünschen und Hoffnungen.

Lernziele sollen nach dem Spiralprinzip erreicht werden. Sie gruppieren sich um folgende Lernfelder: Individuum im sozialen Umfeld (Werte und Normen anhand familiärer Erfahrungen und eigener Freundschaften, Interessenkonflikte und moralische Dilemmata); Verantwortung der Menschen für Natur und Gesellschaft (Entwicklung und Zukunft des Lebens, die eigene Verantwortung, ökologische Probleme, soziale Gerechtigkeit); Weltdeutungen und Menschenbilder; ↗ Humanität.

Gegenstände der Lebenskunde sind anhand jeweils konkreter Beispiele Lebensfreude und Glück, Phantasie und Realität, Mythen und Geschichte, Umwelt und Umweltschutz, Gottesvorstellungen und Kulte, ausländischer Nachbar und multikulturelle Gesellschaft, Eifersucht und Trennungsschmerz, Liebe und Sexualität, das Oben und Unten in der Gesellschaft, Gewalt und Menschenrechte. Die Erfahrungen der Kinder werden diskutiert.

4 Literatur

Adler, Felix (1892): „Rede, gehalten in einer Versammlung im Victoria-Lyceum zu Berlin am 7. Mai 1892." In: Die ethische Bewegung in Deutschland. Vorbereitende Mitteilungen eines Kreises gleichgesinnter Männer und Frauen zu Berlin. 2., vermehrte Auflage. Berlin.

Adloff, Peter (2010): Nach Sinn fragen. Eine fachdidaktische Studie für die Humanistische Lebenskunde und den Ethikunterricht. Berlin.

Bode, Fritz (1993): Der Brandenburgische Modellversuch Lebensgestaltung/Ethik/Religion. Versuch einer kritischen Betrachtung. In: Berichte und Standpunkte 2. Pinneberg, S. 10–22.

Bölling, Rainer (1983): Sozialgeschichte der deutschen Lehrer. Ein Überblick von 1800 bis zur Gegenwart. Göttingen.

Börner, Wilhelm (1909): Dr. Fr. W. Foerster und seine ethisch-religiösen Grundanschauungen. Wien.

Eggers, Gerd (2001): „Lebenskunde als allgemeinbildendes Schulfach im 20. Jahrhundert." In: Ha 5, S. 12–25.

Fauth, Dieter (1999): Religion als Bildungsgut. Bd. 2: Sichtweisen weltanschaulicher und religiöser Minderheiten. Würzburg.

Foerster, Friedrich Wilhelm (1904): Lebenskunde. Ein Buch für Knaben und Mädchen. Berlin.

Groschopp, Horst (2001): Rudolph Penzig. In: Norbert Mette/Folkert Rickers (Hrsg.): Lexikon der Religionspädagogik. Bd. 2. Neukirchen Vluyn, Sp. 1481–1483.

Groschopp, Horst/Schmidt, Michael (1995): Lebenskunde. Die vernachlässigte Alternative. Zwei Beiträge zur Geschichte eines Schulfaches. Berlin.

Groschopp, Horst (2006): „Zum Kulturkampf um die Schule. Historische Anmerkungen zum Berliner Streit um den Religionsunterricht". In: Jahrbuch für Pädagogik 2005: Religion, Staat, Bildung. Frankfurt am Main, S. 225–234.

Groschopp, Horst (2011): Dissidenten. Freidenker und Kultur. Marburg.
Groschopp, Horst (2014): „Die drei berühmten Foersters und die ethische Kultur. Humanismus in Berlin um 1900". In: Horst Groschopp (Hrsg.): Humanismus und Humanisierung. Aschaffenburg, S. 157–173.
Hädicke, Gustav (1929): Arbeitsplan für den Unterricht in Lebenskunde. Berlin.
Herrmann, Fritz/Köhn, Walter (1940): Lebenskunde für Mittelschulen. Frankfurt am Main.
Hubatsch, Walther (1977): Die Stein-Hardenbergschen Reformen. Darmstadt.
Humanistischer Verband Deutschlands, Landesverband Berlin (Hrsg.) (2008): Vorläufiger Rahmenlehrplan Humanistische Lebenskunde. Berlin. Einsehbar unter http://www.lebenskunde.de/rahmenlehrplan, besucht am 14.5.2015.
Humboldt, Wilhelm von (1948): Ideen zu einem Versuch, die Grenzen der Wirksamkeit des Staates zu bestimmen (1792/1793). Leipzig.
Keim, Wolfgang/Schwerdt, Ulrich (Hrsg.) (2013): Handbuch der Reformpädagogik in Deutschland (1890–1933). Teil 1: Gesellschaftliche Kontexte, Leitideen und Diskurse. Teil 2: Praxisfelder und pädagogische Handlungssituationen. Frankfurt am Main.
Krapp, Gotthold (1977): Die Kämpfe um proletarischen Jugendunterricht und proletarische Jugendweihen am Ende des 19. Jahrhunderts. Ein Beitrag zu den Anfängen der sozialistischen Erziehung der Arbeiterkinder in der zweiten Hauptperiode der Geschichte der deutschen Arbeiterbewegung. Berlin.
Lehrplan der Lebenskunde für Deutschvolk-Jugend (1932). München.
Lundgreen, Peter (1980): Sozialgeschichte der deutschen Schule im Überblick. Teil I: 1770–1918. Göttingen.
Müller, Eckhard (2001): „Zum lebenskundlichen (biologischen) Unterricht im Nationalsozialismus". In: Ha 8, S. 59–64.
Mueller, Volker (2002): Werteerziehung in der Schule – LER und Alternativen zum Religionsunterricht. In: Berichte und Standpunkte 16. Hannover.
Osuch, Bruno (2012): „Humanistische Lebenskunde. Traditionen und Perspektiven einer besonderen Alternative zum Religionsunterricht in Berlin und Deutschland. Eine politisch-historische, verfassungsrechtliche und pädagogische Studie". In: Karl Hardach (Hrsg.): Internationale Studien zur Geschichte von Wirtschaft und Gesellschaft. Bd. 2. Frankfurt am Main, S. 785–817.
Paulsen, Friedrich (1885): Geschichte des gelehrten Unterrichts auf den deutschen Schulen und Universitäten vom Ausgang des Mittelalters bis zur Gegenwart. Mit besonderer Rücksicht auf den klassischen Unterricht. 2 Bde. Leipzig.
Paulsen, Friedrich (1906): Das deutsche Bildungswesen in seiner geschichtlichen Entwickelung. Mit einem Geleitwort von Wilhelm Münch. Leipzig.
Penzig, Rudolph (1917): Religionsunterricht oder Moralunterricht. München.
Piltz, Franz (1923): Geist und Gestaltung des Unterrichts in der Lebenskunde. Leipzig.
Schmidt, Michael (1998): „Vom Jugendunterricht zur Lebenskunde. Der Beitrag der Freireligiösen Gemeinde zur Entstehung eines wertevermittelnden Schulfachs für Dissidentenkinder". In: ‚Kein Jenseits ist, kein Aufersteh'n'. Freireligiöse in der Berliner Kulturgeschichte. Begleitbuch zur gleichnamigen Ausstellung im Prenzlauer Berg Museum Berlin vom 7. Juli 1998 bis 31. Januar 1999. Konzeption und Redaktion: Horst Groschopp. Kulturamt Prenzlauer Berg (Hrsg.). Berlin, S. 91–102.
Schmidt, Michael (2001): „Die Auflösung der weltlichen Schulen in Berlin". In: Ha 2001, S. 44–51.

Schmidt, Michael (2009): „Adolph Hoffmann und die Trennung von Schule und Kirche in der Novemberrevolution". In: Horst Groschopp (Hrsg.): „Los von der Kirche!" Adolph Hoffmann und die Staat-Kirche-Trennung in Deutschland. Texte zu 90 Jahre Weimarer Reichsverfassung. Aschaffenburg, S. 109–127.
Schulz-Hageleit, Peter (1995): Bausteine einer Didaktik des Lebenskunde-Unterrichts. Berlin.
Schulz-Hageleit, Peter (Hrsg.) (1999): Lernen unter veränderten Lebensbedingungen. Frankfurt am Main.
Siemsen, Anna (1932): „Christliche Ethik und Lebenskunde". In: Aufbau 8, S. 236–239.
Stüttgen, Dieter (1993): Pädagogischer Humanismus und Realismus in der Darstellung Friedrich Paulsens. Alsbach.
Warnke, Gerald (1997): Lebenskundeunterricht. Geschichte und Perspektive des humanistischen Unterrichts in der Schule. Berlin 1997.
Unold, Johannes (1912): Entwurf eines Lehrplanes für eine deutsche Lebens- und Bürgerkunde. München.
Unold, Johannes (1924): Weisheit des Germanen. Leipzig.
Voelkel, Titus (1894): Sollen Dissidentenkinder gezwungen werden, am Schul-Religionsunterricht teilzunehmen? Berlin.
Wermke, Michael (Hrsg.) (2010): Brüche, Kontinuitäten, Neuanfänge. Religionspädagogik und Reformpädagogik. Jena.

Horst Groschopp
Humanitäre Praxis

1 Barmherzigkeit

Ohne praktizierte ↗Humanität wird ↗Humanismus keine Kultur (↗Humanismus als Kultur). Er reduziert sich dann auf Behauptungen über ↗Menschenrechte/ Menschenwürde oder ↗Glück. Humanismus bedarf der Humanität, um seine Ansprüche bezüglich Gleichheit, ↗Gerechtigkeit und Menschenliebe (↗Liebe; ↗Freundschaft) belegen zu können. Zwar sind humanitäres Denken und Handeln ohne Berufung auf humanistische Aussagen und Prinzipien möglich, etwa von religiösen Positionen ausgehend, aber es bedurfte erst humanitärer Ideen, um Religionen dahin zu richten (↗Aufklärung; ↗Humanisierung; ↗Recht; ↗Religionsfreiheit/Toleranz).

Oft verengt sich in Diskursen über Humanismus der Blick, erhebt sich förmlich über Humanität. Sie wiederum bleibt ohne Praxis folgenloses Bekunden. Erst humanitäres Handeln übersetzt Sorge in konkrete Leistungen, in denen sich ↗Solidarität beweist und ↗Humanitarismus ausdrückt.

Die Wörter Humanismus und Humanität haben in *humanitas* einen gemeinsamen lateinischen Wortursprung, der die enge Bindung beider Ausprägungen von Beginn an in sich trägt, auch wenn es in der Geschichte des Humanismus zu konzeptionellen Ablösungen von der Humanität kam, etwa durch Vereinseitigungen von ↗Bildung, zeitliche Beschränkung auf die ↗Antike oder direkten ↗Antihumanismus im Nationalsozialismus unter dem Mantel der Pflege griechischer und römischer Kultur (Junginger 2012).

Humanitas bedeutet: „die Menschheit (das Menschengeschlecht: *genus humanum*), Entrohung (*e-ruditio*, Bildung) und Barmherzigkeit. Das gute deutsche Wort ‚Barmherzigkeit' ist ebenfalls ein Lehnwort, nämlich die genaue Übersetzung von *miseri-cordia*" (Cancik 2011, S. 17). In diesem praktischen Verständnis tätigen Beistands, nicht als philosophische Kategorie, sondern „im Sinne von ‚verzeihender Liebe' (*clementia*), ‚Barmherzigkeit' (*misericordia*)", erscheint *humanitas* um 80 v. u. Z. in der Schrift ‚Rhetorica ad Herennium' eines unbekannten Autors (Kühnert 1972, S. 82, 876).

Barmherzigkeit ist der Leitbegriff jeder praktischen Humanität. Er bedeutet Anteilnahme, Gnade, Milde, Mitgefühl, Nachsicht und Wohltätigkeit. Das Wort galt lange und gilt im öffentlichen Bewusstsein bis heute als eine originäre christliche Kategorie, wie auch das Wort ↗Seelsorge landläufig in dieser Tradition verstanden wird.

Ähnliches gilt für ‚Spiritualität' (Kahl 2000), etwa bei der humanitären Sorge um Kranke (↗ Medizin), besonders bei der Sterbebegleitung (Neumann 2011). Aber nicht nur in Extremsituationen, sondern in nahezu jeder Lage, in denen ein Mensch Hilfe und Verbundenheit benötigt, sei es bei der Katastrophenhilfe oder im Altenheim, sei es durch Körperpflege oder Mobilitätshilfe – berührt humanitäre Praxis das innere Empfinden eines Menschen, seinen ‚Geist', seine Wünsche, Wertvorstellungen und ↗ Weltanschauung. Barmherzigkeit, Seelsorge und Spiritualität sind Elemente humanitärer Praxis.

2 Umfangsbestimmung

Dass die Geburt der *humanitas*-Idee im antiken Rom ‚vergessen' wurde, liegt im Monopol religiöser Einrichtungen in der Geschichte sozialkultureller Arbeit. Professionelle Hilfeleistungen im 19. Jahrhundert entstanden als kirchliche Aufgaben, speziell infolge des ‚Reichsdeputationshauptschlusses' von 1803 und der daraus abgeleiteten christlichen Begründung öffentlicher ‚Wohlfahrtspflege' (Neumann 2003).

Diese Dominanz ging mit der fortschreitenden Ausbildung eines ↗ Sozialstaates und Systems von Sozialarbeit (Sachße 1991; Sachße/Tennstedt 1988) sukzessive zurück, die begleitet werden von einer Pluralisierung der Politik, der ↗ Säkularisierung der Gesellschaft, einer größeren Zahl von Weltanschauungen und dem Vormarsch eines kapitalistischen Marktes auch in den Hilfs- und Sorgebereichen ab dem 20. Jahrhundert.

Damit schwindet generell der Einfluss von Kirchen und Theologie auf das gesellschaftliche Leben, die ↗ Kulturpolitik und die Angebote der humanitären Praxis. Das Ergebnis dieser Entwicklungen sind seit der zweiten Hälfte des 20. Jahrhunderts deutliche Fortschritte in der ↗ Humanisierung durch Ausprägung von Systemstrukturen gegenseitiger Hilfe, die auf personaler Solidarität, aber auch Marktbeziehungen beruhen. Die Frage, welche Angebote allen zugutekommen sollen und welche Lasten persönlich zu tragen sind (‚Subsidiaritätsprinzip'), begleitet diese Geschichte und die humanistischen Antworten auf die ‚soziale Frage' (Groschopp 2009a; 2009 b).

Eine Umfangsbestimmung dessen, was zur humanitären Praxis gehört, ist schwierig. Bereits einige Wörter unserer Umgangssprache verdeutlichen die Dimensionen: Arzt, Asylgewährung, Apotheke, Almosen, Bewährungsstrafe, Barrierefreiheit, Bildung, Drogenentzug, Erziehung, Flüchtlingshilfe, Hartz IV, Hebamme, Hospiz, Kulturhaus, Lebenshilfe, Mitleid, Pannenhilfe, Pflegeversicherung, Rechtsschutz, Reha-Sport, Rente, Rollator, Schule, Sexualberatung, Spendenaufruf, Stipendium, Sympathie, Trauerbegleitung, Wickelraum, Versicherung [...] Radikal gesprochen kann jedes helfende Eingreifen in das Leben eines anderen Menschen humanitäre Praxis genannt werden.

Noch vor einigen Jahren hätte man gesagt, es handle sich bei der humanitären Praxis um organisierte soziale Dienstleistungen der Kultur- und Sozialarbeit, die bedürftigen Menschen zwischen Wiege und Bahre in Notfällen oder schwierigen Situationen Beratung und Unterstützung geben, sei es in Ehe und Familie oder im gesellschaftlichen Zusammenhang. Die Spanne war überschaubar und einigermaßen klar mit den Tätigkeiten umrissen, die Träger der Freien Wohlfahrtspflege, Krankenhäuser, Kindergärten oder Altenheime anbieten.

Doch haben sich nicht nur die Vorstellungen von Bedürftigkeit und dem differenziert, was als Zwangslage gilt. Es sind nicht nur zahlreiche vorgeburtliche Einflussnahmen (etwa künstliche Befruchtung oder Schwangerengymnastik) und Anforderungen an die Sterbehilfe (etwa Organspende oder Wünsche nach Suizidbegleitung; Neumann 2012) hinzugekommen. Mit den wachsenden Möglichkeiten der ↗ Medizin, des Bildungs-, Betreuungs-, Gesundheits- und Versicherungswesens, der Werbung, der Ratgeberliteratur, der Medien und des Internets hat sich generell der infrage kommende Bereich erweitert, haben sich die kommerziellen wie gemeinnützigen Offerten in der humanitären Praxis vergrößert.

Damit einher geht eine große Dynamik in dem, was im moralischen Verhalten und in der Ethik als ‚human' gilt. Es ist heute strittig und unterliegt ständigem Zweifel, was zu einer humanitären Praxis zu gehören hat, um die man sich in Kommunen und Staat, Gesellschaft und Verbänden kümmert, schon wegen des hohen Einsatzes öffentlicher Mittel. Zugleich drohen die vielen Teilethiken für jeden Sonderbereich (Medizinethik, Journalistenethik, Pflegeethik) ihren Bezug auf den ‚ganzen Menschen' und den gesellschaftlichen Zusammenhalt zu verlieren. Hinzu kommt, dass ein erweitert verstandener Umwelt- und Tierschutz immer kräftiger nach einer modernen humanitären Praxis verlangt bei gleichzeitig weltweitem extremem Reichtum und bitterster Armut.

Da Religionen wesentlich ihre Gemeinschaften ansprechen, auch wenn sie für sich selbst einen menschheitlichen Missionsauftrag sehen, wird künftig eine stärkere Besinnung auf Humanismus als ein ‚offenes System' (Cancik/Cancik-Lindemaier 2014) der Menschenliebe unumgänglich. Dabei geht es vor allem um Bewertungskriterien. Die ↗ Antike und die ↗ Antike-Rezeption geben hier ebenso Fingerzeige wie die Entdeckung der humanitären Praxis durch ‚Humanistengemeinden' an der Wende zum 20. Jahrhundert (↗ Freidenkerbewegung).

3 Ethischer Humanismus

Bis in die zweite Hälfte des 19. Jahrhunderts verweigerten sich bildungsbürgerliche Eliten massiv der ‚sozialen Frage'. Erst eine kirchlich inspirierte humanitäre Praxis führte hier zu Änderungen. Der Protestant Johann Hinrich Wichern mit der ‚Inneren Mission' (woraus die ‚Diakonie' hervorging) und der ‚Arbeiterbischof' Wilhelm Emmanuel Freiherr von Ketteler mit der ‚Katholischen Soziallehre' (woraus die ‚Caritas' erwuchs) leiteten hier Änderungen ein, auch wenn sie nicht zuletzt die sozialistische Arbeiterbewegung und deren ‚Samariter' (Groschopp 1985, S. 58 ff.) bremsen und staatstreue Arbeiter an sich und ihre Religion binden wollten.

Anfänge einer modernen Sozialarbeit liegen in dem um 1833 von Wichern in Hamburg-Horn gegründeten ‚Rauhen Haus', einem Heim für obdachlose Kinder. Auf katholischer Seite entstand um 1846 das erste der Kolpingwerke. Als frühe humanitäre Selbsthilfewerke der Arbeiter können ab Mitte des 19. Jahrhunderts deren Hilfs-, Solidaritäts- und Unterstützungskassen gelten (Fugger 1947; Balser 1962), die oft aus Gesellenladen hervorgingen und Vorstufen von Gewerkschaften waren.

Die ‚Deutsche Gesellschaft für Ethische Kultur' (↗ Freidenkerbewegung) suchte ab 1892 (↗ Humanismusunterricht) nach einem Mittelweg zwischen staatsnahen kirchlichen Bestrebungen und der sozialistischen Arbeiterbewegung. Der Soziologe Ferdinand Tönnies, der Kulturgesellschaft eng verbunden, schrieb rückblickend, man habe versucht, auf die soziale Frage ethisch zu antworten: Es sei dies die „Frage des friedlichen Zusammenlebens und Zusammenwirkens der in ihren Lebensgewohnheiten und Lebensanschauungen weit voneinander entfernten Schichten, Stände, Klassen eines Volkes" (Tönnies 1926, S. 7).

Drei humanitäre Praxisfelder wurden von diesen humanistischen Ideen inspiriert (Groschopp 2008). Erstens beförderten ethisch engagierte Fabrikanten wie Ernst Abbe in Jena ein Programm der ‚Volkskultur' und der Betriebsgemeinschaft: Betriebsausflüge (etwa zu Kunst- und Gewerbeausstellungen), Urlaube, Arbeitergärten, Ferienheime des Betriebes, Volksbibliotheken, Lesehallen, Volkstheater, Volksunterhaltungsabende, Volks- und Jugendheime sowie Kindergärten (Böhmert 1892).

Ein zweites Programm wollte städtische soziale Notlagen erkennen und ändern. Es mündete in ‚Gemeinwesenarbeit'. Vorbilder waren englische Settlements und nordamerikanische Nachbarschaften, die von dem Humanisten Stanton Coit nach Deutschland in die ethischen Gesellschaften eingeführt und mit der hiesigen Vereinsidee verbunden wurden (Coit 1885, 1893; Schreiber 1904).

Vorbild war die 1884 als Heimstätte in einem Londoner Mietshaus errichtete ‚Toynbee-Hall', eine Art Bastion philantropischer, abenteuerfreudiger, reformwilliger und studierender junger Männer inmitten unwirtlicher Arbeiterquartiere.

Die übergreifende Idee der ‚Universitäts-Ausdehnung' mittels ‚Settlements' folgte zunächst noch einem praktischen evangelischen Christentum, öffnete sich aber sehr bald und notgedrungen allgemeineren ethischen Zielen, weil viele der Adressaten zugewanderte Ostjuden und katholische Iren waren (Picht 1913, S. 1).

Eine dritte Initiative war wissenschaftlicher und gesellschaftspolitischer Art. Sie zielte auf ‚Menschenökonomie' (Goldscheid 1911). Der österreichische Monist Rudolf Goldscheid trug damit wesentlich zur ‚Erfindung' der Demographie bei. Als Pazifist gehörte er dem Vorstand der ‚Deutschen Liga für Menschenrechte' an. Goldscheid wollte eine humanistisch geleitete Gesellschaftsökonomie, in der der „Mensch als Wertquelle zum Angelpunkte der wirtschaftlichen Betätigung wird", um „den Schleier von den organischen Bewegungsgesetzen der Kulturgesellschaft zu lüften, über die Wechselbeziehungen zwischen technischer Produktion und organischer Reproduktion Licht" zu verbreiten (Goldscheid 1913, S. 13; Fleischhacker 1996). Nichts sei „teuerer [...] als soziales Elend". Wir können uns den Luxus des Elends nicht mehr leisten, nötig sei die Förderung von ‚Kulturkapital' (Goldscheid 1912, S. 22–24).

Alle drei Programme fügte Arthur Pfungst zu einem Konzept humanitärer Praxis zusammen (Groschopp 2011, S. 35–41). Er war an der Wende zum 20. Jahrhundert eine Schlüsselfigur des ethischen Humanismus, Fabrikant, Freidenker, Verfechter der weltlichen Schule, der Freien (humanistischen) Akademie, Verleger, Herausgeber mehrerer Zeitschriften, Erfinder, promovierter Naturwissenschaftler, Publizist, Sponsor von Freibibliotheken, Lesehallen und Volkshäusern und Übersetzer buddhistischer Schriften.

Der von Pfungst gezeigte Ausweg gegen antihumanitäre Ideen und Aktionen bestand in kultureller ↗ Bildung. Nur sie könne Gewaltangriffe verhindern, denn (er nimmt dieses Beispiel) ein ‚Hooligan' sei ein nicht genügend gebildeter Mensch. Deshalb forderte er 1906 freie Bildungsarbeit und soziale Fürsorge in einer demokratischen Gesellschaft (Pfungst 1926, S. 14).

4 Allgemeine humanitäre Kulturarbeit

Das Zivilstandsgesetz von 1874 war Teil eines großen Paketes von Sozialreformen in der Kaiserzeit. Es griff erstmals in großem Stil die Sanktionskraft der Kirchen gegenüber ihren Mitgliedern an. Bis dahin waren die Pfarrer oder Priester obrigkeitliche Personen. Sie konnten den Menschen Vorschriften machen, regelten die öffentliche Festkultur ebenso wie private Familienereignisse, nahezu die gesamte persönliche Lebensführung. Sie besaßen die Aufsicht über die Volksschulen und hatten auch sonst einen beamtenähnlichen Status (Lüdtke 1991, S.73). Sie unterhielten zudem nahezu alle Einrichtungen der humanitären Praxis, deren Betrieb aber weitgehend öffentliche Mittel sicherstellten (↗ Sozialstaat).

In der alten Freidenkerbewegung wurde die beginnende Ablösung dieser Sonderstellung von Theologen noch als mögliche Schaffung eines neuen ‚weltlichen' Berufes gesehen (Horneffer 1912), etwa dahin gehend, dass sich laienhafte ‚ethisch-ästhetische Prediger' oder ganz neue Funktionsträger ausbilden, fern der Priesterschaft (Penzig 1907, S. 241). Personal nach kirchlichem Muster oder Moralprediger lehnten freidenkerische Humanisten rigoros ab. Rudolph Penzig, eine bestens ‚vernetzte' Person, sah, dass im Individualismus bei Glaubensfragen die Zukunft lag, denn das sei „allerpersönlichste Herzens- und Gewissenssache". Er prognostizierte: „Soviel Individuen – soviel Religionen!" (Penzig 1915, S. 6f.).

Die Weimarer Reichsverfassung 1919 und das Grundgesetz sowie die DDR-Verfassung von 1949 haben die Vormacht der ‚Kirchendiener' weiter relativiert. Moderne Formen der humanitären Praxis entfalteten sich, beschleunigten die historische Ablösung der Priesterschaft. Deren Aufgaben sind heute eingeordnet in die modernen Systeme gesellschaftlicher Organisation durch Marktbeziehungen. Niemand käme heute auf die Idee, Pfarrern und Priestern all die Tätigkeiten rückübertragen zu wollen, die sie in der jüngeren Geschichte verloren haben. Sie sind ‚Kulturarbeiter' geworden wie andere Berufe auch, und haben Freizeit, wie jeder Arbeiter.

Moderne Gesellschaften anerkennen ganz selbstverständlich das Funktionieren humanitärer Praxis in arbeitsteiligen Systemen der Kultur-, Sozial-, Bildungs-, Betreuungs- und Beratungsarbeit. Alle Menschen haben prinzipiell Zugang zu modernen Lebens-, Schuldner- oder Eheberatungen. Sie erwarten Professionalität, etwa bei der ↗ Mediation, und schätzen organisatorische Neuschöpfungen in der Nachbarschafts- und Lebenshilfe, der Selbstsorge, Selbsthilfe und Hilfe zur Selbsthilfe. Humanistische Beratungsformen haben inzwischen selbst das Militär erreicht, etwa in der Humanistischen Soldatenberatung in Belgien und Holland. Es wird verstärkt über humanistische Spiritualität (*spiritual care*) und praxisorientierte Humanismusstudiengänge nachgedacht (↗ Humanistik).

Die gesellschaftlichen Anwendungen von Humanität und die ausgebildeten humanitären Hilfeformen haben soziale und ethische Praktiken erzeugt, die zwar die kulturell vorherrschende Priesterschaft nicht gänzlich ablösten. Dennoch dominiert selbst in kirchlichen Einrichtungen heute eine sehr weltliche, pragmatische, an den Bedürfnissen der weniger gewordenen Gläubigen und ihren Leiden orientierte ↗ Seelsorge. Dass diese christliche Seelsorge, soweit sie religiöse Botschaften berührt, sich weiter ‚aufweicht', ‚laisiert', weil sie in der Praxis auch ungläubigen und andersgläubigen ‚Kunden' nützen soll, belegt diese Kulturwende (Groschopp 2013).

Die humanitäre Praxis ist in der Gegenwart sowohl eine sehr allgemeine Tätigkeit, die allen Mitgliedern der Gesellschaft obliegt. Zugleich ist sie ein sehr spezialisierter Dienst, den man arbeitsteilig organisieren oder kaufen muss, die Aneignung von solchen Kenntnissen eingeschlossen, die Selbstsorge qualifizieren. Humanistische Praxis geht dabei über die humanitäre hinaus, in dem sie diese legitimiert und alle Ansätze erweitern möchte, die der ↗ Humanisierung nützen und die Daseinsvorsorge garantieren.

5 Literatur

Balser, Frolinde (1962): Sozial-Demokratie 1848/49–1863. Die erste deutsche Arbeiterorganisation ‚Allgemeine Arbeiterverbrüderung' nach der Revolution. Stuttgart.

Böhmert, Victor (1892): „Die Erholungen der Arbeiter außer dem Hause." In: Der Arbeiterfreund 30, S. 1–28.

Cancik, Hubert/Cancik-Lindemaier, Hildegard (2014). Humanismus – ein offenes System. Beiträge zur Humanistik. Horst Groschopp (Hrsg.). Aschaffenburg.

Cancik, Hubert (2011): „Humanistische Begründung humanitärer Praxis. Barmherzigkeit und Bildung". In: Horst Groschopp (Hrsg.): Barmherzigkeit und Menschenwürde. Selbstbestimmung, Sterbekultur, Spiritualität. Aschaffenburg, S. 17–33.

Coit, Stanton (1885): Die innere Sanktion als der Endzweck des moralischen Handelns. Inaugural-Dissertation. Philosophische Fakultät. Berlin.

Coit, Stanton (1893): Nachbarschaftsgilden. Ein Werkzeug socialer Reform. Berlin.

Fleischhacker, Jochen (1996): „Wandel generativer Verhaltensmuster im 20. Jahrhundert. Eine Betrachtung der bevölkerungstheoretischen Diskurse des Soziologen Rudolf Goldscheid". In: Mitteilungen aus der kulturwissenschaftlichen Forschung 37, S. 54–68.

Fugger, Karl (1947): Geschichte der deutschen Gewerkschaften. Berlin.

Goldscheid, Rudolf (1911): Höherentwicklung und Menschenökonomie. Leipzig.

Goldscheid, Rudolf (1912): Monismus und Politik. Vortrag, gehalten auf der Magdeburger Tagung des Deutschen Monistenbundes im Herbst 1912. Wien, Leipzig.

Goldscheid, Rudolf (1913): Frauenfrage und Menschenökonomie. Wien, Leipzig.

Groschopp, Horst (1985): Zwischen Bierabend und Bildungsverein. Zur Kulturarbeit in der deutschen Arbeiterbewegung vor 1914. Berlin.

Groschopp, Horst (2008): „Moderner Humanismus und die soziale Frage". In: Michael Bauer/Alexander Endreß (Hrsg.): Armut. Aspekte sozialer und ökonomischer Unterprivilegierung. Aschaffenburg, S. 94–108.

Groschopp, Horst (2009a): „Moderner Humanismus und die soziale Frage". In: Michael Bauer/Alexander Endreß (Hrsg.): Armut. Aspekte sozialer und ökonomischer Unterprivilegierung. Aschaffenburg, S. 94–108.

Groschopp, Horst (Hrsg.) (2009b): Humanistisches Sozialwort. Aschaffenburg.

Groschopp, Horst (2011): Dissidenten. Freidenker und Kultur in Deutschland. Marburg.

Groschopp, Horst (2013): „Laizismus und Kultur". In: Horst Groschopp (Hrsg.): Humanismus, Laizismus, Geschichtskultur. Aschaffenburg, S. 18–33.

Horneffer, August (1912): Der Priester. Seine Vergangenheit und seine Zukunft. 2 Bde. Jena.

Junginger, Horst (2012): Antihumanismus und Faschismus. In: Horst Groschopp (Hrsg.): Humanistik. Beiträge zum Humanismus. Aschaffenburg, S. 165–179.

Kahl, Joachim (2000): „Weltlich-humanistische Spiritualität. Was ist das?" In: diesseits 50, S. 3–5.

Kühnert, Friedmar (1972): „Zum Humanismus im Rom der republikanischen und augusteischen Zeit. *Magna est enim vis humanitatis*". In: Wissenschaftliche Zeitschrift der Friedrich-Schiller-Universität. H. 5/6, S. 871–880.

Lüdtke, Alf (1991): „Lebenswelten und Alltagswissen". In: Christa Berg (Hrsg.): Handbuch der deutschen Bildungsgeschichte. Bd. IV: 1870–1918: Von der Reichsgründung bis zum Ende des Ersten Weltkrieges. München, S. 57–90.

Neumann, Gita (2011): „Lebens- und Sterbehilfe. Bedürfnis nach geistiger Orientierung". In: Horst Groschopp (Hrsg.): Barmherzigkeit und Menschenwürde. Selbstbestimmung, Sterbekultur, Spiritualität. Aschaffenburg, S. 61–145.

Neumann, Gita (Hrsg.) (2012): Suizidhilfe als Herausforderung. Arztethos und Strafbarkeitsmythos. Aschaffenburg.

Neumann, Johannes (2003): „Der Reichsdeputationshauptschluß von 1803". In: Ha 12, S. 5–26.

Penzig, Rudolph (1907): Ohne Kirche. Eine Lebensführung auf eigenem Wege. Mit einem Geleitwort von Wilhelm Bölsche. Jena.

Penzig, Rudolph (1915): Deutsche Religion. Berlin.

Pfungst, Arthur (1926): „Die Hooligans" (1906). In: Marie Pfungst (Hrsg.): Arthur Pfungst: Gesammelte Werke. Bd. 1. Frankfurt am Main, S. 7–20.

Picht, Werner (1913): Toynbee Hall und die englische Settlement-Bewegung. Ein Beitrag zur Geschichte der sozialen Bewegung in England. Tübingen.

Sachße, Christoph/Tennstedt, Florian (1988): Geschichte der Armenfürsorge in Deutschland. Bd. 2: Fürsorge und Wohlfahrtspflege 1871 bis 1929. Stuttgart et al.

Sachße, Christoph (1991): Mütterlichkeit als Beruf. Sozialarbeit, Sozialreform und Frauenbewegung 1871–1929. Frankfurt am Main.

Schreiber, Adele (1904): Settlements. Leipzig.

Tönnies, Ferdinand (1926): Die Entwicklung der sozialen Frage bis zum Weltkriege. Berlin, Leipzig.

Humanität, s. Systematischer Teil
Humanitarismus, s. Systematischer Teil
Kultur, s. Systematischer Teil

Horst Groschopp
Kulturpolitik

1 Definition

Im weiteren Sinne umfasst der Begriff alle ↗ Politik in ihren Auswirkungen auf Kultur (↗ Humanismus als Kultur). So hat jede Außen-, Innen-, Sozial-, Steuer- oder Wirtschaftspolitik direkte und indirekte Folgen für die Lebensbedingungen der davon betroffenen Menschen, für ihre Lebensweisen, ihre ↗ Persönlichkeit und für ↗ Befreiung/Herrschaft (und deren Präsentationsformen). Die Einwirkungen auf Kulturpolitik sind vielfältig (Rorty 2008).

Kulturpolitik im engeren, traditionellen Verständnis bezieht sich auf die Gestaltung und Verwaltung, die Freiheit oder Reglementierung von Religion (↗ Religionsfreiheit; ↗ Religionskritik), ↗ Bildung, Wissenschaft, Medien, Kunst und Geistesleben. Sie ist ein Ergebnis der ↗ Humanisierung und entstand historisch mit der ↗ Aufklärung und ↗ Säkularisierung des Staates, beginnend mit den Stein-Hardenbergschen Reformen zu Anfang des 19. Jahrhunderts (Hubatsch 1977). Das führte zur Ausbildung immer weiterer Politikbereiche, begleitet von einem Wachstum ‚kultureller Autonomie'.

Im 20. Jahrhundert wurde Kulturpolitik endgültig zu einem gesonderten Ressort und zu einem von den beteiligten Interessengruppen umkämpften Bereich, in dem zunehmend über öffentliche Mittel zu entscheiden war, etwa durch die Überführung fürstlicher Sammlungen und Einrichtungen in Landeseigentum bzw. die öffentliche Förderung von kommunalen Theatern und Museen, wobei auch private Förderungen immer mehr eine Rolle spielten. Aktuelle Stichworte sind hier: Kulturhaushalt, Mäzenatentum, Kulturwirtschaft, Umwegrentabilität. Inhaltlich bewegt sich Kulturpolitik im Spektrum von ↗ Humanismus und ↗ Antihumanismus/Humanismuskritik. Zu Letzteren gehören etwa im Nationalsozialismus der Antisemitismus, Bücherverbrennungen, Reichskulturkammer, sowie, teilweise, der ‚Dritte Humanismus'.

2 Geschichte

Mit der Ausbildung absolutistischer Zentralstaaten, dem Fortschreiten der Aufklärung und der Ausweitung der bürgerlichen Emanzipationsbewegungen erfolgte im 18. Jahrhundert eine größere Ausdifferenzierung des Staates. Organisatorischer und rechtlicher Ausdruck dafür waren Fortschritte in der ‚Polizei', wie die Ausbildung von Verwaltungen in den deutschen Territorialstaaten genannt wurde (Maier 1980). Eine Reihe öffentlicher Funktionen verblieb noch längere Zeit im Monopol der Kirchen. Dazu rechneten vor allem die Sinngebungen des Lebens und die Rituale (↗ Feier/Fest).

Diese Beschränkung führte mit fortschreitender moderner Arbeits- und Klassenteilung zur Institutionalisierung des gesellschaftlichen Teilbereichs ‚Religion', erzwang die staatliche Regelung außerkirchlicher Angelegenheiten und beförderte die Autonomisierung weiterer gesellschaftlicher Teilbereiche, darunter auch den der ‚Kultur'.

Die Losung vom ‚Kulturstaat' begleitete im 19. Jahrhundert diesen Weg zu weniger Kirchengebundenheit des öffentlichen Lebens. Die Ablösung erschien den gebildeten Zeitgenossen als Schwund einer bisher klaren Perspektive. Deshalb übernahm der Begriff ‚Kulturstaat', als Kampfansage oder Bekenntnis, wesentliche Bindefunktionen. Darauf bezieht sich noch 1929 die erste Begriffsbestimmung in einem deutschen Lexikon: „Kulturpolitik ist der Einsatz geistiger Mittel und kultureller Mittel durch den Staat." (Staatslexikon 1929, Spalte 693)

Nicht „Sicherung der personalen Freiheit gegen die Staatsgewalt" sei das Anliegen der Verfechter der Idee vom ‚Kulturstaat' gewesen, sondern „Durchdringung des Staats mit den Bildungswerten des Kultur bewahrenden Humanismus oder des freiheitlichen Kulturfortschritts", wobei der sozialliberale Flügel dem noch Auffassungen vom ↗ Sozialstaat hinzugefügt habe (Huber 1975, S. 295).

Kulturpolitik entsteht in dieser Gemengelage und hat nach Manfred Abelein vier Quellen (Abelein 1968, S. 193–218):

- „Culturpolizey" (Medicus 1861; Preu 1983), das ist die im 18. Jahrhundert einsetzende territorialstaatliche Verwaltung der Sittlichkeit, der Höheren Bildung, des Unterrichts und der öffentlich zugänglichen Kunst. Aus ihr geht 1817 in Preußen das erste ‚Kultusministerium' (Müsebeck 1918) hervor (äußere evangelische Kirchensachen, katholische Angelegenheiten, Wissenschafts-, Bildungs- und Schulwesen, später erste Kunstsachen, bis in die 1840er Jahre auch das Medizinalwesen). Um 1900 kommen zunehmend städtische Einrichtungen hinzu. Im Wesentlichen nach 1970 entsteht daraus ‚kommunale Kulturarbeit' (↗ Humanitäre Praxis).
- Die protestantische Staatsidee, die Herrschaft nicht mehr als privatrechtlichen Besitz, sondern als von Gott übertragenes Amt auch zur Erzielung religiöser Tugenden betrachtet (Seckendorff 1972).
- Der ‚Kulturkampf' zwischen dem preußischen Staat und der katholischen Kirche (als europäischer Vorgang), in dem es um die Rechtshoheit des Staates gegenüber den Kirchen ging, etwa im Personenstandswesen (Schmidt-Volkmar 1962; Becker 1981).

- Die geistige Auseinandersetzung mit den umstrittenen Folgen des Kapitalismus, seiner Zivilisation und dem sich bildenden arbeitsteiligen Kultursystem, in dem sich sowohl öffentliche Kunstdebatten als auch Kunst- und Kulturwissenschaften entfalten.

Seit Beginn einer öffentlichen kulturpolitischen Debatte durch Wilhelm von Humboldt 1792/1793 (Humboldt 1960) werden bis in die Gegenwart folgende vier Positionen in wechselnden Kombinationen vertreten. Es geht dabei immer, so der Verfassungsrechtler Dieter Grimm, um die Legitimation öffentlicher Kulturförderung (Grimm 1984):
- Mit Ausnahme eines Grundangebots an kultureller Bildung soll sich der Staat heraushalten.
- Kultur ist um ihrer selbst willen zu fördern als geistiger und ästhetischer Bereich außerhalb von Staat und Kommerz.
- Kultur ist in ihrer ganzen Breite oder in wesentlichen Teilen Staatssache und Gesellschaftsziel (‚Kulturstaat').
- Kultur ist öffentliche Aufgabe zur Befähigung der Staatsbürger zu sittlich einwandfreiem Handeln im Rechtsstaat (‚Prävention').

3 ‚Lex Heinze'

Eine der ersten nationalen kulturpolitischen Debatten ging um die ‚Lex Heinze' und die Freiheit in der Kunst (Lenman 1973). Auf Seiten der ‚Dissidenten' (↗ Freidenkerbewegung) führte sie zur Gründung des ‚Weimarer Kartells', eines Kulturbundes zur Trennung von Kirche und Staat, und des ‚Goethebundes zum Schutz freier Kunst und Wissenschaft'.

Die ‚Lex Heinze' war 1892 eine Gesetzesvorlage im Reichstag, die nach einer kulturpolitischen Institution rief, die den Kampf gegen lebensreformerische, freidenkerische, künstlerisch außergewöhnliche und ‚sittenlose' Erscheinungen führen sollte. Den Anlass für dieses konservative Vorgehen lieferten im Herbst 1891 sogenannte Enthüllungen über die unsittlichen Berliner Zustände als Beispiel für andere große Städte anlässlich eines Mordprozesses gegen den angeklagten Zuhälter Heinze und seine Frau, eine Prostituierte.

Juristisch waren verschärfte Strafen wegen Kuppelei, Bestrafung der Ausstellung unzüchtiger Bilder und Schriften und von Gegenständen zu unsittlichem Gebrauch sowie ein 18-Jahre-Schutzalter vorgesehen. Die Entwürfe gingen glatt durch die erste Lesung. Leidenschaftlich gestritten wurde aber um den sogenannten Kunst- und Theaterparagraphen 184a, der darauf hinauslief, eine Strafbarkeit für die Verbreitung von unzüchtigen Kunstwerken einzuführen. Namentlich war die Rede von theatralischen Vorstellungen, Singspielen, Gesangs- und deklamatorischen Vorträgen, Schaustellungen und ‚ähnlichen Aufführungen'.

Schließlich musste die ‚Lex Heinze' als Paket 1900 nach Tumulten im Reichstag fallen gelassen werden. In der Folgezeit kam es immer wieder zu Vorstößen im Reichstag, das Gesetz doch noch vollständig durchzusetzen, so 1905. 1912 nahm dann in Berlin die ‚Zentralpolizeistelle zur Bekämpfung unzüchtiger Bilder, Schriften und Inserate' ihren Dienst auf. Sie erstellte regelmäßig Listen ‚aufreizender' Literatur, Kunst und Werbung.

4 ‚Kultur für alle'

Kunst ist in Klassengesellschaften ein Privileg von Herrschaft (↗ Befreiung/Herrschaft) und Reichtum. Mit der Arbeiterbewegung kam es zu Versuchen einer kulturellen Selbstorganisation der Unterschichten (Groschopp 1985). Hieran durchaus anknüpfend entwickelte sich Ende der 1970er Jahre in der Bundesrepublik das lange Jahre erfolgreiche Konzept einer ‚Neuen Kulturpolitik' mit ‚Soziokultur' im Zentrum (Röbke 1993).

Hauptziel war ein Beitrag zur ↗ Humanisierung der Gesellschaft. ‚Kultur für alle' (Hoffmann 1981) sollte Strukturen durchschaubarer machen, die Chancengleichheit durch bessere Erwachsenenbildung erhöhen und mehr Menschen zur Teilhabe am demokratischen und öffentlichen Geschehen ermuntern. Als wesentlich angesehen wurden Angebote einer eigenen ästhetischen Artikulation. Als geeignete Mittel galten „Kommunikationszentren, kommunale Kinos, Kulturläden, Kulturwerkstätten" (Glaser/Stahl 1983, S. 25). Soziokultur wurde in einigen Bundesländern anerkannt und dort gesehen als „sparten- und generationsübergreifende kulturelle Aktivitäten mit sozialen Bezügen […], die vorrangig den kommunikativen Prozess fördern sollen" (Antwort 1990, S. 1).

Das Programm hatte schon deshalb Entsprechungen in der DDR (Groschopp 2001), weil es auf gemeinsamen kulturpolitischen Wurzeln fußte. Immer wieder gab es in Deutschland kulturpolitische Konzepte, Initiativen und Maßnahmen für eine Pädagogik der Volkskultur, etwa die Idee ‚Die Kunst dem Volke', das Motto der Volksbühnenbewegung ab 1892 (Braulich 1976). Hinter diesen Versuchen stand die seit Anfang des 20. Jahrhunderts tradierte Annahme, neue Institutionen würden zu mehr Teilhabe führen als traditionelle. Mit der deutschen Einheit nach 1990 verlor Soziokultur rasch sowohl ihre besondere Attraktivität wie ihre Förderung. Einzelne Einrichtungen wurden Teile kommunaler Kultur.

5 Literatur

Abelein, Manfred (1968): Die Kulturpolitik des Deutschen Reiches und der Bundesrepublik Deutschland. Ihre verfassungsgeschichtliche Entwicklung und ihre verfassungsrechtlichen Probleme. Köln, Opladen.
Antwort der Bundesregierung auf die Große Anfrage der Abgeordneten Weisskirchen u. a. und der Fraktion der SPD ‚Soziokultur' (Bundestags-Drucksache 11/4994) vom 25.4.1990.
Becker, Winfried (1981): „Der Kulturkampf als europäisches und als deutsches Phänomen". In: Historisches Jahrbuch 101. Münster, S. 422–446.
Braulich, Heinrich (1976): Die Volksbühne. Theater und Politik in der deutschen Volksbühnenbewegung. Berlin.
Glaser, Hermann/Stahl, Karl-Heinz (1983): Bürgerrecht Kultur. Frankfurt am Main, Berlin, Wien.
Grimm, Dieter (1984): „Kulturauftrag im staatlichen Gemeinwesen". In: Veröffentlichungen der Vereinigung der Deutschen Staatsrechtslehrer. Nummer 42. Berlin, New York, S. 47–79.
Groschopp, Horst (1985): Zwischen Bierabend und Bildungsverein. Zur Kulturarbeit in der deutschen Arbeiterbewegung vor 1914. Berlin.
Groschopp, Horst (2001): „Breitenkultur in Ostdeutschland". In: Aus Politik und Zeitgeschichte. Beilage 11, S. 15–23.
Hoffmann, Hilmar (1981): Kultur für alle. Perspektiven und Modelle. Frankfurt am Main.
Hubatsch, Walther (1977): Die Stein-Hardenbergschen Reformen. Darmstadt.
Huber, Ernst Rudolf (1975): „Zur Problematik des Kulturstaats" (1957). In: Ernst Rudolf Huber (Hrsg.): Bewahrung und Wandlung. Studien zur deutschen Staatstheorie und Verfassungsgeschichte. Berlin, S. 295–318.
Humboldt, Wilhelm von (1960): „Ideen zu einem Versuch, die Gränzen der Wirksamkeit des Staats zu bestimmen" (1792). In: Humboldt. Werke in fünf Bänden. Andreas Flitner/Klaus Giel (Hrsg.). Bd. 1. Darmstadt, S. 56–233.
Lenman, Robin J. V. (1973): „*Art, Society and the Law in Wilhelmine Germany. The Lex Heinze*". In: Oxford German Studies. 8. Jahrgang, S. 86–113.
Maier, Hans (1980): Die ältere deutsche Staats- und Verwaltungslehre. München.
Medicus (1861): „Kulturpolizei". In: [Johann Caspar] Bluntschli/[Karl] Brater (Hrsg.): Deutsches Staats-Wörterbuch. In Verbindung mit deutschen Gelehrten. Bd. 6, Stuttgart, Leipzig, S. 149–162.
Müsebeck, Ernst (1918): Das Preußische Kultusministerium vor hundert Jahren. Stuttgart, Berlin.
Preu, Peter (1983): Polizeibegriff und Staatszwecklehre. Die Entwicklung des Polizeibegriffs durch die Rechts- und Staatseigenschaften des 18. Jahrhunderts. Göttingen.
Röbke, Bernd (1993) (Hrsg.): Zwanzig Jahre Neue Kulturpolitik. Erklärungen und Dokumente 1972–1992. Hagen, Essen.
Rorty, Richard (2008): Philosophie als Kulturpolitik. Aus dem Amerikanischen von Joachim Schulte. Frankfurt am Main.
Schmidt-Volkmar, Erich (1962): Der Kulturkampf in Deutschland 1871–1890. Göttingen.
Seckendorff, Veit Ludwig von (1972): Der deutsche Fürstenstaat (1656). Aalen (Neudruck der Ausgabe Jena 1737).
Staatslexikon (1929). Im Auftrag der Görres-Gesellschaft unter Mitwirkung zahlreicher Fachleute herausgegeben von Hermann Sacher. Bd. 3. 5. Auflage. Freiburg im Breisgau.

Lebenskunde, s.
Humanismusunterricht/Lebenskunde

Gerlinde Irmscher
Lebenszyklen/Generationenfolge

1 Lebenszyklen

Menschliche Gemeinschaften entwickeln Vorstellungen über Struktur, Verlauf und Zusammenhang ihres Lebens. Die für die Moderne charakteristischen Prozesse von Subjektwerdung und Vergesellschaftung werden als Individualisierung (↗ Persönlichkeit) und Sozialisation (↗ Bildung) beschrieben. Das Verbindende der einzelnen Lebensphasen oder Lebensstationen wird zunehmend als Entwicklung und Lösung von Widersprüchen gesehen (Abels 1993).

Lebenszyklen sind in diesen Verständigungsprozessen Modelle, mit denen sowohl das gesamte Leben, seine Untergliederungen als auch die Art und Weise, wie aus einzelnen Phasen ein Ganzes entstehen kann, abgebildet und diskutiert werden. Mittlerweile spielen Lebenszyklen, dank ihres metaphorischen Gebrauchswertes, auch in ökonomischen Theorien oder in Konzepten zum zeitlichen Verlauf der Nutzung von technischen Geräten eine Rolle.

Biologisch gesehen geht es um die Entstehung und die weitere Existenz von Lebewesen bis zum Tod. „Unter dem Begriff Lebenszyklus vergegenwärtigen wir uns [...] die innere Verbindung von Phasen im Individualleben [...] durch Erinnerung und das Verhältnis des Individuallebens zu den Bezugspersonen verschiedenen Alters (Enkel, Kinder, Eltern) im Rahmen des Familien-Lebenszyklus oder beruflicher Rezeptions- und Weitergabe-Zyklen." (Rosenmayr 1996, S. 49 f.)

2 Generation/Generationenfolge

Das Wort Generation erlebte seit dem Ende des 18. Jahrhunderts seinen Aufstieg in Wissenschaften und Alltag. Dabei ist der Begriff nicht eindeutig zu definieren, weil seine beiden Wurzeln – *generatio* (Zeugung, Entstehung) und *genus* (Gattung, Geschlecht) – in ihrem Wechselverhältnis sowohl Konzepten familialer Abstammung und Zeugung sowie von „Gleichzeitigkeit und Nachzeitigkeit" dienen können (Parnes/Vedder/Willer 2008, S. 11, 22). Im Deutschen beerbte das Wort die älteren Begriffe von Zeugung und Geschlecht sowie Menschenalter.

‚Menschenalter', mit etwa 30–35 Jahren veranschlagt, meinte nicht die Lebenserwartung, sondern das Maß der Generation. Dadurch wurden die Lebenszyklen der Individuen auf die gesellschaftliche Reproduktionsweise bezogen und unterschiedliche Vorstellungen von geschichtlicher Dynamik in Umfang, Rhythmik und Zusammenhang entwickelt. Zeitgleich wurden erste biologische Konzepte von Generation und Generationswechsel entfaltet.

Die Parallelentwicklung und wechselseitige Beeinflussung biologischer und sozialer Konnotationen spiegeln sich auch im Begriff ‚Generationenfolge' wider (Parnes/Vedder/Willer 2008, S. 188 ff.). Er suggeriert eine ‚natürliche' Sukzession von Individuen in familialen Zusammenhängen (Eltern, Kinder) wie von Kollektiven, mögen sie nun zugewiesen oder aus Selbstzuschreibungen hervorgegangen sein. In beiden Feldern geht es um Lebensmöglichkeiten und Versagungen. Deshalb kann die Generationenfolge sowohl als Kontinuitäts- wie als Konfliktmodell gedacht, aber auch überhaupt verweigert werden (Parnes/Vedder/Willer 2008, S. 219 ff.).

Der Lebenszyklus mit seinen Phasen und die Generationenfolge (oder Generationenkluft) sind miteinander verwoben und werden als soziokulturelle Repräsentationsformen gesellschaftlicher Zustände aufgefasst, die stark voneinander abweichen können. So wird immer wieder auf die ‚Altersklassengesellschaften' afrikanischer Stammeskulturen hingewiesen (Eisenstadt 1956) oder dies ausdrücklich relativiert (Kohli 1985, S. 18 f.). Industrialisierung und Urbanisierung scheinen jedoch zu einer Entwicklung zu führen, die der europäischen ähnelt (Leisering 2002).

‚Junge' wie ‚Alte' müssen sich in dieser Konstruktion mit divergenten und nie passgenauen Vorstellungen vom ‚richtigen' oder ‚normalen' Verhalten in den einzelnen Lebensphasen und im Verhältnis der Generationen auseinandersetzen. So können Konflikte aus unterschiedlichen Ansichten darüber entstehen, wann ‚der Ernst des Lebens' beginnt. ‚Mitten im Leben' stehende Berufstätige geraten darüber ins Nachdenken, dass sie als ‚Senioren' eine ‚Generation 50+' repräsentieren sollen, in der sie sich mit ihren Eltern, zuweilen sogar mit ihren Großeltern, versammelt finden.

Der Vielfalt von Normen steht eine vor allem über staatliche Regulierung erreichte ‚Institutionalisierung' von Lebensphasen gegenüber. Nur so konnten ‚Kindheit', ‚Jugend' oder ‚Alter' zu Kollektivsingularen werden.

3 Phasen des Lebenszyklus

3.1 Die ‚Entdeckung der Kindheit' wird von dem französischen Historiker Philippe Ariès als Thema in die moderne Soziologie und Erziehungswissenschaft eingeführt (Ariès 1978). ‚Kindheit' werde in der europäischen ↗ Geschichte erst zu einer herausgehobenen Lebensphase, als Kinder eine reale Chance zum Überleben bekamen (↗ Humanisierung). Bis dahin sei ihnen in Familie und Gesellschaft nur mit Gleichgültigkeit und ohne gefühlvolles Verhältnis begegnet worden. Die Gesellschaft habe kein Konzept von ‚Kindheit' im Sinne einer eigenständigen Lebensstufe gehabt. Damit war allerdings nicht gemeint, dass Kinder nicht geliebt wurden, sondern dass ↗ Liebe nicht als notwendig für ein gelingendes Verhältnis von Eltern und Kindern angesehen wurde. Die ‚Hätschelei' des Säuglings habe diesem als einem ‚ungesitteten Äffchen' gegolten.

Die Dauer der Kindheit sei real auf wenige erste Lebensjahre beschränkt gewesen, danach seien Kinder „übergangslos zu den Erwachsenen" gezählt worden (Ariès 1978, S. 46). Damit ist gemeint, dass Kinder in traditionalen, um ‚Haushalt' und Gemeinde organisierten Gesellschaften zu den Erwachsenen in ihrer Umwelt in ein umfassendes ‚Lehrverhältnis' traten, das mitunter früh beendet worden sei; alle notwendigen Kenntnisse und Fertigkeiten seien praktisch ‚nebenbei' erlernt worden. Erst mit dem Aufstieg des modernen europäischen Bürgertums wurde Kindheit „als ein gesellschaftlich zu realisierendes Projekt entworfen." Es diente seiner Emanzipation ebenso wie seiner Reproduktion. Zugleich wurden Ideen und Strategien zur „individuellen Vervollkommnung durch Erziehung" entwickelt und in das aufklärerische Projekt der „Versittlichung der Menschheit" (↗ Humanismusunterricht) eingebunden (Honig 2008, S. 63).

Für eine neu entstehende soziologische Kindheitsforschung lieferte Ariès Argumente, um die ältere, mit ‚Kindheit' befasste Entwicklungspsychologie in Frage zu stellen, die „alle sozialen und kulturellen Differenzen im gemeinsamen Nenner vermeintlich universeller biologischer Reifungsprozesse und psychologischer Entwicklungsprozesse" aufgehoben habe (Honig 2008, S. 62).

Der Blick wurde frei für die Wahrnehmung unterschiedlicher ‚Kindheiten' und die realen Lebenswelten von Kindern in allen Kulturen in ihrer Widersprüchlichkeit. Heute gilt trotz aller kulturellen Differenzen und sozialen Unterschiede, dass in den Industrieländern „die lange, behütete Kindheit" zur Norm für alle geworden ist, über deren Sinn und Ausgestaltung allerdings weiter erbittert gestritten wird (Bühler-Niederberger 2011, S. 13). Sie ist für speziell organisierte Lernprozesse reserviert. Das ist sozialgeschichtlich ebenso neu wie das gesetzliche Verbot der Kinderarbeit (↗ Menschenwürde/Menschenrechte).

Eltern und Gesellschaft wird ein entsprechendes Engagement bei der Realisierung der „guten Kindheit" abverlangt (Bühler-Niederberger 2011, S. 41). Die als Vorwurf gemeinte Rede von den ‚bildungsfernen Schichten' zeigt, wie sehr sie zum Entwurf eines ‚richtigen' Lebens überhaupt geworden ist. Im gegenwärtigen Räsonieren über kommerzielle Einflüsse auf die Kinder wird deutlich, dass der ‚Schonraum' der Kindheit eine Projektionsfläche der Erwachsenen darstellt. Von den Erfahrungen entfremdeter Berufsarbeit (↗ Arbeit) und Freizeit sollen die eigenen Kinder verschont bleiben. Symmetrisch ergibt sich als Projektion auf das Rentenalter, dort fange ‚das Leben' erst an.

Als kulturell konnotiert, erweist sich die moderne europäische Kindheit auch mit Blick auf andere Gesellschaften. Kinderarbeit ist dort in den verschiedensten sozialen Formen Bestandteil familialer, aber auch individueller ‚Ökonomie', ein allgemeines Verbot von Kinderarbeit nicht einfach übertragbar (Bühler-Niederberger 2011, S. 44 ff.).

3.2 Die ‚Erfindung des Jugendlichen' ist Ausdruck einer wirkungsvollen Verbindung von Lebenszyklus/Altersphase und Generation, die zudem und zunächst nahezu ausschließlich männlich gemeint war. Die ‚Jugend' betritt um die Wende zum 20. Jahrhundert in den Industrieländern die geschichtliche Bühne und wird in den 1920er Jahren einigen Protagonisten zum Inbegriff von ‚Generation' überhaupt. Diesem Konzept liegt die Vorstellung zugrunde, dass die Jugend die eigentliche Prägephase des Lebenslaufs sei und gemeinsame aufrüttelnde Erlebnisse in dieser Zeit die Voraussetzungen für Generationszusammenhang und -einheit schaffen (Mannheim 2009, S. 146 ff.).

Damit wurde seinerzeit der ‚Mythos' einer Einheitlichkeit junger Menschen produziert und ‚Jugend' mit Hoffnung auf Veränderung assoziiert (Trommler 1985). In der bürgerlichen Jugendbewegung schien die ‚Jugend' sogar selbst zu Wort zu kommen. Ironischerweise wurde der Kult der Jugend langfristig zu einem mächtigen Marketinginstrument der modernen Konsumgesellschaft.

In geschichtlicher Perspektive ist ‚Jugend' vom Mittelalter bis ins 18. Jahrhundert ein Lebensabschnitt zwischen Kindheit und Erwachsensein, der in allen Ständen durch „Abstufungen von Abhängigkeit" charakterisiert ist (Gillis 1980, S. 18). Das von Ariès herausgearbeitete ‚Lehrverhältnis' endete mit der Hochzeit (↗ Feier/Fest) als Ausdruck der endlich mit Mitte oder Ende Zwanzig erreichten Unabhängigkeit. Mit diesem Muster verbanden sich kulturelle Normen, Vorstellungen vom ‚richtigen Alter', etwa für die Teilnahme an den ‚Jugendgruppen' im ländlichen und städtischen Bereich mit ihren Aufgaben im Brauchtum und ihrer Ordnungsfunktion (Mitterauer 1986, S. 162 ff.).

Die ‚freie Lohnarbeit' mit ihren ambivalenten Folgen löste auch junge Menschen aus den traditionalen Verhältnissen und machte sie zu Proletariern. Sie wurden, spiegelbildlich zur Jugend, als ‚Hoffnungsträger' oder auch als ‚Ruhestörer' identifiziert und ‚Jugendliche' genannt (Roth 1983, S. 168). Dieser Typus entstammte der Welt der Gefängnisse und der neu entstehenden Sozialfürsorge (↗ Sozialstaat) mit dem Ziel der Domestizierung. Der Jugendliche wurde zu einer Schreckgestalt der bürgerlichen Gesellschaft, galt als arbeitslos, faul, gewaltbereit und kaum durch Versprechungen für eine ‚bürgerliche Existenz' zu locken (Hurrelmann 2004, S. 96 ff.). Jugendgesetze gelten nur theoretisch für alle. Praktisch sind sie durch das ambivalente Verhältnis von Fürsorge und Bevormundung für bestimmte ‚Jugendliche' und ihre Familien gekennzeichnet.

Die heute zu beobachtende ‚Demokratisierung' dieser Bezeichnung kann als starkes Indiz für jene Vereinheitlichung und Institutionalisierung der Jugendphase gewertet werden, die durch das Moratorium einer verlängerten Ausbildungszeit für fast alle, auch für beide Geschlechter, bewirkt wurde. Das „schwindende demographische Gewicht der jungen Generation" (Zinnecker 1981, S. 14) dürfte bei der Neubewertung ebenfalls eine Rolle spielen.

Dem steht entgegen, dass seit einigen Jahrzehnten von einem Abschnitt der ‚Postadoleszenz' die Rede ist; dabei wird die ‚Kernphase' der Jugendzeit (Berufseintritt) wieder verlängert, indem „in sozialer, moralischer, intellektueller, politischer, erotisch-sexueller [...] Hinsicht" eine Verselbstständigung stattfindet, „ohne wirtschaftlich auf eigene Beine gestellt zu sein" (Pieper 1978, S. 101).

3.3 Der Erwachsene gilt in unserer Kultur noch immer als gesellschaftliche Normalfigur. „Aussagen über ‚den' Menschen meinen ‚normalerweise' und völlig selbstverständlich [...] den erwachsenen Menschen" (Weymann 2008, S. 16), unterschieden von den Noch-nicht-Erwachsenen und von den alten Menschen, die, ‚ohne Aufgabe', gleichsam keine Erwachsenen mehr sind.

Erwachsenenalter bedeutet gesellschaftliche ‚Vollmitgliedschaft' und einen höheren Status durch ihre „Kontroll- und Verfügungschance über entscheidende gesellschaftliche Ressourcen" (Weymann 2008, S. 138 ff.). Vor allem in Beruf und Familie werden nach dieser Lesart die Erwachsenen mit der Erwartung von ‚Verhaltenskonsistenz' konfrontiert, meist in Absehung von soziokulturellen Unterschieden und Geschlechterdifferenzen. Inzwischen ist mit dem Konzept der lebenslangen Sozialisation auch diese Lebensphase zum Gegenstand von „Lebenslaufpolitik" geworden (Kohli 2003, S. 538).

Von Erwachsenen wird inzwischen auf vielen Gebieten höchstmögliche Kompetenz erwartet und vor allem die nötige Flexibilität in unsicheren Zeiten. Dennoch stehen Beruf und Arbeitswelt nach wie vor im Zentrum. Das verweist auf eine erstaunliche kulturelle Stabilität des ‚Normallebenslaufs', eine durch Institutionalisierung bewirkte (meist männlich gedachte) lange Phase der beruflichen Arbeit, eingerahmt von zwei Phasen der Freistellung: Kindheit/Ausbildungszeit und Rentenalter. Dem entspricht die ‚Biographisierung' des eigenen Lebens als subjektives Pendant zu den Möglichkeiten und Zwängen.

Lebenslauf und Lebensalter sind danach ein Regelsystem, „das einen zentralen Bereich oder eine zentrale Dimension des Lebens ordnet" (Kohli 2003, S. 1). Zwar scheint das „institutionalisierte Normalmodell des Lebenslaufs" inzwischen zugunsten von „Kontingenz und Optionensicherheit" aufgebrochen zu sein. Andererseits sprechen empirische Ergebnisse für die „Beharrlichkeit des institutionalisierten Lebenslaufs" in den Bereichen Beruf und Familie (Saake 2008, S. 533, 535).

3.4 In der traditionalen Gesellschaft lassen sich weder rigide gehandhabte Altersnormen ausmachen noch eine generelle Generationensolidarität oder die Idylle des Drei-Generationen-Haushalts. Das sind Projektionen des bürgerlichen Zeitalters (Tölle 1996, S. 21 ff.). Nah genug, um Hilfe leisten und empfangen zu können, fern genug, um selbstständig leben zu können – das ist ein Vormoderne und Moderne verbindendes sowohl angestrebtes, wie nach Möglichkeit gelebtes Verhaltensmuster im Umgang der Generationen (Laslett 1995; Brauer 2002).

Die ‚Herstellung des Alters' ist jüngeren Datums, obwohl die Figuren des jugendlichen alten und des ‚vergreisten' jungen Menschen wohl seit ewig die Spruchweisheiten prägen. „Die Eigenständigkeit der Kategorie ‚Alter' rechtfertigt sich einzig über eine in alltäglicher Praxis hergestellte Sichtbarkeit des Alters. Oder andersherum: Alles, was sich im Leben alter Menschen nicht als Kennzeichen von Alter beschreiben lässt, ist unsichtbar." (Hartung 2005, S. 238)

Sichtweisen, die Alter als ein gesellschaftliches ‚Problem' sehen, hängen auch mit dem Konstruktionsprinzip dieser Lebensphase im 20. Jahrhundert in den Industriegesellschaften zusammen, mit dem wachsenden Anteil alter Menschen (‚Überalterung'). Altern wird neuerdings „ein geschlechtsspezifisches Thema", weil vor allem Frauen dabei nicht nur in quantitativer, sondern auch in qualitativer Hinsicht „vom Altern in besonderer Weise betroffen" sind. Geschichtlich wird dies am Witwenproblem deutlich, heute global am „defizitäre[n] Verhältnis von Frauen, Alter und Armut." (Ehmer 1990, S. 11f.)

Ein bunter Flickenteppich von Hilfsmaßnahmen für arbeitsunfähige Alte, die nicht von ihrem Vermögen leben können, konnte zwar erschreckende Formen von Altersarmut nicht verhindern, doch sind diese in Relation zum Elend der Kinder zu sehen und nicht als Indiz einer generellen ‚Abwertung' des Alters (Thane 2005).

Immer wieder ist versucht worden, geschichtliche Phasen einer Hochschätzung des Alters (‚Altersweisheit') von denen gesellschaftlicher Nichtachtung abzugrenzen (Borscheid 1989). Es ist jedoch davon auszugehen, dass beide Momente präsent waren und in den einzelnen Ständen je nach wirtschaftlicher Lage und Qualität der persönlichen Beziehungen zwischen Jungen und Alten benutzt wurden.

Der ↗ Sozialstaat war angetreten, die aus dem kapitalistischen Prinzip der freien Lohnarbeit und des Arbeitsmarktes entstehenden Probleme der Arbeitslosigkeit durch eine Rentenregelung (↗ Solidarität) in den Griff zu bekommen. Die Rente führte zu einem nie da gewesenen jähen Übergang von der Arbeitswelt in den Ruhestand unterschiedlicher sozialer Gruppen und wurde zunehmend als Übergang zur Altersphase interpretiert (Laslett 1995, S. 87ff., 136ff.).

Der arbeitsrechtlich erlaubte wie erzwungene Übergang in den Ruhestand wird von den einen ersehnt, für andere stellt er einen Eingriff in ihre Selbstbestimmungsrechte dar, sind doch in der Bezeichnung ‚Rentner/Rentnerin' alle individuellen, sozialen und kulturellen Unterschiede ebenso verschwunden wie differente Lebensläufe und Lebensentwürfe eingeebnet.

Mit dem ‚Rentner' taucht das Schreckgespenst der senilen, schwachen Alten auf und das auch für Menschen, die sich geistig und körperlich für fit halten und es auch sind. Ein durch veränderte Prämissen des Sozialstaates befördertes und von der Industrie dankbar aufgegriffenes Umdenken führte zur Entdeckung der

‚jungen Alten', des ‚Dritten Alters', das von den Hochbetagten des ‚Vierten Alters' abgesetzt wurde (Dyk/Lessenich 2009, S. 34 f.; Ariès 1982, S. 11 ff.). Alte Menschen und ihre Versorgung waren früher im Vergleich zu den ‚überflüssigen Kindern' das geringere Problem. Alter war nicht assoziiert mit ‚jenseits des Arbeitsprozesses'.

3.5 ‚Guter' und ‚schneller' Tod sind zu allgemeinen Idealbildern vom Ausklang des eigenen Lebenszyklus geworden. Mit diesen beiden Metaphern werden Vorstellungen vom ‚richtigen' Umgang mit Sterben und Tod im Mittelalter und der Frühen Neuzeit einerseits und der Moderne andererseits idealtypisch konfrontiert (↗ Humanitäre Praxis). Dies geschieht auch in Abgrenzung zur Kulturkritik von Ariès, der vom ‚gezähmten' und ‚wilden' Tod gesprochen hat und eine „Verdrängung des Todes" diagnostizierte (Ariès 1982, S. 46, 715 ff.).

‚Mitten im Leben vom Tod umfangen' – diese Formel beschreibt die vormoderne Perspektive auf den Tod. Das Sterben und die Toten waren für alle in vielfältiger Weise zu sehen, zu hören und zu riechen, durch den über den Friedhof führenden Gang zur Kirche, durch Geläut und Totenmessen, durch bildliche Darstellungen in Kirchen, durch die Öffentlichkeit des Sterbens (Kühnel 1996; Althoff/Goetz/Schubert 1998, S. 121–135).

Der ‚gute' Tod hatte seine Vor- und Nachsorge. Für die Wohlhabenden eröffnete sich ein ganzes Spektrum von Maßnahmen, durch Stiftungen, Vorkehrungen zum Begräbnis und Bestattungsriten, durch Gebetsgedenken und Testamente, aber vor allem das ‚rechte Sterben' selbst. Es musste genug Zeit bleiben, um alle Riten zu absolvieren (Ohler 1999, S. 51 ff.). Schlimm war es dagegen, wenn der Tod zu schnell und fern der Heimat kam oder gar gewaltsam war.

Das geschilderte Ideal musste sich angesichts des vielfach ‚raschen Todes' durch nicht behandelbare Infektionskrankheiten bewähren (↗ Medizin). Die heute gestiegene Lebensdauer korrespondiert dagegen mit einer längeren durchschnittlichen Sterbedauer (Imhof 1988, S. 95), neuen Bildern vom „phantasierten Tod" (Richter 2010; Fischer 2001) und modernen Bestattungskulturen, darunter humanistischen (Groschopp 2010).

4 Humanistischer Anspruch

Das humanistische Ziel eines sinnvollen, gelingenden Lebens für alle (↗ Glück) hat das gesellschaftliche Streben nach einer Absenkung von Säuglingssterblichkeit und von Sterblichkeit im Lebenslauf zur Voraussetzung. Spätmittelalterliche Darstellungen der Lebensalter in Form eines Glücksrades drücken die Allgegenwart des Todes und damit die Zufälligkeit des Überlebens für jeden Einzelnen plastisch aus.

Die demographische Revolution des 19. Jahrhunderts in den Industrieländern führte dazu, dass die antike Vorstellung eines Lebenszyklus mit einer Dauer von etwa siebzig Jahren zu einer realistischen Orientierung werden konnte. Für die Entfaltung einer humanistischen Perspektive lehrt ein Blick in die ↗ Antike, dass dort sowohl Vorstellungen zur biologischen Reproduktion der Gattung Mensch wie kulturelle und soziale Modelle gelingenden Lebens diskutiert wurden (↗ Antike-Rezeption). Handelt es sich um einen ‚Verlustprozess' oder um einen Vorgang der Vervollkommnung, der auch dem alten Menschen eine positive Lebensbilanz ermöglicht?

In der Vorstellung des Verlustprozesses verbirgt sich oft die Figur einer „allgemeinen und unabweisbaren ‚Lebenskurve', die zu einer Aufbauphase, einem Höhepunkt und einer Phase des Abbaus führt." (Rosenmayr 1978, S. 23 f.) In der bis ins 19. Jahrhundert tradierten zehnstufigen Lebenstreppe hat sie seit dem Spätmittelalter eine ungeachtet aller Veränderungen adäquate Form bekommen (Trapp 2008, S. 299–313). Sie transportierte populäre Altersvorstellungen „mit bloß rudimentären Bezügen zum historischen Alltag" (Greyerz 2010, S. 231).

In der Gegenwart dominiert dagegen ein allgemeiner, diesseitig orientierter Glücksanspruch, der sich einen guten und wohlorganisierten persönlichen Lebenszyklus und die Auflösung starrer Alterszäsuren wünscht (Fitzon 2012).

5 Literatur

Abels, Heinz (1993): Jugend vor der Moderne. Soziologische und psychologische Theorien des 20. Jahrhunderts. Opladen.
Abels, Heinz/Honig, Michael-Sebastian/Saake, Irmhild/Weymann, Ansgar (Hrsg.) (2008): Lebensphasen. Eine Einführung. Wiesbaden.
Althoff, Gerd/Goetz, Hans-Werner/Schubert, Ernst (1998): Menschen im Schatten der Kathedrale. Neuigkeiten aus dem Mittelalter. Darmstadt.
Ariès, Philippe (1978): Geschichte der Kindheit. München.
Ariès, Philippe (1982): Geschichte des Todes. München.
Borscheid, Peter (1989): Geschichte des Alters. Vom Spätmittelalter zum 18. Jahrhundert. München.
Brauer, Kai (2002): „Ein Blick zurück nach vorn. Generationsbeziehungen im Stadt-Land-Vergleich". In: Burkart/Wolf (2002), S. 175–194.
Bühler-Niederberger, Doris (2011): Lebensphase Kindheit. Theoretische Ansätze, Akteure und Handlungsräume. Weinheim, München.
Burkart, Günter /Wolf, Jürgen (Hrsg.) (2002): Lebenszeiten. Erkundungen zur Soziologie der Generationen. Festschrift für Martin Kohli. Opladen.
Dyk, Silke van/Lessenich, Stephan (2009): „‚Junge Alte'. Vom Aufstieg und Wandel einer Sozialfigur". In: Silke van Dyk/Stephan Lessenich (Hrsg.): Die jungen Alten. Analysen einer neuen Sozialfigur. Frankfurt am Main, New York.
Ehmer, Josef (1990): Sozialgeschichte des Alters. Frankfurt am Main.

Eisenstadt, Shmuel N. (1956) *From Generation to Generation. Age Groups and Social Structure.* Glencoe.
Fischer, Norbert (2001): Geschichte des Todes in der Neuzeit. Erfurt.
Fitzon, Thorsten (Hrsg.) (2012): Alterzäsuren. Zeit und Lebensalter in Literatur, Theologie und Geschichte. Berlin.
Gillis, John R. (1980): Geschichte der Jugend. Weinheim, Basel.
Greyerz, Kaspar von (2010): Passagen und Stationen. Lebensstufen zwischen Mittelalter und Moderne. Göttingen.
Groschopp, Horst (Hrsg.) (2010): Humanistische Bestattungskultur. Aschaffenburg.
Hartung, Heike (2005): „Zwischen Verfalls- und Erfolgsgeschichte". In: Heike Hartung (Hrsg.): Alter und Geschlecht. Repräsentationen, Geschichten und Theorien des Alter(n)s. Bielefeld, S. 7–20.
Honig, Michael-Sebastian (2008): „Lebensphase Kindheit". In: Heinz Abels/Michael-Sebastian Honig/Irmhild Saake/Ansgar Weymann: Lebensphasen. Eine Einführung. Wiesbaden.
Hurrelmann, Klaus (2004): Lebensphase Jugend. Eine Einführung in die sozialwissenschaftliche Jugendforschung. Weinheim, München.
Imhof, Martin E. (1988): Die Lebenszeit. Vom aufgeschobenen Tod und von der Kunst des Lebens. München.
Kohli, Martin (1985): „Die Institutionalisierung des Lebenslaufs". In: Kölner Zeitschrift für Soziologie und Sozialpsychologie. 37. Jahrgang. H. 1, S. 1–29.
Kohli, Martin (2003): „Der institutionalisierte Lebenslauf. Ein Blick zurück und nach vorn". In: Jutta Allmendinger (Hrsg.): Entstaatlichung und Soziale Sicherheit. Opladen, S. 525–545.
Kühnel, Harry (Hrsg.) (1996): Alltag im Spätmittelalter. Graz, Wien, Köln.
Laslett, Peter (1995): Das Dritte Alter. Historische Soziologie des Alterns. Weinheim, München.
Leisering, Lutz (2002): „Ein moderner Lebenslauf in der Volksrepublik China? Zur Generalisierbarkeit eines Forschungsprogramms". In: Burkart/Wolf (2002), S. 25–40.
Mannheim, Karl (2009): „Das Problem der Generationen" (1928). In: Amalia Barboza/Klaus Lichtblau (Hrsg.): Schriften zur Wirtschafts- und Kultursoziologie. Wiesbaden, S. 121–166.
Mitterauer, Michael (1986): Sozialgeschichte der Jugend. Frankfurt am Main.
Ohler, Norbert (1999): Sterben und Tod im Mittelalter. Düsseldorf.
Parnes, Ohad/Vedder, Ulrike/Willer, Stefan (2008): Das Konzept der Generation. Eine Wissenschafts- und Kulturgeschichte. Frankfurt am Main.
Pieper, Michael (1978): Erwachsenenalter im Lebenslauf. Zur Soziologie der Altersstufen. München.
Richter, Isabell (2010): Der phantasierte Tod. Bilder und Vorstellungen vom Lebensende im 19. Jahrhundert. Frankfurt am Main, New York.
Rosenmayr, Leopold (1978): „Die menschlichen Lebensalter in Deutungsversuchen der europäischen Kulturgeschichte". In: Leopold Rosenmayr (Hrsg.): Die menschlichen Lebensalter. Kontinuität und Krisen. München, Zürich, S. 23–79.
Rosenmayr, Leopold (1996): Altern im Lebenslauf. Soziale Position, Konflikt und Liebe in den späten Jahren. Göttingen, Zürich.
Roth, Lutz (1983): Die Erfindung des Jugendlichen. München.
Saake, Irmhild (2008): „Lebensphase Alter". In: Abels et al. (2008), S. 235–282.
Thane, Pat (Hrsg.) (2005): *The long history of old age.* London.
Tölle, Domenica (1996): Altern in Deutschland 1815–1933. Eine Kulturgeschichte. Grafschaft.

Trapp, Anne-Charlott (2008): „Zum Wandel von Altersbildern und Alterserfahrungen im späten Mittelalter und am Beginn der Frühen Neuzeit". In: Elisabeth Vavra (Hrsg.): Alterskulturen des Mittelalters und der frühen Neuzeit. Wien, S. 299–314.

Trommler, Frank (1985): „Mission ohne Ziel. Über den Kult der Jugend im modernen Deutschland". In: Thomas Koebner/Rolf-Peter Janz/Frank Trommler (Hrsg.): ‚Mit uns zieht die neue Zeit'. Der Mythos der Jugend. Frankfurt am Main, S. 14–49.

Weymann, Ansgar (2008): „Lebensphase Erwachsenenalter". In: Abels et al. (2008), S. 158–234.

Zinnecker, Jürgen (1981): Jugend 1981. Porträt einer Generation. Jugendwerk der Deutschen Shell (Hrsg.). Hamburg.

Thomas Heinrichs
Liebe

1 Kurzdefinition

Liebe ist ein zwischenmenschliches Gefühl. Sie ist eine Emotion, die das Bedürfnis nach einer engen Beziehung zu einer persönlich bekannten anderen Person ausdrückt und die öfters, aber nicht immer, mit sexuellem Begehren verbunden ist.

2 Begriffliche Unterscheidungen

Liebe als das Gefühl am Schnittpunkt sozialer und individueller Reproduktion ist nie ein privates Verhältnis (Heinrichs 2009, S. 71). Es gibt nicht die Liebe, sondern eine Vielzahl unterschiedlicher Arten des Liebens, für die in jeder Kultur (↗ Humanismus als Kultur) unterschiedliche, für die jeweiligen gesellschaftlichen Verhältnisse funktionale soziale Formen bereitgestellt werden: leidenschaftliche Liebe, freundschaftliche Liebe, Eltern/Kind-Liebe. Für diese unterschiedlichen Arten der Liebe gibt es auch unterschiedliche Begriffe. So beschreibt z. B. im Griechischen *éros* die leidenschaftliche Liebe und *philía* das maßvolle Zueinander (Feichtinger 1989, S. 239). Im Deutschen finden sich Komposita wie Geschlechtsliebe und eheliche Liebe (Kapl-Blume 2005).

Die christlichen Begriffe der ‚Nächstenliebe' und ‚Gottesliebe' oder auch die ‚Liebe' zu Sachen sind dagegen keine Formen der Liebe. Hier wird der Begriff der Liebe in einem übertragenen Sinne genutzt. Der Begriff der Nächstenliebe bezieht sich auf das menschliche Mitgefühl, auf Empathie. Ein qualitativ anderes Gefühl, das sich gerade nicht auf einzelne bekannte Personen richtet, sondern das der Mensch als soziales Wesen gegenüber allen Menschen empfinden kann. Nächstenliebe, in einem nicht theologischen Sinne verstanden, ist daher ein Synonym für ↗ Humanität. Mitmenschlichkeit ist die zentrale Ressource menschlicher Gemeinschaft (↗ Humanitäre Praxis; ↗ Seelsorge). Sie ist die emotionale Basis des auf die wechselseitige Unterstützung (Kropotkin 2001) angewiesenen Zusammenlebens der Menschen und damit auch ein Grundpfeiler menschlicher ↗ Solidarität (Heinrichs, 2012, S. 214 ff.).

Sofern mit der ‚Nächstenliebe' im Christentum auch ein moralisches Prinzip aufgestellt wird, hat dieses den Mangel, dass es im Gegensatz zu der goldenen Regel des Konfuzianismus oder dem kategorischen Imperativ von Kant nicht operationalisierbar ist. Man kann aus dem Gefühl der Mitmenschlichkeit keine konkreten Handlungsregeln ableiten. Entsprechend unterschiedlich wird der Begriff auch im Christentum verstanden. Er reicht von Verständnis gegenüber Mitgliedern der eigenen Gesellschaft bis zur „Feindesliebe" (Söding 2009, S. 613 f.).

Während Mitmenschlichkeit die Basis eines harmonischen Zusammenlebens der Menschen darstellt, ist Liebe nicht nur eine sozial verbindende Kraft, sondern birgt insbesondere in der Form der leidenschaftlichen Liebe ein erhebliches soziales Konfliktpotenzial. Schon die ‚Ilias' benennt als Ursache des trojanischen Krieges die Liebe zu einer Frau. Liebe ist daher, abgesehen davon, dass sie sich immer nur auf einen kleinen Kreis persönlich bekannter Personen bezieht, kein Gefühl, auf das man eine humane Gesellschaft aufbauen könnte. Die Frage nach der Liebe im ↗ Humanismus ist daher nicht die Frage, welche Bedeutung Liebe für das soziale Miteinander der Menschen hat, sondern wie man das Lieben humanisiert.

Das Risiko sozialer Konflikte durch Liebe nimmt historisch ab dem Zeitpunkt zu, ab dem die Ehe als sozial gestiftete, dauerhafte heterosexuelle Paarbeziehung installiert wird, ein Prozess, der zunächst nur die besitzenden Klassen betrifft, sich im Laufe der Jahrhunderte aber auf alle Schichten der Gesellschaft ausdehnt. Die Ehe dient in traditionellen Gesellschaften dazu, die biologische und ökonomische Reproduktion sicherzustellen und wird durch die Eltern gestiftet. Es entwickeln sich daher „Allianzdispositive", die die Liebesverhältnisse mit den ökonomischen Verhältnissen in Einklang bringen sollen (Foucault 1983, S. 128).

3 Kulturgeschichtlicher Überblick

3.1 Antike

Seit erstmals mit dem ‚Codex Hamurabi' rechtliche Regelungen erlassen wurden, ist die Ehe ein zentraler Regelungsgegenstand. Die durch das Auseinanderfallen von Liebe und Ehe entstehenden Probleme und ihre Bedeutung für die unterschiedlichen Formen der Liebe sind ein durchgängiges Thema der Liebesdiskurse in diesen Gesellschaften. Es gilt in der nicht durch Liebe gestifteten Ehe eine tragfähige soziale Verbundenheit – eine Art alltäglicher, „kameradschaftlicher" (Rohmann/Bierhoff 2006, S. 241 ff.) Liebe – herzustellen und die leidenschaftliche Liebe so zu domestizieren, dass sie die Institution der Ehe nicht bedroht (Ariès 1984).

Aristoteles entwickelt im achten Buch der ‚Nikomachischen Ethik' mit dem Begriff der *philía* – Liebe, Freundschaft – einen sozialen Begriff der Liebe. Er grenzt sich dabei ebenso von einem Begriff des *éros* als eines schöpferischen Prinzips ab – wie er bei Hesiod und bei Platon auftritt (Platon 1989, S. 41 f.) – wie auch von einem auf die Beziehung zu Sachen bezogenen, übertragenen Liebesbegriff (Aristoteles 1987, S. 214 f.).

Die *philía* ist das emotionale Bindeglied zwischen den Menschen. Der Begriff der *philía* erfasst in unterschiedlichen Ausprägungen alle emotional konnotierten sozialen Beziehungen. Geschäftsfreundschaften, Reisefreundschaften, Kriegskameraden, das Verhältnis der Ehepartner, der Eltern zu den Kindern, des Liebhabers zu seinem Geliebten, des Vorgesetzten zum Untergebenen, die Gastfreundschaft, alles, was wir auch heute als ↗ Freundschaft bezeichnen. Den *éros* als leidenschaftliche Liebe bezeichnet Aristoteles in diesem Kontext als eine Übersteigerung der *philía* (Aristoteles 1987, S. 223).

Zwar kam es vor, dass die Ehepartner sich im Sinne des *éros* liebten (Xenophon 1986, S. 71), jedoch war dies eher eine Ausnahme. Von der Antike bis zur beginnenden Neuzeit galt es sogar zeitweise als unerwünscht (Beck/Beck-Gernsheim 2005, S. 243f.; Montaigne 1990, S. 126 ff.). Der soziale Ort der erotischen Liebe war in der griechischen Antike vornehmlich das Verhältnis des Mannes zur unfreien Frau, zur Hetäre (Davies 1987, S. 155 ff.), sowie das pädagogisch-männerbündische Verhältnis zum heranwachsenden Mann. Für die attische Bürgerin etwa war die leidenschaftliche Liebe nicht vorgesehen.

Vor allem in der stoischen Philosophie der Griechen und Römer kommt es zu theoretischen Ansätzen, die eheliche Beziehung von Mann und Frau zu intensivieren und das Verhältnis der Partner in der Ehe gleichberechtigter zu gestalten (Ariès 1984, S. 168f.; Görgemanns 2006, S. 25). Im 2. Jahrhundert u. Z. erkennt Plutarch in seinem Dialog *Erotikos* der Frau eine zwar nicht leidenschaftliche, aber doch erotische Liebe zu, die allerdings darauf abzielt, die *philía*-Beziehung in der Ehe abzusichern (Feichtinger 2006, S. 269 ff.).

Die vielfältigen Liebes-Diskurse der griechischen und römischen Dichtung können hier nur angedeutet werden. Im 7./6. Jahrhundert v. u. Z. besingt Sappho ihre Liebe zu jungen Frauen. Platon entfaltet in seinem Dialog ‚Symposion' eine poetisch-philosophische Phänomenologie des mann-männlichen Eros – seit der Renaissance ein ‚Kultbuch', nicht nur der Homoerotik. Das Athener Publikum sieht und diskutiert die Drastik der Komödien des Aristophanes, etwa ‚Lysistrate' oder ‚Die Frauenversammlung', und ungefähr hundert Jahre später die empfindsamen Liebesgeschichten der ‚Neuen Komödie' des Menander.

Um die Mitte des 1. Jahrhunderts v. u. Z. schreiben in Rom Catull, Properz, Tibull, Ovid leidenschaftliche Liebesgedichte und provozieren die Moral ihrer Zeit. Ovid gibt Mann und Frau Anweisungen, die nicht durch den Ehevertrag, sondern durch Liebe gestiftete Paarbeziehung (Ovid 1999, S. 73) zu kultivieren. Er kann damit als „Wegbereiter der ↗ ‚Humanisierung' des menschlichen Sexualverhaltens" gelten (Holzberg 1999, S. 268).

Die Liebe ist in der Antike ein weltliches Prinzip. Zwar ist Eros eine Figur aus dem Götterhimmel, die ein weltbewegendes Prinzip verkörpert, aber *éros* und *philía* beschreiben nicht die Beziehung des Menschen zu den Göttern (Aristoteles

1987, S. 225 f.). Dies ändert sich mit der christlichen Theologie, die den *éros* an sich als sündhaft stigmatisiert, die Liebe auf Gott projiziert und hierfür den Begriff der *agápe* einführt. Noch die Rezeption der antiken Dichtung und Philosophie in der ↗ Renaissance – Dante, Petrarca, Boccaccio, Marsilio Ficino – ist teilweise christlich geprägt.

3.2 Neuzeitliche Diskurse

Liebe als weltlicher Begriff entwickelt sich im deutschen Sprachraum in den Wissensdiskursen erst wieder um die Wende zum 19. Jahrhundert (Kapl-Blume 2005). Auch in der Philosophie der Aufklärung spielt Liebe, im Gegensatz zur Ehe (Heinrichs 1995), keine Rolle.

Mit der Entstehung des bürgerlichen Individuums ändert sich die Bedeutung der Liebe wesentlich (Beck/Beck-Gernsheim 2005). Es sind die Effekte der warenförmigen Vergesellschaftung im Kapitalismus, die dies bewirken. Zum einen löst der Markt die sozialen Schichten auf und beseitigt damit eine Schranke der Paarbildung. Zum anderen sinkt die ökonomische Bedeutung der Familie durch die Möglichkeit, sich durch Lohnarbeit selbst zu erhalten.

Mit der Herausbildung des Individuums steigen die Erwartungen an das persönliche ↗ Glück. Die Befreiung der Wahl eines dauerhaften Lebenspartners von den Zwängen der Ökonomie ermöglicht es nun, die Paarbindung – unabhängig vom Geschlecht – mit dem geliebten Partner einzugehen. Die leidenschaftliche Liebe wird das einzige Kriterium der Partnerwahl (Ariès 1984, S. 173) und wird auch der Frau zugestanden. Sie ersetzt damit die freundschaftliche Liebe, die zwischen den Partnern nach der entsprechend standesgemäßen Kriterien getroffenen Partnerwahl entstehen sollte (Luhmann 1994, S. 183 ff.). Das bis dahin die Ehe prägende „Allianzdispositiv" wird nun durch das „Sexualitätsdispositiv" überlagert (Foucault 1983, S. 128 ff.). Dieser Umbruch zieht sich durch das ganze 19. Jahrhundert und führt erstmals dazu, dass die Gefühle von Mann und Frau zueinander mit ihrem tatsächlichen Zusammenleben in Einklang gebracht werden.

Dadurch verändern sich sowohl das Verständnis der Liebe wie auch die Struktur der Paarbeziehung wesentlich. Der Liebesbegriff verengt sich jetzt immer mehr auf die Paarbeziehung, die ihrerseits wiederum nicht mehr als dauerhaft begriffen wird. In dem Moment, wo die Paarbeziehung mit der leidenschaftlichen Liebe verknüpft wird, endet sie häufig auch mit dieser. Die leidenschaftliche Liebe gefährdet die Paarbeziehung weiterhin. Nur darf sie dies heute. Sie muss nicht mehr an anderen Orten kultiviert werden.

Dennoch finden sich auch in der bürgerlichen Gesellschaft unterschiedliche soziale Formen der Liebe. Mit der Konsumgesellschaft entsteht der „Konsum der

Romantik" (Illouz 2003) und eine Sexindustrie. Diese unterschiedlichen sozialen Formen konstituieren erneut ein widersprüchliches Verhältnis zwischen der leidenschaftlichen und der alltäglichen Liebe (Heinrichs 2009, S. 74f.; Illouz 2003, S. 229ff.). Die leidenschaftliche Liebe als ein die alltägliche Ordnung überschreitendes Gefühl (Beck/Beck-Gernsheim 2005, S. 232) ist in den sozial vorgegebenen Formen auf Dauer mit den Anforderungen der familiären Reproduktion nicht vereinbar. Beide Arten des Liebens folgen daher auch heute noch anderen Mustern. Eine soziale Form, beide Arten der Liebe miteinander zu vereinbaren, gibt es auch in modernen Gesellschaften nicht. Eine Humanisierung des Liebens steht in diesem Sinne noch aus.

Mit der Entstehung der Naturwissenschaften kam es auch zu biologischen Erklärungsversuchen der Liebe. Eher soziologisch ist die Theorie Darwins. Er argumentiert bei seinen Überlegungen über die Auswirkungen geschlechtlicher Zuchtwahl bei den Menschen damit, dass bei den Wilden die Schönheit der Frauen (Darwin 1875, S. 318ff.) und bei den zivilisierten Menschen Standeskriterien (Darwin 1875, S. 335f.) die ausschlaggebenden Faktoren für die Verbindung der Partner sind.

Auch bei Freud, der Liebe als Wiederherstellung der Eltern-Kind Beziehung auf einer anderen Ebene verstand (Bergmann 1999, S. 220ff.), verbleibt ein individueller Spielraum, wenn auch viele Formen des Liebens als pathologisch diskriminiert werden. Dagegen hat die neue Evolutionsbiologie im 20. Jahrhundert einen Liebesdeterminismus entwickelt, der versucht, unter der Annahme, dass auch die Biologie ökonomisch funktioniert, das menschliche Liebes- und Sexualverhalten aus den Genen, der evolutionären Herkunft und anderen biologischen Determinanten abzuleiten; Kritik dieses a-humanitären Konzepts bei Richard D. Precht (2009, S. 25ff.).

Aber auch realistische Theorien über die körperliche, auf Hormon- und Neurotransmitterausschüttungen beruhende Basis der Liebe können weder die soziale Bedeutung dieses Gefühls erklären, noch ihm eine humane Deutung geben. Insgesamt befindet sich die naturwissenschaftliche Erforschung von Liebe und Sexualität noch in einem vorwissenschaftlichen Stadium (Wendt, 1994, S. 685).

4 Literatur

Ariès, Philippe (1984): „Liebe in der Ehe". In: Philippe Ariès/André Béjin (Hrsg.): Die Masken des Begehrens und die Metamorphosen der Sinnlichkeit. Zur Geschichte der Sexualität im Abendland. Frankfurt am Main, S. 165–175.

Aristoteles (1987): Nikomachische Ethik. Übersetzung und Nachwort von Franz Dirlmeier. Stuttgart.

Beck, Ulrich/Beck-Gernsheim, Elisabeth (2005): Das ganz normale Chaos der Liebe. Frankfurt am Main.

Bergmann, Martin S. (1999): Eine Geschichte der Liebe. Vom Umgang des Menschen mit einem rätselhaften Gefühl. Frankfurt am Main.
Cancik-Lindemaier, Hildegard: „Ehe und Liebe. Entwürfe griechischer Philosophen und römischer Dichter" (2006). In: Hildegard Cancik-Lindemaier: Von Atheismus bis Zensur. Römische Lektüren in kulturwissenschaftlicher Absicht. Henriette Harich-Schwarzbauer/Barbara von Reibnitz (Hrsg.). Würzburg, S. 83–103.
Davies, Nigel (1987): Liebe, Lust und Leidenschaft. Reinbek bei Hamburg.
Darwin, Charles (1875): Die Abstammung des Menschen und die geschlechtliche Zuchtwahl. Bd. 2. Stuttgart.
Feichtinger, Barbara (2006): „Soziologisches und Sozialgeschichtliches zu Erotik, Liebe und Geschlechterverhältnis". In: Görgemanns (2006), S. 236–273.
Ficino, Marsilio (1984): Über die Liebe oder Platons Gastmahl. Übersetzt von Karl Paul Hasse. Hrsg. und eingeleitet von Paul Richard Blum. Hamburg.
Foucault, Michel (1983): Der Wille zum Wissen. Sexualität und Wahrheit 1. Frankfurt am Main.
Görgemanns, Herwig (Hrsg.) (2006): Plutarch. Dialog über die Liebe: Amatorius. Tübingen.
Görgemanns, Herwig (2006): „Einführung". In: Görgemanns (2006), S. 3–43.
Heinrichs, Thomas (1995): „Die Ehe als Ort gleichberechtigter Lust. Ein neuer Ansatz zur Beurteilung des Kantschen Ehekonzepts". In: Kant-Studien. 86. Jahrgang. Mainz S. 41–53.
Heinrichs, Thomas (2009): „Liebe als soziale Notwendigkeit und persönliches Problem". In: Ha 23, S. 70–76.
Heinrichs, Thomas (2012): „Prinzipien sozialer Güterverteilung. Gleichheit, Gerechtigkeit, Solidarität, Humanität". In: Horst Groschopp (Hrsg.): Humanistik. Beiträge zum Humanismus. Aschaffenburg, S. 197–222.
Holzberg, Niklas (1999): „Einführung". In: Ovid (1999), S. 267–284.
Illouz, Eva (2003): Der Konsum der Romantik. Liebe und die kulturellen Widersprüche des Kapitalismus. Frankfurt am Main, New York.
Kapl-Blume, Edeltraud (2005): „Liebe im Lexikon. Zum Bedeutungswandel des Begriffs ‚Liebe' in ausgewählten Lexika des 18. und 19. Jahrhunderts. Ein Forschungsbericht". In: Klaus Tanner (Hrsg.): ‚Liebe' im Wandel der Zeiten. Leipzig, S. 107–130.
Kropotkin, Peter (2001): Gegenseitige Hilfe in der Tier und Menschenwelt. Aschaffenburg.
Luhmann, Niklas (1994): Liebe als Passion. Zur Codierung von Intimität. Frankfurt am Main.
Montaigne, Michel de (1990): Essays. Leipzig.
Ovid (1999): Liebeskunst. Heilmittel gegen die Liebe. Lateinisch/Deutsch. Hrsg. und übersetzt von Niklas Holzberg. Düsseldorf, Zürich.
Platon (1989): Symposion. Griechisch/deutsch. München, Zürich.
Precht, Richard David (2009): Liebe. Ein unordentliches Gefühl. München.
Rohmann, Elke/Bierhoff, Hans-Werner (2006): „Liebe und Eifersucht". In: Hans-Werner Bierhoff/Dieter Frey (Hrsg.): Handbuch der Sozialpsychologie und Kommunikationspsychologie. Göttingen, Bern, Wien, S. 240–250.
Söding, Thomas (2009): „Nächstenliebe". In: Walter Kasper (Hrsg.): Lexikon für Theologie und Kirche. Bd. 6, Freiburg, Basel, Wien, S. 613 f.
Wendt, Hermann (1994): „Sexualität". In: Roland Asanger/Gerd Wenninger (Hrsg.): Handwörterbuch Psychologie. Weinheim, S. 685–692.
Xenophon (1986): Das Gastmahl. Griechisch/deutsch. Stuttgart.

Thomas Heinrichs
Mediation

1 Definition

Mediation ist ein Verfahren der Konfliktlösung ohne Beteiligung von in das Verfahren eingebundenen sozialen Instanzen, in dem die beteiligten Parteien eigenverantwortlich mit Unterstützung des Mediators ihre eigene, einvernehmliche und die Interessen aller beteiligten Parteien berücksichtigende Lösung finden, die sich nicht an den sozialen Normen orientieren muss.

2 Theorie und Geschichte

Soziale Verfahren zur Lösung von individuellen und sozialen Konflikten gibt es, seit es menschliche Gesellschaften gibt. Sie sind notwendig, um Gesellschaften zusammenzuhalten. Solche Verfahren sind je nach Gesellschaft mehr oder weniger institutionalisiert und einem festen Regelwerk unterworfen. Die Strukturen solcher Regelwerke zielen darauf ab, im Vollzug der Lösung des Konfliktes die soziale Ordnung zu reproduzieren.

Das in staatlich organisierten Gesellschaften dominante Verfahren ist das Gerichtsverfahren (↗Humanisierung; ↗Recht). Es ist vollständig institutionalisiert und wird durch professionelle Richter, Staatsanwälte und Anwälte nach vorgegebenen Regeln betrieben. Das Gerichtsverfahren hat den Vorteil, dass es die formale Gleichheit der Beteiligten vor dem Gesetz garantiert. Es hat den Nachteil, dass es kaum Spielraum für individuelle, einzelfallbezogene und die besondere Situation der Parteien berücksichtigende Entscheidungen bietet.

In den USA wurden seit Anfang der 1970er Jahre Verfahren der ‚Alternativen (außergerichtlichen) Konfliktregelung' (ADR) entwickelt. Ausgangspunkt waren vor allem komplexe Umweltkonflikte mit vielen beteiligten Interessengruppen, die mit den gerichtlichen Methoden der Streitbeilegung nicht befriedigend gelöst werden konnten (Hehn 2009, S. 187). Dabei hat sich die Mediation zu dem am weitesten verbreiteten ADR-Verfahren entwickelt (Gottwald 2004).

Zwar findet man in der Geschichte der Diplomatie mediationsähnliche Verfahren zwischen politischen Einheiten, jedoch ist Mediation als zivilgesellschaftlicher Prozess der Konfliktregelung in Staaten neu. Mediation ist inzwischen ein weltweit verbreitetes Verfahren (Hopt/Steffek 2008).

Es kennzeichnet das Mediationsverfahren, dass die Lösung des Konfliktes von den Parteien selber gefunden wird und nicht, wie etwa in Gerichts- oder auch Schlichtungsverfahren, von einem Dritten anhand sozialer Regeln vorgegeben wird. Der Mediator tritt im Gegensatz zum Richter oder Schlichter nicht als soziale Instanz auf, deren Aufgabe es ist, die sozialen Regeln bei der Lösung des Konfliktes zur Anwendung zu bringen. Aufgabe des Mediators ist es vielmehr, die Parteien dabei zu unterstützen, auf der Basis eigener Normen und Wertvorstellungen und einer eigenen Bewertung der Konfliktsituation die ihnen individuell angemessene Lösung des Konfliktes zu finden. Eine von den Parteien als gerecht bewertete Lösung des Konfliktes wird durch eine Einigung, den Vertrag, gefunden.

In der Mediation wird zunächst die Konfliktsituation zwischen den Parteien aufgeklärt. Der Konflikt bleibt nicht auf der Ebene der Positionen, wo die Parteien nur artikulieren (↗ Argumentation), was sie vom anderen haben wollen, sondern es werden die dahinter liegenden Interessen geklärt, also die Motive, warum die Parteien bestimmte Positionen einnehmen, und was sie dadurch für sich erreichen wollen. Der ganze Mensch und nicht nur eine Rechtsperson wird im Mediationsverfahren wahrgenommen. Damit wird es den Parteien möglich, Verständnis füreinander zu entwickeln. Dies ist die Basis einer dauerhaften Konfliktlösung.

In dieser größeren Ergebnisoffenheit des Mediationsverfahrens liegt auch eine Gefahr. Mediation gewährleistet durch ihre offene Struktur und den von den Parteien selbst gestaltbaren Ablauf in einem hohen Maß eine formale Verfahrensgerechtigkeit (Herrman/Hollet/Gale 2006). Diese kann jedoch nur dann zu einer von den Parteien dauerhaft als gerecht empfundenen Konfliktlösung führen, wenn zwischen den Parteien keine erheblichen Informations- und Machtungleichgewichte bestehen. Auch verlangt das Verfahren von den Parteien die Fähigkeit, ihre eigenen Wert- und Normvorstellungen reflektieren zu können, damit sie in der Lage sind, eine abweichende Position der Gegenseite respektieren zu können. Dies ist nicht nur ein Problem interkultureller Mediation (Schruijer/Vansina 2006).

Es ist Aufgabe des Mediators, all dies im Prozess sicherzustellen (Trenczek 2013, S. 29). Das 2012 in Kraft getretene deutsche ‚Mediationsgesetz' (Fritz/Pielsticker 2013) verlangt daher in § 2 Abs. 3, dass der Mediator dafür sorgt, dass die Parteien „in angemessener und fairer Weise in die Mediation eingebunden sind" und ihre Entscheidung „in Kenntnis der Sachlage treffen" (§ 2, Abs. 6). Sofern der Mediator zu der Auffassung gelangt, dass eine „eigenverantwortliche Kommunikation" (§ 2, Abs. 5) der Parteien nicht möglich ist, soll er das Verfahren beenden. Diese Aufgaben fordern in einem kommerziellen Verfahren, wie es die Mediation ist, von der Person des Mediators ein hohes Berufsethos (Ripke 2013).

3 Anwendungsgebiete der Mediation

Mediationsverfahren sind überall dort sinnvoll, wo Konflikte zwischen Parteien, die auch in Zukunft weiter miteinander zu tun haben werden, gelöst werden müssen.

Mediationsverfahren haben sich daher im privaten Bereich vor allem in Familienangelegenheiten, bei Konflikten zwischen und in Unternehmen und bei Konflikten zwischen Nachbarn etabliert. Im öffentlichen Bereich werden Mediationen häufig bei Umweltkonflikten, in der Schule und im Täter-Opfer-Ausgleich angewendet.

Da von staatlicher Seite ein Interesse daran besteht, dieses neue Konfliktbeilegungsverfahren in die Institution des Gerichts einzubinden, hat das Mediationsverfahren inzwischen seinen Weg in die Gerichte gefunden (Gläßer/Schroeter 2011). Mediation durch den Richter ist jedoch problematisch, da es die Funktion des Richters ist, das Gesetz umzusetzen. In der Praxis finden unter der Leitung einer mit der Autorität des Richters ausgestatteten Amtsperson mit den Parteien Vergleichsverhandlungen statt (Rasche 2011).

Weitere Sonderfälle der Mediation sind die ,Transkulturelle Mediation' (Mayer 2013), die ,peer-mediation' (Lenz 2013) und die ,Shuttle-Mediation' (Faller 2013).

4 Literatur

Faller, Kurt (2013): „Mediation in Schulen/peer-mediation". In: Trenczek/Berning/Lenz (2013), S. 555–560.
Fritz, Roland/Pielsticker, Dietrich (2013): Mediationsgesetz. Kommentar, Handbuch, Mustertexte. Köln.
Gläßer, Uwe/Schroeter, Kirsten (Hrsg.) (2011): Gerichtliche Mediation. Baden-Baden.
Gottwald, Walther (2004): „Mediation in den USA". In: Henssler/Koch (2004), S. 203–252.
Haft, Frithjof/Gräfin von Schlieffen, Katharina (Hrsg.) (2009): Handbuch Mediation. München.
Hehn, Marcus (2009): „Entwicklung und Stand der Mediation. Ein historischer Überblick". In: Haft/von Schlieffen (2009), S. 175–195.
Henssler, Martin/Koch, Ludwig (Hrsg.) (2004): Mediation in der Anwaltspraxis. 2. Auflage. Bonn.
Herrman, Margaret S./Hollett, Nancy/Gale, Jerry (2006): „Mediation from Beginning to End. A Testable Model". In: Herrman (2006), S. 19–78.
Herrman, Margaret S. (Hrsg.) (2006): The Blackwell Handbook of Mediation. Bridging Theory, Research and Practice. Malden, MA.
Hopt, Klaus J./Steffek, Felix (Hrsg.) (2008): Mediation. Rechtstatsachen, Rechtsvergleich, Regelungen. Tübingen.
Lenz, Cristina (2013): „Einzelgespräche, Shuttle, Mediation mit elektronischen Medien". In: Trenczek/Berning/Lenz (2013), S. 379–384.
Mayer, Claude-Hélène (2013): „Kulturpsychologische und ethnologische Einsichten. Transkulturelle Mediation". In: Trenczek/Berning/Lenz (2013), S. 86–91.

Rasche, Guido (2011): „Kritik an der Gerichtsmediation. Betrachtungen und Anregungen eines Prozessanwaltes". In: Gläßer/Schroeter (2011), S. 159–168.
Ripke, Lis (2013): „Haltung des Mediators – ein persönlicher Beitrag". In: Trenczek/Berning/Lenz (2013), S. 190–196.
Schruijer, Sandra/Vansina, Leopold S. (2006): *„The Meaning of ‚Social' in Interpersonal Conflict and its Resolution"*. In: Herrman (2006), S. 326–343.
Trenczek, Thomas (2013): „Außergerichtliche Konfliktregelung (ADR). Verfahren, Prinzipien und Modelle". In: Trenczek/Berning/Lenz (2013), S. 23–51.
Trenczek, Thomas/Berning, Detlev/Lenz, Cristina (Hrsg) (2013): Mediation und Konfliktmanagement. Baden-Baden.

Meinolfus Strätling
Medizin (Menschenheilkunde)

1 Begriffsklärung

1.1 Definition

Medizin bzw. Heilkunde ist definiert als die Wissenschaft vom gesunden und kranken Menschen (Humanmedizin, Menschenheilkunde) bzw. Tier (Veterinärmedizin). Die ‚Weltgesundheitsorganisation' (WHO) definiert die Gesundheit des Menschen als einen „Zustand des vollständigen körperlichen, geistigen und sozialen Wohlergehens und nicht nur das Fehlen von Krankheit oder Gebrechen." (World Health Organisation 1946–2005)

Das ‚Begriffslexikon' des deutschen ‚Bundesministeriums für Gesundheit' stützt sich zwar auch auf diese Definition in der Verfassung der ‚Weltgesundheitsorganisation' (WHO) von 1948, fügt aber aus der ‚Ottawa-Charta der WHO' von 1986 hinzu: „Gesundheit wird von Menschen in ihrer alltäglichen Umwelt geschaffen und gelebt: dort, wo sie spielen, lernen, arbeiten und lieben. Gesundheit entsteht dadurch, dass man sich um sich selbst und andere sorgt, dass man in die Lage versetzt ist, selbst Entscheidungen zu fällen und eine Kontrolle über die eigenen Lebensumstände auszuüben, sowie dadurch, dass die Gesellschaft, in der man lebt, Bedingungen herstellt, die all ihren Bürgern Gesundheit ermöglichen."[1] Dies ist ein Auftrag zur ↗Humanisierung der Lebensumstände.

Andere zeitgenössische Bestimmungen von Gesundheit und Gesundheitswissenschaften differenzieren diesen Ansatz weiter. So legt der Sozialwissenschaftler Klaus Hurrelmann seinen Analysen eine Definition zugrunde, die Gesundheit als einen spezifischen Zustand des objektiven und subjektiven Befindens einer Person versteht. Dieses Wohlbefinden sei gegeben, wenn diese Person sich in den physischen, psychischen und sozialen Bereichen ihrer Entwicklung im Einklang mit den eigenen Möglichkeiten und Zielvorstellungen und den jeweils gegebenen äußeren Lebensbedingungen befindet. Er folgert daraus, dass Gesundheit ein den Menschen angenehmes, aber durchaus nicht selbstverständliches Gleichgewichtsstadium von Risiko- und Schutzfaktoren beschreibt. In jedem lebensgeschichtlichen Zeitpunkt wird dieses infrage gestellt. In Stadien des Gleichgewichts kann dem Leben Sinn gegeben und ↗Glück empfunden werden. Die Entfaltung eigener Kompetenzen und

---

[1] Vgl. http://bmg.gv.at/home/Begriffslexikon/Gesundheit, besucht am 28.10.2015.

Leistungspotenziale korreliert mit diesem objektiven Zustand und subjektiven Empfinden (Hurrelmann 1999; Hurrelmann 2010).

Auch im historischen Vergleich besteht eine große Vielschichtigkeit und Widersprüchlichkeit in allen Konzepten, die im Zusammenhang mit Begriffen wie Gesundheit und Heil, Krankheit und Leid, Heilkunde und Medizin gebraucht werden. Die Medizin umfasst die Erforschung der Ursachen und Erscheinungsformen von Krankheiten (Pathologie), ihre Erkennung (Diagnose), Behandlung (Therapie) und ihre Verhütung (Prophylaxe, Prävention).

Die Humanmedizin wird weiter untergliedert in verschiedene Fachgebiete wie Innere Medizin, Chirurgie, Frauenheilkunde und Geburtshilfe, Kinderheilkunde, Hals-Nasen-Ohren-Heilkunde und weitere. Neben dieser ‚Schulmedizin' gibt es andere Systeme, etwa die Naturheilkunde, die Homöopathie oder die anthroposophische Medizin.

1.2 Problematisierung

Aus systematischer Sicht ist allen Definitionen gemein, dass sie einen ‚normativen' Charakter haben (Eckart 1990; Engelhardt 1989; Eser/Lutterotti/Sporken 1989, S. 408–422, 455–461, 461–472; Gastager/Gastgeber/Griesl 1975; Kluge 1989). Ihnen liegen gewisse Vorstellungen von ‚normal' bzw. ‚gesund' und ‚unnormal' bzw. ‚krankheitswertig' zugrunde. Normativer Natur sind auch die Inhalte des ‚Heilauftrages'. Dieser umfasst nicht nur die Bewahrung oder Wiederherstellung eines biologischen bzw. physiologischen Gleichgewichtszustands (‚*Equilibrium*'), sondern ausdrücklich auch sozio-politische, psychologische, spirituell-theologische, ethisch-moralische und rechtliche Inhalte und Zielsetzungen.

Alle relevanten Begriffe und Konzepte sind Gegenstand unterschiedlichster Interpretationen, je nach individuellen, kosmologischen, theologischen, anthropologischen und sozio-historischen Hintergründen. Es gibt keine verbindlichen Kriterien für Normalität, Regel oder auch Wohlbefinden (↗Natur).

Im Zentrum aller Konzepte und Interaktionen der Humanmedizin steht das komplexe Verhältnis zwischen dem einzelnen Kranken und Hilfsbedürftigen, den ihm unmittelbar Helfenden (Arzt, Pflegende, nahe Angehörige) sowie der Gesellschaft (‚anthropologische Zentrierung'/‚Arzt-Patient-Beziehung') (↗Anthropologie; ↗Humanitäre Praxis; ↗Seelsorge).

2 Wissenschaftliche Einordnung

2.1 Humanistischer Ansatz

Der Humanmedizin kann in ihrer verwirrenden Vielschichtigkeit mit einem ‚humanistischen Ansatz' in besonders angemessener Weise begegnet werden. Die Geschichte der Medizin ist über weite Strecken von Prinzipien und Maximen beeinflusst, die sie mit dem ↗ Humanismus teilt. In ihrer Theoriebildung und Forschung, in ihrer Praxis und in der Lehre wird sie bis zum heutigen Tage von diesen sogar eher dominiert: Der direkte Bezug auf den ‚ganzen Menschen' und die Prinzipien der ↗ Humanität sind wichtige Voraussetzungen für das Gewinnen von schlüssigen und praxisrelevanten Erkenntnissen, die kulturübergreifenden Erfordernissen und disziplinübergreifenden Gütekriterien gerecht werden.

Eine dem Humanismus verpflichtete Medizin blickt aus historischer Sicht auf Traditionen zurück, die weit in die Kulturgeschichte der Menschheit zurückreichen (Allen 2005, S. 69–101; Al Hassani/Woodcock/Saoud Rabah 2006; Ackerknecht/Murken 1992; Eckart 1990; Engelhardt 1989 Eser/Lutterotti/Sporken 1989; Porter 1996). Programmatisch ist sie geprägt durch einen kritischen Dialog mit vielen unterschiedlichen Vorstellungen. Versuche, einzelnen Teilströmungen den Charakter dominierender ‚Leitkulturen' zuweisen zu wollen, erweisen sich oft als ‚xenophob', oder auch als Antihumanismus (↗ Antihumanismus/Humanismuskritik).

2.2 Kurze Medizingeschichte

2.2.1 Vor- und Frühgeschichte

Die frühesten heute bekannten Konzepte von Gesundheit, Krankheit und Heilkunde stammen entweder aus dem Forschungsbereich der ‚Paläomedizin' der Vor- und Frühgeschichte, oder aus Überlieferungen so genannter ‚Naturvölker'. Krankheit, Leid und Schmerz werden als Sanktion für Regelverletzungen im sozialen (oder religiösen) Lebensbereich interpretiert.

Der Betroffene wird von erzürnten Dämonen, Geistern, Göttern oder Ahnen besetzt. Sein Leid ist Ausdruck dieser Besessenheit. Das vorrangige Ziel des durch einen Schamanen oder einen Medizinmann initiierten Heilungsprozesses ist die Beseitigung des ‚Fremdeinflusses'. Dabei kommen Fetische, totemische Medien, durch Rauschmittel induzierte Trance oder Ekstase, körperliche Berührungen (Handauflegen, Bestreichen) oder kultische Invokationsriten zur Anwendung (Bezaubern, Besprechen, Besingen, Betanzen; ↗ Feier/Fest).

Häufig werden auch einfache Operationstechniken als Mittel der Entdämonisierung und Heilsbringung eingesetzt. Demselben Zweck dienen oft auch Initiationsriten, etwa durch Exzisionen, Inzisionen, Perforationen (z. B. Labiotomie, Beschneidung, Klitoridektomie, Trepanationen) oder durch die Herbeiführung künstlicher Deformationen (z. B. von Hals, Schädelform, Zähne, Narbenmuster auf der Haut u.a.m.). Ziel ist die (Wieder-)Herstellung eines somatischen und psychosozialen ‚Normalzustandes' und die soziale (Re-)Integrierung des Kranken.

2.2.2 Antike

Auch in der griechisch-römischen ↗ Antike (↗ Antike-Rezeption) ist die religiöse Deutung der Ursachen von Gesundheit, Krankheit, Leid oder auch Heilung geläufig. Eine wichtige therapeutische Methode ist eine durch Suggestion und/oder Drogen co-induzierte ‚Schlafheilung' des ruhebedürftigen Kranken, die ‚heilsame Inkubation'. In unterschiedlicher Ausprägung und in Übergangsformen existieren derartige Grundtypologien bis heute (Eckart 1990).

Charakteristisch für die griechische Medizin ist ihre Orientierung an konkreten Erfahrungen und das Bestreben, diese zu systematisieren und theoretisch zu entwickeln. In der vorhippokratischen Medizin des antiken Griechenland ist Gesundheit Harmonie („Synkrasie') aller Einzelkomponenten des Körpers und des Lebens. Krankheit dagegen ist Ausdruck einer Dys-Harmonie („Dyskrasie'). Heilung ist folglich nichts anderes als die Wiederherstellung von Harmonie („Krasenlehre' des Pythagoras von Samos, 6. Jahrhundert v. u. Z.). Hieraus entstand etwa zwei Jahrhunderte später die auch heute noch berühmte Lehre vom gesunden ‚Mischungsverhältnis' der ‚Körpersäfte' (Humoralpathologie) des Hippokrates von Kos.

Das Selbstverständnis der Heilkunde der (griechisch dominierten) Hoch- und Spätantike ist überwiegend das einer (gr.) *téchne* oder (lat.) *ars*. Sie ist also ein dem Menschen konkret dienendes, ziel- und handlungsbezogenes ‚Handwerk', oder auch eine ‚Kunstfertigkeit'. Religiös-teleologische und spekulativ-naturphilosophische Strömungen treten allmählich in den Hintergrund.

Die ‚Alexandrinische Schule' und die Schule der ‚Empiriker' der griechischen Medizin führen im 3. Jahrhundert u. Z. zur Zulassung der Sektion, der anatomischen Zergliederung des menschlichen Körpers für Lehr- und Forschungszwecke, zu Experimenten, was wiederum eine zunehmende Skepsis (↗ Zweifel) gegenüber naturphilosophischen Spekulationen und Dogmen befördert (Eckart 1990).

Die Schule der ‚Methodiker' um 50 v. u. Z. (Themison von Laodikeia, Thessalos von Tralleis) vertritt eine vornehmlich atomistisch-mechanisch geprägte Krankheitslehre. Sie postulierten ebenfalls eine grundsätzlich erkenntniskritische Grundeinstellung. In den Lehren der ‚Eklektiker' schließlich finden sich in unterschiedlichem Ausmaß Elemente sämtlicher der vorangegangenen Strömungen. Ihr aus historischer Sicht wichtigster Vertreter war gegen Ende des 2. Jahrhunderts Galenos von Pergamon. Das Fundament seiner Lehren bildeten vorwiegend die humoralpathologisch-spekulativen und auch mystischen Konzepte der vorhippokratischen Strömungen.

2.2.3 Mittelalter

In der ‚Klostermedizin' Europas (5.–12. Jahrhundert) nahmen die Riten, Symbole und Praktiken religiös-spiritueller ‚Heilsbringung' und einer eher diätetischen ‚Therapie' wieder zu (Handauflegen, Segnungen, Beten, Exorzismus, Bußübungen, Herbeiführung körperlicher Veränderungen durch Tonsuren und Selbstkasteiung, Selbststigmatisierung mit den Wundmalen Christi, ‚Heilige Anorexie'). Vorwiegend ‚strafende' Vorstellungen werden konzeptionell deutlich erweitert und verklärt: Leid und Krankheit, aber auch Pflege, Akte der Fürsorge und der Nächstenliebe werden ebenfalls interpretiert als Prüfung, Läuterung und als Weg zur letztendlichen ‚Erlösung' des Menschen in seiner Nachfolge der Leidensgeschichte Jesu (*passio Christi*).

Im Bereich der eher praxisorientierten Heilkunde wirkten meist wiederum eher im Sinne handwerklicher Traditionen ausgebildete Bader und ‚Chirurgen' (wörtlich: ‚Handwerker'). Diese nahmen oft auch kleinere Eingriffe und Wundbehandlungen vor. Hinzu traten Hebammen, ‚Kräuterfrauen' sowie vereinzelte ‚Spezialisten' für besondere Krankheitsbilder (‚Starstecher' und ‚Steinschneider').

Im Bereich der eher theoretisch-abstrakten ‚akademischen' Wissenschaft etablierten sich die ‚Scholastik' sowie die frühen Universitätsgründungen und ‚Medizin-Schulen' (Montpellier, Salerno, Paris, Bologna, Oxford, Padua; 12.–16. Jahrhundert). Deren Absolventen, die ‚studierten Ärzte' (lat. *physici, medici*), wurden oft auch zu Akteuren des ↗ Humanismus.

2.2.4 Renaissance und Aufklärung

Mit dem Anbrechen des Humanismus in der ↗ Renaissance entwickelten sich Toleranz (↗ Religionsfreiheit/Toleranz) und mit ihr der ‚Forschungsimperativ'. Ziel der Forschung wurde die Beherrschung der Natur zum objektivierbaren Nutzen des Menschen, sein ↗ Glück, und der Gesellschaft. Bevorzugt kamen mathematisch-quantitative und statistische Methoden (messen, wiegen, zählen) sowie visuelle Verfahren (Anatomie/Autopsie, etwa bei Andreas Vesalius; Mikroskopie, etwa Anton Van Leeuwenhoek) zur Anwendung.

In der Folge wurden die Krankheitskonzepte – entsprechend ihrer ‚neuen' Grundlagen – zum Teil sehr ‚selektiv' (‚Iatrochemie', ‚Iatrophysik', ‚Iatromechanik', ‚Iatrodynamik'). Auch in Gesundheitsfragen waren die Maximen und Methoden vor allem der ‚Überwindung der selbstverschuldeten Unmündigkeit' des Menschen verpflichtet, wie Immanuel Kant 1784 in seiner Schrift ‚Beantwortung der Frage: Was ist Aufklärung?' formulierte (↗ Aufklärung).

International führende Ärzte und Wissenschaftler wie Hermann Boerhaave, Albrecht von Haller und Antoine Laurent Lavoisiers postulierten Vernunft. Sie favorisierten mathematische und objektivierbare Begrifflichkeit, Szientismus, wissenschaftliche Experimentierfreudigkeit, Empirie, Eklektizismus, praxisbezogene Nutzanwendung und Unterricht am Krankenbett.

Aber auch Gegenströmungen existierten, die sich mehr den eher ‚subjektiven' mystisch-animistischen, spirituellen und psychosozialen Aspekten der Heilkunde zuwandten. Beispiele hierfür sind der ‚Animismus' bzw. ‚Vitalismus' bei Georg Ernst Stahl oder das ‚Lebenskraft'-Konzept von Christoph Wilhelm Hufeland und Christian Friedrich Samuel Hahnemann.

2.2.5 Medizin seit dem 19. Jahrhundert

Im späten ‚aufgeklärten Absolutismus' übernahm die Medizin schließlich dezidiert eine Rolle als ‚Dienerin des Staates'. Es begann der koordinierte Aufbau eines ‚öffentlichen Gesundheitswesens' und einer ‚Sozialhygiene' im modernen Sinne (↗ Sozialstaat). In der Wissenschaft und Praxis wird diese vorwiegend soziopolitisch motivierte Entwicklung ab der Mitte des 19. Jahrhunderts durch die präbakteriologischen Hygienebewegungen und die frühe Infektiologie flankiert. Es folgte die Entwicklung der Asepsis, etwa durch Joseph Lister, bis schließlich hin zur modernen Antibiotika-Entwicklung, Immunologie und Serologie ab der ersten Hälfte des 20. Jahrhunderts.

Andere Bereiche, in denen seit der Mitte des 19. Jahrhunderts ‚explosionsartige' Zunahmen an Kenntnissen und Fähigkeiten zu verzeichnen waren, sind die der ‚peri-operativen Medizin' (Chirurgie, Anästhesie/Schmerztherapie, Rettungswesen, Intensivmedizin) und der physikalischen, chemischen, technischen sowie zunehmend auch molekularbiologischen und genetischen Methoden in der Diagnostik und der Therapie.

Weitere wichtige Änderungen betrafen die Krankenhausarchitektur, -organisation und -strukturen, eine zunehmende Differenzierung von medizinischen Spezialdisziplinen, die Umstrukturierung der medizinischen Berufsorganisationen sowie – nicht zuletzt – tief greifende Änderungen des Berufs- und Ausbildungswesens. Seit der erstmaligen Einführung des Frauenstudiums in Zürich

(1864), Paris (1868), London (1877), Freiburg und Heidelberg (um 1900) zeichnete sich eine ‚Femininisierung' der Medizin ab.

Inzwischen ist (traditionell) nicht mehr nur die Pflege, sondern auch die Mehrheit der studierenden oder in Ausbildung befindlichen Ärzte weiblich und – mit offenbar zunehmendem Erfolg – auf dem Weg durch die bisher meist männlich dominierten Hierarchien.

3 Moderne Medizin

3.1 Von der Heilkunde zum Gesundheitswesen

Spätestens seit der Frühantike ist eine eher regelhafte ‚Doppelfunktion' von religiösen Zentren als zugleich Stätten der sozialen und medizinischen Wohlfahrtspflege gesichert. Neuere archäologische Erkenntnisse legen nahe, dass es bereits im Neolithikum (etwa 5000 – 2000 v. u. Z.) derartige Zentren mit oft weit überregionaler Bedeutung gab. Sozialmedizinisch-präventive Maßnahmen sind ebenfalls bereits sehr früh nachweisbar.

In Europa folgten zunächst die Frühmittelalterliche ‚Klostermedizin' und die Hospitäler, Hospize, Leprosien, Armen-, Siechen- und Kinderhäuser sowie das Stiftungswesen des Hoch- und Spätmittelalters. Allerdings waren auch diese Entwicklungen und Strukturen keineswegs vorwiegend – oder gar ausschließlich – Anliegen und Domänen von Kult und Kirche.

Heilsfürsorge für Arme, Alte, Obdachlose, Waisen und Kranke war auch zu diesen Zeiten ein zutiefst ‚säkular' motiviertes ‚Instrument' (↗ Säkularisierung). Stadt, Staat und Gesellschaft verbanden mit der Heilkunde immer auch soziale, politische, ideologische und ökonomische Zielsetzungen, die zur Sicherung und Förderung des Zusammenlebens und des Gemeinwesens überlebenswichtig waren, etwa medizinische Nothilfe und Pflege, städtebauliche und logistische Hygienemaßnahmen der Trinkwasserversorgung, Abwasser- und Unratentsorgung, allgemeine Seuchenprävention und -bekämpfung.

Mit dem weiterem Fortschreiten humanitär (↗ Humanität) motivierter und an der ↗ Aufklärung orientierter Tendenzen entwickelten sich auf dieser Grundlage die wesentlichen Strukturen und Kriterien des ‚Medizinbetriebes', wie wir ihn auch heute überwiegend vorfinden. Es entstand ein diagnostisch-therapeutisch ausgerichteter Betrieb diverser ‚Dienstleister' innerhalb differenzierter Funktionen von ↗ Arbeit, flankiert von einem allgemeinen sozialen Sicherungssystem, eingebunden in ein hochkomplexes Netzwerk aus sozialen, politischen, kulturhistorischen und ökonomischen Determinanten. Das provozierte geradezu die Frage nach den Kriterien und Prioritäten in diesem Organisationsgefüge.

3.2 Ethik in der Medizin

Der heutige Begriff der ‚medizinischen Ethik' wurde in der Spätaufklärung geprägt (Gregory 1772; Percival 1803). Seine theoretische Begründung und inhaltliche Programmatik ist ebenfalls weit überwiegend den Traditionen des Humanismus und der Aufklärung verpflichtet (Strätling 1998).

Wesentlich dem Humanismus zu danken sind die Patientenrechte und die Beachtung von dessen Willen und ↗ Weltanschauung. Vorbehaltlich eines ausdrücklichen Aufklärungsverzichts muss der Patient oder ein legitimierter Stellvertreter wahrheitsgemäß, differenziert und umfassend über geplante Behandlungsmaßnahmen, deren möglichen Folgen und Risiken informiert werden (‚informierte Einwilligung'/*informed consent*). Es gilt das Recht auf Selbstbestimmung (↗ Menschenwürde/Menschenrechte), sofern die Willensfreiheit und -bildung des Patienten nicht eindeutig eingeschränkt ist. Auch ‚unvernünftige' Entscheidungen des Patienten sind zu respektieren. Andere Erwägungen, etwa der Wunsch ‚Gutes zu tun', sind nachrangig. Zunehmend übernimmt notfalls auch das Recht die Rolle eines Garanten und ‚Bollwerks des Patientenschutzes'.

Aus Sicht wissenschaftlicher Theoriebildung und Methodenlehre ist Ethik in der Medizin keine ‚Sonderethik', sondern allenfalls ‚allgemeine' Ethik in einer besonderen Situation (Engelhardt 1989). Beide Komponenten, Medizin und Ethik, stehen in komplexen Wechselwirkungen mit anderen Human- und Geisteswissenschaften einerseits und den Naturwissenschaften andererseits.

Die philosophische Reflexion und Begründung, der (interdisziplinäre/internationale/kulturübergreifende) Diskurs (‚Diskursive Ethik'), der Versuch der (möglichst allgemeingültigen) Regelsetzung (‚Normative Ethik'; ‚normative Ebene') und schließlich auch deren Anwendung in der Praxis sind stets aufeinander bezogen. Sie repräsentieren lediglich unterschiedliche Komponenten ein und desselben Prozesses.

Intentional ist Ethik ‚praxisorientierte Philosophie'. Dabei ist sie – wie die Medizin – ‚anthropozentrisch' auf das Wohl des menschlichen Individuums (↗ Persönlichkeit) in der Gesellschaft ausgerichtet. Die ‚Besonderheit' ihrer Situation liegt vor allem in einer ‚anthropologischen Asymmetrie' begründet. Diese ist in der heilkundlichen und pflegerischen Tätigkeit meist besonders ausgeprägt und kaum vermeidbar: Einem leidenden, kranken, vulnerablen und hilfsbedürftigen Menschen steht ein in praktisch jeder Hinsicht ‚stärkerer' Mensch gegenüber. Dieser Helfer verfügt über Gesundheit, Expertise, Ansehen und Einflussmöglichkeiten.

Diese ‚anthropologische Asymmetrie' findet ihre natürliche Entsprechung in einer ebenso unvermeidbar ‚asymmetrischen' Arzt-(oder allgemeiner: Helfer)-Patient- Beziehung. Anstelle einer mehr oder weniger ausbalancierten ‚Ebene' zwischen annähernd Gleichberechtigten oder Gleichstarken ‚auf Augenhöhe' besteht also ein ‚Gefälle'. Der entscheidende ‚Dreh- und Angelpunkt' der Ethik in der Medizin besteht damit meist darin, dieses Gefälle auszugleichen. Zugleich ist Ethik in der Medizin nicht nur Arzt-und Pflegeethik. Ihr stehen auch Sitte, Moralität und das Ethos des Patienten und seines Umfeldes gegenüber. All dies zusammen ist eingebettet in einen komplexen historischen, kulturellen und sozioökonomischen Gesamtkontext (↗ Humanismus als Kultur).

Erschwerend kommt hinzu, dass dieses ‚System' keineswegs ‚stabil' ist. Schon je nach Krankheitsphase und -verlauf oder der Persönlichkeitsstruktur der Betroffenen kann beispielsweise die Fähigkeit der ethischen Selbstbestimmung mehr oder weniger eingeschränkt oder ausgeprägt sein. Auch kommunikative Defizite können erhebliche Probleme auslösen und den Informationsaustausch und Diskurs behindern oder unmöglich machen.

Das am weitesten bekannte Beispiel für einen ethischen Ärztekodex ist der berühmte ‚Hippokratische Eid'. Dieser stammt allerdings nicht von Hippokrates (etwa 400 v. u. Z.), sondern war eher eine Sammlung praktischer Regeln. Von einer verbindlichen ‚Allgemeingültigkeit' war der Eid damals – wie faktisch auch in allen anderen Epochen der Medizingeschichte – weit entfernt.

4 Beispielfall Sterbehilfe

Religiös beeinflusste Krankheitskonzepte interpretieren ‚Heilung' und ‚Heil' oft als auf das Engste verbunden. Leid und Krankheit gelten hier als Ausdruck eines ‚höheren Willens', als eine Strafe, Prüfung oder Läuterung. Den Menschen hieraus von Menschenhand und ‚aktiv' zu ‚erlösen', ist daher ein strenges Verbot.

Gerade in den Traditionen des ‚Abendlandes' wird Krankheit oft auch noch heute theologisch unter der Perspektive eines *Christus Medicus* (Christus der Arzt) bzw. in der Nachfolge eines erlösenden Leidensweges interpretiert. Krankheit wird als potenziell heilbringend angesehen oder gar mystifiziert (lat. *salubris infirmitas* – heilbringende Krankheit), Gesundheit kann verderblich sein (lat. *perniciosa sanitas* – todbringende Gesundheit).

Insbesondere auch am Lebensende finden sich solche eher pastoralen ‚Sinngebungen' und Verklärungen bis in die Gegenwart. Ein besonders problematisches Beispiel hierfür ist ein häufig erhobener, geradezu allumfassender ‚Heilsanspruch' beim Umgang mit Sterbenden (*total care*). Auch ansonsten sind die bisher vorherrschenden Begrifflichkeiten und Ikonographien der ‚Palliativmedizin' meist bewusst im Sinne einer einseitigen, religiös-spirituellen Vereinnahmung gewählt: Sie implizieren und propagieren damit viel eher das Bild einer ‚Heilsbotschaft' für den Sterbenden, als das einer medizinischen Subdisziplin, die sich nüchtern um Leidensminderung und Symptomkontrolle bemüht.

Schon die Tradition der Philosophie der griechisch-römischen Stoa erlaubte dem Arzt ‚aktive' Sterbehilfe (Tötung auf Verlangen und Suizidbeistand) in den Fällen, in denen diese Handlungen Ausdruck vernünftigen Bewusstseins, einer sittlichen Handlung oder schwersten Leidens ist.

Im Humanismus und der Aufklärung werden Euthanasie und Suizid – sofern freiwillig – ebenfalls durchaus positiv beurteilt, etwa bei Thomas Morus und Francis Bacon. Im deutschsprachigen Bereich ist der Begriff der ‚Euthanasie' belastet aufgrund seiner Verwendung als Euphemismus für den Völkermord und die Vernichtung angeblich ‚lebensunwerten Lebens' während der Diktatur des Nationalsozialismus (↗ Antihumanismus/Humanismuskritik). Diese Belastung bzw. dieser Missbrauch ist international eine Ausnahme.

Aus philosophisch-ethischer Sicht sind unterschiedliche, besonders auch humanistisch und pluralistisch geprägte Auffassungen in Bezug auf die Euthanasie heute weitestgehend anerkannt. Aus empirischer Sicht werden diese in den meisten Kulturkreisen von den Mehrheiten der Bevölkerungen geteilt oder zumindest geduldet. Demzufolge zeichnen sich auch aus rechtlicher Sicht sowie im praktisch-medizinischen Umgang mit dem Phänomen inzwischen deutliche ‚Liberalisierungen' ab (Neumann 2011; Neumann 2012).

5 Literatur

Ackerknecht, Erwin H./Murken, Axel Hinrich (1992): Geschichte der Medizin. 7. Auflage. Stuttgart.
Al Hassani, Salim T.S./Woodcock, Elisabeth/Saoud, Rabah (Hrsg.) (2006): *1001 Inventions. Muslim Heritage in our World. Foundation of Science, Technology and Civilisation (FSTC).* Manchester.
Allen, James P. (2005): *The Art of Medicine in Ancient Egypt. The Metropolitan Museum of Art.* New Haven, London.
Beauchamp, Tom L./Childress, James F. (1979): *Principles of Biomedical Ethics.* Oxford.
Eckart, Wolfgang U. (1990): Geschichte der Medizin. Weinheim.
Engelhardt, Dietrich von (1989): „Zur Systematik und Geschichte der Medizinischen Ethik". In: Dietrich von Engelhardt (Hrsg.): Ethik im Alltag der Medizin. Berlin, Heidelberg 1989, S. 221–236.
Eser, Albin/Lutterotti, Markus von/Sporken, Paul (Hrsg) (1989): Lexikon Medizin. Ethik, Recht. Freiburg.
Gastager, Heimo/Gastgeber, Karl/Griesl, Gottfried (Hrsg.) (1975): Praktisches Wörterbuch der Pastoral-Anthropologie. Wien.
Gregory, John (1772): *Lectures on the duties and qualifications of a physician.* London.
Hurrelmann, Klaus (1999): Gesundheitswissenschaften. Heidelberg.
Hurrelmann, Klaus (2010): Gesundheitssoziologie. Weinheim.
Kluge, Friedrich (Hrsg.) (1989): Etymologisches Wörterbuch der Deutschen Sprache. 22. Auflage. Berlin.

Müri, Walter (1986): Der Arzt im Altertum. Griechische und lateinische Quellenstücke von Hippokrates bis Galen mit der Übertragung ins Deutsche. 5. Auflage. München, Zürich.

Neumann, Gita (2011): „Lebens- und Sterbehilfe". In: Horst Groschopp (Hrsg.): Barmherzigkeit und Menschenwürde. Aschaffenburg, S. 61–145.

Neumann, Gita (Hrsg.) (2012): Suizidhilfe als Herausforderung. Aschaffenburg 2012.

Nutton, Vivian (1999a): „Medizin". In: DNP Bd. 7, Sp. 1103–1117.

Nutton, Vivian (1999b): „Medizinische Ethik". In: DNP Bd. 7, Sp. 1117–1120.

Percival, Thomas (1803): *Medical Ethics. Or a Code of Institutes and Percepts, adapted to the professional conduct of physicians and surgeons.* Manchester.

Porter, Roy (Hrsg.) (1996): *The Cambridge Illustrated History of Medicine.* Cambridge.

Strätling, Meinolfus (1998): Die Begründung der neuzeitlichen Medizinethik in Praxis, Lehre und Forschung. John Gregory (1724–1773) und seine ‚*Lectures on the duties and qualifications of a physician*'. Frankfurt am Main.

World Health Organisation (Hrsg.) (1946–2005): *Constitution of the World Health Organisation.* New York.

Eric Hilgendorf
Menschenrechte/Menschenwürde

1 Definition

Unter ‚Menschenrechten' versteht man bestimmte Freiheits-, Gleichheits- und Teilhaberechte, neuerdings auch soziale Rechte, die jedem Menschen ‚kraft Geburt' zukommen sollen. Sie werden nicht staatlicherseits gewährt, sondern sollen den Staaten vorausgehen und jede staatliche Macht binden. Menschenrechte gelten unabhängig von Kultur, Rasse, Religion, Geschlecht und ähnlichen Faktoren und sind damit universal. Ihre Zahl und ihr Inhalt sind nicht fest bestimmt, sondern entwickeln sich mit wechselnden historischen Erfahrungen weiter.

Von den eigentlichen Menschenrechten zu unterscheiden sind Bürger- oder Grundrechte, die auf Grundlage einer verfassungsrechtlichen Verbürgung grundsätzlich jedem Angehörigen eines bestimmten Staates zukommen, und die sog. staatsbürgerlichen Rechte (z. B. das Wahlrecht), welche auf aktive Mitwirkung im jeweiligen Staat gerichtet sind. Anders als die Menschenrechte gelten die Bürger- und Grundrechte und auch die staatsbürgerlichen Rechte also nur partikular.

Begrifflich und historisch muss von den Menschenrechten schließlich auch die Menschenwürde unterschieden werden. Die historische Entwicklung ist jeweils eine andere, und auch die Stärke des individuellen Schutzes durch Menschenrechte einerseits, die Menschenwürde andererseits ist unterschiedlich stark ausgeprägt. Vor allem in der deutschen Verfassungstradition seit 1949 wird die Menschenwürdegarantie (anders als die Garantie der Menschenrechte) als nicht abwägbar verstanden.

2 Geschichte

Die geistesgeschichtlichen Wurzeln der Idee der Menschenrechte und der Menschenwürde reichen bis in die antike Philosophie zurück.[1] Geistesgeschichtlich einflussreich wurden vor allem die Lehren der Stoa (Cancik 2011, S. 291 ff.). Demgegenüber war der Einfluss der christlichen Vorstellung einer ‚Gottesebenbildlichkeit' des Menschen (lat. *imago dei*) nur gering. Sie wirkte bis Mitte des 20. Jahrhunderts allenfalls theologisch, nicht aber politisch (anders Kreß 2012,

---

[1] Ishay 2008; Oestreich 1966; Stearns 2012; Wolgast 2009. – Vgl. auch die breit gefächerte, sowohl philosophische wie juristische Quellen berücksichtigende Zusammenstellung bei Wetz 2011.

S. 137 ff.). Im christlich geprägten Mittelalter spielten Vorstellungen von allgemeinen Menschenrechten oder Menschenwürde praktisch kaum eine Rolle.

Im ↗ Humanismus des späten 15. Jahrhunderts wurden unter Rückgriff auf die ↗ Antike der Eigenwert des Individuums, seine Autonomie, seine schöpferische Potenz und damit auch seine Würde neu entdeckt. So betonte etwa Pico della Mirandola die Freiheit des Menschen und seine Fähigkeit, sich selbst zu gestalten (Pico della Mirandola 1990).

Unter dem Eindruck der Spaltung des Christentums und der darauf folgenden Religionskriege wurden Forderungen nach individueller Glaubens- und Gewissensfreiheit laut, ließen sich jedoch nicht durchsetzen: „Der im Westfälischen Frieden von 1648 formulierte Grundsatz *cuius regio, eius religio* [‚wessen Gebiet, dessen Religion'] ist die geradezu zynische Verneinung jeglicher individueller Freiheit" (Neumann 1998, S. 137).

In England formulierten Juristen im Zuge der heftigen Auseinandersetzungen zwischen Krone und Parlament ab dem frühen 17. Jahrhundert Rechtserklärungen, etwa die *Petition of Right* (1628), die *Habeas-Corpus-Akte* (1679) und die *Bill of Rights* (1689), die jedoch eher als Bestätigung überkommener partikularer Privilegien denn als Begründungen universeller Menschenrechte anzusehen sind.[2]

Die politische Durchsetzung von Menschenrechten gelang erst im 18. Jahrhundert (Hunt 2007; Menke/Raimondi 2011). Nach Vorarbeiten durch Frühaufklärer wie Milton, Locke und Montesquieu wurden ab der Jahrhundertmitte vor allem in Frankreich die Forderungen nach Menschen- und Bürgerrechten immer lauter. Wortführer waren die Enzyklopädisten um Diderot, etwas später Jean-Jacques Rousseau, vor allem aber Voltaire, dessen intellektueller Einfluss sich in den 1760er Jahren über ganz Europa erstreckte. Sein öffentliches Eintreten für die Opfer von Justizskandalen (wie etwa im Fall des zu Unrecht zum Tode verurteilten Hugenotten Jean Calas) (Gilcher-Holtey 2010) regten in Europa Debatten über Justizreformen an (Hilgendorf 2014a, S. 155 ff.).

Leitmotiv der aufklärerischen Forderungen nach Menschenrechten und Menschenwürde ist der Gedanke der ↗ Humanität, der in der Vorstellung eines besonderen menschlichen Eigenwertes und damit verbundener vorstaatlicher Rechte gipfelte. Ähnliche Gedanken waren unter dem Eindruck des Genozids an den süd- und mittelamerikanischen Ureinwohnern bereits im 16. Jahrhundert vom

---

[2] Wolgast 2009, S. 30, weist zu Recht darauf hin, dass sich die englischen Freiheitsrechte des 17. Jahrhunderts zwar *ihrem Wortlaut nach* auf jeden „*freeborn Englishman*" bezogen. Faktisch nutzen konnten diese Rechte aber vor allem die Angehörigen der privilegierten Mittel- und Oberschicht.

Dominikanermönch Las Casas[3] und der ‚Schule von Salamanca' durch Francisco de Vitoria entwickelt worden, denen allerdings politischer Einfluss weitgehend versagt blieb (Verdross 1963, S. 92 f.).

Die erste positivierte Menschenrechtserklärung ist die ‚Virginia Bill of Rights' (1776), in der gleich eingangs festgestellt wird, all *men are by nature equally free and independent and have certain inherent rights*. In ihrem Mittelpunkt steht nicht das Streben nach religiöser Freiheit (↗ Religionsfreiheit/Toleranz), sondern das Bedürfnis nach Sicherung ökonomischer Autarkie und politischer Selbstständigkeit.[4] Noch einflussreicher wurde die ‚Erklärung der Menschen- und Bürgerrechte', die 1789 von der französischen Nationalversammlung verabschiedet und zum Vorbild zahlreicher Bürgerrechtskataloge des 19. Jahrhunderts wurde.[5]

Es ist bemerkenswert, dass die ersten Menschenrechtserklärungen zwar von den Rechten ‚des Menschen' sprachen, Menschen mit dunkler Hautfarbe und Frauen aber praktisch ausgeklammert blieben. So war Thomas Jefferson, einer der US-amerikanischen Verfassungsväter, ein Sklavenhalter. Während der Französischen Revolution erregte Olympe de Gouges selbst unter den Revolutionären mit der Forderung Aufsehen, die neu festgeschriebenen Menschen- und Bürgerrechte müssten auch für Frauen gelten.[6]

So weit wollten gegen Ende des 18. Jahrhunderts nur einige Vertreter der ‚radikalen Aufklärung' (Israel/Mulsow 2014) gehen, die sich allerdings bis weit in das 19. Jahrhundert hinein nicht durchsetzen konnten (vgl. die Beiträge in Gerhard 1997, besonders Teil III). Diese Ausgrenzung von Sklaven und Frauen, welche heute nur noch Kopfschütteln erregen kann, legt die Frage nahe, ob es auch jetzt noch ‚blinde Flecken' im Menschenrechtsdiskurs gibt, die zukünftige Generationen in Erstaunen versetzen werden (z. B. im Hinblick auf Rechte für Tiere).

Zu den wichtigsten Abkommen zum Schutz der Menschenrechte im 20. Jahrhundert zählt die ‚Charta der Vereinten Nationen' (UN) von 1945, die ‚Allgemeine Erklärung der Menschenrechte' (AEMR) von 1948, der ‚Internationale Pakt über bürgerliche und zivile Rechte' (UN-Zivilpakt) sowie der ‚Pakt über wirtschaftliche,

---

[3] Las Casas' in der heutigen Humanismusdebatte zu wenig beachtetes Werk wird erschlossen durch die von Mariano Delgado in vier Bänden 1994–1997 herausgegebene Werkauswahl. Vgl. die „Einleitung" in: Delgado 1994.

[4] Neumann 1998, S. 137. Die zu Beginn des 20. Jahrhunderts von Georg Jellinek aufgestellte These, Ursprung der modernen Idee der Menschenrechte sei das Streben der amerikanischen Kolonisten nach Religionsfreiheit gewesen, kann als widerlegt gelten. Der Text Jellineks (‚Die Erklärung der Menschen- und Bürgerrechte') ist abgedruckt in: Schnur 1964, S. 1–77.

[5] Wolgast 2009, S. 109 ff.

[6] Olympe de Gouges: „Die Rechte der Frau und Bürgerin". Auszugsweise abgedruckt in: Hagengruber 1998, S. 97–107.

soziale und kulturelle Rechte' (UN-Sozialpakt), beide von 1966 (und 1977 in Kraft getreten). Hinzu kommen spezifische universelle Menschenrechtsabkommen (z. B. das UN-Folterverbot von 1984) sowie regionale Menschenrechtsabkommen wie die Europäische Menschenrechtskonvention von 1950. Ein zunehmend wichtiges Schutzinstrument für die Menschenrechte ist der Internationale Strafgerichtshof, welcher 2002 zur Ahndung von Völkermord, Verbrechen gegen die Menschlichkeit und Kriegsverbrechen eingesetzt wurde (fundierter Überblick bei Buergenthal 2009 § 9). Dagegen fehlt bis heute ein echter Weltgerichtshof, der allgemein bei der Verletzung von Menschenrechten zuständig wäre.

Man unterscheidet oft drei ‚Generationen' von Menschenrechten:

Zur ersten Generation gehören die klassischen bürgerlichen und politischen Freiheits- und Beteiligungsrechte, etwa das Recht auf Leben, das Recht auf persönliche Freiheit und Sicherheit, Religions- und Meinungsfreiheit, Versammlungsfreiheit, Vereinigungsfreiheit sowie justizbezogene Rechte wie die Gleichheit vor dem Gesetz und die Unschuldsvermutung. Dem korrespondieren Verbote von Sklaverei, Folter, Zwangsarbeit und willkürlichem Freiheitsentzug. Die Schutzsysteme für Menschenrechte der ersten Generation sind national und international stark ausgebaut.

Als Rechte der zweiten Generation bezeichnet man wirtschaftliche, soziale und kulturelle Menschenrechte, etwa Rechte auf ↗ Arbeit, auf soziale Sicherung (↗ Sozialstaat), Gesundheit, Wasser, Ernährung, Bildung und Wohnung. Derartige Rechte werden seit den 1990er Jahren verstärkt diskutiert und eingefordert, sind aber bisher, jedenfalls im internationalen Maßstab, weit weniger geschützt als die Rechte der ersten Generation.

Als Menschenrechte der dritten Generation werden z. B. Rechte auf Entwicklung, Frieden, saubere Umwelt und gleichen Zugang zu den wichtigsten Informations- und Kommunikationsmedien (vor allem dem Internet) bezeichnet. Ob derartige primär kollektiv orientierte Rechte als ‚Menschenrechte' eingestuft und kodifiziert werden sollten, wird derzeit kontrovers diskutiert.

Die Menschenrechte wurden zunächst als Abwehrrechte gegen Zugriffe des Staates verstanden, etwa als Schutz der individuellen Meinungs- und Religionsfreiheit, der körperlichen Unversehrtheit und des Lebens sowie des Eigentums. Im Laufe der Zeit traten andere Schutzrichtungen hinzu, besonders der Schutz von bestimmten Teilhaberechten, z. B. das Wahlrecht. Zu nennen ist ferner die Etablierung von Schutzrechten, die den Staat verpflichten, gesetzgeberische oder andere Maßnahmen zu ergreifen, wenn Menschenrechte durch den Zugriff Dritter bedroht werden. Schließlich kann der Staat infolge von Gewährleistungsrechten verpflichtet sein, die Ausübung der Menschenrechte durch positive (z. B. wirtschaftliche) Leistungen zu ermöglichen.

Von den Menschenrechten zu unterscheiden ist die Menschenwürde, die erst etwa seit Mitte des 20. Jahrhunderts in zahlreiche Menschenrechtserklärungen und Verfassungen aufgenommen wurde, so etwa in die ‚Allgemeine Erklärung der Menschenrechte' aus dem Jahr 1948 und das ‚Grundgesetz der Bundesrepublik Deutschland' von 1949. Die Ausgestaltung der Menschenwürdegarantie zu einem noch über die Menschenrechte hinausreichenden Schutzinstrument ist Reaktion auf die beispiellosen Menschenrechtsverletzungen unter der Herrschaft des Nationalsozialismus und des Stalinismus.[7]

Gerade im deutschen Grundgesetz ist der Schutz der Menschenwürde denkbar stark ausgestaltet, wesentlich stärker als der Schutz der (in den ‚Grundrechten' positivierten) Menschenrechte. Das deutsche Regelungsmodell hat u. a. die ‚Charta der Menschenrechte der Europäischen Union' (2009) geprägt; die dort in Art. 1 enthaltene Menschenwürdegarantie stimmt mit der Formulierung im deutschen Grundgesetz überein.

3 Einzelfragen

3.1 Menschenrechte und Menschenwürde

Die vorstehenden Äußerungen machen bereits deutlich, dass Menschenrechte und Menschenwürde nicht dasselbe sind. In der philosophischen Literatur wird bisweilen gefragt, ob denn die Menschenwürde die Menschenrechte ‚begründen' könne (oder umgekehrt), wobei allerdings kaum als geklärt gelten kann, was in diesem Zusammenhang unter einer ‚Begründung' verstanden werden soll.

Hilfreicher ist es, sich das Verhältnis von Menschenrechten und Menschenwürde nach dem Modell zweier konzentrischer Kreise vorzustellen: Während die Menschenwürde, ohne Ausnahmen zuzulassen, den innersten Kern dessen schützt, was wir für das Menschsein als konstitutiv ansehen, schützen die Menschenrechte das Individuum zwar grundsätzlich gegenüber Eingriffen des Staates, lassen aber Ausnahmen aufgrund höher stehender Interessen zu.

Menschenrechte werden also als *abwägbar* verstanden, so dass sie im Konfliktfall eingeschränkt werden können. Bei der Menschenwürde ist dies nicht möglich: jede Beeinträchtigung der Menschenwürde (z. B. durch Folter) ist rechtswidrig und kann unter keinen Umständen gerechtfertigt werden, auch dann

---

[7] Dreier 2013, Artikel 1 I, Randnummer 41. – Auch für die Menschenrechtsbewegung insgesamt bedeutet der Holocaust eine tiefe Zäsur, dazu Fagan 2011, S. 7 ff., der deshalb zu Recht vor einer Trivialisierung des Menschenrechtsdiskurses warnt.

nicht, wenn sie als der einzige Weg erscheint, hochrangige Interessen anderer Menschen (z. B. deren Leben) zu retten (Dreier 2013, Artikel 1 I Randnummer 46).

3.2 Schutzbereich der Menschenwürde

Es wurden viele Versuche unternommen, den Schutz der Menschenwürde schärfer zu konturieren. Der deutsche Verfassungsrechtler Günter Dürig hat in Anlehnung an eine Formulierung des ‚kategorischen Imperativs' Immanuel Kants vorgeschlagen, die Menschenwürde dann als verletzt anzusehen, wenn der Einzelne als bloßes ‚Objekt' staatlicher Macht behandelt werde.[8]

Dieser ‚Objektformel' mangelt es freilich an der erforderlichen Trennschärfe. Auch der Gedanke, die Menschenwürde sei dann verletzt, wenn ein Mensch ‚instrumentalisiert' werde, überzeugt nicht, da einerseits viele Instrumentalisierungen Anderer deren Menschenwürde unberührt lassen (Beispiel: A benutzt bei einem starken Sturm den größeren B als ‚Deckung', ohne dass dies von diesem bemerkt würde), andererseits sich einige Fälle klarer Menschenwürdeverletzungen nur um den Preis erheblicher begrifflicher Verwerfungen als ‚Instrumentalisierung' deuten lassen (Beispiel: Diktator A foltert B, den letzten Angehörigen einer ihm verhassten Minderheitengruppe, eigenhändig zu Tode) (zur Kritik: Hilgendorf 2011a).

Am ehesten sachgemäß erscheint es, in Anlehnung an die Rechtsprechung des Bundesverfassungsgerichts die Menschenwürde über ein Ensemble von Basis-Rechten zu interpretieren, die den Persönlichkeitskern des Einzelnen und seine Autonomie zu schützen geeignet sind (Hilgendorf 1999). Es handelt sich dabei um Rechte auf ein absolutes Existenzminimum, auf grundsätzliche Gleichheit als potenzieller Rechtsträger (gegen Sklaverei), auf minimale Entfaltungsfreiheit (gegen Kaspar-Hauser-Experimente), auf Freiheit von extremen Schmerzen (gegen Folter), auf ein Minimum an geistig-seelischer Integrität (gegen Gehirnwäsche), auf Kontrolle über höchstpersönliche (intime) Daten (gegen totale Ausforschung) und auf Schutz vor sonstigen extremen Demütigungen. Das letztere Recht ist als ‚Auffangkategorie' gedacht.

Das skizzierte Ensemble an Rechten ist weiterer Differenzierung, aber auch der Ergänzung zugänglich, falls z. B. neue technische Entwicklungen oder politische Tendenzen Menschen in neuer Weise bedrohen. Auch die Menschenrechte bilden sich mit wachsender historischer Erfahrung und politischer Entwicklung fortwährend weiter. Ethik, Politik und Recht wirken dabei zusammen. Damit wird das Programm einer humanistischen Rechtsethik definiert, welches an dem

---

[8] Dürig 1956, S. 127. Die Formel wurde wiederholt vom Bundesverfassungsgericht übernommen.

Leitgedanken orientiert ist, auf Dauer sicherzustellen, dass sich der Staat und seine Rechtsordnung an den Bedürfnissen des Menschen orientieren (Hilgendorf 2014b) und nicht umgekehrt (wie es für autoritäre und totalitäre Staatswesen kennzeichnend ist ↗ Recht). Allerdings birgt die Interpretationsoffenheit und inhaltliche Entwicklungsfähigkeit von Menschenwürde und Menschenrechten die Gefahr von Ausweitungstendenzen, welche die Akzeptanz von Menschenwürde und Menschenrechten gefährden können.

3.3 Begründung von Menschenrechten und Menschenwürde

Der historische Ursprung der Menschenrechtserklärungen liegt in besonderen, als unerträglich empfundenen Unrechtserfahrungen (↗ Humanisierung).[9] Der Widerstand dagegen manifestierte sich in der Erklärung ‚ewiger Rechte', die in Rechtsform gegossen und feierlich verabschiedet wurden. So ist die französische ‚Erklärung der Menschen- und Bürgerrechte' (1789) eine Reaktion auf die Unterdrückung des Dritten Standes durch Adel und Klerus im *Ancien Régime* und die ‚Allgemeine Erklärung der Menschenrechte' (1948) verdankt ihre Entstehung der Erfahrung der nationalsozialistischen Massenmorde und der Willkürherrschaft Hitlers.

Von diesen historischen Erklärungen ist die philosophische Begründung von Menschenrechten und Menschenwürde zu unterscheiden. Es existiert ein weites Spektrum derartiger Begründungsversuche, angefangen von der Herleitung der Menschenrechte und Menschenwürde aus angeblich absolut geltenden Moralprinzipien (Immanuel Kant), der Struktur der Sprache (Diskursethik) oder gar dem Begriff der Handlung (Alan Gewirth) bis hin zur Gründung auf universale menschliche Interessen (Martha Nussbaum) (Überblick bei Fagan 2011, S. 8–24).

Gerade aus humanistischer Sicht am überzeugendsten erscheint es, in Anlehnung an den letztgenannten Ansatz die Geltung von Menschenrechten und Menschenwürde auf die besondere Verletzlichkeit und damit Schutzbedürftigkeit des Menschen zu gründen. Kennzeichnend für diesen Begründungsansatz ist die instrumentelle Perspektive: Menschenrechte und Menschenwürde sind demnach Werkzeuge, um extremes Unrecht zu verhindern, und ihr Inhalt und ihre Ausgestaltung lassen sich im Lichte ihrer Leistungsfähigkeit zu diesem Zweck bewerten.

---

[9] Der berühmte US-Strafverteidiger Alan Dershowitz bringt diesen Umstand schon im Titel seines Buches: *Rights from Wrongs* (Dershowitz 2004) treffend zum Ausdruck.

3.4 Träger

Der Inhalt von Menschenrechten wie dem Recht auf Leben, auf körperliche Unversehrtheit, auf Religionsfreiheit, Eigentum oder ‚Meinungsfreiheit' ist zunächst aus der historischen Situation verständlich, in der die Rechte erkämpft wurden, entwickelt sich sodann aber fort. Da diese Rechte ohnehin in fast sämtlichen Anwendungsfällen mit den Rechten anderer in einen Ausgleich gebracht werden müssen, spielt die genaue sprachliche Formulierung meist keine entscheidende Rolle.

Als ‚Träger' der Menschenrechte, also möglicher Inhaber eines entsprechenden Rechtsstatus, ist grundsätzlich jeder geborene Mensch anzusehen, wobei die Geltendmachung der Rechte unter Umständen (z. B. für Kinder oder geistig Behinderte) Anderen obliegen kann. Eine Rechtsträgerschaft Ungeborener wird für das Recht auf Leben diskutiert (Schulze-Fielitz 2013, Artikel 2 II Randnummer 40).

Der Schutz der Menschenwürde ist (jedenfalls aus der Perspektive der deutschen Jurisprudenz) absolut gefasst, lässt also keine Abwägung oder Ausnahme zu. Jede Beeinträchtigung der Menschenwürde ist damit ohne Weiteres rechtswidrig. Diese sehr starke Ausgestaltung des rechtlichen Schutzes führt dazu, dass der Anwendungsbereich der Menschenwürdegarantie eng sein muss; sonst würde sie praktisch ad absurdum geführt. Träger der Menschenwürde sind alle (geborenen) Menschen; die bisweilen geforderte Ausweitung des Menschenwürdeschutzes auf Ungeborene ist abzulehnen (Dreier 2013, Artikel 1 I Randnummer 82 ff.).

So wie die Menschenrechte ihre Durchsetzung vor allem dem überragenden Engagement Einzelner verdanken (man denke etwa an das Engagement Voltaires im Fall Jean Calas), so liegt die Verteidigung und Durchsetzung von Menschenrechten und Menschenwürde auch heute noch zu einem nicht unbeträchtlichen Teil in den Händen privater Organisationen (NGOs; Buergenthal/Thürer 2009, Kapitel 5). Zu nennen sind etwa die bereits 1898 in Reaktion auf den Dreyfus-Prozess in Paris gegründete ‚Liga für Menschenrechte' oder die 1961 durch den britischen Anwalt Peter Benenson gründete Organisation ‚Amnesty International'.

3.5 Bedeutung von Verfahren

Immer wieder haben in der Geschichte der Menschenrechte besondere Rechte auf Einhaltung eines gerechten Verfahrens eine Rolle gespielt, vom *Habeas-Corpus* (dem Schutz vor willkürlicher Gefangennahme) über das Recht auf richterliches Gehör bis hin zu der Möglichkeit, seine Rechte in einem geordneten Verfahren durchzusetzen. Desgleichen sind staatliche Verfahren strikt an die Menschenrechte gebunden (z. B. keine Folter während eines polizeilichen Verhörs). Geordnete Verfahren erweisen sich damit als ein wesentlicher Bestandteil des Schutzes von Menschenrechten und Menschenwürde.

3.6 Neue Herausforderungen

In der Gegenwart ist die Idee der Menschenrechte weltweit fest etabliert,[10] selbst wenn immer wieder auch kritische Stimmen laut werden. Weniger gesichert ist die Akzeptanz der Menschenwürde als Leitwert. Problematisch ist vor allem, dass über Konzeption und Inhalt der Menschenwürde international kaum Einigkeit besteht (repräsentativ McCrudden 2013). Dies gilt vor allem für den angelsächsischen Raum, in welchem die Menschenwürde als Recht bzw. Bündel von Rechten gerade erst entdeckt wird.[11]

Es wurde bereits erwähnt, dass sich unsere Vorstellungen von Menschenrechten und Menschenwürde mit zunehmender geschichtlicher Erfahrung fortentwickeln. Neue Fragen stellen sich schon bei den Menschenrechten der dritten Generation, aber auch im Hinblick auf die Möglichkeit von Rechten für Tiere, wie sie etwa für Menschenaffen gefordert werden (Cavalieri/Singer 1993; Grundrechte für Menschenaffen 2012). Damit in Zusammenhang steht die immer wichtiger werdende Frage der Bedeutung von Menschenrechten und insbesondere Menschenwürde für die Forschung (Hilgendorf 2011b).

Eine weitere – erhebliche – Herausforderung liegt in der Bewältigung der großen technischen Veränderungen unserer Welt, von der Humanbiotechnologie über das ubiquitäre Internet bis hin zu neuartigen autonomen Systemen (Robotern) und der Nanotechnologie. Derartige Technologien bieten große Chancen zu einer weiteren ↗ Humanisierung unserer Lebens- und Arbeitswelt.

Sie bergen aber auch erhebliche Gefahren, nicht bloß durch die Möglichkeit ihres Missbrauchs, sondern auch durch den infolge einer weltweiten Standardisierung technischer Produkte entstehenden Anpassungsdruck. Die Allgegenwart von Daten aufnehmenden und Daten verarbeitenden Systemen etwa erfordert heute eine Fortentwicklung des schon seit den frühen 1980er Jahren in der deutschen Rechtsprechung anerkannten „Rechts auf informationelle Selbstbe-

---

10 Zur praktischen Relevanz der Menschenrechte heute vgl. Hoffmann 2010. – Andrew Clapham konstatiert sogar eine gewisse Übersättigung der öffentlichen Diskurse mit Menschenrechtsargumenten (Clapham 2007, S. 1 ff.).
11 Zu den neuen angelsächsischen Debatten vgl. etwa Rosen 2012; zur Verwendung des Konzepts in der internationalen Bioethik Barilan 2012; Foster 2011; zum Verhältnis Menschenwürde und Strafrecht im deutsch-israelischen Vergleich vgl. die Beiträge in Israel Law Review 44, 2011.

stimmung"[12] zu einem differenzierten Informationsrecht. Die erwähnten technischen Entwicklungen werfen die Frage auf, ob nicht bloß Staaten, sondern etwa auch international tätige Großunternehmen direkt an die Menschenrechte und Menschenwürde gebunden sein sollten.

Eine neues, angesichts der zunehmenden Globalisierung unserer Welt immer drängender werdendes Problem liegt in der Frage, ob und inwieweit der Schutz von Menschenrechten und Menschenwürde auch extraterritoriale (so genannte humanitäre) Interventionen einzelner Staaten oder Staatengruppen legitimieren können (↗ Humanitarismus).

Ein wichtiges und aktuelles Problem ist schließlich in der Frage zu sehen, ob bzw. inwieweit Individuen auf den Schutz ihrer Menschenrechte und Menschenwürde verzichten können. Relevant wird dies etwa im Kontext der Prostitution und ähnlicher sexualbezogener Dienstleistungen (z. B. in sogenannten Peepshows), aber auch bei anderen von der überwiegenden Mehrzahl der Bevölkerung als ‚menschenwürdewidrig' angesehenen beruflichen Tätigkeiten (Dreier 2013, Artikel 1 I Randnummer 149 f). Angesichts der Tatsache, dass Menschenwürde und Menschenrechte gerade die menschliche Freiheit schützen sollen, wird man einen Verzicht für möglich halten müssen (lat. *volenti not fit iniuria* – einem der zustimmt, geschieht kein Unrecht), jedenfalls bis zu dem Punkt, wo Grundlagen der Autonomiefähigkeit selbst in Gefahr geraten, also dauerhafter Autonomieverlust droht.

4 Kritik an Menschenrechten und Menschenwürde

Die Vorstellung von Menschenrechten und Menschenwürde musste gegen erhebliche Widerstände durchgesetzt werden und stößt noch heute auf teils verdeckte, teils offene Kritik (↗ Antihumanismus/Humanismuskritik). Neben den staatlichen Machthabern des 18. und frühen 19. Jahrhunderts war es vor allem die (katholische) Kirche, die gegen das Vordringen der Menschenrechtsidee im ausgehenden 18. und im 19. Jahrhundert erbitterten Widerstand leistete (Denzler 1977; zusammenfassend Dreier 2013, Artikel 1 I Randnummer 7 ff.).

Erst das Zweite Vatikanische Konzil (1962–1965) führte zu einer Änderung in der offiziellen Haltung der Amtskirche (Neumann 1976, S. 27 ff.). Unterschwellig bestehen zahlreiche Konflikte zwischen katholischem Dogma und der Idee der Menschenrechte

---

[12] Amtliche Sammlung der Entscheidungen des Bundesverfassungsgerichts (BVerfGE) Band 65, S. 1 ff.

bis heute fort, etwa im Verständnis der Religions- und Meinungsfreiheit, der Gleichberechtigung der Religionen oder auch der Rechte der Frauen. Die Unterschiede zeigen sich heute aber weniger in der grundsätzlichen Akzeptanz der Menschenrechte als vielmehr in ihrer unterschiedlichen Interpretation.

Auch der Protestantismus hat sich bis Mitte des 20. Jahrhunderts mit der Anerkennung der Ideen von Menschenwürde und Menschenrechten schwer getan.[13] Einen Sonderfall bilden die orthodoxen Kirchen (vor allem Russlands), die, anders als die mitteleuropäischen christlichen Kirchen, die Einflüsse der Aufklärung abwehren konnten und zentrale Elemente der modernen Vorstellungen von Menschenrechten und Menschenwürde nach wie vor scharf ablehnen (Kreß 2012, S. 147).

Dasselbe gilt für den Islam (sehr kritisch Czermak 2014, S. 349–361). Das Beispiel der katholischen Kirche zeigt jedoch, dass Religionen in Menschenrechtsfragen durchaus lernfähig sind, so dass es verfehlt wäre, bestimmten Glaubensgemeinschaften das Potenzial zur Akzeptanz von Menschenwürde und Menschenrechten von vornherein abzusprechen.

Problematischer ist, *wie* außereuropäische Kulturen und Religionen dazu bewogen werden können, den Menschenrechtsdiskurs unvoreingenommen wahrzunehmen, gelten Menschenwürde und Menschenrechte doch in vielen Teilen der Welt als spezifisch europäisches Gedankengut. Außerhalb Europas wird gelegentlich der Vorwurf erhoben, die Ideale von Menschenrechten und Menschenwürde seien nicht bloß europäischen Ursprungs, sondern fußten auch inhaltlich auf genuin europäischen Vorstellungen und seien deshalb auf andere Kulturkreise nicht übertragbar. Manche Autoren gehen so weit, von einem bewussten ‚Kulturimperialismus' zu sprechen (↗ Interkultureller Humanismus), durch den der Kolonialismus des 19. Jahrhunderts über einen nur vorgeblich ‚universalen', in Wirklichkeit aber höchst einseitigen und interessegeleiteten Menschenrechtsdiskurs weitergeführt werden solle.[14]

Gegen diese Vorwürfe lassen sich mehrere Einwände erheben: Zwar trifft es zu, dass die Menschenrechtserklärungen zunächst in Europa entstanden und zweifellos auch auf europäische Unrechtserfahrungen zurückgehen. Ähnliche Unrechtserfahrungen hat es jedoch auch in anderen Regionen der Welt gegeben, so dass es nicht verwundert, dass sich etwa im chinesischen, im hinduistischen und im muslimischen Denken durchaus Ansatzpunkte für Menschenrechte und Menschenwürde finden (Wetz 2011). Die zur Begründung von Menschenrechten und Menschenwürde angeführten Gesichtspunkte ‚Verletzlichkeit' und ‚Schutz-

---

13 Kreß 2012, S. 143 ff. – Friedrich Wilhelm Graf weist zu Recht auf die Ähnlichkeit der protestantischen Debatten um einen ‚christlichen Staat' im 19. Jahrhundert und die im politischen Islam heute geführten Diskussionen um einen ‚muslimischen Staat' hin (Graf 2014, S. 247 f.).
14 Said 1994. In diese Richtung zielt auch die Menschenrechtskritik bei Klenner 1982.

bedürftigkeit' treffen auf jeden Menschen als Menschen zu und sind von Ethnie, Kultur oder Sprache unabhängig.

Außerdem waren die in der europäischen Aufklärung durchgesetzten Menschenrechte von Anfang an im Grundsatz als universale, allen Menschen zustehende Rechte konzipiert. Verstöße gegen diesen Grundsatz wurden jedenfalls nicht auf territoriale Gesichtspunkte zurückgeführt. Es wäre deshalb verfehlt, von der (überwiegend) europäischen *Genese* der Menschenrechte auf eine ausschließlich europäische *Geltung* zu schließen. Hinzu kommt schließlich, dass Vorstellungen von Menschenrechten (und, mit Einschränkungen, Menschenwürde) auch außerhalb Europas großes Ansehen genießen und die Gesellschafts- und Rechtsmodelle Europas in vielen Teilen der Welt als vorbildlich gelten. Ein sozio-ökonomischer Faktor, der offenbar überall auf der Welt das Vordringen der Menschenrechtsideale begünstigt, ist der mit der Entwicklung der Moderne verbundene Individualismus (Friedman 2011, S. 15f. und passim) (↗ Persönlichkeit).

Ein letztes hier anzusprechendes Problemfeld, welches zur Kritik an den Idealen von Menschenrechten und Menschenwürde Anlass gibt, ist die mit ihrem scheinbar unaufhaltsamen Vordringen verbundene Inflationierung und inhaltliche Ausweitung. Wenn fast beliebige politische Ansprüche unter Berufung auf die Menschenrechte oder gar die Menschenwürde erhoben werden, führt dies fast zwangsläufig dazu, dass die genannten Basisrechte trivialisiert werden und zur ‚kleinen Münze' verkommen. Auf diese Weise werden Geltung und Durchsetzungskraft der Menschenrechte und der Menschenwürde bedroht. Es ist deshalb außerordentlich wichtig, sich des besonderen Charakters dieser Basisrechte als universalem, jedem Menschen zustehendem Schutz eines Kernbereichs des Humanen bewusst zu bleiben und sie nicht als Passepartout für beliebige politische Ansprüche zu missbrauchen.

5 Literatur

Barilan, Yechiel Michael (2012): *Human Dignity, Human Rights, and Responsibility. The New Language of Global Bioethics and Biolaw.* Cambridge Mass.
Buergenthal, Thomas/Thürer, Daniel (2009): Menschenrechte. Ideale, Instrumente, Institutionen. Baden-Baden.
Cancik, Hubert (2011): „Gleichheit und Freiheit. Die antiken Grundlagen der Menschenrechte". In: Hubert Cancik: Europa – Antike – Humanismus. Humanistische Versuche und Vorarbeiten. Hildegard Cancik-Lindemaier (Hrsg.). Bielefeld, S. 281–309.
Cavalieri, Paola/Singer, Peter (Hrsg.) (1993): *The Great Ape Project: Equality Beyond Humanity.* London.
Clapham, Andrew (2007): *Human Rights. A Very Short Introduction.* Oxford.

Czermak, Gerhard (2014): Problemfall Religion. Ein Kompendium der Religions- und Kirchenkritik. Marburg.
Delgado, Mariano (1994): „Bartolomé de Las Casas (1484–1566). Weg, Werk und Wirkung, oder Vom Nutzen mythisch-politischer Nachfolge in Krisenzeiten". In: Bartolomé de las Casas: Werkauswahl. Mariano Delgado et al. (Hrsg.). Bd. 1. Paderborn, S. 11–26.
Denzler, Georg (1977): „Menschenrechte in den Lehren der Päpste". In: Hanno Helbling (Hrsg.): Religionsfreiheit im 20. Jahrhundert. Zürich, S. 65–78.
Dershowitz, Alan M. (2004): *Rights from Wrongs. A Secular Theory of the Origin of Rights*. New York.
Dreier, Horst (Hrsg.) (2013): Grundgesetz: Kommentar. Bd. 1. 3. Auflage. Tübingen.
Dürig, Günther (1956): „Der Grundrechtssatz von der Menschenwürde". In: Archiv des öffentlichen Rechts. Bd. 81, S. 117–157.
Fagan, Andrew (2011): *Human Rights. Confronting Myths and Misunderstandings*. Cheltenham et al.
Foster, Charles (2011): *Human Dignity in Bioethics and Law*. Oxford.
Friedman, Lawrence M. (2011): *The Human Rights Culture. A Study in History and Context*. New Orleans.
Gerhard, Ute (Hrsg.) (1997): Frauen in der Geschichte des Rechts. Von der Frühen Neuzeit bis zur Gegenwart. München.
Gilcher-Holtey, Ingrid (Hrsg.) (2010): Voltaire. Die Affaire Calas. Berlin.
Graf, Friedrich Wilhelm (2014): Götter Global. Wie die Welt zum Supermarkt der Religionen wird. München.
Grundrechte für Menschenaffen (2012). Redebeiträge von Paola Cavalieri, Colin Goldner, Peter Singer, Michael Schmidt-Salomon und Volker Sommer. Schriftenreihe der Giordano Bruno Stiftung 4. Aschaffenburg.
Hagengruber, Ruth (Hrsg.) (1998): Klassische philosophische Texte von Frauen. München.
Hilgendorf, Eric (1999): „Die mißbrauchte Menschenwürde. Probleme des Menschenwürdetopos am Beispiel der bioethischen Diskussion". In: Jahrbuch für Recht und Ethik 7, S. 137–158.
Hilgendorf, Eric (2011a): „Instrumentalisierungsverbot und Ensembletheorie der Menschenwürde". In: Hans-Ullrich Paeffgen et al. (Hrsg.): Strafrechtswissenschaft als Analyse und Konstruktion. Festschrift für Ingeborg Puppe zum 70. Geburtstag. Berlin, S. 1653–1671.
Hilgendorf Eric/Joerden, Jan/Thiele, Felix (2011b): „*Human Dignity and New Developments in Medical Technology – an Exploration of Problematic Issues*". In: Jan Joerden/Eric Hilgendorf et al. (Hrsg.): Menschenwürde und moderne Medizintechnik. Baden-Baden, S. 9–55 (Bielefelder Memorandum).
Hilgendorf, Eric (2014a): „Paul Johann Anselm von Feuerbach und die Rechtsphilosophie der Aufklärung". In: Arnd Koch et al. (Hrsg.): Feuerbachs Bayerisches Strafgesetzbuch. Die Geburt liberalen, modernen und rationalen Strafrechts. Tübingen, S. 149–169.
Hilgendorf, Eric (2014b): Humanismus und Recht – Humanistisches Recht? Eine erste Orientierung. In: Horst Groschopp (Hrsg.): Humanismus und Humanisierung. Aschaffenburg, S. 36–56.
Hoffmann, Stefan-Ludwig (Hrsg.) (2010): Moralpolitik. Geschichte der Menschenrechte im 20. Jahrhundert. Göttingen.
Hunt, Lynn (2007): *Inventing Human Rights. A History.* New York.

Ishay, Micheline R. (2008): *The History of Human Rights. From Ancient Times to the Globalization Era.* 2. Auflage. Berkeley.
Israel, Jonathan I./Mulsow, Martin (Hrsg.) (2014): Radikalaufklärung. Berlin.
Klenner, Hermann (1982): Marxismus und Menschenrechte. Studien zur Rechtsphilosophie. Berlin.
Kreß, Hartmut (2012): Ethik der Rechtsordnung. Staat, Grundrechte und Religionen im Licht der Rechtsethik. Stuttgart.
McCrudden, Christopher (Hrsg.) (2013): *Understanding Human Dignity.* Oxford.
Menke, Christoph/Raimondi, Francesca (Hrsg.) (2011): Die Revolution der Menschenrechte. Grundlegende Texte zu einem neuen Begriff des Politischen. Berlin.
Neumann, Johannes (1976): Menschenrechte auch in der Kirche? Zürich.
Neumann, Johannes (1998): „Menschenrechte". In: HrwG Bd. 4, S. 132–142.
Oestreich, Gerhard (1966): „Die Entwicklung der Menschenrechte und Grundfreiheiten". In: Karl August Bettermann et al. (Hrsg.): Die Grundrechte. Handbuch der Theorie und Praxis der Grundrechte. Bd. 1. Berlin, S. 1–123.
Pico della Mirandola, Giovanni (1990): Über die Würde des Menschen (1496). Herausgegeben und eingeleitet von August Buck. Hamburg.
Rosen, Michael (2012): *Dignity. Its History and Meaning.* Cambridge Mass.
Said, Edward W. (1994): Kultur und Imperialismus. Einbildungskraft und Politik im Zeitalter der Macht. Frankfurt am Main.
Schnur, Roman (Hrsg.) (1964): Zur Geschichte der Erklärung der Menschenrechte. Darmstadt.
Schulze-Fielitz, Helmut (2013). In: Dreier 2013. Kommentierung von Artikel 2 II.
Stearns, Peter N. (2012): *Human Rights in World History.* London.
Verdross, Alfred (1963): Abendländische Rechtsphilosophie. Ihre Grundlagen und Hauptprobleme in geschichtlicher Schau, 2. Auflage. Wien.
Wetz, Franz-Josef (Hrsg.) (2011): Texte zur Menschenwürde. Stuttgart.
Wolgast, Eike (2009): Geschichte der Menschen- und Bürgerrechte. Stuttgart.

Sven Rücker
Natur

1 Kurzdefinition und Etymologie

Der Begriff der Natur spielt eine ebenso zentrale, wie vielfältige Rolle nicht nur innerhalb der philosophischen Selbstverständigung der Menschen. Er ist geradezu konstitutiv für ganze Zweige der Philosophie (Aristotelismus, Materialismus, Naturalismus, Nominalismus). Für den ↗Humanismus muss es daher darum gehen, eine spezifische Perspektive auf die besondere Problematik des Verhältnisses von ‚Menschen und Natur' zu gewinnen.

Der Begriff leitet sich vom lateinischen *natura* ab, was wiederum auf *nasci* – entstehen, geboren werden – verweist. Die lateinische Etymologie macht zweierlei klar: zum einen, dass es sich bei Natur um einen Ursprungs-Begriff handelt, zum anderen, dass sich Natur auf ein schaffendes oder schöpferisches Prinzip bezieht. Damit steht der Begriff in einem Spannungsverhältnis von Ganzheit und Partikularität.

Als Ursprungsfigur umgreift die Natur alles. Zu definieren wäre der Begriff durch seine Undefinierbarkeit, da er keine spezifische Differenz aufweist. Zugleich wird aber in der abendländischen Tradition als Natur all das bezeichnet, was der Mensch nicht geschaffen hat – im Gegensatz zur Kultur (↗Humanismus als Kultur) als der Gesamtheit des vom Menschen Hervorgebrachten. Es existiert demnach in der europäischen philosophischen Tradition einerseits ein universaler Naturbegriff – die Natur ist das Ganze, der Kosmos, dessen Teil der Mensch ist – und andererseits ein partikularer, in dem die Natur Teil einer dichotomischen Entgegensetzung – Natur/Kultur – ist. Die seit Aristoteles (Nikomachische Ethik) und Cicero (*De finibus bonorum et malorum*/Vom höchsten Gut und vom größten Übel, V, 25, 74) gebräuchliche Formel von der Kultur als ‚zweiter Natur' löst diese Dichotomie nicht auf, sondern verschärft sie sogar (Dux 2005).

Die Etymologie des Natur-Begriffs verweist aber neben dem Spannungsverhältnis von Partikularität und Ganzheit noch auf ein anderes. Leitet sich Natur von *nasci* – entstehen, geboren werden – ab, so ist damit nicht geklärt, ob sich die Natur auf der Seite des Gebärenden oder des Geborenen verortet. Zumindest im europäischen Kontext einer Schöpfungstheologie wird sie, wie bereits erwähnt, als die Gesamtheit des Geschaffenen gedacht. Zugleich wird sie aber auch selbst als schaffendes, schöpferisches, produktives Prinzip verstanden. Ähnlich wie im Falle der ‚ersten' und der ‚zweiten' Natur wird auch hier die Natur in eine gebärend-geborene geteilt. Das drückt die aristotelische – in der Scholastik weiterentwickelte – Differenz von *natura naturans* (schaffende Natur) und *natura naturata* (geschaffene Natur) aus, so bei Averroës (Zeilinger 2006, S. 19f.).[1]

2 Innere und äußere Natur

Ist die *natura naturans*, die schaffende Natur, im christlichen Kontext noch primär eine göttliche und nur von dieser abgeleitet auch dem Menschen eigen, so wandert sie in der Neuzeit ganz in den Menschen hinein. Damit aber zieht auch der Bruch im Natur-Begriff in den Menschen ein. Denn er ist beides zugleich, *natura naturans* und *natura naturata*, und er muss diese beiden Seiten in ein Gleichgewicht bringen. Innerhalb dieser – modernen – Unterscheidung ist die Natur das Außen (die Nicht-Kultur, die Wildnis) und das Innen (die eigene, dem Zugriff entzogene Natur) zugleich, spaltet sich in eine innere und eine äußere Natur.

Die ‚innere Natur' wurde dabei mit dem Körper und der Triebhaftigkeit zusammengedacht. Sie ist zugleich die *natura naturata*, die geschaffene Natur, im Menschen, während die ‚Seele' oder der ‚Geist' mit der *natura naturans* assoziiert wird. Der Körper gilt als triebhaft und der Natur ausgeliefert. Erst durch ↗ Bildung und seine Kontrolle durch den Geist wird er aus dem Zusammenhang bloßer Natur gelöst (Platon, Stoa, Augustinus).

Einerseits ‚ist' der Mensch Teil der Natur, andererseits ist er (als Träger von Kultur und Zivilisation) auch deren Gegenteil. Dieses komplexe und paradoxe Verhältnis zur eigenen Natur zeigt sich auch daran, dass die frühe systematische Biologie (z. B. Linné) den Menschen in die ‚menschenähnlichen Tiere' (Anthropomorpha) einreiht. Dass der Mensch zugleich Mensch und ein dem Menschen ähnliches Tier ist, zeigt, dass ein emphatischer Begriff des Humanen immer eine Transzendierung der bloßen Natürlichkeit verlangt. Es ist der Umgang mit der eigenen, inneren Natur, der den Menschen zum Menschen macht (↗ Anthropologie).

3 Zwei Überwindungen des Dualismus

In der europäisch-neuzeitlichen Geschichte des Umgangs mit der inneren Natur lassen sich zwei Wege oder Traditionen unterscheiden. Naturalistische Varianten des Humanismus wollen den Menschen in Einklang mit seiner inneren Natur bringen; sie verfolgen einen integrativen, nicht-dualistischen Ansatz, der ‚Leib' und ‚Seele' versöhnt. Der Mensch ist gerade dadurch Mensch, dass er beides ist.

---

[1] Zur Naturphilosophie der ‚Aristotelischen Linken' vgl. Bloch 1963.

Ein Vertreter dieser Position ist Spinoza,[2] der gemäß seiner Einsubstanzenlehre Körper und Geist nur zu verschiedenen Attributen der gleichen Substanz erklärt, ohne sie hierarchisch zu gewichten. Dasselbe gilt für Philosophen der italienischen ↗ Renaissance, insbesondere Manetti und Pico della Mirandola. Sie stellen den Menschen in ihren Abhandlungen über dessen Würde sogar über die Engel und zwar gerade weil er – anders als diese – einen Körper hat.

Im 19. Jahrhundert knüpft der Materialismus von Nietzsche und Marx an diese Positionen an. Nietzsche will durch eine ‚Umwertung der Werte' der *physis* wieder zu ihrem Recht verhelfen und die Herrschaft der ‚asketischen Ideale', der ‚nach innen gewendeten Grausamkeit', die den Menschen seine eigene innere Natur ‚selbst verkleinern' ließ, beenden (Brusotti 2010).

Karl Marx formuliert das Ziel eines wechselseitigen Produktions- und Durchdringungsverhältnisses von Natur und Mensch, das deren falsche Gegensätzlichkeit aufhebt: „Dieser Kommunismus ist als vollendeter Naturalismus= Humanismus, als vollendeter Humanismus = Naturalismus; er ist die wahrhafte Auflösung des Widerstreits zwischen dem Menschen mit der Natur und mit dem Menschen [...] Erst hier ist ihm sein natürliches Dasein sein menschliches Dasein und die Natur für ihn zum Menschen geworden. Also die Gesellschaft ist die vollendete Wesenseinheit des Menschen mit der Natur, die wahre Resurrektion der Natur, der durchgeführte Naturalismus des Menschen und der durchgeführte Humanismus der Natur."[3] (Marx 1968, S. 536, 538; Schmidt 1993)

Idealistische Konzeptionen des Humanen behaupten dagegen, dass der Mensch nur Mensch wird durch Überwindung oder, in abgeschwächter Form, durch Kultivierung seiner inneren Natur; man kann auch sagen: durch ein Übergewicht der *natura naturans* über die *natura naturata*: „Ein Ding, das anfängt, über sich hinauszugehen [...] – das ist ja dann eben ‚Mensch', mag es sonst aussehen, wie es wolle." (Scheler 1972, S. 52) Das Humane definiert sich nicht durch eine bestimmte körperliche Beschaffenheit, sondern gerade durch die Möglichkeit, diese zu transzendieren. „Er kann nur insofern menschlich sein, als er [...] das Tier, das ihn trägt, transzendiert und verwandelt, [...] weil er gerade durch die negierende Tätigkeit fähig ist, seine eigene Animalität zu beherrschen und – eventuell – zu vernichten." (Agamben 2002, S. 22)

In der idealistischen Variante soll der Dualismus von ‚Leib und Seele' durch seine Forcierung bis zur vollständigen Trennung und Verortung des Humanen auf nur einer Seite überwunden werden. Auch in diesem Falle bringt sich – wie bei

---

2 Spinoza ist in der jüngeren Debatte unter diesem Gesichtspunkt neu rezipiert worden, vgl. Negri 1991; Leys 2011.
3 Ernst Bloch hat dies zu dem Gedanken einer ‚Mitproduktivität' der Natur ausgebaut, so Zeilinger 2006.

Marx – der Mensch durch ↗ Arbeit an sich selbst hervor, aber nicht als gleichzeitige Naturalisierung des Humanen und ↗ Humanisierung der Natur, sondern durch den Versuch einer Absonderung des einen vom anderen. Da es sich um seine eigene innere Natur handelt, „[durchzieht] die Zäsur zwischen Mensch und Tier in erster Linie das Innere des Menschen". Im idealistischen Sinne nach dem Menschen fragen, heißt fragen, „auf welche Weise der Mensch – im Menschen – vom Nichtmenschen und das Animalische vom Humanen abgetrennt worden ist" (Agamben 2002, S. 26).

4 Natur und Geschichte

Entsprechend der Definition von Natur als Gesamtheit des nicht vom Menschen Geschaffenen und der daraus resultierenden Trennung von Kultur und Natur ist die Natur zunächst geschichtslos. Im Sinne eines ‚Naturzustandes' wird sie der menschlichen ↗ Geschichte vorangestellt und dient entweder durch dessen latentes Weiterwirken der Legitimation staatlicher und rechtlicher Strukturen (Hobbes) oder wird zur Ursprungsfigur einer nicht durch zivilisatorische Überformung entstellten Menschlichkeit (Rousseau).[4]

Umgekehrt ließe das Ende der Geschichte den Menschen wieder in den Naturzustand zurückfallen: „Das Verschwinden des Menschen am Ende der Geschichte ist [...] keine biologische Katastrophe: Der Mensch bleibt am Leben als Tier, das im *Einklang* mit der Natur [...] ist. Was verschwindet, ist der Mensch im eigentlichen Wortsinn, das heißt die negierende Tätigkeit des Gegebenen." (Kojève 1947, S. 434) Der Mensch im ‚eigentlichen' Sinn besteht in der Überwindung der inneren und äußeren Natur (der „negierenden Tätigkeit des Gegebenen"), was der idealistischen Konzeption des Humanen entspricht. Die Trennung von Natur und Geschichte ist demnach Teil dieser Tradition. Durch die Entdeckungen von Spencer und Darwin, dass die Natur selbst eine Geschichte hat, verkomplizierte sich diese Trennung.

Das war zunächst Anlass zu einer rassistischen Überformung der Differenzierung von Weltgeschichte und Naturgeschichte, so etwa bei Spengler: „Wenn zwischen zwei Negerstämmen im Sudan oder zwischen Cheruskern und Chatten zur Zeit Cäsars oder, was wesentlich dasselbe ist, zwischen zwei Ameisenvölkern eine Schlacht stattfindet, so ist das lediglich ein Schauspiel der lebendigen Natur. Wenn aber die Cherusker im Jahre 9 die Römer schlagen, so ist das Geschichte."

---

[4] Erst spät wird der ‚Kosmos' der Natur – bei Alexander von Humboldt – geradezu als ‚Gegenentwurf zur Heiligen Schrift' mit Sinn erfüllt gesehen (Humboldt 2004).

(Spengler 1923, S. 57) Spenglers Ausführungen stellen eine zeittypische Radikalisierung der klassischen, idealistischen Position einer Menschwerdung durch Überwindung der (eigenen) Natur dar. Die Spaltung zwischen innerer und äußerer Natur wandert ins Innere des Menschen; nun wird die Grenze zwischen ‚bloßer' Natur und Kultur nicht mehr zwischen Mensch und Tier, sondern zwischen Menschen gezogen.

Ähnlich glaubt auch Max Scheler, dass es „*innerhalb* der ‚Menschheit' eine Scheidung gibt, die unendlich größer ist als die zwischen Mensch und Tier." (Scheler 1972, S. 53) Die rassistischen Zuspitzungen stellten den Versuch dar, auch nach Darwin noch eine strikte Trennung von Natur- und Menschengeschichte aufrechtzuerhalten – auf Kosten einer einheitlichen Idee der ‚Menschheit'. Für die naturalistischen Varianten des Humanismus existiert dagegen keine strikte Trennung von Natur- und ‚Welt'- oder Menschheitsgeschichte, wie etwa Marx' Kritik an dem Satz „Die Natur ist nicht die einzige Wirklichkeit" klarmacht: „Oder glaubt die kritische Kritik in der Erkenntnis der geschichtlichen Wirklichkeit auch nur zum Anfang gekommen zu sein, solange sie das theoretische und praktische Verhalten des Menschen zur Natur [...] aus der geschichtlichen Bewegung ausschließt? [...] Wie sie das Denken von den Sinnen, die Seele vom Leibe, sich selbst von der Welt trennt, so trennt sie die Geschichte von der Naturwissenschaft und Industrie [...]" (Engels/Marx 1958, S. 158 f.).

Weder beendet die Weltgeschichte die Naturgeschichte – diese läuft vielmehr weiter und wirkt auf sie ein – noch bleibt die Menschheitsgeschichte ohne Einfluss auf die Natur, etwa hinsichtlich der Klimaentwicklung (Klein 2015; Debord 2004).[5] Erst in jüngster Zeit haben die Ereignisse in Fukushima wieder klargemacht, wie Naturkatastrophen und ‚menschengemachte' Katastrophen zusammenwirken und sich unauflösbar verbinden können.

5 Ästhetische und technische Eingriffe in die Natur – Ökologie

Was für die innere Natur gilt, gilt ebenso für die ‚äußere' Natur: auch sie wird im Zuge der Neuzeit und ihrer Industrialisierung entweder ‚negiert', das heißt ausgebeutet, zu ‚Ressourcen' und Boden-,Schätzen' transformiert, oder aber sie wird kultiviert und gleichsam ‚gezähmt'. Diese Kultivierung der Natur, die gleichbedeutend mit ihrer Ästhetisierung ist, lässt sich vom Gartenbau über die Ent-

---

5 In diesem Sinne wurde dann der Begriff ‚Anthropozän' für das gegenwärtige Erdzeitalter geprägt (HKW 2013/14).

wicklung der Zoologischen Gärten ab dem Ende des 18. Jahrhunderts nachvollziehen: Tiere als Objekte einer ‚interesselosen Anschauung', einer Ästhetisierung im Zuge bürgerlicher Freizeit bis zur Ablösung der Nutztiere durch (oftmals speziell gezüchtete) Haustiere. Die Kehrseite dieser Kultivierung ist die Drohung des Ein- und Ausbruchs einer wilden, ungezähmten Natur,[6] die spätestens mit dem Erdbeben von Lissabon Teil der europäischen Naturwahrnehmung und in diversen Filmmythen wie ‚King Kong' verarbeitet wurde.[7]

Eine andere Position als die klassische Orientierung auf eine zu bildende Natur (Schiller, Hölderlin) nimmt die Romantik ein, für die Natur eine immer schon verlorene Ursprungsfigur und Gegenstand von Melancholie ist (Novalis, Schlegel, Caspar David Friedrich). Sie wurde besonders im 19. Jahrhundert durch die Gegenüberstellung des (lebendigen) Organismus und des (toten, das Organische nur simulierenden) Mechanismus wirkmächtig. Eine Fortführung dieser romantischen Position lassen noch die neueren Tendenzen zur Re-Produktion einer von Menschen unberührten Natur durch die Gründung von Reservaten und Naturparks oder die Anlegung neuer ‚Urwälder' erkennen.

In Bezug auf die ‚innere' Natur (↗ Persönlichkeit) und ihre idealistische Überformung lässt sich gegenwärtig eine Modifikation ausmachen. Die ‚negierende Tätigkeit' ihr gegenüber wird zunehmend durch eine optimierende ersetzt (Achtelik 2015).[8] Mittels Gentechnologie, Transplantationsmedizin und Schönheitschirurgie, durch Nano-Robotik und Pränataldiagnostik kann mittlerweile schöpferisch in die menschliche Natur eingegriffen werden; diese wird zunehmend eine Frage des Designs. (↗ Antihumanismus/Humanismuskritik)

Das Humane definiert sich heute durch den Zusammenfall von *natura naturans* und *natura naturata:* Die klassisch-idealistische Vorstellung einer Menschwerdung durch Überwindung oder Kultivierung der eigenen Natur soll nicht mehr durch Mittel der Bildung, Disziplinierung oder asketische Techniken erreicht werden. Sie ergreift nun die körperliche Basis selbst. Dementsprechend werden die alten, organizistischen Metaphern für die Natur zunehmend durch technisch-handwerkliche ersetzt.

---

6 Ein positiver Bezug auf diese ‚Wildnis' findet sich bei Gary Snyder, der sie als Freiheitsmöglichkeit sieht, um den schlechten Seiten der Zivilisation zu entkommen, vgl. Snyder 2014.
7 Als dialektisches Verhältnis von Natur als ewiger Bedrohung und zugleich erster Quelle des Reichtums lässt sich dieses Thema allerdings durch die Menschheitserzählungen weit zurückverfolgen.
8 Foucaults Bezugnahme auf ‚Technologien des Selbst' geht in die gleiche Richtung (Foucault 1993).

Dagegen stehen die ökologischen Bewegungen,[9] die den Menschen in einem Gesamtzusammenhang des Lebens sehen.[10] Auch in indigenem Gedankengut, wie es etwa in der neuen Verfassung Ecuadors mit Verweis auf das ‚gute Leben' (span. *buen vivir*) und die ‚Erdmutter' (span. *pachamama*) Ausdruck gefunden hat, findet sich ein anderer Naturbezug. Weder produziert sich das Humane durch Abspaltung oder Transgression der eigenen, naturalen Basis, noch versucht es, diese zu transformieren.

Der Mensch fällt aber auch nicht in ‚bloße' Natur zurück. Stattdessen wird ihm die ‚Sorge' oder Verantwortung für das Ganze auferlegt. Auf diese Weise tritt die Natur in den Raum des Politischen ein. Blochs Idee einer „Allianztechnik", „in der Natur und Mensch in einen gemeinsamen produktiven Austausch- und Entwicklungsprozeß treten" (Zeilinger 2006, S. 9), kann hier einem zeitgenössischen Humanismus weitere Anregungen bieten.

6 Literatur

Achtelik, Kirsten (2015): Selbstbestimmte Norm. Feminismus, Pränataldiagnostik, Abtreibung. Berlin.
Agamben, Giorgio (2002): Das Offene. Der Mensch und das Tier. Frankfurt am Main.
Bierl, Peter (2014): Grüne Braune. Umwelt-, Tier- und Heimatschutz von rechts. Münster.
Bloch, Ernst (1963): Avicenna und die Aristotelische Linke. Frankfurt am Main.
Brusotti, Marco (2010): „Die Selbstverkleinerung des Menschen in der Moderne. Studie zu Nietzsches ‚Zur Genealogie der Moral'". In: Nietzsche-Studien. Bd. 21, S. 81–136.
Debord, Guy (2004): *La Planète malade* (1971). Paris.
Dux, Günter (2005): Historisch-genetische Theorie der Kultur (2000). Instabile Welten. Zur prozessualen Logik im kulturellen Wandel. Studienausgabe. Weilerswist.
Engels, Friedrich/Marx, Karl (1958): Die heilige Familie oder Kritik der kritischen Kritik. Gegen Bruno Bauer & Consorten. In: MEW 2, S. 5–223..
Foucault, Michel (1993): Technologien des Selbst. Luther H. Martin/Huck Gutman/Patrick Hutton (Hrsg.). Frankfurt am Main.
HKW [Haus der Kulturen der Welt] (2013/14): „Das Anthropozän-Projekt. Kulturelle Grundlagenforschung mit den Mitteln der Kunst und der Wissenschaft". Vgl. http://www.hkw.de/de/programm/projekte/2014/anthropozaen/anthropozaen_2013_2014.php, besucht am 5.9.2015.
Humboldt, Alexander von (2004): Kosmos. Entwurf einer physischen Weltbeschreibung (1845–1862). 2 Bde. Ottmar Ette/Oliver Lubrich (Hrsg.). Frankfurt am Main.
Juquin, Pierre et al. (1990): Für eine grüne Alternative in Europa. Hamburg.
Klein, Naomi (2015): Die Entscheidung. Kapitalismus vs. Klima. Frankfurt am Main.

---

9 Deren gegensätzliche Besetzung durch antihumane und antiemanzipatorische Kräfte (Bierl 2014) und durch ‚ökosozialistische' Positionen (Juquin et al. 1989) zu beachten ist.
10 In besonderer Zuspitzung im ‚Öko-Feminismus' (Salleh 1997).

Kojève, Alexandre (1947): *Introduction à la lecture de Hegel. Leçons sur la phénoménologie de l'esprit*. Paris (Teilübersetzung von Iring Fetscher. Stuttgart 1958).

Leys, Ruth (2011): „*The Turn to Affect. A Critique*". In: *Critical Inquiry* 37. Nr. 3, S. 434–472.

Manetti, Giannozzo (1990): Über die Würde und Erhabenheit des Menschen (1452). Hamburg.

Marx, Karl (1968): Ökonomisch-philosophische Manuskripte aus dem Jahre 1844. In: MEW 40, S. 465–590.

Negri, Antonio (1991): *The Savage Anomaly. The Power of Spinoza's Metaphysics and Politics*. Übersetzt von Michael Hardt. Minneapolis, Oxford (Italienische Ausgabe Mailand 1981).

Salleh, Ariel (1997): *Ecofeminism as Politics. Nature, Marx and the Post Modern*. London.

Scheler, Max (1972): Schriften zur Anthropologie. Stuttgart.

Schmidt, Alfred (1993): Der Begriff der Natur in der Lehre von Marx (1962). 4., überarbeitete und verbesserte Auflage. Hamburg.

Snyder, Gary (2014): Lektionen der Wildnis. 2. Auflage. Berlin (Englische Ausgabe San Francisco 1990).

Spengler, Oswald (1923): Der Untergang des Abendlandes. München.

Zeilinger, Doris (2006): Wechselseitiges Ergreifen. Ästhetische und ethische Aspekte der Naturphilosophie Ernst Blochs. Würzburg.

Juliane Spitta
Persönlichkeit

1 Begriff und Begriffsfeld

Die Frage nach der menschlichen Persönlichkeit – ihren Voraussetzungen und Entwicklungsbedingungen – steht im Zentrum aller modernen Vorstellungen eines gelingenden menschlichen Lebens und einer wahrhaft menschlichen Bildung. Dabei geht es besonders darum, angemessen zu bestimmen, wie ein Konzept der menschlichen Persönlichkeit als Vermittlung von Singularität und historischer Gesellschaftlichkeit artikuliert werden kann, das nicht in ältere Muster kollektiver Subjektivität zurückfällt.

Das macht es jedenfalls erforderlich, das Konzept der Persönlichkeit von seiner elitären Einbettung in eine Rollenorientierung für gesellschaftliche Führungsschichten (wie exemplarisch bei Isokrates, Cicero oder Seneca) abzulösen. Die neuere Debatte führt zu der Frage, wie es möglich werden kann, die Kategorie der Persönlichkeit als ein klassenübergreifendes und interkulturelles Konzept einer in jedem einzelnen Individuum frei zu vollziehenden Vermittlung von menschlicher Individualität und historischer Gesellschaftlichkeit zu konzipieren.[1]

Persönlichkeit wird im allgemeinen Sprachgebrauch verstanden als Inbegriff der Einzigartigkeit eines Menschen, als von ihm selbst in Auseinandersetzung mit sich und seiner Umwelt entwickelte, unverwechselbare Identität. Der Begriff bezeichnet spezifische Verhaltensweisen eines denkenden und handelnden Menschen und geht mit der Vorstellung einher, dass die Gesamtheit körperlicher und geistiger Vorgänge, die bewussten und unbewussten Tätigkeiten, Prozesse und Zustände zu einer Einheit zusammengefasst und in eine relativ konstante, den Zeitverlauf überdauernde Ganzheit des Selbst integriert werden können.

Der Begriff der Persönlichkeit ist eng mit dem des ‚Individuums' verbunden und wird häufig synonym mit ‚Individualität' benutzt. Wie das Individuum benennt die Persönlichkeit die besondere ‚unteilbare' Identität eines Einzelnen im Verhältnis zu

---

[1] Dabei wären auch das realsozialistische Konzept einer ‚allseitig entwickelten Persönlichkeit' (Ahrbeck 1979) und der dagegen gesetzte Begriff der ‚allseitig reduzierten Persönlichkeit' (Sander 1977) kritisch zu erörtern. Es bleibt zu untersuchen, wie weit die damit angesprochene Problematik von Unter- und Überforderung sich aus der individualisierenden Wendung des Denkmodells der ‚Gottesebenbildlichkeit des Menschen' in der Franziskanertheologie (seit der *haecceitas* des Duns Scotus) und dann im späteren Protestantismus (etwa bei Herder und Schleiermacher) ableitet.

Anderen und impliziert Autonomie im Sinne von Selbstverfügung. Das verbindende Element von Individuum und Persönlichkeit ist im Begriff der ‚Einzelheitlichkeit' zu finden, der deutlich macht, dass die Einheit der Persönlichkeit keine Zusammensetzung von beziehungslosen Elementen ist (Fisseni 1998).

Persönlichkeit beschreibt vielmehr die nicht-zu-vervielfältigende charakteristische Natur des Einzelnen im Unterschied zum allgemeinen Wesen des Menschlichen und setzt sich damit zugleich von Prozessen einer bloßen ‚Atomisierung' der Einzelnen ab.[2] Die Einzigartigkeit der Persönlichkeit ist ein konstitutives Merkmal der Individualität. Die freie Entfaltung der Persönlichkeit ist im Grundgesetz der Bundesrepublik Deutschland als Teil der ↗Menschenrechte/Menschenwürde formuliert (Grundgesetz, Artikel 2,2).

Persönlichkeit ist ein Zentralbegriff verschiedener Humanismen im Hinblick auf die Bestimmung des Menschen, seines Potenzials und seiner Eigenheit. Der moderne Humanismus betrachtet die Persönlichkeit im Kontext der gesellschaftspolitischen Verhältnisse. Im Zentrum steht das handelnde Subjekt, dessen existenzielle Freiheit im praktischen Prozess der Selbst-Bildung, in der schöpferischen Kraft des Einzelnen besteht, Entscheidungen zu fällen und individuelle sowie soziale Fähigkeiten zu verwirklichen. Der Glaube daran, das Leben aus eigener Kraft gestalten zu können, ersetzt im Humanismus die transzendente Form der Religiosität.

Für den praktischen Humanismus impliziert der Begriff das Streben und die Verantwortung des zur Wahl fähigen, tätigen Menschen danach, sich selbst zu bilden, Selbstbestimmung über seine Lebensbedingungen zu gewinnen und zugleich die Möglichkeit eines würdevollen Lebens für alle Menschen einzufordern: Trotz des starken Bezugs auf die Individualität des Menschen steht die humanistische Theorie der Persönlichkeit nicht in der Tradition des Individualismus. Die freie Entfaltung des Einzelnen wird als ‚gutes Leben' in der Gemeinschaft verstanden (↗Glück).

Strittig in der Definition von Persönlichkeit sind Fragen nach der Natur des Menschen, nach Disposition, Determination und dem Einfluss von äußeren Faktoren auf die Ausbildung und die Veränderung einer Persönlichkeit, ebenso ob die Persönlichkeit das Ergebnis praktischer Prozesse oder durch angeboren-vorgegebene Eigenschaften bestimmt ist.[3] Unvereinbar ist der Begriff, der stets eine geistig-seelische Dimension menschlichen Lebens im Blick hat, mit denjenigen

---

[2] So wird etwa die mit dem neoliberalen Individualismus einhergehende Sozialatomisierung nachgerade als Zerstörung der Individualität beschrieben (Stapelfeldt 2014).
[3] Der Ethno-Psychoanalytiker Paul Parin sieht allerdings die „psychische Entwicklung [...] mit Ausnahme einiger weniger festgelegter Gesetzmäßigkeiten" als einen hochgradig kulturell und historisch spezifischen Prozess (Parin 1979, S. 26).

neurobiologischen Ansätzen, die das menschliche Wesen auf biologische Prozesse reduzieren (↗ Anthropologie).

2 Philosophie und Theologie

Das Wort Persönlichkeit geht zurück auf das lateinische *persona* (Maske, Rolle, Person). Cicero entwickelt in einer Allegorie über die vier Masken, die ein jedes Individuum trägt, Ansätze zu einer humanistischen Theorie der Persönlichkeit (↗ Antike). Die hier angelegte „Utopie des Individuums" (Stapelfeldt 2014, S. 13 ff.) wird in der ↗ Renaissance u. a. in Form künstlerischer Selbstbildnisse (Wagner 2001) und literarischer Bildungsideale (Müller 1984) wieder aufgenommen (↗ Antike-Rezeption). In der theologischen Philosophie des Mittelalters wurde zuvor das Abstraktum *personalitas* gebildet.

In John Lockes die neuzeitliche Debatte prägender Philosophie der persönlichen Identität (*Essay Concerning Human Understanding*, 1690; *Some Thoughts Concerning Education*, 1693), ist Persönlichkeit (*personality*) ein Hauptbegriff. Persönlichkeit bezeichnete nun intelligente, handelnde, sich im Fortlauf der Zeit selbst bewusste Wesen. Die Verknüpfung von Persönlichkeit und Vernunft sowie die Unterscheidung von Person und Persönlichkeit wurden von Immanuel Kant in Richtung auf eine grundlegende Verbindung des Begriffs mit Freiheit und Würde weiterentwickelt.

Persönlichkeit wird von Kant als Vermögen eines zur praktischen Vernunft fähigen Wesens, einer Person, definiert, frei und unabhängig von den Mechanismen der Natur, sich eigenen und den Prinzipien der praktischen Vernunft folgenden Gesetzen zu unterwerfen. Sie wird damit zur Erscheinungsform einer sich selbst bestimmenden Person, die aufgrund ihres Personenstatus stets Selbstzweck, nie Mittel ist. Der Kantsche Personenbegriff, der Menschen kraft ihres Menschseins als Subjekte der Ethik anspricht, ist dem Persönlichkeits-Begriff untergeordnet. Als Persönlichkeit, die sich selbst dem Sittengesetz unterwirft, erscheint der Mensch in voller Autonomie.

Fichte und der deutsche Idealismus differenzierten Kants naturrechtlich argumentierende Theorie bezüglich des prozessualen Charakters der Persönlichkeitsbildung, die für den Humanismus zentral ist. Demgemäß entwickelt sich das ‚sittliche Ich' durch wechselseitige Austausch- und Anerkennungsverhältnisse zu einer Persönlichkeit. Speziell der Prozess der Anerkennung wird von Hegel rekonstruiert: Er begreift Persönlichkeit als sich selbst gewisses Selbst-Bewusstsein, das aus einem dialektischen, inneren und intersubjektiven Anerkennungsprozess hervorgeht.[4]

---

4 Hegels Konzept der Persönlichkeit als Resultat eines komplexen Anerkennungskonflikts wurde

Der deutsche Neuhumanismus stellte die Menschlichkeit und die Erziehung/ Bildung (↗ Bildung) der sich selbst zur Freiheit bildenden Persönlichkeit in den Vordergrund (Herder, Humboldt, Schiller, Niethammer), widersprach damit aber nicht der Vorstellung einer Persönlichkeit, die in der Eigentümlichkeit eines ursprünglichen Charakters bzw. in einer vorgegebenen Natur begründet sei. Neben dem Verhältnis der individuellen zur allgemein-menschlichen Natur rückte in dieser Zeit das Verhältnis von Persönlichkeit und Gemeinschaft in den Vordergrund. Speziell Herder problematisierte die Fixierung auf eine individuelle Persönlichkeits-Entfaltung zuungunsten der Gemeinschaft und beschrieb die Gefahr eines Individualismus, der die Umsetzung von humanistischen Idealen verunmöglicht (↗ Solidarität). Die Frage, ob die Persönlichkeit des Einzelnen im Namen der Gemeinschaft, im Rahmen von Humanität, Sittlichkeit oder Gleichheit aufgelöst werden soll oder ob die individuelle Persönlichkeit des Einzelnen mit ihrer Freiheit über der Gemeinschaft steht, prägt die Diskussion bis heute (Liberalismus/Kommunitarismus).

Im 19. Jahrhundert erweiterte sich der Begriff der Persönlichkeit im Kontext des aufkommenden Nationalismus, der Romantik und der beide verknüpfenden ‚völkischen' Bewegung vor allem in Deutschland zur Beschreibung kollektiver Einheiten. Analog zur Theorie der individuellen Persönlichkeit verbreitete sich die Vorstellung einer gemeinschaftlichen Staats- oder Volkspersönlichkeit (Schleiermacher, Adam Müller; später W. Stern). Sie wurde im 20. Jahrhundert im Kontext rassentheoretischer Persönlichkeitstheorien radikalisiert und mit ‚sozialhygienischen' Forderungen verbunden (Eysenck, Cattell).

Die Ambivalenz, die das Verhältnis von Marxismus und Humanismus prägt, kommt auch in der Bezugnahme auf den Begriff der Persönlichkeit zum Ausdruck. Für Marx war er zu eng mit dem bürgerlichen Bildungsideal verbunden, als dass er ein direkter Bezugspunkt hätte sein können. Dennoch stellt etwa beim jungen Marx die Gleichsetzung von Kommunismus, vollendetem Humanismus und Naturalismus ausdrücklich die Herausbildung einer wahrhaften Persönlichkeit des Einzelnen durch die Aufhebung von Selbstentfremdung und die Auflösung des Widerstreites zwischen Mensch und Natur sowie zwischen Freiheit und Notwendigkeit in Aussicht.

Auch in ihrer späteren Theoriebildung bleibt für Marx und Engels „die freie Entwicklung eines Jeden Bedingung für die freie Entwicklung aller" (Manifest der Kommunistischen Partei). Auf dieser Grundlage betrachtet ein humanistischer Marxismus die Persönlichkeitsentwicklung des tätigen, sich selbst bildenden Menschen

---

zum Ausgangspunkt vielfältiger theoretischer Initiativen – von Lukács, Kojève, Adorno und Althusser bis hin zu Butler und Honneth.

stets in Wechselwirkung mit der gesellschaftlichen Wirklichkeit und kritisiert die Vernachlässigung dieses Verhältnisses in klassischen Persönlichkeitstheorien.

Diese Kritik wurde dann sowohl im offiziellen Marxismus (exemplarisch Lemke 2013) als auch etwa bei Wilhelm Reich, Erich Fromm und Lucien Sève zum Ausgangspunkt entsprechender, an Marx anknüpfende Persönlichkeitstheorien. Von Adorno und Horkheimer wurde der Begriff dagegen als Teil des bürgerlichen Ideals der individuellen Entfaltung und seines impliziten Herrschaftscharakters kritisiert (Horkheimer/Adorno 1969; Stapelfeldt 2014, S. 526 ff.).

3 Neuere Ansätze der Persönlichkeitstheorie

Mit dem ‚personalistischen Manifest', einer zugleich vom Humanismus und von der christlichen Soziallehre beeinflussten Schrift, versuchte Mounier 1936 einen ‚dritten Weg' zwischen einem liberalen Individualismus und einem faschistischen oder kommunistischen Kollektivismus zu etablieren (Mounier 1936). Sein Personalismus rückt den dynamischen Bildungsprozess des Menschen in der sozialgemeinschaftlichen Praxis in den Vordergrund – in Verbindung mit einer Betonung des Gottesbezugs menschlicher Subjektivität und einem konservativ-katholischen Bildungsideal.

Im französischen Existenzialismus trat – mit Sartre und Camus, die sich radikal von der Hegemonie des katholischen Menschenbildes abwandten und die Vorstellung einer vorgegebenen Natur des Menschen verwarfen – der Begriff der Existenz (anstelle der Essenz) in den Fokus der Persönlichkeits-Theorie. Der Einzelne wurde als für die Ausgestaltung seines Selbst (und damit der eigenen Persönlichkeit) verantwortlich begriffen. Sartre charakterisiert den Einzelnen als absolut frei und in eine Notwendigkeit zum Wählen, Handeln und Entscheiden gezwungen. Dabei tendiert die existenzialistische Totalisierung von Freiheit zur Ausblendung gesellschaftlicher Verhältnisse in ihrer Bedeutung für die Herausbildung der individuellen Persönlichkeit.

Strukturalismus und Poststrukturalismus haben ebenfalls an einer antiessenzialistischen Perspektive gearbeitet. In ihrem Fokus steht jedoch nicht die individuelle Entscheidungsfreiheit, sondern die Konstatierung der kontextuellen Eingebundenheit des Einzelnen in semantisch-strukturelle Sinnformationen und Machtverhältnisse, sowie eine entsprechende Kritik an dem Ideal des bürgerlich-autonomen Handlungssubjekts bzw. an dessen Voraussetzungen in einem bewusstseinsphilosophischen, (präsenz-)metaphysischen Denken (de Saussure, Lévi-Strauss, Lacan, Foucault, Althusser, Derrida).

Im Ausgang von der damit formulierten Kritik des Subjektbegriffs werden dann ‚Persönlichkeit' und ‚Humanismus' kaum thematisiert. Dem programmatisch erklärten ‚theoretischen Antihumanismus' von Althusser und Foucault steht ihr engagierter praktischer Humanismus gegenüber (↗ Antihumanismus/Humanismuskritik). Besonders in den Schriften des späten Foucault wird eine Praxis der Selbst-Bildung entworfen, die den Menschen als ein sich selbst schöpfendes Kunstwerk ins Zentrum stellt. Der lebenspraktische Selbst-Entwurf diesseits des autonomen Bewusstseinssubjekts wird im Kontext der Antipsychiatriebewegung der 1970er Jahre von Deleuze und Guattari, im Konzept der Wunschmaschine (*machine du désir*) artikuliert.

4 Politischer Missbrauch

Die Geschichte des Persönlichkeits-Begriffs ist auch durch eine problematische Ambivalenz gekennzeichnet, die sich an seiner Verwendung in reaktionären und faschistischen Zusammenhängen zeigt. Persönlichkeit ist seit Beginn des 20. Jahrhunderts auch Leitbegriff entsprechender Konzepte, in denen der Begriff rassistisch-völkisch aufgeladen und als Gegenbegriff zum liberal verstandenen Individuum aufgebaut wurde (Kluckhohn).

Im Nationalsozialismus, im Kontext der Theorie des ‚Neuen Menschen', wurde das Ideal der Ausbildung einer ganzheitlichen nationalsozialistischen Persönlichkeit propagiert – gestützt auf rassentheoretische Voraussetzungen (Gobineau, Chamberlain, Haeckel), auf Eugenik und Rassenhygiene (Ploetz, Schallmayer) und auf die Lehre von den rassischen Temperamenten. Die theoretischen und personalen Verbindungen dieser Persönlichkeits-Psychologie mit sozialhygienischen Diskursen und eugenischen Forderungen reichen bis in die Gegenwart hinein (Eysenck, Cattell) und sind bis heute nicht aufgearbeitet.

5 Feministische Debatten

Bereits im 18. Jahrhundert, im Umfeld der Französischen Revolution, begann der Kampf von Frauen darum, praktisch in den Definitionsbereich des Begriffs der Persönlichkeit einbezogen zu werden (Olympe de Gouges). Doch die Bezugnahme des Feminismus auf die Theorie der Persönlichkeit ist uneinheitlich geblieben: Neben dem herrschaftskritischen und humanistisch geprägten Streben nach Anerkennung, Freiheit, Gleichheit und Bildung, das vor allem in den USA in der Tradition der Reformpolitik stand (Betty Friedan, *National Organization for Women*, NOW) bzw. mit dem Aufkommen der antirassistischen Bürgerrechtsbewegung verbunden war (Sisterhood Bewegung, Shulamith Firestone), gab es auch Versuche einer eigenständigen Bestimmung der weiblichen Persönlichkeit.

Das Konzept einer natürlichen, weiblichen Andersartigkeit steht im Zentrum der Tradition des Differenzfeminismus (Luce Irigaray), der neben dem Gleichheitsfeminismus (de Beauvoir) die bedeutendste Strömung im modernen Feminismus bildete. Ein radikaler Impuls ging in den 1990er Jahren von Judith Butler aus. Ihre postfeministische Dekonstruktion der Zweigeschlechtlichkeit bestritt den vordiskursiven Status einer (geschlechtlich geprägten) Persönlichkeit sowohl auf biologischer als auch auf sozialer Ebene und stellte damit die Grundlage weiter Teile der einschlägigen feministischen Theorien in Frage (Butler 1990; 2005).

6 Psychologie

Innerhalb der akademischen Psychologie wurde der Persönlichkeitsbegriff eher an den Rand gedrängt und blieb auch in dissidenten Ansätzen umstritten (Eigenschafts- oder Typenlehre, Psychodynamik, lerntheoretische, biographische oder interaktionistische Konzepte, kognitive, entwicklungspsychologische oder biopsychische Theorien). Freud stellte keine eigenständige Theorie der Persönlichkeit auf, vollzog aber mit seinen analytischen Theorien des Psychischen, der Trennung von Ich, Es und Über-Ich, sowie mit der Unterscheidung zwischen Bewusstem und Unbewusstem einen tief gehenden Bruch mit den bisherigen Psychologien.

Bereits in den 1930/1940er Jahren entwickelten gegenüber dieser psychoanalytischen Auflösung der Kategorie der Persönlichkeit Allport, Murray und Rogers die Grundzüge einer humanistischen Psychologie der Persönlichkeit. Die offizielle Gründung der ‚Gesellschaft für Humanistische Psychologie' (GHP) erfolgte 1962. Im Zentrum der Humanistischen Psychologie der Persönlichkeit steht ein ganzheitliches Konzept des erlebenden, sich selbst bewussten, entscheidungsfähigen Menschen. „Zentrales Anliegen ist die Aufrechterhaltung von Wert und Würde des Menschen" sowie die „Entwicklung der jedem Menschen innewohnenden Kräfte und Fähigkeiten" (Bühler et al. 1974, S. 9).

Der sich selbst entdeckende Mensch in seiner Beziehung mit anderen steht im Zentrum der Forschung. Betont werden innere Freiheit, Kreativität und Selbstausdruck. Laut Rogers verfügt das Individuum über unerhörte Möglichkeiten, sich selbst zu begreifen und seine Selbstkonzepte und sein Verhalten zu verändern. Der Mensch wird als sich selbst erlebendes Wesen begriffen, das seine Persönlichkeit in der Gewissheit der eigenen Subjektivität bildet. Die Transzendenz des religiösen Glaubens wird durch Selbst-Transzendenz abgelöst, im Prozess der Persönlichkeits-Bildung sollen eigene Werte entwickelt werden, welche die Identität und das eigene Handeln bestimmen.

Die kritische Psychologie der Persönlichkeit, wie sie in den 1970ern entwickelt wurde, hat einen zugleich individualisierenden und gesellschaftlich praktischen

Zugang zur Selbst-Werdung. *Subjekte existieren demnach zwar im Plural, aber nicht im Durchschnitt* (Markard 2000). Wie die Humanistische Psychologie basiert diese Kritische Psychologie auf einer Kritik am Wissenschaftsverständnis der klassischen Psychologie, beanstandet aber nicht nur deren Methoden, sondern kritisiert auch die das Leben der Menschen prägenden Macht- und Herrschaftsverhältnisse. An der klassischen wie an der Humanistischen Psychologie, mit der die Kritische Psychologie das Ziel der Selbstbestimmung teilt, wird bloßgestellt, dass die Persönlichkeit außerhalb des gesellschaftlichen Zusammenhangs betrachtet wird, innerhalb dessen sie sich konstituiert und wirksam wird.

Orientiert am Marxismus ist der Anspruch der Kritischen Psychologie, eine Rekonstruktion des Psychischen in seiner geschichtlichen Gesellschaftlichkeit zu leisten, um die „gesamtgesellschaftliche Vermitteltheit individueller Existenz" (Holzkamp 1983, S. 192ff.) zu begreifen. Vertreter der Kritischen Psychologie (vor allem Holzkamp und Holzkamp-Osterkamp) haben die Entwicklung der Persönlichkeit unter gegenwärtigen kapitalistischen Bedingungen untersucht. Sie nehmen an, dass gesellschaftliche Bedingungen die Persönlichkeits-Bildung zwar nicht determinieren, aber den Bedeutungsrahmen stellen, innerhalb dessen Menschen handeln und sich verhalten.

Leontjew, Ideengeber der Kritischen Psychologie, spricht vom Klassencharakter der Persönlichkeit (Leontjew 1982, S. 204). Seine als solche formulierte Theorie der Persönlichkeit fußt auf Marx' Analyse der Tätigkeit, d.h. auf der Überzeugung, dass Persönlichkeit, als Zusammenhang von Bewusstsein und Individualität, das Ergebnis eines konkreten Prozesses der Entwicklung gesellschaftlicher Arbeitsverhältnisse ist (↗ Arbeit).

7 Praktischer Humanismus

Der moderne Humanismus steht gegenwärtig vor der Herausforderung, einen zeitgemäßen Begriff der Persönlichkeit für seine gesellschaftspolitische Position und für die Praxis der Lebensführung zu entwickeln. Die Diskurse, die seit den 1990er Jahren um den Subjektbegriff kreisen, haben den auf das autonome, mit sich identische und sich selbst bewusste Individuum reduzierten Glauben erschüttert. Im Anschluss an Dekonstruktion und Subjektkritik ist der moderne praktische Humanismus nicht mehr am Ideal einer einheitlichen Persönlichkeit orientiert. Er postuliert eine originär differente Form der Singularität, die von konstitutiver Uneinheitlichkeit ausgeht und den Anderen als beständigen Teil des Selbst anerkennt. Von Interesse ist keine selbstgenügsame Innerlichkeit, sondern die praktische Selbst-Bildung der Persönlichkeit im Umgang mit Anderen in der materiellen Welt.

Die Krise des klassischen Subjekts (van Dülmen 2001, S. 6) verliert ihren Schrecken und wird als Chance begriffen, auf antike (aristotelische, stoische und epikureische) Selbst-Techniken und den Begriff des ‚guten Lebens' zurückzugreifen (↗ Antike). Im Anschluss an Leontjew und die Kritische Psychologie wird keine tiefere Wahrheit der Persönlichkeit gesucht, sondern das Werden der Persönlichkeit zum Gegenstand eines ethisch-politischen Projekts gemacht. Die Selbst-Konstruktion wird als humanistisch-emanzipatorisches Projekt im Kontext einer herrschaftskritischen Analyse verstanden.

Entscheidend für diese Aufnahme des Persönlichkeits-Begriffs ist es, die Fallstricke und Schattenseiten der (humanistischen) Begriffsgeschichte der Persönlichkeit ebenso anzuerkennen wie seine Historie (un-)eingelöster Befreiungsversprechen (Groschopp 2013). Es geht damit um den bewussten praktischen Umgang mit der Verantwortung der Einzelnen als tätiger Bestandteil der wandelbaren gesellschaftlichen Verhältnisse. Die Anerkennung der praktischen Wirkungsmacht (Althusser) humanistischer Persönlichkeits-Projekte im gegenwärtigen Humanismus zielt auf eine radikale Emanzipation der Persönlichkeit jenseits binärer Oppositionsbegriffe (Mann/Frau, Kultur/Natur).

8 Literatur

Ahrbeck, Rosemarie (1979): Die allseitig entwickelte Persönlichkeit. Studien zur Geschichte des humanistischen Bildungsideals. Berlin.
Allport, Gordon W. (1959): Persönlichkeit. Struktur, Entwicklung und Erfassung der menschlichen Eigenart. Meisenheim am Glan.
Bühler, Charlotte/Allen, Melanie/Schön, Emmy-Renate (1974): Einführung in die Humanistische Psychologie. Stuttgart.
Butler, Judith (1990): *Gender Trouble. Feminism and the Subversion of Identity.* New York.
Butler, Judith (2005): *Giving an Account of Oneself.* New York.
Cancik, Hubert (2011): „*Persona and Self in Stoic Philosophy*". In: Hubert Cancik: Europa – Antike – Humanismus. Humanistische Versuche und Vorarbeiten. Hildegard Cancik-Lindemaier (Hrsg.). Bielefeld, S. 311–326.
Dülmen, Richard van (Hrsg.) (2001): Entdeckung des Ich. Die Geschichte der Individualisierung vom Mittelalter bis zur Gegenwart. Köln, Weimar, Wien.
Fisseni, Hermann-Josef (1998): Persönlichkeitspsychologie. Göttingen et al.
Groschopp, Horst (2013): Der ganze Mensch. Die DDR und der Humanismus. Ein Beitrag zur deutschen Kulturgeschichte. Marburg.
Holzkamp, Klaus (1983): Grundlegung der Psychologie. Frankfurt am Main, New York.
Horkheimer, Max/Adorno, Theodor W. (1969): Dialektik der Aufklärung (1944/1947). Frankfurt am Main.
Kreuzer-Szabro, Susan (1987): Der Selbstbegriff in der humanistischen Psychologie von A. Maslow und C. Rogers. Frankfurt am Main.
Leontjew, Alexei N. (1982): Tätigkeit, Bewusstsein, Persönlichkeit. Köln.

Lemke, Christiane (2013): Persönlichkeit und Gesellschaft. Zur Theorie der Persönlichkeit in der DDR. Berlin.
Markard, Morus (2000): Die Entwicklung der Kritischen Psychologie zur Subjektwissenschaft. Erlangen.
Mounier, Emmanuel (1936): *Manifeste au service du personnalisme*. Paris 1936 (Deutsche Ausgabe: Das personalistische Manifest. Zürich, ohne Jahresangabe).
Müller, Gregor (1984): Mensch und Bildung im italienischen Renaissance-Humanismus. Vittorino da Feltre und die humanistischen Erziehungsdenker. Baden-Baden.
Niethammer, Friedrich Philipp Immanuel (1808): Der Streit des Philanthropinismus und des Humanismus in der Theorie des Erziehungs-Unterrichts unsrer Zeit. Jena.
Parin, Paul (1979): „Ist der Mensch veränderbar? Ein Gespräch mit Paul Parin". In: Freibeuter 2, S. 26–36. Vgl. http://www.paul-parin.info/deutsch/deutsche-publikationen, besucht am 18.10.2015.
Sander, Helke (1977): Die allseitig reduzierte Persönlichkeit – *Redupers* (Film). Produktion: Basis-Film-Verleih Berlin. ZDF.
Stapelfeldt, Gerhard (2014): Aufstieg und Fall des Individuums. Kritik der bürgerlichen Anthropologie. Freiburg im Breisgau.
Wagner, Christoph (2001): „Portrait und Selbstbildnis". In: van Dülmen 2001, S. 79–106.

Enno Rudolph
Politik

1 Problemlage

Bis heute ist strittig, ob der ↗ Humanismus seinem Ursprung nach eine politische Botschaft transportiert bzw. ob seine Botschaft ohne Verzerrung politisierbar ist oder ob er gar von Grund auf als ein politisches Projekt zu verstehen ist. Die Entscheidung darüber hängt unter anderem davon ab, mit welchem historischen Datum und mit welchem literarischen Befund man den Ursprung des Humanismus ansetzt.

Bindet man das Phänomen an seine erste authentische begriffshistorische Manifestation in Gestalt der Triade *humanista – studia humanitatis – dignitas hominis*, die das Epochenprofil der ↗ Renaissance markiert, dann ist man genötigt, die implizite Politizität des Humanismus plausibel zu rekonstruieren. Das aber wäre, ohne vorab eine weitere Entscheidung zu fällen, nicht gut durchführbar: die Entscheidung darüber, ob der unbestrittene Stifter der nach wie vor umstrittenen modernen Idee einer als moralfreies Handlungsfeld verstandenen Politik, Niccoló Machiavelli, noch zum Humanismus-Projekt gehörig zu zählen ist oder nicht (vgl. zu der Diskussion insgesamt Buck 1975).

Geht man hingegen davon aus, dass es sich beim Aufkommen des spezifischen Profils des Humanismus in der Renaissance ohnehin um ein Phänomen handelt, das seinerseits auf eine frühere Legitimation seiner historischen Geltung verweist – in diesem Fall vornehmlich auf die griechische und die lateinische ↗ Antike –, dann steht und fällt die Politizität des Humanismus mit derjenigen der einschlägigen alten Quellen, um deren Rehabilitation es der humanistischen Bewegung ging, und ohne deren authentische Aktualisierung die Renaissance keinesfalls als Epoche *sui generis* nach dem Mittelalter kandidieren kann.

Mit anderen Worten, wenn den antiken Vorläufern sowohl in Gestalt des sogenannten ‚rhetorischen Humanismus' der Sophisten, als auch des ‚philosophischen Humanismus' Platons und nicht zuletzt der politischen ↗ Anthropologie des Aristoteles die Patenschaft für die Genese der später unter dem Titel ‚Humanismus' zusammengefassten Initiativen zugesprochen wird (↗ Antike-Rezeption), dann muss der Humanismus von Grund auf als ein politisches Projekt bezeichnet werden.

Diese Konsequenz findet im Übrigen eine gewichtige Bestätigung in der integrativen Bedeutung der Dialogkomposition *Politeia – Nomoi – Politikos* für das Gesamtwerk Platons, da in dieser Trilogie nahezu alle zentralen Themen, die auch sonst in Platons Dialogen verhandelt werden – von den Ideen bis zur historischen

Wirklichkeit, von der Mathematik bis zum Mythos, von der Dialektik bis zur Methexis (Teilhabe an den Ideen) – in kompakter Form durch die gemeinsame politische Programmatik, nämlich die Errichtung einer ‚gerechten Polis', systematisch aufeinander bezogen werden.

Bei Aristoteles ließe sich Analoges über die integrierende Bedeutung der Konzeption der Polis – verstanden als idealer Ort der Verwirklichung menschlichen ↗ Glücks – für die ethischen, naturphilosophischen und metaphysischen Schriften zeigen. Kurz – wenn der Humanismus und seine Epoche nicht erst mit den Werken Francesco Petrarcas, Coluccio Salutatis, Leonardo Brunis usw. seinen Auftakt erhielt, sondern mit deren Urvätern, dann handelt es sich bei ihm um ein genuin politisches Projekt, und die Geschichte des Humanismus ließe sich rekonstruieren als eine Morphologie seiner politischen Gestaltungen, Profile und Zielsetzungen.

Politik sei hier verstanden als eine Praktik, die, gemäß Platon, dem Ziel dient, den Menschen – unter Einsatz einer methodisch gesicherten Einübung in die Befolgung bestimmter politischer Tugenden – den Weg zu veritablen Polisbürgern zu ebnen, und die bereits seit Petrarca dazu dient, den Menschen zu einem autonomen Individuum in einer *république des lettres* zu machen, deren autonome Gründung allein schon als eine politische Tat zu bewerten ist.

Unter dieser Voraussetzung wird die wohlbelegte Kritik des ‚Vaters des Humanismus' an der „Finsternis" seiner Zeit (Petrarca 1906, S. 45) – man würde sie heute als ‚Kulturkritik' bezeichnen – zu einem echten Politikum: Nicht nur, dass Petrarca sich als genuiner Platoniker und nicht als christlicher Neuplatoniker in Szene setzte. Er trug vielmehr mit seiner klaren Entscheidung für eine Aktualisierung und Privilegierung der eher existenziellen und meditativen Schriften Augustins, wie den *Confessiones*, direkt zur Erhellung bei.

Er setzte sich damit *eo ipso* ab von den dogmatischen Lehren, wie insbesondere von der in einem Gelegenheitsschreiben an Bischof Simplician apodiktisch entfalteten Gnadendoktrin, und trug dazu bei, die christliche Religion zu entdogmatisieren und ihr eine neue Spiritualität zu vermitteln, um zugleich dem Individuum und nicht der Kirche, Integrität und Würde (↗ Menschenrechte/Menschenwürde) zuzusprechen, und damit de facto den Kampf für die *dignitas hominis* als ein genuin humanistisches Anliegen einzuleiten (↗ Humanisierung).

Das Licht, das er der ‚Finsternis' seiner Zeit entgegensetzen wollte, war nicht durch die Macht ethischer, dogmatischer oder institutioneller Tradition legitimiert, sondern durch eine souveräne Entscheidung des Dichterkönigs für die normative Geltung der Literatur des vorchristlichen Altertums, aber auch für eine poetisch schöpferische und nicht adorant demütige Lebensführung. Wer mit diesem Profil zum Initiator einer Entwicklung wird, deren Impulse zu einer anfangs schleichenden, aber nach und nach offenen ↗ Säkularisierung *avant la lettre* führten, erweist sich – jedenfalls retrospektiv – als *homo politicus*.

Dieser Prozess einer originären Verknüpfung von Traditionskritik, Krisenanalyse und sowohl literarischer als auch weltanschaulicher Emanzipation und moralischer Autonomie leitete eine Zeitenwende ein, die Ernst Cassirer als eine unbewusste Kulturrevolution bezeichnete, die in der politischen Theorie Niccolò Machiavellis einen Kulminationspunkt fand. So gesehen ist dessen dezidiertes Verständnis von Politik als eines Handlungsraums, der unabhängig ist von kirchlicher Bevormundung und theologischer bzw. traditionell ethischer Konditionierung, keineswegs als Bruch mit dem klassisch historischen Profil des Humanismus, sondern im Gegenteil als dessen politische Nobilitierung zu bewerten.

Machiavelli erfüllt keineswegs nur aufgrund seiner gründlichen Unterweisung in den *septem artes*, den sieben (freien) Künsten, die Elementarbedingungen einer Anerkennung als humanistisch erzogener Bürger (↗ Bildung). Diese Prägung wurde vielmehr nachhaltig durch eine weitere besonders einschlägige Kompetenz ergänzt – derjenigen eines Maßstäbe setzenden Historikers: Machiavelli hat entscheidend zur Profilierung der Disziplin der Geschichtsschreibung – neben der Moralphilosophie und der Poetik eine Primärdisziplin im Rahmen des curricularen Konzepts der *studia humanitatis* – beigetragen. Er kann ohne Einschränkung als der Nestor der „Humanistischen Geschichtsschreibung" (Kessler 1971, S. 17ff.) bezeichnet werden, brachte er doch – prägnanter und virtuoser als sein Zeitgenosse und Korrespondenzpartner Francesco Guicciardini – ausnahmslos sämtliche Voraussetzungen mit, die zu erfüllen waren, um dieser Zunft anzugehören.

Machiavelli bewertete und benutzte die Historie als Schatzkammer, aus der man sich mit Beispielen bediente, als Materialvorrat zu Zwecken politischer Pädagogik, und nicht zuletzt als *magistra vitae*. Machiavellis *Principe* eignet sich mehr noch als die ausdrücklich mit der Feder des Historikers verfassten Schriften, wie die *Storia Fiorentina* oder die *Discorsi*, als Dokument für die praktische Anwendung einer genuin humanistischen Kompetenz – eben derjenigen des emanzipierten Geschichtsschreibers bzw. des Historikers der Geschichtsschreibung im Interesse seiner eigenen politischen Optionen.

Die Schrift – ein Brief – zielt erkennbar darauf ab, den hohen Adressaten, Lorenzo de Medici, für den Fall seiner Machtübernahme in Florenz davon zu überzeugen, dass er, Machiavelli, der berufene Stratege in den bevorstehenden Kriegshandlungen sei. Das Ziel dieser Aktivität kann am Ende als Frieden auf höherem Niveau bezeichnet werden – Frieden für ein geeintes Italien, Frieden für ein republikanisch regiertes Volk. Wollte man dieses Vorgehen als ‚machiavellistisch' bezeichnen, dann wäre der Machiavellismus humanistisch.

2 Entwicklung und Stand

Der klassische Humanismus war im historischen Moment seines – durch den kompromisslosen ‚Antihumanismus' (↗ Antihumanismus/Humanismuskritik) Martin Luthers eingeleiteten – Sturzes ohne Titel und Begriff. Erst der ‚zweite', unter der Bezeichnung ‚Neuhumanismus' bekannt gewordene Humanismus ließ sich gleichsam problemlos – sei es durch Friedrich Immanuel Niethammer (1808), sei es durch Georg Voigt (1859), sei es durch Friedrich Paulsen (1885) – auf diesen Namen taufen.

Wer, wie geläufig, dessen Fokus mit Namen und Werk Wilhelm von Humboldts ansetzt, muss ihn spätestens mit Johann Gottfried Herder, dem zwar unzeitgemäßen, aber eher unpolitischen Verfechter eines modernen Pluralismus der Kultur (↗ Humanismus als Kultur) (fast im Sinne des modernen Kulturrelativismus eines Clifford Geertz) beginnen – und bis zu Ernst Cassirer reichen lassen. Aus der Sicht des Letzteren war dieser Neuhumanismus von Anfang an durch seine Abkunft aus dem metaphysischen Individualismus von Leibniz geprägt und blieb primär ein Projekt mit dem Ziel, der menschlichen Natur die „höchste und proportionirlichste Bildung" (Humboldt 1960, S. 64) zukommen zu lassen.

Politisches Profil erlangte dieser Neuhumanismus allerdings frühzeitig durch die zusätzliche Bemühung um die nationale Erneuerung Deutschlands nach dem Ende der Napoleonischen Kriege. Diese Verpflichtung des Humanismus auf den Dienst für eine Politik der kulturellen Exklusivität, wie sie für sämtliche Typen von Nationalismus charakteristisch ist, widerspricht dem eher inklusiven Charakter des klassischen Humanismus. Sie muss als Weg zu jener fügsamen politischen Selbstinstrumentalisierung bewertet werden, wie sie sich unter dem Titel ‚Dritter Humanismus' ereignete: Dieser Typ einer Synthese aus staatskonformistischem Bildungsidealismus und politischer Ideologie, den man gewöhnlich mit Werner Jaegers (Jaeger 1959) gewaltsamer Vereinnahmung von Platons *Politeia* im Interesse einer umfassenden politischen *Paideia* (Erstveröffentlichung 1933) in Verbindung bringt, diente dem Konzept einer Erziehung zu unverbrüchlicher Staatstreue, so wie sie dann von den Nationalsozialisten eingefordert wurde.

Dieses Konzept hatte – neben anderen – in Eduard Spranger einen glühenden Verfechter gefunden, der sich in einigen bereits am Ende des 19. Jahrhunderts erschienenen Schriften mit Nachdruck über Jahre dafür einsetzte, den ‚dritten Humanismus' als eine dem Wesen des Menschen ohnehin entsprechende Einübung in die Staatsräson zu betrachten.

In den von Ernst Cassirer und Karl Popper vorgelegten – höchst unterschiedlichen – Genealogien des europäischen Totalitarismus, besonders aber des deutschen Faschismus, fehlt es gänzlich an einer Bezugnahme und einer Auswertung des Anteils, den diese Profilierung des Humanismus am Aufkommen des Nationalsozialismus hatte. Einzig Cassirer hat mit nachprüfbarer Konsequenz und Kontinuität dagegen gehalten und den Humanismus gleichsam gegen sich selbst gewendet: Seit seiner berühmten Rede anlässlich der Verfassungsfeier in der Hamburger Universität im Jahre 1928 ließ er nicht mehr davon ab, in einer Reihe einschlägiger Schriften, den ‚individualistischen Universalismus' als Kernbotschaft des klassischen Humanismus wie auch des ‚Neuhumanismus' offensiv jeder Form von ‚Determinismus' – sei er metaphysisch, sei er moralisch, sei er politisch – entgegenzusetzen (Cassirer 1993, S. 245 ff.).

Dieses Engagement kulminierte nicht nur in der Abhandlung *The Myth of the State* und dem darin gelieferten Nachweis, dass weder Platon noch Machiavelli, sondern Hegel als ein entscheidender Vordenker des Faschismus zu beurteilen sei (Cassirer 1988, S. 347), sondern in einer Reihe von nachgelassenen Texten, in denen er das Spektrum des humanistischen Paradigmas um die spezifische Errungenschaft des modernen Judentums erweitert, dem er ausdrücklich bescheinigt, eine auf die Zeit der Prophetie zurückgehende Überwindung des jüdischen Partikularismus und des ihm entsprechenden religiösen Ritualismus geleistet, und damit eine Entwicklung von der Religion zum Humanismus vollzogen zu haben: die Geburt des Humanismus aus dem Geist des Judentums (Cassirer 1944).

3 Fazit

Weder Jean-Paul Sartres gezielt provokante Identifizierung von Humanismus und Existenzialismus, noch Martin Heideggers ebenso anmaßende wie erfolgreiche Verwerfung des klassischen Humanismus im Jahre 1946 – unter gleichzeitiger Beanspruchung seiner eigenen Philosophie als Konzept eines originären Humanismus (Heidegger 1946, S. 31) – haben dazu geführt, dem Humanismus eine sei es konstruktive, sei es destruktive politische Geltung und Einflussnahme zu vermitteln, wie sie in jeweils höchst unterschiedlicher Form und Wirkungsdauer etwa dem politischen Platonismus, dem klassischen Humanismus oder dem (auch ‚Deutscher Humanismus' genannten) Dritten Humanismus zuteil geworden waren.

Mit dem Aufkommen der irreführend unter dem Titel ‚Transhumanismus' figurierenden Vision von der durch technischen Fortschritt möglich gewordenen Schöpfung einer gänzlich neuartigen Qualität des menschlichen Lebens – einer, die sich einer Reihe von unvergleichlichen Durchbrüchen auf den Gebieten der Genomanalyse, der Implantationsmedizin, der Prothetik, der künstlichen Intelligenz, der Kryonik oder des Upload verdankt – bahnt sich gegenwärtig eine Verwendung der Vokabel ‚Humanismus' an, die ihre Selbstaufhebung vorweg nimmt, und die im Erfolgsfall eine Politik der Ersetzung von ↗Humanität durch technische Selbstorganisation der menschlichen Natur erfordern wird.

4 Literatur

Baron, Hans (1992): Bürgersinn und Humanismus im Florenz der Renaissance. Berlin.
Buck, August (1975): „Der italienische Humanismus". In: Humanismusforschung seit 1945. Bonn.
Cassirer, Ernst (1988): Der Mythus des Staates (1944). Frankfurt am Main.
Cassirer, Ernst (1993): „Naturalistische und humanistische Begründung der Kulturphilosophie" (1939). In: Ernst Cassirer: Erkenntnis, Begriff, Kultur. Rainer A. Bast (Hrsg.). Hamburg, S. 231–262.
Cassirer, Ernst (1944): *Judaism and the Modern Political Myths*. In: *Contemporary Jewish Record* 7, S. 115–126. New York.
Heidegger, Martin (1968): Über den Humanismus (1946). Frankfurt am Main.
Helbling, Lothar (1932): Der dritte Humanismus. Berlin.
Humboldt, Wilhelm von (1960): „Ideen zu einem Versuch, die Gränze der Wirklichkeit des Staates zu bestimmen" (1792). In: Wilhelm von Humboldt: Werke in 5 Bänden. Andreas Flitner/Klaus Giel (Hrsg.). Bd. 1. Darmstadt, S. 56–233.
Jaeger, Werner (1959): Paideia. Die Formung des griechischen Menschen (1933; 2. Auflage 1935). Bd. 1. Berlin.
Kessler, Eckhard (1971): Theoretiker humanistischer Geschichtsschreibung. München.
Nida-Rümelin, Julian (2006): Humanismus als Leitkultur. Ein Perspektivenwechsel. München.
Petrarca, Francesco (1906): *Le traité De sui ipsius et multorum ignorantia*. Luigi M. Capelli (Hrsg.). Paris.
Rudolph, Enno (2015): „Sorge als Form und Inhalt der Politik. Das *bene commune* als normative Vorgabe für Machiavellis *Principe*". In: Gert Melville/Gregor Vogt-Spira (Hrsg.): Europäische Grundbegriffe im Wandel. Bd. 2: Sorge. Köln.
Sartre, Jean-Paul (1989): Ist der Existentialismus ein Humanismus? (*L'Existentialisme est un humanisme*, 1945). Frankfurt am Main.
Stiewe, Barbara (2011): Der ‚Dritte Humanismus'. Aspekte deutscher Griechen-Rezeption vom George-Kreis bis zum Nationalsozialismus. Berlin.

Eric Hilgendorf
Recht

1 Begriffsbestimmungen

‚Recht' ist die Summe aller Verhaltensnormen, deren Verletzung staatlich organisierte Sanktionen (z. B. Zwangsvollstreckung oder Strafe) nach sich zieht. Dadurch unterscheiden sich Normen des Rechts von solchen der Sitte, der Höflichkeit und der Moral, deren Verletzung nicht mit staatlich organisierten Sanktionen beantwortet wird. Von diesem ‚objektiven' Rechtsbegriff zu unterscheiden ist der Begriff ‚subjektives Recht', der ein ‚rechtlich geschütztes Interesse' eines Individuums bezeichnet, z. B. den Anspruch auf eine bestimmte Entscheidung der staatlichen Verwaltung.

Um ‚gesetztes' oder positives Recht (lat. *ponere*: setzen, legen) handelt es sich, wenn Rechtsnormen von einem Gesetzgeber erlassen wurden. Dagegen entsteht Gewohnheitsrecht aus langer, unangefochtener Übung ohne Intervention eines Gesetzgebers. In den modernen westlichen Staaten hat Gewohnheitsrecht erheblich an Bedeutung verloren. Richterrecht umfasst solche Rechtsnormen, die Gerichte aus bestimmten übergeordneten Normen (z. B. Rechtsprinzipien oder Grundrechten) hergeleitet haben und die in der Rechtsprechung regelmäßig zugrunde gelegt werden. Richterrecht findet man vor allem dort, wo positive gesetzliche Regeln fehlen, z. B. in Teilen des Arbeitsrechts (↗ Arbeit).

Recht ist ein zentraler Bestandteil menschlicher Kultur (Kreß 2012, S. 15 f.). Die Rechtsnormen einer Gesellschaft stehen nicht unverbunden nebeneinander, sondern bilden eine Rechtsordnung, die meist systematisch aufgebaut und an bestimmten (Rechts-) Prinzipien orientiert ist. In den von der ↗ Aufklärung des 18. Jahrhunderts geprägten europäischen Staaten sind dies humanistische Rechtsprinzipien wie Menschenrechte (auf Freiheit und Gleichheit), Rechtsstaatlichkeit, Demokratie und religiöse Neutralität.

2 Recht und Moral

Historisch gesehen lassen sich Sitte, Moral und Recht zunächst nicht unterscheiden. Aus gleichförmigem Verhalten (Sitte) entwickeln sich Erwartungen, die ihrerseits in moralische und bald auch rechtliche Normen gefasst werden. Schon in der griechischen ↗ Antike wurde über das Verhältnis von Recht und Moral diskutiert (Welzel 1962, S. 12–18). In der christlichen Rechtsphilosophie des Mittelalters setzte sich mit

Thomas von Aquin die begriffliche Stufung ‚göttliches Recht' (*lex aeterna*), ‚natürliches Recht' (*lex naturalis*) und ‚menschliches Recht' (*lex humana*) durch (Welzel 1962, S. 58). Recht und (christliche) Moral waren eng verbunden.

Auch in der Naturrechtsphilosophie des frühen 18. Jahrhunderts (z.B. bei Christian Wolff) wurden beide Normtypen kaum unterschieden. Sehr viel deutlicher wurde die Trennung von Recht und (religiöser) Moral ab Mitte des 18. Jahrhunderts in der französischen Aufklärungsphilosophie thematisiert. In Deutschland griff Immanuel Kant die Unterscheidung auf und legt sie der Rechtsphilosophie zugrunde.[1]

Bis heute ist umstritten, ob positives Recht auch dann gilt, wenn es ‚überpositivem Recht' (Naturrecht, Moral) widerspricht. Der ‚Rechtspositivismus' bejaht dies unter Hinweis auf die Notwendigkeit von Rechtssicherheit und die Vielzahl ganz unterschiedlicher Naturrechts- und Moralvorstellungen. Recht gilt demnach, wenn es vom Gesetzgeber in einem verfassungsgemäßen Verfahren erlassen wurde, und zwar auch dann, wenn es mit den moralischen Überzeugungen des Rechtsanwenders oder Teilen der Bevölkerung nicht übereinstimmt. Beispiele sind die Regelung des Schwangerschaftsabbruchs oder die Straffreiheit des Suizids. In den demokratisch verfassten Staaten der Gegenwart ist eine rechtspositivistische Grundhaltung der Rechtsprechung unabdingbare Voraussetzung für Rechtsstaatlichkeit (vor allem der Bindung des Richters an das Gesetz) und Rechtsicherheit (d.h. der Voraussagbarkeit richterlicher Entscheidungen).

Vor dem Hintergrund der NS-Gesetzgebung schlug der Rechtsphilosoph Gustav Radbruch 1946 vor, unter Zugrundelegung des von ihm nach wie vor verteidigten rechtspositivistischen Ausgangspunktes in Ausnahmefällen positives Recht dann als unwirksam (als ‚Nicht-Recht') anzusehen, wenn es grundlegenden Postulaten der Gerechtigkeit widerspricht: „Der Konflikt zwischen der Gerechtigkeit und der Rechtssicherheit dürfte dahin zu lösen sein, dass das positive, durch Satzung und Macht gesicherte Recht auch dann den Vorrang hat, wenn es inhaltlich ungerecht und unzweckmäßig ist, es sei denn, dass der Widerspruch des positiven Gesetzes zur Gerechtigkeit ein so unerträgliches Maß erreicht, dass das Gesetz als ‚unrichtiges Recht' der Gerechtigkeit zu weichen hat. Es ist unmöglich, eine schärfere Linie zu ziehen zwischen den Fällen des gesetzlichen Unrechts und den trotz unrichtigen Inhalts dennoch geltenden Gesetzen; eine andere Grenzziehung aber kann mit aller Schärfe vorgenommen werden: wo Gerechtigkeit nicht einmal erstrebt wird, wo die Gleichheit, die den Kern der Gerechtigkeit ausmacht, bei der Setzung positiven Rechts bewusst verleugnet

---

[1] Verdross 1963, S. 147 ff. – Zum Prozess der Entflechtung von Recht und Moral auch Kreß 2012, S. 60 ff.

wurde, da ist das Gesetz nicht etwa nur ‚unrichtiges' Recht, vielmehr entbehrt es überhaupt der Rechtsnatur. Denn man kann Recht, auch positives Recht, gar nicht anders definieren als eine Ordnung und Satzung, die ihrem Sinne nach bestimmt ist, der Gerechtigkeit zu dienen." (Radbruch 1946, S. 107)

Auf diese Weise lässt sich z. B. begründen, die Nürnberger Rassegesetze (1935) nicht als geltendes Recht anzusehen. Die deutsche Rechtsprechung hat die ‚Radbuch-Formel' übernommen und im Zusammenhang mit der Strafverfolgung von NS-Tätern, später auch in den Prozessen gegen sogenannte ‚Mauerschützen' aus der DDR angewandt (Hilgendorf 2001, S. 72–90).

3 Was ist ‚humanes Recht'?

3.1 Orientierung an Menschenwürde und Menschenrechten

Grundprinzip des humanistischen Rechtsdenkens ist die Orientierung der gesamten Rechtsordnung am individuellen Menschen und seinen Bedürfnissen (Hilgendorf 2014, S. 41) (↗ Humanismus). Dies hat u. a. für das Verhältnis zwischen Individuum und Staat weitreichende Konsequenzen: „Der Staat ist um des Menschen willen da, und nicht der Mensch um des Staates willen."[2]

Die Ausrichtung an der Vorstellung eines als unverletzlich postulierten Eigenwerts des Menschen findet ihren Ausdruck in der Garantie der Menschenwürde (↗ Menschenrechte/Menschenwürde), die als *der* Leitwert des juristischen Humanismus angesehen werden kann (Hilgendorf 2014, S. 42). Wie alle großen Konzepte der Rechts- und Verfassungslehre ist ‚Menschenwürde' allerdings ein vielfältig ausdeutbarer Begriff.[3] Auch die Begründungen für seine postulierte Leitfunktion schwanken, und die unterschiedlichen Begründungen wirken sich oft auch auf die inhaltliche Fassung des Menschenwürdebegriffs aus.

Unser heutiges Verständnis von ‚Menschenwürde' lässt sich auf antike Wurzeln zurückführen, die im Humanismus des 16. Jahrhunderts neu entdeckt und in der Aufklärung des 18. Jahrhunderts in die Rechtswirklichkeit überführt wurden (Cancik 2011a; Cancik 2011b). Das aufklärerische Programm einer ‚Humanisierung des Rechts' wird wesentlich von der Idee der Würde jedes Menschen getragen. Positivrechtlich stehen jedoch im ausgehenden 18. und 19. Jahrhundert die Menschenrechte, und nicht die Menschenwürde, im Mittelpunkt der Rechtsreformen.

---

[2] So lautet Artikel 1 des sogenannten Herrenchiemseer Verfassungsentwurfs, abgedruckt in: Jahrbuch des öffentlichen Rechts 1, 1951, S. 48.
[3] Einen Überblick bietet Horst Dreier 2013, Artikel 1 I, Randnummer 52 ff.

Der Siegeszug der Menschenwürde als positiver Verfassungsgrundsatz beginnt erst nach dem zweiten Weltkrieg unter dem Eindruck der bis dahin unvorstellbaren NS-Verbrechen. Zu nennen sind vor allem die ‚Allgemeine Erklärung der Menschenrechte' (1948), die neue (west)deutsche Verfassung von 1949 und die beiden UN-Pakte über bürgerliche und politische bzw. wirtschaftliche, soziale und kulturelle Rechte (1966, in Kraft getreten 1977). In der ‚Europäischen Menschenrechtskonvention' (EMRK) findet sich keine explizite Erwähnung der Menschenwürde, es werden aber einige ihrer wichtigsten Ausprägungen behandelt, z. B. in Artikel 3 das Folterverbot und in Artikel 4 Absatz 1 das Verbot von Sklaverei und Zwangsarbeit. Eine prominente Position nimmt die Menschenwürde dagegen wieder in Artikel 1 der ‚Europäischen Grundrechte-Charta' (2009) ein, dessen Formulierung eng an das deutsche Modell angelehnt ist.

Es besteht keine Einigkeit darüber, welcher rechtstechnische Status der Menschenwürdegarantie zukommen soll: handelt es sich um eine bloße Leitidee oder eine ‚regulative Idee' oder einen Programmsatz ohne verbindliche rechtliche Bedeutung? Oder ist die Menschenwürde ein ‚Rechtsprinzip' und wenn, was bedeutet dies für ihre Geltung in der Rechtsordnung? Um der Menschenwürde auch praktisch größtmögliche Bedeutung und juristische Durchschlagskraft zu verleihen, erscheint es vorzugswürdig, sie als ein Recht oder ein Bündel von Rechten zu verstehen, welche bestimmte basale menschliche Interessen und Grundbedürfnisse schützen (Hilgendorf 1999, S. 148).

Der historische Hintergrund der nach 1945 festgeschriebenen Menschenwürdegarantien macht deutlich, welchen Praktiken ein für allemal und ausnahmslos ein Riegel vorgeschoben werden sollte: Folter, Entrechtung ganzer Bevölkerungsgruppen bis hin zu Massenmord und Sklaverei, Entzug des zum Leben nötigen Existenzminimums, grausame medizinische Experimente und ähnliche Verbrechen. In der Abwehr derartiger extremer Verletzungen liegt nach wie vor der Kern der Menschenwürdegarantie. Um den Menschenwürdeschutz möglichst stark auszugestalten, hat der deutsche Verfassungsgeber entschieden, dass jede Verletzung der Menschenwürde per se unrechtmäßig ist, also unter keinen Umständen gerechtfertigt werden kann (Dreier 2013, Artikel 1 I, Randnummer 46). Dies führt z. B. dazu, dass Folter auch dann verboten bleibt, wenn sie der Rettung unschuldiger Entführungsopfer oder der Abwehr unmittelbar drohender terroristischer Attacken gilt.

Der Regelungsbereich der Menschenrechte überschneidet sich mit dem der Menschenwürde, ist damit aber nicht deckungsgleich. Menschenrechte sollen, wie die Menschenwürde, jedem Menschen kraft Geburt zustehen, unabhängig von seiner gesellschaftlichen Stellung, Abstammung, Rasse oder seinem Geschlecht. Auch ihre Geschichte reicht bis in die vorchristliche Antike zurück. Erst in der Aufklärung des 18. Jahrhunderts gelang es, sie politisch durchzusetzen, am prominentesten in der Verfassung von Virginia (1776) und der französischen Erklärung der Menschen- und Bürgerrechte (1789).

Heute sind die Menschenrechte in vielen Verfassungen positiv-rechtlich geregelt, in Deutschland etwa in den Grundrechten der Artikel 1–19 des Grundgesetzes. Sie umfassen unter anderem Rechte auf Leben und körperliche Unversehrtheit, Gleichheit, ↗ Religionsfreiheit/Toleranz und Meinungsfreiheit. Anders als die Menschenwürde sind die Menschenrechte Einschränkungen unterworfen, d. h. Rechte wie das Recht auf körperliche Unversehrtheit oder die Meinungsäußerungsfreiheit können durch Gesetz eingeschränkt werden (man denke nur an Regelungen über Impfzwang oder an Gesetze zum Schutz vor Beleidigungen).

3.2 Ausstrahlungen in die einzelnen Rechtsgebiete

Eine humane Rechtsordnung zeichnet sich dadurch aus, dass die Garantien von Menschenwürde und Menschenrechten nicht bloß die Verfassungsebene prägen, sondern die gesamte Rechtsordnung beeinflussen: Alles niederrangige Recht muss sich an der Menschenwürde und den Menschenrechten messen lassen. Das Recht wird im Sinne dieser Grundrechte ausgelegt und ist dann, wenn es gegen höherrangiges (Menschen-)Recht verstößt, unwirksam. Dies gilt für das Öffentliche Recht unter Einschluss des Strafrechts ebenso wie für das Zivilrecht. Voraussetzung ist allerdings stets, dass das höherrangige Recht in der jeweiligen Rechtsordnung tatsächlich als ‚positives Recht' anerkannt ist (so etwa im deutschen Grundgesetz in Form der Grundrechte).

Die einzelnen Gebiete des Rechts wurden etwa seit Mitte des 18. Jahrhunderts in zunehmendem Maß Ziel von aufklärerischer Kritik und Forderungen nach ↗ Humanisierung (Valjavec 1961, S. 297). Diese Bestrebungen setzten sich aber nur allmählich durch; sie sind bis heute nicht abgeschlossen. Große Veränderungen wie die Industrialisierung des Arbeitslebens, die Globalisierung sowie die Technisierung unserer gesamten Lebenswelt führen dazu, dass stets neue Problemstellungen auftreten, so dass die Humanisierung des Rechts eine bleibende Aufgabe darstellt.

3.2.1 Strafrecht

Das erste Rechtsgebiet, in dem die Bemühungen um eine Humanisierung Früchte trugen, war das Strafrecht. Der Ablauf der dort durchgesetzten Reformen ist typisch für alle Bestrebungen zur Humanisierung des Rechts: Schweres Unrecht wird problematisiert, Extremfälle öffentlich skandalisiert und diskutiert. Daraus entstehen Forderungen nach durchgreifenden Rechtsreformen, welche bei Vorliegen günstiger politischer Bedingungen in die Rechtswirklichkeit umgesetzt werden können.[4]

Das europäische Strafrecht der frühen Neuzeit zeichnete sich durch extrem strenge, grausame Strafen und Willkür bei der Rechtsanwendung aus. Straftaten wurden nicht als Verletzung des Mitmenschen oder der Gesellschaft verstanden, sondern als Auflehnung gegen die göttliche Ordnung (Fischl 1981, S. 8). Besonders verheerend waren die Zustände in Frankreich. Ausgangspunkt der praktischen Reformbemühungen wurde der Justizmord an dem Toulouser Hugenotten Jean Calas, dem zu Unrecht angelastet wurde, seinen Sohn ermordet zu haben, um dessen Übertritt zum Katholizismus zu verhindern. 1762 wurde Calas, obwohl die Vorwürfe gegen ihn offensichtlich nicht zutrafen, nach grausamer Folter öffentlich hingerichtet.

Daraufhin begann der führende Intellektuelle Europas, Voltaire, eine spektakuläre Kampagne. Er verfasste eine Unzahl an Briefen und anderen Texten, von einfachen Flugschriften bis zur berühmten ‚Abhandlung über Toleranz' (1763), um die Fürsten und das aufstrebende Bürgertum seiner Zeit auf seine Seite zu bringen und die Toulouser Richter zu einem Einlenken zu zwingen. 1765 erreichte Voltaire sein Ziel: Jean Calas und seine Familie wurden rehabilitiert (Gilcher-Holtey 2010).

Bald bildeten sich in vielen Ländern Diskussionsgruppen, in denen über Reformen im Strafrecht debattiert wurde. In Mailand verfasste der junge Rechtsphilosoph Cesare Beccaria sein Buch ‚Von den Verbrechen und von den Strafen', das 1764 erschien und in wenigen Jahren in alle wichtigen europäischen Sprachen übersetzt wurde (Beccaria 1988). Es handelt sich um das einflussreichste Plädoyer für eine Strafrechtsreform im Geiste des Humanismus und der ↗ Humanität, das jemals formuliert wurde.

Unter dem Eindruck Voltaires und der Pariser Enzyklopädisten forderte Beccaria die Trennung von Strafrecht und Religion, die Abschaffung der Todesstrafe und Folter sowie eine enge Bindung des Richters an das Strafgesetz. Strafen sollten nicht härter sein, als zum Schutz der Rechtsgüter erforderlich. Ziel des Strafrechts sei die Prävention von Straftaten. Schon diese Einbeziehung des Zweckmäßigkeitsgedankens bedeutete in der Praxis eine weit reichende Humanisierung von Strafrechtsanwendung und Strafvollzug.

Die Gedanken Voltaires und Beccarias wurden in ganz Europa begierig aufgegriffen, in Deutschland etwa von Karl Ferdinand Hommel und Paul Johann Anselm Feuerbach, dem Begründer der deutschen Strafrechtswissenschaft (Koch et al. 2014). Feuerbach errichtete auf den Gedanken der Gesetzesbindung und der Gesetzesbestimmtheit ein neues Strafrechtssystem: *nullum crimen, nulla poena sine lege* (kein

---

[4] Dieser Zusammenhang kommt schon im Titel der sehr lesenswerten Abhandlung *Rights from Wrongs* zum Ausdruck (Dershowitz 2004).

Verbrechen, keine Strafe ohne Gesetz). Unter dem Eindruck der Strafrechtsphilosophie der Aufklärung schafften die meisten europäischen Staaten die Folter ab, so etwa Preußen 1740 und Bayern (nach Vorarbeiten Feuerbachs) 1813.

Trotz mancher Rückschläge waren das 19. Jahrhundert und auch noch das frühe 20. Jahrhundert von einer fortschreitenden Humanisierung des Strafrechts in Europa geprägt. Besondere Bedeutung besaßen dabei Franz von Liszt und sein Schüler Gustav Radbruch, der als Justizminister der Weimarer Republik wichtige Reformen auch praktisch durchzusetzen vermochte, so etwa im Jugendgerichtsgesetz von 1923.[5] Die Machtergreifung der Nationalsozialisten stellt (auch) im Strafrecht die Rückkehr zu voraufklärerischen Denkmustern und Praktiken dar.

Das Grundgesetz (1949) bedeutet eine wesentliche Zäsur in der Geschichte des deutschen Strafrechts. Die Grundrechte und zumal die Menschenwürde setzen dem Strafgesetzgeber enge Grenzen und führen zu erheblichen Verbesserungen auch im Strafverfahren und Strafvollzug. Im Strafrecht der Gegenwart sind, trotz immer wieder aufbrechender Gegenbewegungen, alle wesentlichen Forderungen Beccarias erfüllt, nicht bloß in Deutschland, sondern auch in den übrigen Staaten Europas und (mit allerdings teilweise deutlichen Abstrichen) in den USA. Dagegen sind in vielen anderen Ländern der Welt strafrichterliche Willkür und Freiheitsentzug ohne gesetzliche Grundlage noch ebenso an der Tagesordnung wie Folter und grausame Strafen.

3.2.2 Arbeitsrecht

Ein zweites Rechtsgebiet, in dem der Gedanke der Humanisierung eine große Rolle gespielt hat und immer noch spielt, ist das Arbeitsrecht. Das Arbeitsrecht regelt Rechte und Pflichten des unselbstständigen Arbeitnehmers. Es bildete sich erst im 19. Jahrhundert in der Folge von Liberalisierung und Industrialisierung heraus. Die Freisetzung von Arbeitern aus den für das Feudalsystem typischen engen persönlichen Bindungen führte zu Beginn des 19. Jahrhunderts zu verbreiteter Verarmung bis hin zur Massenverelendung („soziale Frage').[6] Der Staat antwortete darauf (in Deutschland) mit der Arbeiterschutzgesetzgebung (erstes Verbot von Kinderarbeit 1815/1839) und dem Ausbau der Sozialversicherung (Krankenversicherung 1883, Unfallversicherung 1884, Invaliditäts- und Altersversicherung 1889) (↗ Sozialstaat).

---

5 Radbruch gehört zu den wenigen prominenten deutschsprachigen Juristen des 20. Jahrhunderts, die man als ‚juristische Humanisten' bezeichnen könnte. Näheres zu ihm und seinem Werk: Kaufmann 1987.
6 Zu diesem Begriff und seinen aktuellen Bezügen: Friedrich 2001.

Schon bald stellte sich jedoch heraus, dass diese Maßnahmen nicht ausreichten. In einer Marktwirtschaft erfolgen die wirtschaftlichen Entscheidungen durch auf dem freien Markt interagierende Individuen oder Unternehmen. Eine freie Marktwirtschaft führt deshalb leicht zu einer Verfestigung von Ungleichheit. Im traditionellen Alternativmodell, der Planwirtschaft, bleiben dagegen wichtige wirtschaftliche Potenziale ungenutzt; der Zusammenbruch der ‚real-sozialistischen' Systeme des früheren Ostblocks hat die mangelnde Leistungsfähigkeit planwirtschaftlicher Systeme offengelegt.

Einem humanistischen Rechtsverständnis entspricht deshalb am ehesten eine *soziale* Marktwirtschaft, wie sie im 20. Jahrhundert von den meisten europäischen Staaten angestrebt und auch verwirklicht wurde. Sie ist zum einen dem Grundsatz der Vertragsfreiheit, zum anderen aber auch dem Schutz der sozial und wirtschaftlich Schwächeren verpflichtet (Ludwig-Erhard-Stiftung 1997; Nörr/Starbatty 1999). Eigentum schafft nicht bloß Handlungsmöglichkeiten, sondern bedeutet auch eine Verpflichtung auf das Gemeinwohl. Der Staat wirkt bei der Regelung des Arbeitslebens mit und schützt den abhängig Tätigen durch Rechtsregeln, die von den Vertragspartnern nicht aufgehoben werden können. Starke Gewerkschaften sorgen dafür, dass die widerstreitenden Interessen von Arbeitnehmern und Arbeitgebern auf Augenhöhe diskutiert und miteinander in Tarifverträgen in Einklang gebracht werden können. Doch auch in der sozialen Marktwirtschaft muss der Staat in die Gestaltung der Arbeitsverhältnisse eingreifen und den Schutz der Arbeitnehmer sicherstellen, etwa im Hinblick auf die Gestaltung der Arbeitsbedingungen (z. B. durch Arbeitszeitordnungen und Unfallverhütungsvorschriften), Kündigungsschutz, Mutterschutz, betrieblichen Datenschutz und Mitbestimmung.

3.2.3 Andere Rechtsgebiete

Das Straf- und das Arbeitsrecht sind die historisch wichtigsten Beispiele für die Humanisierung des Rechts. Andere, teilweise erst in den vergangenen Jahrzehnten entstandene Rechtsgebiete, in denen sich der Humanisierungsgedanke ebenfalls in erheblichem Umfang auswirkt, sind etwa das Sozialrecht, aber auch das Verfahrensrecht (in allen Rechtszweigen). Von großer Bedeutung ist auch die Humanisierung des allgemeinen Privatrechts. Es beruht auf dem Gedanken der Vertragsfreiheit, welche aber, wie schon im Zusammenhang mit dem Arbeitsrecht angedeutet, die Herausbildung von extremer Ungleichheit befördern kann.

Mit drastischer Ironie sprach Anatole France von der „majestätischen Gleichheit des Gesetzes, das Reichen wie Armen verbietet, unter Brücken zu schlafen, auf den Straßen zu betteln und Brot zu stehlen" (France 1925, S. 116). Der

Gesetzgeber steht daher vor der Aufgabe, die verpflichtenden Vorgaben der Menschenwürde und der Menschenrechte auch im allgemeinen Privatrecht sicherzustellen. Dazu gehören etwa ein funktionierender Verbraucherschutz, aber auch Vorschriften gegen ungerechtfertigte Diskriminierung.

Eine große Bedeutung kommt heute dem Datenschutz zu. Jeder Mensch benötigt einen privaten Rückzugsbereich, in dem er frei und unbeobachtet handeln, ruhen und reflektieren kann. Permanente Beobachtung erzeugt Anpassungsdruck und Unfreiheit. Dies gilt gerade auch im politischen Bereich. Ein funktionierender Datenschutz ist daher eine notwendige Voraussetzung für den demokratischen Rechtsstaat.

Die historische Erfahrung zeigt, dass die humanistischen Impulse zur Rechtsgestaltung am ehesten im demokratisch legitimierten Rechtsstaat verwirklicht werden können. Rechtsstaatlichkeit und Demokratie erscheinen dem juristischen Humanismus aber auch um ihrer selbst willen erstrebenswert: die Rechtsstaatlichkeit, weil sie schon begrifflich rechtlicher Willkür entgegen gesetzt ist, und die Demokratie, weil die Herrschaft des Volkes die Teilhabe möglichst vieler Betroffener an Entscheidungsprozessen erleichtert und die Chance erhöht, dass tatsächlich menschenwürdige Verhältnisse für alle geschaffen werden können. Von großer Bedeutung ist schließlich auch das Prinzip der religiösen Neutralität. Der Staat darf nicht einseitig für eine Religion oder Weltanschauung Partei ergreifen, sondern hat allen sich rechtstreu verhaltenden Religionsgesellschaften und Weltanschauungsgemeinschaften gleiche Entfaltungsmöglichkeiten zu bieten (↗ Weltanschauung/Weltanschauungsgemeinschaften).[7]

4 Gegenmodelle

Gegenmodelle zu dem vorstehend skizzierten Entwurf einer humanistischen Rechtsordnung sind *Diktaturen*, etwa die stalinistische Gewaltherrschaft, das Regime Hitlers oder das vom Klan der Kims beherrschte Nordkorea. Unvereinbar mit einer humanistischen Rechtsordnung sind aber auch *theokratische Systeme*, in denen nicht der individuelle Mensch (↗ Persönlichkeit), sondern der Wille eines Gottes (oder einer Gruppe von Göttern) in der Interpretation durch eine (meist streng hierarchisch aufgebaute) Priesterkaste im Mittelpunkt der Rechtsordnung steht.

Stark von der Aufklärung beeinflusste Religionen wie das europäische Christentum versuchen die Orientierung am Menschen mit der Orientierung am

---

[7] Czermak/Hilgendorf 2008, § 10. – Das deutsche Bundesverfassungsgericht spricht anschaulich vom religiös neutralen Staat als der ‚Heimstatt aller Bürger', Entscheidung des Bundesverfassungsgerichts Bd. 19, S. 216.

göttlichen Willen zu verschmelzen, ohne dass jedoch der begriffliche Unterschied aufgehoben werden könnte. Auch im Verhältnis zu anderen konkurrierenden Weltanschauungen ist der Lackmustest für eine Vereinbarkeit mit humanistischem Rechtsdenken die Orientierung an den Bedürfnissen des Menschen.

Nicht ausreichend thematisiert wurde bisher das Verhältnis des juristischen Humanismus zu Naturwissenschaft und Technik. Die empirischen Wissenschaften (unter Einschluss der Humanwissenschaften) helfen uns, die Welt und mit ihr die menschliche ↗ Natur besser zu verstehen. Außerdem sind es heute vor allem die Naturwissenschaften und die von ihr abgeleiteten Technologien, die den Menschen in die Lage versetzen, Krankheiten zu heilen, Notlagen zu verhüten und die existenziellen Bedürfnisse einer zunehmenden Zahl von Menschen zu befriedigen. ↗ Medizin und Ingenieurwissenschaften dürften damit wesentlich mehr zur Verbesserung der menschlichen Lebenssituation beigetragen haben als jede Geisteswissenschaft. Der juristische Humanismus ist deshalb durchaus wissenschafts- und technikfreundlich.[8]

Dies schließt nicht aus, Fehlentwicklungen in Wissenschaft und Technik zu kritisieren und immer wieder Vorschläge für ein humaneres, d. h. näher am Menschen orientiertes Recht zu formulieren. Die Entwicklungen in der Gentechnologie (unter Einschluss der Humanbiotechnologie), der Robotik, der Informations- und Kommunikationstechnologie sowie der Nanotechnologie bedürfen gerade aus rechtshumanistischer Sicht intensiver Aufmerksamkeit (Hilgendorf 2012).

5 Herausforderungen eines humanen Rechts heute

Eine erste Herausforderung für die weitere Humanisierung des Rechts heute liegt in der Globalisierung von Kommunikation, Wirtschaft und Arbeitsleben, die zunehmend dazu führt, dass das Recht länderübergreifend angewandt werden muss. Angesichts der Tatsache, dass die Mehrzahl der Staaten noch weit von einer humanen Rechtsordnung entfernt ist, ist dies eine Quelle fortwährender Konflikte. Wie weit reicht die Kompromissfähigkeit des humanistischen Rechtsdenkens?

Die Orientierung an der Natur des Menschen gibt keine bestimmte Rechts-und Staatsordnung vor. Es sind also durchaus verschiedene Rechtsordnungen denkbar, die den Grundpostulaten des humanistischen Rechtsdenkens entsprechen. Allerdings sind Folter und willkürliche Strafen, Unterdrückung Andersdenkender,

---

[8] Es ist kein Zufall, dass die Blüte des Humanismus im 16. Jahrhunderts zeitlich mit dem Aufbruch der modernen Naturwissenschaften und Technik zusammenfiel.

religiöse Bevormundung, Kinderarbeit und ausbeuterische Arbeitsverhältnisse nicht mit dem humanistischen Rechtsmodell vereinbar. Anstatt faule Kompromisse mit Staatsführungen zu schließen, die solche Verhältnisse zulassen oder gar fördern, und so möglicherweise zum Komplizen zu werden, sollte das Modell eines menschengerechten Rechts offen präsentiert und beworben werden – freilich ohne polemische Untertöne, die im Zweifel mehr schaden als nutzen.[9]

Als zweite Herausforderung humanistischen Rechtsdenkens lässt sich die weitgehende gesellschaftliche und kulturelle Pluralisierung ansehen, die auch (und gerade) in denjenigen Staaten anzutreffen ist, die sich am humanistischen Rechtsmodell der Aufklärung orientieren. In Ländern wie England, Frankreich und Deutschland leben heute zahlreiche Menschen mit einem von der Mehrheitskultur abweichenden kulturellen Hintergrund, in welchem die Grundpostulate des humanistischen Rechtsdenkens wie Selbstbestimmung, Gleichheit und Toleranz Andersdenkenden gegenüber nicht stark ausgeprägt sind oder sogar als Fremdkörper empfunden werden.

Soll das Toleranzgebot nicht bloß auf dem Papier stehen, muss es auch für Anhänger von Minderheitenkulturen gelten, aber unter Umständen auch gegen sie durchgesetzt werden. Interkulturelle Kompetenz trägt dazu bei, mit kulturbedingt konflikträchtigen Situationen umzugehen. Ihre Vermittlung sollte deshalb zur Selbstverständlichkeit werden. Dazu eignet sich besonders ein religiös neutraler Ethik- und Werteunterricht, wie er z. B. in Berlin eingeführt wurde.

Auch im Umgang mit Angehörigen fremder Kulturen im eigenen Staat gibt es Grenzen der Toleranz, will man nicht mit Blick auf die eigenen Überzeugungen unglaubwürdig werden. Klare Beispiele sind Witwenverbrennungen und religiös motivierte Menschenopfer, aber auch Fälle körperlicher Züchtigung von Frauen. Problematisch sind ferner die Verweigerung von Bluttransfusionen aus religiösen Gründen für sich selbst oder für die eigenen Kinder, die rituelle Beschneidung von Säuglingen (mit und ohne hinreichende Maßnahmen der Schmerzlinderung) und das betäubungslose Schächten von Tieren. Gewissermaßen zum Symbol für den Umgang mit dem kulturell Anderen ist das Tragen eines Kopftuchs geworden.[10]

Verfechtern einer weltweiten Humanisierung des Rechts wird gelegentlich vorgeworfen, Konzepte und Werthaltungen, die europäische Ursprünge haben, ohne hinreichende Legitimation zu verallgemeinern. Dahinter steht der auch sonst in den Geisteswissenschaften gelegentlich erhobene Vorwurf des ‚Kulturimpe-

---

9 In diesen Zusammenhang gehört auch das Problem der ‚humanitären Intervention', also das Eingreifen eines Staates oder einer Gruppe von Staaten in Angelegenheiten eines anderen Staates mit dem Ziel, dort Menschenrechtsverletzungen zu unterbinden (↗ Humanitarismus).
10 Zahlreiche Nachweise zur juristischen Diskussion der genannten Phänomene bei Valerius 2011.

rialismus'. Urheber derartiger Vorwürfe sind teilweise Politiker der kritisierten Staaten, die sich über unzulässige ‚Einmischungen' beklagen, andererseits aber auch Philosophen aus dem Umkreis des ‚Postmodernismus' und von ihnen beeinflusste Intellektuelle.

Derartigen Positionen ist entgegenzuhalten, dass die Orientierung des Rechts an der ‚Natur des Menschen' von Anfang an ein universalistisches Element enthielt und nicht auf Europa oder gar ein einzelnes europäisches Land beschränkt werden kann. Die modernen Humanwissenschaften gestatten es, die menschliche Natur empirisch zu erforschen und auf dieser Grundlage relativ genaue und abgesicherte Aussagen über allgemeinmenschliche Grundbedürfnisse zu formulieren. Auch in anderen Kulturkreisen gibt es Anknüpfungspunkte für humanistisches Rechtsdenken, so etwa im Konfuzianismus. Im Übrigen spricht die Attraktivität des europäischen Rechts in aller Welt für sich.

Eine besonders aktuelle Herausforderung für den Humanismus im Recht liegt im technischen Fortschritt, etwa in der Kommunikation (Smartphones, Internet), der Fortbewegung (autonome Kraftfahrzeuge) und der Medizin (Telemedizin, Enhancement). Technik kann helfen, humane Verhältnisse herzustellen, wenn sie sich dem Menschen anpasst und menschliche Bedürfnisse zu erfüllen hilft. Nur allzu oft wird heute jedoch unter Berufung auf echte oder vermeintliche ‚Sachzwänge' eine Anpassung des Menschen an die Technik gefordert, die mit dem humanistischen Grundanliegen nicht mehr zu vereinbaren ist. Da das Recht auch bei der Entwicklung und Steuerung von Technik erhebliche Wirkung ausüben kann, bleiben die Rechtsschöpfer, aber auch die Rechtsanwender aufgerufen, das Projekt einer fortwährenden Humanisierung unserer Lebens- und Arbeitswelt mit den Mitteln des Rechts auch gegenüber nicht menschengerechten technischen Entwicklungen zu verteidigen und voranzutreiben.

6 Literatur

Beccaria, Cesare (1988): Über Verbrechen und Strafen. Nach der Ausgabe von 1766 übersetzt und herausgegeben von Wilhelm Alff. Frankfurt am Main.
Cancik, Hubert (2011): Europa – Antike – Humanismus. Humanistische Versuche und Vorarbeiten. Hildegard Cancik-Lindemaier (Hrsg.). Bielefeld.
Cancik, Hubert (2011a): „Freiheit und Menschenwürde im ethischen und politischen Diskurs der Antike" (2008). In: Cancik 2011, S. 175–189.
Cancik, Hubert (2011b): „Gleichheit und Freiheit. Die antiken Grundlagen der Menschenrechte" (1983). In: Cancik 2011, S. 281–309.
Czermak, Gerhard/Hilgendorf, Eric (2008): Religions- und Weltanschauungsrecht. Eine Einführung. Berlin.

Dershowitz, Alan (2004): *Rights from Wrongs. A Secular Theory of the Origin of Rights*. New York.
Dreier, Horst (Hrsg.) (2013). Grundgesetz: Kommentar. Bd. 1. 3. Auflage. Tübingen.
Fischl, Otto (1981): Der Einfluss der Aufklärungsphilosophie auf die Entwicklung des Strafrechts in Doktrin, Politik und Gesetzgebung und Vergleichung der damaligen Bewegung mit den heutigen Reformversuchen (1913). Nachdruck. Aalen.
France, Anatole (1925): Die rote Lilie. München.
Friedrich, Norbert (2001): „Soziale Frage". In: Martin Honecker et al. (Hrsg.): Evangelisches Soziallexikon. Neuausgabe. Stuttgart, Berlin, Köln. S. 1428–1432.
Gilcher-Holtey, Ingrid (Hrsg.) (2010): Voltaire. Die Affaire Calas. Berlin.
Hilgendorf, Eric (1999): „Die mißbrauchte Menschenwürde. Probleme des Menschenwürdetopos am Beispiel der bioethischen Diskussion". In: Jahrbuch für Recht und Ethik 7, S. 137–158.
Hilgendorf, Eric (2001): „Recht und Moral". In: Aufklärung und Kritik 2001, S. 72–90.
Hilgendorf, Eric (2012): „Die strafrechtliche Regulierung des Internet als Aufgabe eines modernen Technikrechts". In: Juristenzeitung 17, S. 825–832.
Hilgendorf, Eric (2014): Humanismus und Recht – Humanistisches Recht? Eine erste Orientierung. In: Horst Groschopp (Hrsg.): Humanismus und Humanisierung. Aschaffenburg, S. 36–56.
Kaufmann, Arthur (1987): Gustav Radbruch. Rechtsdenker. Philosoph. Sozialdemokrat. München, Zürich.
Koch, Arnd/Kubiciel, Michael/Löhning, Martin/Pawlik, Michael (Hrsg.) (2014): Feuerbachs Bayerisches Strafgesetzbuch. Die Geburt liberalen, modernen und rationalen Strafrechts. Tübingen.
Kreß, Hartmut (2012): Ethik der Rechtsordnung. Staat, Grundrechte und Religionen im Licht der Rechtsethik. Stuttgart.
Ludwig-Erhard-Stiftung (Hrsg.) (1997): Soziale Marktwirtschaft als historische Weichenstellung. Bewertungen und Ausblicke. Düsseldorf.
Nörr, Knut Wolfgang/Starbatty, Joachim (Hrsg.) (1999): Soll und Haben – 50 Jahre Soziale Marktwirtschaft. Stuttgart.
Radbruch, Gustav (1946): Gesetzliches Unrecht und übergesetzliches Recht. In: Süddeutsche Juristenzeitung, S. 105–108.
Valerius, Brian (2011): Kultur und Strafrecht. Die Berücksichtigung kultureller Wertvorstellungen in der deutschen Strafrechtsdogmatik. Berlin.
Valjavec, Fritz (1961): Geschichte der abendländischen Aufklärung. Wien, München.
Verdross, Alfred (1963): Abendländische Rechtsphilosophie. Ihre Grundlagen und Hauptprobleme in geschichtlicher Schau. 2. Auflage. Wien.
Welzel, Hans (1962): Naturrecht und materiale Gerechtigkeit. 4. Auflage. Göttingen.

Religion,
s. Humanisierung;
s. Säkularisierung;
s. Weltanschauung/
Weltanschauungsgemeinschaften

Hubert Cancik
Religionsfreiheit/Toleranz

1 Zur Bestimmung der Begriffe

Religionsfreiheit ist die vom Staat einem jeden Einzelnen gewährleistete Möglichkeit, seine Religion selbst zu wählen, sie öffentlich zu bekennen, sich mit anderen zum Zwecke der Kultausübung zu versammeln, eine Organisation zu bilden und für sie zu werben. Entsprechende Bestimmungen gelten für weltanschauliche Bekenntnisse, auch irreligiöse und antireligiöse (Hoffmann 2012). Die Einhaltung der allgemeinen Gesetze wird dabei vorausgesetzt.

Religions- und Weltanschauungsfreiheit sind ein Menschenrecht (↗Menschenrechte/Menschenwürde), das in langen Kämpfen gegen Zensur, Inquisition, umfassende Repression den religiösen und staatlichen Gewalten abgerungen wurde. Diese Freiheit umfasst das Recht, die Religion zu wechseln, ohne als Apostat (,Abtrünniger') bestraft zu werden, die Freiheit, ohne Religion zu leben, sie öffentlich zu kritisieren, auch in satirischer Form, oder grundsätzlich abzulehnen (↗Religionskritik). Religionsfreiheit gilt entsprechend auch für Kinder.[1]

Die Freiheit von Religionen und Weltanschauungen erfordert die Neutralität des demokratischen Rechtsstaates (↗Recht). Sie ist verbunden mit wichtigsten bürgerlichen Freiheiten: Versammlungs- und Vereinigungsfreiheit, Gewissens-, Meinungs-, Pressefreiheit und mit dem Schutz von Minoritäten. Sie ist ein Mittel und ein Indiz der Selbstbestimmung in offenen, pluralistischen, multireligiösen Gesellschaften.

Die Trennung von Staat und Religion, von Bürgerrecht und Religionszugehörigkeit sowie die formale und praktizierte Gleichstellung verschiedener Religionen in einem Staat (,Parität') und die von ↗Weltanschauung/Weltanschauungsgemeinschaften mit religiösen Gesellschaften sichern die Religionsfreiheit.[2] Besondere Probleme entstehen durch die Ritualisierung von Staatsakten, durch die feierliche Repräsentation von ,staatlicher Hoheit' (lat. *maiestas rei publicae*) (↗Feier/Fest), von kollektiven Grundwerten, Patriotismus sowie durch Elemente der Militärreligion (Fahnenverehrung, Fahneneid, Totenkult). Diese Elemente

---

[1] Kinderrechtskonvention der UN, Art. 14. – Es bestehen Probleme bei der Kindertaufe, Beschneidung, ,unauslöschlichen' Initiationsriten aller Art.
[2] Grundgesetz Art. 3,3; Art. 4; Art. 140 übernimmt Art. 136–139 und 141 der Weimarer Reichsverfassung. Artikel 137,7 regelt die Gleichstellung von Weltanschauungsgemeinschaften mit Religionsgesellschaften.

können sich zu einer ‚Zivilreligion' verdichten (*religion civile*)³, die den Staatsbürger verpflichtet und seine Religionsfreiheit gefährdet.⁴

Toleranz ist ursprünglich das Aushalten, Ertragen (lat. *tolerare*), Erdulden von Strapazen, Krankheit, Unglück. Wort und Begriff *tolerantia* sind in der stoischen Tugendlehre entwickelt; sie ist ein Aspekt der Tapferkeit.⁵ Dementsprechend bedeutet die Tolerierung von Religionen oder Weltanschauungen ihre bedingte, oft eingeschränkte und widerrufbare Duldung (‚repressive Toleranz'). Toleranz wird als Gnade oder Privileg gewährt, es besteht kein Rechtsanspruch. Diese ursprünglich enge, defensive, juridische Bedeutung – ‚Duldung von Widrigkeiten' – hat sich in der Moderne erweitert. Toleranz kann jetzt die Bereitschaft bezeichnen, abweichende Meinungen, Lebensformen, Normen, Religionen als Bereicherung der eigenen Kultur oder des eigenen Lebens anzuerkennen und gegebenenfalls anzunehmen. So wird Toleranz zum ‚Kulturthema' (Wierlacher 1996).

2 Recht

2.1 Die rechtliche Bestimmung von Religions-, Weltanschauungsfreiheit und Toleranz beginnt in Westeuropa mit der Gewährung von ‚Privilegien für die Juden'. Diese verliehen einer großen Minorität innerhalb des römischen Imperiums weitgehende Autonomie in der Regelung innerer Angelegenheiten, gestatteten die Beschneidung, den Einzug von Abgaben und Spenden, schützten den Sabbat (Noethlichs 1996).

Der christliche Theologe Tertullian nutzt stoische Anthropologie und Erkenntnislehre, um in dem Disput über die Erlaubtheit des Christianismus eine gemeinsame Basis mit den römischen kommunalen und staatlichen Behörden zu finden. Hier wird zum ersten Mal der Ausdruck ‚Religionsfreiheit' (lat. *libertas religionis*) geprägt; es sei ein ‚Menschenrecht' (lat. *ius humanum*) und ein ‚natürliches Vermögen', „dass jeder Einzelne, das, was er für richtig hält, verehrt"; Religion dürfe nicht erzwungen werden.⁶

↗ Natur und Vernunft, der Einzelne (lat. *unusquisque*) und die Freiheit, die Menschheit (universal) und das Recht sind die tragenden Begriffe. Sie haben die Umformung des Christentums in eine repressive Staatsreligion (4.–5. Jh. u. Z.) nicht verhindern können, haben aber noch die Philosophen der Aufklärung in

---

3 Jean Jacques Rousseau, *Contrat social*, IV Kap. 9.
4 Grundlegend: Dreier 2013.
5 Erstbeleg bei Cicero, *Paradoxa Stoicorum* (abgefasst 46 v. u. Z.), 27; weitere Belege bei Cancik 2009, S. 365–379.
6 Tertullian, *Apologeticum* (ca. 198 u. Z.) 24,5–6; Tertullian, An Scapula (214 u. Z.).

ihrem Bemühen um Toleranz und Religionsfreiheit inspiriert.[7] Erfolgreicher war die Erklärung zur Religionsfreiheit, die von den römischen Kaisern Galerius, Licinius, Konstantin und ihren Beratern 311/313 u. Z. verkündet wurde.[8] Aber auch sie konnten das Gebot zur Katholisierung und das Totalverbot der anderen Religionen durch Kaiser Theodosius (Regierungszeit 379–395) nicht verhindern.

Seitdem übten fromme Fanatiker und eifernde Rigoristen ihren ‚nützlichen Terror' (lat. *terror utilis*, Augustin) mit der Verbrennung abweichender Meinungen und Personen, mit Austreibung von Andersgläubigen und Zerstörung ihrer Kultstätten, mit Zwangstaufen von Juden und Muslimen in Spanien, mit Pogromen, Index und Inquisition. Die Erinnerung an diese Ideologien und Praktiken der Intoleranz und Repression wird in der Darstellung von Toleranz gern vermieden (Guggisberg 1984; Forst 2000), ist aber für die Erkenntnis der Gefährdung von Toleranz und ↗ Religionskritik unverzichtbar.

Unklare und halbherzige Toleranzerlasse führen zu Vertreibungen der Hugenotten aus Frankreich, der Böhmischen Brüder, der Salzburger Protestanten und zu Religionskriegen in Mitteleuropa. Erst durch die staatlichen Umwälzungen in den britischen Kolonien von Nordamerika und in Frankreich wurden dauerhafte und konkrete Rechte zur Religionsfreiheit durchgesetzt: die ‚*Virginia Declaration of Rights*' (1776, Art. 16) und die ‚*Déclaration des droits naturels de l'homme et du citoyen*' (1789, Art. 10).[9]

Wiederum in Paris verkündet die Generalversammlung der Vereinten Nationen vom 10.12.1948 das Menschenrecht der Religionsfreiheit (Art. 17–19). Das ‚Grundgesetz für die Bundesrepublik Deutschland' (Art. 4 und Art. 140) und die Verfassung der Deutschen Demokratischen Republik übernehmen diese Rechtstradition jeweils 1949. Die Gleichstellung von Religionsgesellschaften mit Weltanschauungsvereinen ist in der Weimarer Reichsverfassung (1919) gegeben (Art. 137,7) (↗ Freidenkerbewegung) und wird in das Grundgesetz der Bundesrepublik übernommen (GG Art. 140). Die Freiheit von Religion und Weltanschauung wird ausdrücklich geschützt in der ‚Europäischen Menschenrechtskonvention' (Art. 9; 1950), dem ‚Internationalen Pakt über bürgerliche und politische Rechte' (ICCPR; Art. 18; 1966/1976) und in der UN Kinderrechtskonvention (CRC; Art. 14;

---

7 Pierre Bayle, Nouvelles de la République des Lettres (1684–1687), Juni 1686.
8 Sogenanntes Mailänder Toleranz-Edikt, überliefert bei Lactanz (Über den Tod der Verfolger 34 und 48) und bei Eusebius (Kirchengeschichte 8,17 und 10,5).
9 In der französischen Verfassung von 1791 werden Glaubens- und Gewissensfreiheit und das Recht auf öffentliche Kultausübung aller in Frankreich existierenden Religionsgemeinschaften verankert. – Von den zahlreichen Zwischenschritten bis zur Menschenrechts-Erklärung der Vereinten Nationen sei hier nur verwiesen auf das Allgemeine Preußische Landrecht (1794, Teil II, Titel 11, 1–4) und die Weimarer Reichsverfassung (1919, Art. 136–139 und 141).

1989). Der ‚Europäische Gerichtshof für Menschenrechte' in Straßburg ist bei Verstößen gegen dieses Menschenrecht zuständig.

2.2 Die Grenzen der Freiheit von Religion und Weltanschauung sind gegeben (a) durch die allgemeinen staatlichen Gesetze (↗ Recht), (b) insbesondere durch die Gesetze zur Gewährleistung der öffentlichen Sicherheit, Ordnung,[10] Gesundheit, (c) durch die Rechte und Freiheiten anderer und schließlich (d) durch die moralischen Gebote von Klugheit, Respekt und Höflichkeit.

Umstritten ist eine aus der Tradition von Staatsreligion/Staatskirche stammende Sanktionierung, die nicht die Menschen vor Beleidigung und Hetze schützt, sondern den ‚Inhalt des religiösen oder weltanschaulichen Bekenntnisses' und die ‚Einrichtungen und Gebräuche' religiöser und weltanschaulicher Organisationen. Bestraft wird demnach auch die „Beschimpfung von Bekenntnissen, Religionsgesellschaften und Weltanschauungsvereinigungen", „die geeignet ist, den öffentlichen Frieden zu stören".[11] Diese Bestimmungen können Zensur befördern und jede, auch die wissenschaftliche (philosophische, psychologische, soziologische, historische) Analyse von Religion behindern (↗ Kulturpolitik).

Es gibt keine Freiheit zur Herstellung und Verbreitung von ‚Feindbildern', von ‚Hasspropaganda', der ‚Auschwitzlüge'. Andererseits sind satirische Kritik und Spott geschützt durch das Menschenrecht der Meinungsfreiheit, sofern sie nicht die Würde einer Person verletzen oder psychische Gewalt (‚Psychoterror') gegen ethnische, religiöse, politische Gruppen ausüben. Um ‚Beleidigungen der Götter', also um Blasphemie im engeren Sinne, kümmern sich, so die antike Rechtsweisheit, die Götter selbst.[12] Insofern können Paragraphen über ‚Gottesbeleidigung' aus dem Strafrecht entfernt werden.

3 Judentum, Christentum, Islam

3.1 Die drei abrahamitischen Religionen haben, wie die Geschichte lehrt, ausschließende (militante) und tolerante Potenziale. Diese werden auf- oder abgebaut in Anpassung oder Widerstand zu den Umständen, in denen die Religion agiert.[13]

---

10 Strafgesetzbuch §§167 – 168: „Störung der Religionsausübung" und „Störung der Totenruhe".
11 Strafgesetzbuch §166, ‚Blasphemieparagraph'.
12 Tacitus, Annalen 1,73 (Kaiser Tiberius, der Oberpontifex, spricht): *deorum iniuriae dis curae*.
13 Der Ausdruck ‚Abrahamitische Religionen' ist eine bequeme, aber ungenaue Zusammenfassung der jüdischen, christlichen und islamischen Religionen. Manichäismus, Zoroastrismus und Mazdakismus werden dabei ausgeschlossen, auch das System der antiken Religionen, Hinduismus und Buddhismus sind in den folgenden Hinweisen nicht mehr berücksichtigt. Vgl. Mensching 1955; Schmidt-Leukel 2008.

Eine unterdrückte Minderheitenreligion kann, wenn sie zur dominanten Staatsreligion wird, durchaus die Praxis staatlicher Repression übernehmen und, so das Christentum im 4./5. Jahrhundert, verstärken. So sind in den kanonisierten Schriften der abrahamitischen Religionen extreme Vorschriften gegen ‚Abtrünnige' (Apostaten), Andersgläubige, Nichtgläubige (‚Heiden', ‚Götzenanbeter') konserviert, die entweder bis heute drastisch exekutiert oder durch symbolische Handlungen (Bann, Verfluchung, Exkommunikation) ersetzt werden. Die Freiheit, eine Religionsgemeinschaft verlassen zu können, ist ein wichtiges Kriterium für die Verwirklichung der Religionsfreiheit in einer Gesellschaft.

Die altjüdischen Vorschriften fordern, dass verbrannt werde, wer fremden Göttern opfert; wer andere zur Verehrung fremder Götter überredet, soll gesteinigt werden; Heiligtümer fremder Religionen sollen zerstört, ihre Altäre umgeworfen, die Bilder zerschlagen werden.[14] Das Konzept der sieben Noachidischen Gebote dagegen gestattete eine gewisse Toleranz nichtjüdischer Religionen, zumal wenn sie als ‚natürliche Religion' im Sinne (neu-)stoischer Philosophie verstanden wurden.[15]

3.2 Das Neue Testament der Christianer bietet ebenfalls Toleranz als Option: „Lasset beides, Unkraut und Weizen, miteinander wachsen bis zur Ernte."[16] Dagegen steht Augustins scharfe Deutung des Gleichnisses vom Gastmahl: „Nötige sie, herein zu kommen", sagt der Gastgeber; Augustin versteht: Zwinge die afrikanischen Christen in den Glaubensgehorsam, wenn nötig, mit staatlicher Gewalt.[17]

Thomas von Aquin befürwortet die Hinrichtung von Häretikern.[18] Auch die Reformation brachte mit dem ‚Augsburger Reichsabschied' (1555) keine allgemeine Religionsfreiheit. Der Vatikan hat im 19. Jahrhundert das Menschenrecht auf Religionsfreiheit mit einer intern zwingenden Argumentation als Wahnsinn verurteilt.[19] Erst nach der Mitte des 20. Jahrhunderts haben die beiden großen Kirchen in Deutschland den inzwischen breit etablierten Diskurs zu Menschenwürde und Menschenrechten übernommen und eine Art ‚pluralistischer Religionstheologie' entwickelt.[20] Aber offizielle Dokumente des Vatikans vertreten weiterhin die Ansicht, dass Äußerungen des Lehramts über den Menschenrechten stehen.[21]

---

14 2 Mose 22,14; 23,24; 5 Mose 12,1–3; 13,7–12; vgl. 1 Könige 18,21–40: Elias tötet die Priester des Baal; 1 Makkabäer, passim: der ‚Eifer' der Zeloten.
15 Vgl. Niewöhner 1988; Stroumsa 2009.
16 Matthäus 13,24–30.
17 Lukas 14,23: *coge intrare*; Augustin, epistula 93, ad Vincentium §5 (Corpus Scriptorum Ecclesiasticorum Latinorum 1898. Bd. 34. Berlin, S. 445–496).
18 Thomas von Aquin, *Summa Theologiae II-II*, quaestio 11 articulus 3 und 4.
19 Z. B. Pius IX: Enzyklika „*Quanta cura*" 1864: http://www.domus-ecclesiae.de/magisterium/quanta-cura.teutonice.html, besucht am 31.3.2015.
20 Schwandt 1998; Augustin 2006.
21 Römische Kongregation für die Glaubenslehre, 24. Mai 1990, nr. 36 und 37.

3.3 Auch im Koran und bei seinen Auslegern gibt es exkludierende, militante und tolerante Optionen und schließlich Anerkennung der Religions-, Gedanken- und Meinungsfreiheit als Menschenrechte. Der auch im islamischen Recht häufig zitierte, zentrale Beleg für Toleranz im Islam lautet: „In der Religion gibt es keinen Zwang."[22] Gott wollte die Verschiedenheit der Religionen; jeder hat seine Richtung: „Ihr habt eure Religion, ich die meine."[23]

Andererseits ist der Kampf gegen Andersgläubige ein Leitthema des Koran, besonders gegen die ‚Heiden', die keine Heilige Schrift besitzen.[24] In islamischen Herrschaften, die Juden und Christen als Steuerbeamte, Ärzte, Sekretäre brauchten, herrschte eine pragmatische, rechtlich geregelte, repressive Toleranz:[25] Einschränkung der Bautätigkeit für christliche Kultstätten, keine Öffentlichkeit für christliche Symbole, nur innerhalb der Kirchen und leise darf der Gong geschlagen und gesungen werden. Die Anerkennung der Gleichheit der Religionen und Weltanschauungen (deistische, pantheistische, atheistische, indifferente) ist dem Islamischen Recht ein Problem, zumal da die Verbindung von Staat und Religion eng gedacht wird.

Die Arabische Liga hat eine ‚Charta der Menschenrechte' erarbeitet (1994) und verabschiedet (2004). Der hier einschlägige Artikel lautet (Arabische Charta der Menschenrechte 1994): „Art. 30: Jede Person soll das Recht haben auf Freiheit des Gedankens, Glaubens und der Religion; sie ist nur den gesetzlich vorgeschriebenen Einschränkungen unterworfen."

Die ‚Kairoer Erklärung der Menschenrechte im Islam' dagegen, verabschiedet 1990 von der ‚Organisation of Islamic Cooperation', stellt alle Grundrechte unter den Vorbehalt des islamischen Rechts (*Scharia*). Sie übernimmt zwar das Prinzip von Sure 2,256, bietet aber dem Einzelnen keine grundsätzliche Freiheit der Religionsausübung, des straffreien Religionswechsels oder der Religionslosigkeit.[26]

Die ‚Kairoer Erklärung' hat zwar keine völkerrechtliche Verbindlichkeit, aber eine hohe symbolische Bedeutung und gilt als islamisch-theologisches Gegenstück zu der französischen (1789) und der internationalen (1949) Menschen-

---

22 Sure 2,256: *la ikraha fi d-dini*; nach Paret 1980, S. 54 f. ist unklar, ob damit ursprünglich ‚Toleranz' oder eher Resignation gemeint war.
23 Sure 2,148; 5,44–50; 29,46; Zitat: 109.6 (Mohammed zu den Juden von Medina).
24 Sure 2,191–193; 216; 244 u.ö. In einigen Fällen ist unklar, ob die ‚Kampfverse' eine einmalige vergangene Geschichte erzählen oder ein Paradigma, das verallgemeinert werden kann.
25 Grundlage ist der ‚Vertrag' (*dhimma*) des Kalifen Omar (634–644) mit den Christen in Syrien und Mesopotamien; vgl. Khoury 1980, S. 81–86.
26 Kairoer Erklärung 1990, Art. 10: „Es ist verboten, auf einen Menschen in irgendeiner Weise Druck auszuüben […], um ihn zu einer anderen Religion oder zum Atheismus zu bekehren." – Vgl. Art. 22: „Jeder hat das Recht auf freie Meinungsäußerung in einer Weise, die nicht gegen die Prinzipien der Scharia verstößt."

rechtserklärung und ihrer rechtlich verbindlichen Positivierung in zahlreichen Verfassungen und Konventionen.

4 Humanistische Gesichtspunkte

4.1 Eine humanistische Begründung von Religionsfreiheit geht aus von den primären Konstituentien von Person, Vernunft und Freiheit, Individualität (lat. *proprietas*) und Selbstbestimmung und dem Vorrang von Gedanken-, Meinungs- und Gewissensfreiheit vor den Ansprüchen religiöser Organisationen auf Glauben, Gehorsam, Gefolgschaft (anthropologischer Aspekt). Diese Begründung ist getragen von der Vorsicht vor prinzipiell nicht ausweisbaren Konzepten absoluter ↗ Wahrheit oder unfehlbarer Auslegung von direkter Offenbarung und kanonisierten Schriften (erkenntnistheoretischer Aspekt). Die endlosen Geschichten von religiöser Unterdrückung, Verfolgung, Vertreibung lehren, dass die Scheidung der religiösen von der politischen und rechtlichen Gewalt die Toleranz und Religionsfreiheit und die ‚Ruhe und Ordnung' im Staat befördern (historischer Aspekt).

Die Entwicklung von demokratischen Formen der Verfassung (Athen, 6.–5. Jh. v. u. Z.) und die darin mögliche Vielfalt der Lebensformen sowie die philosophische und historische Reflexion auf die wirtschaftlichen, gesellschaftlichen, ethischen Grundlagen des Gemeinwesens[27] waren ein entscheidender Impuls für Staatsmänner und Politologen der Neuzeit (politischer Aspekt).[28]

4.2 Die Annahme einer ‚natürlichen', individuellen Erkenntnis des Göttlichen, die nicht durch spezielle ‚positive' Offenbarung vorgegeben ist, erleichtert die Anerkennung der Gleichwertigkeit der Religionen, erschwert aber die Anerkennung von Indifferentismus, Atheismus, Agnostizismus (philosophischer Aspekt).[29] In den Systemen der ‚natürlichen Theologie' und des ‚Naturrechts', die in Späthumanismus und Aufklärung entwickelt wurden, wird diese Argumentation

---

[27] Nur wenige Namen seien genannt: die Historiker Herodot, Thukydides und Livius und die Philosophen Plato, Aristoteles und Cicero.
[28] Marsilius von Padua (1275/80-ca. 1348): Der Verteidiger des Friedens (*Defensor Pacis*), seine wichtigste Quelle: Aristoteles' Politik und Ethik; Cicero, Über die Pflichten (*de officiis*); Niccolò Machiavelli (1469–1527), *Discorsi* (Untersuchungen über die 1. Dekade des Livius, verfasst ca. 1517); Gabriel Bonnot de Mably (1709–1785), *Des droits et des devoirs du citoyen* (1758).
[29] Stoische Begriffe bei Paulus, An die Römer 1,18–21; 2,14–15 (abgefasst ca. 58 u. Z.); Tertullian, Apologeticum 24 (abgefasst 198 u. Z.); An Scapula (abgefasst 214 u. Z.).

vertieft und zur Erklärung der Menschenrechte und verstärkter Forderung nach Toleranz und Religionsfreiheit ausgebaut.[30]

Diese ‚natürliche' und ‚vernünftige' Religion wurde von den englischen Deisten zur „Religionsphilosophie der Aufklärung" entwickelt (Lechler 1965). Das moralische und religiöse ‚Gesetz der Natur' (lat. *lex naturalis*) konnte mit den Gesetzen Noahs, die für alle Menschen gelten sollen, gleichgesetzt, somit auch in jüdischen Denkformen untersucht werden und gab den nichtjüdischen Völkern und ihren Religionen einen legitimen Ort in der allgemeinen Heilsgeschichte.[31]

Die Geschichte von den drei Ringen, von denen einer echt, die andern ununterscheidbare Imitate sind, hat diese Konstellation der drei monotheistischen Buch-Religionen, Judentum, Christentum, Islam, eingefangen (der literargeschichtliche Aspekt). Lessing hat sie in sein Drama ‚Nathan der Weise' aufgenommen (1779): Nathan, der weise Jude erzählt sie dem Sultan Saladin im 12. Jahrhundert in Jerusalem.[32] Das Dreierschema excludiert allerdings, was auch damals als Natur-, Volks-, Kultreligion verdrängt oder als ‚Heidentum' und ‚Vielgötterei' denunziert wurde.[33]

Die Gesichtspunkte, die hier knapp skizziert sind, und andere Aspekte von Religionsfreiheit und Toleranz werden, angetrieben durch aktuelle Probleme von Migration, Modernisierung, Entkolonisierung und neuen Nationalismus, in großen Forschungsunternehmen untersucht. Genannt seien hier nur das Projekt ‚Kulturthema Toleranz' an der Universität Bayreuth[34] und der Forschungsverbund ‚Religion und Politik' an der Universität Münster.[35]

---

[30] (Pseudo-?)Bodinus, *Colloquium Heptaplomeres*, um 1600; Hugo Grotius (1583–1645); Samuel Pufendorf (1632–1694); John Locke (1632–1704), Brief über Toleranz (1689); Pierre Bayle (1647–1706), Philosophischer Kommentar zu den Worten Christi „Nötige sie hereinzukommen" (1686/87); Christian Thomasius (1655–1728), Christian Wolff (1679–1754); David Hume (1711–1776), Dialoge über natürliche Vernunft.

[31] John Seldon (1640): Über das Natur- und Völkerrecht gemäß der Lehre der Hebräer (*De iure naturali et gentium juxta disciplinam Ebraeorum*). London.

[32] Gotthold Ephraim Lessing, Nathan der Weise; Uraufführung: Berlin 1793. – Ein früher Beleg für die Ringparabel ist Giovanni Boccaccio, Decamerone (verfasst ca. 1349–1353), vgl. Niewöhner 1988a, passim, der auch die Beziehung zu der Vorstellung von den ‚drei Betrügern' (*Tres impostores: Moses, Jesus, Mohammed*) untersucht.

[33] Zur Literaturgeschichte von Toleranz/Intoleranz gehören u.a.: Sebastian Castellio, De haereticis, Basel 1554; Thomas Morus, Utopia, 1516; Voltaire, Der Fanatismus oder Mahomet der Prophet, 1741; Voltaire, Traité sur la tolérance, 1763 (anläßlich des Falles Jean Calas); Johann Wolfgang Goethe, Iphigenie, 1779 (Prosafassung); Karl Gutzkow, Uriel Acosta, 1846 (Trauerspiel); Stefan Zweig, Castellio gegen Calvin, 1936/38.

[34] Wierlacher 1996 mit ausführlicher Bibliographie und Darstellung des Forschungsplans; Wierlacher/Otto 2002.

5 Literatur

Arabische Charta der Menschenrechte (1994):
  http://www.humanrights.ch/de/internationale-menschenrechte/regionale/arabische-charta/, besucht am 31.3.2015. Abgedruckt in: Simma, Bruno/Fastenrath, Ulrich (Hrsg.): Menschenrechte. Ihr internationaler Schutz. 5. Auflage 2004. München, Nr. 85, S. 721–727.
Augustin, Christian/Wienand, Johannes/Winkler, Christiane (Hrsg.) (2006): Religiöser Pluralismus und Toleranz in Europa. Wiesbaden.
Cancik, Hubert (2009): „Religionsfreiheit und Toleranz in der späteren römischen Religionsgeschichte (2.–4. Jahrhundert n. Chr.)". In: Hubert Cancik/Jörg Rüpke (Hrsg.): Die Religion des Imperium Romanum. Koine und Konfrontation. Tübingen, S. 335–379.
Cancik, Hubert (2014): „Religionsfreiheit – ein Menschenrecht im Spannungsfeld von Humanismus, Reformation und Aufklärung." In: Hubert Cancik/Hildegard Cancik-Lindemaier: Humanismus – ein offenes System. Beiträge zur Humanistik. Herausgegeben und mit einem Vorwort versehen von Horst Groschopp. Aschaffenburg, S. 131–152.
Dreier, Horst (2013): Säkularisierung und Sakralität. Zum Selbstverständnis des modernen Verfassungsstaates. Tübingen.
Forst, Rainer (Hrsg.) (2000): Toleranz. Philosophische Grundlagen und gesellschaftliche Praxis einer umstrittenen Tugend. Frankfurt.
Guggisberg, Hans R. (Hrsg.) (1984): Religiöse Toleranz. Dokumente zur Geschichte einer Forderung. Stuttgart-Bad Cannstatt.
Hoffmann, Patrick (2012): Die Weltanschauungsfreiheit. Analyse eines Grundrechts. Berlin.
Kairoer Erklärung der Menschenrechte im Islam (1990). Vgl. http://www.islamdebatte.de/islamische-schluesseltexte/kairoer-erklaerung-der-menschenrechte-im-islam/, besucht am 31.3.2015.
Khoury, Adel Theodor (1980): Toleranz im Islam. München.
Lechler, Gotthard Viktor (1965): Geschichte des englischen Deismus (Tübingen 1841). Mit einem Vorwort von Günter Gawlick. Hildesheim.
Mensching, Gustav (1955): Toleranz und Wahrheit in der Religion. Heidelberg.
Niewöhner, Friedrich (1988a): Veritas sive Varietas. Lessings Toleranzparabel und das Buch von den drei Betrügern. Heidelberg.
Niewöhner, Friedrich (1988b): Maimonides. Aufklärung und Toleranz im Mittelalter. Heidelberg.
Noethlichs, Karl Leo (1996): Das Judentum und der römische Staat. Minderheitenpolitik im antiken Rom. Darmstadt.
Paret, Rudi (1980): Der Koran. Bd. 1: Übersetzung. Bd. 2: Kommentar und Konkordanz. 2. Auflage. Stuttgart.
Schmidt-Leukel, Perry (Hrsg.) (2008): *Buddhist Attitudes to Other Religions*. St. Ottilien.
Schwandt, Hans-Gerd (Hrsg.) (1998): Pluralistische Theologie der Religionen. Eine kritische Sichtung. Frankfurt am Main.
Stroumsa, Sarah (2009): *Maimonides in his world. Portrait of a Mediterranean thinker*. Princeton.

---

[35] http://www.uni-muenster.de/Religion-und-Politik/forschung/konzept.html, besucht am 31.3.2015.

Wierlacher, Alois (Hrsg.) (1996): Kulturthema Toleranz. Zur Grundlegung einer interdisziplinären und interkulturellen Toleranzforschung. München.
Wierlacher Alois/Otto, Wolf-Dieter (Hrsg.) (2002): Toleranztheorie in Deutschland. Eine anthologische Dokumentation. Tübingen.

Hildegard Cancik-Lindemaier
Religionskritik

1 Begriffsbestimmung

Religionskritik ist die Prüfung religiöser Handlungen, Lehren, Institutionen. Maßstäbe der Kritik sind Erfahrungen, (wissenschaftliche) Erkenntnisse, philosophische oder religiöse Überzeugungen. Sie findet Ausdruck in methodisch reflektierter Argumentation oder satirisch-polemischer Attacke oder prophetischer Scheltrede.

Religionskritik findet aus religiösen, politischen, moralischen Gründen innerhalb von Religionen statt in reformerischer Absicht, oder zwischen Religionen, in missionarischer Absicht und mit dem Ziel, den Gegner zu überzeugen (Religionsgespräche) oder die Überlegenheit der eigenen Religion zu demonstrieren (Apologetik). Keineswegs muss Religionskritik auf einem philosophischen Atheismus oder Agnostizismus beruhen (Cancik-Lindemaier 2006).

2 Funktionen der Religionskritik

Die Religionskritik ist ein bedeutender Bereich der europäischen ↗ Aufklärung. Immanuel Kant hat, vor allem im Hinblick auf deren öffentliche Funktion, „den Hauptpunkt der Aufklärung, d. i. des Ausganges der Menschen aus ihrer selbst verschuldeten Unmündigkeit, vorzüglich in *Religionssachen* gesetzt: weil in Ansehung der Künste und Wissenschaften unsere Beherrscher kein Interesse haben, den Vormund über ihre Unterthanen zu spielen" (Kant 1923, S. 35).

Die prominente Rolle, die Kant der Religionskritik zuschreibt, ist historisch begründet: Die europäische Aufklärung musste sich durchsetzen gegen die dominierende Meinungsmacht der christlichen Kirchen und deren als staatstragend angenommenen Funktionen. Die religiöse Bevormundung des Individuums verhindert dessen Mündigkeit. Religionskritik gehört zu den wichtigsten Anstößen für die Entstehung freidenkerischer Bewegungen im 18. und 19. Jahrhundert und hat daher einen festen Platz in der Geschichte des Humanismus (↗ Freidenkerbewegung; Groschopp 2011).

In Kants Forderung nach dem ‚Ausgang aus der Unmündigkeit' wird zugleich die systematische Verbindung der Religionskritik mit den Menschenrechten sichtbar (↗ Menschenrechte/Menschenwürde), insbesondere mit der Meinungs- und ↗ Religionsfreiheit. Als explizit analytisches Verfahren macht Religionskritik die Verflechtungen von Religion in Kultur und Gesellschaft sichtbar, etwa die religiöse Begründung von sozialen Strukturen (Stände, Adel), die religiöse Legitimation politischer Akte oder den Anspruch von Religionen, grundsätzlich die letzte Voraussetzung oder ‚Letzt-Begründung' für gesellschaftliche und kulturelle Verhältnisse und für die ‚Identität' von Individuen zu liefern.

3 Stadien der Religionskritik

3.1 Antike

Religionskritik ist ständige Begleiterin der Religionen. In der hebräischen Bibel kritisieren Propheten den Opferdienst der Priester als nutzlos und sinnwidrig und fordern stattdessen soziale Gerechtigkeit (Amos) und eine verinnerlichte, ‚wahre' Verehrung Gottes (Jesaja). Diese Kritik zielt auf Reform. Kritik wird auch als Kampfmittel gegen fremde Religionen eingesetzt: Der Prophet Elia organisiert eine Wette um den mächtigsten Gott, provoziert die kanaanäischen Priester des Baal und verspottet ihren Gott (1Kön. 18,1–46). Hoch organisierte Religionen versuchen, religionskritische Bewegungen als ‚Irrlehren' (Häresien) abzuspalten.

Seit dem 6. Jahrhundert v. u. Z. ist die Kritik griechischer Philosophen an den Religionen ihrer Städte und an Religion überhaupt überliefert (Belege bei Kirk et. al. 2001): Gegen die Verehrung des Sonnengottes wendet Anaxagoras (5. Jh. v. u. Z.) ein, die Sonne sei ein glühender Stein und riskiert eine Verurteilung wegen Asebie. Empedokles (5. Jh. v. u. Z.) lehrt die Verwandtschaft aller Lebewesen und denunziert den zentralen Ritus der griechischen Religion, das Tieropfer, als Mord. Dauerhaft wirkungsvoller ist die erkenntnistheoretisch begründete Kritik: Xenophanes (um 540 v. u. Z.) stellt fest, die Menschengestalt der Götter sei ein Produkt der erkennenden Menschen; Tiere würden sich, wenn sie Hände hätten, tiergestaltige Götter bilden. Im 5. Jahrhundert v. u. Z. formuliert Protagoras die agnostische Position: „Über die Götter vermag ich nichts zu wissen, weder dass sie sind, noch dass sie nicht sind, noch wie beschaffen an Gestalt"; „der Mensch ist das Maß aller Dinge, der seienden, dass sie sind, der nicht-seienden, dass sie nicht sind". Damit ist geleistet, was bei Feuerbach Überführung der Theologie in ↗ Anthropologie heißt.

Aus der Religionskritik werden Theorien über den Ursprung der Religion entwickelt: Nach Epikur (Athen, 4. Jh. v. u. Z.) entsteht sie aus Unwissenheit und Angst; der römische Dichter Lukrez (1. Jh. v. u. Z.) breitet Epikurs Thesen in seinem Lehrgedicht ‚Über die Natur der Dinge' aus: Aufklärung wird Unwissenheit und Angst verschwinden machen und mit ihr die Religion (dazu und zum Folgenden Cancik-Lindemaier 2010). Lukrezens Text war das Mittelalter hindurch bekannt und eine viel diskutierte und heftig attackierte Quelle der religionskritischen Diskurse des 17. und 18. Jahrhunderts. In Versen aus dem 4./3. Jahrhundert v. u. Z., die dem Politiker Kritias oder dem Tragödiendichter Euripides zugeschrieben werden, wird erzählt, wie ‚ein Kluger' die Religion erfand, um die Moral der Gesellschaft zu sichern, durch den Glauben an allwissende Götter nämlich, die auch die im Geheimen begangenen Verbrechen bestrafen. Dies ist das Konzept einer politisch instrumentalisierten Religion, das in der Neuzeit, polemisch simplifiziert, als ‚machiavellistisch' bezeichnet wurde.

Euhemeros, dem Berater der makedonischen Herrscher (Wende vom 4. zum 3. Jh. v. u. Z.), wird die Lehre zugeschrieben, die Götter seien ursprünglich wegen ihrer Verdienste um die Menschheit verehrte Menschen gewesen. Eine historisch-kritische Auslegungs-Methode, mit der mythologische Erzählungen auf Menschen oder Menschenwerk ‚reduziert' werden, wird mit einem neuzeitlichen Begriff ‚Euhemerismus' genannt.

Den Kritikern der Religion antworten deren Anhänger mit dem Vorwurf, sie seien ‚gottlos' (gr. *átheoi*; ‚Atheist' und ‚Atheismus' sind neuzeitliche Bildungen), und versuchen, die ‚Nicht-Verehrung' von Göttern oder die Verehrung ‚falscher Götter' als natur- und gesetzeswidrig (gr. *asebés*; Blasphemie, Asebie) zu kriminalisieren. Theologen der frühen Christentümer bedienen sich der philosophischen Religionskritik der Griechen und Römer, um diese mit ihren eigenen Argumenten zu schlagen. So wird der Grieche Euhemeros zum Kronzeugen gemacht, der die Götter der Griechen und Römer als Menschen entlarvt.

Es kommt zur Inversion der Argumente: Der Religion wohlgesonnene antike Schriftsteller nennen Euhemeros oder Epikur und Lukrez ‚unfromm' (gr. *asebés*, lat. *impius*) oder ‚gottlos' (gr. u. lat. *átheos*); christliche Theologen dagegen rühmen sie als ‚heidnische' Zeugen für die ‚Wahrheit' des Christentums; auf christliche Texte und Lehren freilich wird diese ‚heidnische' Religionskritik erst in der Aufklärung angewandt.

Die Schriften der antiken Philosophen ‚gegen die Christen' wurden nicht überliefert.[1] Ihre Argumente lassen sich aus der Polemik christlicher Theologen weitgehend rekonstruieren. Winfried Schröder hat die Befunde aus der Antike analysiert und festgestellt, dass in der antiken Religionskritik bereits alle Argumente der philosophischen Religionskritik der Aufklärung vorliegen (Schröder 2002).

---

[1] Kelsos (2. Jh.): ‚Wahre Lehre'; Zitate überliefert in der Widerlegungsschrift des Origenes. – Porphyrios (3. Jh.): ‚Gegen die Christianer'. – Kaiser Julian (4. Jh.): ‚Gegen die Galiläer'; Zitate überliefert in Kyrill von Alexandria: ‚Gegen Julian'.

3.2 Die Entfaltung der Religionskritik in Renaissance und Aufklärung

Die Humanisten der ↗ Renaissance haben neben den Texten der ‚klassischen' Autoren auch die christlichen Schriftsteller der Antike in sorgfältiger philologischer Arbeit herausgegeben, kommentiert und auf dem Buchmarkt verfügbar gemacht. Erasmus von Rotterdam (1466–1536) z. B. edierte die klassischen Autoren und das griechische Neue Testament und lateinische und griechische christliche Schriftsteller wie Hieronymus und Origenes. Der von ihm bewunderte Jurist und Diplomat Johannes Reuchlin (1455–1522) lehrte drei heilige Sprachen (Latein, Griechisch, Hebräisch) und kämpfte gegen das Verbot und die Verbrennung jüdischer Schriften. Seine Verteidiger karikierten den Streit um Reuchlin in der antiklerikalen Parodie ‚Briefe der Dunkelmänner'.

Die meisten Humanisten waren fromm und verstanden sich als gute Christen. Aber sie folgten ihren eigenen philologisch-historischen Maßstäben, die sie nicht zuletzt aus den antiken Autoren gewonnen hatten. Erasmus wurde von Vertretern der römischen Kirche und von Luther der Häresie bezichtigt. Im Jahre 1559 wurden alle seine Schriften, auch diejenigen, die nicht von Theologie handelten, auf den ‚Index der verbotenen Bücher' gesetzt.

4 Gesellschaftliche Faktoren

Argumente und Ausrichtung der Religionskritik sind abhängig von den kulturellen und gesellschaftlichen Konstellationen ihrer Zeit. In der Antike war Religionskritik hauptsächlich eine philosophische Angelegenheit, nur selten erregte sie öffentliches Ärgernis. Es gab keine religiöse Großorganisation wie die Kirche, die darauf bedacht war, ‚den Vormund über ihre Unterthanen zu spielen', d.h. Kultur und Gesellschaft zu kontrollieren. Während der Renaissance und vor allem in der Aufklärung dagegen gewinnt Religionskritik Raum in den öffentlichen Diskursen trotz und wegen der Bedrohung der Kritiker, sei's durch die kirchliche Inquisition, sei's durch staatliche Zensur.

Unter dieser Bedrohung konnten viele Texte der Frühaufklärung im 17. Jahrhundert nur anonym erscheinen; einige wie der explizit atheistische ‚Theophrastus Redivivus' (ca. 1659) (Canziani/Paganini 1981/1982) oder der ‚Traktat über die drei Betrüger' (Schröder 1994), in dem die Stifter der drei ‚mosaischen' Religionen Mose, Jesus, Mohammed direkt angegriffen wurden, zirkulierten noch im 17. und 18. Jahrhundert handschriftlich im Geheimen (*littérature clandestine*).

Die Religionskritik der Aufklärung fällt nicht mit der Philosophie der Aufklärung zusammen; sie hält sich auch nicht an die Fachgrenzen der Gelehrten oder

Universitäten, sondern strebt nach öffentlicher Wirkung, selbst wenn sie immer wieder auf Geheimhaltung angewiesen ist. Wichtige Quellen für die Erhebung aufklärerischer Diskurse des 17./18. Jahrhunderts sind zum einen die Gattung der Lexika, die sich seit der Renaissance mit dem florierenden Buchdruck entwickelte und verbreitete, zum anderen das Theater.

Ab 1697 veröffentlicht Pierre Bayle sein *Dictionnaire historique et critique* (Historisches und kritisches Wörterbuch). Im Namen ist die Neuheit der Form angedeutet: nicht einfache Ausbreitung gelehrten Wissens, sondern Präsentation von Argumenten. Ein halbes Jahrhundert später (1751) erscheint der erste von 35 Bänden der großen Enzyklopädie. Sie beansprucht, alles in Wissenschaften, Künsten und Handwerk angesammelte menschliche Wissen systematisch und vernünftig begründet darzulegen, herausgegeben von Denis Diderot und Jean Baptiste le Rond d'Alembert: *Encyclopédie ou Dictionnaire raisonné des sciences, des arts et des métiers*.

Im Jahre 1764 schließlich veröffentlicht Voltaire die Quintessenz seiner Kritik in seinem *Dictionnaire philosophique* (Philosophisches Wörterbuch). Die Gesamtheit menschlichen Wissens wird zur öffentlichen Diskussion gestellt, darunter auch Theologien und religiöse Einrichtungen. Besonders Voltaires *Dictionnaire*, das zunächst als ‚Taschenlexikon' (*portatif*) durchaus für die Praxis konzipiert war, gibt der Religionskritik breiten Raum. Staatliche und kirchliche Zensur behindern Veröffentlichung und Verkauf, zwingen Autoren in die Anonymität und Drucker und Verleger zur Verwendung fiktiver Publikationsjahre und Publikationsorte (Israel 2001; Israel/Mulsow 2014).

Religionskritik wird – wie in der Antike – auf die Bühne gebracht. Voltaire erfindet für das Thema ‚Fanatismus' denunziatorische Szenen zu Mohammeds Kampf um Mekka (*Du fanatisme ou Mahomet*, 1741). Lessing inszeniert das Ideal der Toleranz zwischen den drei ‚abrahamitischen' Religionen: ‚Nathan der Weise' (1779) ist inspiriert durch die religionskritischen Schriften von Hermann Samuel Reimarus, die Lessing nur als die zufällig gefundenen Papiere eines Anonymus hatte herausgeben können (ab 1774). Das Konzept einer ‚natürlichen Religion', die allen verfassten Religionen vorausliegt und überlegen ist, wird von diesen als Kampfansage aufgefasst. Die aufgeklärte, auf politische Praxis gerichtete Religionskritik greift die Herrschaftsinstrumente an.

Im 19. Jahrhundert schafft Ludwig Feuerbach eine Art Kompendium der Religionskritik, vornehmlich in den Werken ‚Das Wesen des Christenthums' und ‚Das Wesen der Religion'. Karl Marx fordert die praktische Konsequenz: „Die Kritik der Religion endet mit der Lehre, dass der Mensch das höchste Wesen für den Menschen sei, also mit dem kategorischen Imperativ, alle Verhältnisse umzuwerfen, in denen der Mensch ein erniedrigtes, ein geknechtetes, ein verlassenes, ein verächtliches Wesen ist" (Marx 1956, S. 385). Friedrich Nietzsche schleudert seine

Christentumskritik als ‚Fluch' in die Welt (‚Der Antichrist', 1888). Sigmund Freud diagnostiziert die Religion als kollektive Neurose.

Die Prognosen vieler Religionskritiker des 19. Jahrhunderts vom Ende des Christentums oder ‚der Religion' sind nicht eingetroffen (Jäger/Link 2006). Die traditionellen Erklärungsversuche für das Entstehen von Religion erscheinen unzureichend. Religionskritik aber ist damit nicht erledigt, noch ist sie, wie mithilfe des Schlagworts ‚Wiederkehr der Religionen' gern behauptet wird, falsifiziert. Als im Jahre 1755 das Erdbeben von Lissabon Europa erschütterte, erklärten es Theologen zu Gottes Strafgericht und riefen zur Buße auf. Philosophen zogen Leibnizens Antwort auf die alte Frage nach der ‚Rechtfertigung Gottes angesichts der Übel in der Welt' (Theodizee) in Zweifel. Voltaire karikierte die ‚beste aller möglichen Welten' in seinem Roman *Candide ou l'optimisme* (1759). Europas Bürger aber ignorierten die Logik der Straf- und Bußprediger; sie handelten aufgeklärt und leisteten humanitäre Hilfe zum Wiederaufbau Lissabons (Warnke 2009).

Humanistische Religionskritik richtet den Blick auf die Praxis. Ihr Focus liegt inzwischen weniger auf Argumenten gegen Lehrsätze oder Dogmen[2] als auf der Analyse der Machtstrategien von Religionsgemeinschaften und ihrer Versuche, die Deutungshoheit im kulturellen, sozialen und politischen Leben von Gesellschaften und Staaten zu gewinnen. Humanistische Religionskritik kämpft für das Menschenrecht der Religionsfreiheit und der Meinungs- und Gewissensfreiheit. Gesetze gegen ‚Blasphemie – Gotteslästerung', wie sie der UNO-Report auch im Jahre 2013 noch anprangert, sind mit den Menschenrechten nicht zu vereinbaren.[3]

5 Literatur

Bayle, Pierre (1697): *Dictionnaire historique et critique*. Amsterdam. Vgl.
  http://artfl-project.uchicago.edu/content/dictionnaire-de-bayle, besucht am 30.3.2014.
Cancik-Lindemaier, Hildegard (2006): „Gottlosigkeit im Altertum". In: Hildegard
  Cancik-Lindemaier: Von Atheismus bis Zensur. Henriette Harich-Schwarzbauer/Barbara von Reibnitz (Hrsg.). Würzburg, S. 15–31.

---

[2] Vgl. aber die Diskussion um die ‚Neuen Atheisten'.
[3] Bericht des Sonderberichterstatters der UNO zu Gesetzen gegen ‚Gotteslästerung': http://www.diesseits.de/perspektiven/nachrichten/international/1390258800/un-sonderberichterstatter-empfiehlt-weltweite-aufh, besucht am 30.3.2014. Dort ist der Text des Berichts als download A-HRC-25 – 58_en.doc abrufbar. – Vgl. auch Wils 2007 . – Grundsätzlich: General Comment no. 34 von 2011 zu Art.19 des Internationalen Pakts über Bürgerliche und Politische Rechte (ICCPR): http://www.humanrights.ch/de/Instrumente/UNO-Organe/HRC/GC/idart_9054-content.html, besucht am 30.3.2014.

Cancik-Lindemaier, Hildegard (2010): „,Aus so großer Finsternis ein so helles Licht'. Die Religionskritik des Lukrez im Rahmen der antiken Aufklärung". In: Richard Faber/Brunhilde Wehinger (Hrsg.): Aufklärung in Geschichte und Gegenwart. Würzburg, S. 61–83.

Canziani, Guido/Paganini, Gianni (Hrsg.) (1981/82): Theophrastus Redivivus. Florenz.

Diderot, Denis et al. (Hrsg.) (1751 ff.): *Encyclopédie ou Dictionnaire raisonné des sciences, des arts et des métiers.* Paris. Vgl. http://fr.wikisource.org/wiki/Encyclop%C3% A9die,_ou_Dictionnaire_raisonn%C3%A9_des_sciences,_des_arts_et_des_m%C3% A9tiers, besucht am 30.3.2014.

Groschopp, Horst (2011): Dissidenten. Freidenker und Kultur in Deutschland. Marburg.

Israel, Jonathan (2001): *Radical Enlightenment: Philosophy and the Making of Modernity. 1650–1750.* Oxford.

Israel, Jonathan/Mulsow, Martin (Hrsg.) (2014): Radikalaufklärung. Berlin.

Jäger, Margarete/Link, Jürgen (2006): „Einleitung". In: Margarete Jäger/Jürgen Link (Hrsg.): Macht – Religion – Politik. Zur Renaissance religiöser Praktiken und Mentalitäten. Münster, S. 5–17.

Kant, Immanuel (1968): „Beantwortung der Frage: Was ist Aufklärung?" (1784). In: Kants Werke. Bd. 8, S. 33–42.

Kirk, Geoffrey S./Raven, John E./Schofield, Malcolm (2001): Die vorsokratischen Philosophen. Einführung, Texte und Kommentare. Stuttgart.

Marx, Karl (1956): „Zur Kritik der Hegelschen Rechtsphilosophie" (1844). In: MEW Bd. 1, S. 378–391.

Nestle, Wilhelm (1944): Griechische Geistesgeschichte von Homer bis Lukian. Stuttgart.

Nestle, Wilhelm (1948): „Die Haupteinwände des antiken Denkens gegen das Christentum". In: Wilhelm Nestle: Griechische Studien. Stuttgart, S. 597–660.

Schröder, Winfried (Hrsg.) (1994): Traktat über die drei Betrüger. 2. Auflage. Hamburg.

Schröder, Winfried (2002): „Religionskritik". In: DNP. Bd. 15,2. Stuttgart, S. 699–702.

Schröder, Winfried (2012): Ursprünge des Atheismus. Untersuchungen zur Metaphysik- und Religionskritik des 17. und 18. Jahrhunderts. 2. Auflage. Stuttgart-Bad Cannstatt.

Voltaire (1764): *Dictionnaire philosophique portatif.* London. Vgl. http://www.hs-augsburg.de/~ %20harsch/gallica/Chronologie/18siecle/Voltaire/vol_dp00.html, besucht am 30.4.2014.

Warnke, Martin (2009): „Das Erdbeben von Lissabon". In: Zeitschrift des Vereins für Hamburgische Geschichte 95, S. 1–22.

Wils, Jean-Pierre (2007): Gotteslästerung. Frankfurt am Main.

Hubert Cancik
Renaissance

1 Wort und Begriff

1.1 Das französische Wort *renaissance* meint eine ‚Wiedergeburt, Neugeburt' von Wissenschaft und Kunst, Individuum und Gesellschaft. Der Ausdruck ist gegenwartsorientiert. Er verbindet widerspruchsvoll die Überwindung der ‚finsteren Zeiten' der ‚mittleren Epoche' mit dem Rückbezug auf die Antike und den Willen, diese durch neue Schöpfungen zu erneuern und zu überbieten.[1] Die Renaissance in Italien, auf die sich der Ausdruck hauptsächlich bezieht, ist eine ‚kulturelle Bewegung' der Neuzeit von etwa 1300 bis 1600 (Kristeller 1980. Bd.1, S. 145), die in verschiedener Stärke alle Teile der Kultur (↗ Humanismus als Kultur) erfasste, auch, und sei es nur durch Abwehr, die christliche Theologie.

Der Ausdruck ‚Renaissance' wird 1855 als Epochenbegriff für Frankreich durch Jules Michelet, 1860 durch Jacob Burckhardt für Italien bestimmt (Michelet 1978; Burckhardt 1860). Michelet setzt *renaissance* als Gegenstück zu *réforme*. Seine Kriterien sind die ‚Erneuerung' (*rénovation*) der Künste, der Altertumswissenschaften, des Rechts, insbesondere die „Entdeckung der Welt", die „Entdeckung des Menschen".[2]

Die Verkoppelung von ‚Renaissance' mit dem ebenfalls jungen Begriff ↗ Humanismus hat Georg Voigt im Titel seines Werks plakatiert: ‚Die Wiederbelebung des classischen Altertums oder das erste Jahrhundert des Humanismus'.[3]

1.2 ‚Renaissance' ist ein Ereignis, eine Epoche, eine gesamteuropäische Bewegung, die sich von Italien ausbreitet nach Böhmen, Polen und Ungarn, in die deutschsprachigen Länder, nach Frankreich und England, mit einiger Verspätung nach Spanien. Unklar oder umstritten sind die zeitliche Kohärenz, die bestimmenden Eigenschaften dieser Bewegung: Wie tief ist der Einschnitt zum Mittelalter, welche Traditionen setzen sich ‚kontinuierlich' fort, was waren die Auslöser dieser ‚kulturellen Bewegung' innerhalb und außerhalb Italiens?

---

[1] Die Bildersprache von ‚Wiedergeburt', ‚Wiederkehr', ‚Wiederbelebung', ‚neuer/zweiter N. N.' ist antik (lat. *renasci, restitutio, restauratio, renovatio, recidivus/redivivus, redire, alter Homerus*), später auch christlich; sie bildet aber keinen festen Begriff der Geschichtsforschung; vgl. Straub 1972; Wagenvoort 1956.
[2] Michelet 1978, S. 51: „*la découverte du monde, la découverte de l'homme*"; Michelet nennt Kolumbus, Kopernicus, Galileo Galilei.
[3] Voigt 1893. Das Konzept von Voigt ist enger als das von Michelet oder Burckhardt.

Für die Bereiche Malerei, Plastik Architektur hat, gegen Ende der Epoche, Giorgio Vasari deren Umfang und Einheit bestimmt: von Giovanni Cimabue bis Michelangelo. Er schreibt: Nach der Vollkommenheit der Antike und ihrem Untergang in Barbarei („Gotik") kam mit Cimabue und Giotto „ihre Wiederherstellung (*restaurazione*) oder, besser gesagt, ihre Wiedergeburt (*rinascità*)."[4] Vasari schreibt eine Fortschrittsgeschichte der Kunst: von „Wiedergeburt" durch „Fortschritt" zu neuer Vollkommenheit. Das Gegenstück ist ihm die zeitgenössische byzantinische Malerei, die nicht danach strebt voranzuschreiten. Cimabue dagegen habe aus tiefer Finsternis ein Licht wiedererweckt, die Malerei geradezu vom Tode erweckt, den ersten Anstoß gegeben zu ihrer Wiederbelebung.[5] Renaissance ist ‚Wiedergeburt', ‚Auferstehung', ‚Aufklärung'.

2 Chronologische Übersicht

2.1 Die neuzeitliche Renaissance, die sich seit etwa 1300 von Italien aus über Europa verbreitet, hatte nach kultureller, zeitlicher und sozialer Reichweite begrenzte Vorläufer im Mittelalter. Die italienische Renaissance dagegen erfasste die gesamte Kultur und blieb dauerhaft wirksam (Panofsky 1960; dt. 1979).

Die erste dieser Erneuerungsbewegungen, die ‚karolingische Renaissance' (2. Hälfte 8. Jh.–9. Jh.) war getragen vom Reichtum des Hofes Karls des Großen und der Klöster, nicht von städtischen Kommunen, vermögenden Bürgern, Hochschulen, Akademien und Dichtervereinen (Patzelt 1965). Das übergeordnete Ziel ist ‚Erneuerung des römischen Reiches' – *renovatio imperii Romani*; der neue Titel des Königs der Franken und Langobarden lautet: *Karolus Augustus Imperator Romanorum*; ein Hofdichter rühmt: „Roma, die goldene, wieder erneuert, wird wiedergeboren dem Erdkreis."[6]

Kalender und Verwaltung, Münze, Schrift, Sprache und die Bildung der Kleriker werden ‚erneuert'. Am Hofe entstehen Schreibstube (*scriptorium*), Bibliothek, Palast-Schule (*schola Palatina*). Kunst und Architektur orientieren sich

---

[4] Vasari 2010, S. 71. Die Anmerkung 134 zu dieser Partie betont: „Vasari ist der erste Autor des italienischen Humanismus, der den Begriff *rinascità* als Substantiv gebraucht und der die nachantike Geschichte in ein dreiteiliges Geschichtsschema [...] einteilt." Hier auch weitere Beispiele für die Metaphorologie der Renaissance.
[5] Vasari 1940, S. 8–15: Cimabue; vgl. Giovanni Boccaccio, Decamerone (um 1350), 6,5: Giotto habe die Kunst „ins Licht zurückgeführt (*ritornata in luce*)", nachdem sie viele Jahre lang „begraben gewesen" sei.
[6] Modoin von Autun (Frankreich; ca. 770–840/843), Ecloga 1: *aurea Roma iterum renovata renascitur orbi*.

an antiken Monumenten. Deshalb werden für die Pfalzkapelle zu Aachen (Bauzeit: 790–805) Marmor und Säulen aus Rom und Ravenna geholt.[7]

Die zweite Erneuerungsbewegung vor der italienischen Renaissance ist die ‚(Proto-)Renaissance' und der ‚(Proto-)Humanismus' des 12./13. Jahrhunderts. Sie wird im Herrschaftsbereich der staufischen Kaiser (seit Friedrich I. Barbarossa) als ‚staufische Renaissance' bezeichnet.[8] Kriterien sind hier die Veränderung des Menschenbildes, explizite Kritik an Bildungswesen und Staat, kreative Aufnahme römischen Rechts und römischer Kunst, Internationalität des kulturellen Lebens (Sarazenen, Christianer, Juden).

Die autobiographische ‚Geschichte seines Unglücks', die Petrus Abaelard (1079–1142) erzählt, markiert einen neuerlichen Subjektivierungsschub, zumal in der Schilderung seiner Liebe zu Heloisa.[9]

Johannes von Salisbury ist häufig als ‚christlicher Humanist' apostrophiert, ein gemäßigter Skeptiker, überaus belesen in den antiken Quellen, kein Asket, ein Befürworter des tätigen und guten Lebens in dieser Welt. Er verteidigt die allgemeine Bildung (Sprache, Rhetorik, Logik) gegen ihre Verächter, verfasst die erste politologische Schrift des Mittelalters und diskutiert die Zulässigkeit des Tyrannenmordes.[10]

Die Rechtsschule von Bologna, neben Paris das zweite Zentrum dieser Renaissance, vermittelt den staufischen Kaisern die römisch-rechtliche Begründung ihrer Herrschaft: Der Kaiser ist ‚Vater des Vaterlandes' (*pater patriae*), ‚lebendes Gesetz' (*viva lex*) und steht über den Gesetzen (*legibus absolutus*).[11] Diese Begründung befördert das Auseinandertreten der staatlichen und der kirchlichen Gewalt.

Die gegenseitige Schwächung beider Gewalten ermöglicht in Italien neue politische Strukturen. Um die Mitte des 13. Jahrhunderts entzieht sich das Volk (*il popolo*) von Florenz den feudalen Netzen geistlicher (Guelfen) und kaiserlicher (Ghibellinen) Gewalt und begründet eine souveräne Kommune, die erste von zahlreichen Republiken und kleinen Fürstentümern. Diese polyzentrale Struktur

---

7 Einhard (ca. 770–840), Leben Karls des Großen (verfasst um 830), Kapitel 26. Einhards Muster sind die Biographien der römischen Kaiser des Sueton.
8 Häufig wird auch die ‚Erneuerung', die von den sächsischen Kaisern im 10./11. Jahrhundert geleistet wurde, als ‚Ottonische Renaissance' bezeichnet; dagegen Panofsky 1960. – Terminologie und Datierung der einzelnen Phasen der Renaissance(n) sind unsicher. Der Begriff ‚Proto-Renaissance' findet sich bei Jacob Burckhardt. Vgl. Haskins 1927; Southern 1995 und 2001.
9 Hasse 2002. Abaelard erwägt, zu den Mohamedanern zu fliehen, um seinen christlichen Verfolgern zu entkommen.
10 Johannes von Salisbury, *Policraticus* (verfasst 1156–59); vgl. Liebeschütz 1950.
11 Justinian, *Novellae* 105; *Institutiones* 2,17,8; *Digesten* 1,3,31; vgl. Strothmann 2003.

wird eine Voraussetzung für die Blüte der Renaissance in Italien, aber auch für die Zerrissenheit und Schwäche des Landes.

2.2 Die Träger jener weit und tief greifenden Bewegung in Italien, die – in Erweiterung der kunstgeschichtlichen Periodisierung durch Giorgio Vasari – als eine allgemeine ‚Wiedergeburt' bezeichnet wird, sehen hinter sich eine ‚dunkle', die ‚mittlere Zeit' (Petrarca). Sie übersehen auch unmittelbare Vorgänger, konstruieren einen Bruch, der sie – im Unterschied zu früheren Epochen der ↗ Antike-Rezeption – von ihrem Sehnsuchtsort und Vorbild trennt.[12]

Eine reiche Bildersprache vermittelt das neue Lebensgefühl der vermögenden, bürgerlichen und intellektuellen Schichten: Es ist ein ‚Erwachen' und eine ‚Erinnerung', oder –mythologisch gewendet – die ‚Rückkehr der Musen', die Wendung zu den reinen Quellen (*ad fontes*), eine „Rückbeziehung auf den Anfang", schreibt Machiavelli, die „durch Wiedergeburt ein neues Leben wiedererlangt".[13]

Die allgemeinen Bedingungen für diese Erneuerung sind der Aufstieg der Städte und des Bürgertums in Italien, die Vermehrung des Handelskapitals und die Zunahme des Fernhandels, die Gründung von Kolonien im östlichen Mittelmeerraum. Neue oder verbesserte Techniken (Mühlen; Kompass; Fernrohr) ermöglichen Produktionssteigerung in Manufakturbetrieben und geographische und astronomische Entdeckungen (Christoph Kolumbus, 1492 in ‚Amerika'; Galileo Galilei veröffentlicht 1613 seine Beobachtungen der Sonnenflecken).

Die intensive Zuwendung zu Natur und Mensch stärkt die Naturwissenschaften, die (praktische) Philosophie und Medizin, Empirie und Experimente und konkurriert mit dem Buchwissen der antiken Forscher (Hippokrates, Aristoteles, Galen, Plinius).[14] Dementsprechend wird die Antike-Rezeption breiter und angemessener als im Mittelalter. Die Kenntnis der griechischen (Manuel Chrysoloras) und hebräischen Sprache (Johannes Reuchlin) und die Übersetzertätigkeit nehmen zu. Dies fördert die Formierung der Nationalsprachen und den Ausbau der Nationalliteraturen (Dante, Boccaccio, Bembo). Durch den Buchdruck werden die Texte schneller, weiter, billiger verbreitet (Gutenberg-Bibel 1452/1454).

Die Ausweitung des Bildungswesens durch zahlreiche Gründungen von Akademien und Universitäten, der zunehmende Bedarf an Intelligenz in der kommunalen/ staatlichen Verwaltung und der Ökonomie (Korrespondenz, Buchführung) schaffen

---

12 Neuere Forschungen betonen die mittelalterlichen Traditionen, die neben der Renaissance in die Reformation und Gegenreformation führen.
13 Niccolò Machiavelli, *Discorsi* (verfasst 1513/1519) 3,1: *Ritiramento delle republiche verso il loro principio*; Rom gebar sich neu nach der Zerstörung durch die Gallier (387 v.u. Z.): *rinasce, e rinascendo ripigliasse nuova vita*.
14 Andreas Vesalius (1514–1564) veranstaltet 1534 in Löwen die öffentliche Sektion eines menschlichen Leichnams.

Arbeit für humanistisch Gebildete als Notare, Kanzler, Lehrer in vielen Institutionen. Erstaunlich bleibt der unerschöpfliche Reichtum an hoch- und vielseitig begabten und leistungsstarken Menschen, die in kurzer Zeit und auf so begrenztem Raum diese gewaltige kulturelle ‚Wiedergeburt' zu schaffen vermochten.

Das institutionelle Gerüst für die Gelehrtenrepublik (*respublica litteraria*) boten die Universitäten,[15] die neuen Akademien und Sozietäten, die zahlreichen ‚Kreise' der Dichter, Sprachverbesserer, Erforscher der heimatlichen Antiquitäten (Garber/Wissmann 1996). Humanistische Zirkel bildeten sich an den Höfen der Fürsten und Kardinäle (Florenz, Ferrara, Rom, Neapel) und in den Zentren des Buchdrucks (Venedig, Basel, Nürnberg).

Die Briefwechsel der Humanisten zeigen den großen Umfang und die relative Kohärenz dieser Gelehrtenrepublik und humanistischer Vergemeinschaftung (Treml 1989). Die fingierte Korrespondenz der ‚Dunkelmänner', verfasst von Ulrich von Hutten und dem Erfurter Humanistenkreis (1515), offenbart das Netz der Unterstützer Reuchlins und der Spitzel der Kölner Inquisition. Hier werden – auch in der Parodie – die Aufgaben von ↗ Freundschaft deutlich: Verbindung Gleichgesinnter, gegenseitiges Lob und Protektion, Geselligkeit, gemeinsame Feste und emotionale Zuwendung.

2.3 Das Ende der Renaissance als Epoche und die Transformationen des Renaissance-Humanismus als kultureller Bewegung sind, wie der Anfang und die Vorstufen, regional, sozial und in den jeweiligen Kultursegmenten verschieden. Ein symbolisches Datum ist die Hinrichtung von Giordano Bruno auf dem Blumenmarkt in Rom (17. Februar 1600). Die Etiketten ‚Barock' oder ‚Zeitalter der Konfessionalisierung' periodisieren nach den Segmenten Kunst oder Religion. Der Renaissance-Humanismus wandelt sich zu Schulpädagogik, zu weit ausgreifender, organisierter Philologie und im Bereich der Philosophie zur Frühaufklärung (Rudolph 1998).

3 Diskurse

3.1 Unter den Diskursen, die in der Renaissance geführt wurden, ist in der begrenzten humanistischen Perspektive dieses Artikels der Diskurs ‚Über den Menschen' (*de homine*) der wichtigste. In zahlreichen Reden und Traktaten über das Elend oder die Würde, die Größe, den Adel des Menschen wurde seit Cicero und Laktanz, Bartholomäus Facius und Gianozzo Manetti der Text vorbereitet, der

---

15 Einige Gründungsdaten: Prag 1348; Wien 1365; Heidelberg 1386; Tübingen 1476; Wittenberg 1502.

ein Symbol humanistischer Anthropologie werden sollte: die ‚Rede' (*oratio*) des Giovanni Pico von Mirandola (Nord-Italien) über die Würde des Menschen.[16]

Die Sonderstellung des Menschen in der Welt wird von Giovanni Pico nicht gemäß der vorherrschenden Lehre mit seiner überlegenen Vernunft begründet, mit der er die Welt erforscht und die anderen Lebewesen beherrscht, sondern mit seiner ‚Unbestimmtheit' (*incertus*). Pico betont mit dem schon antiken Argument vom ‚Mängelwesen Mensch' den Unterschied zu dem schnellen, starken, instinktgesicherten Tier. Der Mensch erhält von seinem Schöpfer, dem ‚besten Künstler' (*optimus opifex*) keinen festen Wohnsitz, kein besonderes Aussehen, keine spezifische Begabung. Nach eigenem Wunsch und Entscheidung soll er sich seinen Ort bestimmen: „Festgelegt ist den übrigen Lebewesen ihre Natur [...], du, von keiner Enge beschränkt, wirst dir deine Natur nach deinem Willen, in dessen Hand ich dich gegeben habe, festlegen."[17]

Der ‚beste Künstler' schafft einen ‚Skulpteur und Bildner', der sich „in die Gestalt bilden kann", die er will.[18] Damit wird die von der Tradition vorgegebene überwiegend ethische und hamartologische Eigenschaft des Menschen als freies Lebewesen zu einer allgemeinen anthropologischen Offenheit gesteigert und mit den Diskursen über Bildung und Kunst verbunden. Das Selbstbewusstsein der Epoche, das Pico in seinen neuen Schöpfungsmythos fasst, lässt sich bildlich und handfest auf dem ‚Allegorischen Reichsadler' (1506/07) besichtigen: Auf dem einen Flügel des Adlers sind die sieben Schöpfungswerke abgebildet, auf dem anderen, in unmittelbarer Parallele, die sieben ‚mechanischen Künste' (*artes mechanicae*) von der Tuchmacherei bis zur Metallurgie.[19]

3.2 Der mystisch-spekulative Entwurf Picos, sein hochgemuter Individualismus muss begrenzt und ergänzt werden durch andere Menschen- und Gesellschaftsbilder der Renaissance. Der ‚Bürgerhumanismus', den Hans Baron am Beispiel von Florenz um 1400, vornehmlich an Leonardo Bruni und Coluccio Salutati, untersucht hat, korrigiert alte und neue Verkürzungen von Humanismus auf das nur Sprachliche, auf Schulpädagogik, auf Ästhetizismus und Philologie.

---

16 G. Pico della Mirandola (1463–1494), *Oratio* (verfasst 1486); Erstdruck in den Opera, Basel 1496. Der volle Titel erscheint in der Ausgabe Basel 1557, ist aber nach dem Inhalt und der Titeltradition dieses Diskurses zutreffend; vgl. Gianozzo Manetti (1396–1459): Über die Würde und Erhabenheit des Menschen (*de dignitate et excellentia hominis*), 1452.
17 Pico della Mirandola 1990, S. 6: „*Definita ceteris natura* [...] *Tu nullis angustiis coercitus pro tuo arbitrio, in cuius manum te posui, tibi illam praefinies.*"
18 Pico della Mirandola, ebd.: Der Mensch ist *plastes et fictor* seiner selbst: *in quam malueris tute formam effingas.*
19 Hans Burgkmair/Conrad Celtis: Allegorischer Reichsadler, 1506/07: Einzelblattholzschnitt als Programmbild des Collegium poetarum et mathematicorum zu Wien. Abbildung bei Wuttke 1985, S. 41.

Civic humanism (ital. *umanesimo civico*) berücksichtigt den Umstand, dass viele Humanisten Politiker, Diplomaten und Kanzler großer Kommunen gewesen sind und dieses ‚tätige Leben' durch ethische Argumentation und antike Exempel zu rechtfertigen wussten (↗ Politik).[20] Die politische Rhetorik verkündet Freiheit und Tugend, den Hass auf die Tyrannen und den Eifer für das allgemeine Gut, den Republikanismus und den römischen Ursprung der Florentiner Freiheit.

Der Wahrheits- und Realitätsgehalt dieser Rhetorik ist oft angefochten, das Freiheitspathos der Republik kontrastiert worden mit ihrer restriktiven Innen- und ihrer expansiven Außenpolitik. Beides, die politische Rhetorik und ihre historische und moralische Destruktion hatten bei römischen Rednern und Geschichtsschreibern erlauchte Vorbilder. Benutzt wurden vor allem Sallust, Cicero und Livius und für das Bild des Tyrannen die Tragödien Senecas.[21]

3.3 Durch die Stichworte ‚Bildhauer und Bildner' (*plastes et fictor*), ‚Künstler', ‚ausformen' verbindet Pico den Diskurs ‚über den Menschen' mit dem ‚über Kunst und Künstler'. Die ‚moderne' Kunst macht Fortschritte, so Vasari, durch Erfindungen, das Neue, das Schöpferische, durch Betätigungen also, die ‚der beste Künstler' seinem Ebenbild ermöglicht hat.[22] Die Ikone dagegen, das vom Himmel gefallene *Acheiropoieton* (‚nicht von Menschenhand gemacht'), ist unveränderlich.

Zu den Fortschritten gehört die starke Zunahme der Abbildungen von Menschen in der Malerei und sogar in lebensgroßer frei stehender Rundplastik – der David Donatellos in Florenz ist ein frühes Beispiel (Bronze, 1444/1446): Die Bewegtheit der Gestalt durch den Kontrapost, die Nacktheit, die Erinnerung an männliche Homoerotik sind antikes ‚Erbe'; die Verbindung von griechischer Gestalt mit biblisch-christlichem Stoff ergibt ein eindrückliches Monument der weiteren Hellenisierung (eines Teils) des neuzeitlichen Christentums.

Diese mythologische Tradition bereichert das alte technomorphe Bild Gottes, des ‚Töpfers' (*figulus*), der Menschen aus Lehm formt (1 Mose 2). Die Titel ‚Künstler' und ‚Baumeister' der Welt, ‚Architekt der Zeit und der Natur' verbinden biblische mit platonischer Tradition.[23] Diese Verbindung hellenischer und jüdisch-christlicher Schöpfungsmythologien reflektiert ein intensiviertes Bewusstsein von Freiheit, Individualität, Kreativität.

---

20 Baron 1969. Bruni ist für Baron eine Verkörperung des ‚Bürgerhumanismus'; vgl. auch Baron 1989.
21 Albertino Mussato (1261–1329): Ecerinis (Berrigan 1975). Coluccio Salutati nahm die Ecerinis in seine Handschrift der Seneca-Tragödien auf.
22 Vasari 2010, S. 71 und 8–15; vgl. hier §1.
23 Vasari 2010, S. 63 f. Die Terminologie: lat. *artifex mundi* und gr. *demiurgós*; vgl. Cicero, Timaios 6. Aus Platons Dialog ‚Das Gastmahl' kommt das Thema ‚Eros als schöpferische Liebe': Marsilio Ficino (1433–1499) hat diesen Dialog 1469 kommentiert.

Die Kunst, die Mythen, die Lebenskunst, Staatskunst, Erziehungskunst schaffen in Wort und Bild Menschenbilder. Einige werden zur Signatur der Oberschichtkultur dieser Epoche – Leonardos Mona Lisa (1503/1506), Michelangelos David (1501/1504), Botticellis Venus und die Blütenfrau (1482/1486). In diesen drei Florentiner Menschenbildern werden die relative Einheit der Epoche und die Bedeutung von Florenz für die italienische Renaissance anschaulich.

4 Wirkungsgeschichte

Bald nachdem die Renaissance entdeckt, als wissenschaftlicher Gegenstand konstituiert und durch Jules Michelet und Jacob Burckhardt mit einem verheißungsvollen Namen benannt worden war, avancierte die Epoche zu einem Leitbild des gehobenen Bürgertums in der Gründerzeit. Der Typus ‚Renaissance-Mensch' erscheint als *ein uomo universale* (Universalmensch), vielseitig begabt, genial, Talent mit Klugheit und Kühnheit verbindend. Der ‚Renaissancismus' (Buck 1990; Mohr 2004, Sp. 445–446) findet in der Renaissance Muster für einen ästhetischen Immoralismus: das Leben als Kunstwerk und Fest. Als vulgärer Machiavellismus verbreitet er die Lehre vom skrupellosen Despoten als reinem Machtmenschen; er vergöttlicht die Kunst und heroisiert den Künstler (‚Genie-Kult') und schafft damit eine moderne ästhetische Kunst-Religion.[24]

Der ‚Renaissancismus' ist eine weitere Form der europäischen Antike-Rezeption. Sie entsteht im Kontakt mit dem Philhellenismus und Humanismus des 18. und 19. Jahrhunderts (Voigt 1893), verstärkt die paganisierenden Imaginationen, sakralisiert die Antike und revitalisiert dionysische Trunkenheit und die Wildheit der Mänaden. Friedrich Nietzsches Erstling – ‚Die Geburt der Tragödie aus dem Geiste der Musik' (1872) – ist der prominente und erfolgreiche Zeuge.[25]

Aber auch die platonisierende ‚Synthese' von Christentum und Antike, wie sie von Marsilio Ficino und seiner Florentiner Akademie versucht wurde, bleibt ein attraktives Modell für die christliche Intelligenz. Freimaurer, Pantheisten, Freidenker (↗ Freidenkerbewegung) finden eher in Giordano Bruno ihre Identifikationsfigur. Sein Denkmal wurde im Jahre 1889, gegen die Proteste des Vatikans, auf dem Blumenmarkt in Rom errichtet, wo er als Ketzer verbrannt worden war.

---

24 Vgl. Wilhelm Heinse: Ardinghello und die glücklichen Inseln. 1787; Walter Pater: The Renaissance. Studies in Art and Poetry. 1873.
25 Nietzsche 1970a; die 2. Auflage von 1886 enthält ein selbstkritisches Vorwort. Vgl. Cancik 2000, S. 50–63. Das päpstliche Rom unter den Borgia ist ein Ort für Nietzsches ‚Übermenschen'; seine Vision: „Cesare Borgia als Papst" (Der Antichrist § 61; Nietzsche 1970b, S. 251).

5 Literatur

Baron, Hans (1969): Leonardo Bruni Aretino. Humanistisch-politische Schriften (1928). Nachdruck. Wiesbaden.
Baron, Hans (1989): *In Search of Florentine Civic Humanism. Essays on the Transition from Medieval to Modern Thought*. 2 Bde. 2. Auflage. Princeton.
Berrigan, Joseph R. (Hrsg.) (1975): Mussato's Ecerinis and Loschi's Achilles. München.
Buck, August (Hrsg.) (1990): Renaissance und Renaissancismus von Jacob Burckhardt bis Thomas Mann. Tübingen.
Burckhardt, Jacob (1860): Die Cultur der Renaissance in Italien. Ein Versuch. Basel.
Cancik, Hubert (2000): Nietzsches Antike. Vorlesung. 2. Auflage. Stuttgart, Weimar.
Ficino, Marsilio (1994): Über die Liebe oder Platons Gastmahl. Lateinisch – Deutsch. Paul Richard Blum (Hrsg.). Hamburg.
Garber, Klaus/Wissmann, Heinz (Hrsg.) (1996): Europäische Sozietätsbewegung und demokratische Tradition. Die europäischen Akademien der Frühen Neuzeit zwischen Frührenaissance und Spätaufklärung. Bd. 1. Tübingen.
Hankins, James (Hrsg.) (2000): *Renaissance Civic Humanism. Reappraisals and Reflections*. Cambridge.
Haskins, Charles Homer (1927): *The Renaissance of the Twelfth Century*. Cambridge.
Hasse, Dag Nikolaus (Hrsg.) (2002): Abaelards „*Historia calamitatum*": Text – Übersetzung – literaturwissenschaftliche Modellanalysen. Berlin et al.
Kristeller, Paul Oskar (1980): Humanismus und Renaissance. 2 Bde. München.
Liebeschütz, Hans (1950): *Medieval Humanism in the Life and Writings of John of Salisbury*. London.
Michelet, Jules (1978): „*Histoire de France au seizième siècle. Renaissance. Réforme (1855).*" Robert Casanova (Hrsg.). In: *Jules Michelet. Œuvres Complètes*. Bd. 7. Paris.
Mohr, Hubert (2004): „Renaissance IV. In der Moderne". In: Religion in Geschichte und Gegenwart. Bd. 7. 4., völlig neu bearbeitete Ausgabe. Tübingen, Sp. 445–446.
Nietzsche, Friedrich (1970a): „Die Geburt der Tragödie aus dem Geiste der Musik." In: Sämtliche Werke. Kritische Studienausgabe. Giorgio Colli/Mazzino Montinari (Hrsg.). Bd. 1. München, Berlin, S. 9–156.
Nietzsche, Friedrich (1970b): „Der Antichrist." In: Sämtliche Werke. Bd. 6. München, Berlin, S. 165–254.
Panofsky, Erwin (1960): *Renaissance and Renascences in Western Art*. Stockholm.
Panofsky, Erwin (1979): Die Renaissancen der europäischen Kunst. Frankfurt am Main.
Patzelt, Erna (1965): Die karolingische Renaissance (1924). 2. Auflage. Graz.
Pico della Mirandola, Giovanni (1990): *De hominis dignitate*. Über die Würde des Menschen. Lateinisch-Deutsch. Hamburg.
Rudolph, Enno (Hrsg.) (1998): Die Renaissance als erste Aufklärung. 3 Bde. Tübingen.
Southern, Richard William (1995): *Scholastic Humanism and the unification of Europe*. Bd. 1: Foundations. Oxford.
Southern, Richard William (2001): *Scholastic humanism and the unification of Europe*; Bd. 2: The heroic age. Oxford.
Straub, Johannes (1972): „Palingenesia" (1955). In: Johannes Straub: Regeneratio Imperii. Aufsätze über Roms Kaisertum und Reich im Spiegel der heidnischen und christlichen Publizistik. Darmstadt, S. 89–99.

Strothmann, Jürgen (2003): „Staufische Renaissance". In: DNP. Bd. 15/3. Stuttgart, Sp. 272–282.
Treml, Christine (1989): Humanistische Gemeinschaftsbildung. Soziokulturelle Untersuchung zur Entstehung eines neuen Gelehrtenstandes in der frühen Neuzeit. Hildesheim.
Vasari, Giorgio (1940): Künstler der Renaissance. Lebensbeschreibungen der ausgezeichnetsten italienischen Baumeister, Maler und Bildhauer. Herbert Siebenhüner (Hrsg.). Leipzig.
Vasari, Giorgio (2010): „*Proemio delle Vite*" (1568). In: Matteo Burioni et al. (Hrsg.): Giorgio Vasari. Kunstgeschichte und Kunsttheorie. Eine Einführung in die Lebensbeschreibungen berühmter Künstler. 3. Auflage. Berlin.
Voigt, Georg (1893): Die Wiederbelebung des classischen Altertums oder das erste Jahrhundert des Humanismus. 3. Auflage. Berlin.
Wagenvoort, Hendrik (1956): „,Rebirth' in Profane Antique Literature" (1943). In: Hendrik Wagenvoort: *Studies in Roman Literature, Culture and Religion*. Leiden, S. 132–149.
Wuttke, Dieter (1985): Humanismus als integrative Kraft. Die Philosophia des deutschen ‚Erzhumanisten' Conrad Celtis. Nürnberg.

Ritus/Ritual, s. Feier/Fest

Walter Jaeschke
Säkularisierung

1. Das Wort ‚Säkularisierung' dient seit dem späten 19. und insbesondere im 20. Jahrhundert im Verfassungsrecht, in der (Religions-)Soziologie, der Literaturwissenschaft und vornehmlich in der Kultur- und Ideengeschichte zur Deutung der zeitlichen Folge des früheren, religiös geprägten, und des modernen, ‚säkularen' Welt- und Selbstverständnisses. Die Zeitfolge wird dabei als genealogische Folge gedeutet: als für die Genese der europäischen ‚Neuzeit' konstitutiver Prozess, in dem das Spätere, das ‚Weltliche', aus dem Früheren, dem bis ins einzelne vom Gottesgedanken geprägten Weltverständnis hervorgegangen ist. Der unterstellte genealogische Zusammenhang lässt sich dann in gegensätzlicher Weise näher bestimmen und bewerten.

Die Einführung des Wortes ‚Säkularisierung' in diesen Themenkreis steht jedoch zunächst unter anderen Auspicien: Im Anschluss an Hegels Forderung nach Einbildung des Prinzips der Freiheit in die Weltlichkeit (Hegel 1984, S. 264 f.) – also nach ‚Verweltlichung' im Sinne von ‚Verwirklichung', von Hineinbildung in die Weltlichkeit, von Organisation des Weltlichen gemäß diesem Prinzip – bezeichnet Richard Rothe diesen Vorgang des ‚Verweltlichens' erstmals als „säkularisieren" (Rothe 1837, S. 85).

Spuren dieses Wortgebrauchs lassen sich bis zu Wilhelm Dilthey verfolgen (Dilthey 1923, S. 19; vgl. S. 422; Dilthey 1883, S. 99). Unter den Bedingungen der nach dem Ersten Weltkrieg einsetzenden Gegenbewegung gegen liberale Theologie und Kulturprotestantismus erhält der ‚ideenpolitische Begriff' (Lübbe 1965) ‚Säkularisierung', vermittelt durch die Wortprägung ‚Säkularismus' (nach dem Vorgang des englischen *secularism*), eine entgegengesetzte Bedeutung. ‚Säkularismus' wird assoziiert mit Erkenntnis- und Herrschaftsdrang, wobei diese negativen Konnotationen auch auf die (terminologisch nicht scharf vom ‚Säkularismus' unterschiedene) ‚Säkularisierung' durchschlagen.

Soweit die kritikablen Züge des ‚Säkularismus' nicht schlechthin dem Wesen des Menschen oder biblischen Positionen angelastet werden sollen, bedarf diese Deutung der Differenzierung zwischen gottgewolltem und dämonischem ‚Säkularismus'. Als aussichtsreiche Strategie im Kampf gegen diesen mit den Zügen des Antichristen ausgestatteten ‚Säkularismus' gilt die weitgehende Anpassung zum Zwecke der Hilfestellung bei dessen Selbstüberwindung, etwa durch Beiträge zur Verschärfung der Krise der Wissenschaften – als deren herausragendes Exempel die Relativitätstheorie gilt – und der Sinnkrise. Schließlich soll in der radikal entgöttlichten Welt das Kreuz als Symbol neuer Sinnhaftigkeit aufgepflanzt werden (Heim 1981, S. 113–127; Schlunk 1929, S. 17, 31 ff.; Schreiner 1930).

Der Tenor dieser Unterscheidung setzt sich in wechselnder Differenziertheit nach dem 2. Weltkrieg bis in neuere Publikationen fort (Müller-Armack 1948; Arnold 1981; Mann 1980). Aufgegeben wird jedoch die Hoffnung auf ein Bündnis mit der krisengeschüttelten Wissenschaft (vgl. aber Schumann 1981, S. 162; Loen 1965). Die Unterscheidung zwischen ‚Säkularismus' und ‚Säkularisierung' scheint sowohl Zustimmung zu legitimen Formen als auch Kritik verfehlter Ansätze zu ermöglichen – insbesondere ihre Ausformung durch Friedrich Gogarten ist einer flüchtigen Lektüre als theologische Legitimierung der Säkularität und als Neutralisierung des Streits um die ‚Säkularisierung' erschienen. Doch findet sich gerade im Gefolge dieser Unterscheidung die härteste Verwerfung einer in sich selbst ruhenden, legitimen Weltlichkeit.

Die gegenüber der antiken Kosmosverehrung vollzogene Verweltlichung der Welt wird durch Gogarten allein insofern legitimiert, als sie genealogisch wie systematisch als Folge des recht verstandenen Glaubens zu verstehen ist. Ohne diese Verankerung der im Glauben erschlossenen doppelten Verantwortung des Menschen vor Gott und für die Welt hingegen degeneriere die Sorge um die Welt zur „schauerliche(n) Lüge einer Verantwortung, die keine ist", und enthülle sich somit als „Indiz für die Veruchtheit unseres heutigen Denkens". Die vermeintliche theologische Freisetzung einer neutralen Säkularität erweist sich somit als subtilste Form ihrer Einbehaltung und der Erneuerung des Anspruchs der Theologie, über legitime und illegitime Formen des Säkularen zu entscheiden und hierdurch „die eigentlich und letztlich normbegründende Wissenschaft zu sein" (Gogarten 1956, S. 22, 28; Gogarten 1963, S. 180; Gogarten 1966).

Angesichts dieser massiven Verwerfung nicht allein des ‚Säkularismus', sondern auch aller nicht theologisch konstituierten und kontrollierten ‚Säkularisierung' ist es konsequent, dass die gravierendsten Anathemata über eine sich als säkular verstehende Welt erst in den Folgejahren ausgesprochen worden sind. Ihr Tenor ist von Gogarten vorgegeben: Friedrich Delekat stellt zwar auch eine Reihe früherer, völlig differenter Prozesse unter den Titel ‚Säkularisierung' – Verweltlichung der Welt als Entdämonisierung, Verweltlichung der Kirche, Verchristlichung der verweltlichten Welt –, im Zentrum steht für ihn jedoch Säkularisierung als Verweltlichung der durch Verchristlichung der verweltlichten Welt entstandenen christlichen Welt: Die durch diesen Prozess herbeigeführte Kulturkrise sei „mit der Entwicklung unlösbar und unwiderruflich verbunden" – eine „objektive Kulturschuld"; ihr Resultat seien „Atheismus ↗ Antihumanismus und Nihilismus", und zur Charakterisierung einer solchen säkularen Welt greift Delekat wiederum auf die bereits in den 1920er Jahren bemühte Figur des Antichristen zurück (Delekat 1958, S. 60).

Im Anwurf ‚objektive Kulturschuld' schwingt zudem das durch die Analogie der Wortbildungen ‚Säkularisierung' und ‚Säkularisation' (im Sinne der Umwidmung geistlichen Eigentums in weltliches) nahe gelegte Illegitimitätsimplikat mit: Der staatsrechtliche Eigentumsentzug bildet die Folie für den Eigentumsentzug von Ideen. Autoren wie Erich Fülling und Karl Löwith bezeichnen die säkulare Welt in der Sprache der Ketzerverfolgungen als „christliche Häresie" oder „nachchristliche Apostasie" (Fülling 1956; vgl. Metz 1968; Rahner 1981: vgl. dazu Metz 1981, S. 324–327) bzw. als einen seinem Herrn entlaufenen Sklaven (Löwith 1953, S. 82).

Die bisher genannten Entwürfe verstehen unter ‚Säkularisierung' einen Prozess des Abfalls oder gar der Auflehnung und der Enteignung eines ursprünglich religiösen Ideenbesitzes. Erst Hans Blumenbergs Analyse der Implikate des Säkularisierungsbegriffs (Blumenberg 1973) deckt die Unangemessenheit dieser Deutung der geschichtlichen Kontinuität bzw. Diskontinuität auf: Bei dem ‚Säkularisierung' genannten Prozess handle es sich nicht um eine substanzialistisch zu verstehende ‚Umsetzung' christlicher Substanz in säkulare Metamorphosen, die auch dann noch von der religiösen ‚Substanz' leben, wenn sie sie ignorieren oder dementieren und im Interesse ihrer Selbstbehauptung aufzehren, sondern um eine funktional zu begreifende ‚Umbesetzung' vakant gewordener Positionen eines relativ konstanten Welterklärungsschemas – ein Vorgang, bei dem freilich Verformungen durch das Frühere, Pseudomorphosen, nicht auszuschließen sind.

Kriterien substanzialer Umsetzung sind Identifizierbarkeit der Substanz in ihren Metamorphosen, ursprüngliches Eigentumsrecht und Einseitigkeit des Entzugs; der funktionale Umbesetzungsbegriff hingegen beseitigt den an das substanziale Verständnis gebundenen Illegitimitätsverdacht, indem er dem in der Enteignungsmetapher liegenden Anspruch auf Weiterverfügung über die Substanz auch in ihren Metamorphosen die Basis entzieht. Problematisch lässt der Umbesetzungsbegriff jedoch die Chance einer Heterogenität oder Diskontinuität, die nicht immer schon durch das Welterklärungsschema zur Pseudomorphose deformiert wäre. Deshalb bedarf es einer historischen Identifizierung funktionaler Kontinuität, wenn die funktionale Deutung nicht von den vorherigen Behauptungen über Säkularisierungsprozesse inhaltlich abhängig werden und lediglich die zuvor substanzial gedeuteten Prozesse funktional uminterpretieren soll.

2. ‚Säkularisierung' ist ein ideenpolitischer, spezifischer: ein theologiepolitischer Begriff. Er dient nicht dazu, die Ablösung einer religiös geprägten Welt durch eine säkulare verständlich zu machen, sondern das – bedauerte – Faktum dieser Ablösung in einen theologischen Denkhorizont zu stellen, und dies heißt: die säkulare Welt in der Sprache der Ketzerverfolgungen als ‚christliche Häresie' oder ‚nachchristliche Apostasie' bzw. als entsprungenen Sklaven zu denunzieren und sie gleichwohl – mittels der Behauptung, dass auch diese Welt noch aus zwar deformierter, aber dennoch identifizierbarer christlicher Substanz lebe – durch das Erheben von Besitzansprüchen erneut unter Kontrolle zu bringen.

Eine vordergründige Plausibilität erwächst dem Säkularisierungsbegriff daraus, dass die vormalige religiöse Weltdeutung die Gesamtheit der Welt – vom Haar auf dem Haupte bis zur Bewegung der Himmelskörper – als dem Willen Gottes unterworfen gefasst und keine von Gott unabhängige ‚Säkularität' gekannt hat. In dieser Perspektive erscheint die ‚säkulare' Welt insgesamt und somit auch alles Säkulare als Säkularisat – wobei das theologiepolitische Interesse sich allerdings vornehmlich auf solche Begriffe stützt, die sich einer sei es konstanten, sei es konjunkturell schwankenden, aber jeweils aktuellen Wertschätzung erfreut:

Alle prägnanten Begriffe der Staatslehre seien säkularisierte Begriffe (Schmitt 1979, S. 49), speziell die verfassungsrechtliche Unterteilung in drei Gewalten sei Säkularisat der Trinitätslehre (Imboden 1964, S. 168 ff.); die Menschenrechte Säkularisat des Gedankens der Gottebenbildlichkeit, der Fortschritts- und der Geschichtsgedanke wie überhaupt die Geschichtsphilosophie Säkularisat der biblischen Eschatologie oder auch der ‚Heilsgeschichte' (Löwith 1953; zur Kritik: Jaeschke 1976).

Sofern bei derartigen pauschalen Inanspruchnahmen noch die Notwendigkeit einer Begründung verspürt wird, wird sie vornehmlich durch Verweis auf vergleichsweise äußerliche Ähnlichkeiten (Dreiheit) oder mittels Retrojektion moderner säkularer Begriffe in biblisch-theologische Kontexte geführt (zirkulärer ‚Erweis' von ‚Säkularisierung' mittels Retrojektion des Geschichtsgedankens in den zu ‚Heilsgeschichte' verfälschten Oikonomia-Gedanken der Kirchenväter).

Der Kardinalfehler der Verwendung des Säkularisierungsbegriffs liegt in der Annahme, dass es spezifisch religiöse Ideen gebe und die Theologie angesichts der modernen ‚Enteignung' derartiger Ideen ursprüngliche Besitzrechte an ihnen geltend zu machen habe.

Diese Annahme ignoriert *erstens*, dass religiöse Vorstellungen nicht etwas von außen ‚Gegebenes' (positive Offenbarung) sind, sondern dass sie selbst erst aus der – in unterschiedlicher Weise und unterschiedlichem Grad entwickelten – Geistigkeit des Menschen hervorgegangen sind, beginnend mit der Ausdifferenzierung eines religiösen (heiligen) und eines säkularen Bereichs.

Sie ignoriert *zweitens* die mannigfachen ‚säkularen' Gedankenbildungen, die den ‚religiösen' (im Sinne der christlichen Religion) zeitlich vorausgegangen sind – genannt sei nur der Begriff des Fortschritts oder eine vermeintlich genuin biblische Vorstellung wie die Sequenz von vier einander ablösenden Weltreichen.

Sie ignoriert *drittens* die spezifische Eigenart des menschlichen Geistes, dass er sich im Interesse seiner Selbstverständigung und Handlungsorientierung Vorstellungswelten erschafft, in deren Ausbildung und Rücknahme er sich zu erfassen sucht. Auch und gerade die ‚religiösen' Vorstellungen sind sämtlich genuin menschliche Vorstellungen, die der menschliche Geist im Interesse seines Sichwissens entwirft. Mithilfe des Säkularisierungsbegriffs wird versucht, die spezifisch ‚religiöse' Phase der Bewusstseinsgeschichte des Menschen als die ursprüngliche und maßgebliche zu fixieren, von der alle späteren auf vorwiegend illegitime Weise abgeleitet sind, von der sie jedoch abhängig bleiben und von der aus sie kontrolliert und in Frage gestellt werden können.

Sie ignoriert *viertens* die Gedankenarbeit, die erforderlich ist, um an die Stelle einer religiösen Annahme eine säkulare zu setzen – erinnert sei nur an die Ersetzung des Gedankens einer göttlichen Zwecksetzung sei es durch die mechanistische Weltdeutung, sei es durch einen Begriff von immanenter Zweckmäßigkeit.

Sie ignoriert *fünftens*, dass im Verlauf der Bewusstseins- und Wissenschaftsgeschichte neue Konstellationen auftreten, die dem bisherigen Verlauf heterogene, nicht bereits in religiöser Form vorgebildete gedankliche Lösungen erfordern (‚Genesis der kopernikanischen Welt').

3. Seit dem Beginn der Neuzeit ist das von der christlichen Religion geformte Welt- und Menschenbild schrittweise durch ein säkulares ersetzt worden, teils unter Rückgriff auf antike Quellen, teils durch genuin neuzeitliche Konzeptionen. Über die Gründe dafür und über die Agenten dieses Prozesses (insbesondere Natur- und Geisteswissenschaften und Philosophie) ist hier nicht zu handeln, zumal das Faktum dieser Ablösung indirekt auch durch die Verwendung des Säkularisierungsbegriffs bestätigt wird.

Dass derartige Ersetzungen frühere Denkweisen nie restlos beseitigen, sondern sie am Rande mitführen oder in eine Subkultur absinken lassen, zeigt sich schon in den mannigfachen Relikten mythischen Denkens in der christlich dominierten Epoche der Bewusstseinsgeschichte. So ist auch das Vorhandensein persönlicher Frömmigkeit in der gegenwärtigen Welt keine Instanz gegen ihre Auszeichnung als eine säkulare Welt; ebenso wenig sind es die Hoffnungen auf ein Wiederaufleben der Religion, die – nach dem Ende der politischen Zwangsmaßnahmen gegen die organisierte Religion im östlichen Mitteleuropa – auch im westlichen Teil aufgekeimt sind und, flankiert durch Befürchtungen über eine Selbstzerstörung der innerlich instabilen[1] oder gar haltlos gewordenen liberalen Gesellschaft wie auch durch außenpolitische Entwicklungen, zur voreiligen Diagnose der gegenwärtigen Welt als einer ‚postsäkularen' geführt haben (Habermas 2003).

Derartige Hoffnungen nicht allein auf ein Ende, sondern auf eine Umkehr der ‚Säkularisierung' sind heute in dem Schlagwort ‚Dialektik der Säkularisierung'

---

1 Etwa im Sinne des viel zitierten Dictums Böckenfördes: „Der freiheitliche, säkularisierte Staat lebt von Voraussetzungen, die er selbst nicht garantieren kann." Vgl. Böckenförde 1976, S. 60. – Ein Versuch zur theologischen Einbehaltung des säkularen Staates liegt auch dort vor, wo die neue, gegen hartnäckigen Widerstand erstrittene Anerkennung der Religionsfreiheit durch die katholische Kirche dem säkularen Staat als ‚Sukkurs' angedient wird; vgl. Böckenförde 2007, S. 22.

verdichtet (Habermas 2006). In Analogie zu Max Horkheimers und Theodor W. Adornos Diagnose einer ‚Dialektik der Aufklärung' (Horkheimer/Adorno 1948) wird die Erwartung formuliert, dass der bisher für linear gehaltene Prozess der Säkularisierung in eine Erneuerung der Religiosität und eine auf sie gestützte Gestaltung des individuellen Lebens wie auch der kulturellen und politischen Verhältnisse umschlagen werde.

Eine derartige ‚Dialektik der Säkularisierung' wäre aber allein dann zu konstatieren, wenn Säkularisierung aus sich selbst ihr Gegenteil hervortriebe – wenn sie durch ihre interne Logik in ihr Gegenteil umschlüge, in eine erneute Sakralisierung. Doch dies ist schon deshalb nicht der Fall, weil es sich bei den als ‚Säkularisierung' angesprochenen Vorgängen gar nicht um einen identifizierbaren Prozess handelt, sondern um eine Vielfalt sehr unterschiedlicher, voneinander unabhängiger Veränderungen unseres Verständnisses der Natur und des menschlichen Lebens, die lediglich durch ein theologiepolitisches Interesse unter den Einheitstitel ‚Säkularisierung' gezwängt werden.

Deshalb sind auch die bisher unter dem Schlagwort ‚Dialektik der Säkularisierung' mehr erhofften und geforderten als diagnostizierten Prozesse keineswegs geeignet, Zweifel an der bisherigen Annahme einer fortschreitenden Ersetzung religiöser Restbestände im modernen Welt- und Selbstverständnis zu befördern, zumal der Verweis auf andere Kulturen hierfür argumentativ unerheblich ist. Die Programmformel ‚Dialektik der Säkularisierung' erweist sich somit als derjenige Ausdruck, in dem der theologiepolitische Charakter des Säkularisierungsbegriffs kulminiert.

4 Literatur

Arnold, Franz Xaver (1981): „Der neuzeitliche Säkularismus" (1950). In: Schrey 1981, 139–147.
Blumenberg, Hans (1973): Säkularisierung und Selbstbehauptung. (Erweiterte und überarbeitete Neuausgabe von „Die Legitimität der Neuzeit", Teile I und II.) Frankfurt am Main.
Böckenförde, Ernst-Wolfgang (1976): Staat, Gesellschaft, Freiheit. Studien zur Staatstheorie und zum Verfassungsrecht. Frankfurt am Main.
Böckenförde, Ernst-Wolfgang (2007): „Der säkularisierte Staat. Sein Charakter, seine Rechtfertigung und seine Probleme im 21. Jahrhundert". In: Themen. Carl Friedrich von Siemens Stiftung. München.
Delekat, Friedrich (1958): Über den Begriff der Säkularisation. Heidelberg.
Dilthey, Wilhelm (1883): Gesammelte Schriften. Bd. 1. Leipzig.
Dilthey, Wilhelm (1923): Gesammelte Schriften. Bd. 2. 3. Auflage. Leipzig.
Eggert, Marion/Hölscher Lucian (Hrsg.) (2013): *Religion and Secularity. Transformations and Transfers of Religious Discourses in Europe and Asia*. Leiden, Boston.

Fülling, Erich (1956): Geschichte als Offenbarung. Studien zur Frage Historismus und Glauben von Herder bis Troeltsch. Berlin.
Gogarten, Friedrich (1956): Der Mensch zwischen Gott und Welt (1952). 2. Auflage. Stuttgart.
Gogarten, Friedrich (1963): „Historismus" (1924). In: Anfänge der dialektischen Theologie II. Rudolf Bultmann/Friedrich Gogarten/Eduard Thurneysen (Hrsg.). München.
Gogarten, Friedrich (1966): Verhängnis und Hoffnung der Neuzeit. Die Säkularisierung als theologisches Problem (1953). 2. Auflage. Hamburg.
Habermas, Jürgen (2003): „Glauben und Wissen. Friedenspreisrede 2001". In: Jürgen Habermas: Zeitdiagnosen. Zwölf Essays. Frankfurt am Main, S. 249–262.
Habermas, Jürgen/Ratzinger, Joseph (2006): Dialektik der Säkularisierung. Über Vernunft und Religion. Freiburg, Basel, Wien.
Hegel, Georg Wilhelm Friedrich (1984): Vorlesungen über die Philosophie der Religion. Walter Jaeschke (Hrsg.). Teil 3. Hamburg.
Heim, Karl (1981): „Der Kampf gegen den Säkularismus" (1930). In: Schrey 1981, S. 109–127.
Horkheimer, Max/Adorno, Theodor Wiesengrund (1948): Dialektik der Aufklärung. Amsterdam.
Imboden, Max (1964): Politische Systeme. Staatsformen (1962). 2. Auflage. Basel, Stuttgart.
Jaeschke, Walter (1976): Die Suche nach den eschatologischen Wurzeln der Geschichtsphilosophie. Eine historische Kritik der Säkularisierungsthese. München.
Loen, Arnold E. (1965): Säkularisation. Von der wahren Voraussetzung und angeblichen Gottlosigkeit der Wissenschaft. München.
Löwith, Karl (1953): Weltgeschichte und Heilsgeschehen. Die theologischen Voraussetzungen der Geschichtsphilosophie. Stuttgart.
Lübbe, Hermann (1965): Säkularisierung. Geschichte eines ideenpolitischen Begriffs. Freiburg.
Mann, Otto (1980): Die gescheiterte Säkularisation. Ein Irrgang der europäischen Philosophie. Tübingen.
Metz, Johann Baptist (1968): Zur Theologie der Welt. Mainz.
Metz, Johann Baptist (1981): „Die Säkularisierungstheologie als neue Form der Apologetik" (1977). In: Schrey 1981, S. 324–327.
Müller-Armack, Alfred (1948): Das Jahrhundert ohne Gott. Zur Kultursoziologie unserer Zeit. Münster.
Rahner, Karl (1981): „Theologische Reflexion zum Problem der Säkularisation" (1967). In: Schrey 1981, S. 255–284.
Rothe, Richard (1837): Die Anfänge der christlichen Kirche und ihrer Verfassung. Ein geschichtlicher Versuch. Bd. 1. Wittenberg.
Schlunk, Martin (1929): Die Überwindung des Säkularismus, die Entchristlichung der modernen Menschheit und die Aufgaben der Weltmission des Christentums. Berlin.
Schmitt, Carl (1979): Politische Theologie. Vier Kapitel zur Lehre von der Souveränität (1922). 3. Auflage. Berlin.
Schreiner, Helmuth (1930): Säkularisierung als Grundproblem der deutschen Kultur. Berlin.
Schrey, Heinz-Horst (Hrsg.) (1981): Säkularisierung. Darmstadt.
Schumann, Friedrich Karl (1981): „Zur Überwindung des Säkularismus in der Wissenschaft" (1950). In: Schrey 1981, S. 148–170.

Ralf Schöppner
Seelsorge

1 Einführung

Seelsorge ist ein philosophischer und kultureller Begriff. Sie bedeutet Sorge um das Wohlergehen des Menschen: Selbstsorge und Sorge um andere. Sie umfasst dabei den Zusammenhang von innerem psychischen Wohlergehen und materiellen, biografischen, sozialen und politischen Gegebenheiten (↗ Glück). Wenn sie reduziert wird auf innere Vorgänge, ist sie unvollständig. Wenn sie auf ein transzendentes Seelenheil fokussiert wird, verliert sie viel von ihrer lebenspraktischen Relevanz.

Seelsorge ist Bestandteil einer humanistischen Kultur (↗ Humanismus als Kultur). Sie kann Selbstgespräch sein oder Gespräch mit anderen – im Alltag oder in einer spezifischen Beratungssituation (Lebensberatung, Lebenshilfe, Arzt, Therapie) (↗ Medizin). Sie hat ihren Ort in Bildungsinstitutionen (Schulen, Kindergärten) (↗ Bildung; ↗ Humanismusunterricht/Lebenskunde), sozialen Einrichtungen (Jugendhilfe, Krankenhaus, Pflegeheim, Gefängnis), kulturellen Einrichtungen (Selbsthilfegruppen, Vereine), religiös-weltanschaulichen Gemeinschaften (Kirche, Moscheeverein, Humanistischer Verband) oder beim Militär.

Ihr Gegenstand ist die Frage nach einem guten, glücklichen und sinnvollen menschlichen Leben. Sie kann schon beim alleinigen oder gemeinsamen Nachdenken über eine Kaufentscheidung beginnen. Sie umfasst Entscheidungen der eigenen Lebensführung (Berufswahl, Familie, Freizeit), Hilfe in Krisensituationen (Angst, Arbeitslosigkeit, Erkrankung, Verlust), Rat bei moralischen Fragen (Schwangerschaft, Sterbehilfe) oder bei existenziellen Sinnfragen.

Seelsorge greift zurück auf menschliches Erfahrungswissen und tradierte praktische Lebensweisheiten, auf persönliche Lösungskompetenzen (Hilfe zur Selbsthilfe) und Unterstützung durch andere, auf Empathie und Vernunft, auf weltanschauliche oder religiöse Konzepte. Seelsorge kann Antworten geben und Lösungen bieten, ist aber angesichts der Komplexität des menschlichen Lebens kein Allheilmittel.

2 Geschichte der Seelsorge

2.1 Antike Seelsorge

Seelsorge ist ursprünglich ein philosophischer und kein religiöser Begriff, keineswegs die Errungenschaft eines ‚christlichen Abendlandes'. Er geht zurück auf Dialoge von Platon (um 400 v. u. Z.). In der ‚Apologie' (29d-30b, 36c) ist die *epiméleia tes psychés* entscheidend für die eigene gute Lebensführung: Seelsorge als Selbstsorge. Sokrates grenzt sie ab von der Sorge um Geld, Ruhm und Ehre. Sie ist Sorge um die eigene Anständigkeit und Tugend, um Einsicht und Wahrheit. Die Seele ist hier der Ort der ethischen und moralischen Lebenseinstellung (Platon 1994a).

Im ‚Laches' (185c-186d) debattieren zwei Väter unter dem Titel *psychés therapeía* über die richtige Erziehung ihrer Jungen: Seelsorge als Sorge um die Anderen. Gesucht wird ein kompetenter Fachmann für diese schwierige Aufgabe, ein *technikós perí psychés therapeías* (Platon 1994b). Diese irdische und ganz lebenspraktische Relevanz tritt erst in Platons späteren Schriften immer deutlicher hinter Überlegungen zur intelligiblen Dimension der Seele und ihrer Unsterblichkeit zurück.

Das Wort ‚Seele' stammt aus dem althochdeutschen Wort *sela* und bedeutet ursprünglich ‚die Bewegliche'. Im Volksglauben und in Märchen ist die Seele häufig ein bewegliches Wesen: Vogel, Maus, Schmetterling, Schlange. Der Begriff ist in der griechischen Philosophie von Anfang an vieldeutig: Hauch, Atem, Leben, Lebendigkeit, Psyche, Selbst, Person, Einstellung, Tugend, Herz, Daseinsmitte (↗ Persönlichkeit). Er wird stofflich oder immateriell, endlich oder unsterblich bestimmt. Bei Aristoteles (‚Über die Seele' 413a) ist die Seele das auch Tieren und Pflanzen eigene Prinzip der Lebendigkeit, das nicht unabhängig von einem Körper existieren kann (Aristoteles 2011).

Ungeachtet dieser Vielschichtigkeiten begrenzen sich theologische Herleitungen der Seelsorge oftmals auf den späten Platon und lassen die Antike mit ihm enden (Möller 1994, S. 9 – 10). Dabei hat insbesondere die Stoa, hier vor allem Senecas ‚Briefe an Lucilius' und Marc Aurels ‚Wege zu sich selbst', eine Reihe von lebenspraktischen Techniken der ‚Seelenführung' (Rabbow, 1954), von ‚geistigen Übungen' entwickelt: Wachsamkeit (Konzentration auf den gegenwärtigen Augenblick), Memorieren (von Lebensregeln und -weisheiten), Meditation (Vorausschau durch Zwiesprache mit sich selbst oder mit anderen), Lektüre und gründliche Untersuchung, praktische Übungen zur Selbstbeherrschung (Hadot 2005, S. 13 – 47).

Auch im Zentrum des Epikureismus stehen geistige Übungen, nur ist die Seelsorge hier eher auf Entspannung als auf stoische Konzentration ausgerichtet. Es geht darum, „die Seele aus den Sorgen des Lebens zur einfachen Freude am Dasein zurückzuführen" (Hadot 2005, S.20). Epikurs ‚Seelsorge' zielt auf die Befreiung von unnützen Ängsten und überflüssigen Begierden, sie ist eine Einübung in Freude: Genuss der Zufälligkeit der eigenen Existenz, der Natur und der ↗ Freundschaft, die Erinnerung an vergangene und aktuelle Freuden (Hadot 2005, S. 20 ff.). Der besondere Charakter der antiken Philosophie liegt darin, im Sinne einer gelingenden Lebensführung „die Seelen der Schüler zu formen" (Hadot 2005, S. 9).

In Auseinandersetzung mit kulturell tradierten Lebensregeln und Lebensweisheiten wird Seelsorge zu einem Grundbegriff der praktischen Philosophie, besonders der Pädagogik. Sie ist ursprünglich keine religiöse Praxis. Dort, wo sich in der Lebenspraxis das Bewusstsein von einer Gestaltbarkeit der menschlichen Existenz, seiner Formung, Bildung und Verbesserung herausgebildet hat, dort ist auch die kulturelle und philosophische Sorge um die Seele entstanden. In den meisten antiken Religionen dagegen gab es keine Seelsorge und keine Seelsorger (Cancik 2011).

Gegenstand der antiken *psychés therapeía* ist praktische Lebensweisheit; nicht aber im Sinne von unhinterfragter Traditionsvermittlung, sondern in einem philosophischen Sinn, forschend und begründend. Sie zielt auf die Beherrschung sinnlicher Begierden, die Unabhängigkeit von den Wechselfällen der Natur und den Unzuverlässigkeiten der Menschen (*ataraxía* – Seelenruhe und *autárkeia* – innere Freiheit).

Wenn auch der Umgang mit den Affekten durchaus strittig war, die Plädoyers reichen von völliger Affektlosigkeit über Mäßigung und rituell-periodischem Ausleben bis hin zu ihrer sanften Wertschätzung bei Epikur, so werden doch insgesamt in der antiken Seelsorge die menschlichen Affekte einseitig negativ beurteilt.

2.2 Sakralisierung der Seelsorge im Mittelalter

Weder im Alten noch im Neuen Testament ist der Begriff Seelsorge zu finden (Möller 1994, S. 14; Bonhoeffer 2004). Die christliche Meditationspraxis (*exercitia spiritualia*) übernimmt Begriff und Praxis der geistigen Übungen der antiken Seelsorge, die in dem neuen Kontext aber ihre philosophische und lebenspraktische Bedeutung verlieren (Hadot 2005, S. 10, 14). Der erste systematische Entwurf kirchlicher Einzelseelsorge ist zum Ende des 4. Jahrhunderts der des Gregor von Nyssa, von der platonischen Seelenlehre inspiriert (Bonhoeffer 2004, S. 149).

Ein Restbestand der Seelsorge als Selbstsorge findet sich als *cura animae* (Sorge um das Seelenheil) in den Mönchsregeln des Heiligen Benedikt, einem 529 verfassten Klosterregularium. Bei den Kirchenvätern Gregor von Nazianz und Basilius von Caesara ist in der Mitte des 4. Jahrhunderts die platonische *psychés therapeía* in einer für das christliche Mittelalter charakteristisch werdenden Umprägung zuerst belegt: Die plurale Seelensorge (*therapeía ton psychón*) ist keine Selbstsorge mehr, sondern diejenige um die Seelen, für die der Bischof zuständig ist (Möller 1994, S. 17). Entsprechend wird im Lateinischen der Begriff *cura animarum* geprägt: Die Seelensorge findet innerhalb kirchlicher Institutionen statt und ist gebunden an deren Amtsgewalten. Bußzucht und Beichte werden zu ihren Kernbegriffen. Sie ist Hirtendienst (Möller 1994, S. 17).

Foucault hat diese christlich-religiöse Konzeption einer asymmetrischen Führung der Herde durch den Hirten – die ‚Regierung der Seelen' (Lemke 2001) –, hin zu einem jenseitigen Heil, unter dem Titel einer Pastoralmacht analysiert (Foucault 1991a und 1991b). Seelsorge verliert hier ihre antike Dimension der Autonomie, Sorge tragen zu können für das eigene Wohl (Steinkamp 2005). Die humanistisch inspirierte griechisch-römische Seelsorge ist zu einem religiösen Begriff und einer religiösen Praxis mutiert. Sie ist nicht Pädagogik oder Dialog, sondern Beichte und Predigt. Sie dient der Seelenaufsicht und der Frömmigkeit.

Die Reformatoren wollten der seelsorgerischen Beichte den „Zwangscharakter nehmen und sie von einseitig-kurialer Aufsicht befreien" (Möller 1994, S. 17). Die singularische Seelsorge taucht in ihrem Gefolge wieder verstärkt auf. Der erste Titel überhaupt eines Buches mit ‚Seelsorge' ist 1538 von Martin Bucer: ‚Von der wahren Seelsorge und dem rechten Hirtendienst'. Der ekklesiologische Bezug auf Gemeinde und Kirche tritt schließlich ab dem 17. Jahrhundert deutlich hinter einer individualistischen Ausrichtung zurück (Möller 1994, S. 17).

2.3 ‚Weltliche' Seelsorge

Mit ↗ Renaissance und europäischer ↗ Aufklärung, insbesondere der Entstehung der Humanwissenschaften, setzt im Kontext gesellschaftlicher Modernisierungsprozesse eine Befreiung der Seelsorge aus religiöser Umklammerung ein. Hervorzuheben sind die humanistischen Selbsterkundungsversuche von Petrarca und Montaigne, in denen das auch für die moderne Seelsorge entscheidende „Bewusstsein von der Bedeutung des Individuums als einer nicht austauschbaren Persönlichkeit" entsteht (Loos 1988, S. 4).

Die Befreiung der Seelsorge kommt einer kulturellen Revolution gleich: Das jahrhundertelange kirchliche Monopol, in Fragen des guten und richtigen Lebens die einzigen Experten zu stellen, wird gebrochen. Man geht nicht mehr automatisch zum Pfarrer, wenn man Probleme und Sorgen hat (↗ Humanitäre Praxis). Dies ist bis heute eine aktuelle Frontstellung geblieben, wie kritische Reaktionen auf humanistische Durchführungen von Ritualen (↗ Feier/Fest) oder auf Bücher wie die von De Botton (2012) und Dworkin (2013) zeigen.

In Deutschland ist es der Philosoph und Pädagoge Wilhelm Börner, der Anfang des 20. Jahrhunderts im weiteren Rahmen der ↗ Freidenkerbewegung unter dem Titel ‚Weltliche Seelsorge' eine eigenständige Innovation versucht. Er begibt sich damit bewusst in eine doppelte Frontstellung: Weltliche Seelsorge gelte in Kirchenkreisen als „Angriff auf ein vermeintliches Monopol" sowie in kirchenfernen Kreisen als eine unzulässige, anachronistische „Annäherung an kirchliche Gedankengänge und Methoden" (Börner 1912, S. 3).

Ihre Aufgabe ist die Harmonisierung aller sich im seelisch-geistigen Erleben geltend machender, sowohl korrelierender als auch gegensätzlicher Momente, z. B. Körperliches und Seelisches oder Individualität und Sozialität (Börner 1912, S. 18 ff.). Börner ging davon aus, dass die sich von ihrer religiösen Vereinnahmung emanzipierende „Seelsorge einem allgemein-menschlichen Bedürfnis entspringt, so alt wie die Menschheit selbst, das gewiss erst mit dem letzten Menschen aufhören wird. Ebenso wie der Körper bedarf auch die Seele einer Hygiene, einer Diätetik; und zwar nicht nur im äußerlichen, gehirnphysiologischen und intellektualistischen Sinne, sondern ebenso im höchsten, im sozialen und ethischen Sinne." (Börner 1912, S. 8)

Seine weltliche Seelsorge ist keine innere Einkehr, sondern mit kulturpolitischer und kulturkritischer Intention nach außen auf eine ethische Kultur und die Menschheit gerichtet, um dadurch auch das innere Leben zu stärken. Er nennt eine Reihe dafür infrage kommender kultureller und sozialer Organisationen seiner Zeit (‚Humanistische Gemeinde Berlin', die ethischen Kulturgesellschaften, ‚Deutscher Monistenbund') (Börner 1912, S. 55–58), mahnt aber einen stärkeren Bezug auf menschliche Bedürfnisse nach innerer Orientierung an. Er sah weltliche Seelsorge darin begründet, dass es einen wesentlichen Unterschied macht, ob Seelsorge vor dem Hintergrund des Glaubens an ein Leben nach dem Tode oder diesseitig orientiert stattfindet (Börner 1912, S. 24). Ihre Grundlage sei Ethik als theoretische und praktische Wissenschaft, analog der Religion für die kirchliche Seelsorge. Wissenschaft allein kann keine seelische Harmonie und keine Überzeugung begründen. Motivation entsteht durch Gefühle und Werte (Börner 1912, S. 33).

Bei Rudolph Penzig wird die Praxis der weltlichen Seelsorge konkreter: Sie wird betrieben vom „Leibesarzt", im „Sanatorium", durch „Psychiater" oder einen „Rechtsbeistand", in den sich entwickelnden sozialen Berufen („soziale Fürsorge-Arbeit") und nicht zuletzt im Bildungs- und Kulturbereich (Penzig 1919, S. 83). Er bestimmt sie als Mitgefühl und Verständnis, als „durch keinerlei Bekenntnisbrille getrübten Blick in das menschliche Herz, brüderlichen, nicht amtsmäßigen Rat" (Penzig 1919, S. 82). Penzig entwirft einen neuen Berufsstand von „ethisch-ästhetischen Predigern" (Penzig 1907).

Heute ist vor allem die moderne Psychologie zu einem wichtigen Ort von Seelsorge geworden. Freud sah den Analytiker explizit in diesem Kontext und wollte die Analyse vor Ärzten und Priestern schützen: „Ich möchte sie einem Stand übergeben, der noch nicht existiert, einem Stand von weltlichen Seelsorgern, die

Ärzte nicht zu sein brauchen und Priester nicht sein dürfen." (Freud 1963, S. 139). In seinem Gefolge wird hervorgehoben, dass sie nicht nur Beratungstechnik ist, sondern auf einer Lebenskunstlehre fußt, die ‚Wissenschaft zur Seite hat' und zugleich überschreitet, indem sie Menschen durch die Anerkennung von Abhängigkeiten (Souveränität statt Autonomie), die Entfaltung von Kreativität und solidarische Kooperation stärkt (Buchholz 2003).

Bei Viktor Frankl ist diese weltliche Seelsorge „ärztliche Seelsorge". Sie ergänzt die Psychotherapie um eine geistige, seelsorgerische Dimension und will betont kein Ersatz für Religion sein: „Das Ziel der Psychotherapie ist seelische Heilung – das Ziel der Religion jedoch ist das Seelenheil." (Frankl 2007, S. 294) Frankls Logotherapie unterstützt die menschliche Suche nach Sinn, münde sie in Religiosität oder nicht.

Eine bedeutende Weiterentwicklung der weltlichen Seelsorge ist die Humanistische Psychologie. Sich abgrenzend von Behaviorismus und Psychoanalyse fokussiert sie auf menschliche Wachstumspotenziale anstelle psychischer Schwächen. Sie geht von einer hierarchischen Ordnung menschlicher Bedürfnisse aus (Maslow), deren Befriedigung als entscheidend für die Motivationen der Menschen betrachtet wird. Auf das Wachstum der gesamten ↗ Persönlichkeit zielend, passt sie ihre Methodik dem jeweiligen Ratsuchenden an und will seinem individuellen Seelenleben ohne voreilige Deutung, Wertung oder Kritik mit Aufmerksamkeit begegnen.

Bedeutende Vertreter sind Charlotte Bühler, Abraham Maslow und Carl Rogers. Ihre ideengeschichtlichen Wurzeln liegen vor allem in der phänomenologischen Psychologie, der psychologischen ↗ Anthropologie und in der Ganzheitspsychologie. Sie weist eine starke Nähe zur Reformpädagogik und zur geisteswissenschaftlichen Psychologie auf. Auf Grundlage der Humanistischen Psychologie sind vielfältige Therapie- und Beratungsformen entwickelt worden, die heute Orte für ‚weltliche' Seelsorge sein können.

Die moderne Entsakralisierung der Lebensberatung (↗ Säkularisierung) hat auch zu einer ↗ Humanisierung der christlichen Seelsorge, zu einer letztlich ‚weltlichen' Seelsorge innerhalb der christlichen geführt (Bernet 1988). Neben einer verkündenden und einer evangelikal-biblischen Seelsorge gibt es eine beratende und therapeutische Form von christlicher Seelsorge. Sie fokussiert auf den Einzelnen, auf Bildung und konkrete Lebenshilfe, nimmt eine kritische Haltung zu Autoritätsansprüchen ein, integriert psychologische und andere humanwissenschaftliche Fachkenntnisse, wird zu einem wissenschaftlichen Gegenstand in der praktischen Theologie und nimmt es als Herausforderung, Seelsorge mit Nicht-Gläubigen zu praktizieren (Ziemer 2008). Der christliche Seelsorger müsse mit Takt und Anstand entscheiden, ob er im jeweiligen Gespräch transzendente Bezüge anspreche (keineswegs: verkünde) oder nicht (Bernet 1988).

3 Seelsorge im 21. Jahrhundert

Die kulturelle Tendenz einer Rehumanisierung von Seelsorge ist heute ungebrochen: Ein großes und vielfältiges Beratungsangebot für Lebenshilfe, mal mehr, mal weniger professionell; eine immense und ständig wachsende Auswahl an Ratgeberliteratur, wenn auch nicht immer seriös wie so manche antike Schrift; Selbsthilfegruppen für nahezu alle erdenklichen Lebenslagen. Die im Bildungs-, Sozial- und Kulturbereich arbeitenden Menschen erfüllen nach wie vor seelsorgerische Funktionen, stehen allerdings zunehmend unter starkem ökonomischen Druck. Die Zeit der Lehrerin oder des Altenpflegers für intensive Einzelgespräche ist knapp bemessen.

In vielen seelsorgerelevanten gesellschaftlichen Bereichen aber gibt es auch eine Dominanz religiöser Institutionen. Die Militär-, Gefängnis-, Polizei- und Krankenhausseelsorge ist fest in kirchlicher Hand. In Ethikräten und ethischen Debatten sind Theologen die bevorzugten Gäste. Bei öffentlichen Gedenk- und Trauerfeiern sind stets religiöse Institutionen und Würdenträger zuständig (Kahl 2013). Dies ist in Ländern wie Holland und Belgien mit ihren etablierten humanistischen Alternativ-Angeboten bereits anders.

Zu beobachten ist weiter ein wachsendes gesellschaftliches Bedürfnis nach Sinngebung und Gemeinschaftsleben jenseits der tradierten Formen des Religiösen und Kirchlichen (De Botton 2012), eine irdische Sorge um den Sinn des menschlichen Lebens und die Gültigkeit von Werten (Dworkin 2013), das Bedürfnis nach Selbstüberschreitung in sozialer (↗ Liebe, intensives Gespräch), ethischer (Helfen und Empfangen von Hilfe) oder ästhetischer (Natur und Kunst) Hinsicht (Seel 2013).

Aus England kommend erfreuen sich die ‚Sunday Assemblys' (Sonntagsversammlungen einer ‚gottlosen Gemeinde') mit Vortrag, Gesang, Austausch und gemeinsamem Essen auch in Deutschland zunehmender Beliebtheit. Im Gesundheits- und Sozialwesen werden Konzepte und Praxen einer *spiritual care* entwickelt (Weiher 2011; Heller 2013), gelegentlich in Gegenüberstellung zu einer rein religiös verstandenen Seelsorge (Nauer 2015).

Die gesellschaftlichen Debatten um Patientenverfügungen und Selbstbestimmung am Lebensende sind neue Dimensionen von Seelsorge als Selbstsorge (Neumann 2011). Vielleicht entwickelt sich hier eine Seelsorge mit einem explizit humanistischen Proprium: Die Verknüpfung des Wohlergehens der Menschen mit einer gemeinsamen Lebenshaltung, einer Sinn gebenden ↗ Weltanschauung, die nicht auf religiöse Transzendenzen zurückgreift. Eine solche humanistische Seelsorge könnte auf die humanistischen Impulse der antiken und weltlichen Seelsorge zurückgreifen und mit zeitgenössischen humanistischen Prinzipien aktualisieren: Achtung der Einzigartigkeit des Einzelnen, Wertschätzung von Emotionalität und Sinnlichkeit.

Diese humanistische Seelsorge hätte ihren Schwerpunkt in existenziellen Sinnfragen und ethischen Orientierungen, jenseits von religiösen Gewissheiten, kirchlichen Lehren oder anderem weltanschaulichen Oktroi. Mit einer Haltung zugewandter Offenheit und Melancholie, die Lebensfreude, Humor und existenzielle Ernsthaftigkeit ausbalanciert, zielte sie auf eine Stärkung des persönlichen Erlebens von Sinn. Mitunter gehörte dazu auch das Aushalten von Situationen, in denen Trost und Sinn fern sind.

4 Literatur

Aristoteles (2011): Über die Seele. Griechisch/Deutsch. Übersetzt und hrsg. von Gernot Krappinger. Stuttgart.
Bernet, Walter (1988): Weltliche Seelsorge. Zürich.
Börner, Wilhelm (1912): Weltliche Seelsorge. Leipzig.
Bonhoeffer, Thomas (2004): „Ursprung und Wesen der christlichen Seelsorge". Vgl. http://homepage.ruhr-uni-bochum.de/Thomas.Bonhoeffer/Ursprung.pdf, besucht am 22.4.2015.
Buchholz, Michael B. (2003): „Psychoanalyse als ‚weltliche Seelsorge' (Freud)". In: Journal für Psychologie 11, S. 231–253. Vgl. http://nbn-resolving.de/urn:nbn:de:0168-ssoar-17516S, besucht am 22.4.2015.
Cancik, Hubert (2011): „Humanistische Begründung humanitärer Praxis". In: Hubert Cancik: Europa, Antike, Humanismus. Hildegard Cancik-Lindemaier (Hrsg.). Bielefeld, S. 93–116.
De Botton, Alain (2012): Religion für Atheisten. Frankfurt am Main.
Dworkin, Ronald (2013): Religion ohne Gott. Berlin.
Foucault, Michel (1991a): Der Gebrauch der Lüste. Frankfurt am Main.
Foucault, Michel (1991b): Die Sorge um sich. Frankfurt am Main.
Frankl, Viktor E. (2007): Ärztliche Seelsorge. München.
Freud, Sigmund/Pfister, Oskar (1963): Briefe 1909–1939. Ernst L. Freud/Heinrich Meng (Hrsg.). Frankfurt am Main.
Groschopp, Horst (Hrsg.) (2011): Barmherzigkeit und Menschenwürde. Aschaffenburg.
Hadot, Pierre (2005): Philosophie als Lebensform. Frankfurt am Main.
Heller, Birgit/Heller, Andreas (2013): Spiritualität und Spiritual Care. Orientierungen und Impulse. Bern.
Kahl, Joachim (2013): „Ein kritischer Blick auf die öffentliche Trauer- und Gedenkkultur in Deutschland". In: Horst Groschopp (Hrsg.): Humanismus, Laizismus, Geschichtskultur. Aschaffenburg, S. 160–166.
Lemke, Thomas (2001): „Gouvernementalität". Vgl. http://www.thomaslemkeweb.de/publikationen/Gouvernementalit%E4 t% 20_Kleiner-Sammelband_.pdf, besucht am 22.4.2015.
Loos, Erich (1988): Selbstanalyse und Selbsteinsicht bei Petrarca und Montaigne. Wiesbaden.

Möller, Christian (1994): Geschichte der Seelsorge in Einzelporträts. Bd. 1: Von Hiob bis Thomas Kempen. Göttingen, Zürich.
Nauer, Doris (2015): Spiritual Care statt Seelsorge? Stuttgart.
Neumann, Gita (2011): „Lebens- und Sterbehilfe. Bedürfnis nach geistiger Orientierung". In: Groschopp (2011), S. 61–145.
Penzig, Rudolph (1907): Ohne Kirche. Jena.
Penzig, Rudolph (1919): „Weltliche Seelsorge". In: Ethische Kultur. 27. Jahrgang, Nr. 11, S. 81–83.
Platon (1994a): „Apologie". In: Sämtliche Werke. Übersetzt von Friedrich Schleiermacher. Bd. 1. Burkhard König (Hrsg.). Reinbek, S. 11–43.
Platon (1994b): Laches. In: Sämtliche Werke, S. 181–213.
Rabbow, Paul (1954): Seelenführung. München.
Seel, Martin (2013): Aktive Passivität. Über den Spielraum des Denkens, Handelns und anderer Künste. Frankfurt am Main.
Steinkamp, Hermann (2005): Seelsorge als Anstiftung zur Selbstsorge. Münster.
Weiher, Erhard (2011): „Was kann unter Spiritualität in einem nichtreligiösen Bezug verstanden werden". In: Groschopp (2011), S. 146–155.
Ziemer, Jürgen (2008): Seelsorgelehre. Stuttgart.

Marie Schubenz
Solidarität

1 Ein vielgestaltiger Begriff

Solidarität (von frz. *solidarité*) bedeutet die Fähigkeit des Menschen, sich mit anderen zu verbinden, um selbst gesetzte Ziele zu erreichen und für gemeinsame Interessen oder die Interessen anderer einzutreten. Sie ist Praxis eines moralischen Prinzips oder Gefühls, das sich gegen Ungerechtigkeit oder Leid richtet und ermöglicht, dafür Widersprüche auszuhalten. Zugleich ist sie gesellschaftlicher Wert, der auf Freiwilligkeit, Gleichheit, Respekt und Wechselseitigkeit beruht. Solidarität tritt auf als gegenseitige Hilfe in Form von tätiger Unterstützung, als Solidaritätsbekundung, die Mitgefühl oder Anteilnahme demonstriert oder als politisch-emanzipatorische Bewegung.

Weiter kann Solidarität das Zusammengehörigkeitsgefühl sozialer Gruppen beschreiben, womit sie Gradmesser für den Zusammenhalt und letztlich für das Funktionieren von Gesellschaften ist. Dieser Begriff von Solidarität verweist auf die soziale Natur des Menschen und auf solidargemeinschaftliche Formen des Zusammenlebens. In diesem Sinne fungiert Solidarität als Gegenbegriff zu einer auf Konkurrenz basierenden Leistungsgesellschaft. Eine solidarische Ökonomie beruht auf Kooperation und Bedürfnisbefriedigung, nicht auf Profit.

Solidarität ist häufig Ziel und Wesensmerkmal einer anzustrebenden Gesellschaft (Bloch 1975, S. 247 f.) und so eng mit dem Begriff der Utopie verbunden (Schwendter 1994). Solidarität gehört zu den zentralen humanistischen Prinzipien (HVD 2011, S. 6). Humanistische Solidarität ist Praxis und Wert an sich. Ihr Charakter ist horizontal und universell, nicht hierarchisch oder ausschließend und sie erfüllt eine Gemeinschaftsfunktion in post-traditionalen, auf Differenz basierenden Gesellschaften.

2 Humanistische Solidarität in der Forschung

Der humanistische Solidaritätsbegriff kann sich philosophisch und historisch im Wesentlichen auf zwei Quellen berufen, die bis in die Antike zurückreichen: (1) Das Mitempfinden, welches als Kennzeichen des menschlichen Zusammenlebens benannt wird und bei Pythagoras im Sinne der Verbundenheit aller Lebewesen darüber hinaus auch den Tieren gilt.[1] (2) Die Genossenschaft (lat. *societas*) als uralte, transkulturelle Form der Organisation, wie sie bereits von Homer in der ‚Odyssee' beschrieben wird.[2]

Die antike humanistische Tradition prägt die Konzepte der *philantropía* oder *humanitas*, der Menschenliebe (↗ Liebe) und *misericordia*, der Barmherzigkeit. So fordert Cicero, dem Menschen zu helfen, weil er ein Mensch ist (*De Officiis* 3,4,19 – 3,6,32). Gegenseitigkeit und Gleichheit treten in dieser Auffassung bereits als Grundlagen für einen humanistischen Begriff von Solidarität hervor (Cancik 2011, S. 98). Die aus dem Judentum hervorgehende Idee von Nächstenliebe kann ebenso an die universelle Gemeinschaft der Stoa anknüpfen wie die christliche Brüderlichkeit (Bayertz 1998, S. 15 f.). Die Aufhebung des hierarchischen sozialen Gefälles ist jedoch bei all diesen Ansätzen noch weitgehend ausgeklammert (↗ Humanitäre Praxis).

Im Zuge der europäischen ↗ Aufklärung erfährt die Philanthropie eine Renaissance. Sie gilt damit, ebenso wie die Praxis der Freimaurer, als Wegbereiterin für die befreite und gleiche Brüderlichkeit der Französischen Revolution, die nicht mehr auf Gnade basiert, sondern auf Recht (Metz 1998, S. 174; Zoll 2000, S. 42). Durch die schottische Moralphilosophie wird zugleich das Mitgefühl (*fellow-feeling*) zur zentralen gesellschaftlichen Kategorie erhoben (Smith 2010).

Im 19. Jahrhundert drückt sich diese gesellschaftliche Dimension im neu entstehenden Begriff der Solidarität aus. Er leitet sich von der altrömischen Vertragsform *obligatio in solidum* ab, die eine gesamtschuldnerische Haftung bezeichnet und bis dahin als rein juristischer Terminus fungierte (Bayertz 1998, S. 11). In der Forschung wird betont,[3] dass der Solidaritätsbegriff genuin modern und wandlungsfähig sei und ein Verständnis von Rechtsstaat und Individuum voraussetze (Hondrich/Koch-Arzberger 1992). Es sollte jedoch nicht übersehen werden, dass Menschen bereits vorher solidarisch gehandelt oder durch Herrschaft versucht haben, Solidarität zu verhindern. Auch Begriffe von *persona* und Selbst existieren bereits in der Antike, somit ist

---

[1] So ist von Diogenes Laertios (VIII, 36) die Anekdote überliefert, nach der Pythagoras jemandem, der einen Hund schlug, zugerufen habe, er erkenne in dem Hund die Stimme eines verstorbenen Freundes.

[2] Die Gefährten des Odysseus werden auch als ‚Genossen' angesprochen. Auch Uvo Hölscher sieht hier den Zusammenhang von ‚Großfamilie und Genossenschaft' analog der ‚Genossenschaft der Helden auf dem Schiff Argo' (Hölscher 2000, S. 237, 196).

[3] Diese Forschung ist selbst Konjunkturen unterworfen. So avanciert Solidarität in deutschsprachigen Lexika erst gegen Ende des 20. Jahrhunderts zu einem gesellschaftlichen Schlüsselbegriff, in den ‚Geschichtlichen Grundbegriffen' findet sich dagegen nur ein Eintrag zur ‚Brüderlichkeit' (Schieder 1972).

Solidarität jedenfalls nicht, wie häufig angenommen, bloß ‚säkularisierte Nächstenliebe' (↗ Persönlichkeit; ↗ Humanitarismus).[4]

3 Historisch-politische Phasen der Solidarität

3.1 Klassisch-bürgerliche Phase der Citoyens

Die Französische Revolution setzt die Brüderlichkeit (*fraternité*) in ein neues Verhältnis zu den Grundsätzen von Freiheit und Gleichheit. Sie entzieht die Unterstützung von Menschen in Not dem Zuständigkeitsbereich von Familie und Kirche. Als Menschen- und Bürgerrecht steht soziale Sicherung erstmals allen Staatsbürgern zu. Diese neue, auf dem Solidaritätsprinzip basierende Sozialgesetzgebung führt auf einer weltanschaulichen Ebene zur Überwindung des Ausschlusses der besitzlosen Schichten (Metz 1998, S. 174 f.; Zoll 2000, S. 35; 49 f.). Die Verbindung von Gleichheit und Solidarität einerseits und individueller Freiheit andererseits wird damit zu einem maßgeblichen Bestandteil von vergangenen und bestehenden Auseinandersetzungen um demokratische Verhältnisse und Teilhabe (Brunkhorst 2002, S. 7 f.).

Die Frühsozialisten entwickeln im Folgenden den Begriff der Solidarität als neuen Gegenbegriff zu der als krisenhaft wahrgenommenen industriellen Form der Vergesellschaftung. Ihr Solidaritätsverständnis zielt auf die Menschheit als Ganzes ab, ist in einem umfassenden Sinne gesellschaftlich und universalistisch. So bezieht sich der Saint-Simonist Pierre Leroux positiv auf die revolutionäre Brüderlichkeit, indem er die christliche Barmherzigkeit kritisiert und die ‚Wechselseitigkeit' der Solidarität hervorhebt. Die menschliche Natur sieht er vor allem als sozial, also ‚solidarisch' und ‚vervollkommnungsfähig' (Böhlke 2010, S. 32; Leroux 1985, S. 118 f.). Ausgehend von den Lehren Charles Fouriers begreift Hippolyte Renaud Solidarität als konstitutives Element einer harmonischen Gesellschaft,[5] in der eigenes Glück nur gemeinsam mit anderen zu erlangen ist (Böhlke 2010, S. 34; Renaud 1855; Wildt 1998, S. 206).

---

[4] Zu dieser Frage veranstaltete die ‚Humanistische Akademie Deutschland' im Dezember 2010 eine Tagung mit dem Titel: „Barmherzigkeit und Solidarität – nur säkularisierte Nächstenliebe? Sozialkulturelle Gemeinschaftsformen humanitärer Krisenbewältigung", teilweise dokumentiert in Groschopp 2011.
[5] Bedingungen für diese gesellschaftliche Harmonie sind bei Fourier die Emanzipation der Frauen und die freie Liebe (Fourier 1977).

Auch die von Marx und Engels manifestierte kommunistische Idee der „Assoziation"[6] als eines gesellschaftlichen Zusammenhangs, „worin die freie Entfaltung eines jeden die Bedingung für die freie Entfaltung aller ist" (Manifest der Kommunistischen Partei), zeigt den starken Einfluss der utopischen Frühsozialisten.

3.2 Aktive Aneignung des Begriffs

Die Arbeiter- und Gewerkschaftsbewegung übernimmt den Begriff. Mit einem Begriffstransfer aus dem Französischen (Fiegle 2003) wird besonders in der jungen deutschen Arbeiterbewegung der Begriff der Brüderlichkeit zunehmend durch den der Solidarität ersetzt. Entscheidend ist hierbei die zugleich programmatische wie alltagsweltliche Anwendung. In der Gegenkultur der Arbeiter und Arbeiterinnen tragen Genossenschaften,[7] Sportvereine, sogar Zigarettenmarken den Namen Solidarität. Ausstrahlungskraft und Fortschrittscharakter dieser Solidarität sind festgehalten in dem ‚Solidaritätslied' von Brecht und Eisler (Wildt 1998, S. 207 ff.).[8]

Mit der Spaltung zwischen bürgerlicher Kultur und Arbeiterkultur wird Solidarität aufseiten der bürgerlichen Wissenschaft durch Auguste Comte und Émile Durkheim zum analytischen und die Soziologie als neue Wissenschaft begründenden Begriff (Wildt 1998, S. 208; Metz 1998, S. 176 f.; Fiegle 2003, S. 93). Sie ist motiviert durch eine doppelte Angst – vor dem Zerfall der Gesellschaft einerseits und vor einer Alternative durch die Bewegung der sogenannten ‚Massen' andererseits.

Ausgehend von Ferdinand Tönnies' Verständnis von Gemeinschaft und Gesellschaft entwickelt Durkheim seine Idee einer mit der Arbeitsteilung zunehmenden Solidarität im Sinne einer wachsenden gesellschaftlichen Abhängigkeit, nach der jede gesellschaftliche Entwicklungsstufe ihre eigenen Formen der Solidarität hervorbringt (Böhlke 2010, S. 16 f.; Durkheim 1981; 1988; Zoll 2000, S. 25 f.). In der Frage nach dem gesellschaftlichen Zusammenhalt liegt hierbei die entscheidende Verbindung von analytischer und politisch-praktischer Solidaritätsproblematik. Dies wird bei Léon Bourgeois und seiner aus dem Solidarismus abgeleiteten Idee des Völkerbunds sichtbar (Fiegle 2003, S. 104 f.).

---

6 In Ansätzen praktisch geworden ist diese Idee sowohl in der ‚Internationalen Arbeiterassoziation' (IAA) als auch in der ‚Pariser Kommune' 1871.
7 Die Genossenschaftsbewegung ist stark durch einen anderen Frühsozialisten, den Engländer Robert Owen inspiriert.
8 Brecht, Bertolt/Eisler, Hanns (1931/32): „Solidaritätslied". In: Kuhle Wampe oder: Wem gehört die Welt? (Film). Regie: Slátan Dudow. Produktion: Prometheus Film.

Als Antwort auf die ‚soziale Frage' wird im 19. Jahrhundert außerdem die katholische Soziallehre entwickelt, welche sich die sozialutopischen und soziologischen Theorien zu eigen macht und den Begriff der Solidarität zu einem ihrer Grundprinzipien erhebt (Metz 1998, S. 189 f.). Dies kann als nachträgliche Aneignung oder Sakralisierung eines sozialen Begriffs gewertet werden. Der politische Einfluss dieser Lehre reicht vom westdeutschen Nachkriegssozialstaat bis hin zur polnischen Gewerkschaft ‚Solidarność'.

Den zu dieser Zeit ebenfalls wirkmächtigen Sozialdarwinismus versucht Pjotr Alexejewitsch Kropotkin mit seiner Theorie der ‚Gegenseitigen Hilfe' zu widerlegen (Kropotkin 2011).

3.3 Die Verdrängung der Solidarität im Nationalsozialismus

Die Nationalsozialisten deklarieren ihre eigene, auf Ausschluss basierende und Vernichtung praktizierende ‚Volksgemeinschaft' als solidarische Gemeinschaft. Die Zerschlagung der Arbeiter- und Gewerkschaftsbewegung ist folglich mit einem hegemonialen Bruch in der Deutungshoheit von Solidarität verbunden, jeder Bezug auf den politischen Kampfbegriff der Arbeiterklasse soll ausgelöscht werden.[9] Der Sozialpsychologe Peter Brückner verweist deshalb zu Beginn der 1960er-Jahre auf die schwierige Ausgangslage für Solidarität in der Bundesrepublik (Brückner 1989, S. 73 f.). In der DDR dagegen ist sozialistische und internationale Solidarität Teil des gesellschaftlichen Selbstverständnisses (Wernicke 2001).

3.4 Antikoloniale Bewegungen und neuer Aufbruch

Seit den 1950er-Jahren bringen die antikolonialen Befreiungskämpfe (↗ Befreiung/Herrschaft) eine neue internationale Solidarität hervor. Mit dem Widerstand gegen den Vietnamkrieg wächst diese Bewegung um 1968 zu einer weltweit wahrnehmbaren Kraft. Ihre „Solidarität der Vernunft und des Sentiments" zielt auf eine neue und umfassende Gesellschaftlichkeit, wie Herbert Marcuse betont (Marcuse 2004, S. 66).[10]

---

9 Vgl. hier als Quelle den Artikel „Solidarismus und Solidarität". In: Meyers Konversations-Lexikon. 8. Auflage. Bd. 9. Leipzig 1942, Sp. 1744 f.
10 Als Sinnbild für diese Form einer radikalen humanistisch-politischen Praxis kann das 1967 in San Francisco von Beat-Poeten, Hippies, Yippies und Psychedelikern einberufene ‚Human Be-In' gelten.

In den siebziger Jahren wird Solidarität zum ‚Lernziel' erklärt (Richter 1974) und von den Neuen Sozialen Bewegungen als (Randgruppen-)Strategie vertreten,[11] um eine antiautoritäre Gegengemeinschaft ohne Sozialismus zu schaffen (Eßbach-Kreuzer/Eßbach 1974). Für sie ist Solidarität praktisch und ideell bedeutend in Form von Dritte-Welt-Projekten, Frauengruppen, Wohngemeinschaften, Kommunen und Kollektiven. Die Alternativbewegung knüpft damit auch an frühere Formen der ‚Gütergemeinschaften' an, die zum Teil bis ins Mittelalter zurück reichen (Goertz 1984; Reichardt 2014). Häufig gelingt es jedoch nur punktuell, solidarische Gemeinschaften zu bilden, aber auch der ‚Marsch durch die Institutionen' wird retrospektiv vielfach als reformistische Illusion gesehen (Mosler 1977).

3.5 Neue Solidarität

Der im Zuge der neoliberalen Wende wieder entdeckte *homo oeconomicus* ist vor allem ein konkurrierender Einzelner und steht damit im Gegensatz zu den Vorstellungen vom Menschen als vorrangig soziales Wesen (Read 2009, S. 27 f.) (↗ Anthropologie). Neue Möglichkeiten der Selbstverwirklichung und erweiterte Dimensionen der Ausbeutung treten hier in ein Spannungsverhältnis.

Die vom zapatistischen Aufstand in Mexiko inspirierte globalisierungskritische Bewegung in Gestalt einer *multitude* (Hardt/Negri 2004) wendet sich seit 1999 unter dem Motto ‚Eine andere Welt ist möglich' gegen die fortschreitende weltweite Neoliberalisierung. Durch die Bewegung der Sozialforen und eine zunehmende Etablierung von Nichtregierungsorganisationen (NGO) verbreitet sich praktisch und theoretisch eine Netzwerk-Solidarität. Sie versteht sich im Gegensatz zur früheren internationalen Solidarität als transnationale oder globale Solidarität (Kössler/Melber 2002). Diese bezieht nicht nur wirtschaftliche und administrative Veränderungen mit ein, sondern reflektiert auch eine Kritik an nationalstaatlichen Exklusionsmechanismen bei einem positiven Bezug auf umfassende Menschenrechte wie der LGBTQ[12] und Behindertenrechte.

In der Gegenwart zeigt sich eine politische und alltagspraktische Solidarität, wenn durch Krisenauswirkungen Betriebe oder soziale Grundversorgung zusammenbrechen, wie in Argentinien oder in der Eurokrise.[13] Der Dokumentarfil-

---

11 Für die neue Frauenbewegung, die Krüppelbewegung oder in der Unterstützung politischer Gefangener bleibt Solidarität allerdings immer auch ein demonstrativer ‚Kampfbegriff'.
12 Englische Abkürzung für verschiedene, nicht heteronormative sexuelle Orientierungen und Geschlechteridentitäten: *Lesbian, Gay, Bisexual, Transgender, Queer*.
13 So lebt nicht nur in spontanen Fabrikbesetzungen immer wieder die Idee einer solidarischen Ökonomie auf (Notz 2012).

mer Matthias Coers spricht von einer „neuen städtischen Solidarität", die er in den konkreten Kämpfen der Menschen um ihren Wohnraum und die Gestaltungsbedingungen ihres sozialen Alltags beobachtet (Coers/Schulte-Westenberg 2014; Nowak 2014).

4 Ein Solidaritätsbegriff für den zeitgenössischen Humanismus

Die gegenwärtige Krisenepoche der kapitalistischen Produktionsweise (Wallerstein et al. 2014), Hunger und Mangel bei gleichzeitiger globaler Überproduktion und wachsendem gesellschaftlichem Reichtum, Kriege und Klimawandel sowie die größten Flucht- und Migrationsbewegungen seit dem Zweiten Weltkrieg geben dem Begriff und der Praxis von Solidarität im 21. Jahrhundert eine neue Dringlichkeit. Humanistische Solidarität äußert sich in vielfältigen spontanen Demonstrationen, zunehmend auch digital, sie manifestiert sich in der Unterstützung von Geflüchteten, in Spendenbereitschaft und Hilfe bei Katastrophen.

Zivilgesellschaftliche Diskussionen, welche die mit dem fortschreitenden Abbau des ↗ Sozialstaats einhergehende Wiederkehr der ökonomischen Armut thematisieren, tragen zu einer neuen Konjunktur des Solidaritätsbegriffs bei. Studien verweisen auf die Zuspitzung sozialer Widersprüche und die Erosion des gesellschaftlichen Zusammenhalts (Heitmeyer 2002–2011). Soziale Hilfseinrichtungen aller Art nehmen an Bedeutung zu, was eine neue Sichtbarkeit von humanistischen Angeboten erforderlich macht.

Zugleich findet eine erneuerte Suche nach Alternativen für eine solidarische Gesellschaft im Sinne eines ‚freien Gemeinwesens' statt, die andere Formen der gesellschaftlichen ↗ Arbeit[14] enthält (Reitter 2011) und das korporatistische Sozialstaatsmodell ablehnt. Neben der unter dem Stichwort des Kommunitarismus[15] geführten philosophischen Debatte ist hier z. B. die Diskussion um eine soziale Infrastruktur zu nennen, die in Form von öffentlichen Gütern wie Bildung, Wohnen, Gesundheit, Mobilität und einem (globalen) bedingungslosen Grundeinkommen als Teil des gemeinsamen gesellschaftlichen Reichtums allen gleichermaßen zugänglich

---

14 Zum Wandel von Solidaritätsformen in Arbeitskämpfen nach dem ‚Strukturbruch' vgl. Billmann/Held 2013.
15 Die von Axel Honneth in diesem Zusammenhang verwendete Konzeption der Solidarität geht auf Hegels Begriff der Anerkennung zurück (Honneth 1991).

sein sollte (Hirsch et al. 2013).[16] Weiter auch die weltzivilgesellschaftliche Idee des Konvivialismus, der eine „neue Kunst des Zusammenlebens" auf Grundlage von *care-ethics*, *commons*, *buen vivir* und globaler „radikale[r] Demokratie" sowie einer „auf Solidarität gründende[n] Sozialwirtschaft" proklamiert (Convivialistes 2014, S. 46 f.).[17]

Ein zeitgenössischer Humanismus sollte die Auseinandersetzung mit diesen Debatten suchen, denn sie fragen danach, was eine (Welt-)Gesellschaft verbinden kann. Gemeinschaft und Gesellschaft werden dabei in einem globalen Bezugsrahmen neu zusammengedacht. Ein dem heutigen gesellschaftlichen Sein angemessener Begriff von Solidarität ist notwendigerweise relational und beruht auf einer Vorstellung des Anderen als Bereicherung (Karakayali 2014, S. 122 f.).[18]

Die Bedeutung von spontaner Freundlichkeit (↗ Freundschaft) im Sinne Erich Fromms wie auch von sozialer Phantasie sollte in diesem Zusammenhang nicht unterschätzt werden. Darüber hinaus sollten Humanistinnen und Humanisten an dem Ziel einer solidarischen Gesellschaft im Sinne einer ‚Genossenschaft der Menschheit' festhalten und dafür eintreten. Ansonsten besteht die Gefahr, dass neben unzureichenden warenförmigen (wieder) familialistische, kirchliche oder national-völkische Formen der Unterstützung bestimmend werden (oder bleiben), die auf diversen Unterdrückungs- und Ungleichheitsmechanismen basieren und jene die ‚unten' sind gegeneinander ausspielen, sie zu Überflüssigen oder Bittstellern machen, anstatt allen Menschen eine aufrechte Existenz zu ermöglichen.

Die Einlösung einer humanistischen Solidarität ist ohne eine zunehmende Aufhebung der globalen Ausbeutung nicht denkbar und setzt damit gesellschaftliche Verhältnisse voraus, die Herrschaft überwinden. So heißt es bei Erich Mühsam: „Wo sich die Völker selbst befrein, da kann die Wohlfahrt nicht gedeihn." (Mühsam 2010, S. 12)

Obwohl die Empathieforschung die mitfühlende Natur des Menschen wissenschaftlich belegt (Breithaupt 2009), wird das Potenzial, sich unglücklich zu machen, ebenso wie die Konfrontation mit der Endlichkeit und der Möglichkeit des Unmenschlichen (↗ Antihumanismus/Humanismuskritik) auch unter solidarischen Verhältnissen weiter bestehen. Solidarität ist demnach nicht die Antwort auf alle Fragen (Wildt 1998, S. 214 f.), sondern kann nur Bedingungen schaffen, um sich ihnen zu widmen. Dahinter bleibt als Ziel ein gutes und gelingendes Leben, ↗ Glück.

---

16 Zu einer ausführlichen Diskussion der Güterverteilung aus humanistischer Perspektive vgl. Heinrichs 2012.
17 Der Zusammenhang zwischen einem antirassistischen ‚neuen Humanismus' und der konvivialistischen Idee findet sich bereits bei Gilroy 2004.
18 Mit dem Anderen solidarisch zu sein, weil er ein Anderer ist, im Sinne von Emmanuel Levinas vgl. Delholm/Hirsch 2005.

5. Literatur

Bayertz, Kurt (Hrsg.) (1998): Solidarität. Begriff und Problem. Frankfurt am Main.
Bayertz, Kurt (1998): „Begriff und Problem der Solidarität". In: Bayertz 1998, S. 11–53.
Billmann, Lucie/Held, Josef (Hrsg.) (2013): Solidarität in der Krise. Gesellschaftliche, soziale und individuelle Voraussetzungen solidarischer Praxis. Wiesbaden.
Bloch, Ernst (1975): Experimentum Mundi. Frage, Kategorien des Herausbringens, Praxis. Frankfurt am Main.
Böhlke, Effi (2010): Solidarität. Eine ideengeschichtliche Studie im Auftrag der Rosa-Luxemburg-Stiftung. Vgl. http://ifg.rosalux.de/files/2010/04/Solidarität.-Studie.pdf, besucht am 31.5.2015.
Breithaupt, Fritz (2009): Kulturen der Empathie. Frankfurt am Main.
Brückner, Peter (1989): Freiheit, Gleichheit, Sicherheit. Von den Widersprüchen des Wohlstands (1966). Berlin.
Brunkhorst, Hauke (2002): Solidarität. Von der Bürgerfreundschaft zur globalen Rechtsgenossenschaft. Frankfurt am Main.
Cancik, Hubert (2011): „Humanistische Begründung humanitärer Praxis. Antike Tradition – neuzeitliche Rezeption". In: Hubert Cancik: Europa – Antike – Humanismus. Humanistische Versuche und Vorarbeiten. Hildegard Cancik-Lindemaier (Hrsg.). Bielefeld, S. 93–113.
Coers, Matthias/Schulte-Westenberg, Gertrud (2014): Mietrebellen. Widerstand gegen den Ausverkauf der Stadt (Film). Produktion: schultecoersdokfilm http://mietrebellen.de, besucht am 6.9.2015.
Convivialistes, Les (2014): Das konvivialistische Manifest. Für eine neue Kunst des Zusammenlebens. Bielefeld.
Delholm, Pascal/Hirsch, Alfred (Hrsg.) (2005): Im Angesicht der Anderen. Lévinas' Philosophie des Politischen. Zürich.
Durkheim, Émile (1981): „Besprechung von Ferdinand Tönnies: Gemeinschaft und Gesellschaft. Abhandlung des Communismus und des Socialismus als empirischer Culturformen" (1887). In: Lore Heisterberg (Hrsg.): Émile Durkheim. Frühe Schriften zur Begründung der Sozialwissenschaft. Darmstadt, Neuwied, S. 77–84.
Durkheim, Émile (1988): Über soziale Arbeitsteilung. Studie über die Organisation höherer Gesellschaften. (Französische Ausgabe Paris 1893). Frankfurt am Main.
Eßbach-Kreuzer, Uschi/Eßbach, Wolfgang (1974): Solidarität und soziale Revolution. Antiautoritäre Theorien zur politischen Moral und kollektiven Emanzipation. Frankfurt am Main, Köln.
Fiegle, Thomas (2003): Von der *Solidarité* zur Solidarität. Ein französisch-deutscher Begriffstransfer. Münster, Hamburg, London.
Fourier, Charles (1977): Aus der neuen Liebeswelt. Über die Freiheit in der Liebe (1820). Berlin.
Gilroy, Paul (2004): *After Empire. Melancholia or Convivial Culture*. London.
Goertz, Hans-Jürgen (Hrsg.) (1984): Alles gehört allen. Das Experiment Gütergemeinschaft vom 16. Jahrhundert bis heute. München.
Groschopp, Horst (2011): Barmherzigkeit und Menschenwürde. Selbstbestimmung, Sterbekultur, Spiritualität. Aschaffenburg.
Hardt, Michael/Negri, Antonio (2004): Multitude. Krieg und Demokratie im Empire. Frankfurt am Main, New York.

Heinrichs, Thomas (2012): „Prinzipien sozialer Güterverteilung. Gleichheit, Gerechtigkeit, Solidarität und Humanität". In: Horst Groschopp (Hrsg.): Humanistik – Beiträge zum Humanismus. Aschaffenburg, S. 197–222.

Heitmeyer, Wilhelm (2002–2011): Deutsche Zustände. Folge 1–10. Frankfurt am Main.

Hirsch, Joachim/Brüchert, Oliver/Krampe, Eva-Maria et al. (2013): Sozialpolitik anders gedacht: Soziale Infrastruktur. AG links-netz (Hrsg.). Hamburg.

Hölscher, Uvo (2000): Die Odyssee. Epos zwischen Märchen und Roman. München.

Hondrich, Karl Otto/Koch-Arzberger, Claudia (1992): Solidarität in der modernen Gesellschaft. Frankfurt am Main.

Honneth, Axel (1991): Kampf um Anerkennung. Zur moralischen Grammatik sozialer Konflikte. Frankfurt am Main.

HVD (2011): „Humanistisches Selbstverständnis". Humanistischer Verband Deutschlands (Hrsg.). Vgl. http://www.humanismus.de/sites/humanismus.de/files/Humanistisches% 20Selbstverständnis_%202011.pdf, besucht am 31.5.2015.

Karakayali, Serhat (2014): „Solidarität mit den Anderen. Gesellschaft und Regime der Alterität". In: Anne Broden/Paul Mecheril (Hrsg.): Solidarität in der Migrationsgesellschaft. Befragung einer normativen Grundlage. Bielefeld, S. 111–125.

Kössler, Reinhart/Melber, Henning (2002): Globale Solidarität? Eine Streitschrift. Frankfurt am Main.

Kropotkin, Peter (2011): Gegenseitige Hilfe in der Tier- und Menschenwelt (1902). Aschaffenburg.

Leroux, Pierre (1985): De l'Humanité, de son Principe et de son Avenir. Où se trouve exposée la vraie définition de la religion et où l'on explique le sens, la suite et l'enchaînement du Mosaïsme et du Christianisme (1840). Paris.

Marcuse, Herbert (2004): „Die Studentenbewegung und ihre Folgen". In: Nachgelassene Schriften. Bd. 4. Peter-Erwin Jansen (Hrsg.). Springe.

Metz, Karl H. (1998): „Solidarität und Geschichte. Institution und sozialer Begriff der Solidarität in Westeuropa im 19. Jahrhundert". In: Bayertz 1998, S. 172–194.

Mosler, Peter (1977): Was wir wollten, was wir wurden. Studentenrevolte – zehn Jahre danach. Reinbek bei Hamburg.

Mühsam, Erich (2010): Ascona (1905). Osnabrück.

Notz, Gisela (2012): Theorien alternativen Wirtschaftens. Fenster in eine andere Welt. Stuttgart.

Nowak, Peter (Hrsg.) (2014): Zwangsräumungen verhindern. Ob Nuriye ob Kalle, wir bleiben alle. Münster.

Read, Jason (2009): „A Genealogy of Homo-Economicus. Neoliberalism and the Production of Subjectivity". In: Foucault Studies 6, S. 25–36.

Reichardt, Sven (2014): Authentizität und Gemeinschaft. Linksalternatives Leben in den siebziger und frühen achtziger Jahren. Frankfurt am Main.

Reitter, Karl (2011): Prozesse der Befreiung. Marx, Spinoza und die Bedingungen eines freien Gemeinwesens. Münster.

Renaud, Hippolyte (1855): Solidarität. Kurzgefasste Darstellung der Lehre Karl Fourier's. Zürich.

Richter, Horst E. (1974): Lernziel Solidarität. Reinbek bei Hamburg.

Schieder, Wolfgang (1972): „Brüderlichkeit, Bruderschaft, Brüderschaft, Verbrüderung, Bruderliebe". In: Geschichtliche Grundbegriffe. Otto Brunner/Werner Conze/Reinhart Koselleck (Hrsg.). Bd. 1. Stuttgart, S. 552–581.

Schwendter, Rolf (1994): Utopie. Überlegungen zu einem zeitlosen Begriff. Berlin, Amsterdam.

Smith, Adam (2010): Theorie der ethischen Gefühle (1770). Hamburg. (Englische Ausgabe: *The Theory of Moral Sentiments*, London 1759).
Wallerstein, Immanuel/Collins, Randall/Mann, Michael/Derluguian, Georgi/Calhoun, Craig (2014): Stirbt der Kapitalismus? Frankfurt am Main, New York.
Wernicke, Günter (2001): „Solidarität hilft siegen!" Zur Solidaritätsbewegung mit Vietnam in beiden deutschen Staaten. Mitte der 60er bis Anfang der 70er Jahre. Berlin.
Wildt, Andreas (1998): „Solidarität. Begriffsgeschichte und Definition heute". In: Bayertz 1998, S. 202–216.
Zoll, Rainer (2000): Was ist Solidarität heute? Frankfurt am Main.

Thomas Heinrichs
Sozialstaat

1 Entstehung des Sozialstaates

Es ist für die Stabilität einer jeden Gesellschaft entscheidend, dass sie das Problem der Armut löst. Wenn die Herrschenden die existenzielle Mindestsicherung der Armen über längere Zeit nicht gewährleisten, erhöht dies das Risiko von Aufständen der Beherrschten. Sozialpolitik ist „in erster Linie ein Herrschaftsinstrument" (Reidegeld 2006, S. 15). Die für die Bekämpfung der Armut gefundenen Lösungen sind so vielfältig wie die in der Geschichte vorfindbaren sozialen Ordnungen. Jede Änderung in der Wirtschafts- und Herrschaftsstruktur einer Gesellschaft führt automatisch auch zu einer Änderung der Formen der Armut und verlangt jeweils neue Lösungen des Armutsproblems (↗ Befreiung/Herrschaft).

Der mit dem Übergang vom Feudalismus zum Kapitalismus eintretende Wandel der beherrschten Klasse von Bauern, die durch persönliche Abhängigkeiten lokal gebunden sind, zu einer persönlich und lokal ungebundenen, städtischen Industriearbeiterklasse führt zu einem solchen Wandel der Armut und erfordert neue Formen der Armenfürsorge. Es dauert rund 500 Jahre, bis sich mit dem Sozialstaat in Europa ein neues, der nunmehr bestehenden kapitalistischen Produktionsweise angemessenes, zentral geregeltes einheitliches System der Armenfürsorge entwickelt, welches die sozialen Probleme bewältigen kann, die durch die Existenz einer als Lohnarbeiterschaft verfassten, beherrschten Klasse entstehen.

Armut hat naturale und soziale Ursachen. Die naturalen Ursachen von Armut sind Veränderungen der Umweltbedingungen und die natürlichen Wechselfälle des menschlichen Lebens, wie Krankheiten und Alter. Die sozialen Ursachen von Armut sind Herrschaft, soziale Diskriminierung und Krieg (Reidegeld 2006, S. 15). Eine im normativen Sinne humane Gesellschaft zeichnet sich dadurch aus, dass in ihr Vorsorge gegen die naturalen Ursachen der Armut getroffen wird, und dass es keine sozialen Ursachen von Armut gibt.

Auch vor der Entstehung staatlicher Gesellschaften ab dem 15. Jahrhundert in Westeuropa gab es Systeme der Armenfürsorge. Diese waren in Europa religiös geprägt. Alle drei europäischen Religionen dieser Zeit – Christentum, Judentum und Islam – kennen die Pflicht zur Almosengabe. Die im mittelalterlichen Europa lebenden Armen hatten als Bettler eine akzeptierte soziale Stellung, innerhalb der religiös legitimierten sozialen Ordnung (Heinrichs 2014).

In einem formalen Sinn kommt es mit der Entstehung der bürgerlichen Städte im 15. und 16. Jahrhundert in Europa zu einer ↗ Humanisierung der Armenfürsorge, weil die Armenfürsorge nicht länger nach religiösen Kriterien erfolgt und von der Kirche durchgeführt wird, sondern sich an den Interessen der Stadtbürgerschaft orientiert, die die Armenpflege organisiert. Zu einer Verbesserung der ökonomischen Stellung der Armen, also zu einer Humanisierung in einem normativen Sinne, führt dies jedoch nicht. Zwar wird die Armenfürsorge nun einer bürgerlichen Rationalität unterworfen, indem Unterstützungsleistungen an eine Arbeitspflicht gekoppelt werden. Da jedoch keine ausreichende ↗Arbeit zur Verfügung gestellt wird, führt dies im Ergebnis nur dazu, dass versucht wird, die Armen aus den Städten zu vertreiben.

Theoretisch wird dieses bürgerliche Reformprogramm umfassend von Louis Vives in seiner Reformschrift *De Subventione Pauperum* (1526) entwickelt (Vives 2002). Das Konzept enthält bereits alle Elemente der modernen Armenfürsorge. Die Almosengabe wird strikt an eine Arbeitspflicht gekoppelt. Die Stadt soll Arbeit für die Bedürftigen bereitstellen. Die Arbeitsfähigkeit der Armen wird durch ärztliche Begutachtung festgestellt (Scherpner 1962, S. 94, 30). Für Jugendliche (↗Lebenszyklen/Generationenfolge) sollen Ausbildungsmöglichkeiten bereitgestellt werden. Praktisch werden die Regeln der Armenfürsorge in den Armenordnungen der Städte niedergelegt. Vorbildhaft sind hier die Nürnberger Armenordnungen von 1370 und 1522 (Sachße/Tennstedt 1998, S. 67 ff.), die vielfach kopiert werden.

Mit Entstehung des Absolutismus wird versucht, die Armen stärker einer zentralen staatlichen Disziplinierung zu unterwerfen. In neu geschaffenen ‚Zuchthäusern', die ab dem 17. Jahrhundert in ganz Europa entstehen, werden Arme, Geisteskranke und Kriminelle unterschiedslos einem gewaltsamen Arbeitsdrill unterworfen, um sie an die bürgerlichen Erwerbsmuster anzupassen (Foucault 1969, S. 71 ff.).

Mit der nun einsetzenden Industrialisierung kommt es jedoch regional unterschiedlich und auch nicht zeitgleich, aber letztlich mit demselben Ergebnis im 19. Jahrhundert in Europa zu einer massiven Zunahme der Armut durch die Entstehung einer sozial nicht abgesicherten und unterbezahlten Lohnarbeiterschaft. Es handelte sich dabei um eine neue Form der Massenarmut (Wehler 1987, S. 283). Dass es sich bei der dadurch entstehenden ‚sozialen Frage' um ein staatstheoretisches Problem handelt, ist von Anfang an klar (Reideqeld 2006, S. 175).

Liberale Autoren wie Adam Smith und Robert Malthus fordern, dass der Staat keine Armenpolitik betreiben solle. Staatliche Eingriffe schadeten mehr als dass sie nützten. Dabei geht Smith davon aus, dass die Massenarmut ein vorübergehendes Problem ist und sich in fortschrittlichen Staaten mit dem Anstieg des ‚Lohnfonds' von selbst abbaut (Smith 1999, S. 184), während Malthus sie für ein strukturelles Problem hält, das grundsätzlich nicht behoben werden kann, weil das Bevölkerungswachstum immer über dem Wachstum der Produktivität liege (Malthus 2008, S. 15 ff.).

Diese liberale Theorie staatlicher Abstinenz steht konträr zu der schon in der Aufklärung vertretenen Auffassung, dass der Staat ‚Wohlfahrtsstaat' sein soll und es sein Zweck ist, das Wohl aller Bürger herbeizuführen (Wolff 1721, § 4). Aus dem ‚Policeystaat' des 18. Jahrhunderts entwickelt sich daher vor dem Hintergrund der ‚sozialen Frage' in Europa langsam der moderne, bürgerliche Sozialstaat (↗ Kulturpolitik).

Die umfassendste Theorie einer ‚sozialen Demokratie' entwickelt in Deutschland Lorenz von Stein. Ausgehend von Hegel sieht er im Staat die Instanz, die die gesellschaftlichen Gegensätze vereinigen soll. Der für die soziale Frage entscheidende gesellschaftliche Gegensatz ist der von Kapital und Arbeit (Stein 1870, S. 440). Seine Lösung erfolgt durch die Gestaltung des Staates zum Sozialstaat, der die Arbeiter dabei unterstützt, selbst Kapital in Form von Rücklagen und einem sozialen Versicherungsschutz aufzubauen (Stein 1870, S. 443 ff.). Ähnliche politische Forderungen vertreten auch die ‚Kathedersozialisten' (Schraepler 1964, S. 63 ff.) und auf Unternehmerseite die Vertreter eines „humanitären Liberalismus" (Schraepler 1955, S. 23 ff.).

Die Entwicklung von Sozialstaatsmodellen ist jedoch nicht nur das Ergebnis humanitärer Einstellungen, sondern wird wesentlich durch den politischen Druck der sich organisierenden Arbeiterklasse verursacht. In der sozialistischen und anarchistischen Bewegung selbst werden keine Modelle einer sozialen Umgestaltung des Staates entwickelt, da diese im 19. Jahrhundert noch das Projekt der Abschaffung des Staates verfolgen.

Mit dem Anstieg der Produktivität ab Mitte des 19. Jahrhundert sind die ökonomischen Grundlagen dafür gegeben, der Arbeiterschaft einen die menschenwürdige Existenz sichernden Anteil des Sozialprodukts zukommen zu lassen, ohne Umverteilungsprozesse in Gang zu setzen.

2 Sozialstaatsbeispiele

Bei allen regionalen Unterschieden entwickelt sich in Europa ein in den Grundzügen einheitliches, universelles System der sozialen Absicherung, das die Armutsrisiken durch Alter, Krankheit, Invalidität und Arbeitslosigkeit abmildert (Kaelble 2004, S. 38). Innerhalb Europas gab es von Anfang an einen regen transnationalen Austausch über Konzepte zur Armenfürsorge (Kaelble 2004, S. 41 f.). In der Europäischen Union wurde mit den sozialen Grundrechten eine einheitliche Grundlage geschaffen, ohne dass diese unmittelbare Auswirkungen auf die nationalstaatlichen Sozialsysteme hätte (Schulte 2004).

Nachdem sich seit Mitte des 19. Jahrhunderts private Hilfskassen in großem Umfang gebildet hatten, setzt sich in Deutschland Bismarck ab 1881 für die Einführung eines zentralen sozialen Versicherungswesens ein. Hierdurch werden große Teile der Armenfürsorge von den Gemeinden auf den Staat übertragen.

Zugleich werden damit für die von diesen Versicherungssystemen erfassten Personen Ansprüche auf Hilfsleistungen erstmals rechtlich durchsetzbar. 1883 wird im Deutschen Reich die Krankenversicherung eingeführt, 1885 die Unfallversicherung, 1889 eine Invaliditäts- und Altersversicherung. Die Arbeitslosenversicherung wurde erst 1927 eingeführt.

Auf gemeindlicher Ebene wurde Fürsorge weiterhin in den Bereichen der Jugend-, Gesundheits-, Wohnungs- und Sozialhilfe geleistet. Rechtsansprüche gibt es auf diesen Gebieten ab 1924. Ab den 1960er Jahren kommt es in der BRD zu einem weiteren Ausbau der Sozialversicherungssysteme. Nach der Jahrtausendwende ist mit der ‚Agenda 2010' ein Abbauprozess eingeleitet worden.

Alternativ zum deutschen System, das vor allem eines der Absicherung von Lohnarbeit ist und daneben nur die Sozialhilfe kennt, führt England in Umsetzung des Beveridgeplans 1946 ein steuerfinanziertes Grundsicherungssystem ein, welches der gesamten Bevölkerung eine gesundheitliche Absicherung und im Falle von Krankheit, Arbeitslosigkeit, Invalidität und im Alter ein Grundeinkommen gewährt. Man kann im Wesentlichen alle Sozialstaatssysteme Europas schwerpunktmäßig auf das eine oder andere System zurückführen (Döring 2004, S. 37 ff.).

In den sozialistischen Staaten erfolgte die soziale Absicherung zu einem großen Teil durch die Garantie eines Arbeitsplatzes, durch Subventionierungen und durch Leistungen der Betriebe an ihre Betriebsangehörigen (Raphael 2004, S. 57). Eine spezifische Sozialpolitik schien in den sozialistischen Staaten zunächst nicht erforderlich zu sein, da die Schaffung sozialer Lebensverhältnisse Sinn und Zweck der Entstehung dieser Staaten war. Erst mit einer gewissen Verzögerung entsteht die Einsicht, dass es auch in einer solchen Gesellschaft einer politischen Regulierung sozialer Probleme und damit einer expliziten Sozialpolitik bedarf (Frerich/Frey 1993, S. 79 ff.).

In der DDR wurde an die bestehenden Sozialversicherungssysteme angeknüpft. Alle Sozialversicherungssysteme wurden als Einheitsversicherung unter Leitung des ‚Freien Deutschen Gewerkschaftsbundes' (FDGB) weitergeführt (Manz/Sachse/Winkler 2001, S. 201 ff.). Dieses System wurde durch an die staatlichen Betriebe gebundene Leistungen ergänzt. Auch die neue ‚Sozialversicherungsverordnung' (SVO) der DDR von 1977 gewährte dem Bürger Rechtsansprüche auf Sozialleistungen. Die durch die Sozialversicherung gewährten Geldleistungen waren oft nicht besonders hoch. Dies wurde jedoch durch eine staatliche Subventionierung wichtiger Wirtschaftsgüter wie etwa Wohnung, öffentlicher Verkehr, Kulturangebote, Kinderbekleidung und Lebensmittel abgestützt (Manz/Sachse/Winkler 2001, S. 187 ff.).

Zur betrieblichen Sozialpolitik gehörten der Arbeitsschutz, der Gesundheitsschutz, die Essensversorgung, die Kinderbetreuung, Urlaubseinrichtungen, Betriebswohnungen, der Berufsverkehr und auch Kulturleistungen (Manz/Sachse/

Winkler 2001, S. 59f.). Daneben blieb in geringem Umfang eine staatliche Sozialfürsorge für Nichtarbeitsfähige oder Sozialleistungsberechtigte bestehen (Frerich/Frey 1993, S. 364ff.). Mit der Vereinigung wurde das westliche System auf das Gebiet der DDR übertragen.

Der europäische Sozialstaat ist ein erfolgreiches Modell der sozialen Absicherung in kapitalistischen Staaten. Besonders im Vergleich mit dem US-amerikanischen Modell hat es sich als leistungsfähiger erwiesen (Myles 1996). Jüngere kapitalistische Staaten wie in Lateinamerika (Bizberg 2004; Huber 1996), Japan (Tanako 1996) und Ost-Asien (Goodmann/Peng 1996) haben sich daher zumeist bei der Ausbildung eigener Modelle hieran orientiert und Teile des europäischen Modells mit unterschiedlichen Schwerpunktsetzungen übernommen.

Außereuropäische sozialistische Staaten haben sich dagegen am sozialistischen Modell orientiert. Veränderungen in der Wirtschaftsstruktur hin zu einer kapitalistischen Ökonomie, wie sie seit längerem in China zu beobachten sind, führen auch zu Änderungen im Sozialmodell. Im Betrieb verankerte Sozialleistungen sind in einer kapitalistischen Ökonomie mit betriebswirtschaftlichen Zielen nicht vereinbar. In China führt dies derzeit zu einem grundlegenden Umbau der sozialen Sicherungssysteme (Zhang 2005).

3 Literatur

Bizberg, Ilán (2004): „Social Security Systems in Latin America in the 20th Century and the Model of the European Welfare State". In: Kaelble/Schmid (2004), S. 141–166.
Döring, Diether (2004): Sozialstaat. Frankfurt am Main.
Esping-Andersen, Gøsta (1990): *The Three Worlds of Welfare Capitalism*. Cambridge.
Esping-Andersen, Gøsta (Hrsg.) (1996): *Welfare States in Transition. National Adaptations in Global Economies*. London.
Foucault, Michel (1969): Wahnsinn und Gesellschaft. Frankfurt am Main.
Frerich, Johannes/Frey, Martin (1993): Handbuch der Geschichte der Sozialpolitik in Deutschland. Bd. 3: Sozialpolitik in der Bundesrepublik Deutschland bis zur Herstellung der Deutschen Einheit. München.
Gangl, Markus (2004): „Wohlfahrtsregime, Einkommensungleichheit und Einkommensdynamik. Europa und die USA im Vergleich". In: Kaelble/Schmid (2004), S. 239–263.
Ganßmann, Heiner (2009): Politische Ökonomie des Sozialstaates. Münster.
Goodmann, Roger/Peng, Ito (1996): „*The East Asian Welfare States. Peripatetic Learning, Adaptiv Change, and Nation-Building*". In: Esping-Andersen (1996), S. 192–224.
Heinrichs, Thomas (2014): „Humanisierung des Staates? Armenhilfe und Sozialstaat". In: Horst Groschopp (Hrsg.): Humanismus und Humanisierung. Aschaffenburg, S. 71–94.
Huber, Evelyne (1996): „*Options for Social Policy in Latin America. Neoliberal versus Social Democratics Models*". In: Esping-Andersen (1996), S. 141–191.
Kaelble, Hartmut/Schmid, Günther (Hrsg.) (2004): Das europäische Sozialmodell. Auf dem Weg zum Transnationalen Sozialstaat. Berlin.

Kaelble, Hartmut (2004): „Das europäische Sozialmodell – eine historische Perspektive". In: Kaelble/Schmid (2004), S. 31–50.
Malthus, Thomas Robert (2008): *An Essay on the Principles of Population* (1798). Oxford, New York.
Manz, Günter/Sachse, Ekkehard/Winkler, Gunnar (Hrsg.) (2001): Sozialpolitik in der DDR. Ziele und Wirklichkeit. Berlin.
Myles, John (1996): „When Markets Fail. Social Welfare in Canada and the United States". In: Esping-Andersen (1996), S. 116–140.
Raphael, Lutz (2004): „Europäische Sozialstaaten in der Boomphase". In: Kaelble/Schmid (2004), S. 51–73.
Reidegeld, Eckart (2006): Staatliche Sozialpolitik in Deutschland, Bd. 1: Von den Ursprüngen bis zum Untergang des Kaiserreiches 1918. Wiesbaden.
Sachße, Christoph/Tennstedt, Florian (1998): Geschichte der Armenfürsorge in Deutschland. Bd. 1. Stuttgart.
Scherpner, Hans (1962): Theorie der Fürsorge. Göttingen.
Schraepler, Ernst (1955): Quellen zur Geschichte der sozialen Frage in Deutschland. Bd. 1: 1800–1870. Göttingen.
Schraepler, Ernst (1964): Quellen zur Geschichte der sozialen Frage in Deutschland. Bd. 2: 1871 bis zur Gegenwart. Göttingen.
Schulte, Bernd (2004): Die Entwicklung der Sozialpolitik der Europäischen Union und ihr Beitrag zur Konstituierung des europäischen Sozialmodells. In: Kaelble/Schmid (2004), S. 75–103.
Smith, Adam (1999): *Wealth of Nations* (1776). Books I-III. London.
Standing, Guy (1996): „Social Protection in Central and Eastern Europe: A Tale of Slipping Anchors and Torn Safety Nets". In: Esping-Andersen (1996), S. 225–255.
Stein, Lorenz von (1870): Handbuch der Verwaltungslehre. Stuttgart.
Tanako, Yoko (1996): „Between Self-responsibility and Social Security. Japans and the European Social Model from a Historical Perspective". In: Esping-Andersen (1996), S. 167–214.
Vives, Juan Luis (2002): *De Subventione Pauperum sive De Humanis neccessitatibus* (1526). C. Matheeussen/C. Fantazzi (Hrsg.). Leiden.
Wehler, Hans-Ulrich (1987): Deutsche Gesellschaftsgeschichte. 1815 bis 1845/49. München.
Wolff, Christian (2004): Vernünftige Gedanken von dem gesellschaftlichen Leben der Menschen und insonderheit dem gemeinen Wesen (1721). Bearbeitet, eingeleitet und herausgegeben von Hasso Hofmann. München.
Zhang, Wie (2005): Sozialwesen in China. Hamburg.

Toleranz, s. Religionsfreiheit/Toleranz
Universalität, s. Anthropologie
Unmenschlichkeit,
s. Antihumanismus/Humanismuskritik

Frieder Otto Wolf
Wahrheit

1 Abgrenzungen

1.1 Der Leitfaden zur Entwicklung eines modernen humanistischen Wahrheitsbegriffs lässt sich aus zwei Negationen heraus entwickeln: Der zeitgenössische ↗ Humanismus tritt erstens allen Versuchen entgegen, einen Wahrheitsanspruch mit einem Unterwerfungsanspruch zu verknüpfen. Die Forderung ‚Hier ist die Wahrheit – knie nieder!' wird von ihm nicht nur in ihren offen religiösen Gestalten bekämpft, sondern auch in analog verfahrenden juristischen, szientistischen, politischen und philosophischen Ideologien. Neben der in der Praxis immer wieder feststellbaren Wahrheit der Tatsachen nimmt er so umfassend wie möglich die ‚relativen Wahrheiten' zur Kenntnis, welche wissenschaftliche Forschung hervorbringt, vergisst aber darüber weder den Nutzen des ↗ Zweifels, noch die Bedeutung historischer Wahrheiten der Lebensführung, etwa in Gestalt der eigentümlichen ‚Wahrheit' ästhetischer Produkte[1] oder der ‚Wahrheit' politischer Initiativen der ↗ Humanisierung bestehender historischer Verhältnisse bzw. der Befreiung von Herrschaft (↗ Befreiung/Herrschaft).

Zweitens lehnt er jeden Versuch ab, die Wahrheitsproblematik auf einen ‚eigentlichen Wesenskern' zu reduzieren und bezieht sich vielmehr auf die Gesamtheit der traditionellen und gegenwärtigen Problematiken der Wahrheit.[2] Zugleich tritt er dadurch auch ihren religiösen Einengungen auf ‚höhere' ebenso wie ihrer szientistischen Verengung auf ‚wissenschaftlich erwiesene' Wahrheiten entgegen. Er vergisst keineswegs den begründeten ideologiekritischen Verdacht auf eine tiefsitzende Verkehrung behaupteter Wahrheiten (Amlinger 2014), gibt aber deswegen die Kategorie der Wahrheit als eine Voraussetzung nachhaltiger Verständigung nicht auf, gemäß der Devise von Ingeborg Bachmann: „Die Wahrheit nämlich ist dem Menschen zumutbar" (Bachmann 1978, S. 277). Das kann ihm als Ausgangspunkt dienen.

1.2 Der zeitgenössische Humanismus ist sich der Gefahren bewusst, die mit einer Begrenzung des Denkens auf die etablierten philosophischen Diskurse

---

[1] Wolfgang Fritz Haug hat in diesem Sinne prägnant die „untergründige Wahrheit der Dichtung" artikuliert (Haug 2010).
[2] Wie sie in einer dezidiert philosophischen Perspektive zuletzt von Brague et al. 2004 rekonstruiert worden ist.

unvermeidlich verknüpft ist,³ und nimmt daher alle Ansätze zu einem neuen Denken von Humanisierung und Befreiung sorgfältig, aber auch kritisch auf. Dabei kann die komplexe Wortgeschichte im weit gespannten Feld vom hebräischen *émet* über griechisch *alétheia* und lateinisch *veritas* bis zum russischen *istina/prawda* (Brague et al. 2004, S. 1342f.) – auch ohne Rückgriff auf ‚etymologische' Ursprungsillusionen – deutlich machen, dass sich alle philosophischen Artikulationen ihrerseits auf juristische, religiöse und andere historisch-gesellschaftliche Praktiken zurückbeziehen.

2 Wahrheit als Gültigkeit

Wahrheit im Gegensatz zu unbegründeter Meinung, zu Falschheit, Unwahrheit oder Lüge, steht umgangssprachlich und in philosophischen Terminologien für die Gültigkeit von Aussagen, Thesen oder Argumentationen, aber auch von Haltungen und Handlungsweisen bzw. Modellen der Lebensführung, wie etwa in der Redewendung ‚das wahre Leben'.⁴ In der zeitgenössischen philosophischen Debatte steht hier – nicht anders als in der Geschichte der Philosophie – der Versuch einer Beschränkung des Wahrheitsbegriffs auf die des ‚Wahrheitswertes' von Aussagen (Frege) gegen das Insistieren auf den metaphysischen (Kant, Hegel), den existenziellen (Kierkegaard, Nietzsche) und den politisch-gesellschaftlichen Dimensionen (Proudhon, Marx) dieser nur scheinbar einfachen ‚Frage nach der Wahrheit' (Heidegger).

Für den modernen praktischen Humanismus steht im Hinblick auf diese Kategorie die Frage nach den lebenspraktischen Konsequenzen aus spezifischen Wahrheitsansprüchen im Vordergrund, sowie die der Begründbarkeit derartiger Konsequenzen aus wissenschaftlichen Erkenntnissen, philosophischen Thesen und praktischen Lebensentwürfen. Dies wird in einem Segment der jüngeren Philosophie (Foucault, Badiou, Rancière, Balibar) unter dem Titel einer ‚Wahrheitspolitik' diskutiert (Badiou et al. 1997; Demirovic 2008; Lindner 2008; Ebner/Nowak 2010), die in ihrem Kern allerdings anstatt auf Gewalt und Zwang auf Einsicht und Evidenz zurückgreifen muss (Wolf 2009, S. 91–127, besonders S. 103–115).

2.1 Humanistische Theoriebildung hat sich von Anfang an bewusst und reflektiert gegen die christlich-religiöse Inanspruchnahme des Wahrheitsbegriffs (Paulus, Origenes, Augustinus) auf Grundlage der Formel des Jesus von Nazareth

---

3 Inhaltlich durchaus bemerkenswerte Bearbeitungen des Themas liegen auch in literarischer Gestalt vor: von Goethe bis Zola, aber auch etwa von Hebbel bis zu Storm, vgl. Demmerling/Ferran 2014.
4 Die sich auch als Film- oder Romantitel mehrfach finden lässt.

„Ich bin der Weg und die Wahrheit" (Joh. 14:6) gewandt und sich dagegen auf die philosophische Vorgeschichte des modernen Wahrheitsbegriffs im Hellenismus gestützt, wie er mit der Entstehung der Wissenschaften verknüpft war.

Zum einen in Gestalt der bis auf Platon und Aristoteles zurückgreifenden Betonung der unvermittelbaren Differenz zwischen der ‚effektiven Wahrheit der Tatsachen' (so im Rückblick bei Machiavelli) und der Unwahrheit bloßer menschlicher ‚Konstruktionen', wie sie durch sorgfältige, zunächst einmal philologische, ‚Kritik' freizulegen ist – eine Haltung, die immer wieder, weit über die Philologie hinaus, das ‚Prinzip der kritischen Prüfung' praktiziert hat, und zwar nicht nur als ein bloßes Durchgangsmoment, sondern als individuelle wie gesellschaftlich-politische Grundorientierung. Zum anderen aber auch in Gestalt einer – auf die antike Skepsis zurückgreifenden – Hinterfragung aller Dogmatisierungen, sowohl der herrschenden Verhältnisse (wie in Thomas Morus' ‚Utopia') als auch der herrschenden ‚Klugheit' (wie in Erasmus' ‚Lob der Torheit').

2.2 In der Geschichte der antiken Philosophie, auf die die humanistische Theoriebildung vor allem in ihren klassischen und hellenistischen Gestalten hat zurückgreifen können, wurde nicht nur der Wahrheitsanspruch einer Vollendung der wissenschaftlichen Wahrheitsfindung formuliert, wie ihn Demokrit vertreten hat, sondern von Seiten Platons – gegen die relativierenden Wahrheitslehren der Sophistik (etwa in Antiphons Abhandlung ‚Über die Wahrheit') – auch schon der Anspruch auf eine ‚absolute Wahrheit' im Anschluss an Parmenides und Pythagoras.

Diese philosophischen Auffassungen von der Wahrheit fungierten in unterschiedlicher Weise – als kritische Öffnung bei Demokrit und als affirmative Schließung bei Platon – als Modelle eines neuen Stellenwertes menschlichen Wissens und menschlicher Forschungen bzw. Entdeckungen, die damit in Gegensatz zunächst zu allen traditionellen Erzählungen (Mythen) traten und später auch als Alternative zu den Offenbarungsansprüchen der neuen Religionen benutzt werden konnten. Darüber hinaus wurde die schon in der ↗ Antike explizit auf die Kategorie der Wahrheit bezogene Ablehnung jeglicher Berufung auf Autoritäten für eine spätere Praxis der humanistischen Theoriebildung in der westeuropäischen ↗ Renaissance maßgeblich, die überall auf die eigene Überprüfung zurückgriff (von der Philologie bis zur ↗ Medizin in der Kategorie der ‚Autopsie' erfasst).

Historisch lässt sich eine derartige Haltung bis auf die Positionen des Protagoras und des Isokrates zurückführen, die nicht etwa einen wahrheitsindifferenten Relativismus vertreten haben, sondern eine Konzeption des argumentativen Eintretens für Wahrheiten, welches als solches nicht dazu in der Lage ist, absolute Wahrheiten platonischen Typs zu produzieren. Dagegen hat Platon den Versuch gemacht, eine Philosophie der absoluten Wahrheit zu begründen, die sich auf die ‚beweisenden' Begründungsformen in den gerade entstehenden Wissenschaften (insbesondere der euklidischen Geometrie) stützen konnte.

Von Aristoteles wurde dies zu einer mit den entstehenden Wissenschaften verbundenen und sich selbst als wissenschaftlich begreifenden Philosophie umgebaut, die ihre Wahrheit auf den systematisch aufgenommenen Wahrheiten der entstehenden Wissenschaften von Natur und Geschichte aufbaute, indem sie der Ordnung des Seins eine hierarchische Struktur unterstellte, wie sie der philosophische Diskurs reproduzieren konnte (Brague et al. 2004, S. 1346). Damit hat er zugleich – wie die historische Entwicklung der von ihm gegründeten Schule *Perípatos* gezeigt hat – eine erneute Öffnung für wissenschaftliche Forschungen schaffen können, da sich in seinem Philosophieren eine letztlich auf das ‚höchste Seiende' zielende philosophische Reflexion mit einer nach allen Seiten ausgreifenden ‚empirischen' Erforschung auch der ‚untersten Seinsebenen' verbinden konnte.

Ciceros Anknüpfung an die antike Skepsis hat es ihm ermöglicht, die unmittelbar praktische, juristische Bedeutung des Konzepts der ‚Wahrheit' (*veritas*) in seinem Philosophieren zur Geltung zu bringen. Damit wird ihm ein praktischer Verbindlichkeitsanspruch selbstverständlich, wie ihn auch Lukrez mit seinem Begriff des ‚wahren Grundes' (*vera ratio*) hat erheben können (*De rerum natura*/ Von der Natur der Dinge, 2,1023).

Ciceros Bereitschaft zu einer philosophischen Urteilsenthaltung (in Bezug auf absolute Wahrheiten) hat daher seiner Bereitschaft zu inhaltlichen Thesen über Lebensführung und Politik, für deren Geltung er argumentativ und durch sein Handeln eintrat, keinen Abbruch getan: von der Orientierung auf ein *summum bonum*, ein höchstes Gut als Ziel alles Handelns, bis zu den konkreten Pflichten des Lebens eines führenden römischen Bürgers. Seine dezidiert republikanische Ethik und Politik hat epochenübergreifend eine plausible Vorlage für die vernünftige Reflexion politischen Handelns der herrschenden Oberschicht geliefert, sowie für die Deliberation über Fragen ihrer Lebensführung (↗ Antike-Rezeption): Eine erste Transformation dieser Ethik und Politik von der Anleitung zur Lebensführung republikanischer Politiker zu einer argumentativen Orientierungsgrundlage einer Reichselite wird bei Hofphilosophen wie Seneca (oder dem Kaiser Marc Aurel) sowie bei dem Schulphilosophen Epiktet greifbar.

2.3 Der Apostel Paulus dagegen hat mit seinem Postulat einer dogmatisch fixierten Wahrheit den Wahrheitsanspruch im Sinne des Anspruchs auf eine in der Lebensführung zu befolgende Wahrheit zugespitzt. Auch die Kirchenväter (beginnend mit Origines und Augustinus) sowie die auf den arabischen Aristotelismus zurückgreifende Scholastik (exemplarisch Anselm von Canterbury und Thomas von Aquin) haben diesen dogmatischen Wahrheitsanspruch der christlichen Kirche ins Zentrum ihrer Lehre (als ‚Doktrin') gestellt. Dieser wurde – parallel zu dem Aufstieg des Christentums zur Reichsreligion – mit den in der Spätantike (besonders im Neuplatonismus) entwickelten Instrumenten der metaphysischen Spekulation aufgeladen, um in kirchlicher Autorität und Verbindlichkeit zur dogmatischen Grundlage gemeinsamer Orientierungen der (west-) europäischen Eliten zu werden – ganz unabhängig von dem Scheitern der Versuche einer Wiedergewinnung einer europäischen Reichseinheit.

Erst in der Scholastik eröffnete die von Ibn Rushd (Averroes) unter den arabischen *falasifa* entwickelte Lehre von der ‚doppelten Wahrheit' – indem sie die Eigenständigkeit der wissenschaftlichen Forschung gegenüber der religiösen Reflexion einforderte – auch in Westeuropa wieder einen philosophisch-theologischen Raum für offene Auseinandersetzungen über grundlegende Orientierungen.Dieser ist im italienischen Renaissancehumanismus (↗ Renaissance) für die Eröffnung historischer und philologischer Debatten um überprüfbare Wahrheiten genutzt worden.

Darüber hinaus setzt die kritische Reflexion des traditionell vorherrschenden Dogmatismus ein, die nicht nur eine Erneuerung der antiken Skepsis (Montaigne) mit sich bringt (↗ Antike-Rezeption). Der humanistische Philosoph Erasmus von Rotterdam hat in seinem 1509 erschienenen ‚Lob der Torheit' keineswegs den Wahrheitsanspruch aufgegeben, sondern ihn in einen gegenüber den Verfahren und Vorgaben der Scholastik entgrenzten Prozess der argumentativen Auseinandersetzung eingebettet (Augustijn 1986). Auch die fiktionalistische Methode des Humanisten und katholischen Märtyrers Thomas Morus, der in seiner 1516 in lateinischer Sprache veröffentlichten *Utopia/Eutopia* von der Möglichkeit Gebrauch macht, systematisch von den bestehenden Herrschaftsverhältnissen abzusehen – und damit neue Möglichkeiten utopischen Denkens zu eröffnen (Arnswald/Schütt 2010), beruht auf einem bewusst gestalteten Umgang mit der Wahrheit.

2.4 In der Philosophie der Neuzeit bildet die ‚gewisse' bzw. gesicherte, relative oder auch absolute Wahrheit und die methodische Art ihrer Gewinnung durch bewusste und kontrollierte Produktionsverfahren den Kernbereich der philosophischen Arbeit: Zwischen Rationalismus (Descartes) und Empirismus (Locke) sind die Gewinnung der Wahrheit und die Bedeutung der auf diese Weise gewonnenen Ergebnisse für die menschliche Lebensführung im Streit.

Angesichts der Durchbrüche der ‚neuen Wissenschaft' (Galilei) wird der Wahrheitsanspruch der ‚neuen Philosophie' des 17. Jahrhunderts auf unterschiedliche Weisen methodisch begründet (Descartes, Bacon, Hobbes, Spinoza, Locke). Damit wird der Anspruch der Humanisten auf eine Erneuerung der antiken Wahrheiten weiter zugespitzt und so der wissenschaftliche Theorie und gesellschaftliche Praxis umfassende Wahrheitsanspruch der ↗ Aufklärung begründet.

In diesem Prozess hat die radikale Abwendung von und Kritik an etablierten Dogmen systematische Gestalt angenommen – im Ausgang von Bacons Absage an die ‚Vorurteile' und Descartes' Postulat einer ‚unerschütterlichen Grundlage' (*fundamentum inconcussum*) für die philosophische und wissenschaftliche Wahrheit. In Gestalt von philosophischen Systemen, aber auch von Lexikon- und

Enzyklopädieprojekten wurde die strukturierte Zusammenfassung vieler kritisch gesicherter Wahrheiten (gemäß Spinozas Prinzip der Wahrheit, welche ihr eigenes Kriterium ist – *veritas regula sui et falsi* – oder Leibniz' Begriff der Gedanken, die das Kriterium ihrer Verifikation in sich tragen) zur Grundlage des Anspruchs auf das Ganze der Wahrheit.

John Locke hat mit nachhaltigem Erfolg – nicht nur im kulturell in Westeuropa führenden Frankreich – den Siegeszug der Newtonschen Physik als Grundlage einer modernen, Wahrheiten aus Erfahrung gewinnenden Reflexionsphilosophie mit der Durchsetzung moderner Modelle von Ökonomie und Gesellschaft verknüpfen und dies theoretisch ebenso wie praktisch nutzen können. Die damit begründete Zentralität von Wissenschaften und Technologie einerseits und herrschenden Vorstellungen von ökonomischem Fortschritt andererseits[5] ist auch für die beiden einflussreichsten philosophischen Positionen gültig geblieben, die über den Lockeschen Empirismus und Liberalismus hinaus gegangen sind: die von David Hume vollzogene skeptische und die von Immanuel Kant konzipierte transzendentalphilosophische Wende.

2.5 Herder als ein Pionier des modernen praktischen Humanismus hat in seiner Metakritik zu Kants Transzendentalphilosophie zwar deren – in der Tat unhaltbaren – Dogmatismus angegriffen, aber keineswegs den Anspruch aufgegeben, am Prozess der menschlichen Produktion von wichtigen Wahrheiten teilzunehmen. Er hat vielmehr darauf gesetzt und auch dazu beigetragen, dass die Produktion und Aneignung von Wahrheiten über eine gelehrte Elite hinaus als Sache der Völker begriffen werden konnte.

Hegels dialektischer Wahrheitsbegriff – „Das Wahre ist das Ganze" (Vorrede, Phänomenologie des Geistes, Hegel Werke, Bd. 3, S. 24, vgl. Schnädelbach 1993) – hat, ebenfalls nicht ohne volkserzieherischen Hintersinn, einerseits die paulinische Tradition des Christentums (Wahrheit als *pléroma*, als Erfüllung eines Versprechens) aufgegriffen, sie allerdings in den neuen Zusammenhang einer von allen theologischen Vorgaben sich emanzipierenden Philosophie gestellt. Andererseits hat er (wie etwa von Eduard Gans weitergeführt) durchaus an den neuesten Stand der sich herausbildenden Wissenschaften von Gesellschaft und Geschichte angeknüpft.

Von Ludwig Feuerbach ist das zu einer radikal diesseitigen Philosophie der Wahrheit des Menschseins umgebaut worden, welche wiederum den Ausgangspunkt

---

5 Dessen oft uneingestandene Kehrseite in der Proletarisierung der arbeitenden Bevölkerung nicht nur in England (Thompson 1963; Linebaugh/Rediker 2008), in der Schaffung moderner Systeme der Sklaverei (‚atlantischer Dreieckshandel', vgl. Thomas 2006) und in der ‚Hausfrauisierung' der weiblichen Bevölkerungsmehrheit (Mies 1997) bestanden hat, die jeweils mit historisch unerhörten Zerstörungsprozessen einhergingen.

der meisten Formen des gegenwärtigen Humanismus im globalen Maßstab gebildet hat. Daran konnten die Junghegelianer, unter ihnen auch der junge Marx und der junge Engels, ihrerseits mit Konzeptionen des wahren Menschseins anknüpfen. So kennzeichnete Marx in den ‚Thesen ad Feuerbach' die Frage der Wahrheit – durchaus nicht pragmatistisch – als eine Frage der Praxis: „In der Praxis muß der Mensch die Wahrheit, i. e. Wirklichkeit und Macht, Diesseitigkeit seines Denkens beweisen. Der Streit über die Wirklichkeit oder Nichtwirklichkeit des Denkens – das von der Praxis isoliert ist – ist eine rein scholastische Frage." (MEW 3, S. 5)[6]

2.6 Eine Herders kritischer Historisierung aber auch Hegels dialektischer Systematisierung (oder gar Marx' Umorientierung auf die gesellschaftliche Praxis und deren wissenschaftliche Durchdringung) völlig entgegengesetzte Linie der Kritik am ‚Dogmatismus' der philosophischen Tradition kommt im 19. Jahrhundert mit Arthur Schopenhauer, Max Stirner und Friedrich Nietzsche auf. In der von ihnen begründeten Linie geht es darum, den Raum des Philosophierens auch noch über die Beschränkungen des traditionell philosophischen und humanistischen Engagements für die Wahrheit hinaus zu erweitern und auch das Eintreten für Willkür und Lüge als zu wählende Möglichkeiten frei zu legen.

In späteren Formen des modernen Humanismus wird auf diese, im eigentlichen Sinne anti-humanistische Denklinie (↗ Antihumanismus/Humanismuskritik) – wie sie Martin Heidegger nachdrücklich philosophisch artikuliert, aber auch in seinem Engagement für den Nationalsozialismus politisch umgesetzt hat – so reagiert, dass die grundlegenden Entscheidungen und das elementare Engagement betont werden, die dem Humanismus des 20. Jahrhunderts auch in seinem dadurch ungeminderten Geltungsanspruch zugrunde liegen (Jaspers, Sartre).

Eine reflektierte Kritik dieser Spaltung findet sich bei Brecht, dessen Auseinandersetzung mit der Wahrheitsproblematik in der Perspektive einer Philosophie der Praxis (Schreckenberger 2003, S. 59 ff.) – unter dem Vorbehalt einer Prüfung an normativen Kriterien – für einen modernen praktischen Humanismus anschlussfähig ist: Es gehe immer wieder darum, „die Dinge so zu beschreiben, dass sie handhabbar werden" (Brecht 1993, S. 72).

---

6 Dies hat bekanntlich Lenin in einer seit 1904 wiederholt gebrauchten Formulierung dahin gehend ‚übersetzt', dass er den Gedanken einer ‚abstrakten Wahrheit' zurückwies – und damit zumindest nahe an eine pragmatische Opportunität heranrückte: „Eine abstrakte Wahrheit gibt es nicht. Die Wahrheit ist immer konkret." (Lenin Werke. Bd. 7, S. 416 f.; Lenin Werke. Bd. 10, S. 227)

3 Ein Wahrheitsbegriff für den modernen praktischen Humanismus

Der Begriff der Wahrheit kann auf diesen Grundlagen für den modernen Humanismus zum einen in theoretischer Hinsicht an eine reflektierte und doch positive Auffassung von Wissenschaft und Philosophie geknüpft und zum anderen in seiner praktischen Anwendung mit den Postulaten von Herrschaftsfreiheit, Pluralismus (Fraenkel 1964) und Toleranz (Forst 2003) verbunden werden.

3.1 Zeitgenössisches Philosophieren trifft sich mit humanistischer Tradition in dem Grundsatz, dass wir uns unsere Sprache nicht willkürlich ausdenken können und uns somit auch nicht – durch einen willkürlich auf die Wahrheit von Behauptungen verengten Wahrheitsbegriff – der Problematik der inkonklusiven Auseinandersetzungen um den Begriff der Wahrheit (und den Umgang damit) entledigen können.

In der logischen Forschung (Tarski), in der analytischen Philosophie (Ayer, Austin, Bradley, Kripke, Quine, Wittgenstein, vgl. Tugendhat 1976; Skirbekk 1977), innerhalb des dialogisch angelegten philosophischen Konstruktivismus (Lorenz 1972), aber auch in einer von Martin Heidegger überschatteten ‚kontinentalen Philosophie' kommt es nachgerade zu einer Renaissance der Wahrheitsfrage.[7] Fragen wie die nach dem ‚wahren Leben' oder dem ‚wahren ↗ Glück' lassen sich nicht durch linguistische Verabredungen eliminieren – auch wenn daran zu arbeiten ist, sie auf eine Weise zu stellen, die argumentativ diskutierbar ist.

3.2 Für einen zeitgenössischen modernen Humanismus stellt sich die Frage der Wahrheit sowohl in Auseinandersetzung mit der Bedeutung von Wissenschaften, Wissenschaftlichkeit und Wissenschaftsgläubigkeit für die Orientierung im eigenen, bewusst zu gestaltenden Leben (‚Weltbildproblematik'), als auch – auf andere Weise – in der Teilnahme an dem philosophischen Ringen darum, auf welchen sachlichen Einsichten aufgrund wissenschaftlicher Ergebnisse oder verlässlicher Zeugnisse politische und ethische Entscheidungen im Einzelfall begründet werden können (‚Rechtfertigungsproblematik').

Der zeitgenössische Humanismus kann die Wahrheit weder den Wissenschaften überlassen, noch sich dogmatische Wahrheitsansprüche zu eigen machen. Vielmehr wird er dafür eintreten müssen, dass in einem Prozess der

---

[7] Adam Schaff hat versucht, daraus Impulse für eine Selbstkritik des historisch konstituierten Marxismus zu gewinnen (Schaff 1970). Gadamer macht dagegen den Versuch, diesen Wiederaufstieg zu einer Diskreditierung des Programms eines methodisch verfahrenden Denkens zu nutzen (Gadamer 1960), wie es in ideologiekritischen und analytischen Untersuchungen philosophischer Debatten befolgt wurde.

‚Wahrheitsfindung' im weitesten Sinne (nicht nur im Einzelfall, sondern auch für die beanspruchten Kriterien und Argumente) beständig und iterativ darum gerungen wird, Wahrheiten zu formulieren und zu überprüfen, auch wenn dieser Prozess niemals zu einem definitiven Abschluss gebracht werden kann.

Dabei wird er sich als Humanismus auf die gesamte Vielfalt der ‚Wissensformen' bzw. ‚Wissensarten' (in der neueren Diskussion als *knowledges* thematisiert, vgl. Fenske 2010; Haraway 1988) einlassen, deren kognitiver Ertrag und orientierende Leistung spezifisch aufzugreifen sind (Burke 2008). Zugleich wird sich der Humanismus prinzipiell – wenn auch ‚wahrheitspolitisch' reflektiert – ‚auf der Seite der Wahrheit' engagieren, im Gegensatz zu einer völlig ungebundenen Philosophie, welche grundsätzlich auch ganz nietzscheanisch die Option der ‚förderlichen Lüge' wählen kann: allein schon wegen der unverzichtbaren Bedeutung von Wahrheit als Voraussetzung für Freiheit und Verantwortlichkeit von Menschen.

Dennoch unterstützt der moderne Humanismus nicht den mit Wahrheitsansprüchen immer wieder faktisch verknüpften theoretischen Dogmatismus (welcher als Begründung für eine praktizierte Intoleranz herangezogen wird): Ein ernsthafter humanistischer Wahrheitsanspruch ist weder mit Unfehlbarkeitsvorstellungen noch mit Konzepten einer totalen Umsetzung vereinbar – allerdings steht er auch dafür ein, sich nicht einer theozentrisch begründeten ‚höheren Wahrheit' zu beugen.

3.3 Eine besondere Schwierigkeit ergibt sich für den gegenwärtigen praktischen Humanismus aus der Tatsache der strittigen wissenschaftlichen Wahrheiten. Der Marxismus, die Psychoanalyse, der Feminismus, das Queer-Denken sowie Antikolonialismus bzw. Antirassismus haben eine Reihe von für das Begreifen von Geschichte und Gesellschaft grundlegenden kritischen Thesen und Untersuchungslinien entwickelt, welche in den institutionalisierten Wissenschaften zwar inzwischen nicht mehr aus der Debatte ausgegrenzt, aber doch überwiegend bestritten werden.

Da sich jedoch zumeist Interessen erkennen lassen, welche dieser Bestreitung zugrunde zu liegen scheinen, ist es wenig plausibel, diese Zurückweisungen als solche zu übernehmen. Es kann allerdings auch nicht erwartet werden, dass es in diesen Fragen zu einer wissenschaftlichen Klärung kommt, bevor die sich hier gegenübertretenden, unvermittelbar gegensätzlichen Interessen in realen Prozessen bearbeitet worden sind. So bleibt dem gegenwärtigen Humanismus nur die Position der grundsätzlichen skeptischen Zurückhaltung, in der Variante der Betonung der Notwendigkeit einer Fortführung der argumentativen Auseinandersetzung (↗ Argumentieren) als kritischer Prüfung (↗ Zweifel) – in der Hoffnung, dadurch zu einer möglichst rationalen und humanen Form der notwendigen Auseinandersetzungen beizutragen (Balibar 2002) und vielleicht auch für abgrenzbare Teilbereiche (wie etwa die „Flüchtlings"- oder die Klimapolitik) immerhin zu begründbaren Zwischenlösungen zu kommen.

4 Literatur

Amlinger, Carolin (2014): Die verkehrte Wahrheit. Zum Verhältnis von Ideologie und Wahrheit bei Marx/Engels, Lukács, Adorno/Horkheimer, Althusser und Žižek. Hamburg.
Anselm von Canterbury (1966): *De Veritate*/Über die Wahrheit. Übersetzt von Franciscus Salesius Schmidt. Stuttgart-Bad Cannstatt.
Arendt, Hannah (1969): Wahrheit und Lüge in der Politik. München.
Arnswald, Ulrich/Schütt, Hans-Peter (2010): Thomas Morus' Utopia und das Genre der Utopie in der politischen Philosophie. Karlsruhe.
Augustijn, Cornelis (1986): Erasmus von Rotterdam. Leben – Werk – Wirkung. München.
Ayer, Alfred J. (1935/36): *„The Criterion of Truth"*. In: Analysis 3, S. 28–32. (Deutsche Ausgabe: Alfred Ayer (1970): Sprache, Wahrheit, Logik. Stuttgart).
Bachmann, Ingeborg (1978): „Dankrede bei der Entgegennahme des ‚Hörspielpreises der Kriegsblinden' am 17. März 1959 im Bundeshaus in Bonn". In: Ingeborg Bachmann: Werke. Bd. 4. München, S. 81–147.
Badiou, Alain/Rancière, Jacques/Riha, Rado/Jelica Samič (1997): Politik der Wahrheit. Wien.
Balibar, Étienne (2002): *„Ce que nous devons aux ‚Sans-Papiers'"* (1998). In: Étienne Balibar: *Droit de cité*. 2. Auflage. Paris, S. 23–25.
Brague, Rémi/Cassin, Barbara/Laugier, Sandra/de Libéra, Alain/Rosier-Catach, Irène (2004): *„Vérité"*. In: Barbara Cassin (Hrsg.): *Vocabulaire Européen des Philosophies. Dictionnaire des Intraduisibles*. Paris, S. 1342–1364.
Brecht, Bertolt (1993): „Fünf Schwierigkeiten beim Schreiben der Wahrheit" (1934/35). In: Bertolt Brecht: Werke. Große kommentierte Berliner und Frankfurter Ausgabe. Werner Hecht/Jan Knopf/Werner Mittenzwei/Klaus-Detlef Müller (Hrsg.). Bd. 22/1: Schriften 2. Frankfurt am Main, S. 74–89.
Burke, Peter (2008): *Circa 1808. Restructuring knowledges* (Um 1808. Restrukturierung der Wissensarten). München, Berlin.
Demirović, Alex (2008): „Das Wahr-Sagen des Marxismus. Foucault und Marx". In: PROKLA. Zeitschrift für kritische Sozialwissenschaft 38. H. 2 (= Nr. 151), S. 179–201.
Demmerling, Christoph/Ferran, Ingrid Vendrell (Hrsg.) (2014): Wahrheit, Wissen und Erkenntnis in der Literatur. Philosophische Beiträge (= Deutsche Zeitschrift für Philosophie. Sonderband 35). Berlin.
Ebner, Timm/Nowak, Jörg (2010): Struktur als Bruch. Alternativen zum autoritären Post-Althusserianismus bei Badiou und Žižek. In: Das Argument 288, S. 91–101.
Fenske, Michaela (2010): *Ethnological Knowledges*. Bloomington, Indianapolis.
Forst, Rainer (2003): Toleranz im Konflikt. Frankfurt am Main.
Fraenkel, Ernst (1964): Deutschland und die westlichen Demokratien. Stuttgart.
Gadamer, Hans-Georg (1960): Wahrheit und Methode. Grundzüge einer philosophischen Hermeneutik. Tübingen.
Haraway, Donna (1988): *„Situated Knowledges"*. In: *Feminist Studies* 14, Nr. 3, S. 575–600.
Haug, Wolfgang Fritz (2010): „Die untergründige Wahrheit der Dichtung". In: Das Argument 285, S. 11–24.

Heidegger, Martin (1947): Platons Lehre von der Wahrheit. Bern.
Heidegger, Martin (1976): „Das Wesen der Wahrheit" (1930). In: Martin Heidegger: Wegmarken. Friedrich-Wilhelm von Hermann (Hrsg.). Frankfurt am Main.
Lindner, Urs (2008): „Antiessentialismus und Wahrheitspolitik. Marx, Foucault und die neuere Wissenschaftstheorie". In: PROKLA 38, H. 2, S. 203–219.
Linebaugh, Peter/Rediker, Marcus (2008): Die vielköpfige Hydra. Die verborgene Geschichte des revolutionären Atlantiks. Berlin, Hamburg.
Lorenz, Kuno (1972): „Der dialogische Wahrheitsbegriff". In: Neue Hefte für Philosophie 2/3, S. 111–123.
Mies, Maria (1997): „Hausfrauisierung". In: Ulrich Albricht/Helmut Vogler (Hrsg.): Lexikon der Internationalen Politik. München, Wien, S. 207–210.
Schaff, Adam (1970): Geschichte und Wahrheit. Wien, Frankfurt am Main, Zürich.
Schnädelbach, Herbert (1993): Hegels Lehre von der Wahrheit. Berlin.
Schreckenberger, Helga (Hrsg.) (2003): Ästhetiken des Exils. Amsterdam, New York.
Skirbekk, Gunnar (Hrsg.) (1977): Wahrheitstheorien. Eine Auswahl aus den Diskussionen über Wahrheit im 20. Jahrhundert. Frankfurt am Main.
Thomas, Hugh (2006): *The slave trade. The history of the Atlantic slave trade. 1440–1870.* London.
Thompson, Edward P. (1963): *The Making of the English Working Class.* Toronto.
Tugendhat, Ernst (1976): Vorlesungen zur Einführung in die analytische Philosophie. Frankfurt am Main.
Wolf, Frieder Otto (2009): Radikale Philosophie. Aufklärung und Befreiung für die neue Zeit (2002). 2., durchgesehene und erweiterte Auflage. Münster.
Wolf, Frieder Otto (2014): Humanismus für das 21. Jahrhundert (2008). 2. Auflage. Berlin.

Horst Groschopp
Weltanschauung/ Weltanschauungsgemeinschaften

1 Definition

Weltanschauungen sind alle kulturellen Deutungssysteme (↗ Humanismus als Kultur), Religionen eingeschlossen, mit denen die Menschen gemeinschaftlich ihre Stellung in der Natur und die Formen ihres sozialen Lebens zu verstehen und zu regeln suchen, und die ihnen Orientierung geben hinsichtlich des Ganzen ihrer Lebensumstände. Entsprechungen für das Wort in anderen Sprachen fehlen, oder es ist dort – im Französischen und Englischen – ein Lehnwort.

Weltanschaulich sind im ↗ Humanismus alle ‚bekenntnishaften' Äußerungen, sei es, dass seine Prinzipien als ↗ Wahrheit genommen oder in anderen subjektiven Formen (↗ Feier/Fest; ↗ Freundschaft; ↗ Liebe; ↗ Solidarität) in der Argumentation (↗ Argumentieren) kommunikativ eingebracht werden zum Zweck der Meinungsbildung, im Namen der eigenen ↗ Persönlichkeit oder einer Gemeinschaft (Gruppe, Klasse, Nation), eintretend für ↗ Menschenrechte/Menschenwürde oder andere humanistische Positionen. Auch der Antihumanismus (↗ Antihumanismus/Humanismuskritik) argumentiert in der Regel weltanschaulich.

Im engeren Verständnis und im deutschen Verfassungsrecht seit 1919 gebräuchlich ist Weltanschauung „eine wertende Stellungnahme zum Weltganzen, welche allein unter immanenten Aspekten Antwort auf die letzten Fragen nach Ursprung, Sinn und Ziel der Welt und des menschlichen Lebens zu geben sucht." (Mertesdorf 2008, S. 129). Diese eine Transzendenz verneinende Sicht ist wesentlich Produkt der ↗ Freidenkerbewegung, der ↗ Säkularisierung und besonders der Revolution von 1918.

In deren Folge ist heute Humanismus, neben anderen Weltanschauungen (etwa Freireligiöse, Unitarier, Deutschgläubige, Monisten) im eng führenden deutschen Staat-Kirche-Recht gedacht als eine Art Religionsersatz für konfessionsfreie Menschen. Denn eine Weltanschauungsgemeinschaft ist „ein Zusammenschluss von Personen, der ein Minimum an organisatorischer Binnenstruktur aufweist, im Sinne der Gewähr der Ernsthaftigkeit auf Dauer angelegt ist" und die ihre im Konsens erzielten Ansichten nach außen manifestiert (Mertesdorf 2008, S. 243).

Daraus folgt, dass die Bedingung „gemeinschaftliche Pflege einer Weltanschauung" im Sinne einer Anwendung von Artikel 140 Grundgesetz in Verbindung mit Artikel 137 Absatz 7 Weimarer Reichsverfassung erfüllt sein muss, um die staatliche ‚Anerkennung als Gemeinschaft der Weltanschauungspflege' zu erreichen, die allerdings, wegen deren ‚Kulturhoheit', von den Bundesländern ausgesprochen werden kann, was nicht unbedingt deren Erhebung in den Status einer ‚Körperschaft des öffentlichen Rechts verlangt' (Groschopp 2010a). Sinngemäß folgt daraus für humanistische Organisationen, die diesen privilegierten Status beanspruchen: ‚Humanismuspflege' (↗ Humanismusunterricht/Lebenskunde; ↗ Humanitäre Praxis).

2 Weltanschauung und Humanismus

Humanismus als Weltanschauung ist wenig untersucht. ‚Weltanschauung', wie sie das ‚Dritte Reich' kultiviert hatte, ließ diese als „Schau des Mystikers" (Klemperer 1970, S. 178) erscheinen und beförderte nach 1945 die grundsätzliche Abrechnung mit dieser Kategorie. Dabei griffen Philosophen in der Bundesrepublik Positionen wieder auf, die schon vor 1933 versucht hatten, den Begriff zu entlarven (Eucken 1896; Scheler 1929). Das führte zu einer nachwirkenden Abwertung des Einflusses vorwissenschaftlicher Bewusstseinselemente auf das Denken und Handeln von Menschen und zu einer Überbetonung von Wissenschaft und Philosophie in Bezug auf Humanismus.

Hinzu kam der staatliche Gebrauch von ‚Humanismus' als Bestandteil der Weltanschauung in der DDR (Groschopp 2013). Hier hatte aus anderen Motiven die philosophische Vergangenheitsbewältigung das gleiche Ergebnis, aber andere Anwendungen und Funktionen. Subjektive Ansätze in der Bestimmung von ‚Weltanschauung' wurden zurückgewiesen, der Niedergang des philosophischen Denkens beklagt – stattdessen die angeblich richtige Widerspiegelung des materiellen gesellschaftlichen Seins in der ‚wissenschaftlichen Weltanschauung' des Marxismus-Leninismus als Erkenntnis- und Handlungslehre etabliert (Schuffenhauer 1976).

3 Begriffsgeschichte

3.1 Von der Anschauung zur Ideologie

Das Wort entstand Ende des 18. Jahrhunderts in Deutschland zunächst in der transzendentalen Philosophie. Es bildete sich in der „Fachsprache der Philosophie aus, nicht aber in der Sprache der Dichtung oder etwa in der Alltagssprache" (Meier 1967, S. 73). Noch wörtlich genommen wird es von Immanuel Kant 1790 in seiner ‚Kritik der Urteilskraft' (Erster Teil, Zweites Buch, § 26), dann von Johann

Gottlieb Fichte 1792 im ‚Versuch einer Kritik aller Offenbarung' übernommen, um erstmals eine Zusammenschau der Welt auszudrücken.

Bei Georg Wilhelm Friedrich Hegel rückte das Wort nach 1818 in den Rang einer philosophischen Kategorie, bezeichnenderweise in seiner ‚Ästhetik', um Kunst mit Religion und Philosophie zu vergleichen. Er legte dabei eine Stufenfolge der Weltanschauungen fest, die in der Geschichte der Völker jeweils Verkörperungen des Zeitgeistes darstellen.

Der Bezug auf die anschauende Wahrnehmung wurde auf dreifache Weise prägend. Erstens wurde der Begriff am Ende des Vormärz nahezu ein Ersatzwort für Ästhetik (Hebenstreit 1843). Die Bindung von Welterklärungen an die Sprache der Künste und Künstler rückte das sinnenmäßige Erfassen der Welt in eine zwar niedere, aber doch akzeptierte Form der Erkenntnis (Hegel 1965, S. 291). Später sah der Freidenker Albert Kalthoff ‚Weltanschauung' als „Poetenphilosophie" (Kalthoff 1905, S. 79).

Zweitens wurde zuerst in den ästhetischen Äußerungen die Entdeckung ausgedrückt, „dass das Individuelle des Individuums absolut gesetzt werden kann. Das vollzieht sich in der Subjektivierung von Meinungen, Neigungen und des eigenen Geschmacks" (Meier 1967, S. 67). Seitdem sind Weltanschauungen subjektive Systemversuche, das Ich, Wir und die Welt zu bewältigen, die sich aufladen können zu Sphären „der zum System erhobenen Meinung", verbunden mit dem „Versprechen, die geistige Welt und schließlich auch die reale eben doch aus dem Bewusstsein einzurichten" (Adorno 1989, S. 118, 125).

Drittens produzierten die Kunstdebatten eine intellektuelle Öffentlichkeit, in der sich Friedrich Wilhelm Klopstock (1795), Heinrich Heine (1837) und viele andere über ‚Weltanschauungen' äußerten, während der Staat mit ↗ Kulturpolitik im letzten Drittel des 19. Jahrhunderts Regeln und Grenzen der Freiheit einführte.

Die drei genannten Diskurse ebneten Wege, „auf denen das Wort der Philosophie seit etwa der Mitte des 19. Jahrhunderts in die Sprache der ‚Laienwelt' eindringt" und zu einem Modewort wird, das die spätere „Verflachung des Wortgebrauchs" vorbereitet. (Meier 1967, S. 36) Dieses Urteil gewann die Oberhand, als Gebildete, Vereine, soziale Bewegungen und politische Parteien um 1900 den Begriff ‚Weltanschauung' okkupierten, um Dogmen in Kirchen und Theologien sowie die Deutungsmacht von Berufsphilosophen in Frage zu stellen oder eigene Systeme errichteten.

‚Weltanschauung' geriet wegen des gleichzeitigen Bezugs auf Kultur und Religion in die Spanne zwischen Metaphysik und Wissenschaft. Hinzu kam, dass Weltanschauungen stark „in ihrem Anderssein von anderen Weltanschauungen" leben. (Nebel 1947, S. 68) Die Eigenheit des Weltanschaulichen, beliebig Grundfragen aufzuwerfen, aber die eigenen Antworten nicht verifizieren zu müssen, weil sich die ↗ Wahrheit von selbst aus der jeweiligen Hauptannahme ergibt („Die

Juden sind unser Unglück' oder ‚Die Arbeiterklasse hat eine historische Mission'), machte Weltanschauungen zu Ideologien, die im 20. Jahrhundert Massenbewegungen leiteten.

3.2 Weltanschauung versus Religion

Mit Beginn des 20. Jahrhunderts wurde der Begriff verengt und zur Sammelbezeichnung nichtreligiöser Weltanschauungen. Dabei wurden frühe Entwürfe neu bewertet. So hatte Friedrich Schleiermacher bereits zu Beginn des 19. Jahrhunderts die Rede von der ‚Weltanschauung' aufgegriffen und als individuelle Weltsicht des gläubigen Menschen akzeptiert und definiert. Bei ihm erhielt das Wort die Funktion eines Gegenbegriffs zu den verschiedenen Formen, die Gottesidee zu erfassen (Krause/Müller 2003, S. 550 ff.).

In diesem Verständnis als „Gesamtsicht von Gott, Welt und Menschen", so 1907 in ‚F. Kirchner's Wörterbuch der philosophischen Grundbegriffe' (1911, S. 1093) und als seelisch-geistige Grundhaltung und Einstellung fand das Wort Eingang in ‚Meyer's Konversationslexikon' von 1909 (Bd. 20). Auch andere Wörterbücher bezeugen, dass Weltanschauungen ‚Gesinnung' und zunehmend die Neigung ausdrücken, aus subjektiver Perspektive Weltsichten auszubilden (Schmidt 1916, Eisler 1904). Martin Heidegger, als Philosoph ein Weltanschauungsproduzent, formulierte schließlich, „daß überhaupt die Welt zum Bild wird, zeichnet das Wesen der Neuzeit aus." (Heidegger 1977, S. 88)

Um die allgemeine Erlaubnis individueller Weltsichten und um das Recht, diese gemeinschaftlich zu organisieren, auszudrücken, kam das Wort ‚weltanschaulich' 1919 in die Weimarer Verfassung und 1949 ins Grundgesetz der Bundesrepublik Deutschland. Seitdem ist „jede Lehre, welche das Weltganze universell zu begreifen und die Stellung des Menschen in der Welt zu erkennen und zu bewerten sucht", ganz formal eine Weltanschauung. (Anschütz 1960, S. 649) Dabei handele es sich per Definition um „irreligiöse oder doch religionsfreie Weltanschauungen" (Anschütz 1960, S. 650). Im Grundgesetz Artikel 4, Absatz 1 ist diese Bestimmung übernommen, ähnlich Artikel 33, Absatz 3.

4 Begriffskritik

Seit sich um 1900 Weltanschauungen in diversen Kulturbewegungen ausdrückten, gerieten sie in den Generalverdacht der Kulturlosigkeit, der Begriff sei eine Bezeichnung „der dümmsten Lebens- und Geschichtsphilosophie". (Stern 1915, S. 45). So hielt Fritz Mauthner 1924 fest: „Der müsste schon ein ganz armseliger

Tropf sein, wer heutzutage nicht seine eigene Weltanschauung hätte." (Mauthner 1924, S. 430) Humanistische Weltanschauungsgemeinschaften haben es angesichts dieser Verdikte schwer, ihre Anliegen angemessen vorzutragen.

Innerhalb des Humanismus prägte Victor Klemperer den Ausdruck ‚Klüngelwort'. Er arbeitete heraus, dass der Begriff, wie er besonders im Nationalsozialismus verstanden wurde, den genauen „Gegensatz zur Tätigkeit des Philosophierens" ausdrückte und in Tradition einer Opposition „gegen Dekadenz, Impressionismus, Skepsis und Zersetzung der Idee eines kontinuierlichen und damit verantwortlichen Ichs" stand (Klemperer 1970, S. 177 f.).

In der Gegenwart ist der Begriff ‚Weltanschauung' wegen seiner Geschichte kompromittiert (Dornseiff 1946). ‚Wirkungszusammenhänge', wie sie Wilhelm Dilthey herstellte (Dilthey 1931), oder Fragen nach den ‚Existenzweisen' der Vernunft, wie sie Karl Jaspers stellte (Jaspers 1994), werden aktuell in den empirischen Kulturwissenschaften wieder aufgegriffen und wären auf Humanismus zu projizieren. Für Weltanschauungsgemeinschaften bestehen wegen der deutschen Rechtslage kaum Chancen, auf den Begriff zu verzichten, wenn sie sich innerhalb des Religionsverfassungsrechts sozial und politisch bewegen und öffentliche Mittel wie die Kirchen bekommen wollen (Groschopp 2010b) – es sei denn, das Religionsverfassungsrecht wandelt sich zu einem ‚Kulturverfassungsrecht', wohin es in der Tat bereits tendiert (Fritsche 2015) und sich in neue Widersprüche verwickelt.

5 Literatur

Adorno, Theodor W. (1989): Philosophische Terminologie. Zur Einleitung (1973). Frankfurt am Main.
Anschütz, Gerhard (1960): Die Verfassung des Deutschen Reiches vom 11. 8. 1919 (1921). Bad Homburg.
Dilthey, Wilhelm (1931): Weltanschauungslehre. Abhandlungen zur Philosophie der Philosophie. Leipzig.
Dornseiff, Franz (1946): „Weltanschauung. Kurzgefasste Wortgeschichte". In: Die Wandlung. Eine Monatsschrift. Heidelberg. 1. Jahrgang. Heft 12, S. 1086–1088.
Eisler, Rudolf (1904): Rudolf Eislers Wörterbuch der Philosophischen Begriffe, historisch-quellenmäßig bearbeitet. 2., völlig neu bearbeitete Auflage. Berlin.
Eucken, Rudolf (1896): Der Kampf um einen geistigen Lebensinhalt. Neue Grundlegung einer Weltanschauung. Leipzig.
Fritsche, Thomas (2015): Der Kulturbegriff im Religionsverfassungsrecht. Berlin.
Groschopp, Horst (2010a): „Konfessionsfreie und Weltanschauungspflege". In: Horst Groschopp (Hrsg.): Konfessionsfreie und Grundgesetz. Aschaffenburg, S. 143–168.
Groschopp, Horst (2010b): „Von den Dissidenten zu den Religionsfreien. Zur Konzeption einer Konfessionsfreienpolitik in Deutschland". In: Yvonne Boenke (Hrsg.): ‚Lieber einen Knick

in der Biographie als einen im Rückgrat'. Festschrift zum 70. Geburtstag von Horst Herrmann. Münster, S. 395–412.

Groschopp, Horst (2013): Der ganze Mensch. Die DDR und der Humanismus. Ein Beitrag zur deutschen Kulturgeschichte. Marburg.

Hebenstreit, Wilhelm (1843): Wissenschaftlich-literarische Encyklopädie der Aesthetik. Ein etymologisch-kritisches Wörterbuch der ästhetischen Kunstsprache. Wien.

Hegel, Georg Wilhelm Friedrich (1965): „Glauben und Wissen oder die Reflexionsphilosophie der Subjektivität, in der Vollständigkeit ihrer Formen [...]" (1802). In: Georg Wilhelm Friedrich Hegel: Sämtliche Werke. Hermann Glockner (Hrsg.). Jubiläumsausgabe. Bd. 1, Stuttgart.

Heidegger, Martin (1977): „Die Zeit des Weltbildes" (1938). In: Martin Heidegger: Holzwege. Gesamtausgabe. Bd. 5. Frankfurt am Main.

Jaspers, Karl (1994): Psychologie der Weltanschauungen (1919). Frankfurt am Main.

Kalthoff, Albert (1905): Die Religion der Modernen. Jena, Leipzig.

F. Kirchner's Wörterbuch der philosophischen Grundbegriffe (1911). 6. Auflage. Leipzig.

Klemperer, Victor (1970): LTI. Notizbuch eines Philologen (1947). Leipzig.

Krause, Gerhard/Müller, Gerhard (Hrsg.) (2003): Theologische Realenzyklopädie. Band 35. Berlin.

Mauthner, Fritz (1924): Wörterbuch der Philosophie. Neue Beiträge zu einer Kritik der Sprache. Bd. 3. 2., vermehrte Auflage. Leipzig.

Meier, Helmut Günter (1967): ‚Weltanschauung'. Studien zu einer Geschichte und Theorie des Begriffs. Inaugural-Dissertation. Münster.

Mertesdorf, Christine (2008): Weltanschauungsgemeinschaften. Eine verfassungsrechtliche Betrachtung mit Darstellung einzelner Gemeinschaften. Frankfurt am Main.

Nebel, Gerhard (1947): Tyrannis und Freiheit. Düsseldorf.

Scheler, Max (1929): Philosophische Weltanschauung. Gesammelte Aufsätze. Bonn.

Schmidt, Heinrich (1916): Philosophisches Wörterbuch. 2., umgearbeitete und vermehrte Auflage. Leipzig.

Schuffenhauer, Werner (1976): „Weltanschauung". In: Georg Klaus/Manfred Buhr (Hrsg.): Philosophisches Wörterbuch. Bd. 2. Leipzig, S. 1287–1289.

Stern, William (1915): Vorgedanken zur Weltanschauung. Leipzig.

Würde, s. Menschenrechte/Menschenwürde

Frieder Otto Wolf
Zweifel

1. Bertolt Brechts in der großen Krise des 20. Jahrhunderts formuliertes ‚Lob des Zweifels' (Brecht 1993b, vgl. Brecht 1993a),[1] eröffnet einen Horizont der ebenso radikalen, aber immer auch motivierten, begründeten und zu begründenden Hinterfragung von Evidenzen und Selbstverständlichkeiten, die mit dem Anspruch auftreten, dass sich alle ihrer ↗ Wahrheit unterwerfen müssen. Der gegenwärtige praktische Humanismus kann sich in diesem Horizont des Fragens und Hinterfragens entfalten (Agnoli 1980), indem er unterschiedliche Dimensionen der Tätigkeit des Zweifelns als solche herausarbeitet und sich deren produktive Seite kritisch zu eigen macht.

Das europäische Denken über den Zweifel hat sich in zwei Grundlinien entfaltet:[2] In einer ersten, (jedenfalls in der Philosophie) bisher – vom reifen Platon bis zu Descartes oder Husserl – dominanten Linie erscheint der Zweifel (über die Wahrheit oder Falschheit einer Aussage bzw. über die Richtigkeit von Vorstellungen von einer bestimmten Realität) als ein bloßes Durchgangsmoment auf dem methodischen Wege zur Gewissheit im Aufbau wissenschaftlichen Wissens.

Eine zweite Linie, in der das Zweifeln dazu dient, eine kritische Distanz zu geläufigen Lebensweisen einzunehmen, um so dem Ziel einer vernünftig konzipierten Lebensführung näher zu kommen, geht innerhalb der okzidental-orientalischen Geschichte[3] bis auf das Motiv des ‚Irrens' des Odysseus' zurück – welches Hegel auf die ‚Reflektion' und Horkheimer/Adorno auf die ‚List' der „instrumentellen Vernunft" bezogen haben (Horkheimer/Adorno 1969, S. 61–99).

Bei Sokrates und den Sokratikern wird das ausdrückliche Motiv des Zweifelns zentral für die Selbsterkenntnis. Besonders für die Kyniker und die pyrrhonische Skepsis wird im Anschluss an diesen „sokratischen Zweifel" (Holberg 1760, S. 105) gerade die Tätigkeit des Bezweifelns als ein zentrales Moment sinnvoller menschlicher Lebensführung begriffen (↗ Antike).

---

1 Diesem hatte er bereits ein gleich gewichtiges ‚Lob des Lernens' vorausgeschickt (Brecht 1988).
2 Der anregende Versuch von Jennifer Michael Hecht, alle ‚großen Zweifler', *„from the ancient Greek philosophers, Jesus, and the Eastern religions, to modern secular equivalents Marx, Freud and Darwin"* auf den einen Nenner der ‚Innovation' zu bringen, verdeckt diese historische Spaltung (Hecht 2003).
3 Dass hierzu auch ein asiatisches Pendant existiert, zeigt etwa ein Spruch des Zen-Meisters Mumon: „Es wird keine Welt, kein Selbst, nur einen großen Zweifel geben. Dies ist Mu." (Shibayama 1977, S. 41)

Derartige Linien der zweifelnden Selbstfindung in Literatur und Philosophie sind in der frühen Neuzeit von einer humanistischen Skepsis (Montaigne) zu einer positiven Option für den beständigen Aufbruch ins Unbekannte zusammengeführt worden. Daran hat in der deutschen Klassik der Humanist Goethe im ‚Faust II' (Erster Akt, Kaiserliche Pfalz, Saal des Thrones) dialektisch angeknüpft, indem er den konservativen Kanzler sagen lässt: „Natur ist Sünde, Geist ist Teufel, sie hegen zwischen sich den Zweifel, ihr missgestaltet Zwitterkind." Die darin angedeutete Haltung der Offenheit für den Zweifel wird parallel etwa von Herder in eine für die Zukunft offene Geschichtsphilosophie (↗ Humanismus) übertragen.[4]

2. Für den zeitgenössischen Humanismus lässt sich das Thema des Zweifels nicht auf die explizit philosophischen Traditionslinien und Debattenlagen einengen. Da aber die Aufarbeitung der außerphilosophischen Traditionslinien des Zweifelns noch weitgehend ein Forschungsdesiderat darstellt, können vorerst die spezifisch philosophischen (und seit der Spätantike ihnen gegenüber verselbstständigten theologischen) Linien zumindest als Anhaltspunkt für die weiter gefasste Entwicklung des Denkens über den Zweifel und über die Tätigkeit des Bezweifelns dienen.

2.1 In jener ersten Linie der philosophischen Reflexion, die nach der platonischen Wendung des sokratischen Zweifelns einsetzt, wird die Tätigkeit des bezweifelnden Hinterfragens zu einem Ausgangspunkt der methodischen Suche nach ‚wirklichem Wissen' (Wissenschaft) bzw. der ‚richtigen Meinung' (Orthodoxie). Während in der kynischen Philosophie, deren Traditionsbildung allerdings schwach blieb, der Zweifel als Instrument eines radikalen Unterscheidungsversuchs, also einer ‚Kritik', zwischen dem für die Lebensführung Notwendigen und dem Überflüssigen diente, entwickelte sich in der pyrrhonischen und erst recht in der akademischen Skepsis die Distanznahme (gr. *epoché*) gegenüber allem Vorgegebenen durch den Zweifel zu einer Technik der unbegrenzten Akzeptanz des jeweils historisch-faktisch Gegebenen.

In den hellenistischen Philosophenschulen der Stoa und des Epikureismus war der Zweifel insofern kein Thema, als für ihn allenfalls im Bereich der *haíresis* (der Wahl zwischen den sich als vollständige Alternativen darstellenden Philosophenschulen) Raum blieb. Bis zur affirmativen Wendung der Philosophie in der Spätantike bleibt er aber ein notwendiger Umweg, der immer wieder Möglichkeiten der Prüfung und der Relativierung eröffnet hat: Der direkte Weg zur ‚wahren Lehre', wie ihn der chinesische Zöllner beschritten hat, welcher Laotse dazu veranlasste, seine Lehre aufzuschreiben (Brecht 1995), wird nicht beschritten.

---

[4] Indem er das spekulative Moment seiner geschichtsphilosophischen Interpretationen offenlegt und die Geschichte zugleich auf künftige, nicht vorherbestimmte Entwicklungen hin öffnet.

Diesen Weg gibt es auch nicht in der dogmatischen Artikulation der von Augustinus begründeten christlichen Tradition, welche den Zweifel als Bedrohung auffasst. In seinen ‚Bekenntnissen' stellt Augustinus zunächst den „großen Aufruhr meines inneren Menschen" fest, den eine „herzlose Wissenschaft" nicht stillen könne, um dann in der Lektüre der Bibel zu erfahren, wie „das Licht der Gewissheit in mein Herz" strömte und „jegliche Finsternis des Zweifels" verschwand (Augustinus 1989, S. 221). Auch die zunehmend mit den neuen Offenbarungsreligionen – nicht nur dem Christentum, sondern auch der Gnosis, dem Manichäismus und dem Zoroastrismus – konkurrierende Philosophie der Spätantike wehrte den Zweifel als ‚Anfechtung' ab.[5]

2.2 In der zweiten, der westeuropäischen Neuzeit (↗ Renaissance) erklärtermaßen humanistischen Linie wird die Tätigkeit des Zweifelns als ein unverzichtbares, kreatives Moment humaner Lebensführung begriffen, ohne die Durchbrüche der ‚neuen Wissenschaften' zu bestreiten. Lorenzo Vallas kritische Hinterfragung der ‚Konstantinischen Schenkung' (Fried 2007) lieferte ein weit über die Sphäre der wissenschaftlichen Forschung hinaus wirksames Exempel für einen neuen Geist der Kritik, der überlieferte und geheiligte Selbstverständlichkeiten dem Zweifel unterwarf.

Einzelne Humanisten haben diese grundsätzliche Rehabilitierung des Zweifels dann auch als solche artikuliert und praktiziert. Hier ist vor allem Erasmus (Augustijn 1986) zu nennen, der in seiner Auseinandersetzung mit Luther – für den „Zweifel [...] Sünde und ewiger Tod" (Tischreden, Luther 1960, S. 115) war – von sich selbst postulierte, dass er die Haltung eines ‚Untersuchenden' (*inquisitor*) einnahm, während Luther (als *dogmatistes*) immer gleich zum Fällen von Urteilen überging: „*Erasmus dubitat Lutherus asseverat*" (Seidel Menchi 1993, S. 244).

Calvin hat in seinem Streit mit Castellio (Schwendemann 2009) ausdrücklich eine Art von reformatorischer Bannung des Zweifels ausgesprochen. Dieser hatte in ‚Die Kunst des Zweifelns und Glaubens, des Nichtwissens und Wissens' die Anerkennung eines Bereichs des legitimen Zweifels eingefordert (Castellio 2015), um die blutigen Verfolgungen von Dissidenten (↗ Freidenkerbewegung) und Nonkonformisten durch den herrschenden Dogmatismus zu beenden. Calvin vertrat dagegen die an Augustinus anknüpfende Auffassung, dass es auf dem Weg zum Heil allein um die Gewinnung von Gewissheit gehe (Seidel Menchi 1993, S. 242).

2.3 Im Zuge der von den Humanisten vollzogenen Erneuerung antiker Denktraditionen (↗ Antike-Rezeption) kommt es insbesondere zu einer Erneuerung der skeptischen Kultivierung des Zweifels. Der Essayist Montaigne liest aus dem

---

[5] Diese in der christlichen Tradition seit Paulus vorherrschende Linie hat der die nordamerikanische Tradition prägende Thomas Jefferson erneuert (Beliles/Newcombe 2014).

‚Grundriss der pyrrhonischen Skepsis' von Sextus Empiricus (160 – 210 u. Z.) eine Erneuerung der Skepsis als Grundlage einer kritischen Praxis der Selbstkultivierung (↗ Seelsorge) heraus und beruft sich dabei spezifisch auf die schon in der griechischen Antike praktizierte ‚Kunst der Selbstbetrachtung': „Von was handelt Sokrates ausführlicher als von sich selbst? Woraufhin lenkt er häufiger die Ausführungen seiner Schüler als darauf, über sich selbst zu sprechen – und zwar keineswegs über die Lektion ihres Lehrbuchs, sondern über das Sein und die Bewegtheit [*branle*] ihrer Seele?" (Montaigne, Essais II, vi, [Bd. 3], S. 70 f.)

Es geht ihm in der Tätigkeit des Zweifelns – entsprechend seiner programmatischen Erklärung „Ich bin kein Philosoph!" (Essais, III, ix, [Bd. 6], S. 14; vgl. Comte-Sponville 1993) – nicht primär um Erkenntnisgewinnung, sondern um eine Ausrichtung der Lebensführung: Diese ist für Montaigne nicht auf Gewissheiten aufzubauen, sondern ist selbst als ein Prozess des Suchens anzulegen, wobei er zur Resignation neigt; indem er schließlich „Unwissenheit und fehlende Neugier" zu einem „sanften und weichen Ruhekissen" für einen „wohlgeformten Kopf" erklärt (Essais III, xiii, [Bd. 6], S.192). Montaigne fordert für die Lebensführung, nicht „die Wahrheit zu verkünden, sondern sie zu suchen" (Essais, I, S. 56).[6]

Lessing hat diese Haltung in die deutsche Klassik eingebracht: „Nicht die Wahrheit, in deren Besitz irgendein Mensch ist oder zu sein vermeinet, sondern die aufrichtige Mühe, die er angewandt hat, hinter die Wahrheit zu kommen, macht den Wert des Menschen", indem er noch hinzusetzte: Mein „Trieb nach Wahrheit" ist untrennbar von dem „Zusatze, mich immer und ewig zu irren" (Lessing 1979, S. 32 f.).

2.4 Die dominante Linie der Philosophie der Neuzeit verarbeitet die Skepsis auf eine ganz andere Weise (Paganini 2008), indem sie diese zum Durchgangsmoment der Suche nach einem ‚unerschütterlichen Fundament' der Philosophie (und damit des menschlichen Wissens) herabsetzt. In diesem Sinne entwickelt Descartes das Konzept des ‚methodischen Zweifels'. Dabei geht er über das mathematische Modell der analytischen Geometrie hinaus und macht 1641 die evidente Intuition des *cogito ergo sum* (‚Ich denke, also bin ich') zum Ausgangspunkt eines radikalen Neuansatzes des Philosophierens (Davies 2002), der maßgeblich zur Formierung der geradezu zwanghaften Seite der neuzeitlichen Subjektvorstellung beigetragen hat (Derrida 1967).

Die derart begründete Linie einer philosophischen ‚Selbstbegründung' hat Spinoza dahin gehend zugespitzt, dass er den Zweifel als eine bloße Störung einer klaren und deutlichen Vorstellung von der Natur einer Sache in einem unent-

---

[6] Dieser ‚sokratische' Aspekt des Denkens Montaignes steht im Fokus des Sammelbandes von Gontier/Mayer 2010.

schlossenen Geiste auffasst, welche sich angesichts der „adäquaten Vorstellung" als ein „wirklicher Zweifel im Geiste" erledigt (Spinoza 1991, S. 37).

In dem philosophischen Mainstream der Neuzeit, wie er in Gestalt von John Lockes Rückgriff auf das Instrument des Zweifels zur Überwindung aller Vorurteile und zur Öffnung für wirkliche Erfahrungen im Rückgriff auf „das jeweils eigene Ich" (Thiel 2006, S. 101) und bei dem Leibnizianer Christian Wolff (Carboncini 1991) greifbar ist, bleibt der Zweifel ein Durchgangsmoment der Distanzeinnahme auf dem Weg zur Beteiligung an der neuzeitlichen Wissenschaft. Dies ändert sich auch nicht mit der Wendung zu einer modernen kritischen Philosophie durch David Humes Erneuerung eines ‚methodologischen Skeptizismus' (Stroud 1991) einerseits und Immanuel Kants transzendentale Wendung der philosophischen Reflexion im Rückblick auf die moderne Physik als eine dem „Faktum der praktischen Vernunft" (Löhrer 2004) vergleichbare, wenn auch breiter gefasste theoretische Voraussetzung (Hossenfelder 1978, S. 15 ff.) andererseits.

Auch bei den nachkantischen Philosophen spielt der Zweifel eine zentrale Rolle: Fichte hält es noch 1800 in seiner Schrift ‚Die Bestimmung des Menschen' für erforderlich gegen den Zweifel auf den „Entschluß des Willens, das Wissen gelten zu lassen" zurückzugreifen (Fichte 2000, S. 257). Hegel (Luft 2007, S. 145 ff.) begreift in seiner Anknüpfung an den ‚Skeptizismus' (Hegel 1986) den Zweifel als „Anfang der neueren Philosophie" sowie als ein unverzichtbar notwendiges Moment einer ‚Dialektik', welche nicht nur die philosophische Tätigkeit als solche ergreift, sondern auch für praktische Lebensführung, Politik und Bildung maßgeblich sein soll. In diesem Sinne hat er seine Philosophie des „absoluten Wissens" geradezu als den „vollendeten Zweifel" dargestellt (Stekeler-Weithofer 2014, S. 353 ff.).

2.5 Eine andere, primär auf die Lebensführung bezogene Linie der Thematisierung des Zweifels kann an Pierre Bayle anknüpfen:[7] Die von Bayle betonten vielfach begründeten Zweifel im Plural, mit denen er an die scholastische Tradition der *dubia* als Wiederkehr des Zweifels in der Gestalt von Disputationsfragen anknüpfte, werden 1838 von Ludwig Feuerbach wieder aufgegriffen: „Es gehört also mit zur Charakteristik der Zweifel Bayles, dass sie sich größtenteils an bestimmte Veranlassungen, an bestimmte Gegenstände und deren Schwierigkeiten anknüpfen" (Feuerbach 1844, S. 179).

Feuerbach selber hat von derartigen ‚Zweifeln' aus seine Kritik an Hegel entwickelt (Arndt 2013, S. 1). Auch in den Neuansätzen des Philosophierens nach Hegel tritt

---

[7] Hierher gehört etwa auch Voltaires bewusst popularphilosophisch gehaltene These: „*Le doute n'est pas un état bien agréable, mais l'assurance est un état ridicule.*" („Der Zweifel ist kein sehr angenehmer Zustand, aber die Selbstsicherheit ist ein lächerlicher Zustand.") (Voltaire 1802, S. 419)

das Thema des Zweifels immer wieder in den Vordergrund.[8] Søren Kierkegaard ist dazu übergegangen, die neuzeitliche Begründung der Philosophie durch einen philosophierenden Zweifel insgesamt als selbstzerstörerisch zu kennzeichnen und ihr den einfachen Glauben entgegenzusetzen, der aus der Überwindung der existenziellen Verzweiflung entspringen soll (Pieper 2000, S. 38 ff.).[9]

Friedrich Nietzsche stellt in seiner Kritik der neuzeitlichen Philosophie fest: „Der Glaube an die Wahrheit beginnt mit dem Zweifel an allen bis dahin geglaubten Wahrheiten." (Nietzsche, Menschliches, Allzumenschliches, Nr. 20) Aber gegen die elementare Selbsttäuschung, die er hinter allen Versuchen einer Fixierung der Wahrheit sieht, fordert er das sich Einlassen auf den Perspektivismus fortlaufend wechselnder Sichtweisen (Stegmaier 2012, S. 414) und nicht etwa deren Bezweiflung.

3. Aus Brechts ‚Lob des Zweifels' kann ein moderner Humanismus lernen, dass eine Prüfung aller behaupteten Wahrheiten immer wieder notwendig ist: zum einen aus der Perspektive der Unterdrückten, denen gegenüber durch die etablierten Wahrheiten ihre Unterdrückung legitimiert wird; zum anderen, um sich dafür zu rüsten, sich in neuen Lagen auch wieder neu zu ‚entschließen' – was die Bezweiflung geltender Selbstverständlichkeiten voraussetzt, und zwar gerade auch vonseiten der jeweils ‚Geführten'.

Mit seiner Kritik sowohl an den „Unbedenklichen, die niemals zweifeln", als auch an den „Bedenklichen, die niemals handeln" tritt Brecht allen dogmatischen Versuchen entgegen, dem Zweifeln ein Ende zu bereiten (durch für unerschütterlich erklärte Setzungen bzw. durch deren unerbittliche praktische Umsetzung). Zugleich kritisiert er derart alle Versuche, etwa das strafrechtliche Prinzip des ‚im Zweifel für den Angeklagten' (*in dubio pro reo*) fälschlich für eine generelle Urteils- und Handlungsenthaltung angesichts inhumaner Zustände in Anspruch zu nehmen.

Wenn auch eher *en passant*, plädiert Brecht noch dafür, den jeweiligen Stand der wissenschaftlichen Erkenntnisse als solchen zur Grundlage des Handelns zu nehmen – und dabei weder das „Zweifeln" zu loben, „das ein Verzweifeln ist", noch auch das „zweifeln können" für den, „der sich nicht entschließen kann" (Brecht 1993a, S. 461).

---

[8] Karl Marx hat zwar „*De omnibus dubitandum*" zu seinem Motto erklärt und seiner Tochter Jenny ins Poesiealbum geschrieben (MEW 31, S. 597), aber den Zweifel in seinen Überlegungen zur Methode der Forschung und der Darstellung nicht diskutiert. Ein marxistisches ‚Lob des Zweifels' findet sich nach Brecht wieder bei Agnoli (Agnoli 1980).

[9] Damit nimmt er die christliche Tradition wieder auf, die Problematik des Zweifels auf den (christlichen) Glauben zu verengen, wie sie etwa auch bei der nordamerikanischen Dichterin Emily Dickinson (Richards 2013) wirksam blieb.

4 Literatur

Agnoli, Johannes (1980): „Nachbemerkung über die politische Sprengkraft des Zweifels". In: Johannes Agnoli/Ernest Mandel: Offener Marxismus. Ein Gespräch über Dogmen, Orthodoxie und die Häresie der Realität. Frankfurt am Main, New York, S. 147–152.
Arndt, Andreas (2013): „Metaphysik und Metaphysikkritik. Anmerkungen zu Ludwig Feuerbachs Erlanger Vorlesungen über Logik und Metaphysik". In: Bir Arada. Das Zwischen. In-Between. Festschrift für Önay Sözer Armağanı. Istanbul, S. 463–492.
Augustijn, Cornelis (1986): Erasmus von Rotterdam. Leben – Werk – Wirkung. München.
Augustinus, Aurelius (1989): Bekenntnisse. Übersetzt von Kurt Flasch/Burkhard Mojsisch. Stuttgart.
Bayle, Pierre (1685): *„Commentaire philosophique sur ces paroles de Jésus-Christ ‚Contrains-les d'entrer'"*. In: Antony McKenna/Gianluca Mori (Hrsg.): *Oeuvres Complètes de Pierre Bayle*. Vgl. https://www.classiques-garnier.com/éditions-bulletins/Catalogue_numérique_En.pdf, besucht am 22.6.2015.
Beliles, Mark A./Newcombe, Jerry (2014): Doubting Thomas: The Religious Life and Legacy of Thomas Jefferson. New York.
Brecht, Bertolt (1988): „Lob des Lernens". In: Bertolt Brecht: Werke. Große kommentierte Berliner und Frankfurter Ausgabe. Werner Hecht/Jan Knopf/Werner Mittenzwei/Klaus-Detlef Müller (Hrsg.). Bd. 11: Gedichte 1. Sammlungen, 1918–1938. Berlin, Frankfurt am Main, S. 233.
Brecht, Bertolt (1993a): „In finstern Zeiten". In: Bertolt Brecht: Werke. Bd. 14: Gedichte 4. Gedichte und Gedichtfragmente, 1928–1939, S. 433.
Brecht, Bertolt (1993b): „Lob des Zweifels". In: Bertolt Brecht: Werke. Bd. 14: Gedichte 4. Gedichte und Gedichtfragmente, 1928–1939, S. 459–461.
Brecht, Bertolt (1995): „Legende von der Entstehung des Buches Taoteking auf dem Weg des Laotse in die Emigration". In: Bertolt Brecht: Werke. Bd. 18: Prosa 3. Sammlungen und Dialoge, S. 433–435.
Carboncini, Sonia (1991): Transzendentale Wahrheit und Traum. Christian Wolffs Antwort auf die Herausforderung durch den Cartesianischen Zweifel. Stuttgart, Bad Cannstatt.
Castellio, Sebastian (2015): Die Kunst des Zweifelns und Glaubens, des Nichtwissens und Wissens. Übersetzt von Werner Stingl. Hans-Joachim Pagel (Hrsg.). Essen.
Comte-Sponville, André (1993): *Je ne suis pas philosophe. Montaigne et la philosophie*. Paris.
Davies, Richard (2002): *Descartes. Belief, Scepticism and Virtue*. London, New York.
Derrida, Jacques (1967): „*Cogito et histoire de la folie*". In: *L'écriture et la différence*. Paris, S. 51–98.
Feuerbach, Ludwig (1844): Pierre Bayle, nach seinen für die Geschichte der Philosophie und Menschheit interessantesten Momenten (1838). 2. Auflage. Ansbach, Leipzig.
Fichte, Johann Gottlieb (2000): Die Bestimmung des Menschen (1800). Hamburg.
Fried, Johannes (2007): *Donation of Constantine and Constitutum Constantini*. Berlin.
Gontier, Thierry/Mayer, Suzel (Hrsg.) (2010): *Le Socratisme de Montaigne. Études réunies*. Paris.
Hecht, Jennifer Michael (2003): *Doubt. A History. The Great Doubters and Their Legacy of Innovation from Socrates and Jesus to Thomas Jefferson and Emily Dickinson*. San Francisco.

Hegel, Georg Wilhelm Friedrich (1986): „Verhältnis des Skepticismus zur Philosophie. Darstellung seiner verschiedenen Modificationen, und Vergleichung des neuesten mit dem alten" (1802). In: Hegel Werke. Bd. 2. Frankfurt am Main, S. 197–238.
Holberg, Ludvig von (1760): Vermischte Briefe. Bd. 4. Flensburg, Leipzig.
Horkheimer, Max/Adorno, Theodor W. (1969): Dialektik der Aufklärung (1944/47). 2. Auflage. Frankfurt am Main.
Hossenfelder, Malte (1978): Kants Konstitutionstheorie und die Transzendentale Deduktion. Berlin.
Lessing, Gotthold Ephraim (1979): „Eine Duplik" (1778). In: Gotthold Ephraim Lessing: Werke. Bd. 8. Herbert G. Göpfert (Hrsg.) München, S. 31–101.
Löhrer, Guido (2004): „Kants Problem einer Normativität aus reiner Vernunft". In: Gerhard Schönrich (Hrsg.): Normativität und Faktizität. Skeptische und transzendentalphilosophische Positionen im Anschluss an Kant. Dresden, S. 187–207.
Luft, Eduardo (2007): „Die lebendige Substanz und das vermittelte Wissen". In: Andreas Arndt (Hrsg.): Hegel. Das Leben denken. Bd. 2. Berlin, S. 143–147.
Luther, Martin (1960): Luther Deutsch. Bd. 9. Kurt Aland (Hrsg.). Göttingen.
Michel de Montaigne (1947–1963): Essais (1595). Jean Plattard (Hrsg.). 6 Bde. Paris.
Paganini, Gianni (2008): *Skepsis. Le débat des modernes sur le scepticisme. Montaigne, Le Vayer, Campanella, Hobbes, Descartes, Bayle.* Paris.
Pieper, Annemarie (2000): Søren Kierkegaard. München.
Richards, Eliza (Hrsg.) (2013): *Emily Dickinson in Context.* Cambridge.
Schwendemann, Wilhelm (2009): „Calvin, Castellio und die Menschenrechte – einen Menschen töten heißt nicht eine Lehre verteidigen, sondern einen Menschen töten". In: Theo-Web. Zeitschrift für Religionspädagogik 8, Nr. 2, S. 143–160.
Seidel Menchi, Silvana (1993): Erasmus als Ketzer. Reformation und Inquisition im Italien des 16. Jahrhunderts. Leiden.
Shibayama, Zenkei (1977): Zu den Quellen des Zen. Bern, München, Wien.
Spinoza, Baruch (1991): Kurze Abhandlung von Gott, dem Menschen und seinem Glück (1661). Hamburg.
Stegmaier, Werner (2012): Nietzsches Befreiung der Philosophie. Kontextuelle Interpretation des V. Buchs der ‚Fröhlichen Wissenschaft'. Berlin.
Stekeler-Weithofer, Pirmin (2014): Hegels Phänomenologie des Geistes. Ein dialogischer Kommentar. Bd. 2: Geist und Religion. Hamburg.
Stroud, Barry (1991): „Hume's Scepticism. Natural Instincts and Philosophical Reflection". In: *Philosophical Topics* 19, S. 271–291.
Thiel, Udo (2006): „Der Begriff der Intuition bei Locke". In: Lothar Kreimendahl (Hrsg.): John Locke. Aspekte seiner theoretischen und praktischen Philosophie. Hamburg, S. 95–112.
Veen, Mirjam von (2015): Die Freiheit des Denkens. Sebastian Castellio – Wegbereiter der Toleranz, 1515–1563. Übersetzt von Andreas Ecke. Wolfgang F. Stammler (Hrsg.). Essen.
Voltaire, François-Marie Arouet (1802): „Au prince royal de prusse, le 28 novembre" (1770). In: M. Palissot (Hrsg.): Oeuvres de Voltaire. Lettres Choisies du Roi de Prusse et de M. de Voltaire. Bd. 2. Paris.
Paulson, Stanley L./ Schulte, Martin (Hrsg.) (2000): Georg Jellinek. Beiträge zu Leben und Werk. Tübingen.

Siglen

DNP	Der Neue Pauly. Enzyklopädie der Antike. 15 Bde. Hrsg. von Hubert Cancik/Helmuth Schneider/Manfred Landfester. Stuttgart 1996 ff.
GGB	Geschichtliche Grundbegriffe. Historisches Lexikon zur politisch-sozialen Sprache in Deutschland. Hrsg. von Otto Brunner/Werner Conze/Reinhard Koselleck. Stuttgart 1972 ff.
Ha	Humanismus aktuell. Zeitschrift für Kultur und Weltanschauung. Hrsg. von Horst Groschopp im Auftrag der Humanistischen Akademie Berlin. 25 Hefte. Berlin 1997–2009.
HKWM	Historisch-kritisches Wörterbuch des Marxismus. Hrsg. vom Berliner Institut für kritische Theorie unter der Leitung von Wolfgang Fritz Haug, Frigga Haug und Peter Jehle. Hamburg 1994 ff.
HrwG	Handbuch religionswissenschaftlicher Grundbegriffe. Hrsg. von Hubert Cancik/Burkhard Gladigow et al. Stuttgart 1988 ff.
HWP	Historisches Wörterbuch der Philosophie. Hrsg. von Joachim Ritter/Karlfried Gründer et al. Basel 1971 ff.
HWR	Historisches Wörterbuch der Rhetorik. Hrsg. von Gerd Ueding. Tübingen 1992 ff.
Kants Werke	Akademie-Textausgabe. Unveränderter photomechanischer Abdruck des Textes der von der Preußischen Akademie der Wissenschaften 1900 begonnenen Ausgabe von Kants gesammelten Schriften. Preußische Akademie der Wissenschaften (Hrsg.). Berlin, New York 1968.
MEW	Karl Marx/Friedrich Engels: Werke. Hrsg. vom Institut für Marxismus-Leninismus der Akademie für Gesellschaftswissenschaften beim ZK der SED. Berlin 1956 ff.

Allgemeine Abkürzungen entsprechen dem Duden.

Autoren und Autorinnen

Dr. phil. **Nils Baratella**, Oldenburg/Schwabach, geb. 1973; Wissenschaftlicher Mitarbeiter am Institut für Philosophie der Carl von Ossietzky Universität Oldenburg. – Forschungsschwerpunkte: Geschichte der Philosophie, Politische Philosophie, Philosophische Anthropologie, Sportphilosophie. – Nachwuchssprecher der dvs-Sektion Sportphilosophie. – Publikationen: Das kämpferische Subjekt. Boxen – Der Kampf als Subtext moderner Subjektphilosophie (2015); Kritik und Wandel. Subjektivität und die Herstellung von Veränderbarkeit, in: Allgemeine Zeitschrift für Philosophie, 1/2014; Der Ring, in gleißendes Licht getaucht. Die totale Sichtbarkeit des Boxens, in: Zeitschrift für Kulturphilosophie, 2/2012.

Dr. Dr. h.c. **Hildegard Cancik-Lindemaier**, Berlin, geb. 1938, klassische Philologin. Studium der klassischen Philologie, Sprachwissenschaft und Theologie an den Universitäten Mainz, Tübingen, Paris (Sorbonne). Forschungsschwerpunkte: Antike Kulturwissenschaft; Religionsgeschichte Roms und des frühen Christentums. – Auswahl aus den Publikationen: Untersuchungen zu Senecas epistulae morales (Spudasmata 18; 1967); Philolog und Kultfigur. Friedrich Nietzsche und seine Antike in Deutschland (mit Hubert Cancik; 1999); Von Atheismus bis Zensur. Römische Lektüren in kulturwissenschaftlicher Absicht. Hrsg. von Henriette Harich-Schwarzbauer und Barbara von Reibnitz (2006); Franz Overbeck. Werke und Nachlaß, Bd. 3. Hrsg. von Hubert Cancik/Hildegard Cancik-Lindemaier (2010); Artikel in: Handbuch religionswissenschaftlicher Grundbegriffe (1988–2001), und in: Religion in Geschichte und Gegenwart, 4. Auflage (1998–2005).

Prof. Dr. Dr. h.c. **Hubert Cancik**, Berlin/Tübingen, geb. 1937, Professor em. für klassische Philologie an der Eberhard-Karls-Universität Tübingen. – Forschungsschwerpunkte: Antike Kulturwissenschaft, Geschichte der antiken Religionen, Rezeptions- und Wissenschaftsgeschichte, Humanismus. – Auswahl aus den Publikationen: Mythische und historische Wahrheit (1970); Nietzsches Antike (1995; ^{2}2000); Antik – Modern. Beiträge zur römischen und deutschen Kulturgeschichte (1998); Verse und Sachen. Interpretationen zur römischen Dichtung (2003); Römische Religion im Kontext (2008); Religionsgeschichten (2008); Europa – Antike – Humanismus. Humanistische Versuche und Vorarbeiten (2011); Humanismus – ein offenes System. Beiträge zur Humanistik (mit Hildegard Cancik-Lindemaier, 2014). – Herausgeber: Religions- und Geistesgeschichte der Weimarer Republik (1982); Markus-Philologie (1984). – Mitherausgeber: Handbuch religionswissenschaftlicher Grundbegriffe (1988–2001); Franz Overbeck. Werke und Nachlaß (1994 ff.); Der neue Pauly

(1996–2003); Römische Reichsreligion und Provinzialreligion (1997); Religion in den römischen Provinzen (2001 ff.); Die Religion des Imperium Romanum (2009).

Dr. habil. **Horst Groschopp**, Zwickau, geb. 1949, Kulturwissenschaftler, Freier Autor. – Humboldt-Universität zu Berlin von 1971–1996, zuletzt als Hochschullehrer. – Veröffentlichungen zur historischen Arbeiterkultur (u. a. Zwischen Bierabend und Bildungsverein; 1985, 2. Aufl. 1987); Studien über Adolph Hoffmann, Fritz Kummer, Otto Rühle u. a.; Arbeiten zur Kulturgeschichte der deutschen Freidenker (Dissidenten 1997, 2. Aufl. 2012) und zur deutschen Kulturgeschichte (Der ganze Mensch. Die DDR und der Humanismus, 2013); 1997–2014 Herausgeber der Reihe humanismus aktuell (25 Bde.) und deren Internetnachfolge; Direktor der Humanistischen Akademie Berlin-Brandenburg und Deutschland 1997–2014 und Herausgeber von deren Schriftenreihen über Humanismus (2010–2014; 11 Bde.). – Präsident des Humanistischen Verbandes Deutschlands (2003–09). – Vgl. http://www.horst-groschopp.de

Dr. **Thomas Heinrichs**, Berlin, geb. 1963; Rechtsanwalt, Mediator und Philosoph. – Publikationen u. a. Zeit der Uneigentlichkeit (1999), Freiheit und Gerechtigkeit (2002); Humanisierung des Staates? Armenhilfe und Sozialstaat, in: Horst Groschopp (Hg.), Humanismus und Humanisierung, Aschaffenburg 2014, S. 71–94; Sowenig wie möglich und soviel wie nötig. Philosophisch-Juristische Überlegungen zum Verhältnis von Religion/Weltanschauung und Politik, in: Horst Groschopp (Hrsg.), Humanismus – Laizismus – Geschichtskultur (2013), S. 34–58; Prinzipien sozialer Güterverteilung. Gleichheit, Gerechtigkeit, Solidarität, Humanität, in: Horst Groschopp Horst, Humanistik. Beiträge zum Humanismus (2012), S. 197–222. – Vizepräsident der Humanistischen Akademie Deutschland, Beisitzer im Präsidium der Humanistischen Akademie Berlin-Brandenburg und des Humanistischen Verbandes Berlin-Brandenburg. – Vgl. www.mediationspraxis-berlin.de

Prof. Dr. **Ulrich Herrmann**, Tübingen, geb. 1939; 1976–1993 Professor für Allgemeine und Historische Pädagogik an der Universität Tübingen, 1994–2004 auch für Schulpädagogik an der Universität Ulm. (Mit-)Herausgeber von Klassikerausgaben, Handbüchern, Periodika und Sammelbänden zur Historischen Bildungsforschung, u. a. Handbuch der deutschen Bildungsgeschichte, (Mit-)Herausgeber der Gesammelten Schriften von Wilhelm Flitner (12 Bde.) und der (sämtlichen) „Werke" von Siegfried Bernfeld (12 Bde.); zahlreiche Studien zur deutschen Bildungsgeschichte vom 18. bis 20. Jahrhundert. – Arbeitsschwerpunkte: Jugendkulturen im 20. Jahrhundert, Neurowissenschaft und Lernen, Schulentwicklung –
vgl. http://medienfakten.de/uherrmann/.

Prof. Dr. jur. Dr. phil. **Eric Hilgendorf**, Würzburg/Bielefeld, geb. 1960; Ordinarius für Strafrecht, Strafprozessrecht, Rechtstheorie, Informationsrecht und Rechtsinformatik an der Juristischen Fakultät der Julian-Maximilians-Universität Würzburg. – zahlreiche Publikationen, u a.: Wissenschaftlicher Humanismus. Texte zur Moral- und Rechtsphilosophie des frühen logischen Empirismus (1998); Strafrecht Besonderer Teil, 2. Auflage, Bielefeld 2009 (zusammen mit Gunter Arzt, Ulrich Weber und Bernd Heinrich). – Forschungsschwerpunkte: Strafrecht, Rechtsphilosophie und Rechtstheorie, Medizinstrafrecht, Technik und Recht. – Vgl. www.rechtstheorie.de

Dr. habil. **Gerlinde Irmscher**, Berlin, geb. 1950, Kulturwissenschaftlerin. – Lehrtätigkeit an der Humboldt-Universität zu Berlin zur Kulturgeschichte sozialer Zeit und zu den Lebensaltern. Publikationen über die Kultur- und Alltagsgeschichte der DDR und der Ostdeutschen.

Prof. Dr. **Walter Jaeschke**, Berlin/Bochum, geb. 1945; Prof. em. für Philosophie mit besonderer Berücksichtigung des Deutschen Idealismus an der Ruhr-Universität Bochum. – Studium der Philosophie, Religionsgeschichte und Sinologie an der Freien Universität Berlin und an der Technischen Universität Berlin. – Seit 1974 Mitarbeiter des Hegel-Archivs (Kritische Edition der Werke Hegels) der Ruhr-Universität, 1989 Mitarbeiter an der Kritischen Gesamtausgabe Schleiermachers und apl. Prof. an der FU Berlin; 1998 Prof. an der Ruhr-Universität und Direktor des Hegel-Archivs; Herausgeber der Ausgaben Hegel: Gesammelte Werke; Friedrich Heinrich Jacobi: Werke; Jacobi: Briefwechsel. – 2014 Korrespondierendes Mitglied der Nordrhein-Westfälischen Akademie der Wissenschaften und Künste. – Wichtige Publikationen: Die Suche nach den eschatologischen Wurzeln der Geschichtsphilosophie. Eine historische Kritik der Säkularisierungsthese (1976); Die Vernunft in der Religion. Studien zur Grundlegung der Religionsphilosophie Hegels (1986); Hegel-Handbuch. Leben, Werk, Schule (2003; 2010); Die klassische deutsche Philosophie nach Kant. Systeme der reinen Vernunft und ihre Kritik. 1785–1845 (2012; mit Andreas Arndt).

Dr. rer. pol. **Helmut Martens**, Dortmund, geb. 1948; 1973–2011 wissenschaftlicher Angestellter der Sozialforschungsstelle (sfs) Dortmund; 1984–2009 Mitglied des wissenschaftlichen Leitungsgremiums der sfs als Landesinstitut; Mitinitiator und Mitglied des Trägervereins des Forums neue Politik der Arbeit". – Forschungsschwerpunkte: Sozialer Konflikt, Zukunft der Arbeit, Gewerkschaften, Mitbestimmung, Beteiligung, Neue Wirtschaftsdemokratie, Grundlagenprobleme anwendungsorientierter Arbeitsforschung. – Publikationen (u. a.): Industriesoziologie im Aufbruch, Münster 2007; Anschlussfähigkeit oder politische Subjektivierung?,

Münster 2013; Politische Subjektivierung und ein neues zivilisatorisches Modell, Münster 2014. Literarische Veröffentlichungen. – Website: www.drhelmutmartens.de

Prof. Dr. **Enno Rudolph**, Heidelberg/Luzern, geb. 1945; emeritierter o. Professor an der Universität Luzern (Schweiz). Nach dem Studium der Philosophie und der ev. Theologie in Münster und Heidelberg Promotion 1974 mit einer Dissertation über Skepsis bei Kant. Ab 1977 Leiter des neu eingerichteten Arbeitsbereichs Philosophie am Interdisziplinären Forschungszentrum FESt in Heidelberg; Habilitation mit einer Arbeit über Zeit und Gott bei Aristoteles; 1999 Berufung auf eine Professur für Philosophie an der Universität Luzern (Schweiz); derzeit Leiter eines Editionsprojekts über Niccolò Machiavelli. – Wichtigste Publikationen: Odyssee des Individuums (1991); Ernst Cassirer im Kontext (2003); Machtwechsel der Bilder (hrsg. zus. mit Thomas Steinfeld) (2013); Das Recht der Macht (2015, im Druck).

Dr. phil. **Sven O. Rücker**, Berlin, geb. 1975; Studium der Philosophie, Germanistik und Kunstgeschichte; Mitarbeiter an der Freien Universität Berlin. – Dissertation: Das Gesetz der Überschreitung – Eine philosophische Geschichte der Grenzen (veröffentlicht 2013) wurde 2010 mit dem Ernst-Reuter-Preis ausgezeichnet.

Prof. Dr. Dr. h.c. mult. **Jörn Rüsen**, Bochum, geb. 1938. Senior fellow am Kulturwissenschaftlichen Institut in Essen und Professor emeritus der Universität Witten/Herdecke. – Letzte Publikationen: Kultur macht Sinn (2006); (Hrsg. mit Henner Laass): Interkultureller Humanismus (2009); (Hrsg.) Perspektiven der Humanität (2010); (Hrsg. mit H. Laass, H. Prokasky, A. Wulff): Lesebuch Interkultureller Humanismus. Texte aus drei Jahrtausenden (2013); Historik. Theorie der Geschichtswissenschaft (2013). – Forschungsschwerpunkte: Theorie und Geschichte der Geschichtswissenschaft, Geschichtsbewusstsein und historisches Lernen, Geschichtskultur, Humanismus im Kulturvergleich.

Dr. phil. **Ralf Schöppner**, Berlin, geb. 1968; Mitarbeiter des Instituts für Humanistische Lebenskunde des Humanistischen Verbandes in Berlin, Geschäftsführender Direktor der Humanistischen Akademien Deutschland und Berlin-Brandenburg. – Praktischer Philosoph, Dozent für Philosophie, Ethik und Kommunikation in der politischen und beruflichen Erwachsenenbildung, publiziert in humanismus aktuell und Diesseits. – Studien zu Emmanuel Levinas; Veröffentlichungen: Das gute Leben und die Sinnlichkeit des Fremden (2006); Das Altern des Anderen (2014).

Marie Schubenz, M.A., Berlin, geb.1981; Studium: Philosophie und Geschichte. Derzeit Promotion in der International Max Planck Research School Moral Economies of Modern Societies am MPI für Bildungsforschung. – Weitere Forschungsschwerpunkte sind die Geschichte der Gefühle, Theorie und Praxis Sozialer Ideen sowie Radikale Philosophie. – Engagiert in der MieterInnen- und Recht-auf-Stadt-Bewegung.

Dr. phil. **Juliane Spitta**, Berlin, geb. 1977; unterrichtet Philosophie und Politikwissenschaften. Dissertation: Gemeinschaft jenseits von Identität? Über die Renaissance einer paradoxen Idee (2013). – Forschungsschwerpunkte: Politische Philosophie, Poststrukturalismus und Dekonstruktion, besonders Theorien der Gemeinschaft, Postmarxismus und Erinnerungskultur. – Publikationen: Trauma und Erinnerung, Centaurus (2009); „Der Metasinn der Proteste". In: Nebulosa, Figuren des Sozialen. 6/214; „Das soziale Band in Europa zwischen Krise und beredtem Schweigen". In: Thomas Bedorf (Hrsg.): Das soziale Band (im Erscheinen).

Priv. Doz. Dr. med. **Meinolfus W. M. Strätling**, Lübeck/Cardiff (UK), geb. 1966; Facharzt für Anästhesiologie mit diversen Zusatzqualifikationen an der Universitätsklinik Lübeck; seit 2006 klinische Tätigkeit am Universitätsklinikum Wales, Cardiff -Penarth, Dozent für Anästhesie sowie Ethik der Medizin (weiterhin auch) an der Universität Lübeck. – Schwerpunkte: Geschichte der Medizin, Philosophie der Britischen Aufklärung, Entscheidungen am Lebensende/Sterbehilfe, Palliativmedizin, klinische Ethikberatung, Organspende, allgemeines Medizinrecht. – Beteiligung u. a. an der wissenschaftlichen Flankierung deutscher Gesetzgebung zu Stellvertreterentscheidungen und Patientenverfügungen. – Zahlreiche Veröffentlichungen (u. a. zu „Assistierter Suizid" und „Gesundheitsökonomische Aspekte bei Entscheidungen am Lebensende" in der Zeitschrift für Medizinrecht 2012) und über assitierten Suizid in Gita Neumann (Hrsg.): Suizidhilfe als Herausforderung (2012, S. 82–132). – Kontakt: wulf.stratling@wales.nhs.uk.

Dr. **Heinz-Bernhard Wohlfarth**, Berlin, geb. 1954, Literaturwissenschaftler, Publizist, Linguist; Studium an der Freien Universität Berlin (MA); freier Autor. – Promotion: Utopisches Schreiben. Untersuchungen und Überlegungen zum Werk Volker Brauns (2006); Mitglied des Arbeitskreises Humanismus-Forschung an der Freien Universität Berlin Veröffentlichungen von Essays und Rezensionen in verschiedenen Tages- und Wochenzeitungen (Die Rheinpfalz, Der Tagesspiegel, junge welt, Märkische OderZeitung, der Freitag). – Tätigkeit in der Erwachsenenbildung: Reihe Philosophische Betrachtungen (Vorträge zur Gerechtigkeit und sozialen Rechten, Toleranz, Konsumethik, Europa, Ästhetik der Natur) und Philosophieren mit Kindern (Ein spielerischer Zugang zur Philosophie für Eltern und Großeltern). – Aktuelle Forschungsprojekte: Die Pflicht zur Humanität – Johann

Gottfried Herders Beitrag zur Veränderungsethik; Das Inkognito des Weltbürgers – Antike Lektionen aus dem Alltag der Globalisierung; Helfen oder Verändern – Eine kritische Einführung in den Humanitarismus sowie Aufrechter Gang – Grundzüge einer Veränderungsethik im Anschluss an Ernst Bloch.

Prof. Dr. phil. habil. **Frieder Otto Wolf**, Berlin, geb. 1943; Honorarprofessor für Philosophie an der Freien Universität Berlin. – Promotion 1967, Habilitation 1973. – Tätigkeit in Forschung und Lehre an der Universität des Saarlandes, der Universität Coimbra, dem Wissenschaftszentrum Berlin und der Freien Universität Berlin. – 1984–1999 politische Tätigkeit im Europäischen Parlament, 1994–1999 als MdEP. – Mitinitiator und Mitglied des Trägervereins des Forums neue Politik der Arbeit; Präsident des Humanistischen Verbandes Deutschlands und der Humanistischen Akademie. – Forschungsschwerpunkte: Politische Philosophie, Kritische Theorie, Humanismus. – Publikationen (u. a.): Die neue Wissenschaft des Thomas Hobbes (1969); Radikale Philosophie. Aufklärung und Befreiung in der neuen Zeit (2002, 2009); Humanismus für das 21. Jahrhundert, HVD Berlin (2008, 2014); Rückkehr in die Zukunft (2013). Festschrift: Philosophieren unter anderen. Hrsg: Urs Lindner/Jörg Nowak/Pia Paust-Lassen (2008). Website: www.friederottowolf.de

Begriffe, Ausdrücke, Orte

Aachen 349
Afrika 41, 78
Alter 248 f.
Anthropozentrik 13, 70, 84
Antike 2, 9, 12 f., 77–89, 188 f., 191, 196, 225, 254–256, 266 f., 298 f., 307 f., 335, 340 f., 368 f., 377 f., 399
Armut 383–393
Athen 82; 84
Aufklärung 20, 67 f., 119–130, 141 f., 276 f., 318 f., 342 f.
Autonomie 12, 13
Bagdad 94, 121
Barmherzigkeit 12, 19, 23, 225 f.
Biafra-Konflikt 36 f.
Bildungsbürgertum 66, 142, 146
Biologismus 67
Blasphemie 332, 341, 344
Brüderlichkeit 207, 377–387
Byzanz 93 f., 121, 348
China 43–45, 123, 172, 200
Christentum 13 f., 49, 113, 122, 159 f., 188, 217, 229 f., 253 f., 267, 271, 275 f., 284 f., 308, 330 f., 333, 354, 359–365, 381, 398 f., 400 f., 419
Demokratie 35, 82, 133, 135, 321
Dissidenten 159 f., 220, 237
Emanzipation 134 f.
Erotik 253–258
Erziehung 58 f., 83 f., 141, 149, 215–224, 300
Ethische Kultur 164, 218, 228 f.
Eugenik 14, 17, 61
Euhemerismus 341
Eurozentrismus 1, 11, 70, 123
Evolution 61 f., 205 f.
Florenz 95, 349, 352, 354
Fortschritt 85, 145, 353, 362
Freidenker 4, 14, 28, 68, 156, 159–168, 370 f.
Freiheit 101, 132–139, 145, 329
Freimaurer 173 f., 378
Ganzheit 13, 60, 83, 143 f., 265
Gender 2, 82, 104, 123, 248, 302 f.
Geschichte/Geschichtsschreibung 87, 187–194, 309
Gewalt/-reduktion 31 f., 36, 206
Gleichheit 32, 40, 82, 180 f., 183 f., 196, 314
Globalisierung 33, 199–201
Geld 78, 81, 170, 368
Goldene Regel 44 f.
Haager Konventionen 32
Herrschaft 132–139
Hilfe 25, 31, 36–38, 87, 174, 226, 230; 271 f., 373
Holocaust/Shoa 32, 65 f.
homo mensura 18
Humanisierung 46 f., 50, 307 f., 205–211, 318–321
Identität 24, 41, 44 f., 191, 297
Indien 42 f., 121
Individuum/Individualität 19, 23, 45, 143, 191, 196 f., 221, 243, 256, 276, 286, 297–306, 352, 411
Inhumanität 17, 65
Innere Form 142
Intervention, humanitäre 33
Islam 45 f., 285, 334 f.
Judentum 123, 311, 323, 330 f., 332 f.
Kapitalismus 99–107, 389–391
Kindheit 244–246
Kolonialismus/Postkolonialismus 11, 14, 32 f., 41 f., 92 f., 96, 137, 192, 285, 381 f., 405
Konfuzianismus 44
Kosmopolitismus 32
Kritik 35, 65–77, 81, 85, 120, 124, 131–137, 284–286, 308, 332, 339–345, 419
Kultur 4, 23–30, 141, 190 f., 206 f., 289–296
Kunst 1, 10, 18 f., 84, 95, 99, 102, 103, 206, 236–239, 348, 352–354, 397, 411
Mängelwesen 13, 57
Menschenbild 55–63, 353 f.
Menschenrechte 31, 275–288
Moderne/Modernität 9, 32, 77, 100–103, 136 f., 187, 197, 359–365
Monismus 162

Nationalismus   10 f., 32, 146, 310 f., 336
Naturrecht   9, 96, 180, 207, 314, 335 f.
Naturwissenschaften   2, 11, 14, 55, 205 f., 322, 350
Ökologie   293–295
Polis/Stadtstaat   80 f., 308
Person   26, 87, 378
Philanthropie   12, 228 f.
postcolonial studies   1, 11, 14
Rassismus   96
Religion   81, 87, 91, 119, 141, 151–158, 159–168, 225, 329–338, 339–345, 359–365, 373, 409, 412
ren   44
Renaissance(n)   9, 19, 27, 45, 79, 93–96, 113 f., 171, 291, 307, 347–356, 419
Rhetorik   109–118
Ritual   151–158, 215, 236, 329
Rom   92 f., 348
Säkularisierung   28, 46, 61, 132, 359–365
Schmerzen   84, 208

Seelsorge   86, 225 f.
Sicherheit   31, 34
Skepsis   399–401, 418–420
Sprache   3, 12 f., 83 f., 98, 146 f., 205, 421
Staat   124, 132, 305
Stoa   155, 175, 368
Strafe   31, 311 f.
Tier   19, 145, 205 f., 277, 291 f., 352
Tod   156, 249, 271 f.
Transhumanismus   61, 192, 311 f.
ubuntu   41
Universalismus   32, 36, 40, 87, 145, 170, 275, 186, 189, 311
uomo universale/„Universalmensch"   141, 354
Vernunft   11, 13, 56 f., 87, 116, 121, 124, 144, 206, 330, 400, 417
Volkshumanismus   25
Würde   13, 40, 45
Zivilisation   23 f., 65
Zweite Natur   13, 197, 289

Personen

Abegg, Johann Friedrich 9
Adelung, Johann Christoph 27
Adler, Felix 13
Adorno, Theodor Wiesengrund 125, 301, 364
Agricola, Rudolf 114
Althusser, Louis 67, 69 f., 301 f.
Antiphon 18
Arendt, Hannah 99 f., 196
Aristoteles 80, 82, 101, 111 f., 135, 179 f., 254 f., 400
Basedow, Johann Bernhard 218
Beccaria, Cesare 207, 318
Benjamin, Walter 69
Bentham, Jeremy 20
Blanqui, Auguste 182
Bloch, Ernst 295
Blumenberg, Hans 361
Börner, Wilhelm 370 f.
Brecht, Bertolt 380, 403, 417 f., 422
Bruno, Giordano 351, 354
Burckhardt, Jacob 27, 347, 354
Calas, Jean 276, 282, 318
Cassirer, Ernst 309–311
Cicero 12, 18, 27, 92, 112, 135, 170, 180, 299, 400
Coit, Stanton 228 f.
Descartes, René 401 f., 420
Dunant, Henry 207 f.
Dürer, Albrecht 19
Epikur 340 f., 368 f.
Erasmus von Rotterdam 13, 24, 171 f., 342
Feuerbach, Ludwig 20, 59 f., 421 f.
Ficino, Marsilio 19, 354
Foerster, Friedrich Wilhelm 219
Freud, Sigmund 209 f., 257, 371 f.
Fromm, Erich 11, 165
Gandhi 20
Gehlen, Arnold 33, 70, 125
Goethe, Johann Wolfgang 9, 418
Gogarten, Friedrich 360
Goldscheid, Rudolf 229
Gouges, Olympe de 136, 277, 302
Grotius, Hugo 96, 207

Hegel, Georg Wilhelm Friedrich 120, 124, 133, 311, 359, 398, 402, 411, 421
Heidegger, Martin 11, 13, 69, 125, 398
Herder, Johann Gottfried 4, 12, 17, 27, 84, 173 f., 190 f., 310, 402
Hiorth, Fingeir 165
Horkheimer, Max 125, 301, 364
Humboldt, Wilhelm von 20, 143 f., 215, 237
Hutten, Ulrich von 351
Huxley, Julian 14, 20, 61
Jaeger, Werner 9, 310
Kant, Immanuel 40, 123, 145 f., 299, 339 f., 411
Las Casas, Bartolomé de 277
Lessing, Gotthold Ephraim 27, 336, 343, 420
Locke, John 101, 299, 402
Lukrez 86, 121, 340 f., 400
Machiavelli, Niccolò 307–309, 350, 354
Mann, Thomas 26
Marx, Karl 9, 26, 60, 68, 100 f., 124, 182 f., 291, 293, 300 f.
Mendelssohn, Moses 141
Montaigne, Michel de 115, 370, 419 f.
Morus, Thomas 27, 181, 401
Niethammer, Friedrich Immanuel 4, 9, 20, 136, 147
Nietzsche, Friedrich 65 f., 68, 126, 161, 354, 422
Otto, Walter Friedrich 10
Paulsen, Friedrich 141 f., 218
Penzig, Rudolph 218, 230, 371
Petrarca, Francesco 19, 308, 350, 370
Pfungst, Arthur 229
Pico della Mirandola, Giovanni 13, 19, 352
Plato 83, 170, 180, 255, 307 f., 368, 399
Protagoras 18, 57, 340
Pufendorf, Samuel 27, 96, 336
Radbruch, Gustav 314 f., 319
Ramakrishna 43
Renan, Ernest 79
Ricci, Matteo 172
Rousseau, Jean-Jacques 141, 181, 197, 276, 292

Ruge, Arnold 9
Russell, Bertrand 120
Sartre, Jean Paul 301, 311
Scaliger, Joseph Justus 6
Schiller, Friedrich 20
Seneca 18, 353, 368
Spinoza, Baruch de 291, 402, 420 f.
Spranger, Eduard 9, 310
Stein, Lorenz von 391
Stirner, Max 9, 68
Terenz 17

Tönnies, Ferdinand 228, 380
Treitschke, Heinrich von 26
Vasari, Giorgio 348, 353
Vivekananda 43
Vives Juan Luis 390
Voltaire 276, 318, 343 f.
Wichern, Johann Hinrich 278
Wieland, Christoph Martin 27
Winckelmann, Johann Joachim 9
Wolf, Friedrich August 4
Wollstonecraft, Mary 123, 136

www.ingramcontent.com/pod-product-compliance
Lightning Source LLC
Chambersburg PA
CBHW031749220426
43662CB00007B/329